Motorrad-Reparaturanleitung Band 5280

Die drei Modelle unten haben wassergekühlte Motoren mit 4 Ventilen, Einspritzung und 6 Gänge

YZF-R 125 *(Supersportler)*

WR 125 R *(Enduro)*

WR 125 X *(Supermoto)*

Die vier Modelle unten haben luftgekühlte Motoren mit 2 Ventilen, Vergaser oder Einspritzung und 5 Gänge

YBR 125 *(Allrounder)**

YBR 125 Custom *(Cruiser)**

XT 125 R *(Enduro)*

XT 125 X *(Supermoto)*

YAMAHA

125 cm³ Viertakt-Leichtkrafträder

ab Modelljahr 2005

- YZF-R 125
- WR 125 R
- WR 125 X
- YBR 125
- YBR 125 Custom
- XT 125 R
- XT 125 X

In diesem Buch werden die links abgebildeten Modelle für die Märkte Deutschland, Österreich, Schweiz behandelt.

W0386799

bucheli verlag

Angaben beziehen sich auf Redaktionsschluss zum Druck dieses Buches im Februar 2009

** = Vergaser und Einspritzung*

Impressum

ISBN 978-3-7168-2111-4

Motorrad-Reparaturanleitung
Band 5280

Redaktion und Gestaltung: Büro Schermer, D-70563 Stuttgart
Texte: Bernd Burbulla (Beratung und Assistenz), Dipl. Ing. (FH) Rolf Jürgens (Beratung), Franz Josef Schermer, Dipl. Ing. (FH) Helmut Städele, Helmut Strauß
Fotos: Axel Schermer, F. J. Schermer
Zeichnungen: Steven Flier, Daniel Horvat, Stefanie Schenk, Wolf Kurz, Tomoko Wakayama

Für diese Motorrad-Reparaturanleitung wurden unter anderem Bilder und Texte aus den Archiven der Zeitschrift MOTORRAD, dem Motorbuch-Verlag und dem Yamaha-Pressearchiv verwendet.

Ein ganz spezieller Dank geht an die Mitarbeiter der Firma Walz (Yamaha-Motorräder Stuttgart-Möhingen; Egdar, Christof und Steffen Walz), die uns bei Zerlegung und Zusammenbau der 125er-Yamahas über alle Maßen geholfen haben. Besonders dem Motorrad-Mechanikermeister Steffen Walz sind wir zu großem Dank verpflichtet, denn er hat uns viele Tipps zu den Maschinen gegeben, damit wir diese an die Leser dieses Buches weitergeben können.

Satz: Stefanie Schenk
Lektorat: Myrta Baumberger
Druck: Druck- und Medienzentrum Gerlingen GmbH
D-70839 Gerlingen
Bindung: K. Dieringer
D-70839 Gerlingen

Verkauf:
Gewerbestraße 10
CH-6330 Cham
Postadresse:
Postfach 4161
CH-6304 Zug
Telefon: ++41 (0)41 741 77 55
Telefax: ++41 (0)41 741 71 15
www.bucheli-verlag.ch

1. Auflage 2009

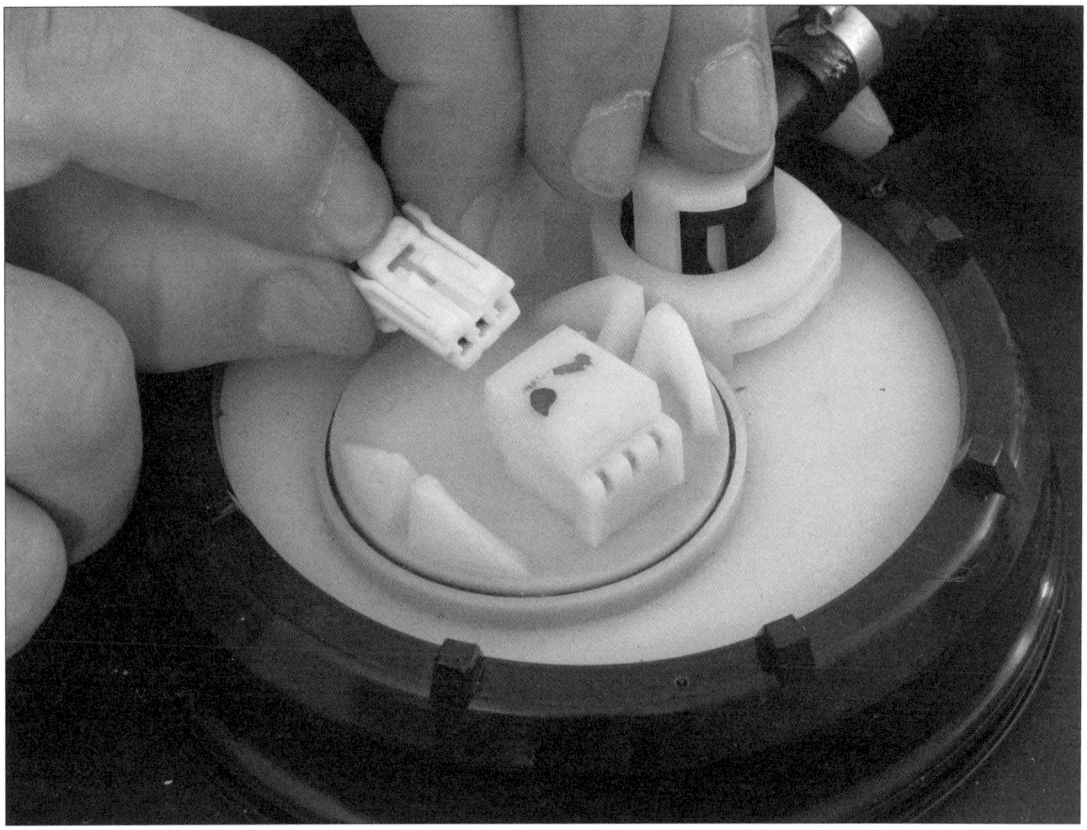

In diesem Buch finden Sie jede Menge Tipps und Kniffe in Bild und Text zur fachgerechten Durchführung von Pflege und Wartung der 125er-Viertakt-Leichtkrafträder von Yamaha. Als Beispiel hier ein Foto vom Trennen eines Steckers an der Benzinpumpe beim Abbau des Tanks aus Kapitel 6 »Verkleidung · Tank · Rahmen«.

Warum dieses Buch wichtig ist

Zum Modelljahr 2005 startete Yamaha eine neue Leichtkraftrad-Modellreihe mit Viertaktmotoren: Der brave Allrounder YBR 125, die Enduro XT 125 R und die Supermoto XT 125 X kamen zusammen auf den Markt. Ein Jahr später wurde der Cruiser YBR 125 Custom vorgestellt und so das Trio zum Quartett ergänzt. Diese Maschinen hatten den selben luftgekühlten Motor mit zwei Ventilen und Vergaser. Zum Modelljahr 2007 wurde die YBR 125 mit Einspritzung ausgerüstet; ein Jahr später die Cruiser-Variante YBR 125 Custom.

Mit der Präsentation des aufregend gestylten Supersportlers YZF-R 125 zum Modelljahr 2008 wurde jedoch schlagartig klar, dass Gegenwart und Zukunft der kleinen Einzylinder-Viertakter im High-Tech-Bereich liegt: Mit Wasserkühlung, vier Ventilen, elektronischer Einspritzung und Katalysator ausgerüstet sind sie nicht nur leistungsfähig, sondern schaffen auch die immer wichtiger werdenden Abgas- und Geräuschvorschriften.

Zum Modelljahr 2009 kamen noch zwei weitere attraktive Modelle mit dem neuen Motor: Enduro WR 125 R und Supermoto WR 125 X stehen in der Gunst der Käufer ganz weit oben, weil sie exakt auf den Einsatzzweck zugeschnitten sind.

Ob luft- oder wassergekühlt, ob Vergaser oder Einspritzer: Die 125er-Yamahas sind als zuverlässig bekannt. Dennoch können Probleme auftreten, vor allem dann, wenn sie viele Kilometer gefahren haben und/oder in die Jahre gekommen sind. Lösungsansätze für Probleme bietet diese Motorrad-Reparaturanleitung in Bild und Text ebenso wie eine Menge Tipps, die man kennen sollte, um eine der sieben 125er-Yamahas zuverlässig am Laufen zu halten. Die Grundordnung der Texte und Bilder innerhalb der Kapitel orientiert sich an der Art des Motors.

Die verschiedenen 125er-Yamaha-Modelle decken die vom Fahrer gewünschten Einsatzbereiche bestens ab.

Die YZF-R 125 ist in diesem Buch am meisten zu sehen:

- Die an diesem Motorrad durchgeführten, mit Bildern und Zeichnungen illustrierten Arbeitsschritte gelten beim Fahrwerk für alle Modelle und beim Motor ganz besonders für die Maschinen mit dem wassergekühlten Motor.
- Wichtige Detailunterschiede zu anderen Modellen der wasser- oder luftgekühlten Baureihe werden ergänzend in Bildern und Zeichnungen dargestellt.

Ein wichtiger Hinweis zur Aktualität dieses Buchs: Stand aller Technik-Grundlagen und Basisrecherche ist der Februar 2009. Im Zuge der Modellpflege von Seiten der Marke oder Importeure können kleinere und größere Details (z. B. Zündkerzen-Wärmewerte) oder Wartungsvorschriften (z. B. Menge, Marke und Viskosität des Motoröls) von einem auf das andere Modelljahr geändert werden. Besorgen Sie sich deswegen rechtzeitig _vor_ Beginn einer jeden Wartungs- und Pflegearbeit die für Ihr Modell entsprechend aktuellen Daten und Ersatzteile beim Yamaha-Händler.

Der Spagat zwischen allgemein verständlicher Technik und stimmiger Anleitung zum Selbstschrauben bestimmt also den Inhalt dieses Buches. Einige Grundsätze:

- Interessierte Laien sollten sich vor allem die Pflegetipps zu Herzen nehmen, denn gute Pflege erhält den Wert des Motorrads und sorgt dafür, dass man es besser kennen lernt.
- Die Lektüre dieses Buchs kann weder eine Lehre zum Motorradmechaniker noch Praxis im Kfz-Handwerk ersetzen.
- Die Anwendung der im Buch gezeigten Arbeitsschritte setzt einen Grundstock an gutem Werkzeug voraus. Deswegen behandeln wir dieses Thema sehr ausführlich in einem extra Kapitel (Kapitel 2 »Werkstatt«).
- Inhalte wie beispielsweise Ventile einstellen, Kupplung reparieren, Radlager erneuern oder Arbeiten an den Bremsen erfordern umfangreiches Basisfachwissen, entsprechende Werkzeuge und sehr genaues Arbeiten.
- An sicherheitsrelevanten Baugruppen wie Radaufhängung und Bremse darf nur arbeiten, wer sein Handwerk wirklich beherrscht. Und das gilt eigentlich nur für ausgebildete Mechaniker. Für alle anderen heißt es: Geben Sie Ihr Motorrad zum Yamaha-Händler, dort arbeiten ausgebildete Fachleute.

In diesem Sinne wünsche ich Ihnen allzeit gute Fahrt mit Ihrer Yamaha 125!

Herzlichst, Ihr
F. J. Schermer
(verantwortlicher Redakteur)

Inhalt

Folgende Symbole verdienen während der Arbeiten besondere Beachtung:

Sichtprüfung:
Teil genau ansehen, besonders beachten

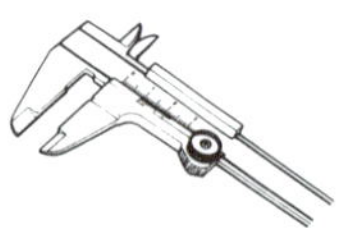

Messen:
Messschieber oder anderes Messwerkzeug nötig

Achtung:
Besondere Vorsicht geboten, Sicherheitshinweise beachten

Tipp:
Wertvoller Hinweis für einfacheres Schrauben

Folgende Symbole verdeutlichen den Schwierigkeitsgrad der Arbeiten:

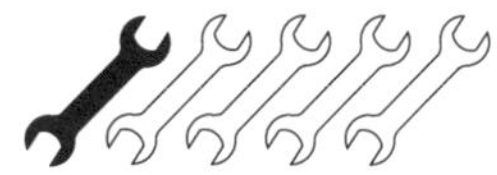

Ein Schlüssel: *Einfache Arbeit, erweitertes Bordwerkzeug reicht aus*

Zwei Schlüssel: *Anspruchsvolle Arbeit, extra Werkzeug notwendig*

Drei Schlüssel: *Gutes Werkzeug und Spezialkenntnisse erforderlich*

Vier Schlüssel: *Spezialwerkzeug und sehr gute handwerkliche Fertigkeit gefragt*

Fünf Schlüssel: *Spezialwerkzeug und meisterliche Fertigkeiten notwendig: Fachwerkstatt!*

Modelle und Daten

In diesem Kapitel: Beschreibung, technische Daten und Fotos der 125er-Viertaktmodelle von Yamaha, die in diesem Buch behandelt werden.

Sieben auf einen Streich

In dieser Motorradreparaturanleitung werden die 125er-Viertaktmaschinen von Yamaha behandelt, die zwischen 2005 und 2009 neu auf den Markt gekommen sind. Neben den luftgekühlten Modellen YBR 125 (Allrounder), YBR 125 Custom (Cruiser), XT 125 R (Enduro) und XT 125 X (Supermoto) gibt es seit Modelljahr 2008 mit der YZF-R 125 auch einen wassergekühlten Supersportler. Zum Modelljahr 2009 wurde die Palette der wassergekühlten Maschinen erweitert durch WR 125 R (Enduro) und WR 125 X (Supermoto). Nur im Modelljahr 2007 wurde eine halbverkleidete Version der YBR 125 als »YBR 125 Diversion« angeboten, die bis auf ihre Oberteil-Halbschalenverkleidung identisch ist mit der YBR 125.

In diesem Kapitel betrachten wir die Charaktere der einzelnen Modelle und listen in einer Tabelle ihre wesentlichen technischen Daten auf.

Modellpflege

Wesentliches Merkmal der Modellpflege war die Ablösung des Vergasers durch eine Einspritzanlage, mit der Yamaha auf die verschärften Umweltanforderungen reagierte. Mit einer Einspritzung werden nicht nur die Abgaswerte optimiert, sondern

	YZF-R 125	**WR 125 R**	**WR 125 X**
Motor			
Bauart	flüssigkeitsgekühlter Einzylinder-Viertakt 4 Ventile, OHC, ungeregelter Kat	flüssigkeitsgekühlter Einzylinder-Viertakt 4 Ventile, OHC, ungeregelter Kat	flüssigkeitsgekühlter Einzylinder-Viertakt 4 Ventile, OHC, ungeregelter Kat
Hubraum	124 cm³	124 cm³	124 cm³
Bohrung/Hub	52 x 58,6 mm	52 x 58,6 mm	52 x 58,6 mm
Verdichtung	11,2 : 1	11,2 : 1	11,2 : 1
Leistung	15 PS (11 kW) bei 9000/min	15 PS (11 kW) bei 9000/min	15 PS (11 kW) bei 9000/min
Drehmoment	12,2 Nm bei 8000/min	12,24 Nm bei 8000/min	12,24 Nm bei 8000/min
Schmierung, Ölinhalt	Nasssumpf, 1,15 Liter	Nasssumpf, 1,15 Liter	Nasssumpf, 1,15 Liter
Gemischaufbereitung	Einspritzung	Einspritzung	Einspritzung
Kupplung	Mehrscheiben-Ölbad	Mehrscheiben-Ölbad	Mehrscheiben-Ölbad
Zündung	Transistor	Transistor digital	Transistor digital
Starter	Elektro	Elektro	Elektro
Getriebe	6-Gang	6-Gang	6-Gang
Sekundärantrieb	Kette	Kette	Kette
Tankinhalt	13,8 Liter	8,5 Liter	8,5 Liter
Fahrwerk			
Rahmen	Deltabox aus Stahlblechprofil	Stahlrohrrahmen	Stahlrohrrahmen
Federung vorne	Telegabel, ø 33 mm	Telegabel, ø 41 mm	Telegabel, ø 41 mm
Federweg vorne	130 mm	240 mm	210 mm
Federung hinten	Zentralfederbein mit Umlenkung	Zentralfederbein mit Umlenkung	Zentralfederbein mit Umlenkung
Federweg hinten	125 mm	230 mm	230 mm
Lenkkopfwinkel (zur Waagerechten)	65,8 Grad	63 Grad	64,5 Grad
Nachlauf	86 mm	107 mm	78,5 mm
Bremse vorne	1 Scheibe, ø 292 mm	1 Wave-Scheibe, ø 240 mm	1 Scheibe, ø 298 mm
Bremse hinten	Scheibe, ø 230 mm	Wave-Scheibe, ø 220 mm	Scheibe, ø 220 mm
Reifen vorne	100/80-17 M/C 52S	80/80-21 M/C 48P	110/70-17 M/C 54H
Reifen hinten	130/70-17 M/C 62S	110/80-18 M/C 58P	140/70-17 M/C 66H
Abmessungen/Gewichte			
Länge	2015 mm	2180 mm	2095 mm
Breite	660 mm	835 mm	835 mm
Höhe	970 mm	1220 mm	1165 mm
Sitzhöhe	818 mm	930 mm	920 mm
Radstand	1355 mm	1430 mm	1430 mm
Bodenfreiheit	155 mm	265 mm	255 mm
Gewicht fahrfertig	138 kg	133 kg	137 kg
Preis zzgl. NK (im Modellahr 2009)	3795 €	3795 €	3895 €

auch der Benzinverbrauch. Die zunächst mit einem Vergaser bestückte YBR 125 wurde in diesem Sinn ab Modelljahr 2007 mit einer Einspritzung ausgestattet, während die YBR 125 Custom gleich mit Einspritzung auf den Markt kam.

Alle luftgekühlten Modelle mit Vergaser oder Einspritzung haben ein 5-Gang-Getriebe. Die wassergekühlten Modelle sind von Anfang an mit Einspritzung versehen. In diese Motoren sind 6-Gang-Getriebe eingebaut.

Zum Umweltschutz trägt bei allen Modellen das Sekundärluft-system bei: Frischluft wird in die Auspuffanlage eingezogen, was zu einer Nachverbrennung der unverbrannten Abgase führt. Zusammen mit dem ungeregelten Katalysator erfüllen alle Maschinen die EU 3-Norm.

Familienähnlichkeit
Interessant ist weiterhin die Familienähnlichkeit einzelner Modelle mit ihren »größeren« Schwestern im Yamaha-Programm, sei es die XT-Reihe mit den berühmten Ahnen im Endurobereich, die Bauähnlichkeit der 125er-WR-Modelle mit den im Jahre 2007 präsentierten WR 250-Modellen sowie die mehr als frappierende Ähnlichkeit der YZF-R 125 mit den größeren Supersportlern R6 und R1.

Alles in allem bietet Yamaha gerade auf dem so wichtigen 125er-Markt eine umfassende und auf jeden Geschmack zugeschnittene Modellpalette an, die bei der ins Auge gefassten Klientel, auch im Sinne der Nachwuchsförderung und der Wiedereinsteiger jeden Alters, sehr gut ankommt: Eine breitere 125er-Palette hat kein anderer Hersteller auf dem Markt.

YBR 125	**YBR 125 Custom**	**XT 125 R**	**XT 125 X**
luftgekühlter Einzylinder-Viertakt 2 Ventile, OHC, ungeregelter Kat	luftgekühlter Einzylinder-Viertakt 2 Ventile, OHC, ungeregelter Kat	luftgekühlter Einzylinder-Viertakt 2 Ventile, OHC, ungeregelter Kat	luftgekühlter Einzylinder-Viertakt 2 Ventile, OHC, ungeregelter Kat
124	124 cm³	124 cm³	124 cm³
54 x 54 mm	54 x 54 mm	54 x 54 mm	54 x 54 mm
10,0 : 1	10,0 : 1	10,0 : 1	10,0 : 1
10 PS (7,3 kW) bei 7800/min	10 PS (7,3 kW) bei 7800/min	10 PS (7,3 kW) bei 8250/min	10 PS (7,3 kW) bei 8250/min
9,6 Nm bei 6000/min	9,6 Nm bei 6000/min	10,1 Nm bei 5500/min	10,1 Nm bei 5500/min
Nasssumpf, 1,20 Liter	Nasssumpf, 1,20 Liter	Nasssumpf, 1,20 Liter	Nasssumpf, 1,20 Liter
Vergaser / Einspritzung	Vergaser / Einspritzung	Vergaser	Vergaser
Mehrscheiben-Ölbad	Mehrscheiben-Ölbad	Mehrscheiben-Ölbad	Mehrscheiben-Ölbad
Transistor	Transistor	CDI	CDI
Elektro/Kick	Elektro/Kick	Elektro/Kick	Elektro/Kick
5-Gang	5-Gang	5-Gang	5-Gang
Kette	Kette	Kette	Kette
13 Liter	12 Liter	9 Liter	9 Liter
Stahlrohrrahmen	Stahlrohrrahmen	Stahlrohrrahmen, 4-Kant	Stahlrohrrahmen, 4-Kant
Telegabel, ø 30 mm	Telegabel, ø 30 mm	Telegabel, ø 36 mm	Telegabel, ø 36 mm
120 mm	110 mm	170 mm	175 mm
2 Federbeine	2 Federbeine	Zentralfederbein ohne Umlenkung	Zentralfederbein ohne Umlenkung
105 mm	105 mm	190 mm	190 mm
63,7 Grad	62,4 Grad	62 Grad	63,3 Grad
90 mm	102 mm	114,4 mm	78,3 mm
1 Scheibe, ø 245 mm	1 Scheibe, ø 245 mm	1 Scheibe, ø 245 mm	1 Scheibe, ø 260 mm
Trommel, ø 130 mm	Trommel, ø 130 mm	Scheibe, ø 220 mm	Scheibe, ø 220 mm
2.75-18 42P	3.00-18 47P	90/90-21 54S	100/80-17 52S
90/90-18 M/C 57P	3.50-16 58P	120/80-18 62S	130/70-17 62S
1980 mm	2055 mm	2110 mm	2050 mm
745 mm	845 mm	800 mm	800 mm
1080 mm	1125 mm	1140 mm	1100 mm
780 mm	760 mm	860 mm	860 mm
1290 mm	1290 mm	1335 mm	1335 mm
175 mm	140 mm	220 mm	190 mm
124 kg	129 kg	120 kg	120 kg
2350 €	2550 €	3195 €	3395 €

Die Bilder 1 bis 23 zeigen die verschiedenen Modelle sowie einige charakteristische Details. In jedem Bild ist das Modell mit seinem entsprechenden Modelljahr angegeben.

YZF-R 125

Supersportler ab Modelljahr 2008

Die YZF-R 125 ist ein hoch interessantes Mitglied der R-Serie von Yamaha und eine eigenständige Variante zum Thema »Supersport in der 125er-Klasse«. Der flüssigkeitsgekühlte Einzylindermotor hängt in einem Deltabox-Rahmen, der den großen R6 und R1 sehr ähnelt, allerdings aus Stahl ist und nicht aus Alu wie bei R6/R1. Verpackt ist die 125er in einer sportlich aggressiven Verkleidung. Die YZF-R 125 wendet sich an den jungen 125er-Erstkäufer mit supersportlichem Interesse, der von Motor und Fahrwerk erstklassige Leistung im Stil der erfolgreichen Modelle der R-Serie erwartet.

Bild 1

YZF-R 125, 2008

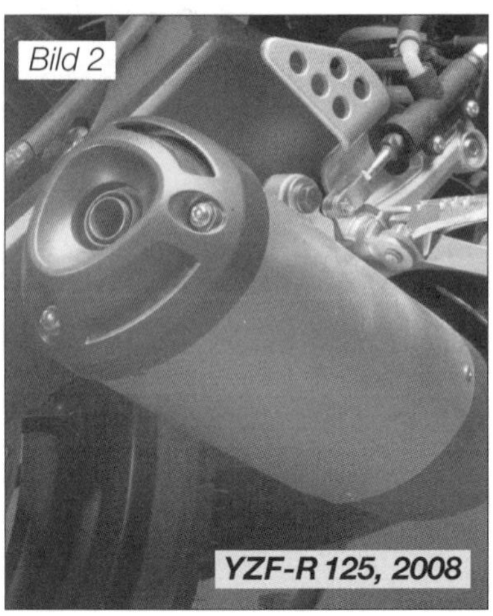

Bild 2

YZF-R 125, 2008

Bild 3

YZF-R 125, 2009

Weitere wesentliche Merkmale sind auch der im R6-Stil mittig platzierte Schalldämpfer, die Schwinge aus Aluminium und die breiten 17-Zoll-Reifen vorne und hinten. Als (aufpreispflichtige) Extras sind erhältlich: höhere Verkleidungsscheibe, Sitzbank-Abdeckung, Abdeckung der Gabelbrücken aus Carbon, Rahmenschutz-Protektoren und eine Tankschutzhaube.

Motor

Beim Motor handelt es sich um einen flüssigkeitsgekühlten Viertakt-Einzylinder mit oben liegender Nockenwelle (OHC) und 4 Ventilen, die über Gabelkipphebel betätigt werden. Der kompakte, leicht langhubige Motor mit dem Bohrungs-/Hubverhältnis von 52 mm x 58,6 mm ist drehfreudig und sorgt für kraftvolle Beschleunigung. Die Kombination von 4-Ventil-Zylinderkopf, Kraftstoff-Einspritzung und leistungsförderndem Auspuff ermöglicht der YZF-R 125 Fahrleistungen, die in der 125er-Viertaktakt-Klasse nicht schlecht sind.

Kraftstoffeinspritzung

Für spontane Gasannahme arbeitet das Triebwerk mit einer kompakten Kraftstoff-Einspritzung, die über eine großvolumige Airbox atmet. Zusammen mit den zwei Einlass-Ventilen sind eine optimale Einlass-Effizienz und exzellente Gasannahme über den gesamten Drehzahlbereich sichergestellt.

Mittig platzierter Schalldämpfer

Die Performance wird zusätzlich durch den mittig platzierten, großvolumigen Schalldämpfer im Stil der R6 verbessert. Die Position des Schalldämpfers leistet zudem einen Beitrag zur Massenzentrierung, wodurch ein neutrales Fahrverhalten gewährleistet wird. In der Auspuffanlage ist ein Doppelkatalysator eingebaut; das Sekundärluft-System leitet zusätzlich Frischluft in den Auspuff.

Fahrwerk

Eines der wesentlichsten Merkmale der YZF-R 125 ist ihr »erwachsenes« Fahrwerk, das in diesem Segment nicht unbedingt selbstverständlich ist. Der Radstand beträgt 1353 mm, was im Bereich größerer Maschinen liegt. Langer Radstand bedeutet aber nicht nur optische Größe, sondern auch gute Fahrstabilität.

Das größere Format der Maschine erlaubte den Konstrukteuren größere gestalterische Freiheit zur Erzielung einer sportlichen und gleichzeitig komfortablen Sitzposition. Das größere Fahrwerk führt aber auch zu einer deutlich stärkeren Präsenz auf der Straße.

Verkleidung im Supersport-Look
Mit ihrem unmissverständlichen R-Serien-Styling hebt sich die YZF-R 125 von ihren Mitbewerbern ab. Man kann sie durchaus für eine Maschine mit erheblich größerem Hubraum halten. Die Doppelscheinwerfer im charakteristischen R-Look geben ihr ein unverwechselbares Gesicht. Ebenso eigenständig ist die Heckansicht.

Aluminium-Schwinge
Die Schwinge der YZF-R 125 besteht aus Aluminiumguss. Sie ist qualitativ hochwertig gefertigt und leicht. Ihr geringes Gewicht minimiert die ungefederten Massen, weswegen das hintere Federungssystem mit höchster Effizienz arbeiten kann, ein wichtiger Beitrag für leichtes Handling.

Telegabel mit 33 mm Durchmesser
Die Telegabel mit einem Standrohrdurchmesser von 33 mm spricht gut an, lenkt präzise und bietet hohen Fahrkomfort. Der Lenkkopfwinkel beträgt 65,8 Grad, der Nachlauf misst 86 mm, womit die YZF-R 125 sehr handlich ist.

Scheibenbremse mit großem Durchmesser
Die vordere Bremsscheibe hat einen Durchmesser von immerhin 292 mm und wird von einer Doppelkolben-Bremse (Brembo) verzögert. Diese Bremse packt kraftvoll zu und ist gut dosierbar. Sie wird durch eine 230 mm große Bremse hinten unterstützt.

Leichtmetallräder mit Breitreifen
Die eigenständigen 10-Speichen-Leichtmetallräder sind leicht und tragen so zur Minimierung der ungefederten Massen bei. Die Reifen der YZF-R 125 zählen zu den breitesten in dieser Klasse: 100/80-17 vorne und 130/70-17 hinten sieht einfach gut aus.

WR 125 R

Enduro ab Modelljahr 2009
Für das Modelljahr 2009 präsentierte Yamaha zwei Neuentwicklungen, die das umfassende Angebot des Herstellers im 125er-Segment zusätzlich bereichern: WR 125 R Enduro und WR 125 X Supermoto profitieren dabei von den Technologien, die erst ein Jahr vorher mit den populären Schwestermodellen WR 250 X und WR 250 R eingeführt wurden.

Die WR 125 R hat den flüssigkeitsgekühlten Einzylinder-Viertakter mit Vierventiltechnik (OHC) aus der YZF-R 125, eine 41 Millimeter starke Telegabel, Scheibenbremsen mit Zweikolben-Bremssattel vorn und Einkolbenzange hinten sowie gelochte Wave-Bremsscheiben.

Um ihre On- und Offroad-Qualitäten sicherzustellen, rollt die WR 125 R Enduro auf einem 21-Zoll-Vorderrad und einem 18-Zoll-Hinterrad, sie stammen aus der Wettbewerbsmaschine WR 250 F. Die leichten Aluminiumfelgen sind mit Enduroreifen bestückt, die auf der Straße und im Gelände leistungsfähig sind und zum Fahrspaß beitragen.

Bild 4
WR 125 R, 2009

Bild 5
WR 125 R, 2009

Bild 6
WR 125 R, 2009

Bild 7

WR 125 X, 2009

Bild 8

WR 125 X, 2009

Bild 9

WR 125 X, 2009

Bild 10

YBR 125, 2007

WR 125 X

Supermoto ab Modelljahr 2009

Die WR 125 X hat das Fahrwerk und die Federelemente des R-Modells, aber vorne wie hinten 17-Zoll-Räder mit haftfreudigen Sportreifen.

YBR 125

Allrounder ab Modelljahr 2005

Ein kräftiger Motor, zunächst mit Vergaser und Katalysator, dann ab Modelljahr 2007 mit Einspritzanlage und Katalysator ausgestattet, dazu ein schlankes Design – dies sind die wesentlichen Attribute der YBR 125. Und all das gibt es zu einem ausgewogenen Preis-Leistungsverhältnis. Die wichtigsten Ausstattungsmerkmale der

Bild 11

YBR 125, 2005

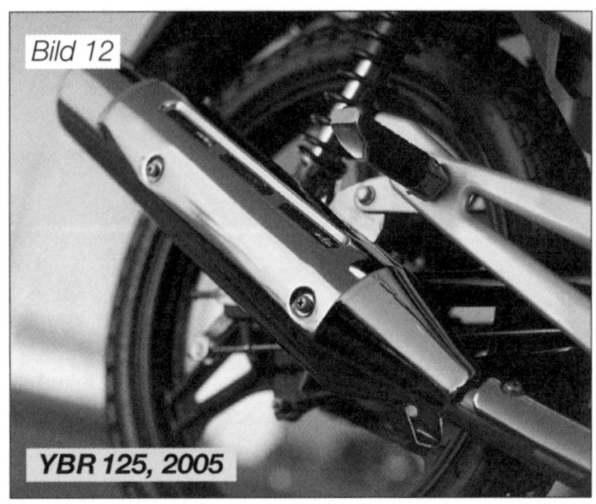

Bild 12

YBR 125, 2005

YBR 125 sind: Elektrostarter, Scheibenbremse vorn, 18-Zoll-Räder und eine geräumige Doppelsitzbank. Mit der YBR sind Fahrer und Beifahrer komfortabel und zügig unterwegs. Die YBR 125 ist auch sehr sparsam im Verbrauch.

Motor
Die YBR 125 verfügt über den luftgekühlten Einzylinder-Viertakter der XT 125 R/X-Modelle und bietet eine sanfte, harmonische Leistungsentfaltung. Der mit Kickstarter und elektrischem Anlasser ausgestattete 5-Gang-Motor bringt seine Allround-Leistung weich und unaufgeregt, weshalb die YBR 125 für Einsteiger und Motorradfahrer, die ein einfaches preiswertes Transportmittel suchen, eine gute Wahl ist.

Fahrwerk
Auch bei der Konzeption des Fahrwerks wurde Wert auf robusten, einfachen Aufbau gelegt. Die Hinterradschwinge stützt sich über zwei Federbeine am Stahlrohrrahmen ab.

YBR 125 Custom

Cruiser auf Basis der YBR
Die YBR 125 Custom stammt direkt von der YBR 125 ab. Auch die Custom bietet Qualität, Zuverlässigkeit, einfachen Aufbau, hohe Bedienungsfreundlichkeit und ein attraktives Preis-Leistungs-Verhältnis.

Der tropfenförmige Tank im US-Custom-Stil fasst 12 Liter. Eine bequeme Doppelsitzbank schließt an den Tank an; der leicht geschwungene Lenker ist etwas höher als bei der YBR 125 und die niedrige Sitzhöhe von 760 mm kommt besonders Anfängern und kleingewachsenen Fahrern entgegen. Schön anzusehen sind die verchromten Instrumente und Blinker.

Custom-Schalldämpfer und verchromter Gepäckträger
Der großvolumige Schalldämpfer trägt ein verchromtes Hitzeschutzschild. Zur Serienausstattung zählt weiterhin ein verchromter Gepäckträger mit integrierten Haltebügeln für den Sozius.

Gussräder mit neun Speichen, breiter Hinterradreifen
Die Gussräder mit neun Speichen sorgen für geringe ungefederte Massen, guten Federungskomfort und leichtes Handling. Der breite 3.50-16-Hinterreifen und der 3.00-18-Vorderreifen sehen cruisermäßig gut aus.

Bild 13

YBR 125 Custom, 2008

Bild 14

YBR 125 Custom, 2008

Bild 16

YBR 125 Custom, 2008

Bild 15

YBR 125 Custom, 2008

Bild 17
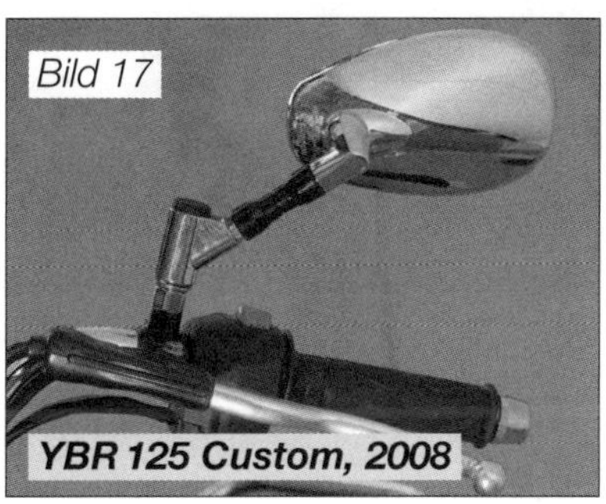
YBR 125 Custom, 2008

Bild 18

YBR 125 Custom, 2008

Bild 19

XT 125 R, 2007

Bild 20

XT 125 R, 2006

Bild 21

XT 125 R, 2008

Bild 22

XT 125 X, 2007

XT 125 R

Enduro ab Modelljahr 2005
Die XT 125 R trägt die Gene der legendären XT-Familie und deren jahrzehntelangen Erfahrung im Off-Road-Bereich in sich. Mit endurotypischer, geländegängiger Bereifung ist man sowohl auf der Straße als auch im Gelände gut unterwegs. Die vordere Scheibenbremse sorgt dabei stets für sichere Verzögerung.

Motor
Die XT 125 R wird von einem luftgekühlten Viertakt-OHC-Einzylindermotor angetrieben, der mit 124 cm^3 Hubraum eine gut kontrollierbare, kräftige Leistungsenfaltung bietet. Das quadratische Bohrung-Hubverhältnis von 54 x 54 mm verleiht dem leichten Motor Drehfreudigkeit und macht ihn zu einem idealen Einsteiger-Triebwerk. Die XT 125 R ist mit elektrischem Anlasser, Kickstarter und 5-Gang-Getriebe ausgestattet.

Das Styling der XT 125 R ist stark von dem der in der Saison 2004 eingeführten, sehr erfolgreichen XT 660 R-Enduro beeinflusst: Hochgelegte Radabdeckung vorne, Enduro-Schweinwerfer und stabiler Gabelschutz unterstreichen das robuste Outfit des vielseitigen Bikes. Der 10 Liter fassende Tank ermöglicht stattliche Reichweiten.

Wie die XT 660 R ist die XT 125 R mit einem 21-Zoll-Vorderrad und einem 18-Zoll-Hinterrad ausgestattet. Für gute Verzögerung sorgen eine 245 mm große Scheibenbremse vorn und eine 220 mm-Scheibenbremse hinten.

XT 125 X

Supermoto ab Modelljahr 2005
Die auf der XT 125 R basierende XT 125 X ist eine Maschine im Supermoto-Stil, gestaltet nach der beliebten XT 660 X: Andere Räder, Reifen, Telegabel und Bremsen geben ihr einen unverwechselbaren Supermoto-Look.

Bild 23

XT 125 X, 2007

Typenkompass

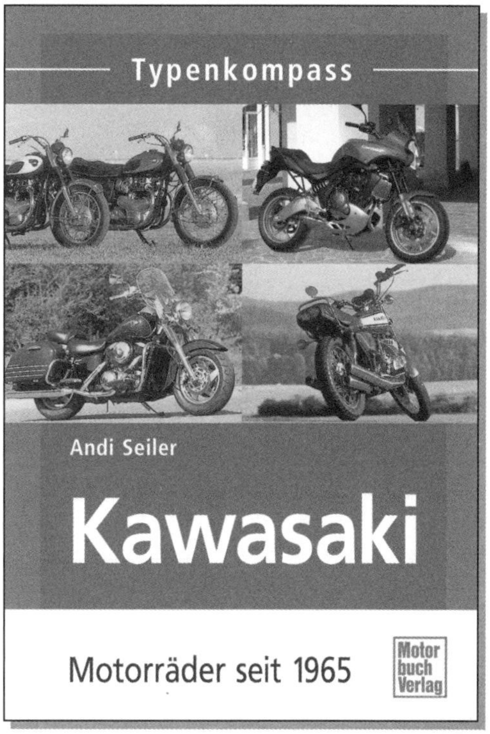

Andi Seiler
Kawasaki
Der Motorradbau war bei Kawasaki zunächst mehr ein Luxusobjekt. Entsprechend sah auch das Programm aus: Schnelle Zweitakter prägten das sportliche Image der Marke, erst später bewies Kawasaki, dass es auch spritzige Viertakter zu bauen verstand. Vor allem die GPZ- und die ZX-Baureihen gehörten zu den Bestsellern des Herstellers. In diesem Typenkompass finden sich auf gewohnt kompetente Weise Fotos, alle Daten und alle Fakten über die Zweiräder von Kawasaki seit 1965.
128 Seiten, 148 Bilder, davon 109 in Farbe
Bestell-Nr. 02727 **€ 9,95**

Joachim Kuch
Suzuki
In gewohnt kompetenter Weise bietet dieser Typenkompass alles über die Motorräder aus Hamamatsu. Enthalten sind alle Modelle über 125 Kubikzentimeter, die nach 1970 in Deutschland verkauft wurden. Dieser Titel tritt die Nachfolge des ersten Suzuki-Typenkompass an, der 1999 erschien. Durch umfangreiche Aktualisierung und Überarbeitung ist hier ein nahezu neues Buch entstanden, das alles Wissenswerte über die Zweiräder des japanischen Herstellers bietet.
144 Seiten, 150 Bilder, davon 142 in Farbe
Bestell-Nr. 02443 **€ 9,95**

Joachim Kuch, **Yamaha**
Yamaha ist die unbestrittene Nummer zwei auf dem weltweit umkämpften Zweiradmarkt. Gerade in den letzten Jahren hat das japanische Unternehmen durch zahlreiche Innovationen von sich reden gemacht. Dieser Band aus der erfolgreichen Reihe »Typenkompass« enthält alle Motorradmodelle von Yamaha über 125 Kubikzentimeter, die ab 1970 nach Deutschland kamen. Die überarbeitete und ergänzte Neuauflage zeigt Daten, Fakten und Bilder bis zum Modelljahr 2005.
144 Seiten, 132 Bilder, davon 131 in Farbe
Bestell-Nr. 02460 **€ 9,95**

Joachim Kuch, **Honda**
In jeder Leistungsklasse, in jeder denkbaren Antriebskonfiguration, inzwischen sogar mit Airbag: Kein Hersteller hat sein Programm konsequenter – und erfolgreicher – ausgebaut. Entsprechend erfolgreich ist auch der Typenkompass Honda, der hier in überarbeiteter und aktualisierter Form wieder vorliegt.
128 Seiten, 115 Bilder
Bestell-Nr. 02989 **€ 9,95**

IHR VERLAG FÜR MOTORRAD-BÜCHER
Postfach 10 37 43 · 70032 Stuttgart
Tel. (07 11) 2108065 · Fax (07 11) 2108070
www.paul-pietsch-verlage.de

Motor buch Verlag

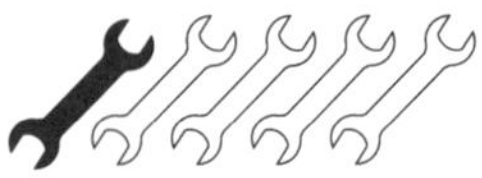

Bild 1 ganz rechts: Ein sinnvolles Werkzeugsortiment für die Hobbywerkstatt. Teilebezeichnungen siehe nächste Seite unten.

Bild 2 unten: Digitaler Messschieber (A), Bügelmessschraube (B) und Fühlerlehren (C) sollte man haben.

Bild 3: Besteckkasten als Werkzeug- und Teileablage.

Werkstatt

In diesem Kapitel: Werkzeug · Bordwerkzeug · Aufbockhilfen · Werkzeug für die Hobbywerkstatt · Werkzeugwagen und Hebebühne · Öl und Fett · Werkstatthilfsmittel · Spezialwerkzeug · Richtig schrauben · Schrauben, Scheiben, Muttern · Fetten, Ölen, Kleben, Sichern · Anziehdrehmomente · Seegerringe · Simmerringe · Flächendichtmittel · Gewindereparatur mit Heli-Coil · Technik-Fachbücher.

Werkzeug

Für jede Wartungsarbeit und Reparatur braucht man gutes Werkzeug. Die Idee, kleinere Servicearbeiten oder größere Reparaturen mit dem Bordwerkzeug durchführen zu wollen, ist und bleibt eine Illusion.

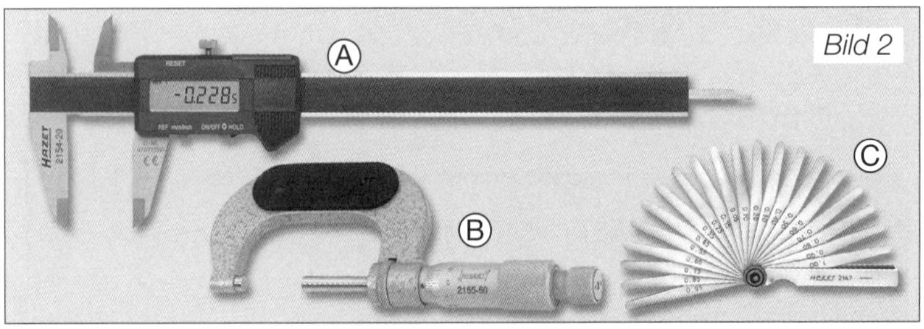

Bild 2

Sicherheitshinweise ⚠ Achtung und ☞ Tipps

⚠ Werkzeug nicht im Baumarkt kaufen, auch wenn dessen Sonderangebot noch so verlockend ist! Das in Baumärkten angebotene Werkzeug ist generell eher schlecht als recht, in vielen Fällen sogar gefährlich, weil es aus minderwertigem Material besteht und deswegen bruchgefährdet ist.

☞ Ein Blick ins Internet rentiert sich bei der Werkzeugrecherche. Echtes Qualitätswerkzeug ist im Internet unter *www.hazet.de* zu sehen. Hazet ist einer der bekanntesten deutschen Hersteller von Kraftfahrzeug-Qualitätswerkzeugen.

☞ Im Haushaltswarengeschäft (z. B. bei IKEA) gibt es für kleines Geld Besteckablagen für Schubladenkästen in verschiedenen Unterteilungen. Diese eignen sich ganz hervorragend als Schrauben- und Kleinteileablage (Bild 3).

☞ Wenn teure Spezialwerkzeuge benötigt werden, bei der Werkstatt um die Ecke nachfragen, ob man gegen ein hinterlegtes Pfand und einen Obolus in die Trinkgeldkasse das Werkzeug geliehen bekommt.

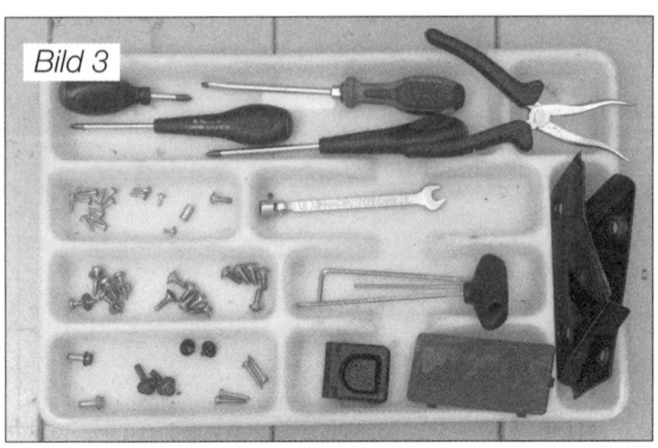
Bild 3

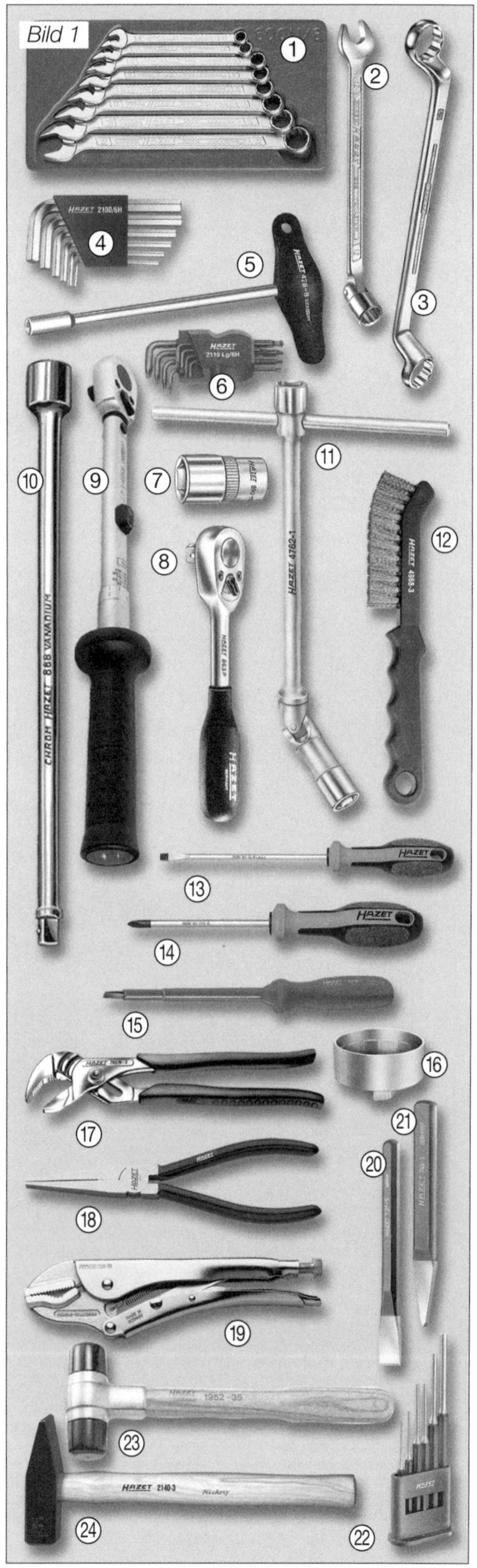

Bild 1

Denn mit schlechtem Werkzeug kann man keine gute Arbeit machen – und das gilt für die kleine Notreparatur unterwegs ebenso wie für die Wartungs- und Pflegearbeiten zu Hause in der Garage oder (Hobby-)Werkstatt! Beispielhaft für »schlechtes Werkzeug« sind die geplatzte Nuss (Bild 4) und die ausgefranste Bürste (Bild 5).

Merke: Vermurkste Schrauben und Muttern oder gar hässliche Kratzer im Umfeld von Schraubverbindungen, die von abgerutschten, weil nicht passenden Schlüsseln herrühren, sehen schlimm aus. Ganz zu schweigen von den Verletzungen, die ein »Mechaniker« sich beim Schrauben zuziehen kann, wenn er mit schlechtem Werkzeug arbeitet.

Schlüsselweite, Schraubenzieher

Die Sechskantköpfe der meisten serienmäßig verbauten Schrauben sind oben abgerundet und zusätzlich noch schräg angefast (Pfeil in Bild 6), damit bei der Fahrzeugmontage im Werk die Werkzeuge (»Nüsse«) besser über den Kopf rutschen. Um diese Schrauben sicher öffnen und anziehen zu können, braucht man Qualitäts-Sechskantnüsse, die möglichst dicht an allen sechs Kanten des Schraubenkopfes anliegen.

Der Begriff SW ist die Abkürzung für »Schlüsselweite«. SW 12 bedeutet also, dass dieser Schlüssel für einen Schraubenkopf oder eine Mutter mit 12 mm bestimmt ist, gemessen über die Mitte an zwei zueinander parallelen Flächen. M8-Schrauben oder Muttern brauchen einen 12er- oder 13er-Schlüssel; M6 einen 8er- oder 10er-Schlüssel.

Zu dem normgerecht als »Schraubendreher« bezeichneten Werkzeug sagen wir hier in dieser Reparaturanleitung »Schraubenzieher«. Das ist unter Motorradfahrern üblich.

Teilebezeichnungen in Bild 1 links: Satz Ring-Maulschlüssel (1), Maul-Steckschlüssel (2), Doppelringschlüssel (3), Satz Inbusschlüssel (4), Sechskant-Steckschlüssel mit Querknauf (5), Satz Torx-Schlüssel (6), Steckschlüsselnuss mit Innensechskant (7), Umschaltknarre (8), Drehmomentschlüssel (9), Verlängerung (10), Zündkerzenschlüssel (11), Bremssattelbürste mit Messingborsten (12), Schlitz-Schraubenzieher (13), Kreuzschlitz-Schraubenzieher (14), Elektriker-Schraubenzieher (15), Ölfilterschlüssel (16), Universalzange (17), Flachzange (18), Gripzange (19), Flachmeißel (20), Kreuzmeißel (21), Satz Splinttreiber (22), Kunststoffhammer (23), Schlosserhammer (24).

Bordwerkzeug

Das serienmäßige Bordwerkzeug ist aus einigen Billigschlüsseln konfektioniert, die zur Not taugen (Bild 7). Gut gefallen hat uns die Ölrutsche (rechts außen in Bild 7). Im Textabsatz »Besseres Bordwerkzeug« auf der nächsten Seite nennen wir Ersatz- und Ergänzungswerkzeuge.

Ob Sie bereit sind, Geld für besseres Bordwerkzeug auszugeben, wissen wir nicht. Zwei Dinge sollten Sie allerdings immer dabei haben:
1. Flickzeug: Reifen-Flickzeug für im Schlauch- oder Schlauchlosreifen vom Hersteller »TIP TOP« (Bild 8). Damit lässt sich ein Loch bis ca. 4 mm Durchmesser unterwegs zur Not reparieren.
2. Reifendruckprüfer: Bitte verwenden Sie KEIN Plastikteil aus dem Baumarkt, sondern ein Präzisionsmessgerät (Bild 9). Das beste Druckmessgerät, das wir kennen und in unserer Werkstatt täglich verwenden, stammt vom

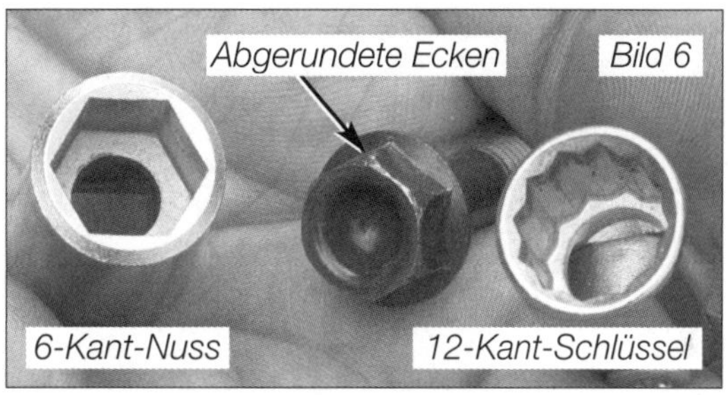

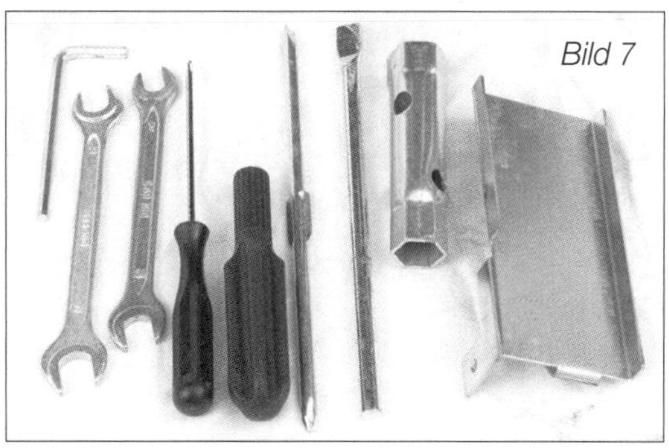

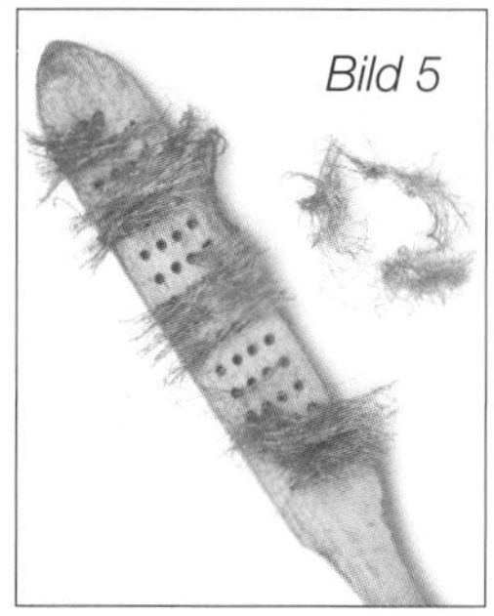

Bilder 4 und 5: Schlechtes Werkzeug aus dem Baumarkt.

Bild 6: Sechskantkopf einer Schraube mit abgerundeten Ecken am besten mit 6-Kant-Nuss bearbeiten, nicht mit 12-Kant-Ringschlüssel.

Bild 7: Serienmäßiges Bordwerkzeug der YZF-R 125. Das Blech rechts im Bild ist eine »Ölrutsche«, die unter dem Motor bei der Ölablassöffnung angesetzt wird und das Altöl sauber übern Auspuff leitet.

Bild 8: Reifen-Pannenhilfeset zur notdürftigen Reparatur eines Plattfußes.

Bild 9: Flaig-Reifendruckprüfer mit stabilem Alugehäuse.

Bilder 10 und 11: Praktische Front- und Heckständer aus dem Zubehörhandel.

■ *Der Frontständer in Bild 10 mit Gabelfaust-Halterollen ist sehr preiswert.*

■ *Der Heckständer in Bild 11 hat L-Winkelaufnahmen, die an den Unterseiten der Vierkant-Schwingarme angesetzt werden.*

***Preis-Tipp:** Für den Hausgebrauch genügt ein Ständer, denn die verschiedenen Aufnahmen für Telegabel und Schwinge können einfach ausgetauscht werden!*

Bild 12: Dieser Profi-Frontständer greift von unten ins Lenkschaftrohr und ist zum Ausbau der Gabelbeine nötig.

deutschen Hersteller Flaig und hat ein stabiles Alu-Gehäuse. Erhältlich ist es in gut sortierten Motorrad- und Zubehörläden sowie bei vielen Motorradhändlern.

Besseres Bordwerkzeug

Das Bordwerkzeug ist, in einer kleinen Tasche verpackt, in einem Fach unter dem Soziussitz untergebracht. Zusätzliches Werkzeug in Lappen einwickeln und gut verstauen. Wir empfehlen:

- Sechskantnuss für Vorder- und Hinterachsmutter; dazu Knebel (Querknauf) und ein Gabelschlüssel für die Sechskantköpfe der Achsklemmung, damit bei einem Plattfuß unterwegs die Räder fachgerecht aus- und eingebaut werden können.

Bild 9

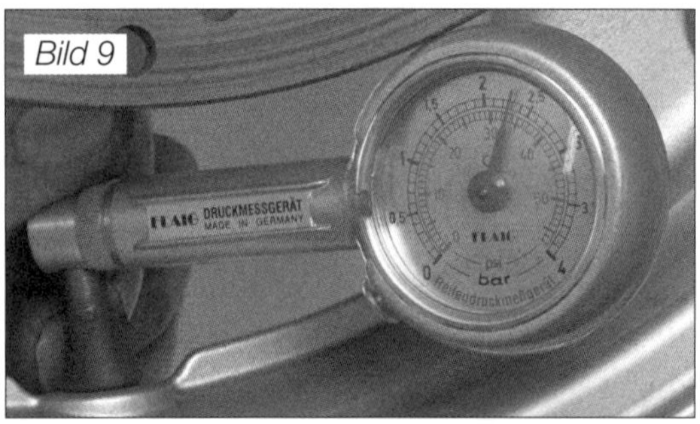

Bild 10

- Schlanke Maul-Steckschlüssel SW 8, 10, 12, 14 und 17
- Inbusschlüssel von 3 mm bis 6 mm mit Kugelsechskant auf der langen Seite
- Schraubenzieher mit Flach- und Kreuzschlitzklinge 5 mm und Elektriker-Schraubenzieher
- Kombizange
- Rolle Klebeband: Nehmen Sie unbedingt Qualitäts-Gewebeband (z. B. von Tesa), KEIN durchsichtiger Büro-Tesafilm oder gar von dem braunen Karton-Packband!

Bordwerkzeug für die lange Reise

Je nachdem wie alt die 125er-Yamaha ist und in welchem technischen Pflegezustand sie sich befindet (oder wenn man mit einer der Enduros auf Abenteuer-Urlaub geht), muss man für eine lange Reise das »bessere Bordwerkzeug« um nachfolgende Teile erweitern, damit eine Panne selbst in einem dünn besiedelten Gebiet ordentlich beschraubt werden kann.

- Prüflampe oder kleines Multimeter
- kleiner Schlosserhammer (100 Gramm)
- zwei Reifenmontierhebel
- Wasserpumpenzange
- Rätschenkasten mit 1/4-Zoll-Antrieb: Darin sind so viele Bits und Nüsse enthalten, dass man alle Schraubverbindungen am Fahrzeug bearbeiten kann.
- Tube benzin- und ölfestes Silikondichtmittel
- kleine Drahtbürste
- Dose Ölspray (WD-40)
- einige mitteldicke Kabelbinder und eine Rolle Gewebe-Klebeband, damit können z. B. zerstürzte Verkleidungsteile prima geflickt werden
- Schmutzlappen, eventuell noch ein paar Arbeitshandschuhe

Aufbockhilfen

Der fehlende Hauptständer wird schon beim Schmieren und Spannen der Kette vermisst; erst recht benötigt wird ein Ständer beim Aus- und Einbau der Räder. Auch zum Ausbau der Gabelbeine oder zum Ausbau der Lenkung zwecks Schmieren oder Erneuern der Lenkkopflager muss das Motorrad sicher aufgebockt werden. Im Motorrad-Zubehörhandel gibt es preiswerte, praktische Schnellständer für Front und Heck (Bilder 10 und 11). Der in Bild 12 gezeigte Frontständer wird unten ins Lenkkopfrohr eingesetzt; man kann stattdessen das Motorad auch an einem Werkstattkran aufhängen (Riemen um den Rahmen schlingen, Kabel und Züge dabei nicht beschädigen).

Bild 11

Bild 12

Werkzeug für die Hobby-Motorradwerkstatt

Wenn man eine der 125er-Yamahas als »kleine 125er« ansieht und zeitlich begrenzt für die beiden Führerschein-Lebensjahre des Fahrers zwischen 16 und 18 neu anschafft, dann lohnt es sich sicherlich nicht, über das »erweiterte Bordwerkzeug« hinaus viel Geld für eine Menge gutes Werkzeug zu investieren. Dennoch zeigen wir nachstehend, was wir an Werkzeug empfehlen für eine Hobby-Motorradwerkstatt, in der Arbeiten und Reparaturen durchgeführt werden können, die über die Behebung einer Panne am Straßenrand hinausgehen. Denn schon beim Aus- und Einbau der Räder ist ein Drehmomentschlüssel nötig, denn Achsmuttern und Befestigungsschrauben der Bremssättel verlangen nach exaktem Anziehdrehmoment.

Als Basisausstattung für eine Hobby-Motorradwerkstatt empfehlen wir:
Zwei Drehmomentschlüssel: Einen großen mit Einstellbereich 40 bis 200 Nm und einen kleinen mit 5 bis 40 Nm. Diese werden zum Beispiel beim Aus- und Einbau der Räder benötigt oder auch bei Arbeiten am Motor wie Kettenrad, Lichtmaschinenrotor (»Schwungrad«), Kupplung sowie beim Fahrwerk bei Gabel, Federbein und Schwinge.
Ölauffangwanne mit integriertem Öltank für den Ölwechsel
Fächer-Fühlerlehre von 0,05 bis 1,0 mm zum Kontrollieren des Ventispiels
Batterieladegerät 12 Volt für Motorradbatterien
Kupferpaste für Auspuffverbindungen
Silikondichtpaste für Gehäusedichtflächen
Flachspitzzange klein und **Seitenschneider**
Messing- und **Stahldrahtbürste**
Schlosserhammer mit 250 Gramm sowie ein **Kunststoffhammer**
Satz **Durchschläge**, auch »Splint-Austreiber« genannt
Messschieber mit einem Messbereich von 0 bis 250 oder 0 bis 300 mm
Isolierter **Seitenschneider** (»Elektro-Knipser«)
Digitales **Multimeter** und **Prüflampe**

Und wenn Sie jetzt noch Geld übrig haben, kaufen Sie sich noch Folgendes:
Schlagschrauber, mit dem lassen sich z. B. große, sehr fest angezogene Schrauben und Muttern wie z. B. die der Kupplungsnabe relativ einfach öffnen (Bild 13). Es gibt Druckluft- oder Akku-Schlagschrauber; wir arbeiten in unserer Werkstatt mit dem Akku-Schlagschrauber »Hitachi WR 12DAF«.
Akkubohrmaschine mit einem Bohrersatz von 2 bis 12,5 mm
Druckluft-Kompressor, Druck bis 8 bar, mit Druckluftpistole, Reifenfüllmanometer (Bild 14)
HeliCoil-Gewindereparaturkits M5, M6, M8 und M10 sowie für das Zündkerzengewinde. (Weiter hinten in diesem Kapitel zeigen wir die richtige Anwendung von HeliCoil).
Elektrische **Heizplatte** mit 25 cm Durchmesser oder einen starken Werkstatt-**Heißluftföhn**
Lötkolben mit 150 Watt Leistung
Schleifbock: Er ist in jedem Falle nützlich, und wenn man daran nur ab und zu Bohrer scharf schleift und sich am Funkenflug freut.

Bild 13

Bild 13: Ein Schlagschrauber, hier einer mit Pressluftbetrieb, leistet gute Dienste beim Öffnen von Befestigungsmuttern an der Kupplungsnabe.

Bild 14

Bild 14: Druckluft-Kompressor mit Luftpistole, Reifenfüller und Schlauch.

Werkzeugwagen, Hebebühne

Als Ablage beim Schrauben direkt am Motorrad benutzen wir einen Besteckkasten (Bild 3). Darin lassen sich die momentan benötigten Werkzeuge sowie die abgebauten Kleinteile wunderbar ablegen. Besteckkästen gibt es für kleines Geld in jedem Haushaltswarenladen (z. B. bei IKEA, dort sind sie besonders billig!). Man kann auch (ausgespülte...) Joghurt-Becher sammeln, um darin Muttern, Schrauben und Kleinteile nach Baugruppen geordnet abzulegen.

Werkzeug muss nicht nur vorhanden, sondern auch auffindbar sein. Und weil es mit der Ordnung immer so eine Sache ist, empfehlen wir, das am meisten benötigte Werkzeug im fahr- und faltbaren Hazet-Werkzeugwagen »Assistent« aufzubewahren. Dieser ist innen größer, als er von außen aussieht. Das Grundmaß des »Assistent« beträgt 725 mm x 398 mm, aufgezogen ist er etwas mehr als einen Meter hoch, zusammengeschoben kaum noch die Hälfte (Bild 15).

Perfekt ist eine Hebebühne. Sie erleichtert alle Schraubarbeiten am Motorrad, denn man kann die Maschine in die gewünschte Arbeitshöhe bringen, muss sich also nicht bücken. Preiswerte Hebebühnen gibt es in den Shops der Motorrad-Zubehörketten.

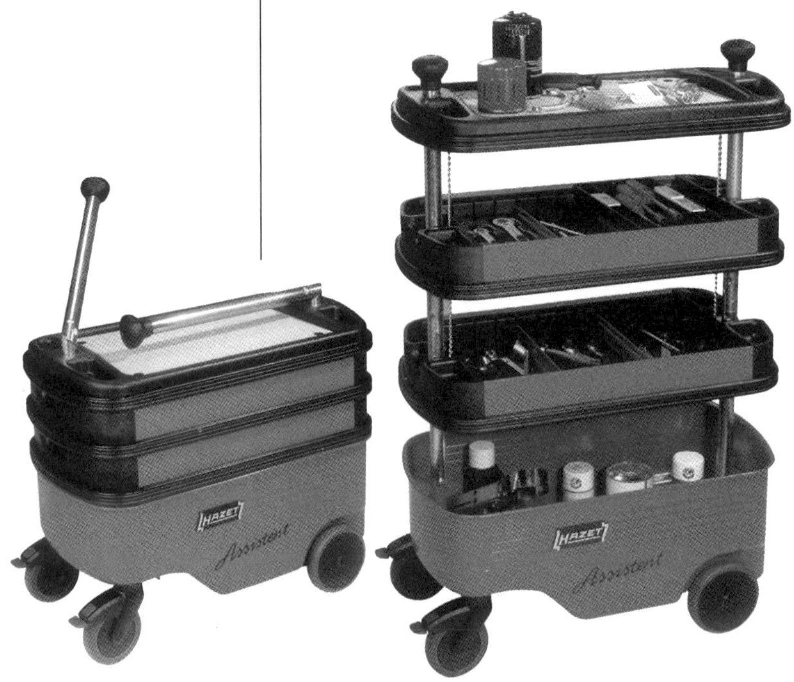

Bild 15: Der fahr- und faltbare Werkstattwagen »Assistent« ist seit vielen Jahren ein Klassiker in den Werkstätten von Hobby- und Profischraubern.

Bild 16

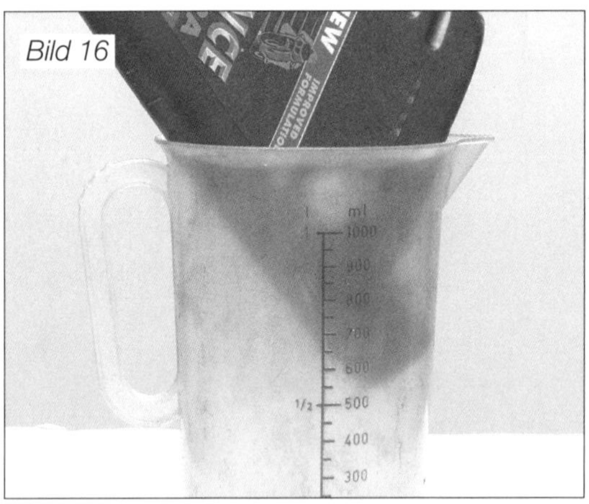

Bild 17

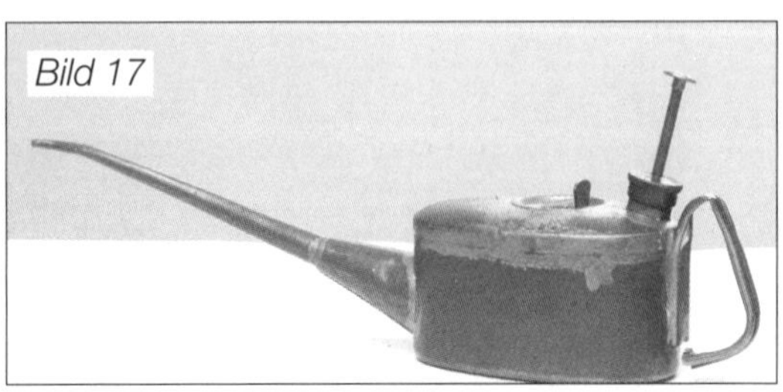

Bilder 16 und 17: Aus scheinbar leeren Öldosen kommt immer noch so viel Öl heraus, dass es als Tropföl im stilvollen Ölkännchen zum täglichen Hilfsmittel wird.

Öl und Fett

Öl: Öl ist das wichtigste Werkstatthilfsmittel. Ein stilvolles Ölkännchen (Bild 17) muss auf jede Werkbank, weil ein Tropfen Öl vor der Montage an Schrauben und Muttern gehört. Natürlich kann man auch Öl-Allzweckspray oder WD-40 verwenden, aber die häufige Benutzung von Spray wird mit der Zeit richtig teuer.

In das Ölkännchen gehört gutes Qualitätsöl. Also eine weitere Warnung vor dem Baumarkt: Dort kein »prima Ölkännchen mit 150 ml Allzwecköl für nur 1,95 Euro« kaufen, das ist viel zu teuer für diesen Schmierfusel. Besser ist es z. B., die letzten Reste aus Motoröldosen oder -flaschen zu sammeln, indem man die Ölflasche zum Austropfen kopfüber in einen Becher stellt (Bild 16) und so »Tropföl« sammelt. Das ist nun beileibe kein übertriebener Geiz, aber warum die scheinbar leere Öldose wegwerfen, wenn sich noch ein paar Kubikzentimeter gutes (und teueres!) Motoröl darin befinden?

Fett: Schmierfett ist neben Öl ein weiteres wichtiges Grundhilfsmittel in der Motorradwerkstatt. Motorrad-Schmierfett sollte möglichst (Salz-)wasserresistent sein. Wir brauchen in unserer Hobbywerkstatt zwei Fettarten (Bild 18):

■ »**Schweres Wälzlagerfett**« ist für langsam drehende Bauteile wie Lenkkopf- und Schwingenlager, Gelenkbolzen von Fußrasten, Schalt- und

Bremshebel. Man spürt beim Reiben zwischen den Fingern, dass das schwere Fett steifer ist als leichtes Wälzlagerfett. Deswegen ist es nicht für Schnelldrehbauteile wie Radlager geeignet, hält aber viel höhere Drücke aus.

■ »**Leichtes Wälzlagerfett**« schmiert man in schnell drehende Bauteile, wie Radlager oder die Radlager-Simmerringe beim Radeinbau. Wie die Bezeichnung »leicht« schon sagt, ist das Fett »leicht« und damit besonders geschmeidig. Wenn man es zwischen den Fingern verreibt, wird es extrem glitischig. Man spürt während des Reibens quasi den Schmierfilm, und danach lässt sich das Fett kaum von der Haut abwaschen.

Mehr zur richtigen Verwendung von Öl und Fett weiter hinten im Kapitelabsatz »Richtig schrauben«.

Werkstatthilfsmittel

Die meisten Werkstatthilfsmittel (Bild 19) werden vom Chemiegiganten Henkel hergestellt, wie z. B. flüssige Schraubensicherungen (»**Loctite**«) und Dichtmittel. Im Internet unter *www.loctite.de* findet man Loctite-Produktbeschreibungen und kann sich über deren Anwendung informieren. Yamaha-Händler sind in der Regel gut sortiert und haben Werkstatthilfsmittel auf Lager.

Man sollte die oben schon besprochenen beiden Fette haben sowie Kontaktspray, Molykote 111 (Silikonfett), Dichtmittel 3-Bond (Flächendichtmittel), Loctite 577 (Gewindedichtmittel) Loctite 243 (Schraubensicherung »mittelfest«), Loctite 2701 (Schraubensicherung »hochfest«) und Bremsenreiniger.

Spezialwerkzeug

Für einige Arbeiten an Fahrwerk und Antrieb werden Spezialwerkzeuge benötigt. Man kann diese beim Yamaha-Händler kaufen, aber sie sind teuer. Auf die verschiedenen Spezialwerkzeuge sowie einfache Alternativen dazu gehen wir in den entsprechenden Kapiteln ein.

Hakenschlüssel (Bild 20): Wird benötigt zur Einstellung der Lenklagerung. Kaufen Sie bitte einen exakt auf die Nutmuttern passenden Schlüssel – Hakenschlüssel sind nicht teuer, sie gehören zur Werkzeug-Grundausstattung.

Kupplungsnabenhalter (Bild 21): Wird benötigt zum Halten der Kupplungsnabe, wenn die Zentralmutter gelöst oder festgezogen werden muss.

Rotorhalter (Bild 22): Wird benötigt zum Halten des Lichtmaschinenrotors, wenn die Zentralmutter gelöst oder festgezogen werden muss.

■ Wenn der Rotorhalter zum Kauf zu teuer ist:

Schweres Fett ist für langsam drehende Lager und Bauteile, wie z. B. Lenkkopf- und Schwingenlager. *Bild 18*

Leichtes Fett für schnell drehende Lager, z. B. Radlager, und zum Schmieren von Simmerringen.

Bild 18: Schweres und leichtes Fett sind für das richtige Schmieren der entsprechenden Bauteile wichtig.

Bild 19: Wichtige Werkstatthilfsmittel wie Bremsenreiniger (1), Kältespray zum Einbau von Lagern (2), Kontaktspray für Elektrostecker (3), Lagerfett (4), Loctite-Schraubensicherung »mittelfest« (5) und »hochfest« (6), Chrom-Politurpaste (7), Dichtmasse für Gehäusedeckel (8), Molykotefett (9).

Bild 19

Bild 20

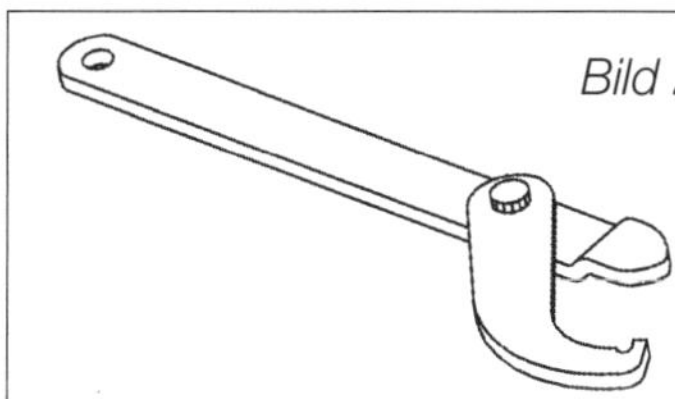

Verstellbarer Hakenschlüssel

Bild 21

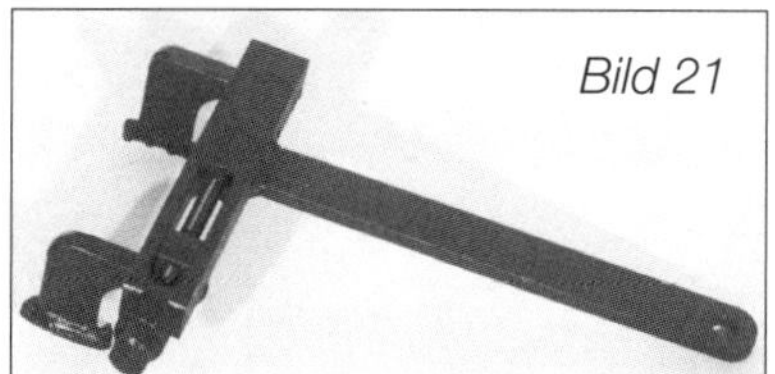

Kupplungsnabenhalter

Mit dem schon erwähnten Akku-Schlagschrauber kann man die Verschraubungen von Lichtmaschine und Kupplungsnabe öffnen, ohne mit einem weiteren Werkzeug gegenzuhalten!

Limarotor-Abzieher (Bild 23): Wird zwingend benötigt zur Demontage des Lichtmaschinenrotors, denn ohne einen solchen speziellen Abzieher lässt sich der Rotor nicht vom Kurbelwellenstumpf abziehen!

Bild 22: Bei Verwendung eines solchen Rotorhalters die Gewindespindel nicht zu stark festziehen, sonst besteht die Gefahr, dass der Läufer zerdrückt und damit unrund wird. Die Rotor-Befestigungsschraube wird sinnvollerweise mit einem Schlagschrauber geöffnet.

Bild 23: Rotorabzieher.

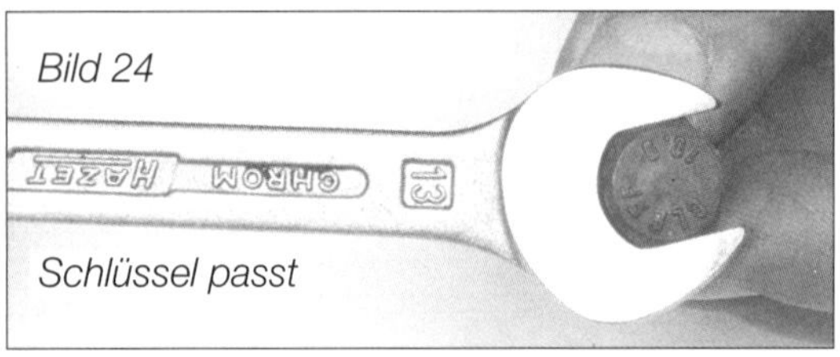

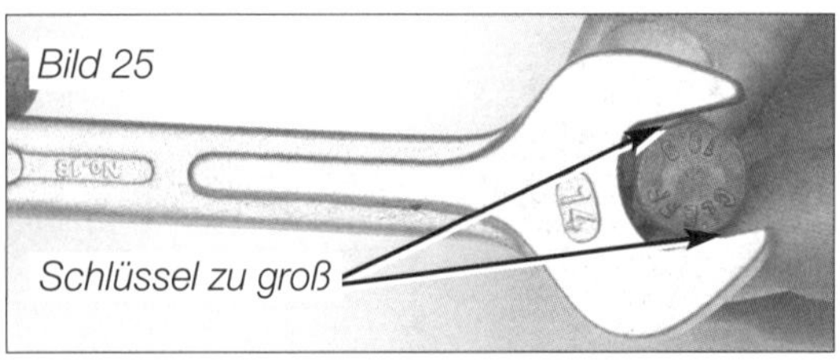

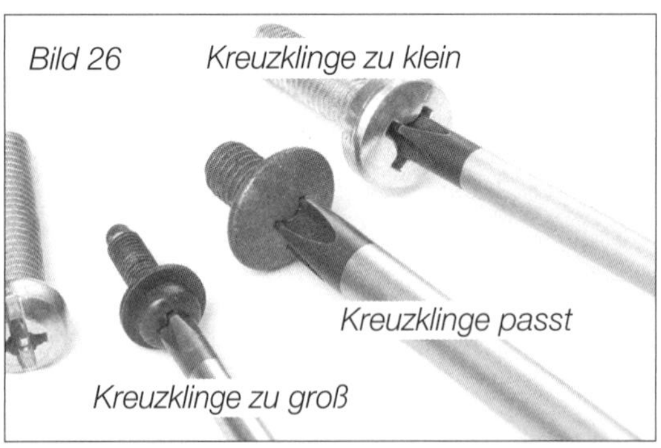

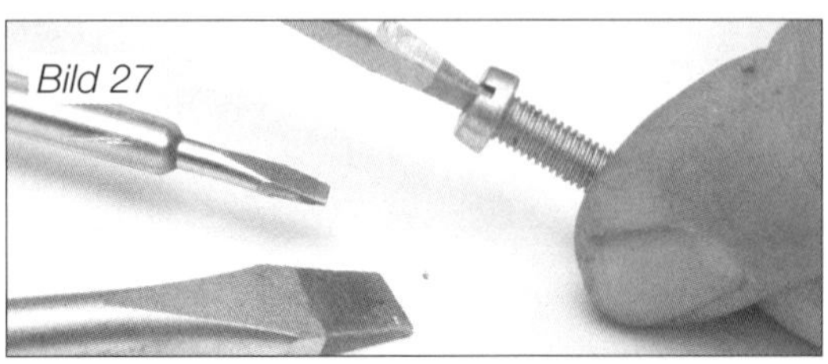

Bilder 24 bis 27: Immer passendes Werkzeug verwenden. Ein zu großer Schlüssel vermurkst beim ersten Ansatz den Schraubenkopf, ein zu kleiner Schraubenzieher rutscht durch, ein zu großer versaut den Schlitz im Schraubenkopf.

Gewindeschneider-Satz: Im Kapitelabsatz »Gewinde reparieren« zeigen wir den Umgang mit dem Gewinde-Reparaturmittel »HeliCoil«. Unter die Rubrik »Spezialwerkzeug« fällt auch ein kompletter Satz Gewinde-Schneid- und Bohrwerkzeuge. Damit lassen sich Außen- wie Innengewinde anfertigen oder nachschneiden, wenn z. B. Reste von Loctite daran hängen, Farbe oder Rost.

Kühler- und Verschlussdeckel-Prüfgerät: Wird benötigt zum Prüfen des Kühlerverschlussdeckel-Öffnungsdrucks und zum »Abdrücken« des kompletten Kühlsystems bei einer Prüfung auf Lecks.

■ Wenn zu teuer: Mit dem Deckel zum Yamaha-Händler gehen und dort prüfen lassen.

Lageraus- und Eintreiber: Wird benötigt zum Aus- und Einbau von Lagern. Wenn zu teuer: Man kann sich auch mit passenden Nüssen helfen (siehe dazu auch Kapitel 8 »Räder« und den Absatz »Radlager wechseln«).

Gabeldichtring-Treiber mit Treibhülse: Wird benötigt zum Einbau von Gleitbuchsen und Gabelsimmerringen, wozu das Gabelbein zerlegt werden muss.

■ Wenn der Gabeldichtringtreiber zum Kauf zu teuer ist: Man kann sich ein solches Einbauwerkzeug selbst machen, braucht dazu allerdings mechanische Erfahrung und eine Drehbank. Im Kapitel 13 »Telegabel« gehen wir darauf ein.

Richtig schrauben

Gut schrauben zu können ist keine angeborene Gottesgabe, sondern eine Sache der realen Einschätzung: Was habe ich bisher gelernt, kann ich schon, traue ich mir zu, kann ich noch lernen? Und: Von was lasse ich die Finger weg, weil mein Wissens- und Könnenstand sowie der eigene Werkzeugbestand nicht ausreichend genug sind? Das Wissen um die eigenen Fähigkeiten ist die beste Voraussetzung, um ein guter Schrauber zu sein – oder zu werden.

Ordnung halten in der Bude!

Wer Ordnung hält, ist nur zu faul zum Suchen. Eine blödere Ausrede als diese gibt es nicht, wenn man in eine Garage oder Hobbywerkstatt kommt, wo sich alte Dichtungen und Ölfilter auf gebrauchten Reifen stapeln, leere Bierflaschen und Pizzapappen vor sich hin stinken. Ähnlich der Ordnung in der Werkstatt verhält es sich mit der Sauberkeit der Maschine: Bevor man anfängt an irgendeiner Baugruppe zu schrauben, sollte man die Maschine waschen, denn an verdreckten Bauteilen und verschmutzten Schrauben kann man die Werkzeuge nicht sicher ansetzen.

Sicherer Werkzeuggebrauch
Am Anfang dieses Kapitels haben wir es schon gesagt, hier wiederholen wir es: Mit schlechtem Werkzeug kann man keine gute Arbeit machen! Hier ergänzen wir thematisch: Mit gutem Werkzeug muss man auch umgehen können.

Die Bilder 24 bis 27 zeigen, was wir meinen:

- Wenn ein Schraubenkopf oder eine Mutter einen 13er-Schlüssel braucht (Bild 24), dann ist der 14er (Bild 25) das falsche Werkzeug.
- Ein Kreuz- bzw. Schlitz-Schraubenkopf braucht einen passenden Kreuz- oder Schlitz-Schraubenzieher (Bilder 26 und 27). Nicht versuchen, eine Kreuzschlitzschraube mit einem Flachklingen-Schraubenzieher zu öffnen!

Schrauben, Scheiben, Muttern

Stahlschrauben, die in Aluminium wie z. B. Motorgehäuse gedreht werden, müssen mindestens mit der Länge des doppelten Schraubendurchmessers in das Innengewinde eingeschraubt werden (M6 also 12 mm). Noch besser ist der zweieinhalbfache Durchmesser (bei M6 also 15 mm). In Bild 28 sieht man eine zu kurze Schraube, in Bild 29 eine in der richtigen Länge und zwei zu kurze.

Natürlich ist die serienmäßige Schraube immer die beste Schraube, aber manchmal geht halt eine verloren – deswegen nachstehend einige Grundlagen für die Verwendung von nicht serienmäßigen Schrauben.

- Wenn man keine Schrauben in der passenden Länge bekommt und nur solche, die 5 mm zu kurz oder 20 mm zu lang sind, dann lieber die zu langen kaufen und auf passende Länge zurechtsägen. Lohn der (Säge-)Arbeit ist ein nicht ausreißendes Gewinde!
- Wenn Schmutz oder Reste von Schraubenkleber an der Schraube haften, diese mit einer Messingbürste reinigen (Bild 30). KEINE scharfe Stahlbürste verwenden, denn die reißt die Oberflächen des Gewindes auf!
- Bei jeder ausgedrehten Schraube und abgedrehten Mutter vor der Montage das Gewinde begutachten: Bei den in Bild 31 gezeigten Schrauben sind die Gewinde defekt (»überdreht«) und damit sind sie reif für die Mülltonne. Die Begutachtung der Gewinde VOR der Montage ist besonders wichtig bei sicherheitsrelevanten Baugruppen wie Fahrwerk mit Rahmen, Federung, Rädern und Bremsen sowie dem Antrieb.

In Bild 32 sind verschiedene Scheiben und Muttern dargestellt:
Unterlag- oder Wellenscheiben sollen zwischen Stahlmuttern und Aluminium gelegt werden, das verbessert die Flächenpressung und schont das Alu.
Eine **Federscheibe**, auch »Sprengring« genannt, verhindert durch ihre beiden Zacken bis zu einem gewissen Maße das Lösen der Schraube/Mutter. Nur bei Stahl auf Stahl verbauen!
In eine **Stoppmutter** ist ein Sicherungsring aus Kunststoff oder ein mehrteiliges Stahlsegment eingesetzt, der die Mutter auf dem Gewinde der Schraube »verklemmt« und damit sichert. Eine Stoppmutter mit Kunststoff-Sicherungsring soll

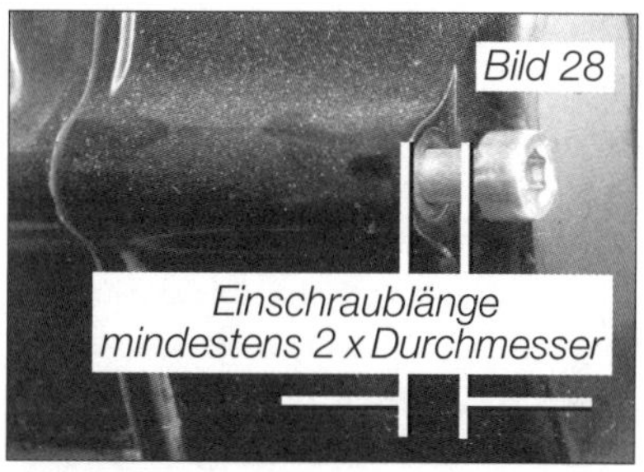

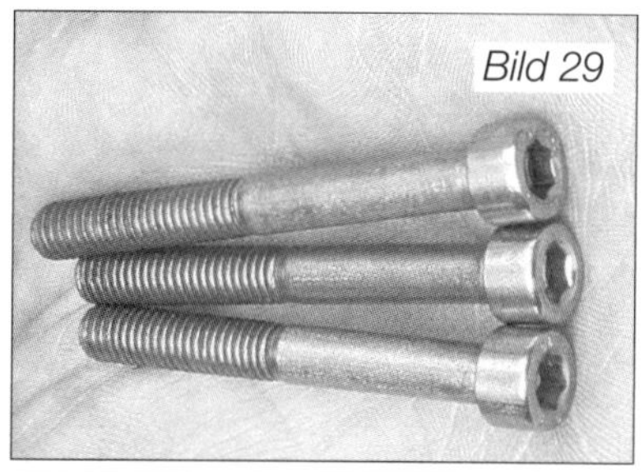

Bilder 28 und 29: Bei Stahlschrauben in Alu auf genügend Einschraublänge achten.

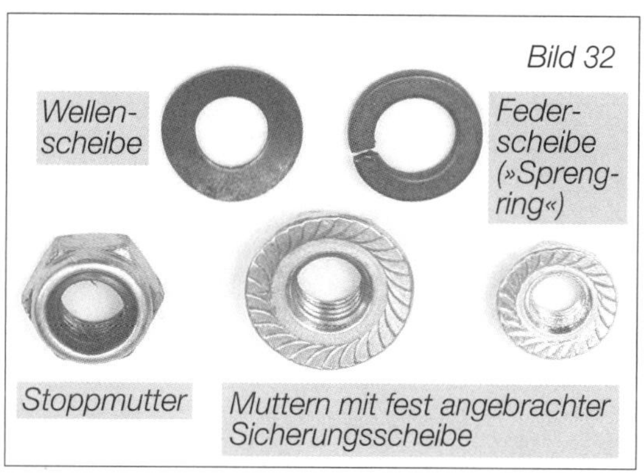

Bild 30: Gewinde immer nur mit einer Messingbürste reinigen.

Bild 31: Defekte Schraubgewinde.

Bild 32: Verschiedene Scheiben und Muttern.

nur einmal, höchstens zweimal verwendet werden; eine Stoppmutter mit mehrteiligem Stahlsegment kann mehrmals verbaut werden.
Eine **Stahlmutter mit** angebrachter **Feinzahnscheibe** wird ohne zusätzliche Unterlegscheibe auf Alu oder Stahl verschraubt. Nach zwei- oder dreimaliger Verwendung ist die Verzahnung »flach« und sichert nicht mehr richtig. Für die Befestigung einer Nummernschildschraube ist eine solche Mutter aber immer noch gut genug.

Fetten, Ölen, Kleben, Sichern

■ Wenn blanke Bauteile miteinander verschraubt werden, die Kontaktflächen beider Teile gut mit etwas Fett einschmieren, dann rosten sie nicht zueinander fest, weil Fett zwischen den Passflächen das Eindringen von Feuchtigkeit verhindert. Dies gilt auch für Alu auf Alu oder Alu auf Stahl, denn ohne schützende Fettschicht dazwischen bildet sich mit der Zeit böse Korrosion!
■ Wenn Schrauben und Muttern verarbeitet werden, immer einen Tropfen Öl auf/in ihre (gereinigten!) Gewinde und Anlageflächen geben.
■ Loctite »mittelfest« hält jede Schraubverbindung zuverlässig zusammen. Bei extrem belasteten Schraubverbindungen, wie z. B. den Befestigungsschrauben der Bremsscheiben, ist Loctite »hochfest« vorgeschrieben. Bei Schrauben einen Tropfen auf (Bild 33), bei Muttern in das Gewinde (Bild 34) geben.
Wichtig: Wenn Loctite ans Gewinde gegeben wird, dieses (und das Gegengewinde auch) von Öl und Fett sorgfältig reinigen, am besten mit Bremsenreiniger.
Farbmarkierung: Profis zeichnen jede Schraube/Mutter, die sie mit dem vorgeschriebenen Drehmoment angezogen haben, mit einer Farbmarkierung (Bild 35). Sollte sich eine Schraubverbindung wider Erwarten öffnen, sieht man das an den zueinander verdrehten Farbstrichen!

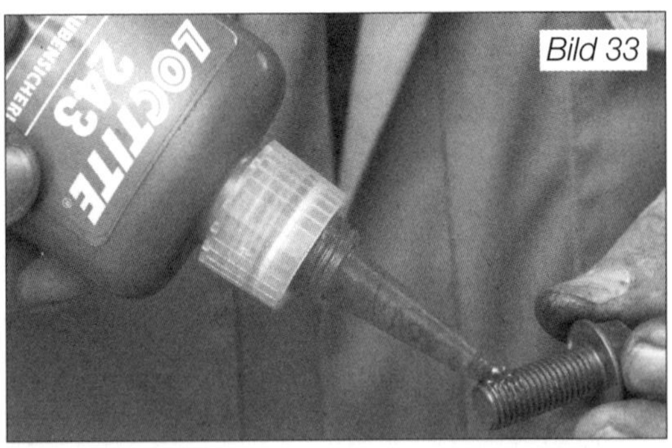

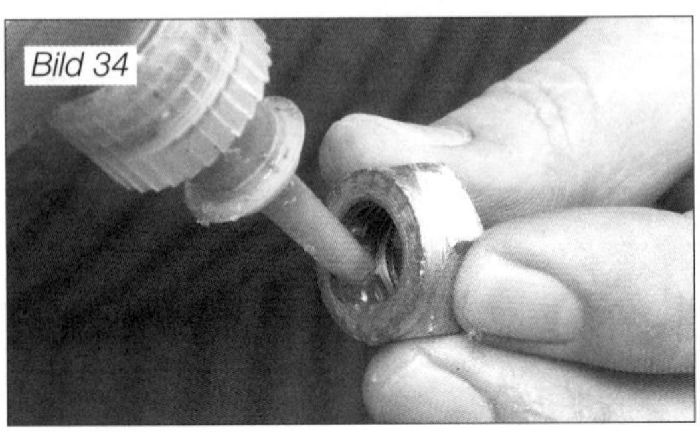

Bilder 33 und 34: Zur Gewindesicherung einen Tropfen Loctite auf die Schraube bzw. in die Mutter geben.

Bild 35: Farbmarkierung zur Sichtprüfung.

Anziehdrehmomente

Um eine notwendige Verbindungs-Haltekraft ausüben zu können, muss eine Schraube (Mutter) in dem ihr zugeordneten Innengewinde (Außengewinde) mit einem bestimmten Anziehdrehmoment festgezogen werden. Nur damit ist garantiert, dass die durch die Schraube (Mutter) zueinander verspannten Bauteile ausreichend fest sind und sich die Schraubverbindung nicht von alleine löst (z. B. durch Vibrationen).

■ Werden Schrauben/Muttern zu leicht angezogen, besteht die Gefahr, dass sich die Schraubverbindung lockert.
■ Werden Schrauben/Muttern zu fest angezogen, werden ihre Gegengewinde »weich«, reißen bzw. brechen dabei aber (noch) nicht, die Schraubverbindung erscheint »gefühlt fest«. Später lockert sie sich und fällt ab.

In den einzelnen Kapiteln nennen wir bei den Arbeitsschritten der zu bearbeitenden Bauteilen die Anziehdrehmomente. Im Kapitel 31 »Anziehdrehmomente« sind die von Yamaha vorgeschriebenen Anziehdrehmomente aufgelistet.

Seegerringe

Zum Aus- und Einbau von Seegerringen werden spezielle Zangen benötigt: Innenseegerringe werden zusammengedrückt (Zange Bild 36) und ausgezogen, Außenseegerringe auseinandergezogen (Zange Bild 37) und abgezogen. Einmal ausgebaute Seegerringe sollen durch Neuteile ersetzt werden. Ausnahme: Wenn man sie vorsichtig und ohne bleibende Verformung ausbaut, kann man sie noch einmal verwenden.

Beim Einbau muss die scharfe Kante des Seegerrings in Druckrichtung (also quasi »nach außen«) eingebaut werden (Bilder 38 und 39). Auch muss der Seegerring richtig satt in seiner Nut sitzen: Lieber zwei- als nur einmal nachsehen, ob er wirklich richtig sitzt!

Simmerringe

Simmerringe, auch »Wellendichtring« genannt, dichten drehende (Radlager) oder zueinander gleitende Bauteile (Gabelbeine) zu den stehenden Teilen nach außen und/oder innen ab. Simmerringe müssen mit der Aufschrift nach außen eingebaut werden, egal wie der Simmerring geformt ist!

Wichtig beim Einbau (Bild 40):

- Einmal ausgebaute Simmerringe nicht mehr einbauen, also immer Neuteile verwenden.
- Simmerring mit leichtem Wälzlagerfett einfetten (Bilder 40a und 40c), niemals »trocken« über die Welle schieben oder in seinen Sitz einpressen!
- Die dünne Spannfeder (Bild 40b) im Simmerring muss vorhanden sein – sie keinesfalls entfernen in dem Glauben, dass dann die Welle (oder das Rad) leichter läuft.

Flächendichtmittel

Spezielle Kraftfahrzeug-Silikondichtmasse, öl- und fettverträglich mit einer Temperaturbeständigkeit von –40 °C bis 250 °C wird benötigt, wenn Bauteil auf Bauteil ohne zwischengelegte Papierdichtung verbaut wird.

Mit Silikondichtmasse kann man eine normalerweise eingebaute (und vorgeschriebene!) Papierdichtung ersetzen, wenn keine neue zur Hand ist (z. B. bei Nachtarbeit, wie das bei Hobby-Motorradschraubern üblich ist).

Bei Silikondichtmasse beachten:

- Bei einer *neuen* Papierdichtung keine zusätzliche Silikondichtmasse verwenden.
- Wenn eine *gebrauchte*, ausgehärtete Papierdichtung verwendet werden muss, beide Seiten dieser Dichtung leicht und gleichmäßig mit Silikondichtmasse einschmieren (Bild 41).
- Silikondichtmasse vor dem Zusammenfügen der Bauteile ca. 10 Minuten »ablüften« lassen.

Beim luftgekühlten Motor kann dies akut dann der Fall sein, wenn beim Ölwechsel der Ölfilter ausgebaut wurde, wozu man den Kupplungsdeckel abbauen muss, und sich beim Zusammenbau herausstellt, dass die Dichtung unterm Kupplungsdeckel zerrissen ist (siehe dazu auch Kapitel 25 »Schmiersystem«). Oder auch wenn die Dichtung schon stark ausgehärtet ist, kann man sich mit zusätzlich beidseitig dünn aufgebrachter Silikondichtmasse helfen.

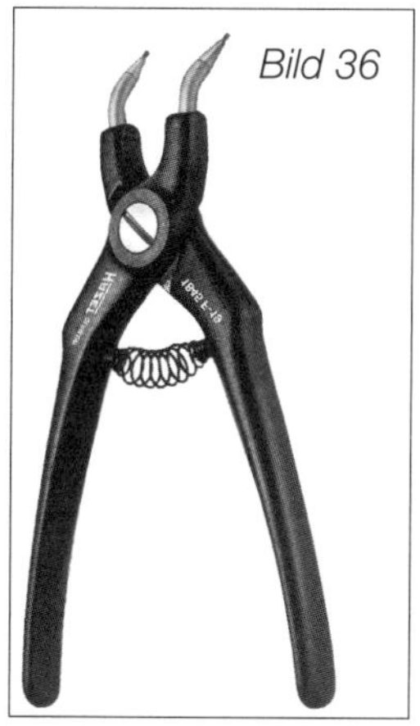

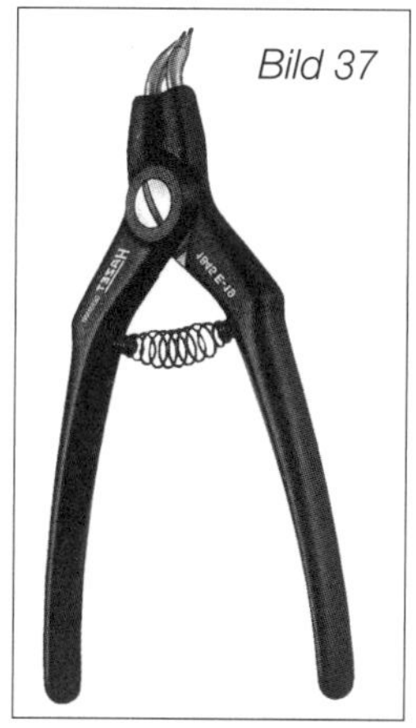

Bilder 36 bis 39: Im Lauftext sind die zu den Bildern gehörenden Arbeitsschritte nummeriert beschrieben.

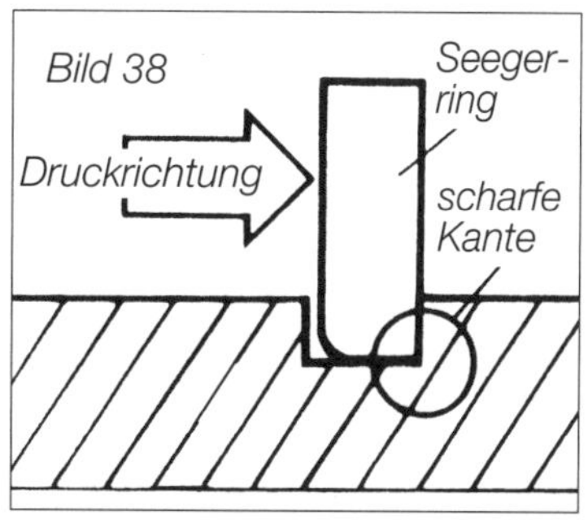

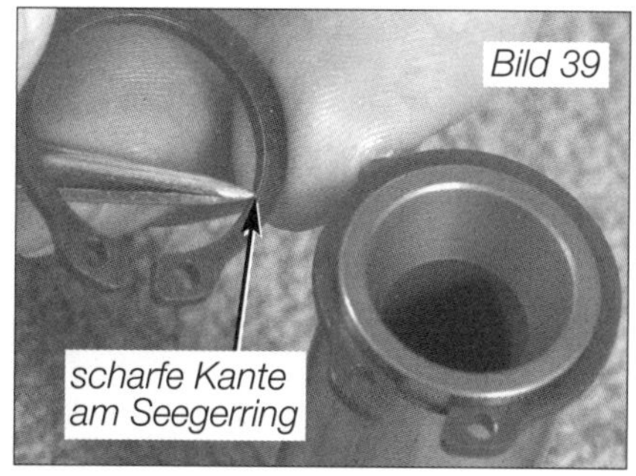

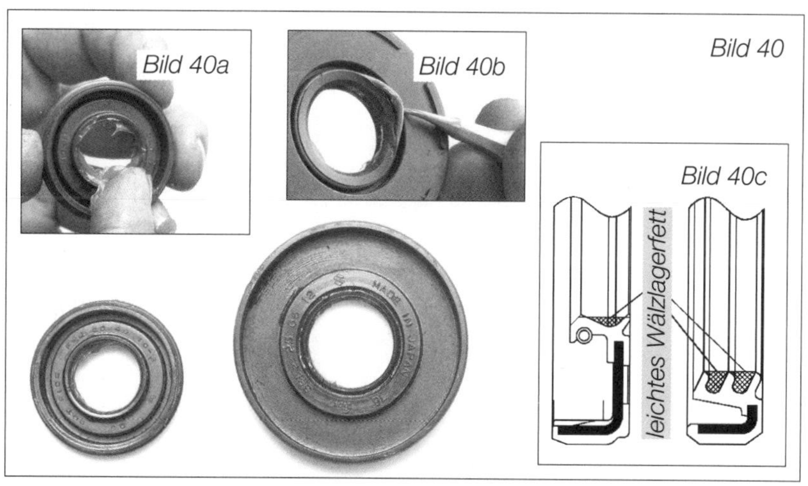

Bild 40: Simmerringe mit der Aufschrift nach außen einbauen. Vor Zusammenbau mit leichtem Wälzlagerfett einschmieren (Bilder 40a und 40c).

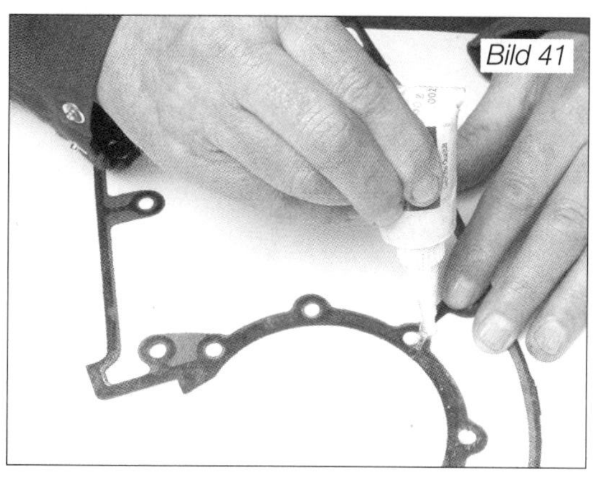

Bild 41: Silikondichtmittel verwenden, wenn eine Papierdichtung ein weiteres Mal eingebaut wird.

Bilder 42 bis 50:

- *42: Kompletter HeliCoil-Reparaturkit.*
- *43: Defektes Gewinde, überdrehte Schraube.*
- *44: Schraubenreste ausbohren, sauberes Kernloch erzeugen.*
- *45: Neues Aufnahmegewinde für den HeliCoil-Gewindeeinsatz schneiden.*
- *46 und 47: HeliCoil-Gewindeeinsatz mit der Einbauspindel montieren.*
- *48: Zapfen brechen und entfernen.*
- *49: Perfekt ist das neue Gewinde mit HeliCoil-Gewindeeinsatz.*
- *50: Schraube eindrehen und anziehen, fertig!*

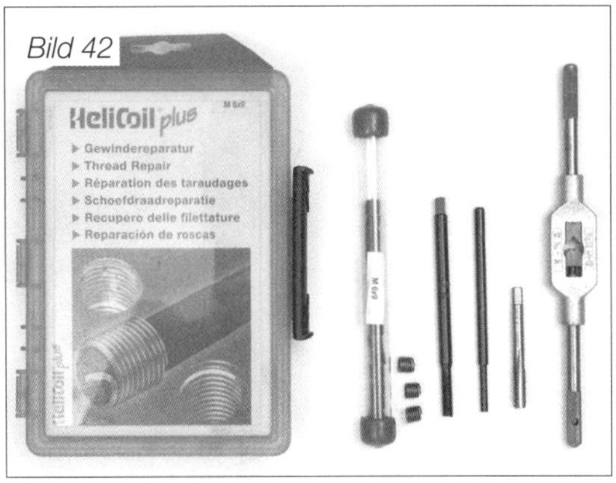

Bild 42

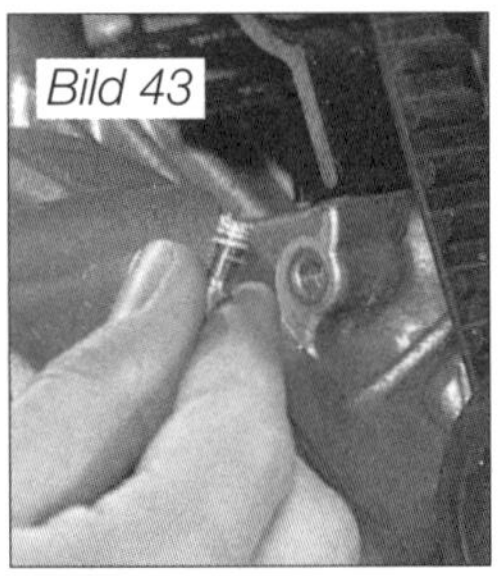
Bild 43

Bild 44

Bild 45

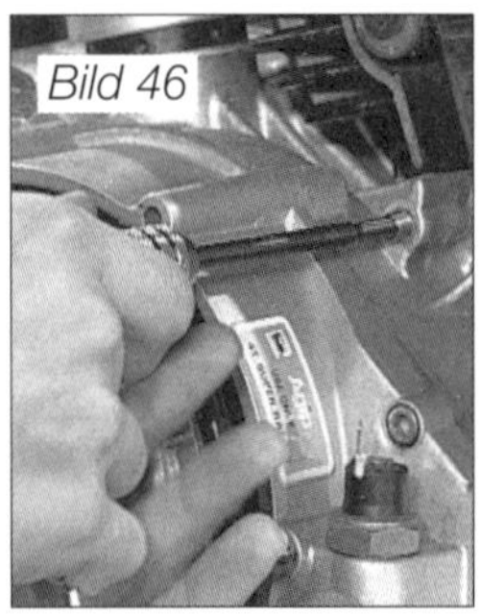
Bild 46

Bild 47

Bild 48

Bild 49

Bild 50

Gewindereparatur mit Heli-Coil

Speziell an älteren Motorrädern sind oft Gewinde beschädigt oder zerstört, weil häufiges Lösen und Anziehen zu Verschleiß oder Zerstörung des Gewindes geführt haben. Es kann auch sein, dass Schrauben oder Muttern mit zu großen Anziehdrehmomenten angezogen wurden und deswegen das Gewinde »ausgerissen« ist. Es kann auch durch Korrosion (»Rost«) zwischen Schraube und Bauteilwerkstoff zum »Festbacken der Schraube« gekommen sein, und beim Versuch die Schraube zu lösen, wird das Mutterngewinde zerstört.

Zerstörte Gewinde können mit geringem Aufwand und Kosten einfach und zuverlässig repariert werden, indem das defekte Innengewinde ausgebohrt und ein aus gewickeltem Draht bestehender Gewindeeinsatz eingedreht wird: »HeliCoil« nennt sich dieses Reparaturverfahren, das von der Firma Böllhoff Verbindungstechnik GmbH in Bielefeld hergestellt und weltweit vertrieben wird (*www.helicoil.de*).

HeliCoil bietet so genannte »Repairkits« in den Abmessungen von M2 bis M36 an. Ein HeliCoil-Repairkit (Bild 42) kostet ca. 40 Euro, ist im Fachhandel erhältlich und enthält:

- Kernlochbohrer mit dem Kernloch-Gewindedurchmesser für das neue Gewinde.
- HeliCoil-Gewindebohrer.
- HeliCoil-Einbauwerkzeug, das ist eine Einbau-Gewindespindel mit einem kleinen Ansatz vorne.
- 20 HeliCoil-Drahtgewindeeinsätze aus hoch korrosionsbeständigem Stahl der Legierung 1.4301 (Festigkeit mehr als 1.400 N/mm^2).

Gewinde reparieren

Am Beispiel eines ausgerissenen M6-Gewindes in einem Motorblock (Bilder 43 bis 50) erklären wir die Gewindereparatur mit einem HeliCoil-Drahtgewindeeinsatz:

1. Schritt: Wenn der Rest einer abgebrochenen Schraube (Bild 43) im alten Gewinde steckt: Sichtbaren Schraubenrest ankörnen, mit einem scharf geschliffenen Bohrer, der 0,5 mm kleiner ist als der alte Gewinde-Nenndurchmesser (Beispiel M6: Bohrer 5,5 mm), das abgebrochene Gewindestück vorsichtig ausbohren.

2. Schritt: Mit dem im HeliCoil-Repairkit befindlichen Bohrer das beschädigte Gewinde komplett ausbohren (Bild 44). Der Bohrerdurchmesser entspricht dem Kerndurchmesser des

neuen Aufnahmegewindes für den HeliCoil plus-Drahtgewindeeinsatz.
3. Schritt: Aufnahmegewinde für den HeliCoil-Drahtgewindeeinsatz mit dem beiliegenden Gewindebohrer schneiden (Bild 45).
Wichtig: Damit keine Späne in Gewindebohrungen hineinfallen, den Gewindebohrer vor dem Gewindeschneiden in Fett eintauchen, dann bleiben die Späne am Gewindebohrer haften.
4. Schritt: Gewinde reinigen, z. B. mit Druckluft ausblasen. ALLE Späne entfernen!
5. Schritt: HeliCoil-Drahtgewindeeinsatz mit der Einbauspindel montieren. Dieses ist sehr einfach, der Drahtgewindeeinsatz wird mit der Spindel wie eine Schraube in das vorbereitete Aufnahmegewinde eingedreht (Bilder 46 und 47).
6. Schritt: Nach der Montage des Drahtgewindeeinsatzes dessen Mitnehmerzapfen abbrechen (Bild 48).
■ Zapfenwerkzeug zuvor in etwas Fett tauchen, ganz in den Drahtgewindeeinsatz einführen, mit einem kleinen Hammer einen leichten Schlag auf das Zapfenwerkzeug geben und den abgebrochenen Mitnehmerzapfen aus dem Drahtgewindeeinsatz entfernen.

Wichtig: Bei der Reparatur von Durchgangsbohrungen muss Obacht gegeben werden, wo der abgebrochene Mitnehmerzapfen hinfällt, damit er z. B. nicht in den Motor zwischen empfindliche Motorenmechaniken gerät!

Eine solche Gewindereparatur ist innerhalb von zehn Minuten ohne Schweißaufwand erledigt. Nach der Reparatur mit HeliCoil ist das Gewinde um ein Vielfaches belastbarer als das Originalgewinde. Das Gewinde wurde nicht etwa »geflickt«, sondern seine Qualität wurde deutlich verbessert: Der HeliCoil-Drahtgewindeeinsatz aus Edelstahl macht das Gewinde verschleißfester und korrosionsbeständiger. Zukünftige Wartungsarbeiten können diesem Gewinde nichts mehr anhaben (Bilder 49 und 50).

Bücher

Titel: Fachkunde Kraftfahrzeugtechnik
ISBN-Nummer: 978-3-8085-2238-7
Preis: 36,70 Euro
www.europa-lehrmittel.de

Wer seine Technikkenntnisse erweitern und vervollständigen möchte, dem sei das Buch »Fachkunde Kraftfahrzeugtechnik« aus dem Europa-Lehrmittel-Verlag ans Herz gelegt. Bei dem 688 Seiten starken Werk handelt es sich zwar um ein Übungsbuch und Nachschlagewerk für Auszubildende des Kfz-Handwerks, dennoch werden auch Laien mit geringen Vorkenntnissen nicht überfordert.

Die Themen reichen von Werkstoffkunde über Elektrotechnik bis hin zur genauen Beschreibung der Baugruppen eines Kraftfahrzeugs. Fotos und Zeichnungen sind farbig, außerdem liegt dem Buch eine CD mit über 2000 Prüfungsfragen bei. »Fachkunde Kraftfahrzeugtechnik« legt zwar den Schwerpunkt auf Automobile, doch die Zweiradtechnik kommt nicht zu kurz.

Titel: Motorradtechnik
Autor: Jürgen Stoffregen
ISBN-Nummer: 978-3-8348-0104-3
Preis: 28,90 Euro
www.vieweg.de

Ein Stück tiefer und vor allem motorradspezifischer als das zuvor beschriebene Buch behandelt der ehemalige BMW-Pressesprecher Jürgen Stoffregen die Materie. Das mittlerweile schon in sechster Auflage im Vieweg-Verlag erschienene Werk »Motorradtechnik – Grundlagen und Konzepte von Motor, Antrieb und Fahrwerk« umfasst 437 Seiten und bietet 357 Abbildungen und 21 Tabellen und eine CD. Berechnungsformeln bei vielen Kapiteln vervollständigen das Buch, das unter Spezialisten als Referenzwerk gilt. Ein gewisser Grundstock technischer Kenntnisse sollte bei der Lektüre allerdings vorhanden sein.

Bilder 51 und 52: Für spannende und gleichzeitig lehrreiche Leseabende empfehlen wir diese beiden Technikfachbücher ganz besonders.

Bild 51

Bild 52

Pflege

In diesem Kapitel: Waschen · Winterbetrieb · Ölspray, Politur · Schmierstellen · Überwintern · Inbetriebnahme nach der Winterpause.

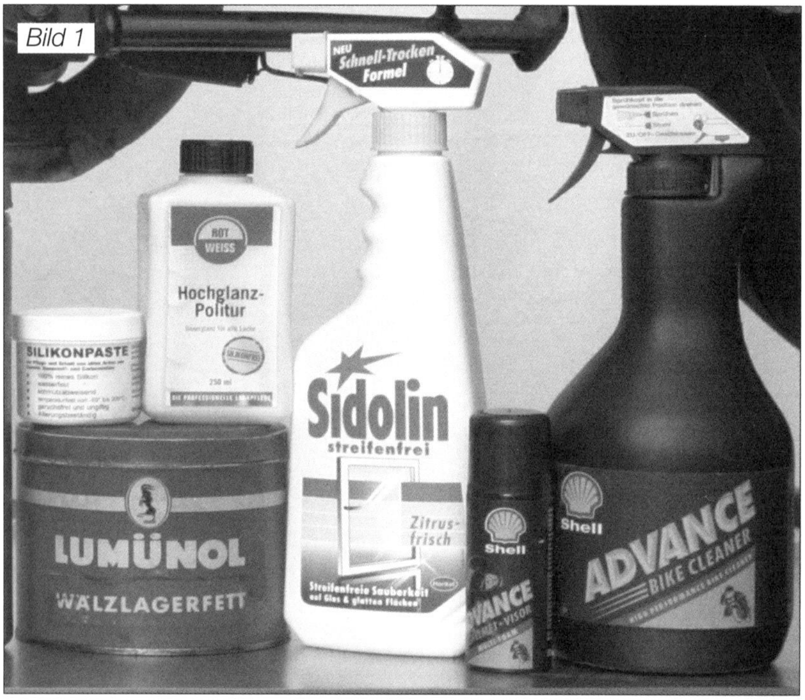

Bild 1: Verschiedene Pflegemittel.

Waschen

Jede der 125er-Yamahas in diesem Buch soll nur mit milden Waschmitteln und weichen Schwämmen bzw. Lappen gewaschen werden – egal ob Supersportler, Alltagsmaschine, Enduro oder Supermoto mit großflächigen oder gar keinen Verkleidungsteilen. Bei Verwendung von aggressiven Reinigungsmitteln und harten Bürsten sehen Lack, Alu- und Kunststoffteile rasch zerkratzt, matt und damit hässlich aus.

Motorrad nur in kaltem Zustand waschen. Wenn es bei warmem Motor oder in direkter Sommer-Sonneneinstrahlung gewaschen wird, verdunstet das Waschwasser schnell und die Waschmittelzusätze brennen sich in die heißen Oberflächen von Motor, Auspuffkrümmer und Auspufftopf regelrecht ein. Solche Flecken wieder zu entfernen ist recht mühselig.

Ein großer Eimer warmes Wasser mit einem Schuss mildem Reinigungsmittel und ein weicher Schwamm genügen für die Wäsche. Die in Motorrad- und Zubehör-Fachgeschäften angebotenen speziellen Motorradreiniger sind sehr zu empfehlen, sie lösen Dreck und Fettrückstände gut ab. Zur Not ist auch das Geschirrspülmittel

Sicherheitshinweise Achtung und Tipps für dieses Kapitel

Motorrad NIEmals mit einem Dampfstrahler reinigen! Heißer Dampf und aggressive Reinigungsmittel dringen überall ein, wo sie nicht sollen: Hebelgelenke, Bowdenzüge, elektrische Steckkontakte, Schalter, Radlager, Gehäuseteile und Bremssättel. Dort richten Wasser und Reinigungsmittel große Schäden an!

Motorrad immer von oben nach unten waschen, die weniger verschmutzten Teile zuerst. Waschwasser fern halten von allen elektrischen Anschlüssen, Schaltern und Steckern sowie den offenen Seiten der Bowdenzüge.

Nach dem Waschen besonders die Reifen und Bremsscheiben mit reichlich klarem Wasser abspülen, damit alle glitschigen Rückstände abgespült werden. Rutschige Reifen können in der ersten Kurve für Überraschungen sorgen und die Bremsscheiben mit einem Schmierfilm überzogen sein, was der Bremsleistung nicht förderlich ist.

Schmieren Sie niemals den Gas- oder Kupplungszug mit Kettenspray oder Motoröl. Wenn ungeeignetes Öl in den Bowdenzug eingespritzt wird, kann dies dazu führen, dass die Beschichtung des Zuges aufquillt und dessen Freigängigkeit einschränkt, was bis zum völligen Festsitz des Zuges führen kann! Wenn ein Schmieren der Züge nötig sein sollte, verwenden Sie entweder dünnflüssiges, harzfreies Nähmaschinenöl oder Ölspray WD-40.

Schmieren Sie keinesfalls den Gasschieber (Vergasermodell), die Gelenkstellen der Drosselklappe (Einspritzmodell) mit Fett, Öl oder Ölspray, denn das Schmiermittel kann durch die Hitze festbacken und die Beweglichkeit von Gasschieber bzw. Drosselklappe beeinträchtigen, was bis zum Festgehen führen kann!

Wenn Sie sich eine Motorrad-Abdeckhaube kaufen, um die Maschine darunter überwintern zu lassen, dann nehmen Sie eine, die unten Ösen hat, in welche die Haken von Gepäckgummis eingehängt werden können, damit die Plane gesichert ist und nicht beim ersten Windstoß abhebt und davonfliegt.

»Richtig überwintern« heißt vor allem, dass die Maschine über die Wintermonate so abgestellt werden soll, dass beide Räder frei in der Luft sind, also keinen Bodenkontakt haben. Denn wenn eine Maschine monatelang auf dem Seitenständer steht und die Reifen etwas Luft verlieren, bekommen die Reifen einen »schrägen Standplatten«, also eine abgeflachte Stelle.

Nicht nur die im Frühjahr aus der Winterpause entmottete Maschine, sondern auch der Fahrer müssen sich wieder langsam an das Motorradfahren mit all seinen Eigenheiten gewöhnen. Üben Sie vor allem das Bremsen, am besten auf einem großen, leeren Parkplatz (sonntags beim Supermarkt). Besser noch: Sie buchen ein Frühjahrs-Sicherheitstraining.

von Mutters Spülstein in Ordnung. **Nicht zu viel Reiniger verwenden!** Nach der Warmwäsche mit reichlich klarem, kaltem Wasser nachspülen.

■ Nach der Klarwasser-Nachwäsche alle Verkleidungsteile und den Tank mit Waschleder oder weichem Tuch umgehend abtrocknen.
■ Für Verkleidung, Lampen- und Blinkergläser, Rückspiegel, Instrumente, Gabelbeine sowie vorderes Schutzblech gilt: Angetrocknete Insektenreste mit reichlich Wasser einweichen und abwaschen. Nicht mit harten Gegenständen versuchen, den Schmodder abzukratzen!
■ Wenn mit heißem Wasser, Reiniger und Putzlappen (sowie den sowieso schon angebrochenen Fingernägeln) gar nichts mehr geht, hilft nur noch Glasreiniger. Reichlich davon auf einen Massagewaschlappen gegeben (Handschuh mit unterschiedlich rauen Seiten, zu finden in Mutters Badeutensilien) und feste gerubbelt, leistet auch die hartnäckigste Fliegenleiche auf die Dauer keinen Widerstand.
■ Wenn die Verkleidungsscheibe Flecken hat, die mit Sidolin nicht wegzubekommen sind, hilft die »Polierpaste für Acryl- und Plexiglas« vom

Bild 2

Bild 3

Bild 2: Flecken in der Verkleidungsscheibe können auspoliert werden.

Bild 3: Schlösser niemals mit Ölspray oder gar Kettenspray schmieren, sondern ausschließlich mit speziellem »Schloss-Spray«.

Bild 4: Schmier- und Pflegestellen an der YZF-R 125.

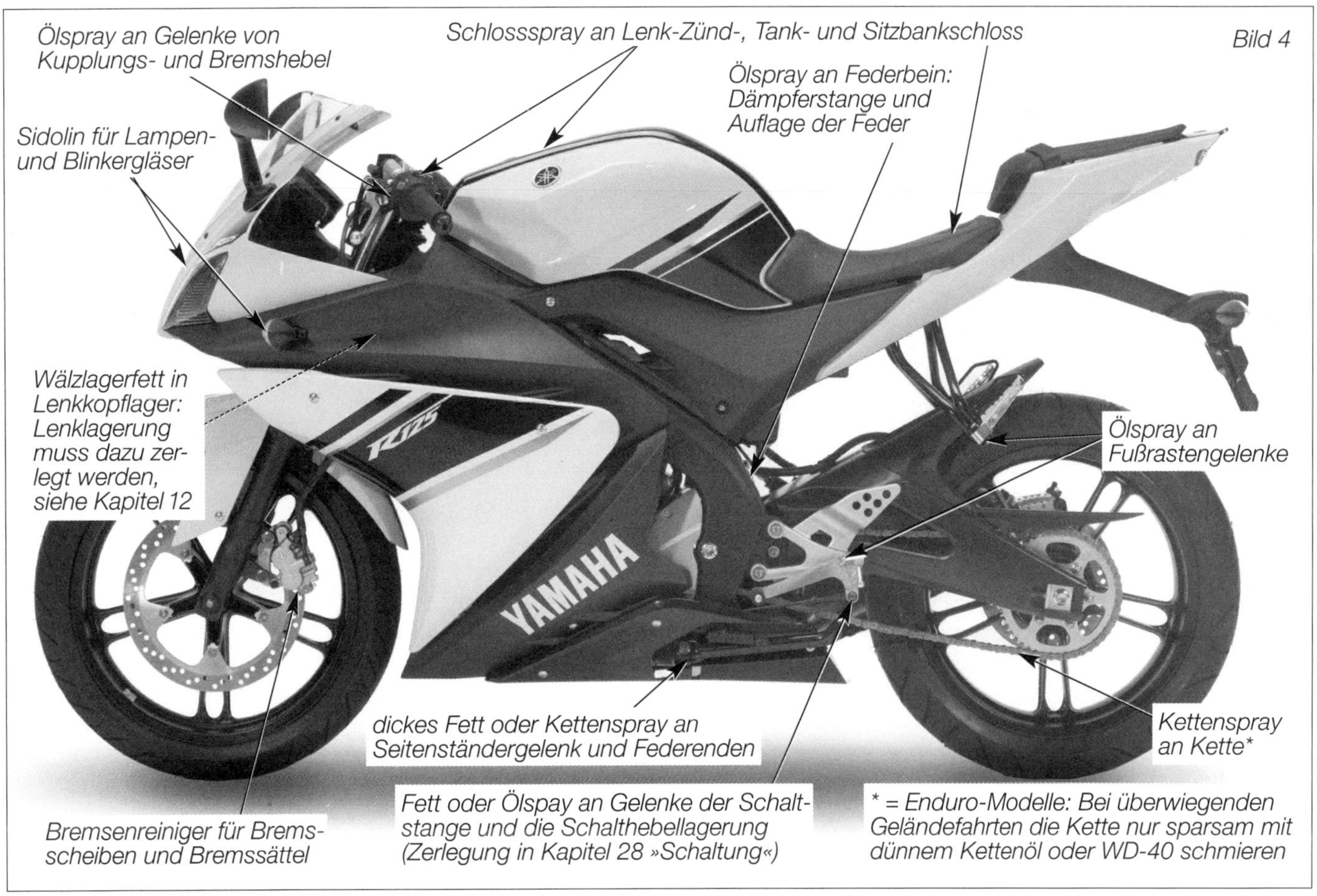

Bild 4

Hersteller Rot-Weiß (Bild 2). Zur Not tut es auch ein »Tiefenreinigungsmittel«, wie es für Kunststoff-Heckscheiben von Cabrioverdecken im Autozubehörhandel angeboten wird.

■ Lack- und Kunststoffteile sowie Metalloberflächen nicht mit Benzin oder anderen Lösungsmitteln bearbeiten! Erstens ist das Zeug giftig und zweitens brennen sich Lösungsmittel in die Oberflächen ein und hinterlassen dort Flecken, die nicht mehr entfernt werden können.

Bilder 5 und 6: Wegen schlechter Pflege korrodierte Schraubenköpfe und Bremsleitungsanschluss.

Bild 5

Bild 6

Winterbetrieb

In den Bildern 5 und 6 sind korrodierte Schraubenköpfe und Bremsleitungsanschluss einer Maschine zu sehen, die nach einer Winterfahrt auf trockenen (!) Straßen nicht gewaschen, sondern einfach abgestellt wurde. Oberflächenkorrosion dieser Art lässt sich mit Topfreiniger (»Akopads«) einigermaßen entfernen.

Nach jeder Winterfahrt über gesalzene Straßen das Motorrad mit kaltem Wasser abspülen, mit weichem Lappen trocknen. KEIN heißes Wasser verwenden, dieses verstärkt die korrodierende Wirkung des Streusalzes. Lauwarm darf das Waschwasser im Winter sein.

Bild 7

Bild 7: Nach dem Waschen den Gelenkstellen einen guten Schuss Ölspray geben verhindert Korrosion.

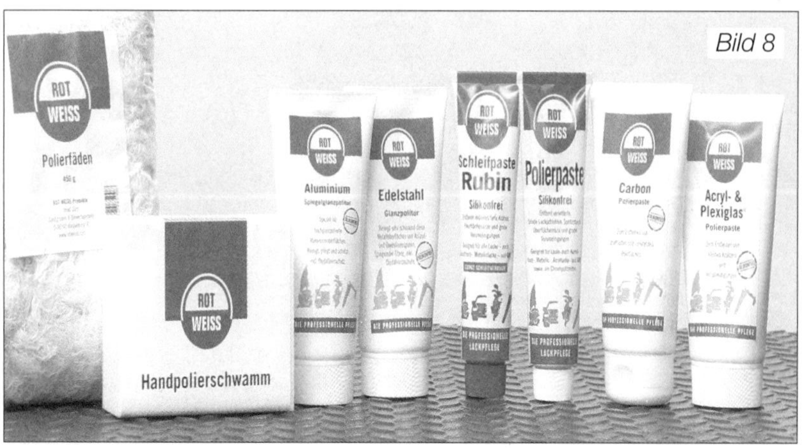

Bild 8

Bild 8: Empfehlenswerte Pflege- und Poliermittel.

Ölspray, Politur

Nach dem Waschen den Gelenkstellen von Fußrasten, Brems- und Schalthebel einen guten Schuss Allzweck-Ölspray geben. Nach dem Sprühen nicht alle Ölüberschüsse, die neben die eigentlichen Schmierstellen gelangt sind, wieder abwischen, sondern diese einfach dort lassen (sofern Sie nicht auf den Reifen oder die Bremsscheiben gesprüht haben!). Denn ein dünner Ölfilm bindet Staub und Schmutz, und dieser lässt sich bei der nächsten Fahrzeugwäsche besser abputzen, ohne dass die teils empfindlichen Oberflächen zerkratzt werden. Vor allem, wenn das Motorrad durch Regen gefahren wird, schützt das Allzweck-Ölspray davor, dass die Nässe in jede Ritze kriecht.

Verwenden Sie bei der regelmäßigen Pflege ein gutes Allzweck-Ölspray wie etwa WD-40. Nach einer Regenfahrt zu Hause jeder Schmierstelle einen Schuss Öl spendieren; das aufgesprühte Öl wirkt sichtbar wasserverdrängend. Leichter Lauf und Gelenkstellen ohne Korrosionsrückstände werden es Ihnen danken.

■ Schmieren Sie niemals das Zünd-Lenkschloss, Schloss im Tankdeckel und das Sitzbankschloss mit Ölspray oder gar Kettenspray, sondern verwenden Sie zum Schmieren der Schlösser spezielles Schlossspray auf Graphitbasis (Bild 3).

■ Halten Sie jede Art von Schmiermittel und Ölspray fern von Sensoren und elektrischen Steckverbindungen.

Politur

Beim Yamaha-Händler gibt es spezielle Politurmittel, die auf die Grundfarben der Maschine abgestimmt sind. Wenn Sie diese verwenden, sind Sie auf der sicheren Seite. Dies gilt auch für Cockpitspray, Teerentferner sowie Lack- und Chromteile-Reiniger.

Schmierstellen

Abschmieren der beweglichen Teile der Fahrzeugbedienung dient in erster Linie dazu, Schmutz und Wasser von ihren Gelenkstellen fern zu halten und Rost vorzubeugen, damit Leichtgängigkeit und lange Lebensdauer gewährleistet werden. Auch die zueinander beweglichen Aluminiumteile korrodieren, wie z. B. die Gelenke von Kupplungs- und Bremshebel. Wenn diese Gelenk- und Kontaktstellen nicht regelmäßig gepflegt werden, gibt es im Laufe der Zeit Schwergängigkeit. Denn wenn das

Motorrad im Freien abgestellt ist, lagert sich Umgebungsdreck aus der Luft darauf ab und kriecht in die Gelenkstellen hinein.

Bei den Inspektionen sollen geschmiert werden:
■ Seitenständerscharnier einmal im Jahr, es sollte dazu zerlegt werden (siehe dazu Kapitel 5 »Inspektionen«), sowie die Lagerstellen der Ständerfedern mit gutem Lagerfett. Einsprühen mit Ölspray nach der Wäsche beugt Rost vor – aber nicht zu viel Öl hinsprühen, sonst wird das Fett vom Ölspray verdünnt und weggespült.
■ Schwingenlager: Wenn es beim Ein- und Ausfedern von hinten her quietscht, ist das Schwingenlager trocken und muss zerlegt, gereinigt und geschmiert werden. Wie das geht steht in Kapitel 14 »Federbein · Schwinge«.
■ Gasdrehgriff: Wenn er schwer geht, muss er mit leichtem Molybdänfett geschmiert und dazu geöffnet werden. Das Öffnen des Gasgriffs ist im Kapitel 23 »Kraftstoffsystem« unter dem Punkt »Gaszüge wechseln« beschrieben.

Überwintern »Einmotten«

Wer ein Saisonkennzeichen an seiner 125er-Yamaha hat, braucht die Maschine für die Winterpause nicht abzumelden, darf aber in bestimmten Monaten nicht am öffentlichen Straßenverkehr teilnehmen.

Wichtig: Eine Maschine mit Saisonkennzeichen darf ebenso wenig wie ein abgemeldetes Motorrad während der Stilllegemonate auf der Straße im öffentlichen Verkehrsraum abgestellt werden. Also: Ab mit der Maschine in eine gut gelüftete Garage oder in einen trockenen Hofraum, wo sie abgedeckt überwintern kann.

Zum Einmotten in die Winterpause folgende Vorbereitungen treffen:
1. Maschine ordentlich heiß fahren.
2. Tank randvoll machen, einen Schuss »Fuel Guard« (Bild 9) dazugeben.
3. An der Tankstelle gleich die Reifen auf vorne 2,5 bar und hinten 3,0 bar aufpumpen.
4. Zügig zum Winterabstellplatz fahren und Motor abstellen.
5. Batterie ausbauen (mehr dazu in Kapitel 17 »Batterie«).
6. Gelenkstellen von Brems- und Kupplungshebel, Fußrasten und Seitenständer mit Ölspray einsprühen.
7. Blanke und verchromte Teile mit säurefreiem Fett (Vaseline) dünn einreiben.
8. Maschinen ohne Mittelständer sollte man auf Front- und Heckmontageständer abstellen, dann sind die Räder in der Luft! Lenkschloss sperren.

Ganz penible Menschen wechseln vor der Überwinterung das Motoröl. Folgende Vorgehensweise hat sich bewährt: Wenn der Ölwechsel vor der Überwinterung länger als drei Monate oder mehr als 2000 km zurückliegt, machen Sie einen Öl- samt Filterwechsel. Falls Sie nicht so fit sind mit dem Schrauben, geben Sie Ihr Motorrad vor der Winterpause nicht nur zum Ölwechsel in die Yamaha-Werkstatt, sondern lassen eine komplette Inspektion machen. Dann können Sie im Frühjahr gleich durchstarten (zum Saisonstart sind sämtliche Werkstätten grundsätzlich überlastet!).

Was Sie noch tun können: Alle paar Tage Vorder- und Hinterrad einige Male durchdrehen und in eine andere Ruheposition bringen. Das verhindert das Festkleben der Bremsbeläge an den Bremsscheiben bzw. hässliche Flecken an der Bremsscheibe.

Inbetriebnahme nach der Winterpause
1. Motorrad abdecken, Fettschicht von den blanken und verchromten Teilen mit weichem Lappen abwischen, kein Benzin oder ähnliche Lösungsmittel verwenden!
2. Betriebsbereite, gut geladene Batterie einbauen, Polanschlüsse mit säurefreiem Fett (»Polfett«) dick einschmieren (Kapitel 17 »Batterie«).
3. Reifenluftdruck prüfen und ggf. korrigieren (Luftdrücke siehe Kapitel 7 »Reifen«).
4. Sicherheitskontrollen: Fern-Abblendlicht, Rücklicht, Bremslicht, Blinker und Hupe prüfen.
5. Motor starten: Zündung einschalten und beim Einspritzmodell VOR dem Betätigen des Starterknopfes zwei- bis dreimal Gas geben, damit das Motorsteuergerät Signale vom Drosselklappen-Potentiometer empfangen und sich einstellen kann.
6. Wenn die Batterie abgeklemmt war, muss sich das Motorsteuergerät erst wieder neu einjustieren. Deswegen läuft der Motor direkt nach dem Anspringen nicht gleich rund und braucht einige Sekunden, bis er seinen Rhythmus gefunden hat.
7. Motor nicht zu lange im Standgas laufen lassen, sondern nach spätestens drei Minuten losfahren.
8. Motor sanft warm fahren. Darauf achten, dass alle Funktionen in Ordnung sind: Öldruck, Bremsleistung, Federung und Dämpfung.

■ Gute Fahrt in die neue Saison!

Bild 9: Das Wundermittel »Fuel Guard« verhindert Rost im Tank und knochenharte Ablagerungen in Vergaser oder Einspritzanlage. Fuel Guard wird vor dem Überwintern der letzten Tankfüllung einfach zugegeben.

Bild 9

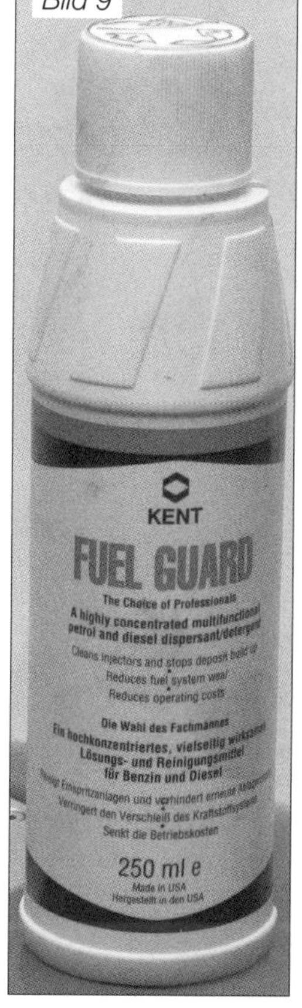

Einstellungen

In diesem Kapitel: Kupplungsspiel einstellen · Leerlaufdrehzahl und Leerweg am Gasgriff einstellen · Einstellung der Handhebel prüfen, einstellen · Rückblickspiegel · Bremslichtschalter prüfen, einstellen · Fußhebel prüfen, einstellen.

Kupplungsspiel

Die Kontrolle des Kupplungsspiels ist nicht an Inspektionen gebunden, sondern gehört zu den Dingen, die man öfter machen sollte, und auch die Einstellung kann man leicht selbst machen. Am Kupplungshebel muss ein definiertes Sicherheitsspiel (»Leerweg«) so eingestellt sein, dass...

■ ...das Spiel am Kupplungshebel (und damit im Kupplungszug) nicht zu groß ist, sonst trennt die Kupplung nicht richtig: Dann lässt sich der Leerlauf nicht mehr einlegen und es kracht beim Schalten, was Verschleiß im Getriebe (»Zahnausfall«) mit sich bringt.

■ ...der Kupplungszug nicht in sich gespannt ist, denn sonst besteht die Gefahr, dass die Kupplung schleift und die Maschine nicht mehr richtig beschleunigt. Weiterhin verschleißen bei zu geringem Kupplungsspiel die Bauteile in der Kupplung: Reib- und Stahlscheiben, Kupplungsdruckpilz, Drucklager.

Bilder 1, 2, und 3: Kupplungsspiel oben am Handhebel einstellen.

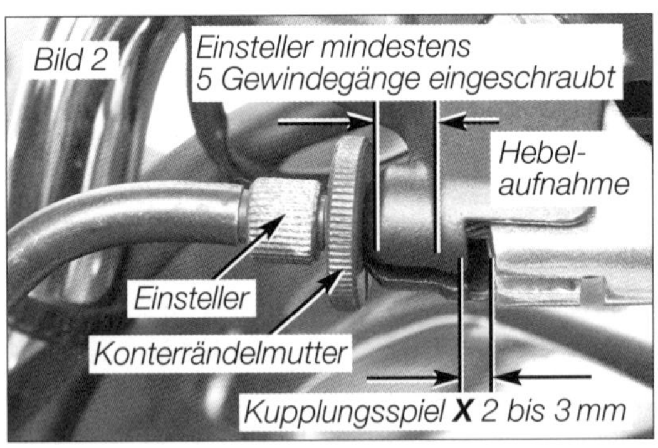

Bild 4: Die Grundeinstellung des Kupplungsspiels wird am Einsteller unten über dem Motor vorgenommen.

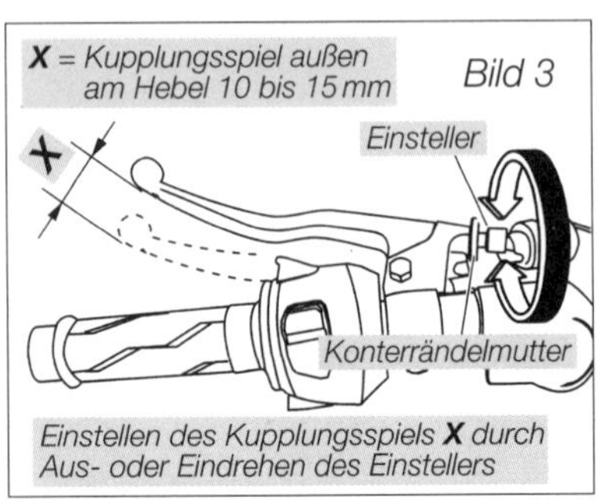

Einstellen des Kupplungsspiels **X** durch Aus- oder Eindrehen des Einstellers

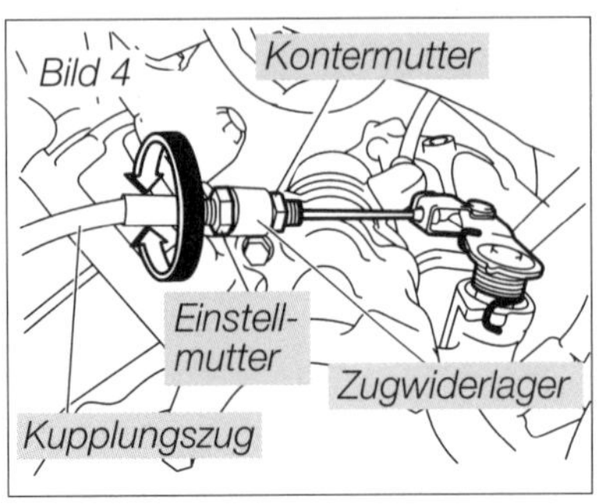

Kupplungsspiel oben messen

Das Kupplungsspiel soll 2 bis 3 mm zwischen Kupplungshebel und Hebelaufnahme (Bild 2) bzw. 10 bis 15 mm am kugeligen Ende des Kupplungshebels (Bild 3) betragen.

Kupplungsspiel oben einstellen

1. Gummiabdeckung des Hebelgelenks (Bild 1) zurückwalzen, Konterrändelmutter (Bild 2) lösen.
2. Einsteller entsprechend aus- oder eindrehen (Bild 3), bis das Kupplungsspiel korrekt ist.
3. Einsteller festhalten und die Konterrändelmutter gegen die Hebelaufnahme kontern.
■ Kontermutter von Hand »handfest« anziehen.

Beim Einstellen beachten:

■ Einsteller nicht zu weit herausdrehen, er soll immer mindestens fünf Gewindegänge eingeschraubt sein (Bild 2).

■ Nach Beendigung der Einstellung die Gummiabdeckung wieder exakt aufschieben (Bild 1).

■ Wenn sich das Kuppungsspiel am oberen Einsteller nicht mehr einstellen lässt, dieser also entweder zu weit aus- oder eingedreht werden muss, dann muss eine neue Grundeinstellung am Einsteller des Kupplungszugs rechts unten am Motor erfolgen (Bild 4).

Kupplungsspiel unten einstellen

1. Konter- und Einstellmutter am unteren Zugwiderlager lösen (Bild 4).
2. Oberen Rändeleinsteller am Handhebel nahezu ganz in die Hebelaufnahme eindrehen (so weit wie in Bild 2).
3. Durch entsprechendes Drehen der Einstell- und Kontermutter das Spiel einstellen, bis das Kupplungsspiel am Handhebel stimmt.
4. Einstell- und Kontermutter »gut handfest« gegen das Zugwiderlager kontern.
5. Feineinstellung des Kupplungsspiels am Einsteller des Handhebels vornehmen.

Leerlaufdrehzahl

Die Leerlaufdrehzahl (»Standgas«) beim Einspritz- und Vergasermotor liegt bei 1300 bis 1500/min. Man sieht am Borddrehzahlmesser die Leerlaufdrehzahl bzw. spürt, ob der Motor im Leerlauf »gut schnurrt«:

■ Wenn die Leelaufdrehzahl zu niedrig ist, geht

der Motor beim Ziehen der Kupplung und Einlegen des ersten Ganges meistens aus.

■ Wenn die Leerlaufdrehzahl zu hoch ist, dann kracht es beim Einlegen des ersten Ganges.

Leerlaufdrehzahl beim Einspritzer
Am Drosselklappengehäuse sind zwei Einsteller: Einer unten am Anschlag der Seilzugrolle und der andere oben im Gehäuse.

■ Der untere Anschlag besteht aus Einstellmutter und Kontermutter, er wurde im Werk eingestellt und versiegelt. Man sollte nicht daran drehen!

■ Die obere Einstellschraube reguliert das Leerlaufgemisch: Auch an ihr sollte nicht gedreht werden.

Falls die Leerlaufdrehzahl zu hoch oder zu niedrig ist, prüfen Sie bitte als Erstes, ob das Gaszugspiel stimmt (siehe nächster Absatz in diesem Kapitel). Falls das Spiel stimmt und die Leerlaufdrehzahl zu hoch ist, zu niedrig oder stark schwankt, brauchen Sie zum Einstellen des Leerlaufgemischs einen Co-Tester: Diese Arbeit ist Sache der Yamaha-Fachwerkstatt.

Leerlaufdrehzahl beim Vergaser
Im Vergasergehäuse gibt es eine »Gasschieber-Anschlagschraube« (Bild 6), sie dient zur Grundeinstellung der Leerlaufdrehzahl. Auch beim Vergaser muss der Gaszug etwas Spiel haben.

Für die Leerlaufgemisch-Regulierschraube, die von unten nur mit einem Winkelschraubenzieher erreichbar ist, gilt das Gleiche wie beim Einspritzer: Zum exakten Einstellen wird ein Co-Messgerät benötigt. Die Basiseinstellungen stehen in den Bildern 6 und 7.

Für Einspritz- und Vergasermotor gilt: Wenn sich die Leerlaufdrehzahl nicht mehr korrekt einstellen lässt, ist dies ein Hinweis auf nicht mehr korrektes Ventilspiel, abgebrannte Zündkerze oder verschmutzten Luftfilter und es ist somit Zeit für eine große Inspektion.

Leerweg Gasgriff, Gaszugspiel

Am Umfang des Gasgriffgummis zum Gasgriffgehäuse soll der Leerweg 3 bis 6 mm betragen. Zur Überprüfung zwei Kreidestriche anbringen (Bild 8) und Maß nehmen zwischen den Gasgriffstellungen »Gas zu« und »Gas beginnt zu öffnen«.

Der Leerweg wird am Einsteller des Gaszugs unterhalb des Gasgriffs (Bild 10) eingestellt:

1. Einen kleinen Schuss Ölspray in die Gummitülle einspritzen (Bild 9), das löst die Verklebung.
2. Gummitülle vom Einsteller ziehen.
3. Kontermutter lösen (Bild 10).
4. Einsteller ein- oder ausdrehen, bis das Spiel stimmt (Bild 10).
5. Kontermutter handfest gegen den Einsteller kontern (Bild 10).
6. Gummitülle wieder auf den Einsteller ziehen.

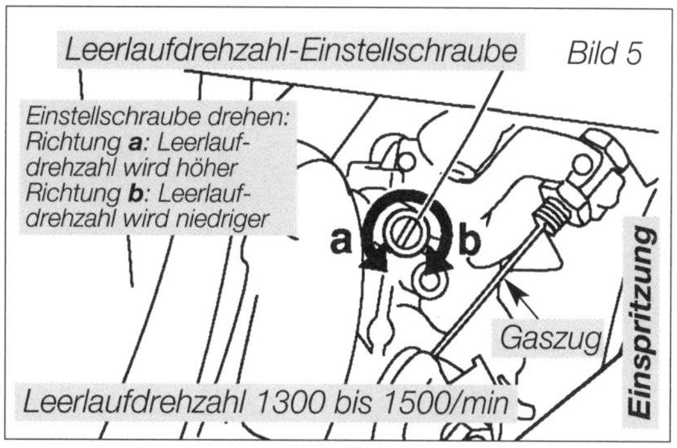

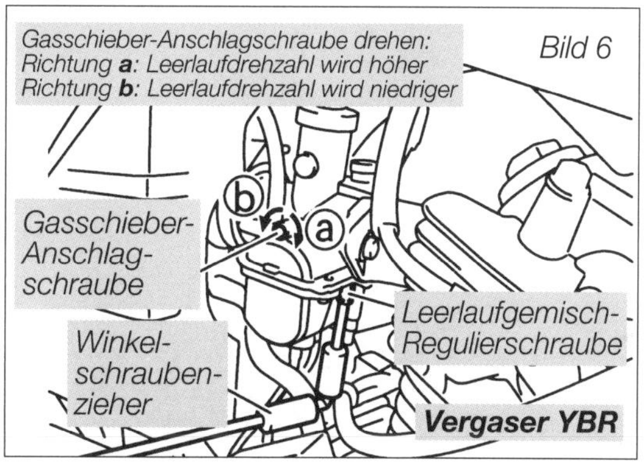

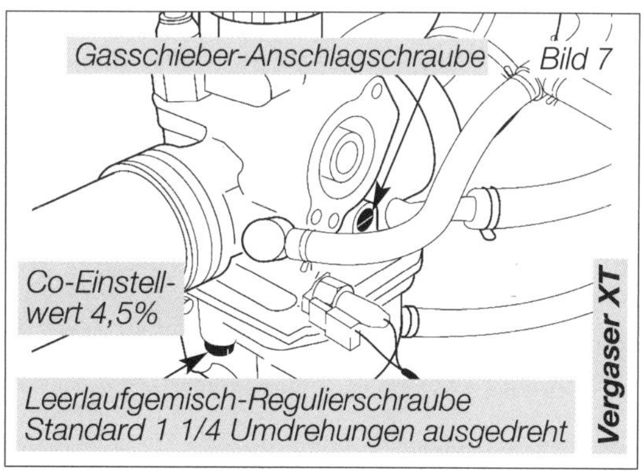

Bilder 5, 6 und 7: Im Lauftext sind die zu den Bildern gehörenden Arbeitsschritte nummeriert beschrieben.

Bilder 8, 9 und 10: Der Leerweg am Gasgriff soll 3 bis 6 mm betragen, gemessen vom Gasgriffgummi zum Schaltergehäuse hin. Zum Einstellen den Gaszugeinsteller unten am Gasgriff entsprechend ein- oder ausdrehen.

■ Damit sich die Gummitülle leicht von ihrem Sitz löst, etwas Ölspray einspritzen, dann kann sie leicht abgezogen werden.

■ Kontermutter zum Einsteller hin »handfest« kontern; passende Gabelschlüssel dazu benutzen.

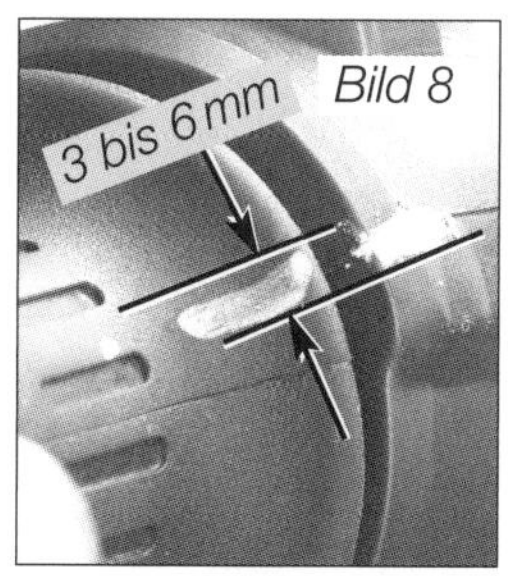

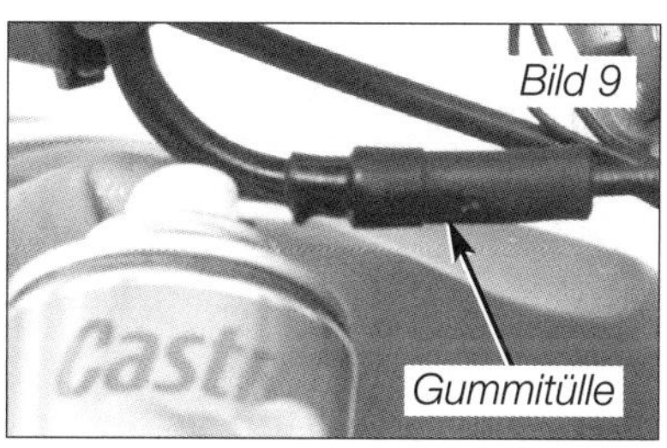

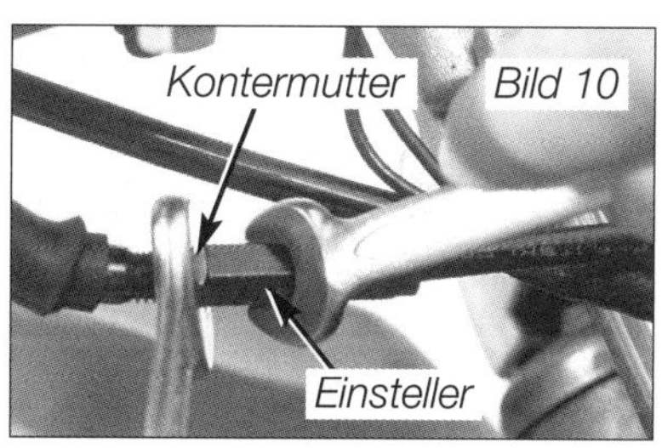

Sichtprüfung Messen

Beim Einspritzer ist unten am Drosselklappengehäuse ein weiterer Gaszugeinsteller angebracht (Bild 11); beim Vergaser auf dem in den Vergaserdeckel eingesetzten Führungsrohr. Die Einsteller sollen etwa mittig angebracht sein.

Gängigkeit des Gasgriffs
Der Gasgriff muss leichtgängig sein, er muss von selbst in seine Nulllage (»Gas zu«) zurückgehen. Bewegt sich der Gasgriff dagegen schwer, lassen sich Gaszugspiel und Leerlaufdrehzahl nicht mehr korrekt einstellen.

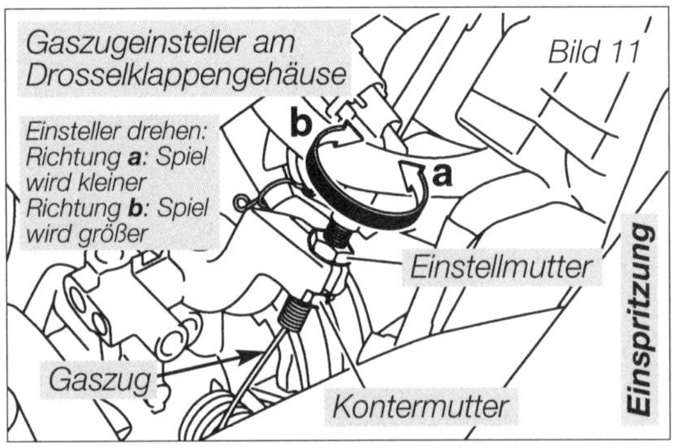

Bild 11: Gaszugeinsteller unten am Drosselklappengehäuse.

Bilder 12, 13 und 14: Brems- und Kupplungshebel so einstellen, dass die gedachte Linie durch Arm, Lenker und Hebel eine fast gerade Linie bildet.

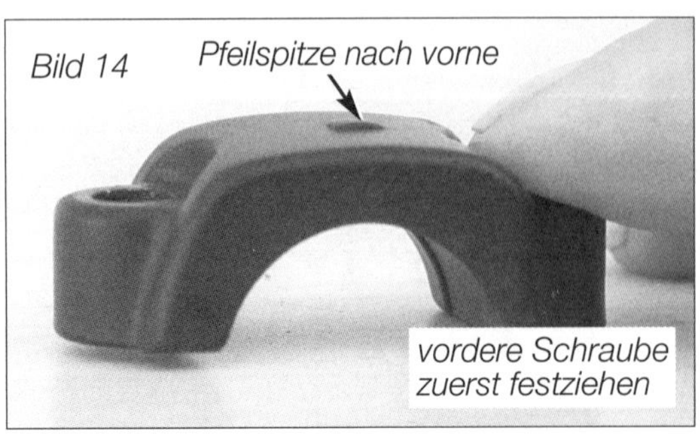

■ Pfeil und »UP« auf der Klemmschale der rechten Lenkerarmatur müssen nach vorne oben weisen. Vordere Schraube zuerst festziehen (10 Nm), dann die hintere.

Wenn der Leerweg am Gasgriff eingestellt wird und schon nach kurzer Fahrstrecke wieder länger ist, ist dies ein deutlicher Hinweis darauf, dass der Gaszug sich längt und eben dabei ist, kaputt zu gehen. Dann sollte schnellstens ein neuer Gaszug eingebaut werden (wird in Kapitel 23 »Kraftstoffsystem« beschrieben).

Handhebel

Je perfekter Sitzposition und Hebellage zum Fahrer passen, desto wohler fühlt sich der Fahrer auf der Maschine, und desto besser kann er sich auf das Fahren und den Verkehr konzentrieren. Aus diesem Grund ist richtiges Sitzen mit perfektem Hebelkontakt zur Maschine ein wichtiger Punkt bei der Betrachtung der allgemeinen Fahr- und Verkehrssicherheit.

Handhebeleinstellung prüfen
1. In Fahrposition aufsitzen und mit offenen Händen locker den Lenker umfassen, Finger auf Kupplungs- bzw. Bremshebel auflegen.
2. Die gedachte Linie durch Unterarm und Handgelenk über den Lenker zu den auf dem Hebel aufliegenden Fingerspitzen soll möglichst gerade sein (Bild 12).
■ Wenn die Hebel so stehen, dass die gedachte Linie im Handgelenk nach oben abgeknickt ist, stehen die Handhebel zu hoch (Bild 13).
■ Ist die Linie nach unten abgebogen, stehen die Handhebel zu tief. Beides ist zum entspannten Fahren wenig geeignet.

Handhebel einstellen
1. Schrauben der Hebelklemmung lockern und die komplette Armatur in die passende Position drehen.
2. Befestigungsschrauben mit 10 Nm anziehen.
3. An der Bremshebelarmatur ist eine Klemmhalbschale mit aufgeprägter Pfeilspitze angebracht; die Pfeilspitze muss nach vorne bzw. oben weisen (Bild 14).
3.1. Vordere Schraube zuerst anziehen, bis Halbschale anliegt, dann untere Schraube anziehen.

Rückblickspiegel

Im Spiegel oben ist ein Gelenk mit selbsthemmender Mechanik eingebaut. Wenn diese verbogen ist (etwa durch Sturz) oder bei altersbedingtem Verschleiß, kann sie nicht repariert werden.

Am unteren Gelenk der Spiegel an der YZF-R 125 zur Rostvorsorge gelegentlich etwas

Ölspray in das Verstellgelenk spritzen und dabei den Spiegelarm hin und her bewegen.

Beim einfachen Spiegel ist es wichtig, dass der Spiegelarm mit der Kontermutter ordentlich festgezogen ist, damit sich der Spiegel nicht unter dem Druck des Fahrtwinds nach hinten wegdreht.

Wenn der Spiegel komplett abgeschraubt war: Etwas dickes Fett in das Innengewinde der Lenkerarmatur geben, Spiegel eindrehen, Mutter gegen die Lenkerarmatur kontern.

Bremslichtschalter

Bei den Modellen mit Scheibenbremse hinten ist ein hydraulisch betätigter Bremslichtschalter montiert, dieser kann nicht eingestellt werden.

Bei den Modellen mit hinterer Trommelbremse sitzt der Bremslichtschalter oberhalb der rechten Fahrerfußraste. Er wird von einer Feder auf Zug betätigt: Bei 15 bis 20 mm gedrücktem Bremspedal muss das Bremslicht aufleuchten.

Zum Einstellen des Bremslichtschalters wird die Sitzmutter, in der der Bremslichtschalter in seiner Haltebohrung gelagert ist (Bild 15), entsprechend aus- oder eingedreht und damit der Bremslichtschalter nach unten oder oben verschoben.

Die Sitzmutter ist entweder gerändelt und kann nur mit den Fingern ein- oder ausgedreht werden; oder sie hat ein Sechskant und wird mit einem Gabelschlüssel gedreht.

Achtung: Mit der einen Hand den Bremslichtschalter festhalten, mit der anderen Hand von hinten die Sitzmutter entsprechend verdrehen. NIEmals den Bremslichtschalter als Ganzes verdrehen! Sonst bricht die Feder ab und das Anschlusskabel verdrillt sich.

Trommelbremse: Bremsgestänge einstellen
Wenn das Fußbremspedal um 20 bis 30 mm gedrückt wird (Bild 16), sollen sich die Bremsbeläge in der Trommelbremse anlegen. Die Einstellung geschieht über die Einstellmutter auf dem Bremsgestänge (Bild 17).

1. Motorrad auf Mittelständer abstellen, Hinterrad muss frei sein, Leerlauf eingelegt.
2. Hinterrad in Fahrtrichtung drehen und gleichzeitig das Bremspedal betätigen.
3. Wenn das Bremspedal ca. 20 mm gedrückt ist, müssen Schleifgeräusche aus der Bremstrommel zu hören sein.

Wenn das Bremspedal weiter gedrückt wird, muss das Rad abbremsen und bei 30 mm muss die Bremskraft sehr stark sein.

Bremspedal bei Scheibenbremse
Bremspedal und Fußschalthebel sollten sich auf gleicher Höhe befinden: Wasserwaage auf der Fußraste waagerecht anlegen, Maß nach unten zur Hebelspitze mit Maßstab nehmen (Bild 18).

Das Bremspedal kann um einen kleinen Betrag nach oben oder unten eingestellt werden, indem die Druckstange etwas ein- oder ausgedreht wird (Bild 19). Die beiden Kontermuttern unten am Gabelgelenk gut festziehen!

Bilder 15, 16 und 17: Bremslichtschalter und Trommelbremse einstellen.

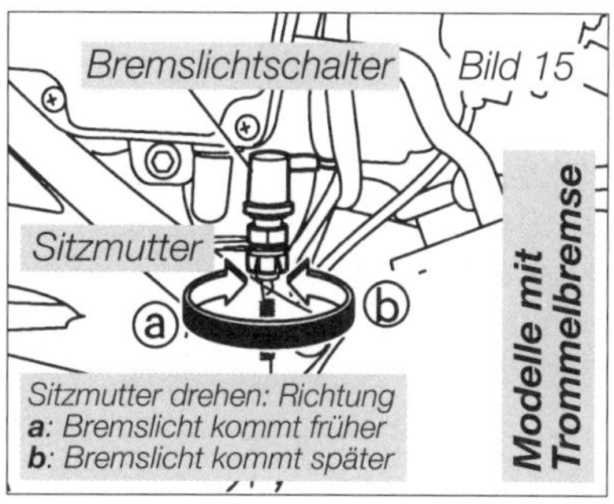

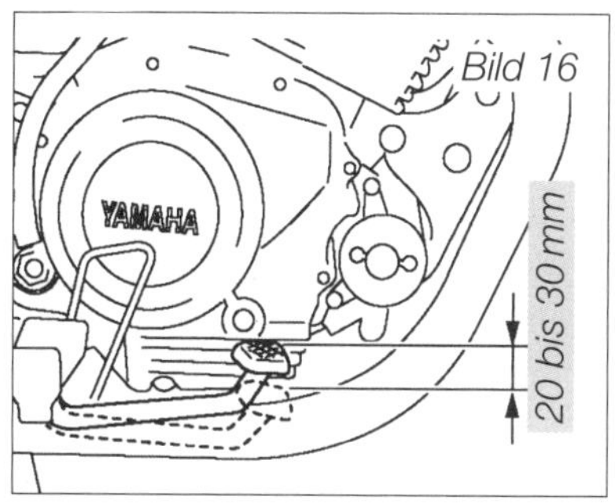

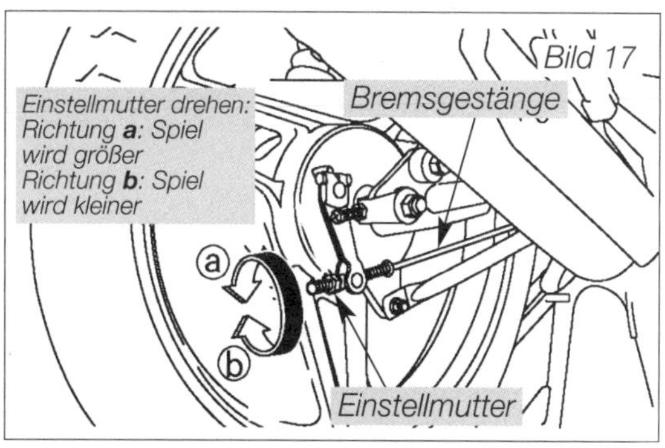

Bild 18: Beide Fußhebel sollen im Abstand zu den Fußrasten gleich eingestellt sein, wobei nur der Fußbremshebel um einen kleinen Betrag eingestellt werden kann, der Schalthebel jedoch nicht.

Sichtprüfung Messen

Inspektionen

In diesem Kapitel: Inspektionen erklärt · Wartungs- und Inspektionsintervalle · Reparaturen · Regelmäßige Kontrollen von Beleuchtung, Reifen, Bremsen, Ölstand, Kühlflüssigkeit · Seitenständerschalter prüfen, ggf. erneuern

Inspektionen

In der unten stehenden Tabelle sind die von Yamaha für den wassergekühlten Einspritzer YZF-R 125 vorgegebenen Inspektionsintervalle und die zugehörigen Arbeiten aufgelistet. Abweichungen für die luftgekühlten Modelle haben wir in einem extra Text unter der Tabelle aufgelistet. Die erste Inspektion ist bei 1000 km, dann bei 6000 km und danach alle weiteren 6000 Kilometer (oder jährlich).

Übrigens schreibt Yamaha für die wassergekühlten Einspritzmotoren alle 3000 km einen Ölwechsel vor, für die luftgekühlten dagegen gelten 6000 km als Ölwechselintervall. Wir empfehlen: Wenn ein luft- oder wassergekühltes Motorrad ausschließlich in der Stadt oder auf

Wartungs- und Inspektionsintervalle YZF-R 125

Baugruppe / Intervall [1]	1000 km oder alle...	6000 km 12 Monate	12 000 km 24 Monate	18 000 km 36 Monate	24 000 km 48 Monate	30 000 km 60 Monate	36 000 km 72 Monate	siehe Kapitel
Motor								
Gasdrehgriff und Gaszüge [2]	–	Prüfen	Prüfen	Prüfen	Prüfen	Prüfen	Prüfen	4, 23
Leerlaufdrehzahl [4]	Prüfen/Einstellen	Prüfen/Einstellen	Prüfen/Einstellen	Prüfen/Einstellen	Prüfen/Einstellen	Prüfen/Einstellen	Prüfen/Einstellen	4, 23
Luftfilter [2] [5]	–	Reinigen	Erneuern	Reinigen	Erneuern	Reinigen	Erneuern	22
Kraftstoffleitungen, Anschlüsse	–	Prüfen	Prüfen	Prüfen	Prüfen	Prüfen	Prüfen	6, 23
Zündkerze	–	Prüfen	Erneuern	Prüfen	Erneuern	Prüfen	Erneuern	19
Ventilspiel	–	Prüfen/Einstellen	Prüfen/Einstellen	Prüfen/Einstellen	Prüfen/Einstellen	Prüfen/Einstellen	Prüfen/Einstellen	29
Motoröl [2] [3]	Yamaha-Vorschrift: »Motorölwechsel alle 3000 km«							5, 25
Ölfilter [6]	Erneuern	Erneuern	Erneuern	Erneuern	Erneuern	Erneuern	Erneuern	25
Kühlflüssigkeit, Kühlsystem	–	Prüfen	Prüfen	Prüfen	Prüfen	Prüfen	Prüfen	5, 26
	Kühlmittel alle drei Jahre erneuern							
Antrieb								
Antriebskette [2] [7], Kettenschleifschutz	Alle ca. 1000 km Kette reinigen, schmieren, Kettendurchhang (Kettenspannung) prüfen, ggf. einstellen. Kettenschleifschutz prüfen							10
Kupplungsspiel (Seilzugeinstellung)	Prüfen/Einstellen	Prüfen/Einstellen	Prüfen/Einstellen	Prüfen/Einstellen	Prüfen/Einstellen	Prüfen/Einstellen	Prüfen/Einstellen	4, 27
Bremsen								
Bremsflüssigkeit	–	Prüfen	Prüfen	Prüfen	Prüfen	Prüfen	Prüfen	5, 9
	alle zwei Jahre erneuern							
Bremsbelagverschleiß [2]	Prüfen	Prüfen	Prüfen	Prüfen	Prüfen	Prüfen	Prüfen	9
Bremsschläuche, Anschlüsse	Prüfen	Prüfen	Prüfen	Prüfen	Prüfen	Prüfen	Prüfen	9
	Bremsschläuche bei Rissen und Knicken erneuern. Empfehlung: Alle 4 Jahre erneuern, selbst wenn keine Beschädigung sichtbar.							
Bremslichtschalter	Prüfen	Prüfen	Prüfen	Prüfen	Prüfen	Prüfen	Prüfen	9
Batterie, Rahmen, Fahrwerk								
Batteriesäurestand	–	Prüfen/Ergänzen	Prüfen/Ergänzen	Prüfen/Ergänzen	Prüfen/Ergänzen	Prüfen/Ergänzen	Prüfen/Ergänzen	17
Scheinwerfereinstellung	–	Prüfen/Einstellen	Prüfen/Einstellen	Prüfen/Einstellen	Prüfen/Einstellen	Prüfen/Einstellen	Prüfen/Einstellen	15
Seitenständer [2], Seitenständerschalter	–	Prüfen/Schmieren	Prüfen/Schmieren	Prüfen/Schmieren	Prüfen/Schmieren	Prüfen/Schmieren	Prüfen/Schmieren	5, 6
Lenkkopflager [2] [8]	Prüfen/Einstellen	Prüfen/Einstellen	Prüfen/Einstellen	Prüfen/Einstellen	Schmieren	Prüfen/Einstellen	Prüfen/Einstellen	12
Federung [2]	–	Prüfen	Prüfen	Prüfen	Prüfen	Prüfen	Prüfen	11, 13, 14
Schwinge [2]	–	Prüfen	Prüfen	Prüfen	Schmieren	Prüfen	Prüfen	14
Umlenkhebel	–	Prüfen	Schmieren	Prüfen	Schmieren	Prüfen	Schmieren	14
Räder, Radlager und Reifen [2]	–	Prüfen	Prüfen	Prüfen	Prüfen	Prüfen	Prüfen	7, 8
Wichtige Befestigungselemente	Prüfen	Prüfen	Prüfen	Prüfen	Prüfen	Prüfen	Prüfen	6, 33

Fußnoten zur Wartungstabelle:
1) Ab 42 000 km die Wartungsintervalle siehe bei 18 000 km; bei 48 000 km siehe bei 24 000 km usw/usf.
2) Bei häufigen Fahrten und Extrembedingungen wie Staub, Schmutz, viel Kurzstrecke, Wintereinsatz, etc. ist eine häufigere Wartung ratsam.
3) Wenn die Kilometerleistung nicht innerhalb eines Jahres erreicht wird, ist die Prüfung bzw. der Wechsel jährlich durchzuführen.

Abweichungen XT 125 R/X:
4) Vergaser einstellen alle 6000 km
5) Luftfilter reinigen alle 6000 km, bei Bedarf erneuern
6) Motor hat keine Ölfilterpatrone, die gewechselt werden muss, sondern ein Ölsieb im Ölkreislauf, das nur bei Bedarf gereinigt werden muss
7) Kette alle 500 km schmieren ggf. Kettenspannung einstellen
8) Lenkkopflager alle 12 000 km schmieren

Abweichungen YBR 125:
4) = Vergaser einstellen alle 6000 km
6) = Motor hat keine Ölfilterpatrone, die gewechselt werden muss, sondern ein Ölsieb im Ölkreislauf, das nur bei Bedarf gereinigt werden muss

Angaben beziehen sich auf Redaktionsschluss zum Druck dieses Buches im Februar 2009

Kurzstrecken gefahren wird, dann machen Sie alle 3000 km Ölwechsel; bei überwiegenden Langstreckenfahrten kann man auf 6000 km gehen. Am allerwichtigsten ist, dass mindestens einmal im Jahr ein Ölwechsel gemacht wird, selbst wenn man keine 3000 km schafft – denn Öl altert schon alleine durch den Kontakt mit Luft, es »oxydiert«. Mehr dazu im Kapitel 25 »Schmiersystem«.

Was bei einer Inspektion gemacht wird
Bei einer Inspektion werden Motor- und Fahrwerk durchgesehen, verschlissene Teile ersetzt und zu enge oder weite Ventilspiele korrigiert. Zu »verschlissene Teile« gehören z. B. das Motoröl und der Ölfilter bei den wassergekühlten Motoren. Bei den luftgekühlten Motoren gibt es keine Ölfilterpatrone, die bei jedem Ölwechsel erneuert werden muss, sondern nur ein (nicht demontierbares) Schleuderölfilter auf der Kurbelwelle und ein Ölsieb. Letzteres ist in einem Schacht im rechten Teil des Motorgehäuses eingesteckt und muss nur ausgebaut und gereinigt werden, wenn das Öl sehr alt war und/oder sehr schmutzig.

Tipp 1: Innerhalb der ersten 24 Monate ab Kauf bzw. Datum der Erstzulassung sollten alle Inspektionen von einer Yamaha-Fachwerkstatt durchgeführt und im Wartungsheft abgestempelt werden, damit die Ansprüche auf Garantie oder Kulanz gegenüber Importeur und Hersteller erhalten bleiben. Wer nach der zweijährigen Garantiezeit seine Maschine selbst warten und inspizieren möchte, erhält in diesem Buch die notwendigen Basisinformationen. Es liegt also im Ermessen jedes Fahrzeugbesitzers, wie er damit umgeht.

Tipp 2: Für alle kleinen wie großen Wartungsarbeiten gilt: Nur mit gutem Werkzeug in den entsprechenden Größen (siehe dazu auch Kapitel 2 »Werkstatt«) mit dem Schrauben anfangen. Lesen Sie vor Beginn aller Arbeiten das betreffende Kapitel in aller Ruhe durch, um benötigte Werkzeuge und Zeitaufwand abschätzen zu können.

Wartungs- und Inspektionstabelle

In der Tabelle auf der linken Seite sind die von Yamaha vorgeschriebenen Wartungs- und Inspektionsarbeiten aufgeführt. In der letzten Spalte »siehe Kapitel« finden Sie Verweise zu den Kapiteln in diesem Buch, in denen die Arbeiten beschrieben sind.

■ »Prüfen/Einstellen« bedeutet zum Beispiel beim Punkt »Ventilspiel« neben der Prüfung des vorgeschriebenen Ventilspiels auch gegebenenfalls eine Neueinstellung. Bei den Einzylindern der Modelle in diesem Buch ist dies dank der an den beiden Kipphebeln vorhandenen Ventilspiel-Einstellschrauben keine sehr schwierige Arbeit, dennoch sollte man gut schrauben können! Deswegen empfehlen wir schon an dieser Stelle allen Lesern, die weder die nötigen Werkzeuge noch fachliches Können haben, diese Arbeit in der Yamaha-Fachwerkstatt durchführen zu lassen.

■ »Wichtige Befestigungselemente« betrifft die Kontrolle wichtiger Schraubverbindungen alle 6000 km bzw. einmal im Jahr: z. B. Vorder- und Hinterachse, Befestigungsschrauben der Bremssättel und Motorhalteschrauben.

■ Yamaha empfiehlt, die offen laufende Hinterrad-Antriebskette alle 1000 km zu reinigen und zu schmieren, wobei dabei auch die Kettenspannung (»Kettendurchhang«) geprüft und ggf. korrigiert wird. Die Angabe »alle 1000 km« ist in der Praxis variabel zu sehen, denn bei schlechtem Wetter oder Fahrten auf schmutzigen Straßen ist Kette reinigen und schmieren eher alle 300 km nötig; während bei reinem Schönwetterbetrieb und sanfter Fahrweise die Kette nur alle 1500 km gepflegt werden muss.

■ Über die Betrachtung und Einhaltung der vorgeschriebenen Wartungspunkte hinaus sollten die Gelenke von Hand- und Fußhebel regelmäßig mit einigen Tropfen Öl bedacht werden; speziell nach einer Fahrzeugwäsche. Im Kapitel 3 »Pflege« sind diese Schmierstellen beschrieben.

Regelmäßige Kontrollen

Unten steht eine Tabelle mit der alles aussagenden Überschrift »Regelmäßige Prüfpunkte der Fahrsicherheit und Maschinentechnik«. Daraus geht hervor, was an der Maschine einmal am Tag (bzw. bevor man losfährt), während der Fahrt, beim Tanken und mindestens einmal die Woche alles geprüft werden sollte. Das mag nun für den einen oder anderen ziemlich spießig erscheinen,

Reparatur-Auftrag geben

Tipp: *Wenn Ihre Maschine eine Störung hat und Sie zum Auffinden und Beheben des Fehlers weder technische Fertigkeiten noch Spezialwerkzeuge haben, dann ist es zu empfehlen, die Fehlersuche und Behebung beim Yamaha-Händler gezielt in Auftrag zu geben. Wenn wild darauflos geschraubt wird, besteht die Gefahr, bei halb zerlegtem Motorrad hilflos dazustehen, weil entsprechende Spezialwerkzeuge oder Ersatzteile nicht greifbar sind.*
Ein »gezielter Auftrag« beim Händler sollte schriftlich erfolgen, das Problem möglichst klar schildern und eine finanzielle Obergrenze enthalten.
■ *Beispiel: »Motor stottert beim Beschleunigen und geht bei Kolonnenfahrt öfter aus. Wenn die Reparatur 120 Euro übersteigen sollte, rufen Sie mich bitte an«.*

Regelmäßige Prüfpunkte der Fahrsicherheit und Maschinentechnik		
Beleuchtungs- und Signalanlage	vor jeder Fahrt	siehe Kapitel 15
Reifenprofil, Luftdruck	vor jeder Fahrt, bei jedem Tanken	siehe Kapitel 7
Hand- und Fußbremse	vor jeder Fahrt und während der Fahrt	siehe Kapitel 4, 9
Warn- u. Kontrollleuchten, Instrumente	Prüfung erfolgt vor und während der Fahrt	
Lenkung, Federung und Dämpfung	mindestens einmal wöchentlich und nach Gefühl beim Fahren	
Kupplung	vor jeder Fahrt und während der Fahrt	siehe Kapitel 4, 27
Schaltung	vor jeder Fahrt und während der Fahrt	siehe Kapitel 28
Motoröl	Ölstand prüfen beim Tanken	siehe Kapitel 25
Batterie	Wartung/Laden wichtig vor der Saison	siehe Kapitel 17

aber mit der Zeit bekommt man einen scharfen Blick für diese Kontrollen – und viele Prüfpunkte kann man schon beim Starten bzw. Losfahren auf den ersten paar Metern überprüfen.

Beleuchtung, Lenkung, Federung

Werfen Sie vor jeder Fahrt einen Blick auf die Beleuchtung und betätigen Sie dabei auch beide Bremsen: Leuchtet das Bremslicht auf, brennen alle Kontrolllampen, hupt die Hupe (»Signalhorn«), geht die Lenkung nach beiden Seiten bis zum Anschlag gleichmäßig leicht, federn Vorder- und Hinterrad leicht ein und gedämpft aus? Bei einem gut gepflegten Motorrad kann man davon ausgehen, dass alles in Ordnung ist; bei einem eher schlecht gewarteten Motorrad quietscht möglicherweise etwas. Gehen Sie der Sache auf den Grund, bevor sich ein größerer Schaden entwickelt!

Bilder 1 und 2: Stand der Bremsflüssigkeit regelmäßig prüfen.

■ Wenn die Flüssigkeit dunkel ist, ist sie wahrscheinlich älter als zwei Jahre und es ist höchste Zeit, sie zu wechseln.

Reifen, Luftdruck

Einmal die Woche, spätestens alle 500 Kilometer, einen Blick auf die Reifen werfen: Profil ok? Klemmt irgendwo ein Stein in einer Profilrille? Ist die Ventilkappe noch vorhanden, sitzt sie fest? **Luftdruck bei kalten Reifen prüfen – sie dürfen nach der Kurzstreckenfahrt zur Tankstelle maximal handwarm sein!** Luftdruckwerte siehe Kapitel 7 »Reifen«.

Bild 3: Ist der Motorölstand nahe an der unteren Markierung oder gar darunter, muss Öl nachgefüllt werden: Achten Sie darauf, dass Sie die Ölsorte nachfüllen, die bereits drin ist (mehr dazu siehe Kapitel 25 »Schmiersystem«).

Bremsen

Den Vorratsbehältern für die Bremsflüssigkeit (Bilder 1 und 2) täglich einen Blick schenken: Sinkt der Pegelstand im Schauglas (vorne) bzw. der durchsichtigen Seitenwand (hinten) unter die Mitte in Richtung MIN ab, muss nicht nur Bremsflüssigkeit aufgefüllt werden, sondern es wird auch Zeit, nach der Dicke der Bremsbeläge zu sehen. **Wichtig:** Verdunkelt sich die Bremsflüssigkeit in den Behältern, ist sie alt und muss schleunigst erneuert werden.

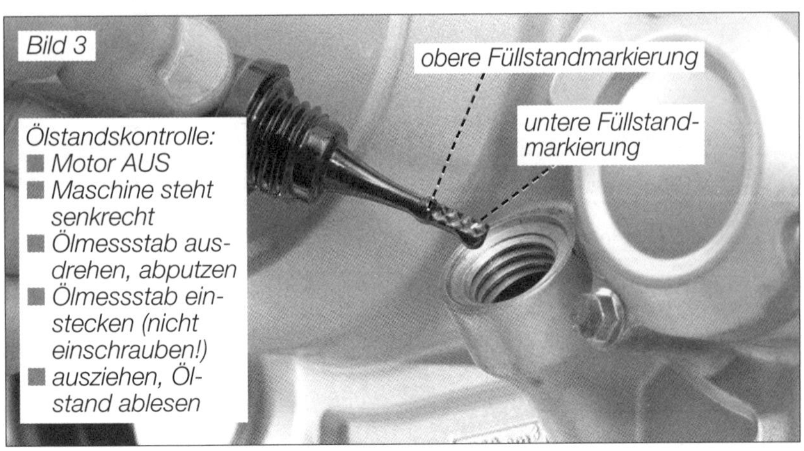

Achtung: Arbeiten an den hydraulischen Scheibenbremsen dürfen aus Sicherheitsgründen nur von ausgebildeten Mechanikern durchgeführt werden, die sehr gute technische Kenntnisse, handwerkliche Fertigkeiten und passende Werkzeuge haben. Wenn Sie diese nicht haben: Yamaha-Händler um Rat fragen, er ist immer aktuell und bestens informiert.

Motorölstand

Den Ölstand nicht zu Beginn einer Fahrt bei kaltem Motor kontrollieren, sondern erst dann, wenn der Motor mindestens 10 Minuten gelaufen und warm ist.

Korrekte Prüfung des Ölstands:

1. Motor abschalten.
2. Eine bis zwei Minuten warten, bis das Öl von oben aus dem Motor nach unten in die Ölwanne abgelaufen ist.
3. Ölmessstab rechts unten am Motor ausschrauben, mit sauberem Lappen abputzen.
4. Ölkontrolle durchführen:
4.1. Motorrad in die Senkrechte bringen:
4.2. Ölmessstab einstecken, bis sein Außengewinde auf dem Innengewinde der Öleinfüllbohrung aufsitzt – NICHT einschrauben!
4.3. Ölmessstab langsam ausziehen.
■ Der Motorölstand muss auf dem schraffierten Feld zwischen unterer und oberer Markierung erkennbar sein (siehe dazu Bild 3).

Mehr zum Thema Motorölstand und Motoröl finden Sie im Kapitel 25 »Schmiersystem«.

Kühlflüssigkeit

Der Ausgleichsbehälter des Kühlsystems sitzt bei der YZF-R 125 links unten im Verkleidungsbug und bei den beiden WR-Modellen links im Rahmendreieck unter der Sitzbank über dem Schwingenlager. Der Behälter ist transparent, weswegen der Kühlflüssigkeitsstand mit einem Blick auf den Behälter zu sehen ist (Bild 4): Die Markierung am Ausgleichsbehälter oben bedeutet FULL (= voll), die untere LOW

(= niedrig): Bei warmem Motor muss der Kühlmittelstand zwischen den Markierungen sein.

Beachten:

Der Stand der Kühlflüssigkeit im Ausgleichsbehälter ist bei heißem Motor etwas höher als bei kaltem.

Der Pegelstand der Kühlflüssigkeit muss sich stets zwischen den beiden Markierungen befinden (Bild 4).

Wenn der Pegelstand der Kühlflüssigkeit unter die untere Markierung abgesunken oder nicht zu sehen ist, stimmt etwas nicht: Entweder ist die Kühlflüssigkeit schon zu lange drin und ein Teil davon ist verdunstet oder das Kühlsystem hat ein Leck. Bevor aber der komplette Kühlkreislauf umgekrempelt wird, zuerst den Ausgleichsbehälter mit Kühlflüssigkeit bis zur oberen Markierungslinie auffüllen, weiterfahren und beobachten, wo das Zeug bleibt.

Wichtig! Wenn Kühlmittel fehlt und nachgefüllt werden muss, wird dieses in den Ausgleichsbehälter gefüllt: Gummideckel am Behälterstutzen abnehmen, Kühlflüssigkeit mit Hilfe eines Trichters einfüllen, damit nichts danebenschwappt, Gummideckel wieder sicher aufdrücken.

Achtung: Deckel des Ausgleichsbehälters (Bild 4) nicht bei heißem Motor öffnen, denn heißes Kühlmittel kann plötzlich herausschießen – Verbrühungen sind die Folge!

Tipp: Falls Sie unterwegs Kühlmittelverlust feststellen und deswegen Kühlmittel kaufen und auffüllen müssen, achten Sie darauf, dass dieses für Aluminiummotoren und -kühler geeignet ist. Falls nur eine kleine Menge Kühlmittel fehlt, können Sie auch reines Wasser auffüllen. Niemals Leitungswasser einfüllen (das ist kalkhaltig), sondern ausschließlich destilliertes Wasser. Mehr zum Thema »Kühlkreislauf und Kühlmittel« erfahren Sie in Kapitel 26 »Kühlsystem«.

Seitenständerschalter prüfen

Der Seitenständerschalter sollte regelmäßig auf Funktion geprüft werden. Er sitzt links vor dem Seitenständergelenk (Bilder 5 und 6). Wenn er nicht mehr richtig funktioniert, verhindert er entweder das Starten des Motors, oder im anderen Extremfall wird ein Wegfahren der Maschine mit ausgeklapptem Seitenständer ermöglicht (wenn die Befestigungsschrauben ausgefallen sind!) – und das ist ziemlich gefährlich.

Der Seitenständerschalter wird folgendermaßen auf einwandfreie Funktion geprüft:

- Motor mit ***aus**geklapptem* Seitenständer und eingelegtem Leerlauf starten.
- Kupplung ziehen, Gang einlegen: Motor muss ausgehen.

Umkehrprobe:

- Motor mit ***ein**geklapptem* Seitenständer und eingelegtem Leerlauf starten.
- Kupplung ziehen, Gang einlegen.
- Kupplung gezogen halten, Seitenständer ausklappen: Motor muss ausgehen.

Hat der Seitenständerschalter diese Tests bestanden, ist er technisch und elektrisch in Ordnung. Ansonsten, wenn sich also z. B. mit ausgeklapptem Seitenständer der Gang einlegen und womöglich sogar losfahren lässt, muss der Seitenständerschalter unbedingt erneuert werden.

Zum Auffinden des Steckers des vom Seitenständerschalter zum Kabelbaum führenden Kabels einfach das Kabel nach oben verfolgen. Das neue Kabel exakt wie das alte im Rahmen verlegen.

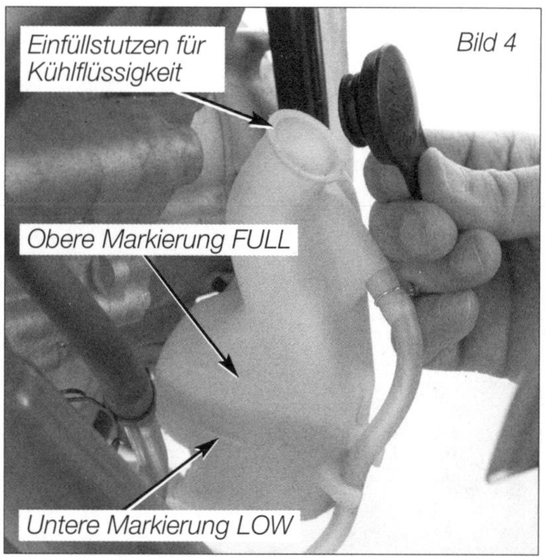

Bild 4: Der Stand der Kühlflüssigkeit im Ausgleichsbehälter sollte sich zwischen den beiden Markierungen befinden.

Bilder 5 und 6: Der Seitenständerschalter sitzt vor dem Gelenk des Seitenständers. Gelenkflächen des Seitenständers mit schwerem Fett oder Kettenspray schmieren.

Bild 1: Spannmutter.

Bild 2: Kunststoffscheiben schützen die Oberflächen.

Bilder 3 und 4: Gutes Werkzeug benutzen!

Bilder 5 und 5a: Distanzbuchse in Langloch.

Bild 6: Verschiedene Verkleidungs-Befestigungselemente.

Bilder 7 und 8: Aufgesteckte Gegenmutter.

Verkleidung · Tank · Rahmen

In diesem Kapitel: Verkleidung · Verbindungsnippel · Tank ab- und aufbauen · Fußrasten · Motor aus- und einbauen.

Verkleidung

Verkleidungsscheibe

Die Schrauben der Verkleidungsscheibe sind in so genannte »Gummimuttern« eingeschraubt, die sich beim Festziehen der Schraube in sich spannen (Bild 1). Ziehen Sie die Schrauben mit Gefühl an, denn wenn sie zu fest angezogen werden, wird entweder die Gummimutter zerstört oder die Verkleidungsscheibe reißt.

Kunststoffscheiben

Unter den Köpfen einiger Schrauben sind Kunststoffscheiben untergelegt (Bild 2), sie schützen die Oberflächen vor Kratzern beim Anziehen. Geben Sie bei der Montage etwas Silikonfett an die Scheiben, dann bleiben diese elastisch und werden nicht »hart«. Unter manchen Schrauben sind Bundscheiben, die beim Anbau wieder an diese Stelle gehören. Nie ohne Bundscheiben montieren, sonst bricht das Verkleidungsteil eben an dieser Stelle!

Einige Tipps zur Verkleidungsmontage

- Die passgenauen Verkleidungsteile sind mit Schrauben, selbstsichernden Muttern und Kunststoff-Verbindungsnippeln am Rahmen oder extra Haltern befestigt bzw. miteinander verbunden. Einige Schrauben sind etwas versteckt angebracht (Bilder 3 und 9), was bedeutet: Genau hinsehen und alle Schrauben ausdrehen, bevor man ein Verkleidungsteil abnehmen kann.
- Schrauben Sie immer mit passendem Werkzeug (Bilder 3 und 4) – mit schlechtem Werkzeug werden die Schraubenköpfe rasch vermurkst.
- Zur Demontage und Montage der Verkleidung gehören Geduld und Fingerspitzengefühl.
- Kein Verkleidungsteil mit Gewalt abziehen oder einstecken wollen. Vor allem spröde gewordener Kunststoff bei älteren Maschinen kann leicht brechen!
- Merken Sie sich gut, wie Sie die Verkleidungsteile abgebaut haben, sie werden in umgekehrter Reihenfolge wieder angebaut.
- Legen Sie abgebaute Verkleidungsteile auf einem Ballen sauberer Lappen ab (holen Sie

Bild 1

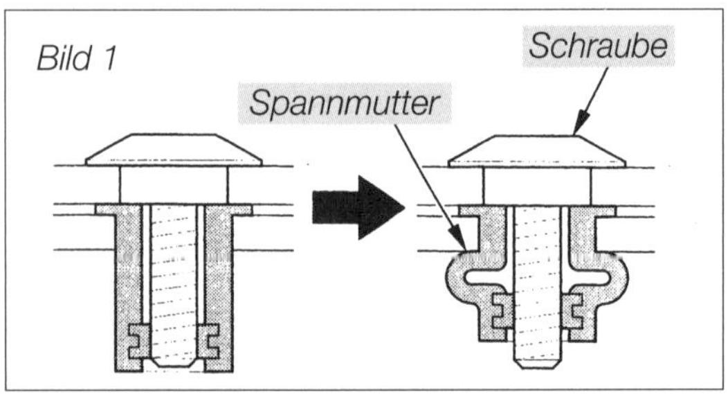

Bild 2

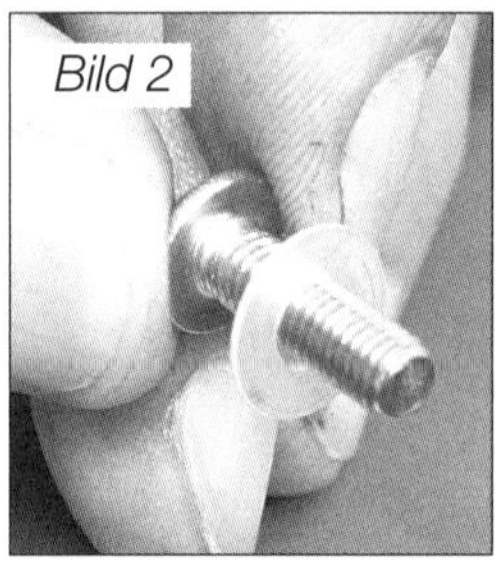

Bild 3

Bild 4

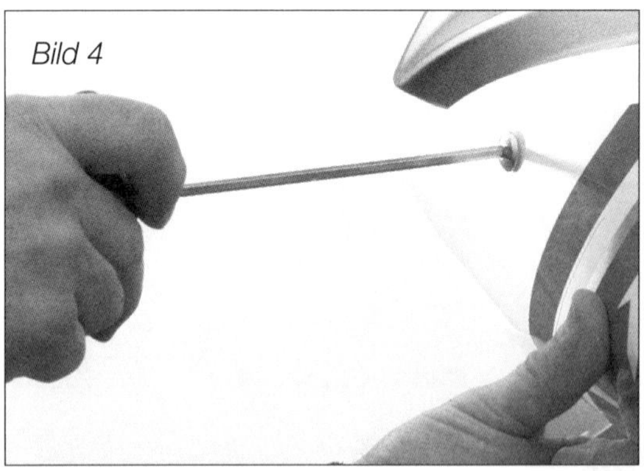

Bild 5 *Bild 5a*

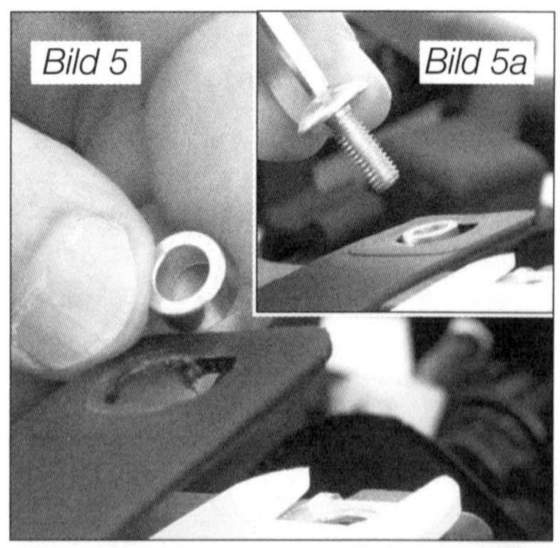

Bild 6

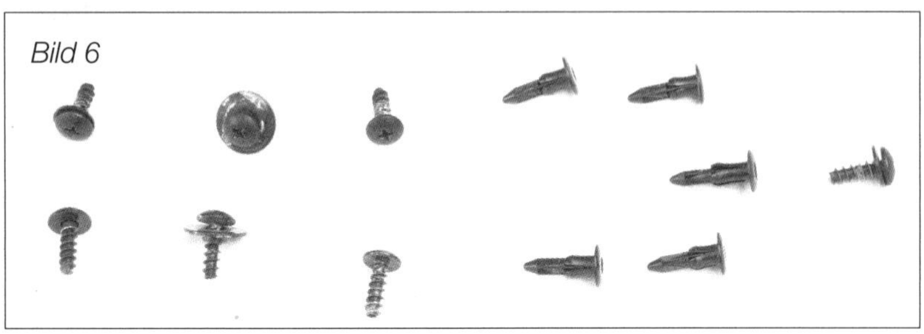

Bild 7

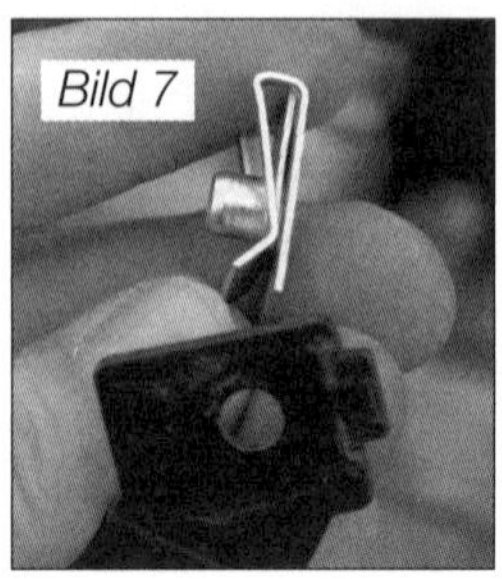

Bild 8

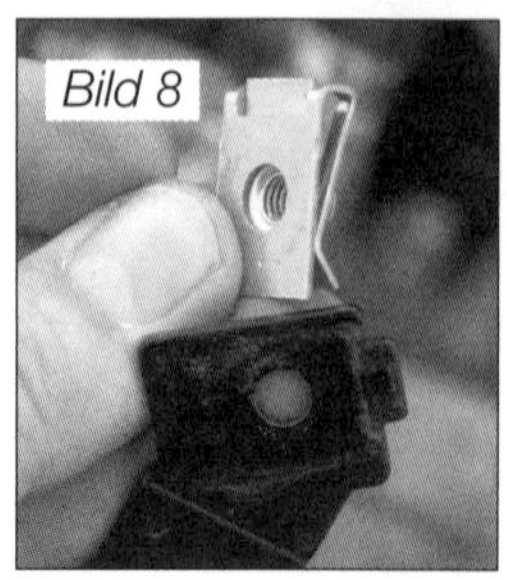

dazu ruhig Mutters Bettzeug) oder hängen Sie die Teile an große S-Haken an die Wand.

■ Platzieren Sie abgeschraubte Verkleidungsteile außerhalb jeglicher Fußreichweite, denn man tritt während des Schraubens an der Maschine rasch auf ein am Boden liegendes Teil. Im Extremfall bricht es, garantiert zerkratzt es.

■ An einigen Verkleidungsteilen sind Langlöcher angebracht, in die Alu-Distanzbuchsen eingesetzt sind (Bild 5). Nehmen Sie bei der Demontage die Buchsen heraus und passen Sie auf, dass diese nicht verloren gehen. Bei der Montage müssen diese Buchsen unbedingt wieder eingesetzt werden, sonst reißt das Bauteil ein.

■ Merken Sie sich beim Abbau gut, welche Schraube (mit oder ohne Scheibe) und welcher Nippel wo eingesetzt war (Bild 6), sonst kann man beim Zusammenbau verzweifeln.

■ Manche Gegenmuttern sind einfach aufgesteckt (Bilder 7 und 8): Das Muttergewinde wird immer »hinten« positioniert, also in die vom Schraubenkopf abgewandte Seite.

■ Achten Sie beim Zusammenbau der Verkleidung darauf, dass keine Kabel, Stecker oder Bowdenzüge eingeklemmt werden. Wenn es doch passiert, nehmen Sie das Verkleidungsteil wieder ab und verlegen Kabel, Stecker oder Bowdenzüge sauber und klemmfrei.

■ Beim Anbau müssen Verkleidungsteile ohne Schrauben passgenau an den Schrauböffnungen anliegen, erst dann Schrauben eindrehen.

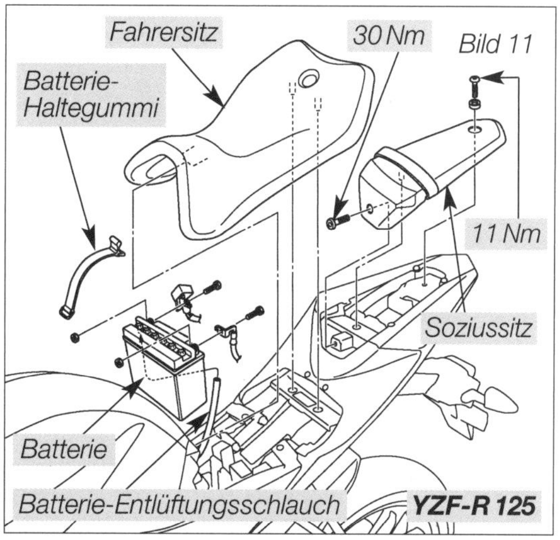

Bild 11

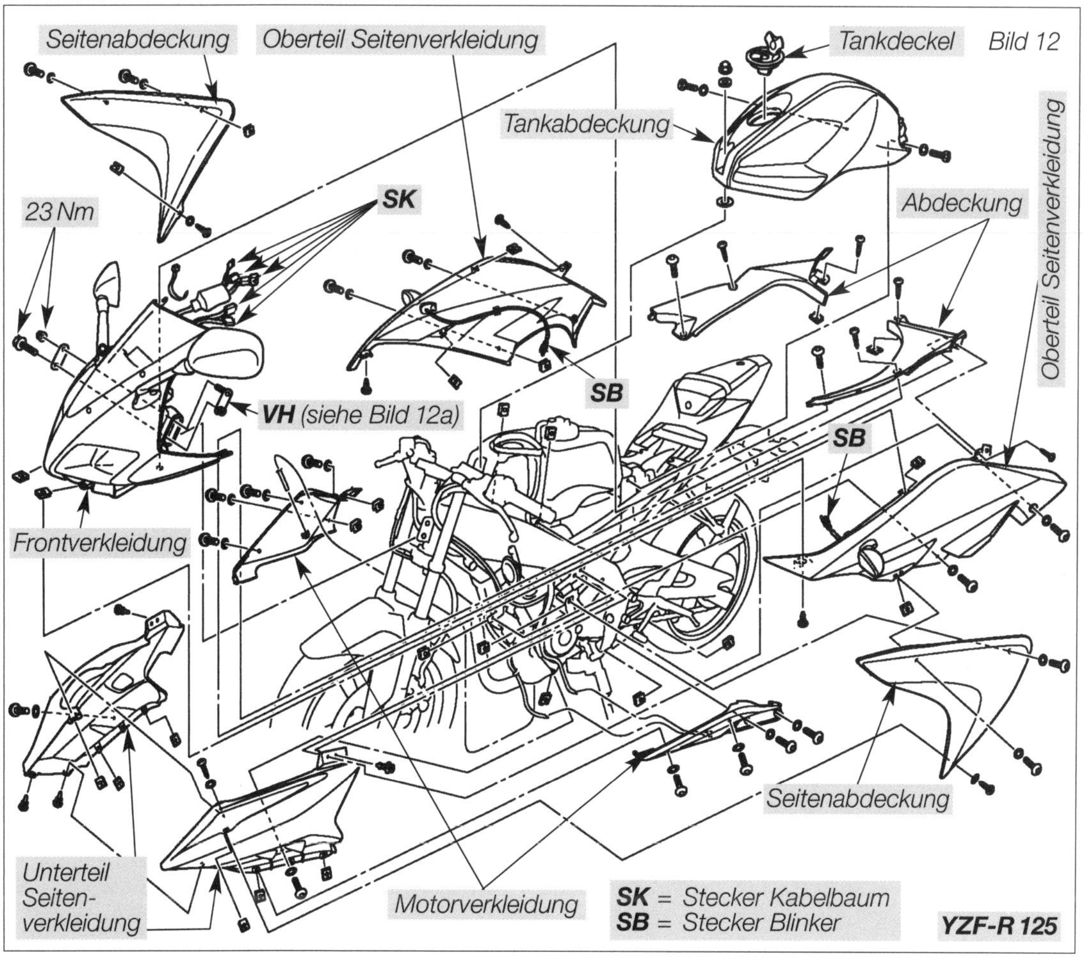

Bild 12

Bild 9

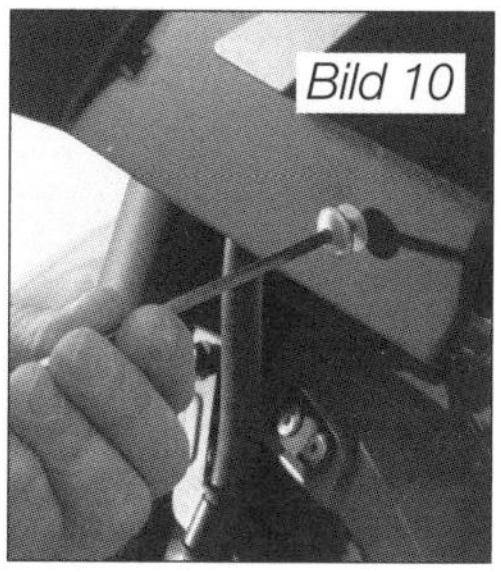
Bild 10

Bilder 9 bis 12a: Die Zeichnungen verdeutlichen sehr schön den Aufbau der verschiedenen Verkleidungselemente und ihre Befestigung am Beispiel der YZF-R 125.

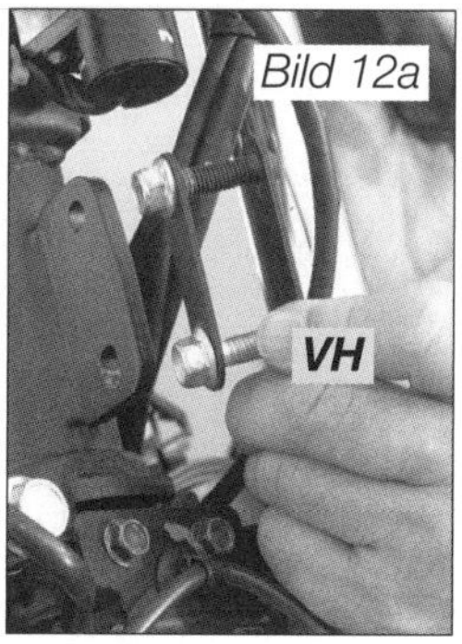

Bild 12a

Bild 12a: Der Verkleidungshalter »VH« wird mit der Mutter nach oben und der Schraube nach unten eingebaut.

Bilder 11 bis 13: Aus- und Einbau

Verbindungsnippel

An verschiedenen Stellen sind Verbindungsnippel aus Kunststoff eingesetzt, auch »Nietschnapper« oder »Druckniet« genannt (Bilder 13, 14 und 15).

Bild 13

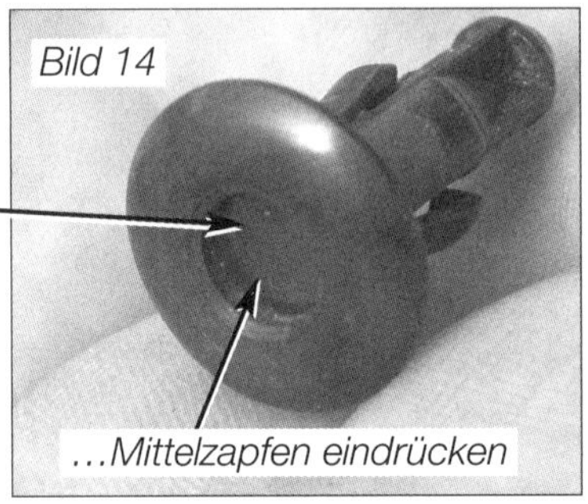

Bild 14

eines Kunststoffnippels. Beim Einbau den Mittelzapfen eindrücken, bis er bündig mit dem Kopf ist. Damit ist der Kunststoffnippel gespannt und sitzt fest in seiner Bohrung.

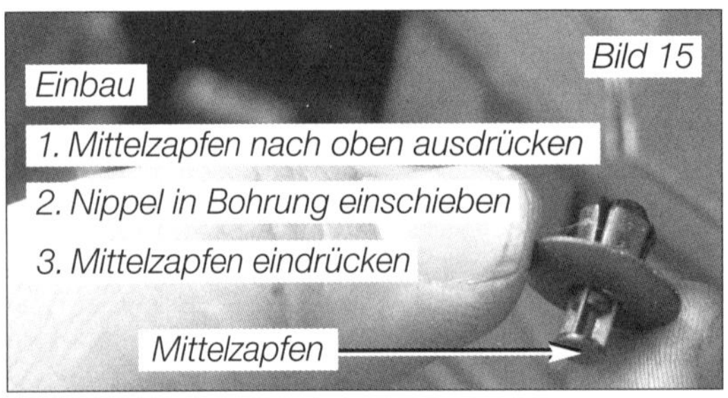

Bild 15

Bilder 17 bis 22: Die Zeichnungen zeigen den Aufbau der verschiedenen Verkleidungselemente und ihre Befestigung am Beispiel der XT 125 R/X.

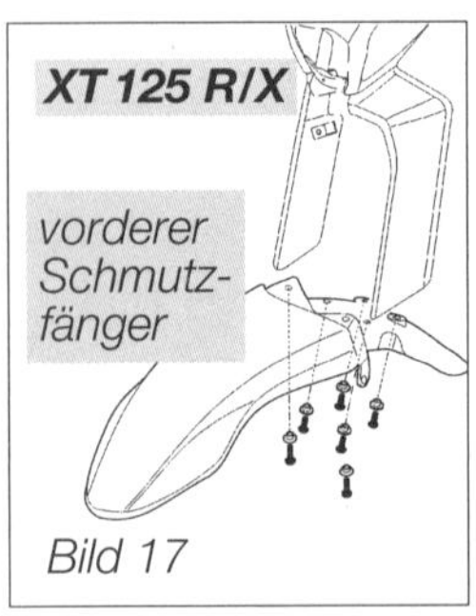

Bild 17

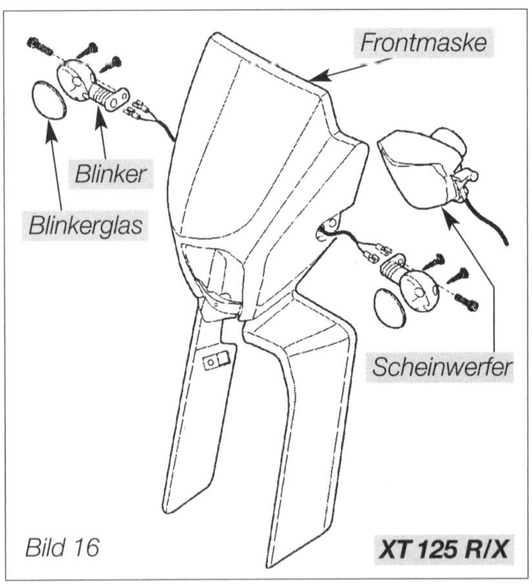

Bild 16

Wenn man nicht weiß, wie die Dinger funktionieren, bricht man beim Herumdrücken von der falschen Seite leicht überstehende Teile ab – der Nippel ist kaputt, aber immer noch nicht draußen. Dabei ist seine Bedienung einfach.

■ **Lösen:** Mit einem spitzen Dorn in der Mitte leicht eindrücken, so dass der Mittelzapfen einschnappt (Bilder 13 und 14). Der entspannte Nippel kann jetzt herausgezogen werden.

■ **Befestigen:**

1. Zuerst den ausgebauten Nippel mit dem eingedrückten Mittelstück zwischen zwei Finger

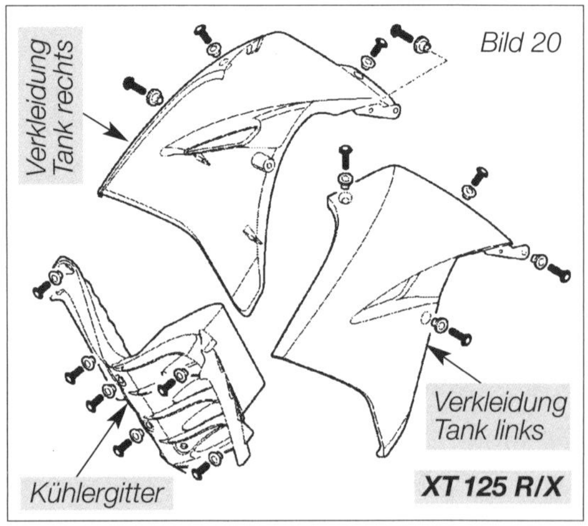

Bild 20

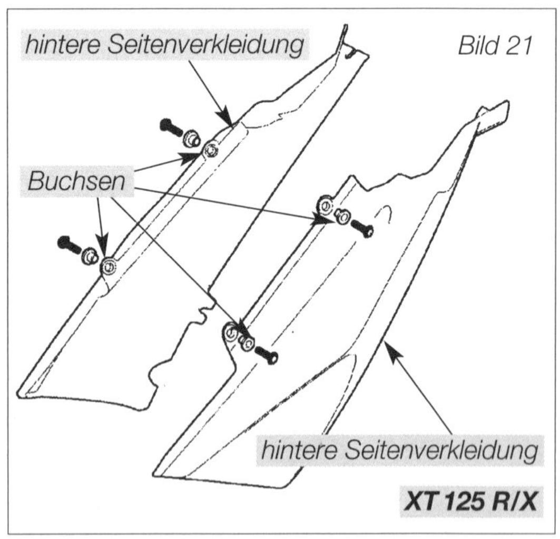

Bild 21

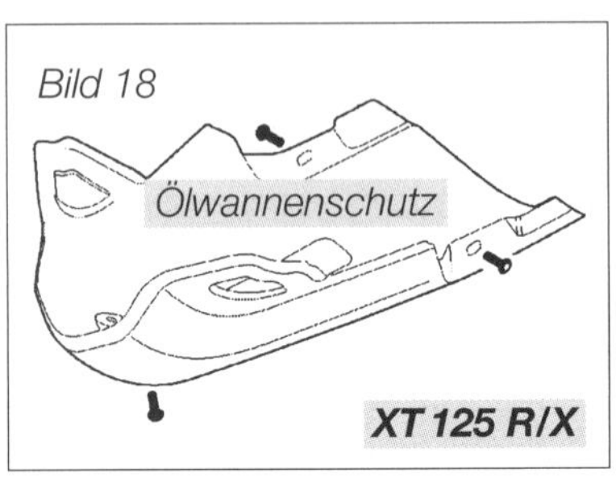

Bild 18

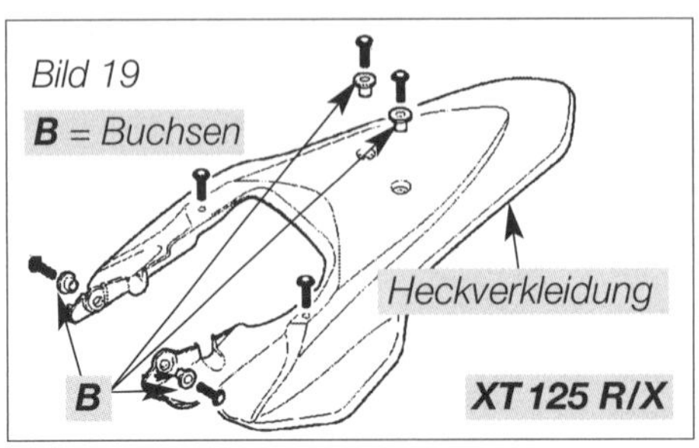

Bild 19

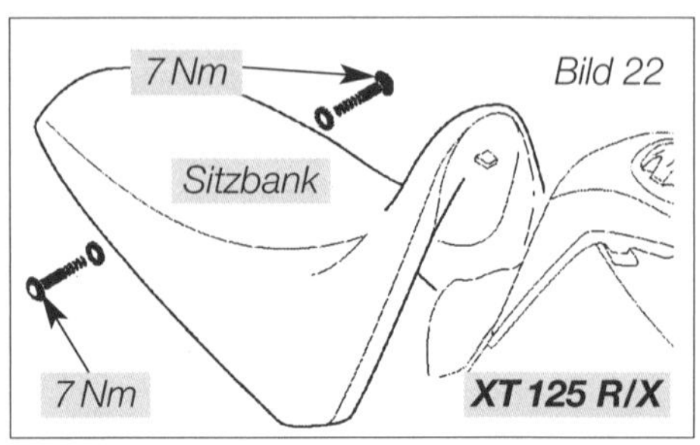

Bild 22

nehmen, mit dem Daumen der anderen Hand den Bolzen ganz zur Oberseite durchschieben (Bild 15), es klickt zweimal.
2. Dann den Nippel satt in die Befestigungsbohrung einsetzen (Bild 15) und das Mittelstück bis zum Kopf bündig einschieben (Bild 13a); wenn es fühl- und hörbar klickt, ist er richtig befestigt.

Weil diese Verbindungsnippel die Teile nur zusammenhalten, aber nicht fest verspannen, sind sie während der Fahrt hohen Vibrationen ausgesetzt. Wenn sie ausgebaut sind, sollten sie gepflegt werden, dann behält der innere Spannbolzen mit den Zacken seine Freigängigkeit.

Tank ab- und aufbauen

Wenn der Tank abgebaut wird, soll er möglichst leer sein; nicht nur weil er weniger wiegt, sondern weil dann weniger Sprit ausläuft. Wenn ein voller Tank ab muss, möglichst allen Sprit abpumpen.

⚠ **Achtung:** Der Motor muss nicht nur kalt sein, sondern auch AUSgeschaltet, Zündung AUS, Zündschlüssel am besten abziehen.

⚠ **Achtung:** Beim Abbau des Tanks nicht rauchen, keine offenen Flammen und kein Funkenflug in weitem Umkreis der Schraubstelle! Ausgelaufenes Benzin sofort aufputzen!

Tank abbauen (Einspritzer)
1. Fahrersitz abbauen.
2. Tankabdeckung abbauen: Schrauben vorne und hinten lösen und ausdrehen (Bild 23).
2.1. Tankdeckel abnehmen.
2.2. Tankabdeckung nach oben annehmen (Bild 24). Tankdeckel wieder aufsetzen.
3. Kabelstecker oben in der Grundplatte der Benzinpumpe ausziehen.
4. Benzinschlauchkupplung abziehen:
4.1. Sicherungsbuchse ausziehen (Bild 26).
4.2. Mit eine schmalen Zange die Sicherungshaken des Kupplungsstücks beidseitig gleichmäßig und vorsichtig eindrücken (Bild 27).
4.3. Gleichzeitig oben am Kupplungsstück ziehen und vom Stutzen abnehmen (Bild 28).
5. Entlüftungsschlauch vom Stutzen abziehen, Schläuche und Kabel aus der seitlichen Kabelhalterung nehmen (Bild 25).
6. Halteschrauben des Tanks lösen und ausdrehen, Tank abnehmen und zur Seite legen.
■ Ausgelaufenes Benzin sofort aufputzen!

Aufbau des Tanks in umgekehrter Reihenfolge.

Besonders darauf achten, dass die Benzinschlauchkupplung richtig aufgesteckt ist: Es muss fühl- und hörbar klicken.

Tank abbauen (Vergasermodell)
1. Benzin- und Unterdruckschläuche vom Benzinhahn abziehen (Bilder 29, 30 und 31).
2. Tankhalteschrauben ausdrehen, Tank etwas anheben und abstützen.
3. Stecker der Benzinstandsanzeige trennen.
4. Tank abnehmen und so lagern, dass aus dem Stutzen kein Benzin ausläuft!

Bild 23

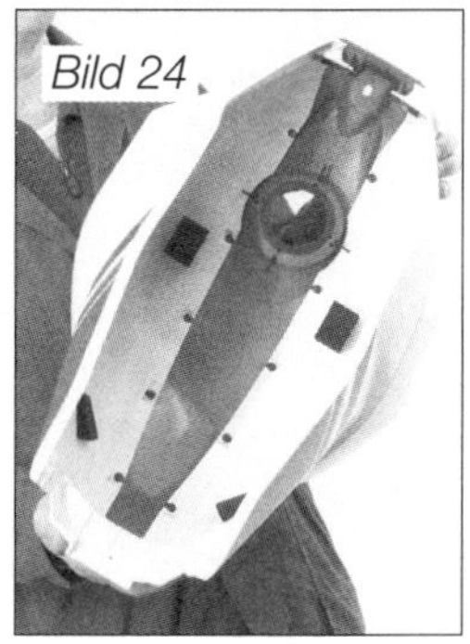
Bild 24

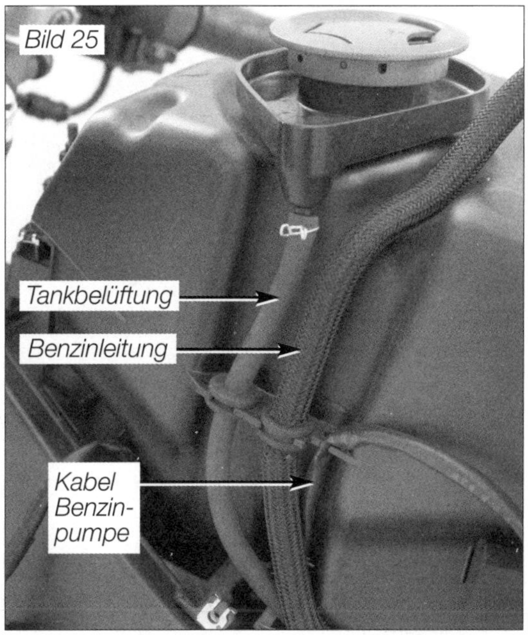

Bild 25

Bilder 23 bis 28: Tank-Abbau Einspritzmodelle.

Bilder 29 bis 31: Schläuche abziehen vom Unterdruck-Benzinhahn der Vergasermodelle.

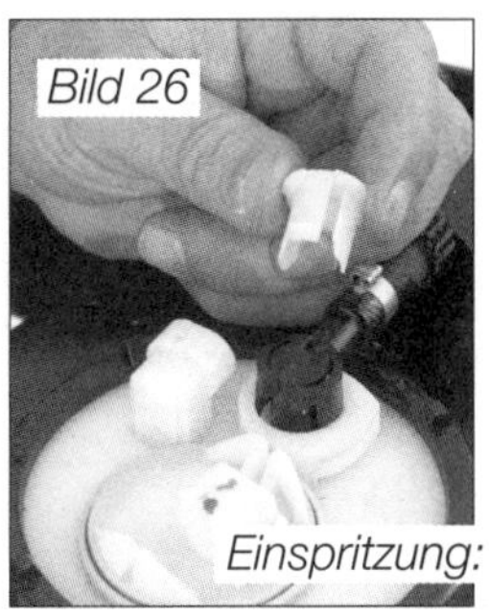
Bild 26

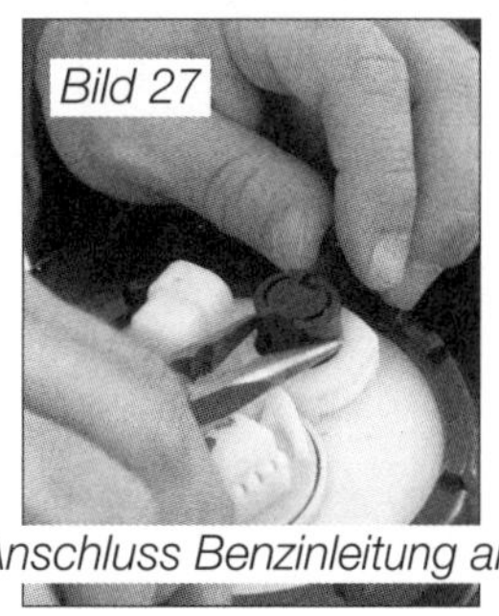
Bild 27

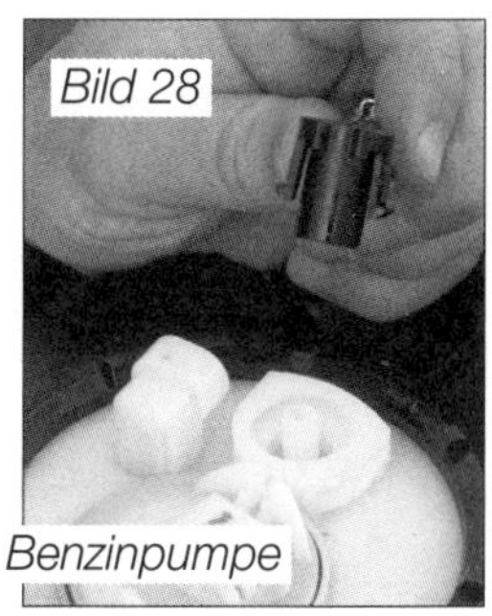
Bild 28

Einspritzung: Anschluss Benzinleitung an Benzinpumpe

Bild 29

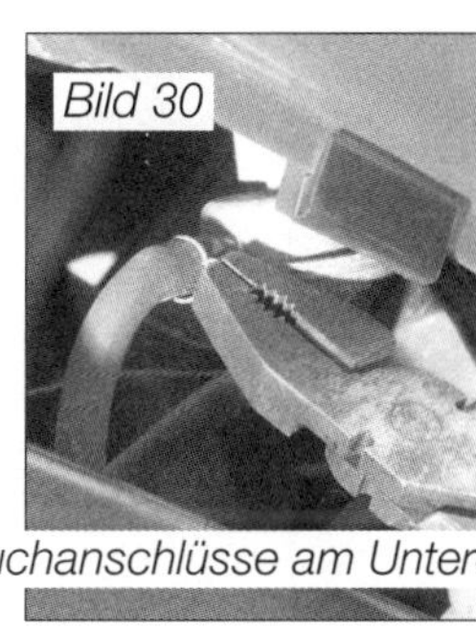
Bild 30

Bild 31

Vergaser: Schlauchanschlüsse am Unterdruck-Benzinhahn

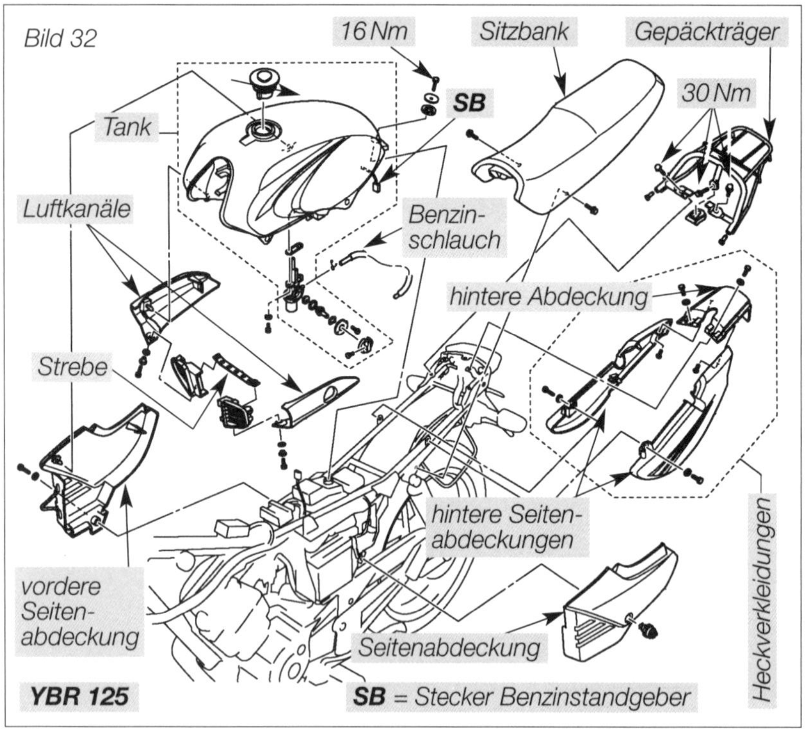

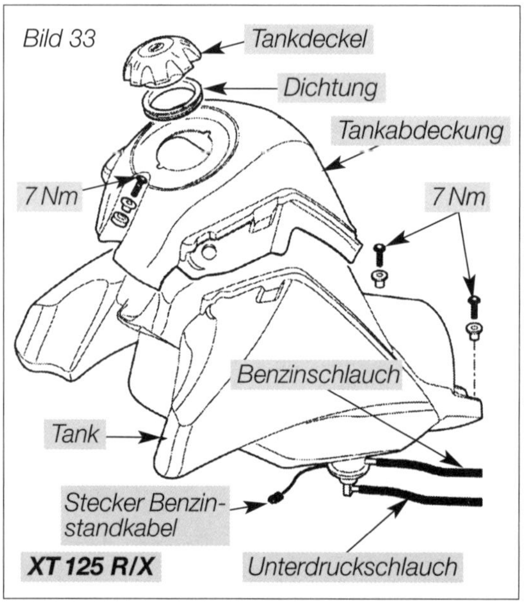

Bilder 32 und 33: Explosionszeichnungen Tank-Abbau YBR 125 und XT 125 R/X.

Bilder 34 bis 37: Klappbare Fahrerfußraste. Der Bolzen muss gelegentlich geschmiert werden, die Enden des Splints müssen sauber umgebogen sein.

Aufbau des Tanks in umgekehrter Reihenfolge. Besonders darauf achten, dass...

- ...Sicherungsbuchse der Benzinschlauchkupplung mit Pfeil nach vorne montiert wird,
- ...der Entlüftungsschlauch knickfrei nach unten verlegt ist,
- ...der Stecker der Benzinstandsanzeige richtig zusammengesteckt ist.

Fußrasten

Die Fahrerfußrasten sind auf Gelenkbolzen beweglich in den Fußrastenhaltern gelagert. Diese Gelenkstellen liegen im Spritzwasserbereich und sind deswegen stark rostgefährdet.

Fußraste aus- und einbauen

1. Splint geradebiegen und ausziehen.
2. Gelenkbolzen ausdrücken.
3. Teile gut reinigen und mit schwerem Fett einschmieren.
4. Beim Zusammenbau darauf achten, dass beide Enden des Splints sicher umgebogen sind (Bild 37).

- Zum Ab- und Anbau der Fußrasten an der YBR 125 siehe auch Zeichnung in Bild 39a.

Motor aus- und einbauen

Motor ausbauen

Auch eine Maschine mit Mittelständer muss auf einen Heckmontageständer abgestellt weden, weil man nämlich zum Ausbau des Motors den Mittelständer samt der Fußrastenhalterung abschrauben muss (siehe Zeichnung in Bild 39a).

1. Motorrad sicher auf Heckmontageständer aufbocken. Vorderradbremshebel mit einem Kabelbinder gegen den Lenker ziehen und festbinden.
2. Verkleidung, Sitzbank und Tank abbauen.
3. Kühlflüssigkeit und Motoröl ablassen.
3.1. Wegen drohender Ölsauerei beim Montieren

Bild 34

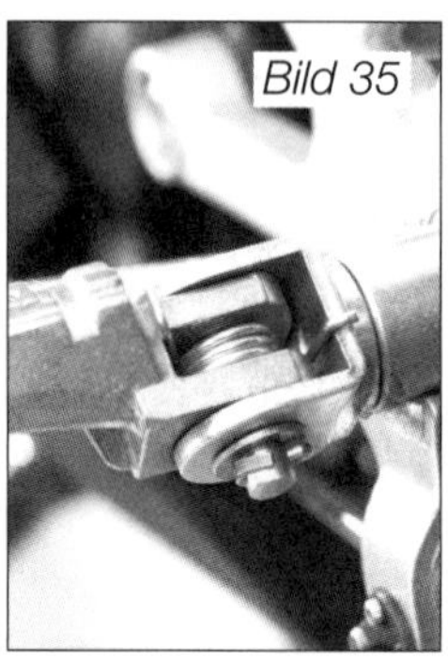
Bild 35

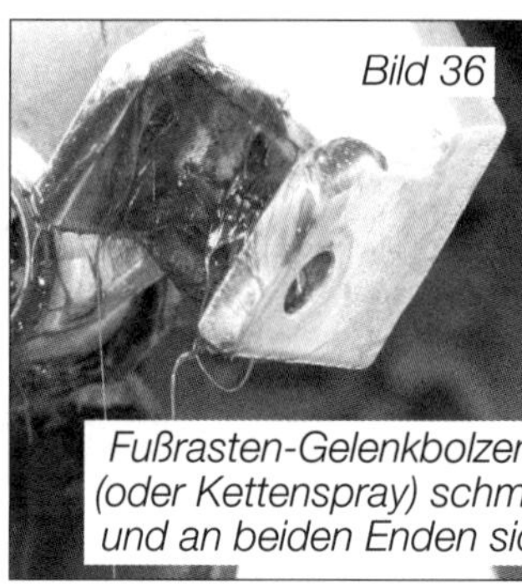
Bild 36

Bild 37

Fußrasten-Gelenkbolzen: Bei Bedarf mit dickem Fett (oder Kettenspray) schmieren, Splint muss vorhanden und an beiden Enden sicher umgebogen (Kreis) sein.

die Ölablassschraube wieder einschrauben und leicht handfest anziehen.
4. Kupplungszug unten am Motor aushängen.
5. Auspuffanlage komplett abbauen.
6. Schlauchschellen aller Kühlerschläuche öffnen, Schläuche abziehen. Kühler abschrauben.
7. Unterdruck- und Luftschlauch vom PAIR-Steuerventil und Rückschlagventil abziehen.
8. Schalthebel und Abdeckung des Kettenritzels abschrauben.
9. Batterie ausbauen. Alle Stecker der Kabel, die vom Motor zum Rahmen führen, trennen.
10. Gaszug aushängen. Stecker vom Einspritzventil abziehen.
11. Schlauchschelle vom Luftfilterkasten zum Vergaser bzw. Drosselklappengehäuse lösen. Befestigungsschrauben des Luftfilterkastens ausdrehen. Entlüftungsschlauch vom Motor zum Luftfilterkasten abziehen.
Wichtig: Alle Kabel und Züge so zur Seite hängen bzw. ablegen, dass sie später den Motorausbau nicht stören!
12. Schrauben der Ritzelhaltescheibe ausdrehen. Kettenritzel mit aufgelegter Kette von der Getriebewelle abziehen und dann aus der Kette herausfummeln.
13. Motor mit einem Wagenheber unterbauen, Hölzer dazwischenlegen. Wagenheber ganz leicht hochbocken.
14. Motorhalteschrauben vorne lösen.
14.1. Befestigungen der Motorhalterung vorne am Rahmenrohr ausschrauben. Motorhalterung abnehmen.
15. Muttern der hinteren Motorhaltebolzen lösen und abdrehen. Motorhaltebolzen ausziehen.
16. Motor vorsichtig etwas ablassen, Kette von der Getriebeabtriebswelle nehmen.
17. Motor weiter ablassen und nach rechts aus dem Rahmen nehmen.

Motor einbauen
Einbau des Motors in umgekehrter Reihenfolge des Ausbaus. Folgende Punkte sind dabei ganz besonders zu beachten:
1. Motor von rechts in den Rahmen einsetzen und ungefähr in Einbaustellung positionieren.
■ Kette über Getriebewelle hängen, bevor der Motor in seine endgültige Einbauposition gebracht wird.
2. Hintere Motorhalterung provisorisch montieren.
3. Motor mit dem Wagenheber hochfahren, hinteren oberen Motorhaltebolzen einstecken.

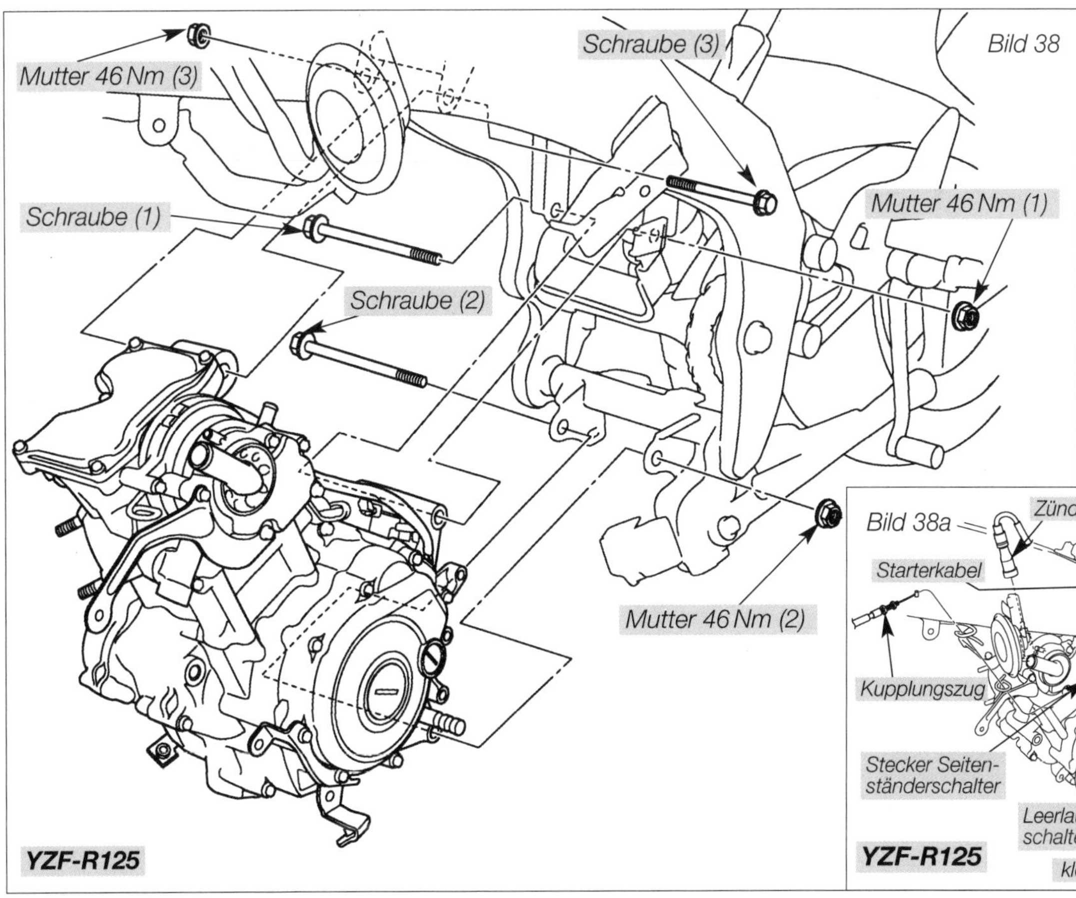

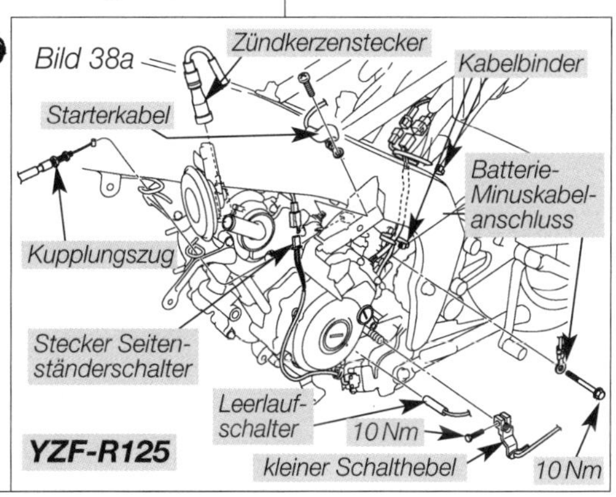

Bilder 38 und 38a: Explosionszeichnungen der Motorhalterungen der Modelle YZF-R mit Teilebezeichnungen und Anziehdrehmomentwerten.
■ In Klammern (...) die Anziehreihenfolge der Schrauben und Muttern.

3.1. Motorhalterahmen vorne und dann Motorhalteschrauben eindrehen und provisorisch festziehen.

4. Die Muttern der Motorhalteschrauben müssen in einer bestimmten Reihenfolge festgezogen werden: Diese »Anziehreihenfolge« ist in den Bildern 38, 39, 40 und 41 bei den Anziehdrehmomenten in Klammer (...) notiert.

5. Ab- und ausgebaute Teile an- und einbauen. Kabel, Seilzüge und Schläuche korrekt verlegen.

■ Kabelstecker sicher zusammenklicken.

■ Arbeitsschritte und Anziehdrehmomente von Auspuffanlage, Luftfiltergehäuse, Schlauchschellen, Ritzelmutter, Schaltgestänge, etc. siehe entsprechende Kapitel.

■ Nicht vergessen, Motoröl und Kühlmittel einfüllen, Spiel am Kupplungszug kontrollieren!

Ein frisch eingebauter Motor wird wahrscheinlich die ersten Minuten nach dem Start ziemlich rauchen: Das liegt am Montageöl im Motor und ist kein Grund zur Sorge.

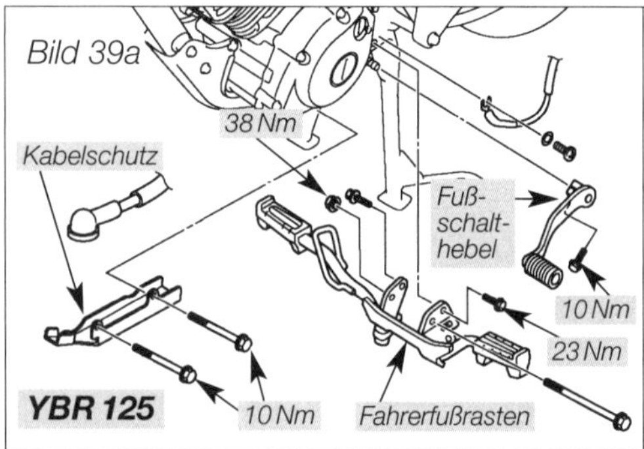

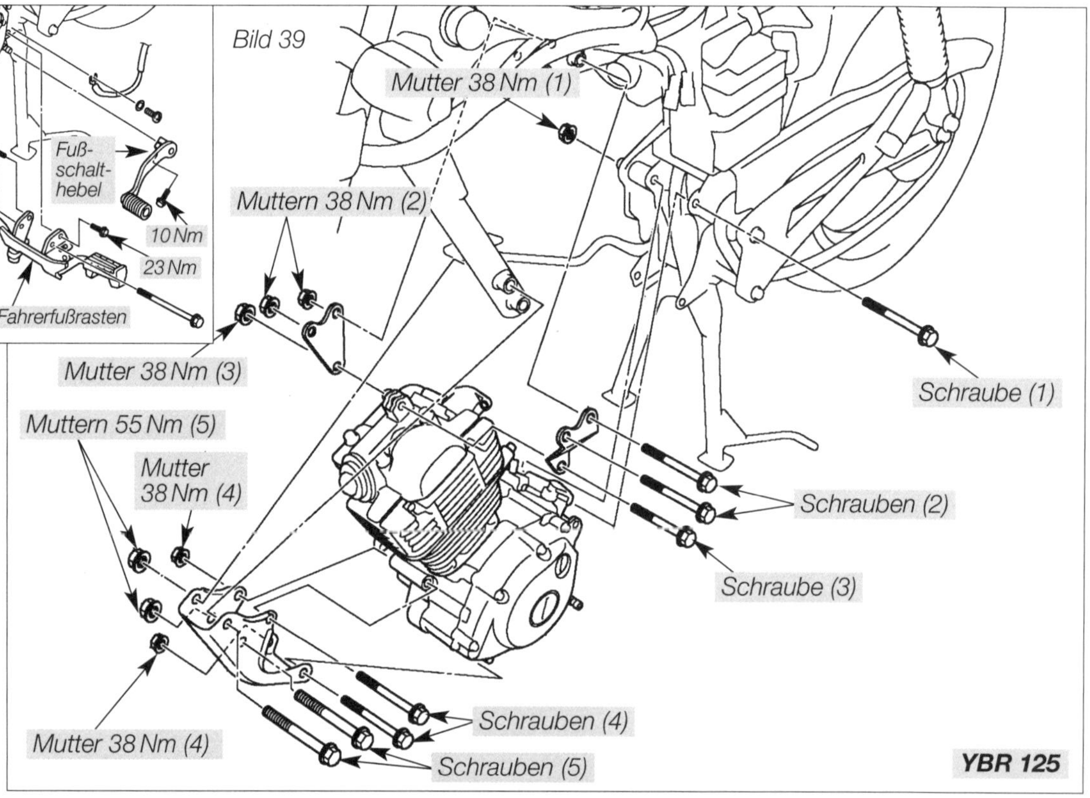

Bilder 39 bis 41: Explosionszeichnungen der Motorhalterungen der Modelle YBR 125 und XT 125 R/X mit Teilebezeichnungen und Anziehdrehmomentwerten.
■ In Klammern (...) die Anziehreihenfolge der Schrauben und Muttern.

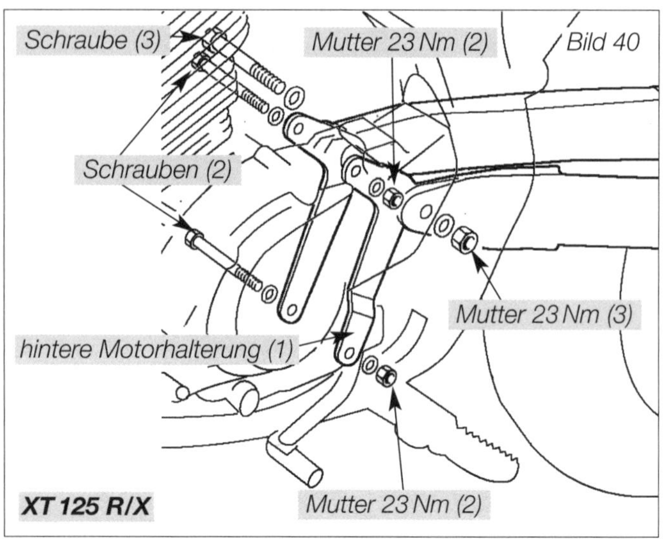

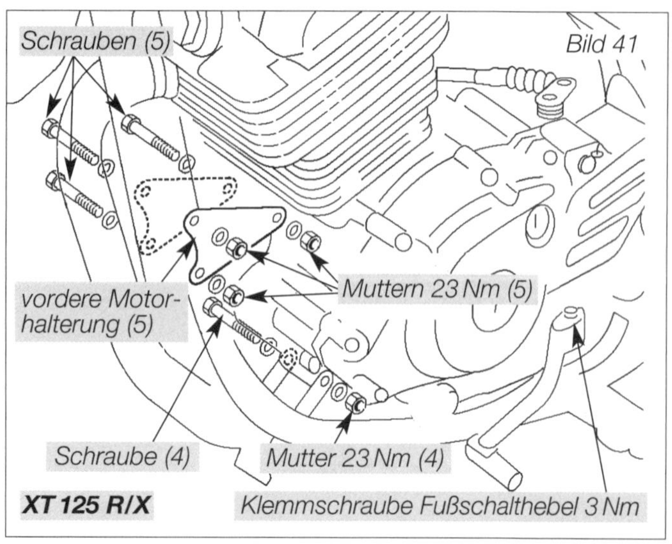

Reifen

In diesem Kapitel: Modellbezogene Reifengrößen und Luftdrücke · Reifendruckprüfer · Luftdruckkontrolle · »Spuckprüfung« · Reifenverschleiß · Profiltiefe · Nachrüstreifen · Montage · Auswuchtung · Was auf dem Reifen steht · Reifenlebensdauer, -alter und -lagerung · Pirelli- und Metzeler-Reifen für die 125er-Yamahas · Reifenmontage.

Reifengrößen, Luftdrücke

Yamaha YZF-R 125 (Supersportler)

Vorderradreifen	100/80-17 52S
Hinterradreifen	130/70-17 62S
Luftdruck	vorne/hinten
bei Solofahrt	1,75/2,0 bar
bei 2 Personen, Gepäck	1,75/2,25 bar

Yamaha YBR 125 (Allrounder)

Vorderradreifen	2.75-18 42P
Hinterradreifen	90/90-18 M/C 57P
Luftdruck	vorne/hinten
bei Solofahrt	1,75/2,0 bar
bei 2 Personen, Gepäck	1,75/2,8 bar

Yamaha YBR 125 Custom (Cruiser)

Vorderradreifen	3.00-18 47P
Hinterradreifen	3.50-16 58P
Luftdruck	vorne/hinten
bei Solofahrt	2,0/2,3 bar
bei 2 Personen, Gepäck	2,0/2,3 bar

Yamaha XT 125 R (Enduro)

Vorderradreifen	90/90-21 54S
Hinterradreifen	120/80-18 62S
Luftdruck	vorne/hinten
bei Solofahrt	1,8/1,9 bar
bei 2 Personen, Gepäck	2,0/2,1 bar

Yamaha XT 125 X (Supermoto)

Vorderradreifen	100/80-17 52S
Hinterradreifen	130/70-17 62S
Luftdruck	vorne/hinten
bei Solofahrt	1,8/1,9 bar
bei 2 Personen, Gepäck	2,0/2,3 bar

Yamaha WR 125 R (Enduro)

Vorderradreifen	80/90-21 48P
Hinterradreifen	110/80-18 58P
Luftdruck	vorne/hinten
bei Solofahrt	1,8/1,9 bar
bei 2 Personen, Gepäck	2,0/2,1 bar

Yamaha WR 125 X (Supermoto)

Vorderradreifen	110/70-17 54H
Hinterradreifen	140/70-17 66H
Luftdruck	vorne/hinten
bei Solofahrt	1,8/1,9 bar
bei 2 Personen, Gepäck	2,0/2,3 bar

Reifenluftdruck

Achten Sie immer auf korrekten Reifenluftdruck. Dieser ist modellbezogen und je nach Beladungszustand verschieden (siehe Text weiter oben). Der Reifenluftdruck soll bei kalten Reifen gemessen werden: »Kalt« entspricht »maximal handwarm, 30 °C«.

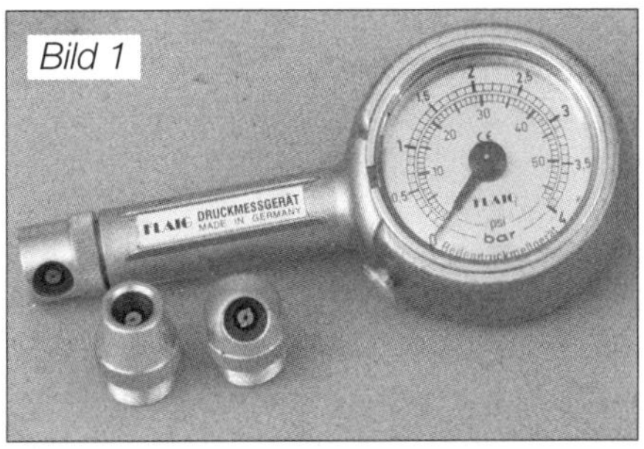

Luftdruck bei kaltem Reifen prüfen: Vorgeschriebene Werte beachten!

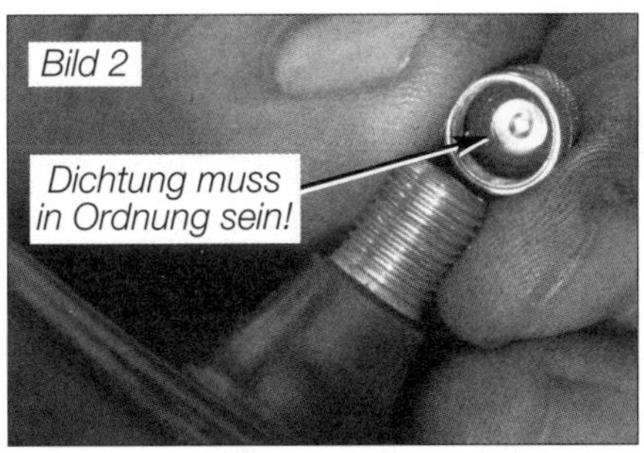

Bild 2: Eine Schraubkappe mit einwandfreier Dichtung gehört auf das Ventil.

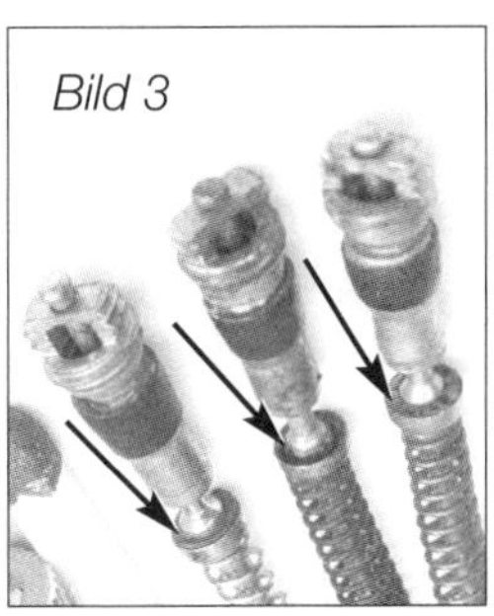

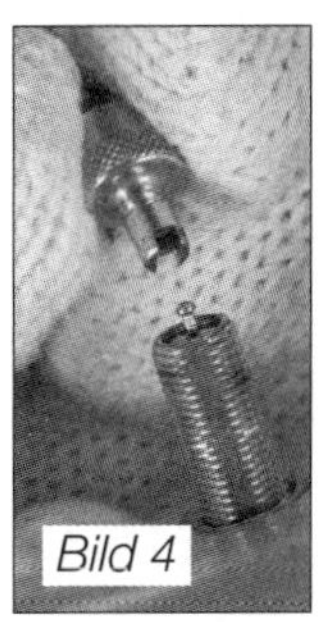

Bilder 3 und 4: Defekte Dichtungen im Ventileinsatz. Aus- und Einschrauben des Ventileinsatzes mit Steckschlüssel.

Reifendruckprüfer

Verlassen Sie sich bei der Kontrolle des Reifenluftdrucks nicht unbedingt auf die Angabe auf der Skala des Tankstellengeräts, sondern besorgen Sie sich einen ordentlichen Reifendruckprüfer und führen diesen im Motorrad mit.

Kaufen Sie KEIN billiges Plastikteil im Baumarkt, sondern ein Präzisionsmessgerät. Sehr gut ist das Druckmessgerät mit stabilem Alugehäuse vom deutschen Hersteller Flaig (Bild 1). Erhältlich ist es in gut sortierten Motorrad- und Zubehörläden.

Luftdruckkontrolle

Luftdruck mindestens alle zwei Wochen überprüfen. Er darf weder zu hoch noch zu niedrig sein:

- Zu hoher Luftdruck verschlechtert den Fahrkomfort und verringert die Haftung.
- Zu niedriger Luftdruck sorgt für schlechte Straßenlage und ist vor allem bei Sozius- und Gepäckbetrieb sehr bedenklich, weil ein Reifen mit zu niedrigem Luftdruck unter großer Last rasch überhitzen kann, was bis zur Abschälung des Reifenpofils führen kann!

Beim Abnehmen des Füllschlauchventils vom Reifenventil darf nicht zu viel Luft entweichen, denn wenn das Ventil des Füllschlauchs murkshaft abgepopelt wird, sind ruckzuck 0,3 bis 0,5 bar wieder draußen!

Eine gut schließende Ventilkappe mit einwandfreier Gummidichtung verwenden (Bild 2)! Ist keine Kappe aufgeschraubt, kann Schmutz in das Ventil hinein kommen. Weiterhin kann sich der Ventileinsatz bei hohen Geschwindigkeiten öffnen, dann entweicht Luft – und das ist ziemlich gefährlich!

Bei Luftverlust »Spuckprüfung« machen!

Wenn der Reifen andauernd Luft verliert und man nicht weiß, aus welcher Stelle die Luft entweicht, zuerst das Ventil prüfen: Eine Fingerspitze Speichel auf die Ventilöffnung geben und ein paar Sekunden lang beobachten:

Wölbt sich die Spucke deckelförmig nach oben, ist das Ventil undicht und muss umgehend erneuert werden. In Bild 3 sind undichte Ventilsitzdichtungen aus Gummi zu sehen.

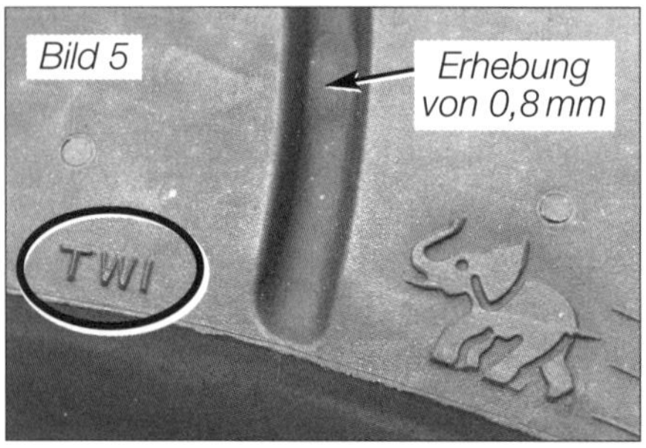

Bild 5: Verschleißanzeiger in Profilrille, TWI-Kennzeichnung am Rand des Profils.

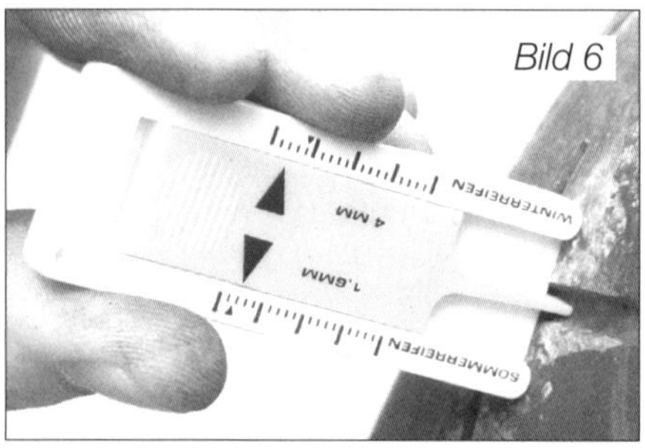

Bild 6: Dies ist zwar kein Präzisionsmessgerät, aber es ist besser als zu schätzen: Dieser Reifen hat noch 2 mm Profiltiefe und sollte bald erneuert werden.

Wichtig 1: Immer nur einen neuen Ventileinsatz einbauen!
Wichtig 2: Aus- und eingeschraubt wird der Ventileinsatz mit einem speziellen Steckschlüssel, wie er auf der Rückseite einer (guten!) Ventilkappe zu finden ist (Bild 4). Den Ventileinsatz zwar »fest«, aber mit Gefühl festziehen!

Reifenverschleiß

Reifen sind Verschleißteile: Die Oberfläche (»Lauffläche«) des Reifens wird mit fortschreitender km-Leistung immer dünner, die Rillen (»Profilrillen«) immer niedriger. Der Gesetzgeber schreibt eine Mindestprofiltiefe von 1,6 mm vor; dieses Maß wird auch von Yamaha genannt.

Profiltiefe
In die Profilrillen sind 0,8 mm hohe Erhebungen eingearbeitet; ihre Lage ist außen am Profilrand mit TWI bezeichnet (Bild 5). »TWI« ist die Abkürzung von »Tread Wear Indicator«. Manche Hersteller haben auch nur ein kleines Dreieck angebracht. Ein TWI markiert an der Seitenwand eine Hauptprofilrille, in der diese 0,8 mm hohen Erhebungen eingearbeitet sind: Wenn diese bündig sind mit der Reifenoberfläche, ist der Reifen schon mehr als abgefahren.

Wichtig: Die TWI-Erhebungen sind, wie schon gesagt, 0,8 mm hoch und markieren damit die in Amerika zulässige Mindestprofiltiefe. Ihre Höhe entspricht also nicht der bei uns gesetzlich vorgeschriebenen Mindestprofiltiefe von 1,6 mm.

Tatsächliche Pofiltiefe
Wichtig: Gemessen wird die tatsächliche Profiltiefe neben einer TWI-Erhebung (Bild 6). Noch einmal: Europaweit gesetzlich vorgeschrieben ist eine Mindestprofiltiefe von 1,6 mm.

Wenn die Profiltiefe bei einer Polizeikontrolle weniger als 1,6 mm beträgt, wird es ungemütlich, denn neben 50 Euro Bußgeld gibt es auch drei Punkte in Flensburg auf's Konto. Weiterhin informiert die Polizei das zuständige Landratsamt und dieses verlangt eine Beseitigung der Mängel innerhalb von zwei Wochen. Wird der Nachweis der »Mängelbeseitigung« nicht erbracht, legt die Behörde das Motorrad zwangsweise still.

Nachrüstreifen

Bei Redaktionsschluss dieser Reparaturanleitung (Februar 2009) gab es nur von den beiden Herstellern Pirelli (Italien) und Metzeler (Deutschland) Reifen für alle Modelle, die in diesem Buch be-

Bild 7: Schnittbild durch einen Reifen. Die Karkasslagen sind meist aus Rayon- oder Nylongewebe gefertigt, was den Reifen »geschmeidig« macht. Die Profiltiefe beträgt ca. 5 mm am Vorder- und ca. 8 mm am Hinterradreifen. Hauptverantwortlich für Haftung auf trockener und nasser Straße sind Gummimischung und Qualität des Laufstreifens sowie Breite und Höhe der Profilrillen.

Bild 8: Ein 10 Gramm schweres Klebegewicht.

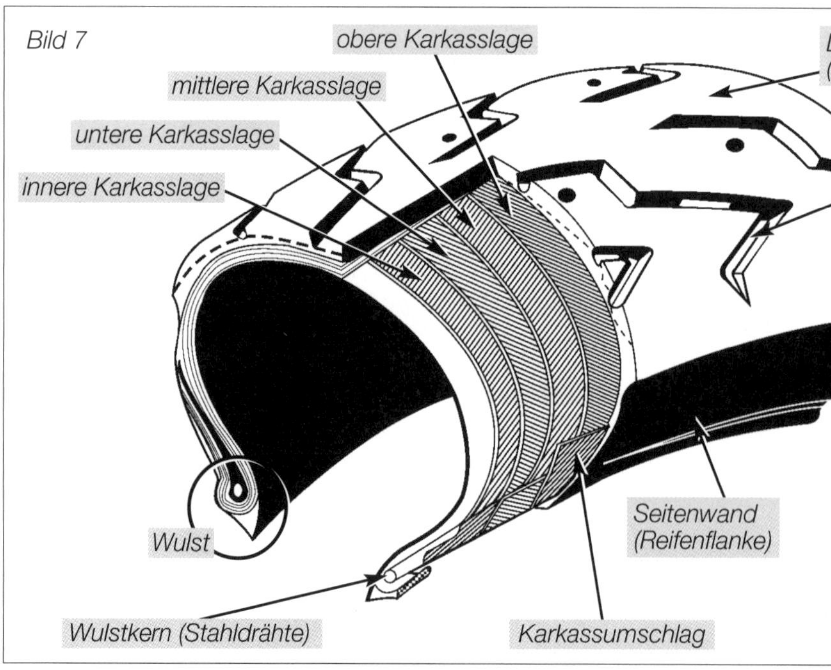

handelt werden, weswegen wir uns in diesem Kapitel auf Reifen dieser Marken beschränken. Sie finden diese Reifen den Fahrzeugtypen zugeordnet auf der übernächsten Seite. Wenn Sie andere Reifen montieren möchten, kontaktieren Sie zuerst den Reifenhersteller bzw. Importeur und fragen nach Freigaben und Verfügbarkeit. Meist sind diese auf den Internetseiten der Hersteller abzurufen (Adressen finden Sie weiter hinten in diesem Kapitel).

Immer gut über Freigaben und Bereifungsmöglichkeiten informiert sind die Yamaha-Motorradhändler. Verfolgen Sie zum Thema »neue Reifen« auch die aktuelle Motorrad-Fachpresse.

Produktionsdatum
Das Alter der Reifen kann einfach überprüft werden: An einer Stelle der Seitenwand ist hinter der Bezeichnung DOT eine mehrstellige Buchstaben- und Zahlenkombination einvulkanisiert (Bild 9). Produktionswoche und Produktionsjahr gehen eindeutig aus den letzten vier Ziffern hervor.
■ Beispiel: »3503« steht für die 35. Kalenderwoche des Jahres 2003.

Für neue Reifen garantiert jeder Reifenhersteller die von ihm zugesagten Qualitätseigenschaften für den Zeitraum von mindestens fünf Jahren. Ein neuer Reifen, der laut Produktionscode vor drei Jahren produziert wurde, gilt als »frisch«.

Gebrauchte Reifen
Wenn ein montierter Reifen noch genügend Profil hat, aber älter ist als fünf Jahre, sollte er sicherheitshalber erneuert werden. Dies gilt vor allem bei Reifen ungewisser Herkunft oder beim Kauf einer Gebrauchtmaschine.

Montage

Die Montage neuer Reifen sollte generell beim Yamaha-Händler oder Reifenhändler erfolgen. In der Fachwerkstatt stehen in der Regel auch moderne elektronische Auswuchtmaschinen zur Verfügung und man kann sich als Kunde darauf verlassen, dass die Auswuchtung fachgerecht durchgeführt wird.

Der Vollständigkeit halber zeigen und beschreiben wir am Ende dieses Kapitels die Reifenmontage, denn es kann ja sein, dass man mit einer der 125er-Yamahas auf große (Urlaubs-) Tour geht und unterwegs einen Plattfuß hat. Nehmen Sie auf eine solche längere Tour zwei neue Schläuche mit (oder zumindest ein gutes Flickzeug!) und Reifenmontiereisen.

Neuer Reifen, neuer Schlauch!
Wenn ein neuer Reifen aufgezogen wird, in den ein Schlauch eingezogen werden muss, unbedingt einen neuen Schlauch zum neuen Reifen kaufen! Denn Schläuche, die lange in Betrieb waren, haben sich ausgedehnt, weswegen bei einer erneuten Montage die Gefahr besteht, dass der Schlauch im neuen Reifen Falten wirft.

Oft hat sich auch der (lang montierte) Schlauch auf der Felge oder dem Felgenband verklebt. Bei der Demontage muss die Klebestelle gewaltsam getrennt werden, wodurch die Oberfläche des Schlauchs beschädigt wird, was man auf den ersten Blick oft gar nicht so deutlich sieht. Bei einer erneuten Montage verliert der Schlauch an diesen Stellen mehr oder weniger rasch seine Luft.

Auswuchten

Statisch oder dynamisch wuchten?
Ein neu montierter Reifen muss ausgewuchtet werden, damit das Rad auch wirklich »rund« läuft. Ist es nicht (oder nicht gut) ausgewuchtet, beginnt es ab 60 bis 80 km/h zu »hüpfen«. Ein unwuchtiges Rad stört das Fahrwerk, verschleißt Federung und Stoßdämpfer sehr schnell und ist überdies einer guten Straßenlage und damit der Fahrsicherheit abträglich. Schlechte Wuchtung führt im Extremfall dazu, dass das Rad während der Fahrt Bodenkontakt verliert! Beim Auswuchten werden gegenüber der schwersten Stelle des Reifens entsprechende Gewichte angebracht, entweder über die Speichennippel gestülpt oder auf der Felge aufgeklebt (Bild 8).

Pro Rad sind maximal 60 Gramm an Wuchtgewichten zulässig. Man kann ein Rad statisch auswuchten, indem man das Rad auf dem Wuchtbock in leichte Drehung bringt und es auspendeln lässt – die schwerste Stelle bleibt unten stehen. An der gegenüberliegenden Stelle werden auf der Felge entsprechende Auswuchtgewichte aufgeklebt oder an der Speiche angebracht. Diese Auswuchtgewichte kann man beim Motorrad- oder Reifenhändler kaufen.

Bevor Sie sich mit der Auswuchtung abmühen: Wir empfehlen, das Rad dynamisch auf einer Auswuchtmaschine wuchten zu lassen. Sowohl Reifenmontage als auch Auswuchtung machen Motorrad- oder Reifenfachhändler zu moderaten Preisen.

Tipp: Wenn Sie einen neuen Reifen selbst montieren, dann schon während der Montage des neuen Reifens die (nach der Montage durchzuführende) Wuchtung berücksichtigen: Die leichteste Stelle des Reifens ist auf der Seitenwand mit einem Farbpunkt markiert, der beim Ventil montiert werden muss.

■ Wenn die nötigen Wuchtgewichte trotzdem 60 Gramm überschreiten, kann der Farbpunkt im Reifenwerk an der falschen Stelle aufgebracht worden sein: Luft ablassen, Reifen ins Tiefbett drücken, auf der Felge um 180 Grad drehen, aufpumpen, Unwucht erneut messen und korrigieren.

Bild 9: Die vier Ziffern nach der DOT-Bezeichnung (»XXAC«) nennen das Produktionsdatum. Dieser Reifen wurde in der 35. Kalenderwoche 2003 gefertigt.

■ Wenn ein ausgebautes Rad mit einem gebrauchten Reifen auf dem Wuchtbock ausgependelt wird und sich zeigt, dass die Wuchtung nicht mehr stimmt: Durch Verschleiß können sich die Wuchtverhältnisse geändert haben.
■ Wenn dann beim Nachwuchten mehr als 60 Gramm Auswuchtgewichte aufgebracht werden müssen, wie vorhin schon beschrieben vorgehen: Luft ablassen, Reifen ins Tiefbett drücken, auf der Felge um 180 Grad drehen, aufpumpen, Unwucht erneut messen und korrigieren.

Was auf dem Reifen steht

Vorderreifen....... 100/80-17 M/C 52S TL
Hinterreifen........ 130/70-17 M/C 65S TL

Bedeutung Zahlen und Buchstaben:
- **100** bzw. **130** = Reifenbreite in mm
- **/80** bzw. **/70** = Querschnittsverhältnis Höhe zu Breite = 80 : 100 (80% von 100 = 80 mm); 70 : 130 (70% von 130 = 91 mm)
- **-** = das »-« zwischen Reifenquerschnitt (z. B. 100/80) und Felgendurchmesser (z. B. 17) weist auf die Konstruktion des Reifens in Diagonalbauweise hin.
- **17** = Felgendurchmesser in Zoll (1 Zoll = 25,4 mm; 17 Zoll = 431,8 mm)
- **M/C** = steht für Motorcycle
- **52** bzw. **62** = Tragfähigkeitsindex (Loadindex): Der 52er-Vorderradreifen darf maximal mit 200 kg belastet werden, der 62er-Hinterradreifen mit 265 kg
- **(S)** = Symbol für zugelassene Höchstgeschwindigkeit, auch »Speed-Index« genannt: (S) steht für »maximal zulässig 180 km/h«
- **TL** = tubeless, schlauchloser Reifen
- **TT** = tube type, Reifen mit Schlauch

Anmerkung: Ein schlauchloser Reifen darf unter Umständen mit Schlauch gefahren werden (Yamaha- oder Reifenhändler fragen); ein Schlauchreifen jedoch niemals ohne Schlauch.

Reifenalter, Lebensdauer

Weiter vorne in diesem Kapitel haben wir die beiden miteinander verwandten Themen schon kurz gestreift, nachstehend vertiefen wir sie, weil wir sie für sehr wichtig halten. Alle namhaften Hersteller von Motorradreifen garantieren Folgendes: *»Ein bis zu maximal 5 Jahren sachgemäß gelagerter Reifen entspricht der Spezifikation eines Neureifens und ist in seiner Verwendungstauglichkeit und Qualität nicht beeinträchtigt und damit neuwertig. Daraus ergibt sich jedoch nicht zwangsläufig, dass Reifen, welche älter als 5 Jahre sind und immer sachgemäß gelagert wurden, nicht mehr verkehrssicher sind oder irgendwelchen qualitativen Einschränkungen unterliegen«.*

Adressen der Reifenhersteller und Importeure in D, A, CH

Avon

■ **Cooper Tire & Rubber Company Deutschland GmbH**
Hans-Böckler-Straße 4
D-64823 Groß-Umstadt
www.avon-motorradreifen.de

■ **Autoplus GmbH**
Richard-Strauss-Straße 14, A-1232 Wien
www.avonmotorcycle.com

■ **Cooper Avon (Suisse) S.A.**
Hagackerstrasse 12, CH-8953 Dietikon
www.avontyres.com

Bridgestone

■ **Bridgestone Deutschland GmbH**
Industriestraße 1
D-61352 Bad Homburg v.d.H.
www.bridgestone-mc.de

■ **Bridgestone Austria GmbH**
Laxenburgerstraße 252, A-1232 Wien
www.bridgestone.at

■ **Bridgestone Schweiz**
Limmatpark
Pfadackerstr. 6, CH-8957 Spreitenbach
www.bridgestone.ch

Continental

■ **Continental AG**
GB Motorradreifen
Continentalstr. 3–5, D-34497 Korbach
www.conti-moto.de

Dunlop

■ **Dunlop GmbH & Co. KG**
Abteilung PM-M
Dunlopstraße 2, D-63450 Hanau
www.dunlop.de

■ **Goodyear Dunlop Tires Austria GmbH**
Pottendorfer Straße 25, A-1120 Wien
www.dunlop.at

■ **Goodyear Dunlop Tires Suisse SA**
Industriestrasse 21, CH-8604 Hegnau
www.dunlop.ch

Heidenau

■ **Reifenwerk Heidenau GmbH & Co. KG**
Hauptstraße 44, D-01809 Heidenau
www.reifenwerk-heidenau.de

■ **Reifen Brawenec GmbH point-S**
Triester Straße 342, A-1230 Wien
www.reifen-brawenec.at

■ **Josef Faber GmbH**
Kirchstetterngasse 21, A-1160 Wien
www.faber.at

■ **RSD-Jelinek Motorradreifen**
Hubertsgasse 14, A-1160 Wien
www.jelinek.at

■ **Ofrag Vertriebsgesellschaft**
Hübelacherstrasse 1, CH-5242 Lupfig
www.ofrag.ch

Weitere Kooperationspartner:

■ **RH Reifen Service AG**
Amriswilerstrasse 41, CH-8589 Sitterdorf
www.rh-reifen.ch

■ **Hostettler AG**
Haldenmattstrasse 3, CH-6210 Sursee
www.yamaha-motor.ch

IRC

■ **IXS Germany Hostettler GmbH**
Neuenburger Str. 33, D-79379 Müllheim
www.hostettler.com

■ **Hostettler AG Pneuservice**
Haldenmattstrasse 3, CH-6210 Sursee
www.pneu-service.ch

Maxxis

■ **Maxxis International GmbH**
Kaddenbusch 31
D-25578 Dägeling
www.maxxis.de (siehe »reifen-krupp«)

Metzeler

■ **Pirelli Deutschland AG Metzeler Motorradreifen**
Gneisenaustraße 15
D-80992 München
www.metzelermoto.de

■ **Metzeler Motorradreifen**
Salzburger Straße 196
A-4600 Wels

■ **Hostettler AG Pneuservice**
Haldenmattstrasse 3
CH-6210 Sursee
www.pneu-service.ch

Michelin

■ **Michelin Reifenwerke AG & Co. KGaA**
Michelinstraße 4
D-76185 Karlsruhe
www.michelin-motorrad.de

■ **Michelin Verkaufsgesellschaft**
Wiegelestraße 10
A-1231 Wien

■ **SA des Pneumatiques Michelin**
Route Jo Siffert 36
CH-1762 Givisiez

Pirelli

■ **Pirelli Deutschland AG Pirelli Motorradreifen**
Gneisenaustraße 15
D-80992 München
www.pirellimoto.de

■ **Pirelli Austria**
Salzburger Straße 196
A-4600 Wels

■ **Hostettler AG Pneuservice**
Haldenmattstrasse 3
CH-6210 Sursee
www.pneu-service.ch

Pirelli- und Metzeler-Reifen für die 125er-Yamahas

Yamaha YZF-R 125 (Supersportler)
Vorderradreifen 100/80-17 52S
Hinterradreifen 130/70-17 62S
Reifen von Pirelli: Vorne/hinten »Sport Demon«
Reifen von Metzeler: Vorne/hinten »Lasertec«

Yamaha YBR 125 (Allrounder)
Vorderradreifen 2.75-18 42P
Hinterradreifen .... 90/90-18 M/C 57P
Reifen von Pirelli:
Vorne/hinten »MT 15«, »MT 65«, »City Demon«
Reifen von Metzeler: Vorne/hinten »ME 22«

Yamaha YBR 125 Custom (Cruiser)
Vorderradreifen 3.00-18 47P
Hinterradreifen 3.50-16 58P
Reifen von Metzeler: Vorne/hinten »ME 77«/»Block C«

Yamaha XT 125 R (Enduro)
Vorderradreifen 90/90-21 54S
Hinterradreifen 120/80-18 62S
Reifen von Pirelli: Vorne/hinten »MT 60«, »MT 90 A/T«
Reifen von Metzeler: Vorne/hinten »Enduro 3«

Yamaha XT 125 X (Supermoto)
Vorderradreifen 100/80-17 52S
Hinterradreifen 130/70-17 62S
Reifen von Pirelli:
Vorne/hinten »MT 75«, »Sport Demon«
Reifen von Metzeler: Vorne/hinten »Lasertec«

Yamaha WR 125 R (Enduro)
Vorderradreifen 80/90-21 48P
Hinterradreifen 110/80-18 58P
Reifen von Pirelli: Vorne/hinten »MT 21«

Yamaha WR 125 X (Supermoto)
Vorderradreifen 110/70-17 54H
Hinterradreifen 140/70-17 66H
Reifen von Pirelli: Vorne/hinten »Sport Demon«

Pirelli
vorne: City Demon
hinten: City Demon

Pirelli
vorne: Sport Demon Front
hinten: Sport Demon

Pirelli
vorne: MT 15 Mandrake
hinten: MT 15 Mandrake

Pirelli
vorne: MT 21 Rallycross Front
hinten: MT 21 Rallycross

Pirelli
vorne: MT 60 Front
hinten: MT 60

Pirelli
vorne: MT 65 Front
hinten: MT 65

Pirelli
vorne: MT 75 Front
hinten: MT 75

Pirelli
vorne: MT 90 A/T Front
hinten: MT 90 A/T

Metzeler
vorne: ME 22
hinten: ME 22

Metzeler
vorne: ME 77
hinten: Block C

Metzeler
vorne: Enduro 3 Sahara Front
hinten: Enduro 3 Sahara

Metzeler
vorne: Lasertec Front
hinten: Lasertec

Reifen länger als fünf Jahre fahren?

Aus diesem Text können Sie schließen, dass ein Reifen, der vier Jahre und elf Monate vor dem Kauf produziert wurde, »neuwertig« ist. Wenn der Reifen montiert wird, steigt sein Alter nach einem Monat auf über fünf Jahre an. Wenn ein Reifen regelmäßig gefahren wird, laufen durch die Walkarbeit des Reifens in seinem Inneren chemische Prozesse ab und der Reifen bleibt »frisch«. Wenn dann die Winterpausen nicht länger als vier oder fünf Monate dauern, kann der Reifen mit gutem Gewissen noch zwei oder drei Jahre gefahren werden.

Reifenlagerung

Nach dem zur Reifenlagerung Gesagten zu denken, dass ein Reifen ab genau fünf Jahre nach der Produktion automatisch »schlecht« ist, wäre ein Fehler. Denn das wichtigste Kriterium für die Haltbarkeit eines neuen Reifens ist nämlich seine Lagerung, ob er dazu auf die Felge aufgezogen und im Motorrad montiert ist oder nicht, ist egal:

- Der Reifen-Lagerraum muss kühl, trocken, dunkel und mäßig belüftet sein.
- Reifen dürfen nicht in einem Raum gelagert werden, in dem auch Lösungsmittel, Benzin oder Chemikalien lagern.
- Wenn Ihr Motorrad über lange Zeit unbewegt mit Plattfuß in der Garage steht, sollten Sie bei einer Wiederinbetriebnahme im eigenen Interesse neue Reifen aufziehen, egal wie tief das Profil noch ist oder wenn er jünger ist als fünf Jahre.

Fazit: Weil Reifen so ziemlich die wichtigsten Fahrwerksbauteile sind, empfehlen wir, auf sie sehr zu achten – und im Zweifelsfall lieber neue Reifen aufzuziehen als mit alten gebrauchten zu fahren!

Raum für Notizen

Reifenmontage

Schlauchreifen mit Montierhebel montieren

Unterwegs ein Plattfuß? Ja und? Wenn die Maschine mit Schlauchreifen ausgerüstet ist und im Tankrucksack zwei Reifenmontierhebel sind, kann man einen neuen Schlauch einziehen (sofern man einen dabei hat!) oder das Loch mit Flickzeug flicken. Das haben wir ja schon als Kinder beim Fahrrad gelernt, oder?

Bild M1: Zur Schonung der Felgenhörner durch die Montierhebel einen Felgenschutz aus vorgeformtem Kunststoff verwenden.

Wichtig: Bei der Reifenmontage nur ordentliche Montierhebel verwenden, keine Schraubenzieher, Gabelschlüssel oder Flacheisen!

- Felgenschützer und stabile Montierhebel gibt's für kleines Geld beim Motorradhändler oder im Zubehör-Shop.

Bild M2: Vor der Reifendemontage die Luft ablassen, nach der Reifenmontage die Felgenmutter nicht gegen die Felge, sondern gegen die Ventilkappe kontern.

Bild M3: Anstatt eines Felgenbandes, das bei der Reifenmontage immer gerne verrutscht, kann man auch eine Lage ca. 25 mm breites Gewebeklebeband ins Felgenbett einkleben.

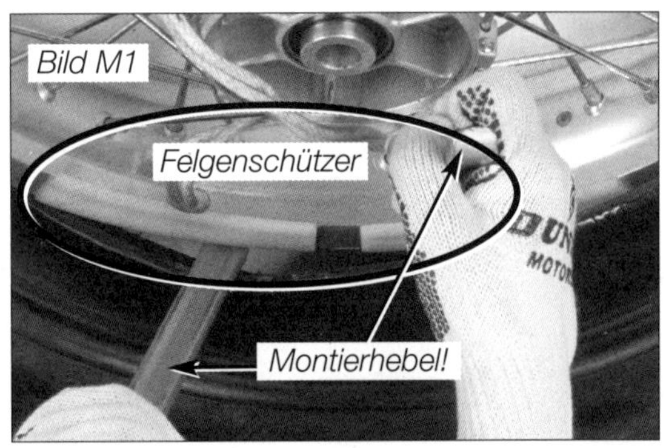

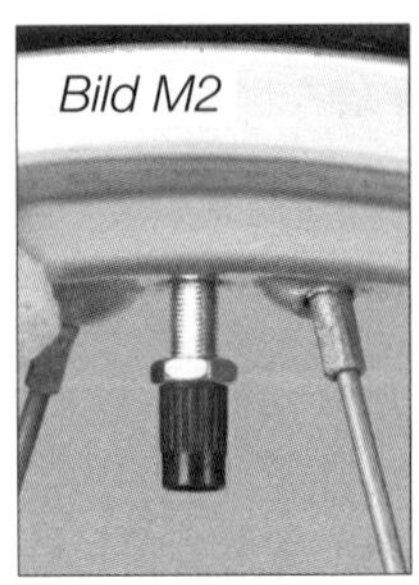

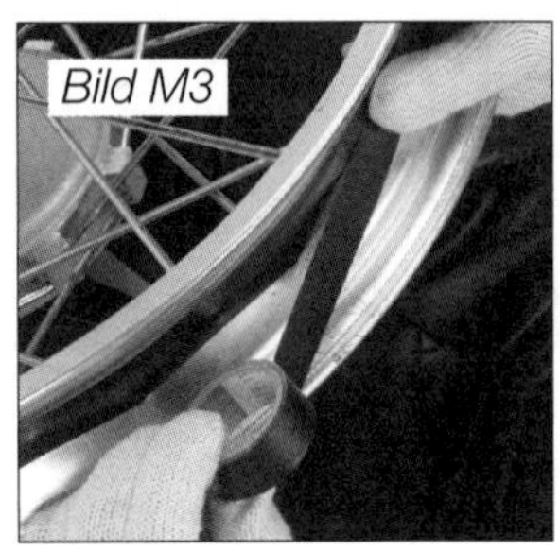

Bilder M1 bis M13 (auf der nächsten Seite): Im Lauftext sind die zu den Bildern gehörenden Arbeitsschritte zur Reifenmontage nummeriert beschrieben.

Bild M4

Bild M4: Luft ist abgelassen, Rad platt auf dem Boden, Lappen unter der Radnabe (oder das Rad liegt auf einem sauberen Teppich). NICHT auf der Bremsscheibe ablegen! Reifen mit dem Fuß ringsum ins Felgenbett drücken.

Bild M5: Montierhebel rechts und links kurz neben dem Ventil ansetzen und beginnen, den Reifenwulst vorsichtig über das Felgenhorn zu hebeln.

Bild M5

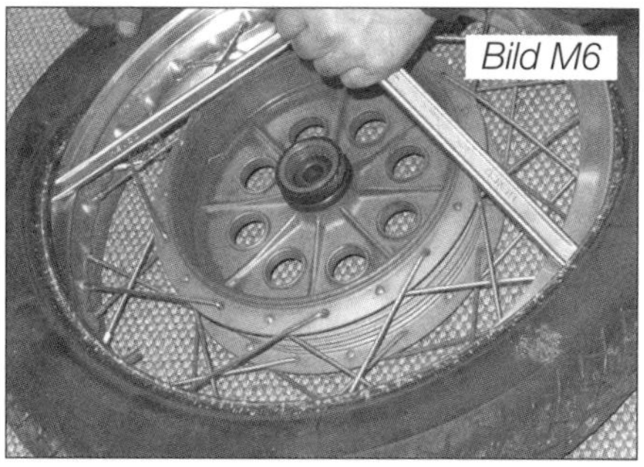
Bild M6

Bild M6: Reifenwulst Stück für Stück abwälzen. Darauf achten, dass der Wulst gegenüber der Arbeitsstelle sicher im Tiefbett sitzt (mit dem Stiefel nachtreten). Wenn der Reifenwulst ganz abgewälzt ist, Schlauch herausziehen.

Bild M7: Anderen Reifenwulst über das Felgenhorn drücken und heben. Reifen von der Felge trennen.

Bild M7

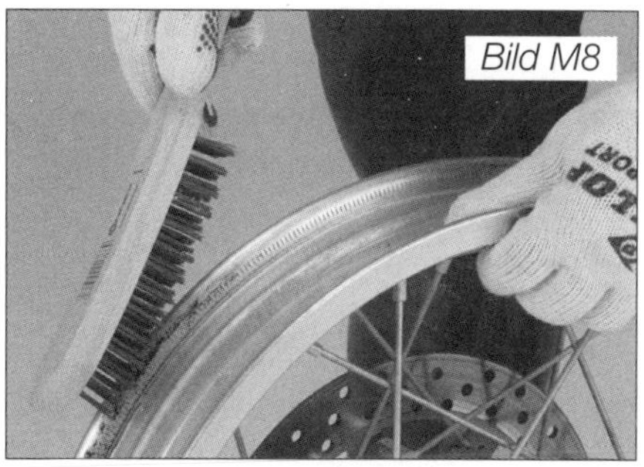
Bild M8

Bild M8: Felgenbett putzen. Dazu eine nicht zu harte Stahlbürste nehmen. Felgenband erneuern (Notfall: Auf unbeschädigten Zustand und genügend Spannung kontrollieren!) oder durch Klebeband ersetzen (siehe Bild M3).

Bild M9: Wulst des neuen Reifens mit Montagepaste einschmieren. Zur Not Seifenlauge nehmen (oder viel Spucke).

Bild M9

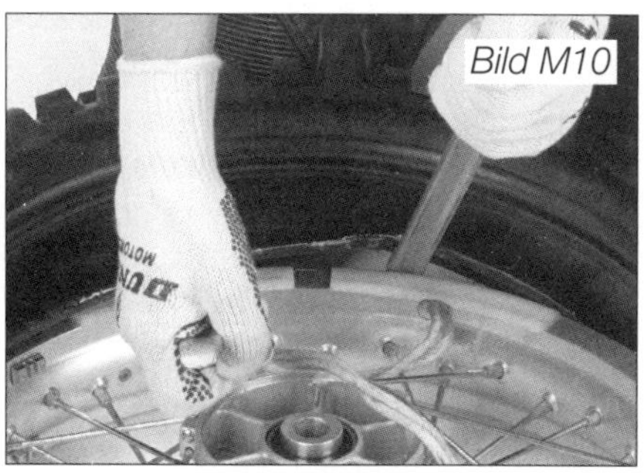
Bild M10

Bild M10: Reifen mit einer Seite über das Felgenhorn heben und ringsum ins Tiefbett eindrücken. VORHER die Drehrichtung beachten!

Bild M11: Rad umdrehen. Schlauch leicht aufpumpen, in Reifen einlegen. Streng darauf achten, dass er weder Falten bekommt noch verdreht wird. Ventil ins Ventilloch der Felge einführen.

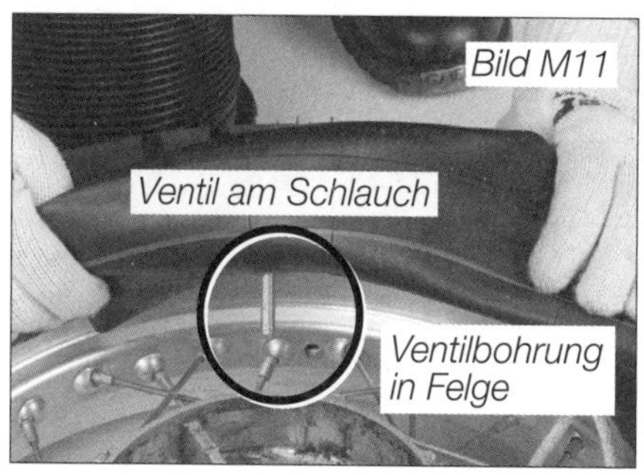

Bild M11

Bild M12

Bild M12: Montierhebel gegenüber vom Ventil ansetzen, Reifenwulst Stück für Stück über Felgenhorn heben.

M13: Erst zum Schluss kommt der Bereich am Ventil! Wenn der Reifenwulst auf der Felge sitzt: Reifen aufpumpen mit 3,5 bis 4 bar (maximal!), damit er ringsum sauber am Felgenhorn anliegt. Reifen auf Rundlauf prüfen, ggf. korrigieren.

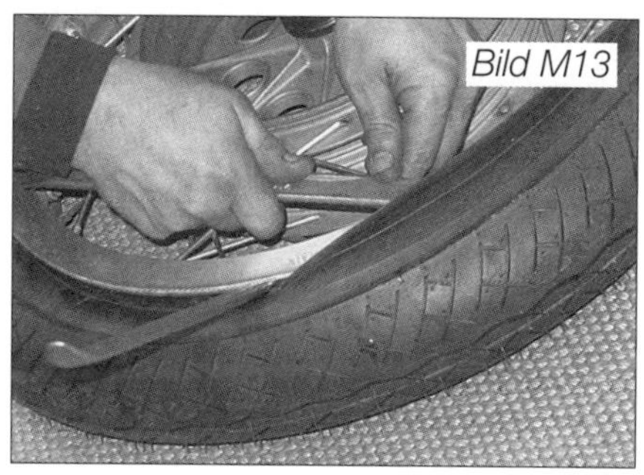
Bild M13

Räder

In diesem Kapitel: Zum Radaus- und -einbau benötigtes Werkzeug · Anziehdrehmomente · Vorderrad aus- und einbauen · Bauteile reinigen, prüfen · Hinterrad aus- und einbauen · Radlager, Räder und Radachsen prüfen, vermessen · Räder auf Rundlauf prüfen · Radlager wechseln mit Bremsscheiben ab- und anmontieren.

Räder aus- und einbauen

Montageständer (Bild 1)
Weil unser Mustermotorrad YZF-R 125 keinen Mittelständer hat, braucht man zum Aus- und Einbau der Räder Front- und Heckmontageständer, denn nur damit ist die Maschine sicher aufgebockt. Wenn auf der Straße unterwegs ein Reifenschaden auftritt und ein Rad ausgebaut werden muss, muss man sich mit ausgeklapptem Seitenständer und Holzklötzen, die unter den Motor geschichtet werden, zu helfen wissen – und braucht eine zweite Person, die das Motorrad sichert, damit es nicht umfällt. Beim Holzklotz-Unterbau den Auspuff nicht zerdrücken!

Bild 1

Bild 1: Zum Aus- und Einbau der Räder ordentlich aufgebockte Maschine.

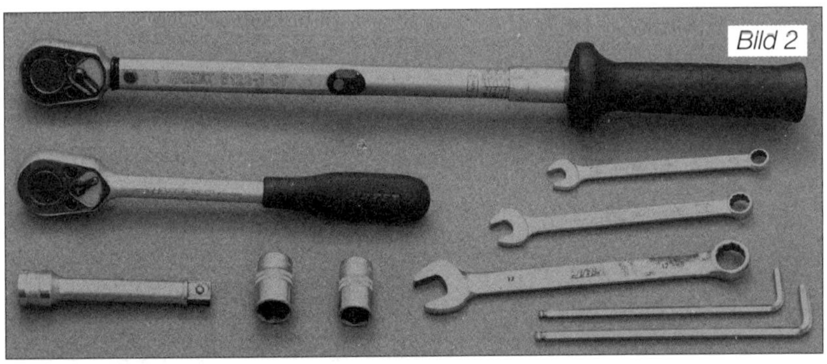
Bild 2

Bild 2: Werkzeuge zum Aus- und Einbau von Vorder- und Hinterrad.

Werkzeuge zum Aus- und Einbau (Bild 2)
Drehmomentschlüssel für Vorder- und Hinterrad

Vorderrad
- Vorderachse.................. Sechskantnuss SW 17
- Vorderachsklemmschraube.......................... Inbusschlüssel SW 6
- Bremssattelschraube .... Sechskantnuss SW 13
- Kabelhalter Geschwindigkeits-Sensor..................... Ringschlüssel SW 10

Hinterrad
- Hinterachsmutter .... Sechskantnuss SW 19
- Hinterachse..................... Ringschlüssel SW 17
- Kettenspannschraube ... Gabelschlüssel SW 10
- Kontermutter .... Gabelschlüssel SW 12

Anziehdrehmomente
Vorderachse... 59 Nm
Hinterachsmutter .... 85 Nm
Bremssattel-Befestigungsschrauben......... 30 Nm

Der Trick mit den Holzbrettern
Wenn man beim Aus- und Einbau der Räder alleine arbeitet, artet das zu einer ziemlichen Frickelei aus, bis der Bremssattel korrekt eingebaut ist; man bräuchte eigentlich drei oder vier Hände. Organisieren Sie sich vor dem Radaus-

Sicherheitshinweise ⚠ Achtung und ☞ Tipps für dieses Kapitel

⚠ Nie beide Räder gleichzeitig ausbauen, wenn das Motorrad unterwegs auf Seitenständer und Holzklötzen notdürftig abgestellt ist!

⚠ Hand- bzw. Fußbremshebel nicht betätigen, wenn die Räder ausgebaut sind! Sonst rutschen die Bremsklötze in die Zange und man kann sie nicht mehr montieren. Um einen »zufälligen« Griff an den Handbremshebel zu verhindern, einen Lappen so dick um den Gasgriff wickeln, dass er den Bremshebel blockiert.

⚠ Nach jeder Radmontage alle Schrauben und Muttern nochmals auf Festsitz kontrollieren! Ganz penible Menschen machen sich Farbmarkierungen an die Schraubenköpfe und Muttern, die mit dem richtigen Drehmomentwert angezogen sind.

⚠ Bei Rad- und Bremsenmontage nur originale Schrauben und Muttern verwenden! Keine Teile undefinierbarer Herkunft aus einer typischen Schraubenkiste verwenden!

⚠ Niemals versuchen, krumme Räder oder krumme Achsen gerade zu richten, sondern Neuteile verwenden.

⚠ Nach der Radmontage alles überschüssige Fett von den Radlagersimmerringen sauber abwischen, damit es nicht auf Bremsscheibe oder Reifen gelangt!

⚠ Sehr wichtig: Vor der ersten Fahrt unbedingt die Bremsklötze an Vorder- und Hinterrad durch Pumpen am Bremshebel in Position bringen.

bau einen Holzklotz, der knapp so dick ist, dass er (bei aufgebockter Maschine) zwischen Rad und Boden passt (Bild 3). So lässt es sich auch viel einfacher wieder einbauen.

Vorderrad aus- und einbauen

Maschine so aufbocken, wie in Bild 1 gezeigt.

Achtung: Bei der YZF-R 125 ist an der Radnabe ein Geschwindigkeitssensor in Kombination mit einem Mitnehmer in einem Gehäuse, das so aussieht wie ein klassischer »Tachometerantrieb«. Damit das vom Gehäuse hochführende Kabel beim Radausbau nicht überdehnt wird, bauen wir die Kabelhalterung ab.

■ Beim »normalen« Tachoantrieb der YBR 125 raten wir Ihnen, die Tachowelle am Tachoantrieb abzuschrauben und die Tachowelle auszuziehen.

■ Bei den XT-Modellen ist ein Sensor in der Bremshalterung eingebaut, er sollte zur Sicherheit ausgebaut werden, damit man bei der Montage nicht daran anschlägt.

■ Bei den WR-Modellen ist entweder ein Tachoantrieb mit Welle oder mit Sensor angebracht; auch hier heißt es besonders vorsichtig zu sein, damit nichts abreißt.

Vorderrad ausbauen

1. Vorderrad mit Holzbrettern unterlegen (Bild 3).
2. Kabelhalterung des Geschwindigkeits-Sensors

Bild 3: Montagetipp: Einen passenden Holzklotz zwischen Reifen und Bodenfläche legen erleichtert den Rad-Aus- und Einbau erheblich.

Bild 4: Zum Vorderrad-Ausbau muss der Bremssattel abgeschraubt werden.

Bild 5: Vorderachs-Klemmschraube nur lösen.

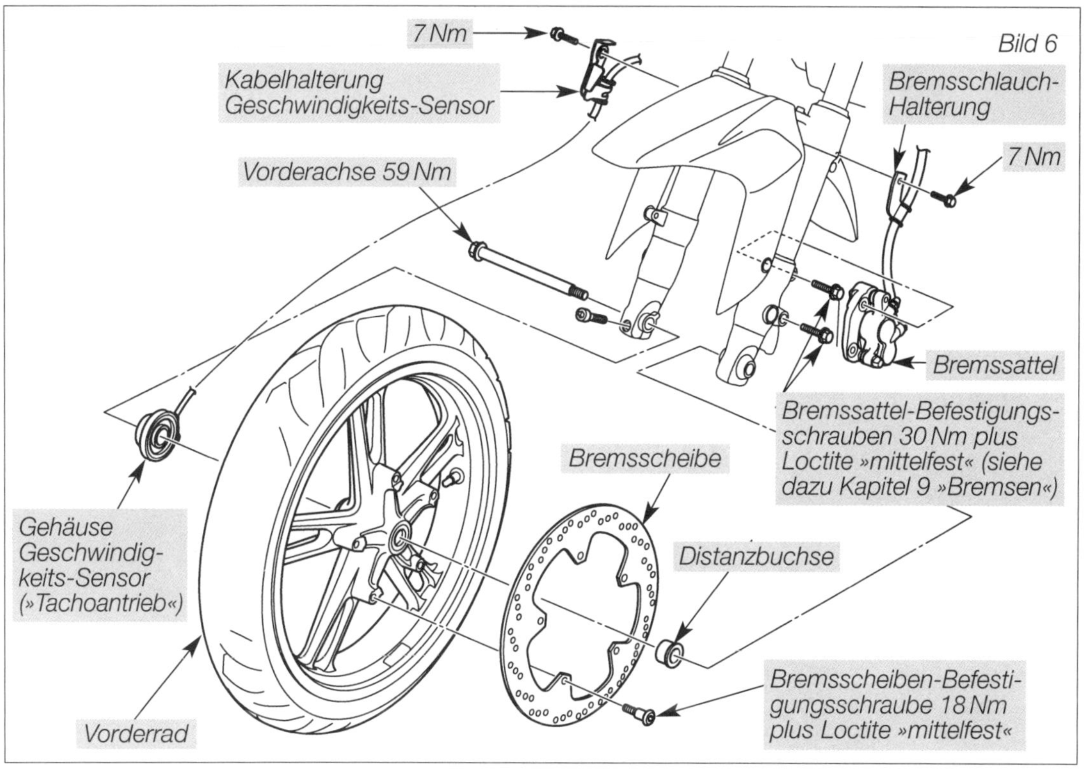

Bild 6: Explosionszeichnung des Vorderrads mit Teilebezeichnungen und Anziehdrehmomentwerten.

am rechten Gabelgleitrohr (hinter dem oberen Bund) abschrauben.

3. Bremssattel abschrauben und von der Bremsscheibe abziehen (Bild 4).

Bild 7

Bild 8

Bilder 7 bis 13: Im Lauftext sind die zu den Bildern gehörenden Arbeitsschritte nummeriert beschrieben.

Bild 9

Bild 10

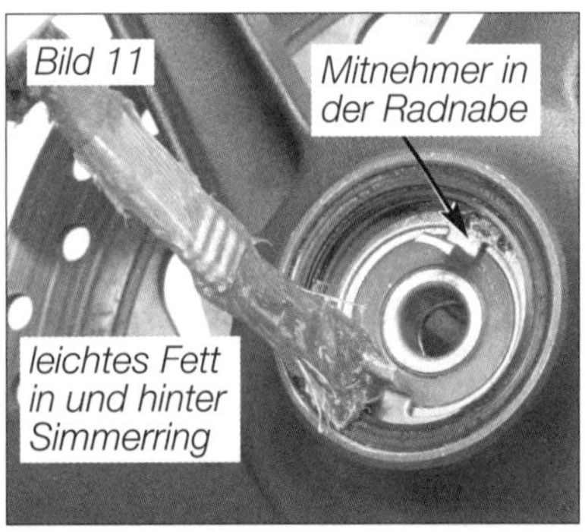

Bild 11

Bild 12

4. Vorderachs-Klemmschraube lösen (Bild 5).

5. Vorderachse mit 17er-Nuss lösen und ausdrehen, dabei das Rad mit einer Hand etwas hochhalten und hin und her wackeln (Bild 7).

5.1. Rad weiter hochhalten, Vorderachse am Kopf packen und unter Drehen und Ziehen nicht ganz herausziehen (Bild 8).

■ Auch dabei das Rad mit einer Hand etwas hochhalten.

Tipp: Wenn die Achse korrodiert ist, was bei einem alten Motorrad schon mal vorkommt, und sich deswegen nicht leicht lösen und schon gar nicht ausziehen lässt: Klemm- und Kontakstellen mit Ölspray (WD-40) einsprühen, einige Minuten einziehen lassen.

6. Achse ganz herausziehen, Rad ablassen, Geschwindigkeits-Sensor (rechts) und Distanzbuchse (links) abnehmen, Rad nach vorne herausheben (Bilder 9 und 10).

Bauteile reinigen, kontrollieren

1. Gabelfäuste, Achse, Mutter, Distanzbuchse, und Gehäuse des Geschwindigkeits-Sensors mit Ölspray und Lappen reinigen. Alle *Oberflächen und Gewinde müssen einwandfrei in Ordnung sein.*

■ Wenn »nein«, durch Neuteile ersetzen.

2. Radlager-Simmerring links und Simmerring im Gehäuse des Geschwindigkeits-Sensors mit Ölspray reinigen.

3. Radlager prüfen: Zeigefinger in den Innenring des Lagers stecken und drehen. Man spürt mit dieser »Fingerprobe« wie das Lager läuft.

■ Wenn die Lager spielfrei sind, ohne Knacken und Rubbeln laufen, sind sie in Ordnung.

■ Wenn die Lager beschädigt sind, also Luft haben oder laut, knackend oder schwer laufen, müssen sie ersetzt werden. Wie das geht, steht weiter hinten in diesem Kapitel.

4. Einfetten:

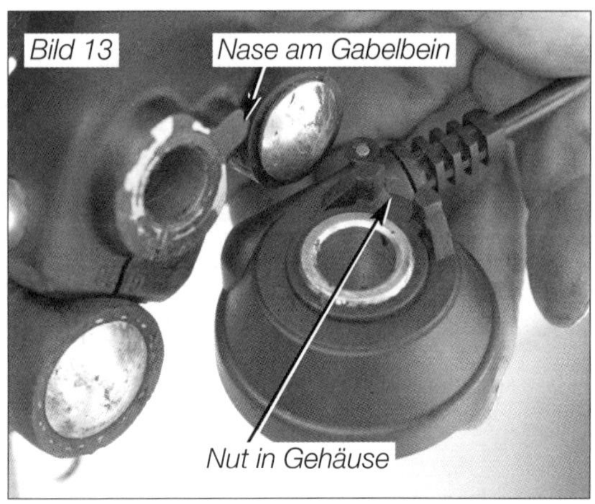

Bild 13

4.1. Wenn die Radlager in Ordnung sind, etwas leichtes Wälzlagerfett in und hinter die Simmerringe schmieren (Bild 11).
4.2. Auch in das Gehäuse des Geschwindigkeits-Sensors etwas Fett einschmieren.
4.3. Achse und Distanzbuchse einfetten.
5. Bremssattel mit Bremsenreiniger und Lappen gut reinigen. **Nicht zu viel Bremsenreiniger auf die Bremsbeläge bringen!** Dicke der Bremsbeläge kontrollieren (siehe dazu auch Kapitel 9 »Bremsen«).

Vorderrad einbauen
1. Rad von vorne in die Telegabel einführen.
2. Distanzbuchse links in ihren Simmerring und Geschwindigkeits-Sensor rechts einsetzen.
■ Beim Geschwindigkeits-Sensor darauf achten, dass die Nasen des Mitnehmers richtig im Geschwindigkeits-Sensor eingreifen (Bild 12).
3. Rad anheben: Bohrungen von Gehäuse des Geschwindigkeits-Sensors und Distanzbuchse mit den Bohrungen der Gabelfäuste ungefähr in Flucht bringen, gefettete Achse von rechts einführen und durchschieben.
Achtung 1: Beim Einschieben des Rads zwischen die Achsfäuste besonders vorsichtig sein, dass man sich nicht die Finger einklemmt!
Achtung 2: Der Ausschnitt hinten oben am Gehäuse des Geschwindigkeits-Sensors muss richtig an der Nase unten am Gabelbein angesetzt werden: Beide Gabelbeine unten etwas auseinander drücken, damit sich das Gehäuse des Geschwindigkeits-Sensors und die Distanzbuchse nicht an den Achsfäusten verkanten (Bild 13)!
4. Achse mit 17er-Sechskantnuss festziehen, mit Drehmomentschlüssel auf 59 Nm (Bild 14).
5. Bremsscheibe mit Bremsenreiniger reinigen.
6. Bremssattel auf Bremsscheibe schieben, einen Tropfen Loctite »mittelfest« auf die Schrauben geben, eindrehen und mit 30 Nm festziehen.
7. Bremse einige Male betätigen, damit sich die Bremsbacken an die Scheibe anlegen.
7.1. Bremse lösen, Rad durchdrehen und prüfen, ob es leicht und frei läuft.
Wichtig: Überschüssiges Fett von Simmerringen, Geschwindigkeits-Sensor, Distanzbuchse und Achse gut abwischen.

Hinterrad aus- und einbauen

Hinterrad ausbauen
Hinweis: Bremssattel zum Ausbau des Hinterrads nicht von seiner Trägerplatte abschrauben!

1. Hintere Schraube des Kettenschutzes lösen (Bild 15) und ausdrehen. Dadurch wird der Kettenschutz flexibel und kann während der Radmontage vorsichtig (!) etwas nach oben gebogen werden.
2. 17er-Schlüssel auf den Achskopf setzen zum Gegenhalten der Hinterachse.
3. Achsmutter mit 19er-Sechskantnuss lösen und abdrehen (Bild 16), rechte Achsaufnahme abnehmen (Bild 17).
4. Achse mit dem Daumen etwas ausdrücken, dabei das Rad mit der Hand etwas hin und her kippeln.
4.1. Wenn sich die Achse nicht leicht ausziehen lässt: Ölspray (WD-40) auf Achse und Achsbohrungen geben, einziehen lassen, mit Kunststoffhammer sanft nachhelfen (Bild 18), KEINEN Stahlhammer benutzen!
5. Achse am Kopf packen, ganz ausziehen, linke

Bild 14

Bild 15

Bild 16

Bilder 14 bis 16: Im Lauftext sind die zu den Bildern gehörenden Arbeitsschritte nummeriert beschrieben.

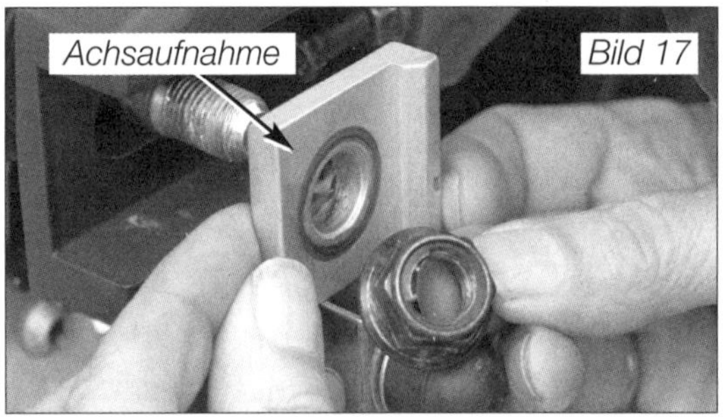

Bild 17

Bild 18

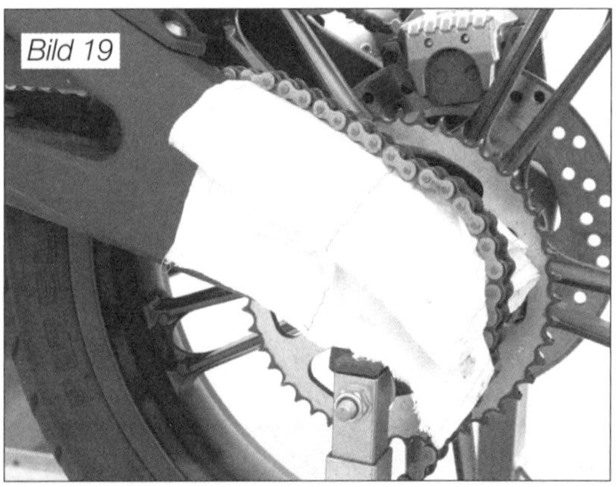
Bild 19

Bilder 17 und 22: Im Lauftext sind die zu den Bildern gehörenden Arbeitsschritte nummeriert beschrieben.

Achsaufnahme abnehmen. Holz unter Rad wegnehmen, Rad ablassen und nach vorne schieben. ■ Eventuell die Achse mit einem Dorn (Schraubenzieher geht auch) ausdrücken.

6. Lappen auf das Ende der Schwinge legen, Kettenschutz etwas hochbiegen, Kette nach links herunternehmen und auf der Schwinge ablegen (Bild 19).

7. Rad nach hinten ziehen, Distanzbuchsen rechts und links (Bilder 20 und 21) aus den Simmeringen ziehen.

8. Rad nach hinten herausnehmen (Bild 22).

Wichtig: Wenn das Hinterrad zum Reifenwechsel gebracht wird, unbedingt Folgendes tun:

1. Kettenblattträger abziehen (Bild 23).

2. Auf Distanzbuchse im Lager des Kettenblattträgers achten (Bild 24). Sie sitzt normalerweise fest im Lager – was noch lange nicht heißt, dass sie unverlierbar fest sitzt! Wenn die Distanzbuchse aus Versehen herausfällt oder achtlos zur Seite gelegt wird und beim Radeinbau nicht eingesetzt ist, werden beim Anziehen der Hinterachsmutter die Radlager zerstört!

Bauteile reinigen, prüfen

Es gelten die Arbeits- und Prüfschritte wie im Text »Vorderrad ausbauen« schon beschrieben.

Zusätzlich für das Hinterrad:

1. Ruckdämpfergummis (Bild 23) herausnehmen, auf Verschleiß prüfen, reinigen und leicht mit Silikonfett einreiben, das hält sie geschmeidig.

2. Kettenblattträger außen und innen und Kettenrad gründlich mit Ölspray und Lappen reinigen.

3. Lager im Kettenblattträger kontrollieren, ob es in Ordnung ist (»Fingerprobe« wie bei den Radlagern, siehe Text weiter vorne).

Bild 20

Bild 21

Bild 22

Hinterrad einbauen

1. Ruckdämpfergummis in Hinterradnabe einsetzen. Kettenblattträger auf Hinterrad schieben.

■ Noch einmal der Hinweis: Distanzbuchse im Lager des Kettenblattträgers muss eingebaut sein (siehe Bild 24).

2. Rad in Schwinge einschieben und gleichzeitig die Bremsscheibe zwischen die Bremsklötze einfädeln, Rad weit nach vorne schieben.

3. Distanzbuchsen in Simmeringe rechts und links einsetzen (Bilder 20 und 21).

4. Kette auf Kettenrad legen.

5. Rad zurückziehen und hochheben: Holzbretter unter das Rad unterlegen.

■ Kontrolle: Bremsklötze müssen rechts und links der Bremsscheibe sein!

6. Linke Achsaufnahme auf Achse schieben, Achse von links ansetzen.

7. Rad etwas zurückziehen und hochheben, Achse ganz durchschieben, Rad dabei etwas hin und her kippeln.

8. Rechte Achsaufnahme aufschieben, Mutter aufdrehen.

8.1. Hinterachsmutter handfest anziehen.

9. Kettenspannung einstellen.

■ Wenn es nötig sein sollte, die Kette reinigen

Bild 23: Kettenblattträger und Ruckdämpfergummis.

Bild 24: Explosionszeichnung des Hinterrads.

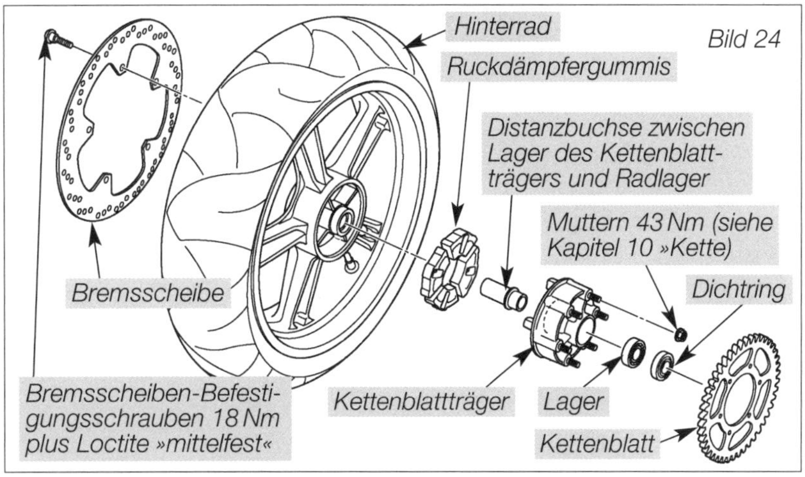

Radlager, Räder und Radachsen prüfen

Radlager prüfen

Zur Prüfung der Lager steckt man den Zeigefinger in den Innenring des Lagers, dreht diesen und spürt im Finger, wie das Lager läuft.

■ Wenn die Lager spielfrei sind und ohne fühlbares Knacken und Rubbeln laufen, sind sie o.k.

■ Wenn die Lager beschädigt sind, also »Luft« haben oder laut und knackend laufen, müssen sie erneuert werden.

Rad auf Rundlauf prüfen

1. Rad in Zentrierständer einhängen. Wenn keiner zur Verfügung steht:

■ Radachse in einen Schraubstock spannen und Messuhrhalter auf der Werkbank befestigen. Oder eingebaut prüfen:

■ Messuhr an Gabelholm (Vorderrad) oder Hinterradschwinge (Hinterrad) befestigen.

2. Felgenrand putzen, mit Allzweckspray einsprühen, Messspitze der Messuhr ansetzen:

■ Zum Messen des Höhenschlags innen am Felgenhorn auf der bearbeiteten Fläche (Bild 25).

■ Zum Messen des Seitenschlags außen am Felgenhorn (muss unbeschädigt sein, Bild 25).

3. Verschleißgrenze Axialschlag 1,0 mm und Radialschlag 0,5 mm.

Radachse auf Schlag prüfen: Radachse in Prismenblöcke legen (Bild 26), Achsschlag mit Messuhr feststellen, Verschleißgrenze 0,25 mm.

Beachten: Der tatsächliche Schlag ist nur halb so groß wie der von Messuhr angezeigte Wert.

Bild 25: Vermessen des Rads auf Seiten- und Höhenschlag.

Bild 26: Vermessen der Radachse.

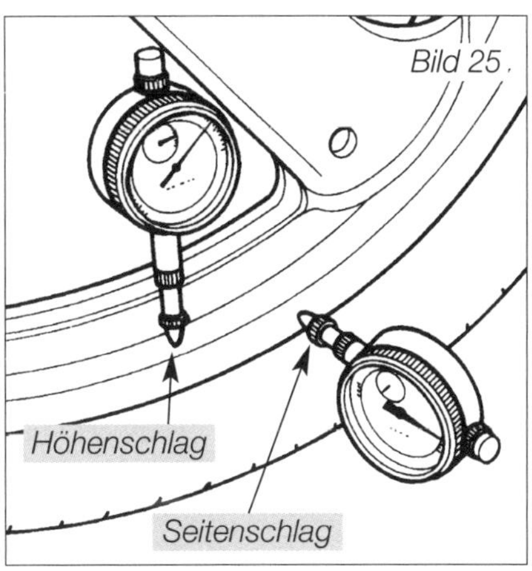

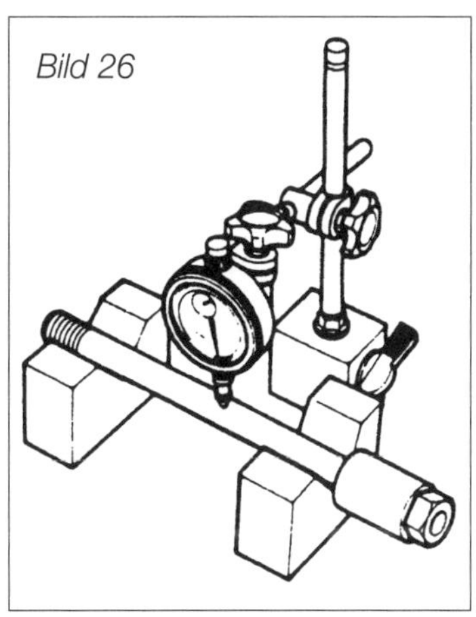

und schmieren (siehe dazu Kapitel 10 »Kette«).
10. Hinterachsmutter mit 85 Nm festziehen.
11. Bremse einige Male betätigen, damit sich die Bremsbacken an der Bremsscheibe anlegen.
11.1. Bremse lösen, Rad drehen und prüfen, ob es leicht und frei läuft. Überschüssiges Fett sauber abwischen. Kettenschutz festschrauben.

Radlager wechseln

Mit fortschreitender Laufleistung der Maschine besteht die Gefahr, dass die Radlager Spiel bekommen. Deswegen speziell bei älteren Maschinen bei jedem Radausbau die Radlager prüfen (siehe Text weiter vorne in diesem Kapitel).

Neue Radlager kaufen
■ Neue Originallager sind erste Wahl, denn diese sind beidseitig abgedeckt und brauchen deswegen vor dem Einbau nicht zusätzlich mit Fett eingeschmiert zu werden.
■ Wenn es nicht möglich ist, Originallager zu kaufen, kann man auch Nachrüst-Radlager aus dem Kfz-Zubehörhandel verwenden; diese sollten ebenfalls beidseitig abgedeckt sein.
■ Gibt es auch diese nicht und Sie müssen Nachrüstlager mit nur einer Abdeckscheibe verwenden: Vor dem Einbau die offene Lagerseite gut mit Wälzlagerfett füllen. Hinweis: Keine beidseitig offenen Lager verwenden!

Bremsscheibe abmontieren
Vor dem Wechsel der Radlager muss die Bremsscheibe abgebaut werden.

1. Die Drehrichtung ist auf der Bremsscheibe durch einen Pfeil angegeben.
2. Weil die Bremsscheibenschrauben mit Loctite eingeklebt sind, gehen sie schwer heraus: Schrauben am Kopf mit einem Heißluftföhn anwärmen, das löst die Verklebung.
3. Schrauben über Kreuz lösen und ausdrehen. Bremsscheibe abnehmen.
Wichtig: Zum Lösen der Schrauben einen exakt passenden Inbusschlüssel verwenden.

Radlager warm wechseln
Zum Einbau von neuen Radlagern sollte man die Radnabe erwärmen. Dazu benötigt man eine Heizplatte sowie verschiedene Dorne und Nüsse (Bild 28). Wenn man keine Heizplatte hat, kann man die Radnabe auch mit einem Heißluftföhn erwärmen. »Kalt« sollte man die Lager auf keinen Fall wechseln!
Wichtig: Hitzefeste Handschuhe tragen!

Radlager ausbauen
1. Kettenblattträger des Hinterrads abziehen. Dämpfergummis herausnehmen.
Die weiteren Arbeitsschritte gelten für Vorder- und Hinterrad.
2. Simmerringe mit einem Reifenmontierhebel oder einem breiten, stumpfen Schraubenzieher aushebeln (Bild 29). Beim Vorderrad Tachoantriebs-Mitnehmer herausnehmen.
3. Rad mit der Nabe auf die kalte Heizplatte legen, Schalter auf mittlere Stufe stellen.
4. Heizplatte und Radnabe zusammen langsam aufheizen auf 80 bis 120 °C (Bild 30).
5. Rad von der Heizplatte nehmen: Die Lager fallen jetzt fast schon von alleine heraus. Wenn sie nicht herausfallen, mit einem dünnen Dorn etwas nachhelfen (Bild 31).
6. Radnabe und Lagersitze sehr gut reinigen und auf Beschädigungen untersuchen.

Radlager einbauen
1. Radnabe auf der Heizplatte auf maximal 120 °C anwärmen (Bild 30).
2. Lager mit der Aufschrift nach außen weisend einbauen: In den erwärmten Lagersitz einschieben, es fällt fast von alleine hinein.
2.1. Mit einer passenden Nuss, deren Außendurchmesser ca. 1 bis 2 mm geringer ist als der Durchmesser des Lagers (bzw. Passbohrung), und einem 100-Gramm-Hammer Schritt für Schritt sanft (!) nachklopfen, bis das Lager im Grund der Passbohrung aufsitzt (Bild 32).
■ Wenn keine passende Nuss vorhanden ist: Dorn nehmen, diesen jedoch unbedingt nur

Bild 27
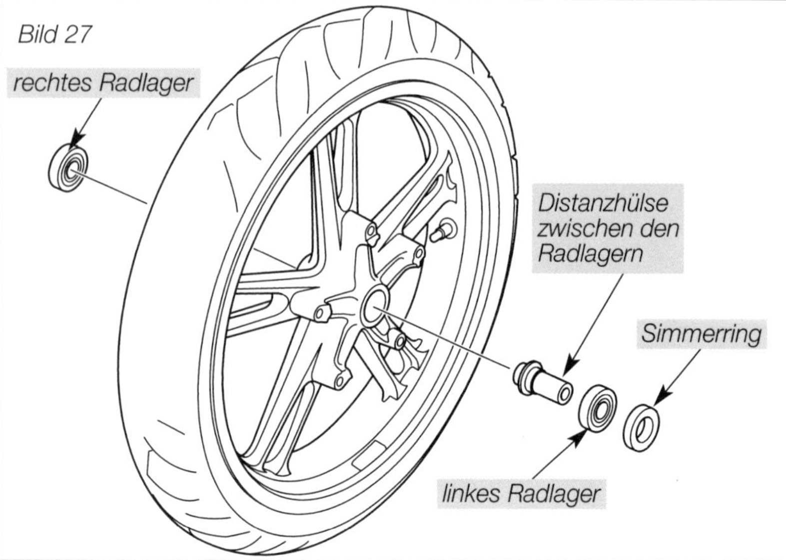

Bild 27: Explosionszeichnung der vorderen Radlagerung mit Teilebezeichnung.

am Lageraußenring ansetzen – NIEMALS am Lagerinnenring!

2.2. Rad umdrehen.

3. Radlager-Distanzhülse einsetzen.

3.1. Lager der anderen Seite einschieben, evtl. mit passender Nuss und Hammer oder Dorn am Lageraußenring sanft nachklopfen.

4. Jetzt mit dem Finger prüfen, ob die Distanzhülse zwischen den Lagerinnenringen fluchtet, nicht zu viel Spiel hat bzw. nicht zu fest sitzt. Sie muss satt zwischen den Lagerinnenringen sitzen und darf sich nur ganz leicht seitlich bewegen!

5. Neuen Simmerring sauber ansetzen und mit einer Nuss einschlagen, deren Außendurchmesser ca. 1 bis 2 mm geringer ist als der Durchmesser der Ringe (bzw. Passbohrung).

5.1. Simmerring nur so weit eintreiben, bis sich seine Oberfläche mit der Radnabe deckt, NICHT bis auf das Lager drücken!

Bremsscheibe montieren

1. Anlageflächen der Bremsscheibe und Gewinde der Befestigungsschrauben mit einer Messingbürste reinigen.

2. Flüssige Schraubensicherung Loctite »mittelfest« auf die Gewinde auftragen.

3. Befestigungsschrauben eindrehen und über Kreuz Schritt für Schritt bis auf 18 Nm festziehen.

Wichtig: Vor dem Radeinbau die Bremsscheiben mit Bremsenreiniger reinigen.

Abweichungen YBR 125, XT 125

Anziehdrehmomentwerte	YBR 125	XT 125
Vorderachse/Vorderachsmutter	59 Nm	45 Nm
Hinterachsmutter	91 Nm	85 Nm
Bremssattel-Befestigungsschrauben	35 Nm	35 Nm

YBR 125: Trommelbremse hinten, beim Radausbau folgendermaßen vorgehen:

1. Hebelspiel-Einstellmutter vom Bremsgestänge abdrehen.

2. Fußbremshebel nach unten drücken, dadurch rutscht das Bremsgestänge aus dem Stift:

■ Feder, Scheibe und Stift abnehmen.

3. Zuganker von der Bremsankerplatte lösen:

3.1. Splint aus der Schraube ziehen.

3.2. Mutter lösen, abdrehen und ausziehen.

■ Beim Radeinbau beachten: Schraube am Zuganker von hinten einsetzen, Mutter mit 15 Nm festziehen, Splint einstecken.

XT 125: Bremssattel muss zum Ausbau des Vorderrads nicht abgeschraubt werden.

Bild 28: Zum warmen Wechsel der Radlager benötigte Werkzeuge und Hilfsmittel.

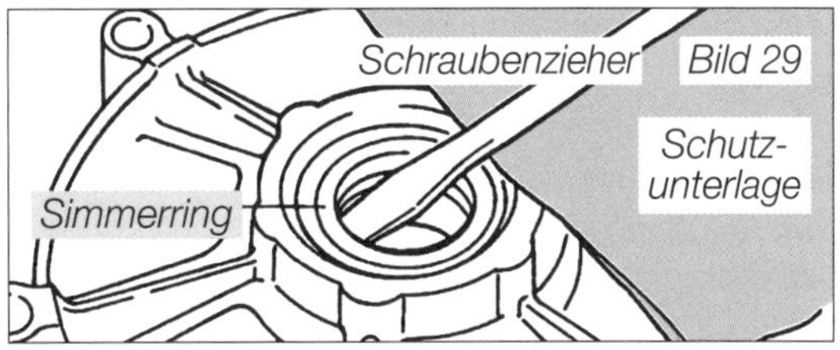

Bild 29: Aushebeln des Radlager-Simmerrings mit einem breiten Schraubenzieher.

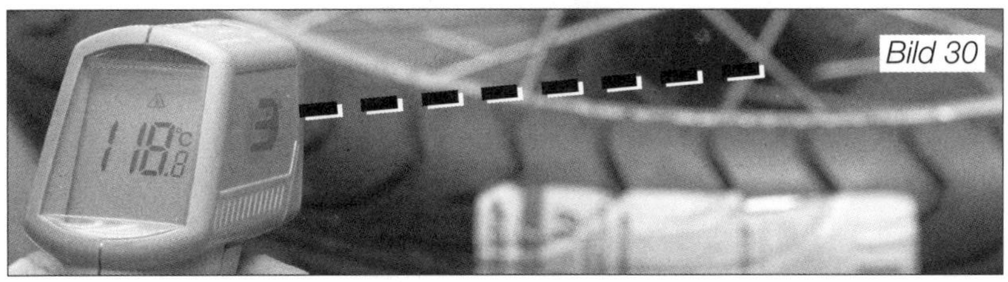

Bild 30: Radnabe auf maximal 120 °C erwärmen.

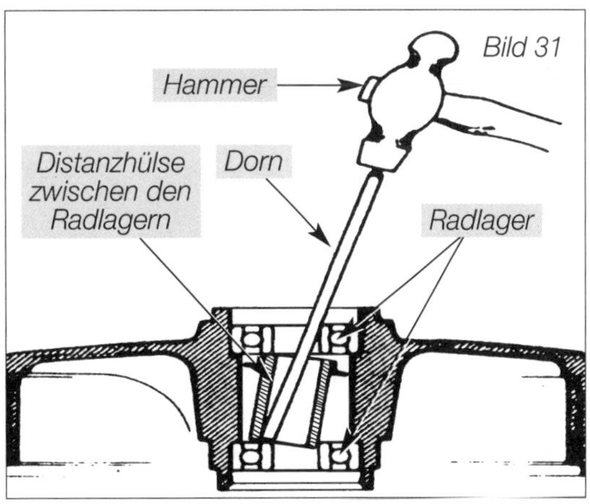

Bild 31: Austreiben der Radlager mit Hammer und einem langen Dorn.

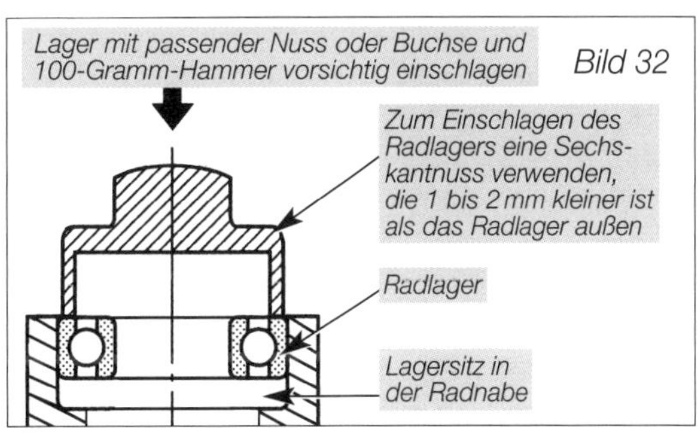

Bild 32: Eintreiben des neuen Lagers und Simmerrings mit einer Nuss bzw. speziellen Buchse.

Bremsen

In diesem Kapitel: Bremsanlage · Bremsanlage prüfen · Bremsflüssigkeit · Bremsklötze wechseln · Bremsflüssigkeit wechseln, Bremse entlüften · Bremsscheiben · Bremssättel und Bremspumpen zerlegen, zusammenbauen · Stahlflexleitungen anbauen · Trommelbremse: Bremse reinigen, Bremsbeläge wechseln.

Bremsanlage

Man mag einem Motorrad kurzzeitig einen defekten Auspuff oder ein durchgebranntes Blinkerlämpchen zugestehen, doch bei den Bremsen gibt es keine Kompromisse: Die hundertprozentige Leistungsfähigkeit und Betriebssicherheit der Bremsanlage muss auf jedem Meter Fahrstrecke zur Verfügung stehen, denn es geht schließlich um die eigene Haut.

Besonders zu beachtende Punkte

1. Schrauberqualifikation: Zu Anfang dieses Kapitels beschreiben wir Kontroll- und Wartungsarbeiten wie die Kontrolle der Bremsflüssigkeit und Prüfung der Bremsanlage, beides kann jeder selbst machen.

1.1. Zum Wechsel der Bremsklötze mit Ab- und Anbau der Bremssättel und ihrer Reinigung ist höhere Schrauberqualifikation ebenso nötig wie für den Wechsel der Bremsflüssigkeit und der Bremsscheiben.

1.2. Für die Reparatur von Bremssätteln und Bremspumpen werden meisterliche Kenntnisse benötigt.

Daraus folgt: Wer seine eigenen Schrauberkenntnisse als »nicht besonders gut« einstuft, sollte alle Arbeiten an der Bremsanlage der Yamaha-Motorradwerkstatt überlassen.

2. Wenn bei einem Sturz Schmutz in die Bremspumpen und Bremssättel hineingekommen ist,

Sicherheitshinweise ⚠ Achtung und ☞ Tipps für dieses Kapitel

☞ Im Motorrad-Zubehörhandel sowie im Kfz-Werkzeughandel gibt es spezielle Bremsen-Vakuumpumpen, mit denen man ohne Kontakt zur Bremsflüssigkeit und ohne Gefahr des Verschüttens die Bremsen entlüften bzw. Bremsflüssigkeit wechseln kann (Bild 1).

⚠ Nach jeder Bremssattelmontage alle Schrauben und Muttern nochmals auf Festsitz kontrollieren! Ganz penible Menschen setzen Farbmarkierungen an die Schraubenköpfe und Muttern (Bild 2), die sie mit dem richtigen Drehmomentwert angezogen haben.

☞ Gebirgstouren mit Passabfahrten, Reisen in besonders staubige Gebiete oder Rennstreckenfahrten bedeuten extreme Belastungen für die Bremsen. Der Verschleiß der Bremsbeläge ist dabei sehr hoch.

Bevor Sie mit Ihrer Maschine in den Jahresurlaub, auf Passtour oder die Rennstrecke fahren, rechtzeitig vorher einen umfangreichen Check der Bremsanlage machen (lassen).

⚠ Bremsflüssigkeit ist giftig. Hautkontakt vermeiden. Nicht in die Augen, nicht in die Atemwege, nicht auf die Schleimhäute kommen lassen. Nicht trinken! Immer nur geeignete Gefäße verwenden. Bremsflüssigkeit umweltgerecht beseitigen (bei einer Entsorgungsstelle abgeben).

⚠ Wenn ein Bremsflüssigkeitsbehälter offen ist, unbedingt darauf achten, dass kein Schmutz in den Behälter und in die Bremsflüssigkeit gelangt.

⚠ Bei abgebautem Bremssattel bzw. entfernten Belägen den Bremshebel nicht betätigen! Sonst fahren die Kolben ungehindert aus und müssen mühsam wieder in den Sattel gedrückt werden. Wenn sie ganz aus ihren Zylindern im Sattel herausrutschen, verursacht das eine üble Bremsflüssigkeitssauerei!

⚠ Bremsenreiniger ist meist in Spraydosen erhältlich und ziemlich aggressiv. Nur im Freien oder in gut gelüfteten Werkstatträumen verwenden. Nicht rauchen! Nicht auf die Haut, in die Augen oder Atemwege sprühen! Einatmen vermeiden!

■ Zur Reinigung von Bremsenbauteilen nur Bremsenreiniger oder Aceton verwenden, KEIN Benzin, Dieselöl, Motorenöl oder Ölspray!

■ Bremsenreiniger sparsam und ganz gezielt einsetzen, Sprühkopf direkt auf die zu reinigende Stelle richten und nicht länger als zwei Sekunden betätigen.

■ Teile nach Besprühen mit Bremsenreiniger sofort mit weichem, nicht fusselndem Lappen durchputzen.

■ Druckluft bei Reinigung und anderen Arbeiten am Bremssattel nur sehr sparsam und gezielt einsetzen.

⚠ Nicht mit scharfkantigen Gegenständen wie Schraubenzieher oder Schraubenschlüssel im Bremssattel herumwerken, sonst können die Gleitflächen der Bremskolben zerkratzt werden!

⚠ Niemals unterschiedlich dicke Bremsbeläge oder solche von verschiedenen Herstellern in einem Bremssattel verwenden! Niemals einen neuen und einen alten Belag in einen Sattel einsetzen!

☞ Riefige Bremsscheiben, die noch nicht ihre Minimaldicke erreicht haben, können nachgeschliffen werden. Solche Arbeiten erledigen Spezialbetriebe zum Preis von etwa 50 bis 70 Euro pro Bremsscheibe. Eine neue Originalbremsscheibe kostet etwa 160 bis 200 Euro.

Bild 1

Bild 1: Professionelles Bremsflüssigkeitswechsel- und Entlüftungsgerät (Lucas/Schüller).

Bild 2

Bild 2: Farbmarkierung an einer mit dem richtigen Drehmomentwert angezogenen Schraube.

⚠ Beim Zerlegen des Bremssattels bzw. Ausblasen der Bremskolben: Luftdruck vorsichtig dosieren, damit die Bremskolben nicht unkontrolliert herausschießen!

muss die Bremsanlage zerlegt, gereinigt und mit neuen Dichtringen bestückt werden.
2.1. Dies ist auch nötig, wenn eine Maschine sehr lang abgestellt war, die Bremsflüssigkeit sich verdickt hat und die Bremskolben fest sitzen.
3. Beim Kauf neuer Bremsbeläge legen Sie dem Yamaha-Händler den Kfz-Schein vor. Wenn die Maschine abgemeldet ist, notieren Sie sich vor dem Gang zum Händler die Fahrgestellnummer.

Bremsanlage prüfen

In die Bremsbeläge sind deutlich sichtbare Nuten als Verschleißmarkierungen eingearbeitet (Bilder 3, 4 und 5). Ein bis auf den Grund der Nuten abgefahrener Bremsbelag ist nur noch ca. 0,8 mm dick und es ist höchste Zeit für neue Beläge. Zur Kontrolle der Bremsbelagdicke einfach an der Bremsscheibe entlang in den Bremssattel reinschauen (Bilder 4 und 5); ggf. eine Taschenlampe zu Hilfe nehmen.

Bilder 3 bis 5: An Bremsscheibe entlang in Bremssattel schauen, Nuten müssen sichtbar sein.

Bilder 6 und 7: Hinterer und vorderer Bremssattel der YZF-R 125 mit Teilebezeichnungen und Anziehdrehmomentwerten.

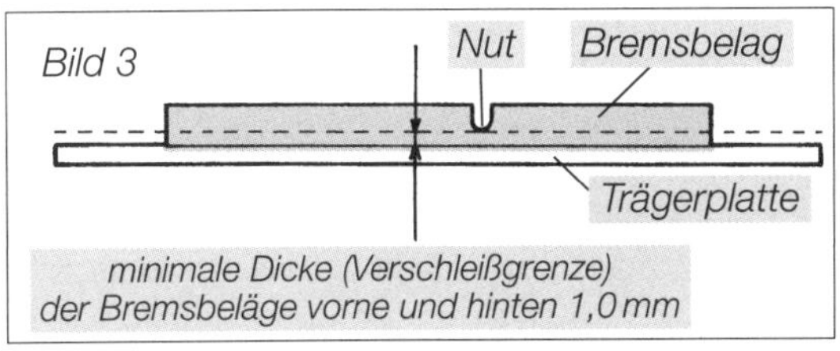

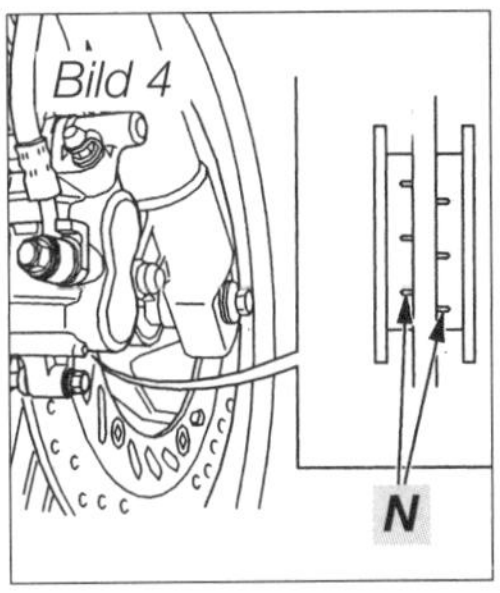

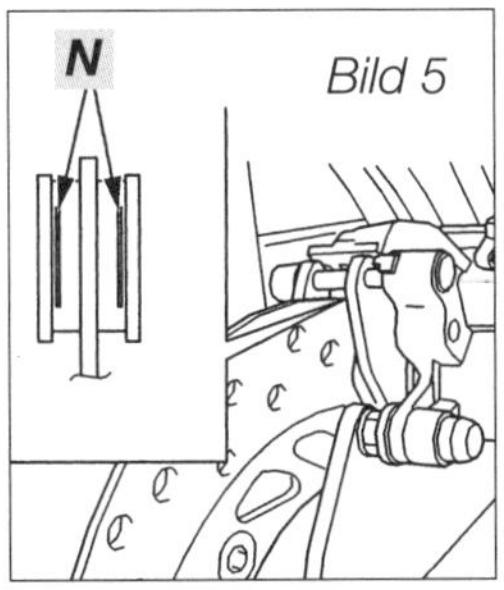

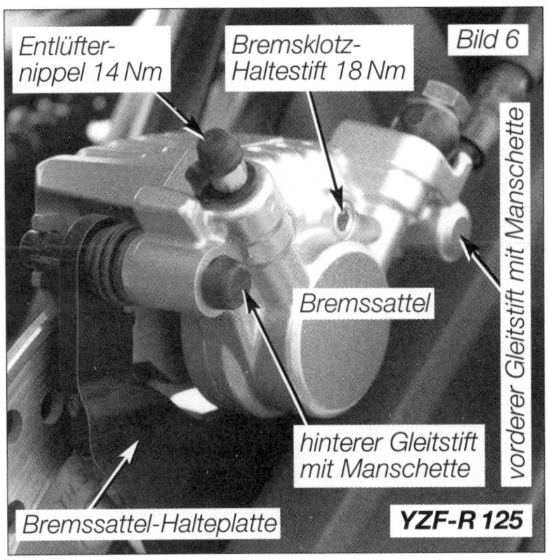

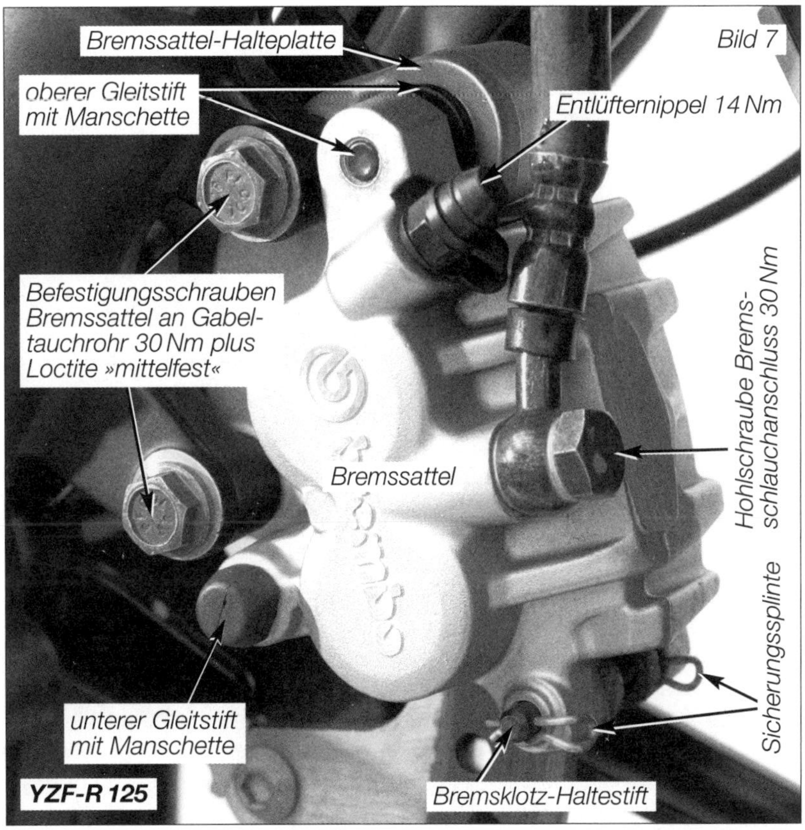

Anziehdrehmomente und Maße*	**YZF-R 125**	**YBR 125*** **	**XT 125 R**	**XT 125 X**	**WR 125 R**	**WR 125 X**
Vorderachse/Vorderachsmutter	59 Nm	59 Nm	45 Nm	45 Nm	60 Nm	60 Nm
Hinterachsmutter	85 Nm	91 Nm	85 Nm	85 Nm	85 Nm	85 Nm
Schrauben** Bremssattel an Gabeltauchrohr/Halter	30 Nm	35/23 Nm	30 Nm	30 Nm	30 Nm	30 Nm
Hohlschrauben Bremsschlauchanschluss	30 Nm	25 Nm	25 Nm	25 Nm	25 Nm	25 Nm
Schrauben Bremssattelhälften	–	–	30 Nm	30 Nm	30 Nm	30 Nm
Entlüfternippel im Bremssattel	14 Nm	6 Nm	6 Nm	6 Nm	10 Nm	10 Nm
Befestigungsschrauben Bremsscheiben**	18 Nm	23 Nm	13 Nm	13 Nm	15 Nm	15 Nm
Bremsklotz-Haltestifte**	18 Nm	–	–	30 Nm	–	–
Minimale Bremsbelagdicke	1 mm	1 mm	2 mm	2 mm	2 mm	2 mm
Minimale Scheibendicke vorne/hinten	3,5 mm	3,5 mm	3,0 mm	3,0 mm	3,5 mm	3,5 mm

* = Stand der Recherche zum Redaktionsschluss im Februar 2009; ** = Gewinde der Schrauben reinigen und einen Tropfen Loctite »mittelfest« daran geben; *** = und YBR 125 Custom

Sichtprüfung Messen

Wichtig 1: Wenn einer der beiden Bremsbeläge in einem Bremssattel stärker verschlissen ist als der andere, beide Bremsbeläge erneuern: NIEMALS einen neuen und einen gebrauchten Bremsbelag einsetzen.
Wichtig 2: Wenn ein Bremsbelag pro Bremssattel weit stärker (oder sogar schräg) verschlissen ist als der andere, liegt ein Fehler in der Bremsanlage vor: Entweder sind die Bremskolben schwergängig, z. B. durch defekte Kolbenmanschetten, oder der Bremssattel gleitet nicht mehr einwandfrei auf den Führungsstiften. Solche Fehler müssen schnellstmöglich behoben werden.

1. Alle Bremsschläuche und Bremsleitungen auf Risse, Knicke und Scheuerstellen überprüfen.
2. Alle Hydraulikanschlüsse der Bremsleitungen sowie die Bremspumpen und Radbremssättel müssen in einwandfreiem Zustand sein, also staubtrocken.
3. Verglaste, riefige und abgenutzte Bremsbeläge reduzieren die Bremswirkung, deshalb rechtzeitig durch Neuteile ersetzen.
4. Verschmierte Bremsscheiben ausschließlich mit Bremsenreiniger reinigen.
5. Ältere Bremsscheiben haben Riefen (Bild 9), die man beim Drüberfahren mit dem Fingernagel spürt. Bis zu einer gewissen Tiefe ist das ganz normal. Wenn der Fingernagel von Riefe zu Riefe deutlich stolpert, ist die Bremsscheibe verschlissen.
6. Weisen die Bremsscheiben im Übergang zur Fläche, die nicht vom Bremsbelag berührt wird (außen am Rand und innen zu den Befestigungsbohrungen hin), tiefe Riefen oder Absätze auf, müssen sie erneuert werden.
7. Dicke der Bremsscheiben mit Mikrometer an mehreren Punkten messen (Bild 8), die zulässige Verschleißgrenze steht eingraviert auf der Bremsscheibe (Bilder 8a und 8b).
8. Verzug (Schlag) der Bremsscheiben mit Messuhr ermitteln. Er sollte möglichst nicht messbar sein, darf jedoch bis zu 0,15 mm betragen.

Bremsflüssigkeit

Bei Betätigung des Bremshebels wird vom Kolben im Hauptbremszylinder ein Druck auf die Bremsflüssigkeit aufgebaut, der von dieser auf die Kolben in den Radbremszylindern weitergegeben wird. Diese Kolben fahren aus ihren Bohrungen aus und pressen die Beläge gegen die sich drehenden Bremsscheiben. Dadurch wird eine Reibkraft aufgebaut, das Rad bremst ab.

Um den Betrag, den die Bremsbeläge verschleißen, wandern die Kolben immer weiter aus ihren Bohrungen hinaus. Dementsprechend läuft Bremsflüssigkeit nach. Damit sinkt auch der Pegelstand im Flüssigkeitsbehälter. Daher muss der Bremsflüssigkeitsstand regelmäßig überprüft und ggf. ergänzt werden. Die vorgeschriebene Qualität der Bremsflüssigkeit (Bild 10) ist DOT 4. Es kann auch Bremsflüssigkeit der Qualität DOT 3/4 oder DOT 5.1 verwendet werden; nicht jedoch DOT 5.0.

Für die Bremsflüssigkeit gilt:
- Keine Flüssigkeiten anderer Art verwenden oder dazumischen und nie ältere Bremsflüssigkeitsreste einfüllen.
- Möglichst immer neue Bremsflüssigkeit aus einer neuen, ungeöffneten Dose benutzen.
- Keinesfalls dürfen Verunreinigungen, Schmutz oder Wasser in den Bremsflüssigkeits-Vorratsbehälter gelangen.
- Bremsflüssigkeit verhält sich hygroskopisch, sie zieht Wasser aus der Luft an, wodurch der Siede-

Bild 8: Dicke der Bremsscheiben an mehreren Stellen messen. Die Verschleißgrenze steht eingraviert auf der Bremsscheibe (Bilder 8a und 8b).

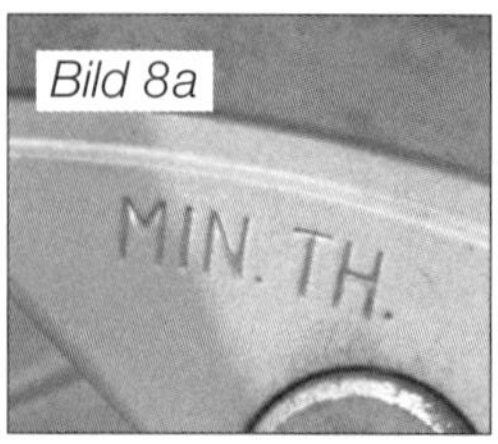

Bild 8a

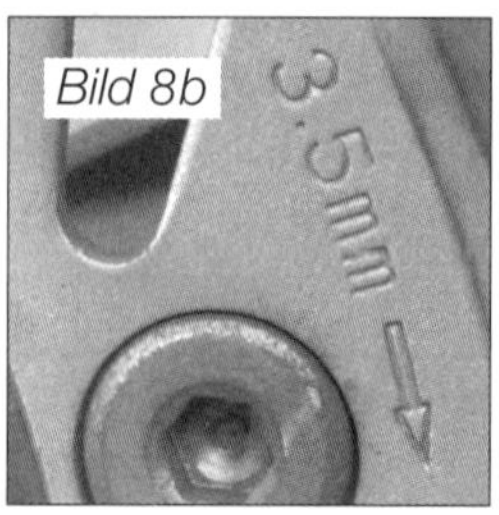

Bild 8b

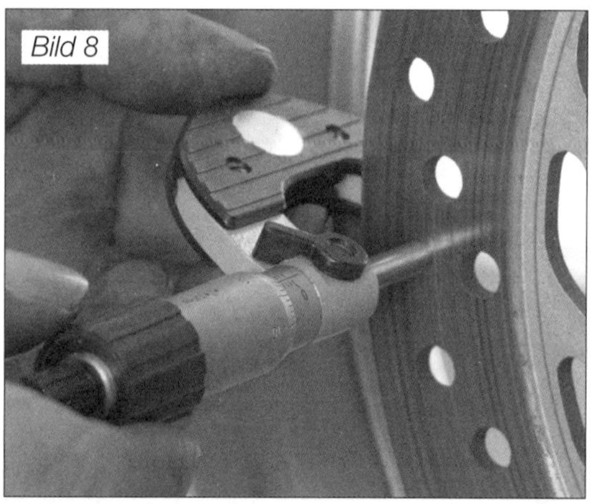
Bild 8

Bild 9: Obenauf eine nachgeschliffene Bremsscheibe, darunter eine mit deutlichen Gebrauchsspuren.

Bild 9

punkt sinkt – deswegen muss Bremsflüssigkeit spätestens alle zwei Jahre gewechselt werden.

■ Bremsflüssigkeit gibt es in kleinen, preiswerten Gebinden. Wenn ein Wechsel der Bremsflüssigkeit ansteht, wird ungefähr ein halber Liter benötigt. Kaufen Sie Marken-Bremsflüssigkeit im Motorrad-Fachhandel (also keine billige »no-name«-Auto-Bremsflüssigkeit aus dem Baumarkt).

Silikon-Bremsflüssigkeit DOT 5.0

Bremsflüssigkeit in der Qualität DOT 5.0 darf nicht mit DOT 4, DOT 3/4 oder DOT 5.1 gemischt werden. Wenn Bremsflüssigkeit in der Qualität DOT 5.0 verwendet werden soll, muss die Bremsanlage komplett entleert, zerlegt und gründlich gereinigt werden!

Es wird dann sogar dringend empfohlen, in Bremspumpen und Bremssättel neue Kolbenmanschetten und Dichtringe einzusetzen, denn Manschetten und Dichtringe einer mit DOT 4, DOT 3/4 oder DOT 5.1 betriebenen Bremse quellen bei Kontakt mit Bremsflüssigkeit DOT 5.0 auf, was nach einer gewissen Zeit zum Festgehen der Bremskolben führt – und dies bedeutet einen Totalausfall der Bremse!

Bremsflüssigkeit kontrollieren, auffüllen

1. Motorrad steht auf ebenem Untergrund. Lenker so drehen, dass der vordere Bremsflüssigkeitsbehälter waagerecht steht.
2. Der Bremsflüssigkeitsstand lässt sich vorne durch das »Auge« in der Wandung des Bremsflüssigkeitsbehälters und hinten am transparenten Behälter ablesen. Er sollte über LOWER stehen (Bilder 11 und 12).
3. Wenn Bremsflüssigkeit aufgefüllt werden muss:
3.1. Behälter vor dem Öffnen mit einem weichen, saugfähigen Lappen umwickeln (Bild 15), damit eventuell ausschwappende Hydraulikflüssigkeit nicht an Lackteile kommen kann.
3.2. Deckel abschrauben (Bilder 13 und 14): Schrauben in drei Schritten abwechselnd lösen, ausschrauben, herausnehmen. Stützscheibe und Membran langsam herausnehmen.
3.3. Rand des Behälters mit sauberem Lappen reinigen (Vorsicht, es darf kein Schmutz hineinkommen!), Bremsflüssigkeit auffüllen.
4. Membran, Deckel und Rand des Bremsflüssigkeitsbehälters reinigen.
4.1. Membran in korrekte Form bringen.
5. Membran langsam einsetzen.
5.1. Deckel aufsetzen, Schrauben eindrehen und in mindestens drei Schritten abwechselnd gut handfest anziehen.

Bild 10: Auf DOT-Angaben achten, vorgeschrieben ist DOT 4.

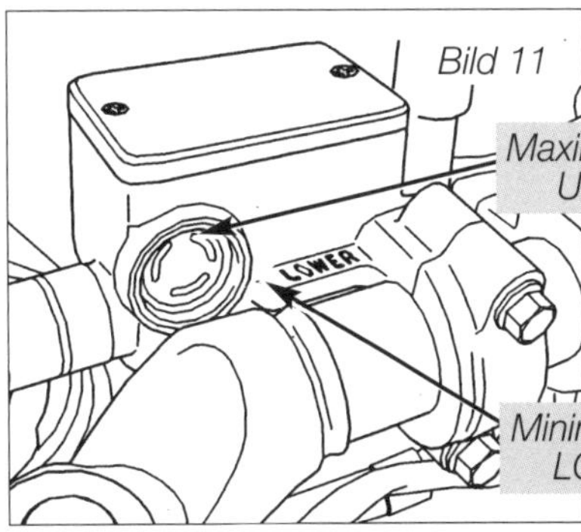

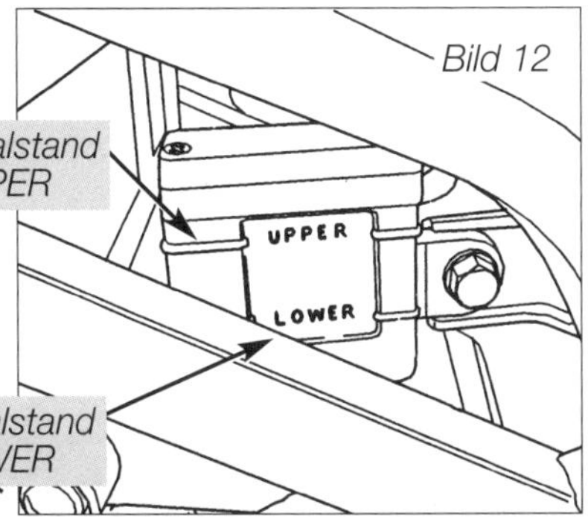

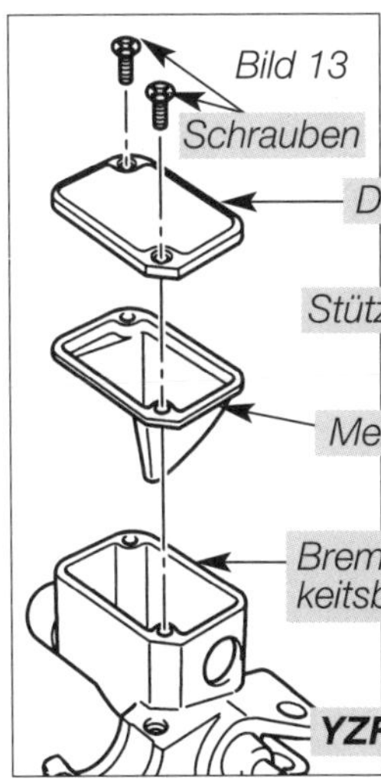

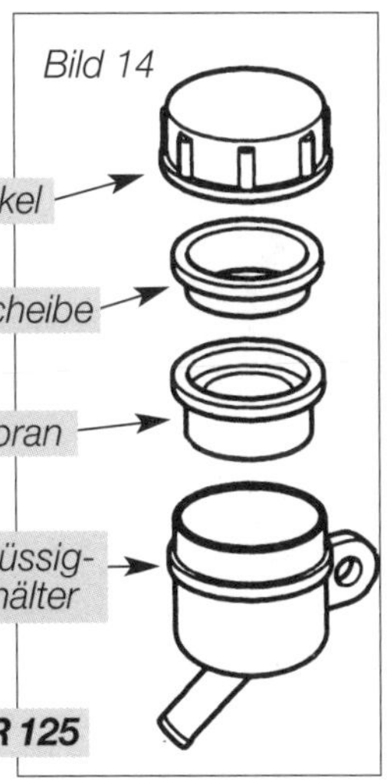

Bilder 11 bis 14: Im Lauftext sind die zu den Bildern gehörenden Arbeitsschritte nummeriert beschrieben.

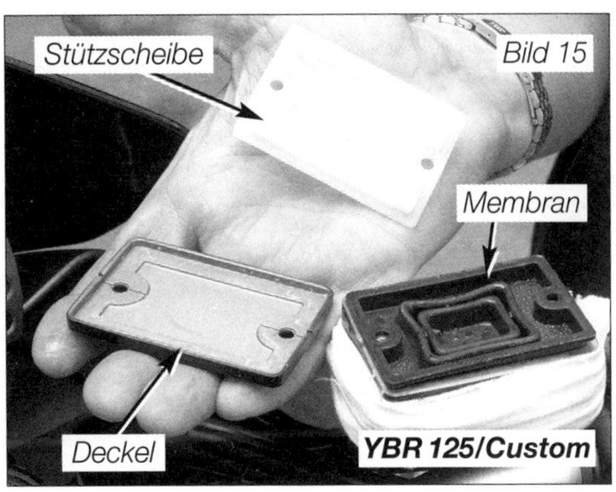

Bild 15: Geöffneter Bremsflüssigkeitsbehälter.
■ Membran vor dem Einbau auseinanderziehen, gut reinigen und wieder in korrekte Form bringen.

■ Eventuell ausgespritzte oder übergelaufene Bremsflüssigkeit mit reichlich klarem Wasser abspülen und gut abtrocknen.

Bremsklötze wechseln

Die Bremsklötze können zwar ohne Abbau des jeweiligen Bremssattels gewechselt werden, jedoch sollte bei einer Neubestückung der Bremssattel gründlich gereinigt werden, wozu man ihn am besten abbaut.

⚠ **Achtung:** Beim Wechsel der Bremsklötze weder die Anschlussschraube des Bremsschlauchs noch die Verbindungsschrauben der Bremssattelhälften lösen oder ausschrauben!

⚠ **Achtung:** Beim Wechsel der Bremsklötze gilt generell: Wenn die Bremskolben zurückgedrückt werden, um Platz für die neuen (dickeren) Bremsklötze zu schaffen, steigt der Flüssigkeitsstand im Bremsflüssigkeits-Vorratsbehälter. Deswegen den Deckel des Vorratsbehälters abschrauben, Membrane herausnehmen und den Stand der Bremsflüssigkeit im Behälter im Auge behalten: Steigt dieser bis zur Oberkante, mit einer Spritze Bremsflüssigkeit absaugen.

Bilder 16 bis 19: Abbau des vorderen Bremssattels, Ausbau der Bremsbeläge und Reinigung des Bremssattels.

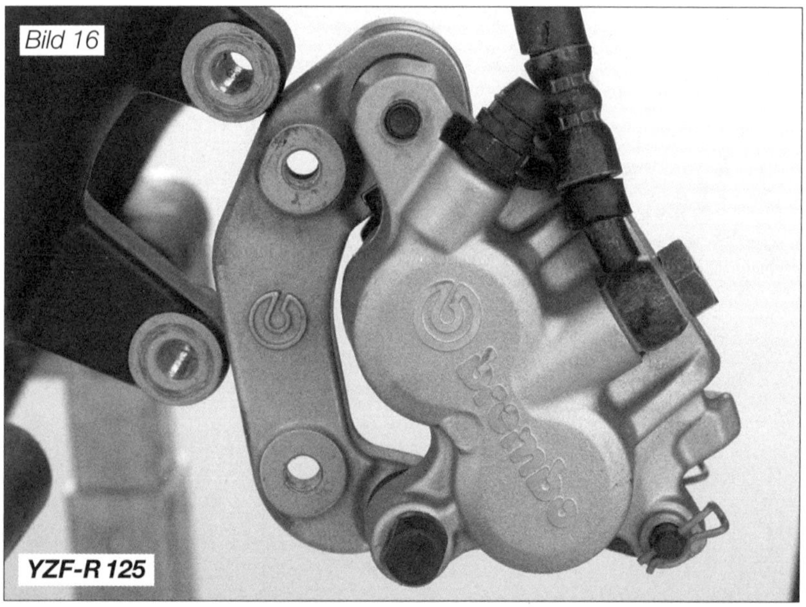

Alte Bremsklötze ausbauen, Bremssattel abbauen

1. Splinte aus Bremsklotz-Haltestift mit einer Zange ausziehen (Bild 17).

1.1. Beim hinteren Bremssattel: Bremsklotz-Haltestift ausdrehen. Bei einigen Bremssätteln sind zwei Haltestifte vorhanden. Bei den XT-Modellen sind Splinte eingesteckt: Enden gerade biegen, Splinte ausziehen.

2. Bremssattel-Befestigungsschrauben lösen und ausdrehen (Bild 16), Bremssattel von der Scheibe abziehen, in der Hand halten.

2.1. Der hintere Bremssattel kann bei eingebautem Rad nicht vom Bremssattelhalter getrennt werden. Deswegen: Hinterrad ausbauen (siehe Kapitel 8 »Räder«.

3. Enden der Bremsklötze gegen die Bremsbelagfeder drücken, Bremsklotz-Haltestift (Bild 17) mit einem dünnen Durchschlag vorsichtig austreiben und ausziehen.

4. Bremsbeläge herausnehmen. Bremsbelagfeder herausnehmen.

Hinweis: In den folgenden Kapitelabsätzen »Bremssattel reinigen« und »Neue Bremsbeläge einbauen« zeigen wir verschiedene Arbeitsschritte bei ganz abgebautem Bremssattel, damit die Bilddarstellung besser verständlich wird. In der Praxis jedoch bleibt bei Reinigung und Prüfung des Bremssattels sowie beim Einbau neuer Bremsbeläge der Bremsschlauch am Bremssattel angebaut.

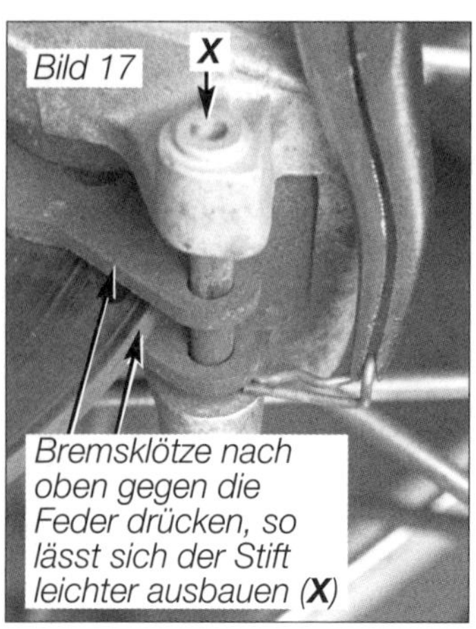

*Bremsklötze nach oben gegen die Feder drücken, so lässt sich der Stift leichter ausbauen (**X**)*

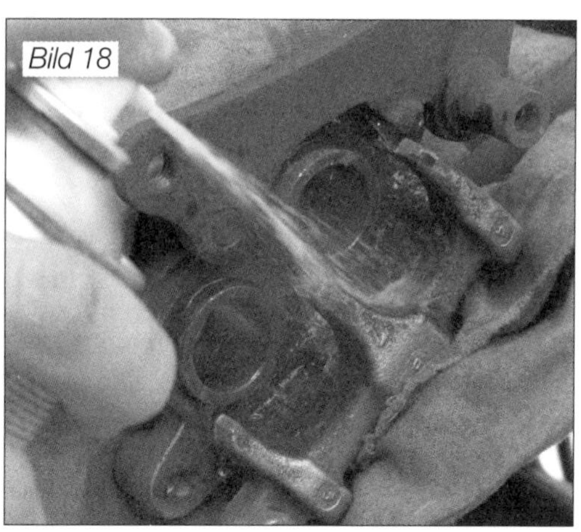

Bremssattel reinigen und prüfen

Achtung: Bremsbelagschacht im Bremssattel nur mit Bremsenreiniger reinigen, keinesfalls mit Ölspray. Siehe dazu auch Tipps und Warnhinweise am Anfang dieses Kapitels.

1. Bremsbelagschacht, Bremsbelagfeder und Bremssattelhalter mit Bremsenreiniger einsprühen (Bild 18), mit sauberem Lappen putzen.
1.1. Feste Ablagerungen mit Messingbürste (Bild 19) oder harter Zahnbürste entfernen.
2. Gängigkeit des Bremssattels auf den Gleitstiften prüfen: Bremssattel fest in eine Hand nehmen und mit der anderen Hand den Bremssattelhalter vorsichtig hin und her schieben: Er muss sich über beide Bremssattel-Gleitstifte gleichmäßig leicht und »saugend« bewegen lassen.
2.1. Jede Gummimanschette muss am Ende sicher über dem kleinen Bund auf dem Bremssattel-Gleitstift sitzen (Bilder 22 und 23).
3. Falls sich der Bremssattel nicht leicht auf den Gleitstiften bewegt:
3.1. Bremssattelhalter ausziehen (Bild 24). Alle Teile gut reinigen.
■ Gummimanschetten vorsichtig behandeln!
3.2. In jede Gummimanschette etwas Silikonfett hineinschmieren (Bild 21).
3.3. Bremssattel exakt auf den Gleitstiften ansetzen, aufschieben, Enden der Gummimanschetten über die Bünde der Stifte schieben: Sie müssen sitzen wie in Bild 23 gezeigt!

Neue Bremsklötze einbauen

1. Zum Einbau der neuen Bremsklötze müssen nun die Bremskolben zurückgedrückt werden, um Platz für die neuen Bremsklötze zu schaffen.

1.1. Dazu werden die Bremskolben mit kräftigem Daumendruck zurückgedrückt.
Wichtig: Muss mit bloßer Handkraft gehen, KEINE Zange zu Hilfe nehmen! Stand der Bremsflüssigkeit im Vorratsbehälter im Auge behalten!
2. Anlageblech und Bremsbelagfeder einsetzen:
■ Vordere Bremse siehe Bilder 25, 26 und 27 sowie Zeichnung in Bild 33.
■ Hintere Bremse siehe Zeichnung in Bild 35.
3. Neue Bremsklötze einbauen:
3.1. Bremsbelag-Trägerplatte an den Kontaktstellen zu anderen Bauteilen ganz dünn mit

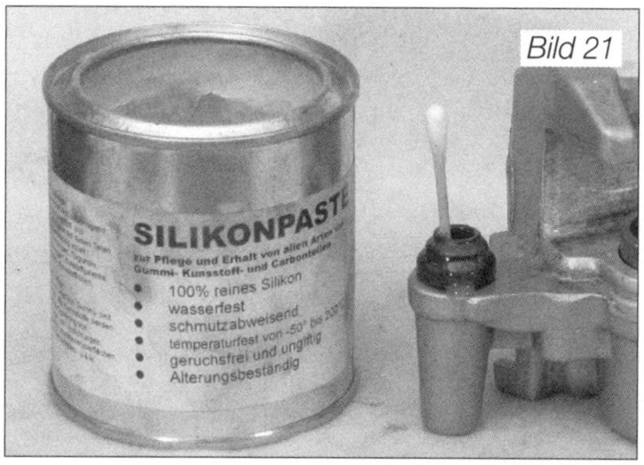

Bild 21: Gummimanschetten der Führungsstifte mit Silikonfett einfetten.

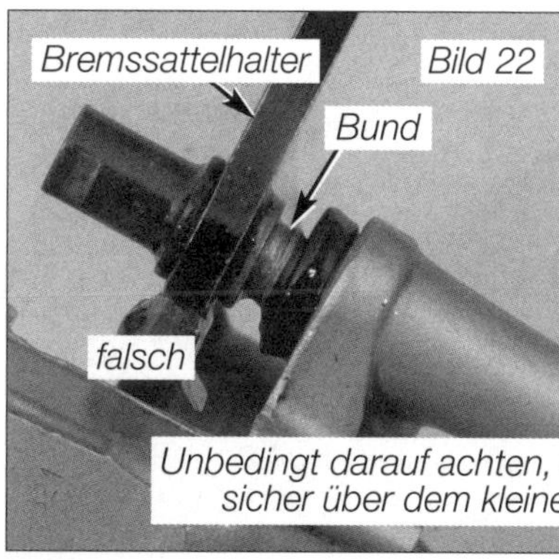

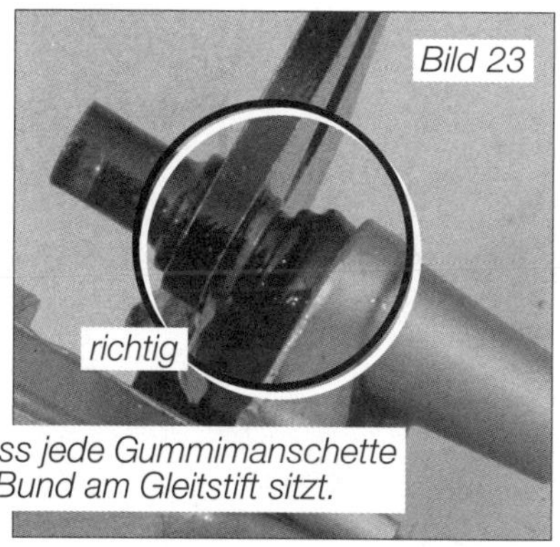

Unbedingt darauf achten, dass jede Gummimanschette sicher über dem kleinen Bund am Gleitstift sitzt.

Bilder 22 und 23: Gummimanschette muss sicher über dem Bund am Gleitstift sitzen.

Bilder 20 und 24: Bremssattel muss leicht auf den Stiften gleiten.

Kupferpaste einschmieren, das verhindert Korrosion und Quietschen.

■ **NICHTS auf den Bremsbelag schmieren!**

3.2. Einen Bremsklotz nach dem anderen so in den Bremssattel einschieben, dass die Beläge zur Scheibe hin weisen (Bild 28):

■ Bremsklotz so einsetzen, dass die hakenförmige Anlage vorne auf dem Anlageblech angesetzt werden kann (siehe Zeichnung in Bild 25).

4. Bremsklötze am hinteren Ende gemeinsam nach oben gegen die Bremsbelagfeder drücken (Bild 28), Bremsklotz-Haltestift von hinten durch die Bohrungen von Bremssattel und Bremsklötzen einführen und ganz einschieben.

4.1. Sicherungssplinte in den Bremsklotz-Haltestift eindrücken, es muss leise klicken.

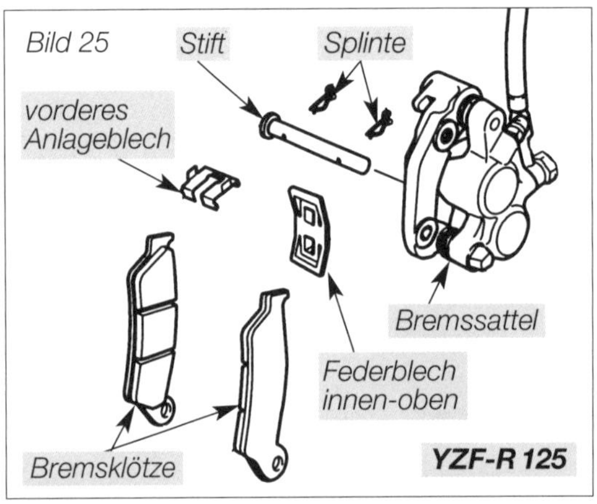

Bild 25: Explosionszeichnung vorderer Bremssattel der YZF-R 125.

Bilder 26 bis 28: Beim Einbau der Bremsbeläge zu beachten.

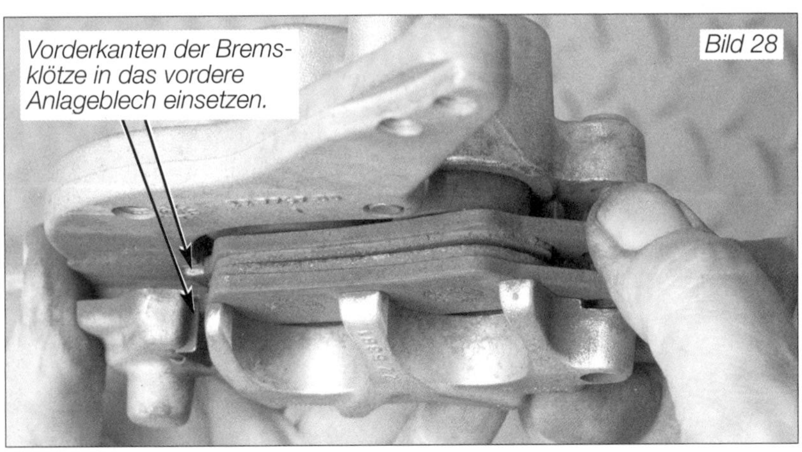

Bremssattel anbauen

Der nachfolgende Text beschreibt den Anbau des vorderen Bremssattels. Der hintere ist mit der Halteplatte fest verbunden (bzw. mit den auf der Halteplatte angebrachten Gleitstiften) und kann nur bei ausgebautem Hinterrad ab- und angebaut werden (siehe dazu Kapitel 8 »Räder«). Man braucht ihn jedoch grundsätzlich nicht von der Halteplatte abbauen. Die Prüfung, ob der hintere Bremssattel auf den Stiften gut gleitet (Bild 20) oder ob die Gleitstellen gereinigt und geschmiert werden müssen, ist vergleichbar mit dem beim vorderen Bremssattel.

1. Bremsscheibe mit Bremsenreiniger und sauberem Lappen reinigen.

2. Bremssattel-Befestigungsschrauben reinigen, etwas Loctite »mittelfest« auf ihre Gewinde geben.

3. Bremssattel auf Bremsscheibe schieben, Befestigungsschrauben eindrehen, mit 30 Nm festziehen.

4. Bremsbeläge durch mehrmaliges Pumpen am Handbremshebel an die Bremsscheiben anlegen.

5. Stand Bremsflüssigkeit prüfen, ggf. auffüllen.

6. Rad von Hand durchdrehen und prüfen, ob es frei läuft oder etwas schleift. Handbremshebel zwei-, dreimal betätigen, loslassen und Rad drehen: Alles in Ordnung?

Wichtig: Neue Bremsbeläge müssen eingefahren werden. Deswegen die neuen Bremsbeläge auf den ersten 100 bis 150 Kilometern sanft einfahren und der Bremse nicht die maximale Leistung abfordern.

Bremsflüssigkeit wechseln

Spätestens nach zwei Jahren (oder 24 000 km) muss die Bremsflüssigkeit erneuert werden. Denn je älter Bremsflüssigkeit wird, desto mehr Wasser nimmt sie aus der Luft auf, wodurch ihre Temperaturstabilität sinkt und sie entsprechend früher zu kochen beginnt.

Das »Kochen der Bremsflüssigkeit« muss man sich folgendermaßen vorstellen: Wenn die Bremsflüssigkeit mit Wasser versetzt ist, bilden sich bei großer Hitze, wie sie z. B. bei Passabfahrten in der Bremsanlage entsteht, regelrechte

Dampfblasen in ihr. Dann besteht die Gefahr, dass die Bremsen plötzlich versagen, weil die auftretenden Dampfblasen komprimierbar sind und verhindern, dass der vom Bremshebel aufgebaute Druck an die Bremskolben weitergegeben wird, der Bremshebel fällt regelrecht durch.

Bremsflüssigkeit wechseln, Bremsen entlüften

Der nachstehende Text gilt für das Entlüften der vorderen und hinteren Bremse mit einfachen Mitteln; die Arbeitsschritte sind gleich (Bilder 29 und 30). Zum professionellen Entlüften der Bremsanlage empfehlen wir ein mit Druckluft betätigtes Unterdruckgerät (Bild 1).

1. Behälterdeckel und Membran entfernen.
2. Alte Bremsflüssigkeit aus dem Behälter absaugen, z. B. mit einer Einwegspritze.
3. Frische Bremsflüssigkeit einfüllen.
4. Am Bremssattel: Gummikappe am Entlüfternippel abziehen, einen exakt passenden Ringschlüssel auf das Sechskant des Entlüfternippels aufstecken (Bild 29).
5. Einen passenden durchsichtigen Schlauch über den Entlüfternippel stülpen. Anderes Ende in einem Auffanggefäß enden lassen (Bild 30).
5.1. Etwas Bremsflüssigkeit in das Gefäß geben, Schlauchende in Bremsflüssigkeit eintauchen.
5.2. Auffanggefäß so aufhängen, dass das Niveau der Bremsflüssigkeit etwas höher steht als der Entlüfternippel.
6. Bremshebel bzw. Bremspedal ein paar Mal anziehen/runterdrücken, bis Widerstand spürbar ist. Schön langsam pumpen und den Hebel/das Pedal zwischendurch immer einige Sekunden in Ruhestellung lassen, um zu gewährleisten, dass Bremsflüssigkeit luftfrei nachläuft.
7. Hebel/Pedal betätigen und am Widerstandspunkt gezogen/gedrückt halten.
8. Entlüfternippel 1/4 bis 1/3 Umdrehung öffnen, Hebel bzw. Bremspedal ganz durchziehen/durchdrücken, Entlüfternippel schließen.
9. Hebel langsam wieder loslassen. Einige Male pumpen, Hebel in Druckposition halten, Entlüfternippel aufdrehen und schließen.
10. Schritte 7. bis 9. so lange wiederholen, bis nur noch saubere Bremsflüssigkeit aus dem Schlauch kommt.
10.1. Dazwischen immer wieder nachsehen, ob im Vorratsbehälter noch genügend Bremsflüssigkeit ist: **Pegelstand darf nicht unter die Minimum-Marke fallen.** Rechtzeitig nachfüllen, damit keine Luft ins System gelangt.
11. Tritt am Entlüftungsschlauch nur frische Bremsflüssigkeit ohne Luftbläschen aus, Bremshebel nochmals durchziehen/durchdrücken, Entlüfternippel zudrehen.
12. Die im Entlüfternippel stehende restliche Bremsflüssigkeit austrocknen, einen Tropfen Silikonfett in den Entlüfternippel geben, Gummikappe auf Entlüfternippel aufdrücken.

Abschließend Bremsflüssigkeitsstand nochmals prüfen und ggf. bis zur Markierung auffüllen.

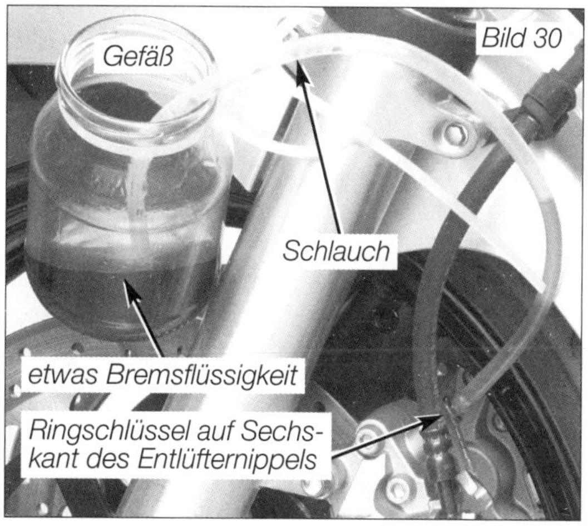

Bilder 29 und 30: Systemanordnung für die Bremsentlüftung »per Hand« mit Glas, durchsichtigem Schlauch und Ringschlüssel.

Bremsscheiben

Bremsscheiben abmontieren

1. Räder müssen dazu ausgebaut sein (siehe Kapitel 8 »Räder«).
2. Die Schrauben, mit denen die Bremsscheiben am Rad befestigt sind, gehen schwer heraus, denn sie sind eingeklebt: Deswegen einen exakt passenden Inbusschlüssel verwenden, sonst werden die Schraubenköpfe vermurkst!
2.1. Schraubenkopf und ggf. auch die Radnabe im Bereich der Schraubverbindung mit einem Heißfluftföhn anwärmen, das löst die Verklebung.
3. Schrauben über Kreuz Schritt für Schritt lösen und ausdrehen, Bremsscheibe vom Rad abnehmen.

Bild 31: Die Schraube der Bremsscheiben sind eingeklebt und gehen deswegen schwer raus.

Bremsscheiben montieren

1. Anlageflächen der Bremsscheiben am Rad und am Bremsscheibenadapter sowie die Gewinde der Befestigungsschrauben mit Bremsenreiniger und Messingbürste reinigen.

2. Bremsscheibe auf den Bund an der Radnabe aufsetzen, etwas hin und her drehen, Bohrungen zu den Gewinden in Deckung bringen.

3. Auf die Gewinde der Befestigungsschrauben etwas Loctite »mittelfest« auftragen.

4. Befestigungsschrauben eindrehen und nacheinander über Kreuz in mehreren Schritten festziehen.

5. Vor dem Radeinbau die Bremsscheiben mit Bremsenreiniger fettfrei reinigen.

Bild 32

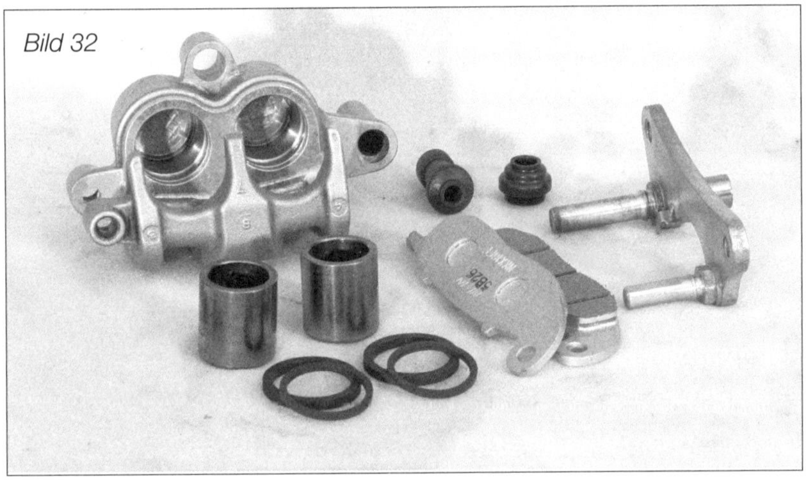

Bilder 32 und 33: In seine Einzelteile zerlegter vorderer Bremssattel und Explosionszeichnung.

Bild 33

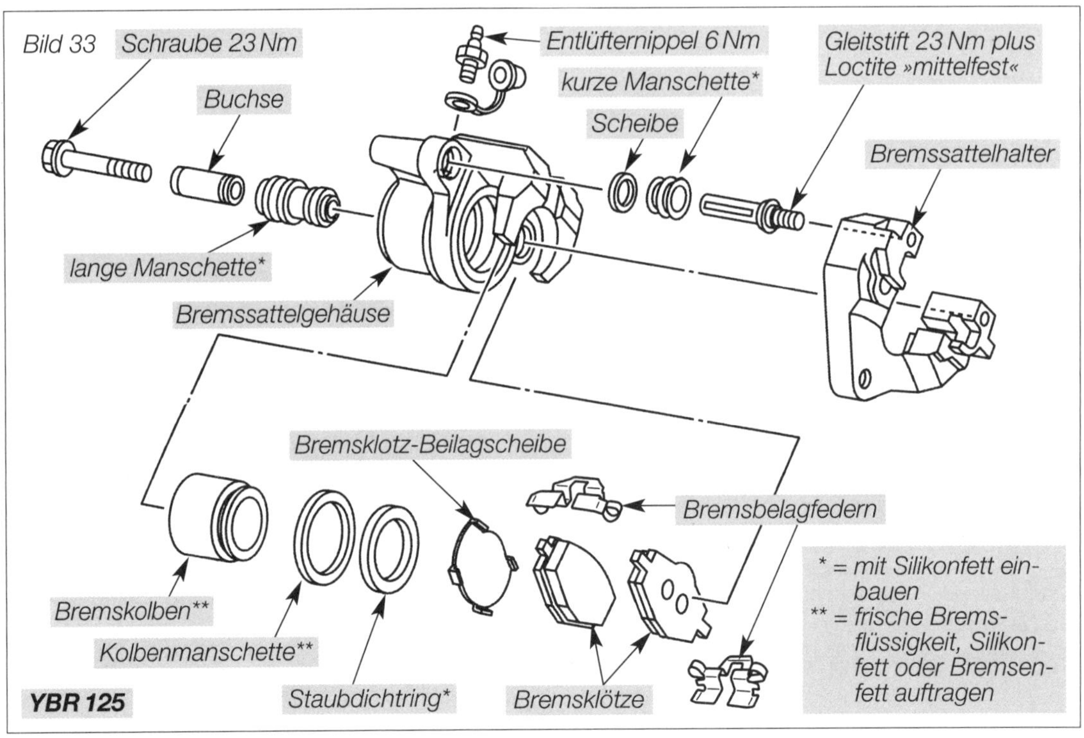

Bremssättel und Bremspumpen

Bei einem alten, schlecht gewarteten oder sehr lange abgestellten Motorrad kann es vorkommen, dass die Bremskolben durch starke Verschmutzung festsitzen und/oder die Kolbenmanschetten undicht sind und die Bremse deswegen nicht mehr einwandfrei funktioniert.

Bremspumpen und Bremssättel kann man in speziellen Bremsenfachbetrieben überholen lassen. Fachlich versierte Selbstschrauber besorgen sich Dichtungskits (»Brake repairkit« gibt's beim Yamaha-Händler). Im Zweifelsfall sind neue Bremspumpen oder Bremssättel die bessere Empfehlung als zweifelhaft überholte oder gebrauchte Teile!

Wir wiederholen uns: Arbeiten an den Radbremssätteln und den Bremspumpen setzen meisterliche Fähigkeiten und reichlich Motorraderfahrung voraus. Wenn Sie als Technik-Laie Probleme mit der Bremsanlage haben, gehen Sie zum Yamaha-Händler.

Vorbereitende Arbeiten zum Zerlegen der Bremssättel und Bremspumpen

Wichtig 1: Beim Lösen aller Bremsschlauchanschlüsse und Zerlegen der Bremssättel und Bremspumpen reichlich Lappen bereithalten und unterlegen. Ausgelaufene Bremsflüssigkeit sofort

mit Wasser neutralisieren und aufputzen, sonst gibt es hässliche Flecken an der Maschine.
Wichtig 2: Beim Anbringen der Bremsschläuche unbedingt neue Dichtscheiben verwenden, diese also rechtzeitig zusammen mit den anderen benötigten Ersatzteilen vor Beginn der Arbeiten kaufen.

Bremssattel zerlegen

1. Hohlschraube, mit der der Bremsschlauch am Bremssattel befestigt ist, schon dann öffnen, solange der Bremssattel noch festgeschraubt ist.
2. Bremssattel abschrauben. Bremsklötze ausbauen. Bremssattelhalter abziehen.
3. Bremskolben herausdrücken (Bild 34):
3.1. Bremssattel auf eine feste Holzunterlage legen, Bremskolben weisen nach unten.
3.2. Lappen über Bremskolben legen. Dünnes Holzstück in Bremssattel auf Bremskolben legen.
3.3. Druckluft in die Bremsflüssigkeits-Zulaufbohrung oder in die Bohrung des Entlüfternippels blasen (offene Bohrung fest zuhalten!), Bremskolben wird dadurch ausgestoßen.

Achtung: Vorsicht beim Umgang mit Druckluft! Luftdruck vorsichtig dosieren, damit die Bremskolben nicht herausschießen!

Finger aus dem Bremssattel nehmen, um Verletzungen zu vermeiden.
4. Staubdichtringe und Kolbenmanschetten mit kleinem, stumpfen Schraubenzieher heraushebeln.
Wichtig: Staubdichtringe und Kolbenmanschetten nicht wieder verwenden, Neuteile also rechtzeitig vor Beginn der Arbeiten besorgen!
5. Ausgebaute Kolben, Kolbenbohrungen und Dichtringnuten reinigen. Nicht beschädigen!

Bauteile prüfen und reinigen

1. Bremskolben und Kolbenbohrungen im Bremssattel dürfen keine Riefen, Kratzer, Rost-

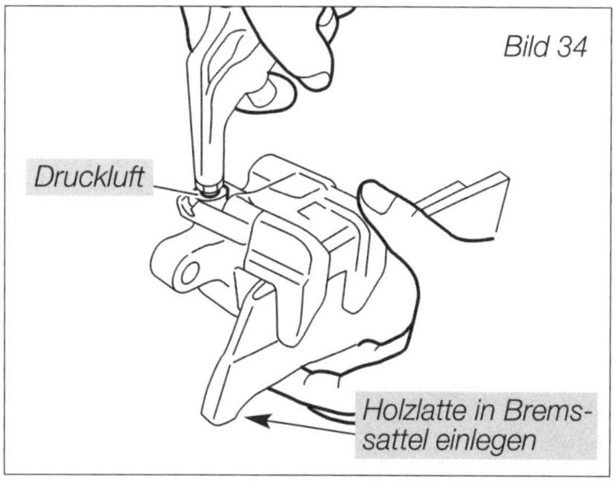

Bild 34: Ausdrücken des Bremskolbens aus dem Bremssattel mit Druckluft.

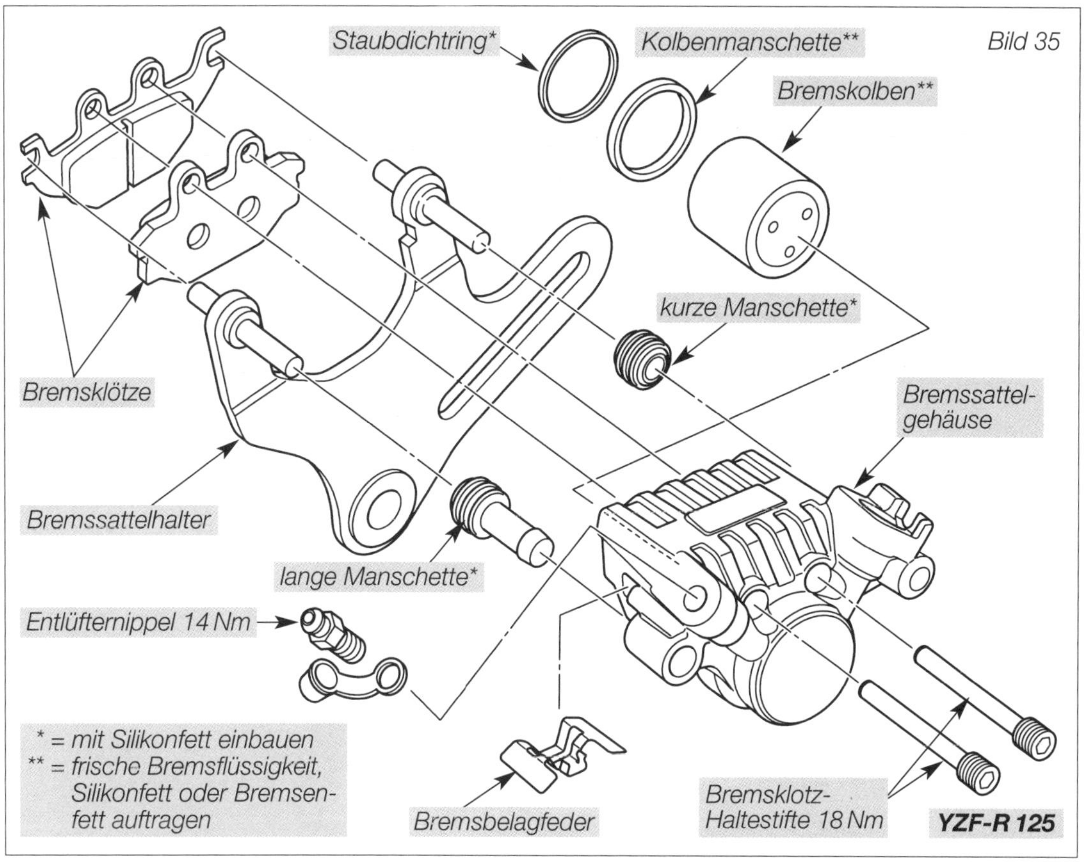

Bild 35: Explosionszeichnung des hinteren Bremssattels.

Bild 36: Manschetten und Dichtringe mit Silikonpaste einfetten.

Bild 37: Anbau der Hinterrad-Bremspumpe an der YZF-R 125.

narben oder sonstige Beschädigungen aufweisen. Wenn doch, erneuern.

2. Festsitzenden Dreck mit reichlich Bremsenreiniger und rauem Lappen abrubbeln.

Wichtig: Weder Bremskolben noch Kolbenbohrungen mit Schmirgelpapier bearbeiten!

3. Wenn in einer Notsituation unterwegs die Staubdichtringe und Kolbenmanschetten wieder verwendet werden müssen, sie dann ganz besonders genau prüfen: Sie müssen in »wie neu«-Zustand sein!

Bild 36

Bild 37

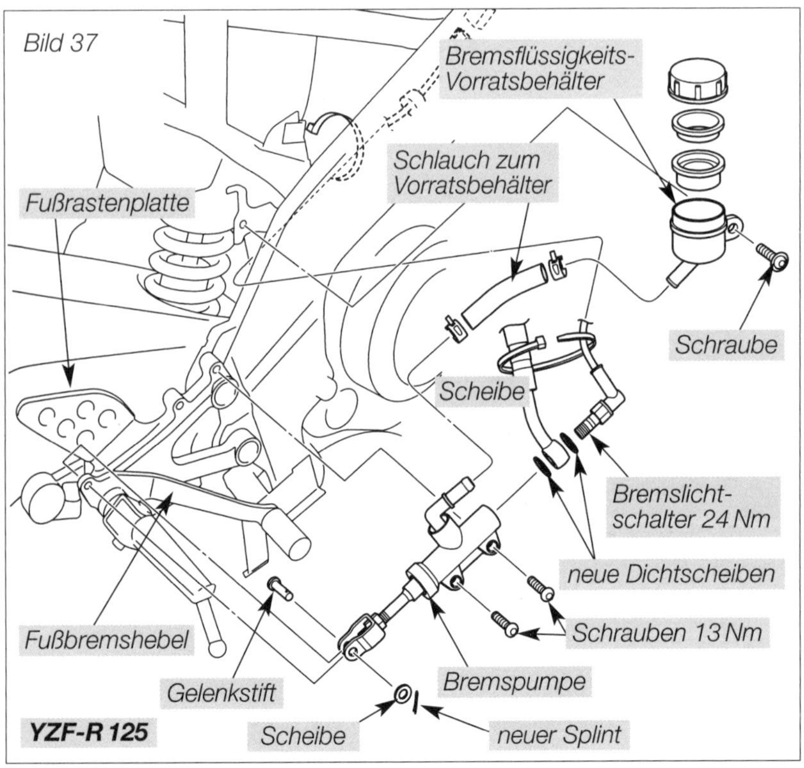

Extra-Reparaturtipp für den Notfall

Falls Sie sich an einem unwirtlichen Ort dieser Welt aufhalten und dort eine Bremspumpe oder einen Bremssattel zerlegen müssen, weil z. B. ein Bremskolben nicht mehr gängig ist, und Sie feststellen, dass die Bremskolben riefig sind, aber keine Chance haben, an Neuteile zu kommen, ziehen Sie die beschädigte Kolbenoberfläche mit feinstem Läppleinen unter Zugabe von reichlich Schleiföl (dünnes Motoröl geht auch) sorgfältig ab. Wenn Sie keine Ersatzteile haben und deswegen auch die Kolbenmanschetten und Staubdichtringe ein weiteres Mal verbauen müssen, gehen Sie beim Zerlegen sehr sorgsam damit um. Wie gesagt: Diese Tipps gelten nur im äußersten Notfall!

Bremssattel zusammenbauen

Umgekehrt zur Zerlegung. Speziell beachten:

1. Sauberkeit der Nuten für Bremsmanschetten und Dichtringe in jedem Winkel kontrollieren, bevor die neuen Dichtringe eingesetzt werden!

2. Manschetten und Dichtringe vor dem Einsetzen mit reinem Silikonfett oder spezieller Paste für Bremsmanschetten einschmieren.

■ NICHT trocken montieren!

■ Wenn kein reines Silikonfett oder spezielle Bremsenpaste (»Bremsenfett«) zur Verfügung steht: Bauteile mit sauberer Bremsflüssigkeit gut anfeuchten.

3. Kolbenmanschetten und Staubdichtringe sorgfältig in ihre Nuten einsetzen (Bild 36).

4. Bremskolben mit der geschlossenen Seite nach innen (= offene Seite nach außen!) an der Bohrung ansetzen und ganz tief eindrücken.

4.1. Staubdichtringe und Kolbenmanschetten dürfen sich beim Einsetzen der Kolben nicht umwenden und nicht »angeschnitten« werden!

5. Silikonfett an die Führungsstifte und in die Gummimanschetten geben, Halter und Bremssattel zusammensetzen: Haltestift einschieben, Enden der Gummimanschetten sicher über ihre Bünde schieben (siehe auch Bilder 22 und 23).

Bremspumpe zerlegen

Wenn der Bremssattel zerlegt werden muss, sollten auch die Bremspumpe zerlegt und der Bremsschlauch gereinigt werden. Denn wenn Schmutz in die Bremsanlage gelangt ist, sitzt dieser auch in der Bremspumpe und dem Schlauch.

1. Bremsflüssigkeit absaugen, Schlauchanschlüsse trennen, Bremshebel abschrauben.

2. Staubschutzbalg aus Bremszylinder vorsichtig herausziehen.

3. Seegerring aus seiner Nut ausbauen: Kolben gegen Feder drücken, Seegerring ist entlastet.
4. Kolben und Feder entnehmen.

Bremspumpe kontrollieren
Es gelten die Punkte wie im Text vorne bei »Bauteile des Bremssattels prüfen«.

Bremspumpe zusammenbauen
1. Konische Feder mit dem großen Durchmesser nach innen weisend einsetzen.
2. Kolbensatz in Pumpe eindrücken, Seegerring einsetzen, Staubbalg einschieben.
3. Pumpe am Lenker anbringen:
3.1. Kontaktfläche (»Stoßfläche«) von Bremszylinder und Halteschale ist vorne – Pfeil beachten!
3.2. Obere Spannschraube zuerst festziehen, dann untere (10 Nm).
3.3. Bremshebel anbringen: Gelenkstelle einfetten, Gelenkbolzen eindrehen und leicht handfest anziehen, Kontermutter aufdrehen und mit 8 Nm festziehen.
4. Bremsschlauchanschlüsse mit neuen Dichtscheiben anbauen. Bremslichtkabel aufstecken.
5. Befüllen des Hydrauliksystems und Bremse entlüften siehe Text weiter vorne in diesem Kapitel.

Stahlflexleitungen

Bremsleitungen aus Gummi sollen alle 4 Jahre erneuert werden, weil sie durch den ständigen Kontakt mit Bremsflüssigkeit porös und »weich« werden. Dadurch wird der Druckpunkt mit der Zeit immer weniger exakt definierbar, man spürt eine weiche Bremsleitung sozusagen »in der Hand«. Eine Erneuerung von Gummibremsleitungen ist mit erheblichen Material- und Arbeitskosten verbunden und deswegen bietet sich ein Umbau auf Stahlflexleitungen geradezu an.
Eine Stahlflexleitung besteht aus einem Teflonschlauch, der mit einem flexiblen Geflecht aus Edelstahl ummantelt ist. Der Teflonschlauch übernimmt den Flüssigkeitstransport, während die Drahtumflechtung die Druckkräfte aufnimmt. Teflon altert nicht, weil es (im Gegensatz zu Gummi) weder Luft noch Wasser aufnimmt. Neben dem Vorteil der Alterungsbeständigkeit dehnt sich eine Stahlflexleitung unter dem Bremsdruck nicht aus, die Bremse spricht direkter an. Sportlich ambitionierte Motorradfahrer schwören auf Stahlflexleitungen.

Qualitativ hochwertige Stahlflexleitungen sind zusätzlich mit einem Kunststoffüberzug versehen, der andere Teile des Motorrads, wie z. B. Gabel und Verkleidung, vor Beschädigung schützt. Denn das äußere, sehr harte Edelstahlgewebe neigt im Laufe der Zeit durch die Bewegungen des Fahrzeugs dazu, sich in weichere Teile, an denen es auf- oder anliegt, einzuarbeiten wie ein Sägeblatt; auch kann der Stahlflexschlauch selbst beschädigt werden.

Bilder 38 und 39: Explosionszeichnungen vordere und hintere Bremspumpe.

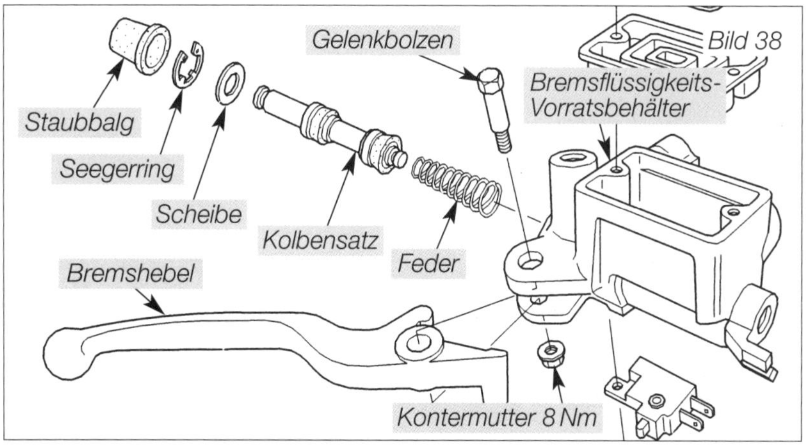

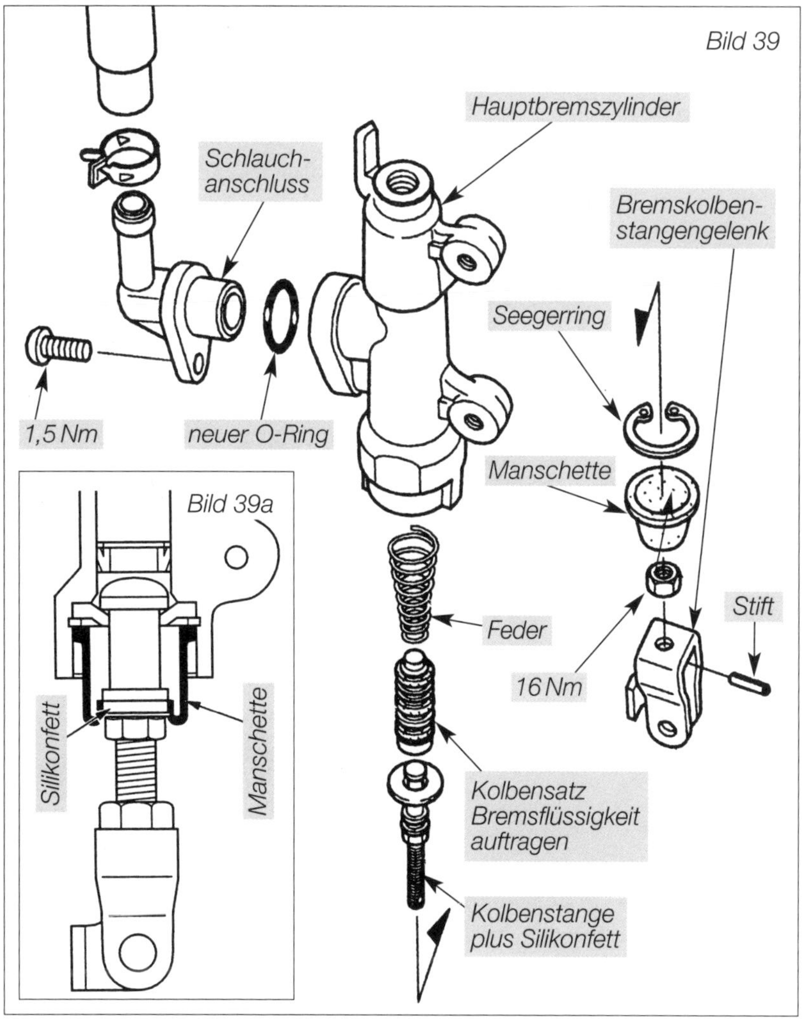

Bild 40: Ein Edelstahl-Fitting ist aufgrund seiner höheren Elastizität widerstandsfähiger gegen Verbiegung. Im Gegensatz dazu bricht ein Aluminium-Fitting schon bei geringer Biegung, wie es z. B. bei einem Sturz vorkommen kann, spröde ab.

Bild 41: Hohlschrauben mit dem vom Hersteller vorgeschriebenen Drehmoment anziehen.

Bild 42: Kompletter Stahlflex-Kit von Goodridge mit neuen Hohlschrauben und Dichtringon.

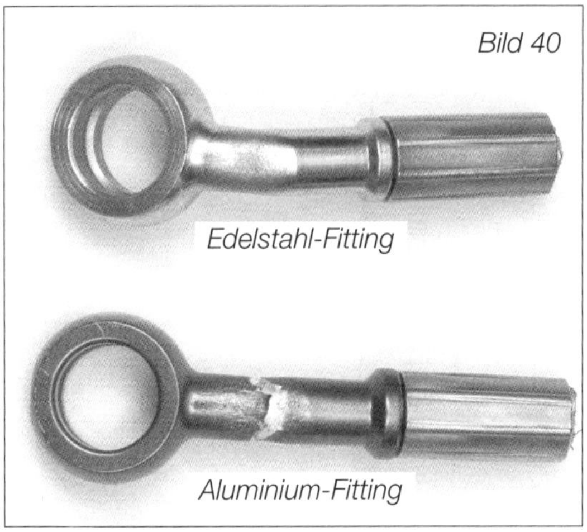

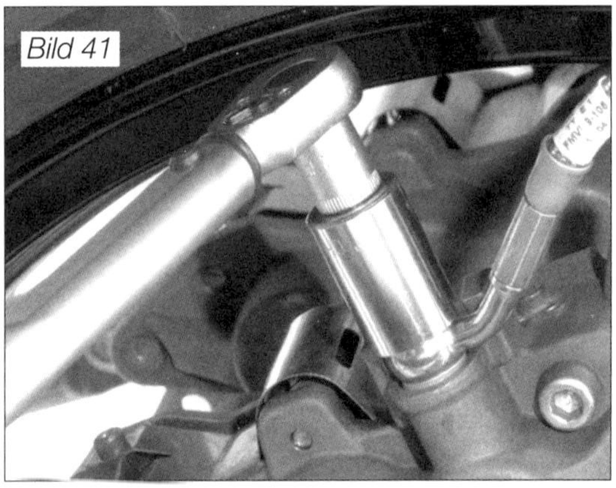

Der Kunststoffüberzug wird in verschiedenen Farben angeboten, so dass man seinem Motorrad über die Bremsleitungen einen zusätzlichen individuellen Farbtouch geben kann.

Stahlflexleitungen sind im Motorrad- und Zubehörhandel erhältlich. Sie müssen fachgerecht angebaut werden:

- Die Leitungen dürfen nirgends scheuern oder gar geknickt werden.
- Oftmals empfiehlt es sich, die Stahlflexleitungen mit Kabelbindern zu fixieren, wenn sie nicht schon serienmäßig angebunden sind. Dabei dürfen die Kabelbinder nicht zu fest angezogen werden.
- Im Bereich der Gabel ist es besonders wichtig, den Einfederweg und den Negativfederweg zu berücksichtigen: Die Bremsleitung muss beim vollen Eintauchen der Gabel und beim vollständigen Ausfedern genügend Spiel haben, sie darf dabei keinesfalls spannen, also auf Zug belastet werden. Sonst können Beschädigungen an der Leitung auftreten, der Schlauch kann an der Anschlussstelle abknicken; im schlimmsten Fall bricht das Fitting (Ringanschluss) ab.

Bremsleitungen abbauen

1. Bremsflüssigkeit aus Bremsflüssigkeitsbehälter absaugen.

2. Passenden Schlauch auf Entlüfternippel am Bremssattel schieben, Ende in einen geeigneten Behälter stecken, Entlüfternippel öffnen und die restliche Flüssigkeit abpumpen oder durch die Schwerkraft ablaufen lassen (Aufbau siehe Texte und Bilder »Bremse entlüften« weiter vorne in diesem Kapitel).

3. Hohlschrauben der Bremsleitung am Bremssattel abschrauben, Bremsflüssigkeit in geeigneten Behälter abfließen lassen. Reichlich Lappen bereithalten!

4. Obere Hohlschraube der Bremsleitung lösen und herausdrehen. Befestigungsstellen der Bremsleitungen an unterer Gabelbrücke und Gabeltauchrohren abschrauben.

5. Alle Anschlüsse sauber putzen, dazu Bremsenreiniger verwenden und nicht fusselnde Lappen.

- Auf umliegende Bauteile gelaufene Bremsflüssigkeit mit Bremsenreiniger oder reichlich lauwarmem Wasser mit einem Schuss Spülmittel abspülen und trocken putzen.

Bremsleitungen anbauen

Beim Kauf hochwertiger Stahlflex-Bremsleitungen sind auch neue Anschluss-Hohlschrauben und neue Alu- oder Kupferdichtringe dabei. Sollten diese wider Erwarten nicht dabei sein, kaufen Sie in jedem Fall neue Dichtringe. Neue Hohlschrauben kann man sich dann sparen, wenn die Dicke der Ringanschlüsse an den Stahlflex-Leitungen denen der Gummileitungen entspricht. Vergleichen Sie in jedem Fall die Dicke der neuen Stahlflex-Anschlüsse mit der der alten Leitungen, denn die neuen Hohlschrauben dürfen weder zu kurz noch zu lang sein.

1. Neue Stahlflexleitungen mit den alten Gummileitungen auf Länge, Anschlüsse und Winkel der Ringanschlüsse vergleichen: Dazu beide Leitungen auf einer (sauberen!) Werkbank gestreckt parallel zueinander auslegen.
2. Halterungslaschen von den alten Bremsleitungen abbauen und an die neuen Stahlflexleitungen anbringen.
3. Stahlflexleitungen zuerst ohne Schrauben von Hand an die Anschlüsse von Handbremspumpe (oben) und Bremssattel (unten) anlegen: Die Anschlüsse müssen wie von selbst anliegen!
3.1. Falls nicht: Ringanschluss in einen Schraubstock mit glatten Backen (bzw. Schutzbacken verwenden) spannen und die Presshülse mit einer Wasserpumpenzange vorsichtig (!) etwas verdrehen.
4. Leitungen mit neuen Hohlschrauben und neuen Dichtringen provisorisch befestigen.
■ Hohlschrauben noch nicht festziehen!
5. Halterungen der Bremsleitungen anschrauben und kontrollieren, ob die Leitungen an jeder Stelle spannungsfrei verlegt sind.
6. Vorder- und Hinterrad einige Male einfedern und dabei die Leitungen beobachten: Sind sie an jeder Stelle scheuerfrei, knickfrei und nicht verdreht? Ansonsten korrigieren.
7. Hohlschrauben langsam handfest anziehen: Dabei die Ringanschlüsse in Position festhalten.
8. Hohlschrauben mit dem vom Schraubenhersteller vorgeschriebenen Anziehdrehmoment festziehen.
■ Wenn die serienmäßigen Hohlschrauben verwendet werden: Anziehdrehmomente siehe Tabelle am Anfang des Kapitels.
■ Jetzt die Verlegung der Bremsleitung nochmals kontrollieren.
9. Bremsflüssigkeitsbehälter mit frischer Bremsflüssigkeit befüllen, langsam durchpumpen oder durch die Schwerkraft nach unten durchlaufen lassen.
9.1. Entlüfternippel unten am Bremssattel muss offen sein, Schlauchende muss in ein geeignetes Gefäß eingesteckt sein.
9.2. Einen Bremssattel nach dem anderen füllen, also nicht beide gleichzeitig offen haben!
10. Ist die Bremsanlage mit genügend Bremsflüssigkeit befüllt, muss sie entlüftet werden (siehe dazu Text weiter vorne in diesem Kapitel »Bremsanlage entlüften«).
■ Umbau der hinteren Bremsanlage analog zur vorderen.

Stahlflex-Bremsleitungen werden meist mit einem Teilegutachten ausgeliefert. Der fachgerechte Anbau muss von einem Gutachter abgenommen und in die Fahrzeugpapiere eingetragen werden (Dekra, KÜS, TÜV). Die Eintragung entfällt, wenn den Bremsleitungen eine ABE beiliegt.

Ein Wort zum Schluss: Mit einer auf Stahlflexleitungen umgebauten Bremsanlage muss man sich einige Zeit vertraut machen, da die Bremse jetzt schneller anspricht bzw. unmittelbar voll zupackt. Bei einer Schreckbremsung blockiert das Vorderrad schneller als bei einer Gummileitung, was bei ungeübten Fahrern zum Sturz führen kann.

Dieser Umbau wurde mit Goodridge-Stahlflexleitungen durchgeführt. Außer Bremsleitungen bietet Goodridge auch hydraulische Leitungen für Kupplungen, Benzinleitungen, Wasser- und Ölversorgung an (Goodridge Deutschland, Talstr. 227, D-67434 Neustadt, *www.goodridge.de)*.

Trommelbremse

Funktion der Trommelbremse

Durch das Betätigen des Fußbremshebels wird das Bremsgestänge betätigt, es bewegt hinten am Rad den Radbremshebel, der auf der Bremswelle montiert ist. Deren innerer Teil ist der beidseitig abgeflachte Bremsnocken: Wird die Bremswelle um einen bestimmten Betrag gedreht, spreizt der Bremsnocken die Bremsbacken und diese legen sich von innen an die Bremstrommel (»Bremsring«) an.

Regelmäßige Kontrollen

■ Der Fußbremshebel muss sich leicht und ohne zu haken bewegen lassen, er muss sicher ganz in seine Ausgangslage zurückgehen.
■ Das »freie Spiel« am Ende des Bremshebels, also bevor die Bremsbacken beginnen, leicht an der Bremstrommel anzuliegen, muss mindestens 10 bis 15 mm betragen, darf aber nicht mehr als 25 mm groß sein.
■ Der Fußbremshebel darf beim Niedertreten kein Teil des Fahrzeugs berühren (z. B. Fußrastenhalterung, Motorseitendeckel). Dies ist oft nach einem Sturz der Fall: Bremshebel richten!

■ Spätestens beim Radausbau zum Reifenwechsel müssen die Bremsbeläge auf ausreichende Dicke sowie unbeschädigte Oberfläche überprüft werden.

■ Verschleißbeurteilung von außen: An der Ankerplatte ist eine Verschleißanzeige angebracht, die den Verschleiß der Bremsbeläge in Abhängigkeit zur Stellung des Radbremshebels zeigt (Bild 44).

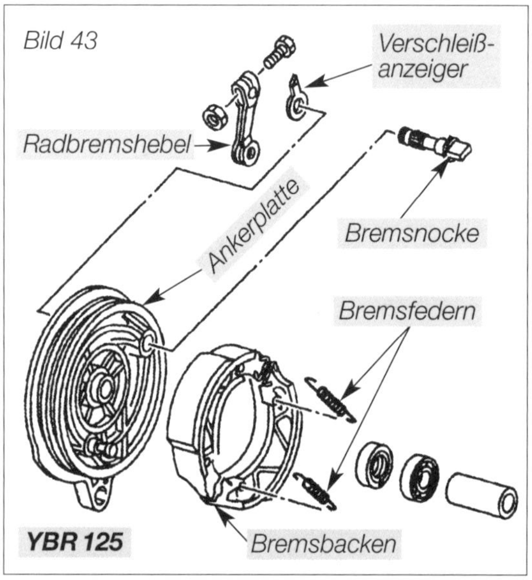

Bild 43: Explosionszeichnung der Bremsankerplatte.

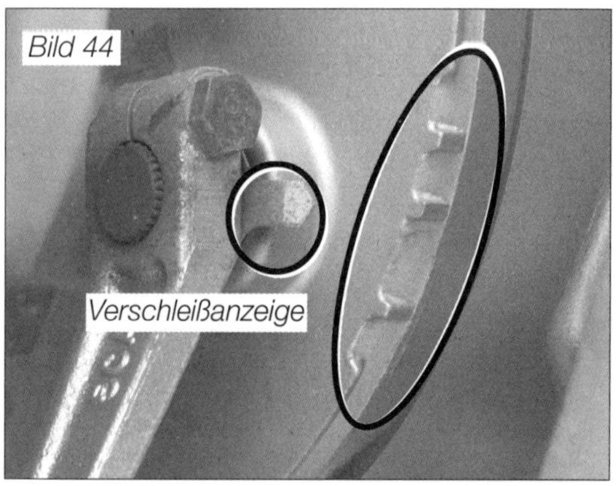

Bild 44: Äußerer Bremsbelag-Verschleißanzeiger.

Bild 45: Flugrost im Bremsring mit Schmirgelleinen beseitigen.

Wenn die Bremsbeläge nahezu verschlissen sind, ist auch die Nachstellmöglichkeit des Bremsgestänges erschöpft.

Trommelbremse reinigen

Beim Ausbau der Räder z. B. zum Reifenwechsel sollte die Bremse gut gereinigt, die Bremswelle und Bremsbacken auf ihren Drehstellen auf guten Sitz und freie Bewegung überprüft werden. Dazu Bremsenreiniger verwenden und nach dem Sauberputzen die Dreh- und Kontaktstellen mit etwas Kupferpaste einschmieren.

⚠ **Achtung:** Kein Fett oder Öl zum Schmieren der Bremsbacken-Drehpunkte verwenden!

Bremsprobleme

Bremsprobleme kündigen sich meist durch Quietschen beim Betätigen der Bremse und gehemmte Raddrehung an. Sie treten dann auf, wenn der Bremsnocken in seiner Lagerung in der Bremsankerplatte schwergängig oder nahezu festgefressen ist (meistens durch Korrosion).

Bremshebel lässt sich nur schwer betätigen. Beim Lösen geht der Bremshebel am Rad nicht von alleine in seine Ausgangslage zurück, gibt also die Bremsbacken nicht frei.

Das sind typische Fehler an einer Alltagsmaschine, die einige Jahre alt ist, lange keine Werkstatt mehr von innen gesehen hat, ausschließlich zu Kurzstreckenfahrten in der Großstadt benutzt wurde und als Parkraum die Freiheit auf dem Gehsteig vor dem Haus hatte mit allen Unbilden von Wind und Wetter.

Wenn die Bremse fest zu gehen droht (oder schon fest ist!), fahren Sie keinen Meter mehr mit dem Motorrad, sondern kümmern sich sofort um eine fachgerechte Behebung der Fehler.

Eine defekte Bremse lässt sich wieder reparieren, indem sie zerlegt, gereinigt und wieder sauber zusammengebaut wird.

Bremstrommel

Bremstrommel kontrollieren

1. Die maximal zulässige Unrundheit der Bremstrommel liegt bei 0,1 mm. Eine unrunde, verzogene Bremstrommel ist am Fußbremshebel durch rhythmisches Flattern zu spüren.

2. Der Bremsring einer alten Bremstrommel hat Riefen, die man beim Drüberfahren mit dem Fingernagel spürt. Bis zu einer gewissen Tiefe ist das ganz normal. Wenn der Nagel von Riefe zu Riefe deutlich stolpert, ist die Bremstrommel verschlissen.
3. Weist der Bremsring im Übergang zur Fläche,die nicht vom Bremsbelag berührt wird, also am äußeren und inneren Rand, tiefe Absätze auf, ist die Bremstrommel verschlissen und muss erneuert werden. Gut ausgerüstete Bremsenfachbetriebe können Trommelbremsen ausdrehen und nachschleifen, wozu jedoch die Nabe ausgespeicht werden muss.
4. Flugrost im Bremsring mit Schmirgelleinen entfernen (Bild 45).

Bremsbeläge wechseln

Wenn die Bremsbeläge der Trommelbremse abgenutzt sind, werden die kompletten Bremsbacken erneuert.
1. Rad ausbauen, Bremsankerplatte abnehmen und auf den Rücken legen (Bild 46).
2. Bremsbacken zusammen mit den Federn von der Ankerplatte abnehmen (Bild 47): Beide Bremsbacken einfach gleichmäßig von Bremsnocke und Lagerstelle abkippen.
3. Ankerplatte, Federn und Bremsnocken mit Bremsenreiniger und Druckluft reinigen.
■ Vorsicht, Bremsenstaub ist giftig! Nur im Freien arbeiten! Druckluft vom Körper weg!
4. Bremsnocken ausbauen:
4.1. Radbremshebel abbauen, Bremsnocken aus seiner Lagerung ziehen (siehe Explosionszeichnung in Bild 43).
4.2. Lagerstellen mit Bremsenreiniger säubern.
5. Bremsnocken einbauen:
5.1. Lagerstelle in der Bremsankerplatte hauchdünn mit Kupferpaste einschmieren.
5.2. Bremsnockenwelle in Lagerstelle einschieben, Verschleißanzeiger aufschieben, Bremshebel auf die Verzahnung aufstecken: Markierung dabei beachten, sie muss mit Klemmschlitz fluchten, Bremshebel festschrauben.
6. Neue Bremsbacken einbauen:
6.1. Federn in beide Bremsbacken einhängen.
6.2. Auf die Lagerstellen der Bremsbacken und die Flächen des Bremsnockens etwas Kupferpaste geben.
6.3. Beide Bremsbacken gemeinsam auf Lagerstelle und Bremsnocken setzen (Bild 47).
7. Rad einbauen, Einstellung des Bremshebelspiels siehe Kapitel 4 »Einstellungen«.

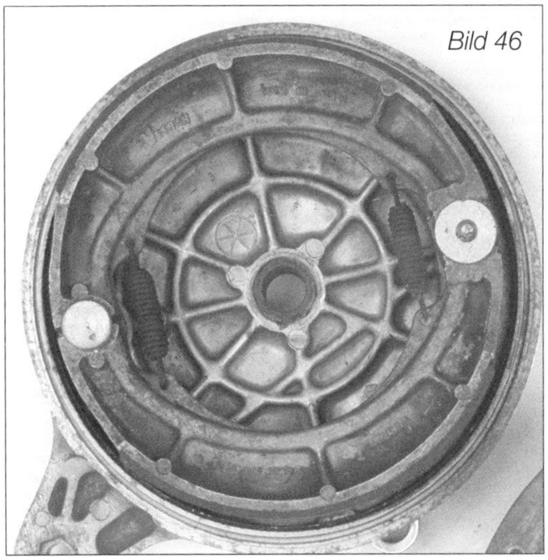
Bild 46

Bilder 46, 47 und 48: Abnehmen und Aufsetzen der Bremsbacken geschieht mit eingehängten Federn.

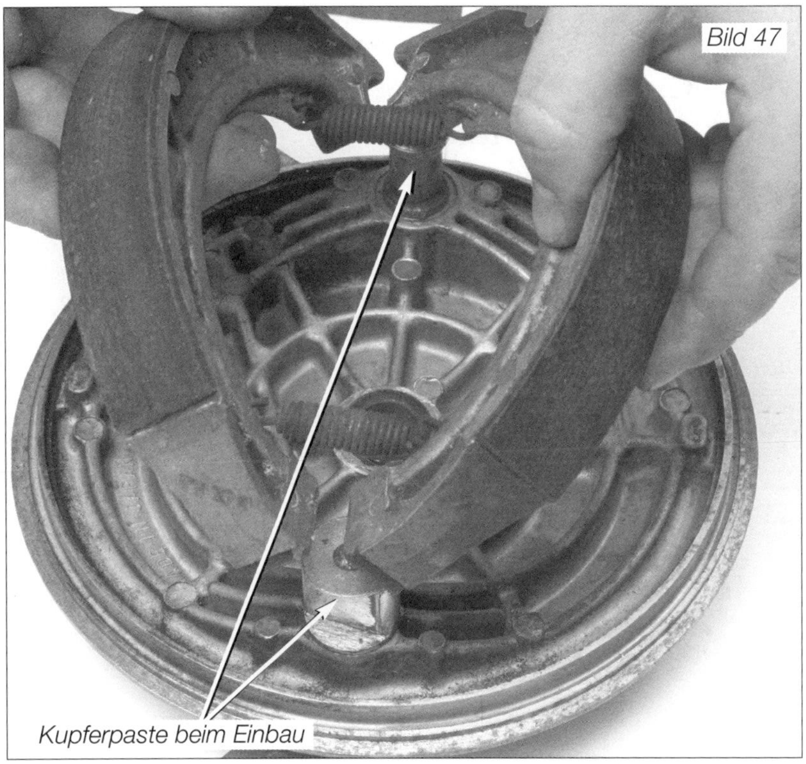
Bild 47

Bild 48

■ Beide Backen zusammen mit den Händen packen und gleichzeitig abhebeln bzw. aufsetzen.

*■ Bremsbelagdicke (**X**): Verschleißgrenze 2,0 mm.*

Sicherheitshinweis

⚠ Bei allen Arbeiten an der Kette gilt:
- Motor ist ausgeschaltet, Zündschlüssel am besten abgezogen.
- Leerlauf einlegen.
- Maschine auf Mittelständer oder Heckmontageständer aufbocken, so lässt sich besser daran arbeiten, als wenn sie schräg nach links geneigt auf dem Seitenständer abgestellt ist.

Kette

In diesem Kapitel: Hinterrad-Antriebskette · Kettenverschleiß · Kette reinigen, kontrollieren, schmieren · Kettenspannung messen und einstellen · Kette und Kettenräder wechseln · Kettenclipschloss montieren.

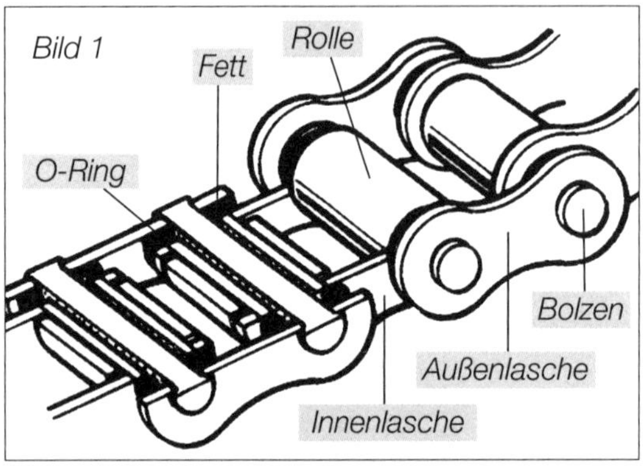

Bild 1: Aufbau einer Hinterrad-Antriebskette mit O-Ringen zwischen den Laschen.

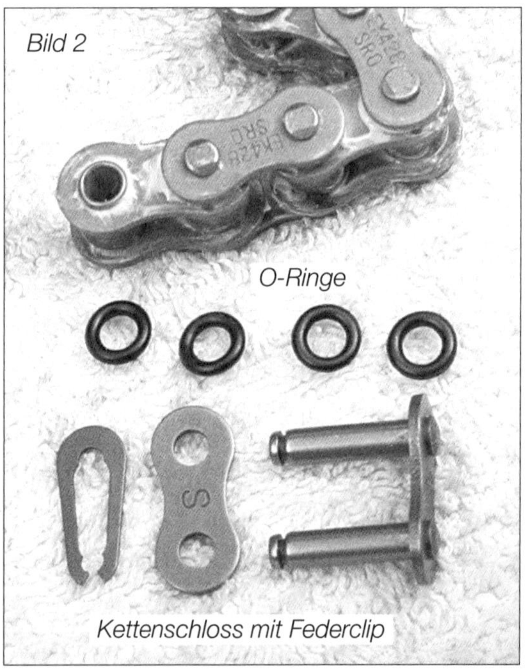

Bild 2: Neue Kette mit O Ringen und einem Kettenschloss mit einem Federclip.

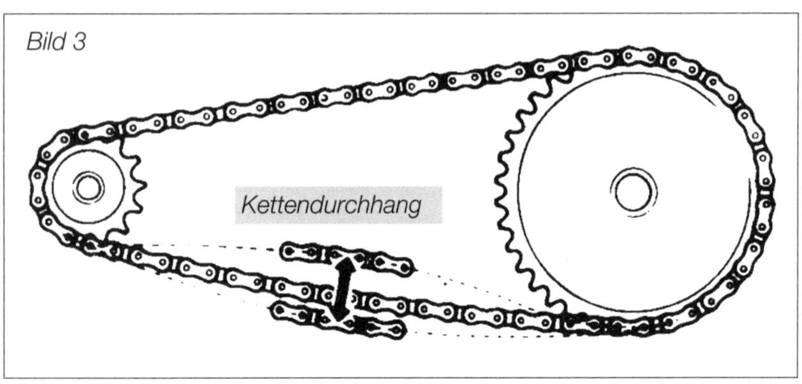

Bild 3: Der Kettendurchhang ist von Modell zu Modell verschieden.
YZF-R 125: 30–40 mm
YBR 125: 20–30 mm
XT 125 R/X: 25–40 mm
WR 125 R/X: 35–45 mm

Hinterrad-Antriebskette

Serienmäßig sind die 125er-Yamahas mit Rollenketten mit O-Ringen zwischen den Laschen (Bild 1) und einem Federclip-Kettenschloss (Bild 2) ausgerüstet.

Bei normaler Belastung und guter Pflege kann eine Kette 25 000 km halten. Entscheidend für eine lange Lebensdauer von Kette, Kettenritzel und Kettenrad ist, dass sie immer gut und richtig gepflegt werden, wozu ganz besonders die richtige Kettenspannung gehört.

Laut Yamaha-Wartungsplan soll die Kette alle 1000 km geprüft, geschmiert und, falls es notwendig sein sollte, gespannt werden: Der »Kettendurchhang« (Bild 3) ist modellabhängig und liegt zwischen 20 und 45 mm. Bei Fahrten durch staubige Gebiete oder bei schlechtem Wetter (Regen) sollte man dagegen schon alle 200 bis 300 km nach der Kette schauen.

Zu allen Arbeiten an der Kette empfehlen wir, das Motorrad auf einen Heckmontageständer aufzubocken, denn wenn es nur auf dem Seitenständer abgestellt ist, werden schon Reinigen und Schmieren der Kette zu mühseligen Angelegenheiten, die keinen Spaß machen und auch die Qualität der Arbeit leidet.

Kettenverschleiß

Das Lebensende von Kette, Kettenrad am Hinterrad und Kettenritzel vorne am Motor deutet sich an, wenn die Zähne beider Kettenräder stark verschlissen sind und übermäßig »spitz« werden (Bilder 4 und 5). Dann lässt sich die Kette am hintersten Punkt des hinteren Kettenrads mit den Fingern um mehr als eine halbe Zahnhöhe vom Kettenrad abheben (Bild 6).

Kette reinigen und schmieren

Motorrad so aufbocken, dass das Hinterrad vom Boden frei kommt und gedreht werden kann: Maschinen ohne Mittelständer also am besten auf einen Heckmontageständer stellen.

Kette reinigen

1. Wenn eine intensive Reinigung von Kette und Kettenrädern nötig ist, dann sollte man die Abdeckung über dem Kettenritzel abschrauben, damit man allen Dreck sauber herausputzen kann.

2. Bitte beachten:

■ Zwischen Kette und Reifen ein Stück feste Pappe einstecken, damit weder Reinigungsmittel, abgeputzter Dreck oder Kettenfett auf den Reifen geraten können.

■ Kein zu scharfes Reinigungsmittel verwenden, dieses kann die O-Ringe in der Kette zerstören.

■ Ausdrücklich geeignet zur Kettenreinigung ist der Metall-Schnellreiniger von Enuma (Bild 7), er greift die O-Ringe nicht an.

3. Wenn man keinen speziellen Kettenreiniger hat, kann man auch Dieselöl verwenden. Ein Kettenglied nach dem anderen mit hartem Pinsel oder Zahnbürste reinigen, mit nicht fusselndem Lappen abputzen (Bild 8) und einige Zeit lang trocknen lassen.

Kontrollieren

1. Kette sorgfältig Glied für Glied auf lockere Nieten, beschädigte Rollen, trockene, rostige, geknickte, verklemmte Glieder (Bild 9), übermäßige Abnutzung und defekte oder fehlende O-Ringe (Bild 10) überprüfen.

2. Kettenräder auf übermäßig abgenutzte, z. B. spitz zulaufende, abgebrochene oder beschädigte Zähne kontrollieren (Bilder 4 und 5).

3. Muttern/Schrauben am hinteren Kettenrad und am vorderen Kettenritzel auf festen Sitz prüfen. Im Normalfall lösen sich diese Schraubverbindungen nicht.

■ »Normalfall« bedeutet: Kettenritzel und Kettenrad sind noch serienmäßig (Erstausrüstung) oder beim letzten Wechsel der Kette und Kettenräder wurde sorgfältig gearbeitet.

4. Prüfen, ob der Kettenschleifschutz auf dem linken Schwingenarm (Bild 11) genügend dick und an keiner Stelle durchgeschliffen ist. Wenn er beschädigt ist, muss er unbedingt erneuert werden, sonst besteht die Gefahr, dass die Kette die Schwinge an- bzw. durchschleift!

Kette schmieren

Zur Schmierung der Kette eignet sich ein dickes Motoren- oder Getriebeöl (ca. SAE 80); sehr populär ist Motorrad-Kettenspray (Bild 13), wie man es überall kaufen kann. Seltener ist Kettenfett in der Dose, das Rolle für Rolle mit Pinsel oder Flasche mit Auslaufpipette aufgebracht

Bilder 4, 5 und 6: Verschleiß von Kettenrädern und Kette.

Bilder 7 und 8: Reinigen der Kette.

Bilder 9 und 10: Festes Kettenglied, defekte O-Ringe.

Bild 11: Schleifschutz auf der Schwinge.

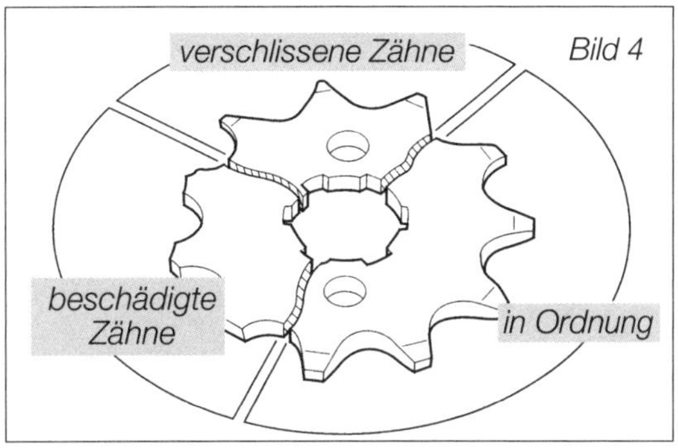

Bild 4

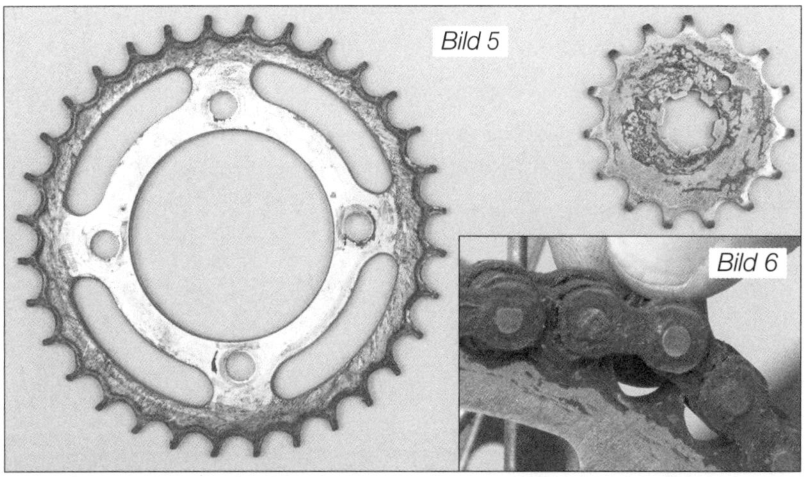
Bild 5

Bild 6

Bild 7

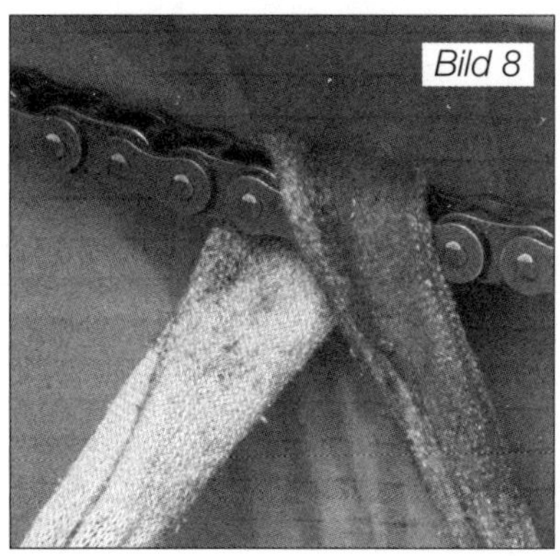
Bild 8

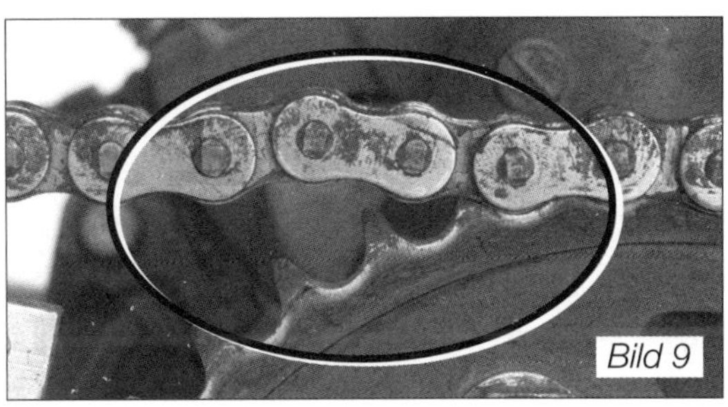
Bild 9

Bild 10

Bild 11

wird. Dies dauert zwar länger als einfaches Aufsprühen des Schmiermittels, aber Kettenschmiermittel in der Dose ist preiswert und überaus effektiv.

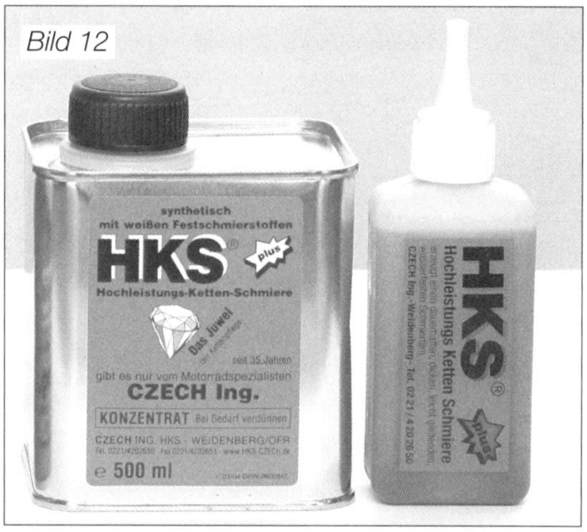

Bild 12

Bild 12: Das HKS-Kettenschmiermittel ist preiswert, qualitativ hochwertig und sehr ergiebig.

Bild 13

Bild 13: Kettenspray von innen auf die Kette aufbringen.

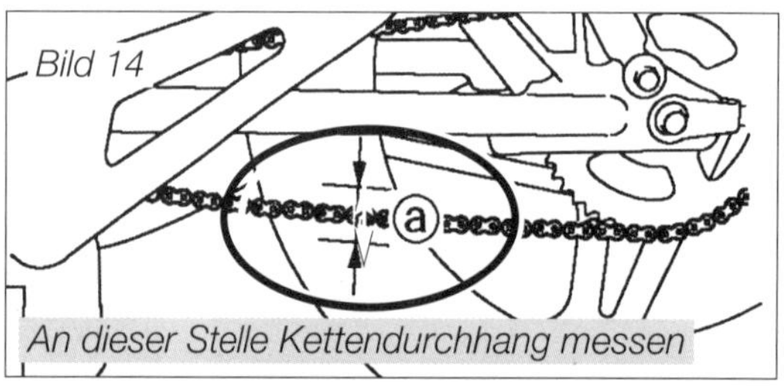

Bild 14

Bild 14: Der Kettendurchhang (»Kettenspannung«) wird ungefähr in der Mitte zwischen Hinterrad und vorderem Kettenritzel gemessen.

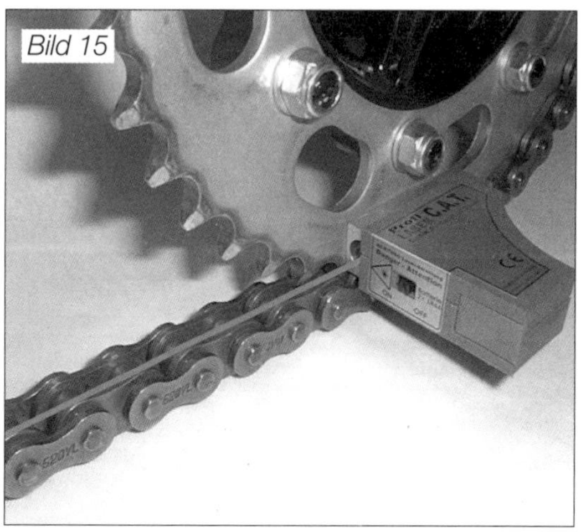

Bild 15

Bild 15: Mit dem Kettenfluchttester »Laser-CAT« kann man beim Spannen der Kette prüfen, ob das hintere Kettenrad in Flucht zum vorderen Kettenritzel ist. Wenn »ja« fluchten Hinterrad und Vorderrad, eine wichtige Voraussetzung für gute Straßenlage (www.profi-products.de).

Beispielhaft erwähnen wir die »HKS – Hochleistungs-Ketten-Schmiere« (Bild 12) von Ing. Czech (*www.hks-czech.de*). HKS ist ein synthetisches Schmiermittel, das Festschmierstoffe enthält. Es erzeugt einen nahezu dauerhaft dicken, wasserfesten Schmierfilm ähnlich einer Kunststoffversiegelung, wird nicht abgeschleudert und nimmt auch keinen Dreck auf wie flüssiges Fett.

Wichtig ist sowohl beim Schmieren mit Öl, Kettenspray oder Kettenfett, dass die Kette nach dem Reinigen absolut trocken und auch frei von Rückständen der Reinigungsmittel ist.

- Schmiermittel immer nur <u>von innen</u> auf die Kette zwischen Rollen und Kettenräder (Bild 13) und gezielt auf die O-Ringe zwischen den Laschen auftragen.
- Alles Schmiermittel, das rechts und links außen auf die Kette gekommen ist, abwischen, denn es schmiert nichts, sondern fliegt beim Fahren von der Kette weg und versaut nur die Maschine.
- Nach dem Schmieren nicht gleich losfahren, sondern einige Minuten warten, denn die im Kettenschmiermittel enthaltenen Lösungsmittel müssen sich erst verflüchtigen.

Kettenspannung

Als Kettenspannung wird der »Durchhang« der Kette an der straffsten Stelle bezeichnet. Er ist abhängig vom Modell (Bilder 3 und 14). Die Kettenspannung wird am unteren Kettentrum zum Schwingenholm gemessen, ungefähr in der Mitte zwischen dem vorderen Kettenritzel und dem hinteren Kettenrad (Bild 14). Dabei müssen der Motor abgeschaltet und das Getriebe im Leerlauf sein.

Wichtig: Wenn die Kette gespannt werden muss, Sie aber keinen Maßstab zur Verfügung haben, um den tatsächlichen Kettendurchhang exakt messen zu können, dann spannen Sie die Kette eher eine Spur »zu lose« als »zu fest«, denn bei einer zu fest gespannten Kette (also bei einem zu geringen Kettendurchhang) besteht die Gefahr, dass die Kugellager in der Kettenblattaufnahme und am Getriebeausgang (»Getriebeabtriebslager«) zu stark belastet und nach kurzer Zeit defekt werden. Am besten ist es deswegen, einen Maßstab zu Hilfe zu nehmen, nur damit kann man exakt messen und einstellen!

Kettenspannung messen

1. Motor ist abgeschaltet, Leerlauf eingelegt, Maschine steht auf Heckmontageständer:
1.1. Hinterrad mit einer Hand drehen und gleichzeitig mit der anderen Hand die Kette in der Mitte des unteren Kettentrums (Bild 14) wippend leicht nach oben drücken: Straffste Stelle suchen (eine Kette verzieht sich im Laufe ihres Lebens unregelmäßig), das ist die Messstelle.
2. Ohne Heckmontageständer:
2.1. Motor abgeschaltet, Leerlauf eingelegt, Maschine langsam einige Meter nach vorne schieben und dabei mit der Hand die straffste Stelle der Kette suchen.
3. Kettendurchhang messen:
3.1. Unteres Kettentrum fest nach oben drücken, Maßstab anlegen: Messen bis zur Mitte des Nietbolzens, der der Schwinge am nächsten ist (43 mm in Bild 18).
3.2. Unteres Kettentrum fest nach unten ziehen: Messen, wie weit der Mess-Nietbolzen nun von der Schwinge weg ist (62 mm in Bild 19).
3.3. Die Differenz ist der Kettendurchhang (19 mm in den Bildern 18 und 19).

Kettenspannung einstellen

1. Achsmutter mindestens zwei Umdrehungen lösen, damit die Hinterachse lose ist und sich leicht verschieben lässt.
2. Kontermuttern auf den Einstellschrauben der Kettenspanner (Bilder 16 und 17) auf beiden Seiten um zwei Umdrehungen lösen.
3. Kette spannen:
3.1. Modelle YZF-R 125 (Bild 16), XT 125 R/X, WR 125 R/X: Einstellschrauben gegen die Aufnahmen der Hinterachse drehen.
3.2. Modelle YBR 125, Custom (Bild 17): Einstellschrauben in die Kettenspanner eindrehen.
3.3. Beide Male wird die Hinterachse nach hinten verschoben, der Abstand zur Getriebeabtriebswelle wird dadurch größer und die Kette deswegen straffer.
3.4. In Vierteldrehungen rechte Schraube – linke Schraube – rechte Schraube – linke Schraube vorgehen, bis die Kette den korrekten Durchhang (Bild 3) erreicht.
3.5. Dabei kann man sich grob an den Markierungen orientieren, die rechts und links am Ende der Schwinge angebracht sind (Bilder 16 und 17).
4. Achsmutter festziehen (Bild 20):

- YZF-R 125, XT 125 R/X, WR 125 R/X: 85 Nm
- YBR 125, Custom: 91 Nm

5. Einstellschraube (bzw. Muttern) »handfest« drehen, Kontermuttern »gut handfest« kontern: Einstellschraube dabei mit passendem Schlüssel auf Zug gegenhalten (Bild 21).

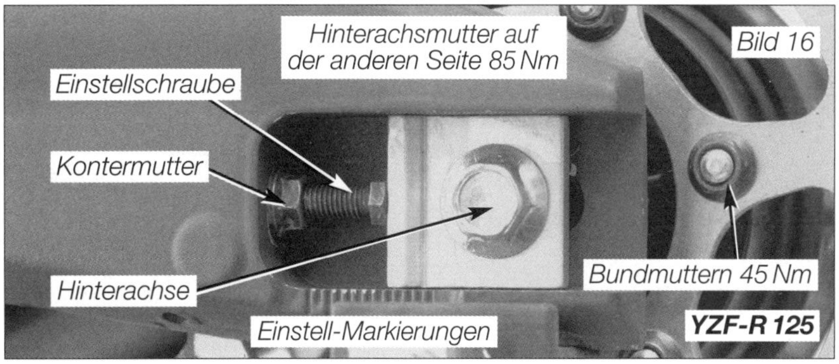

Bild 16

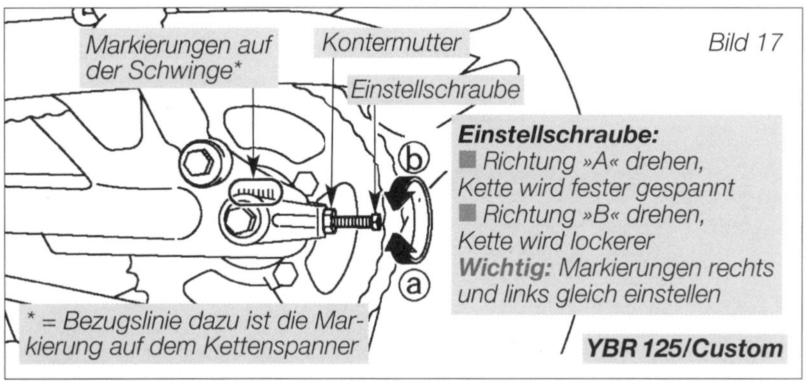

Bild 17

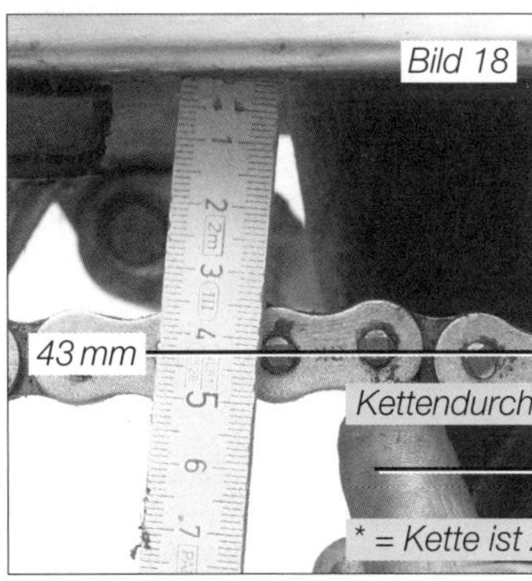

Bild 18

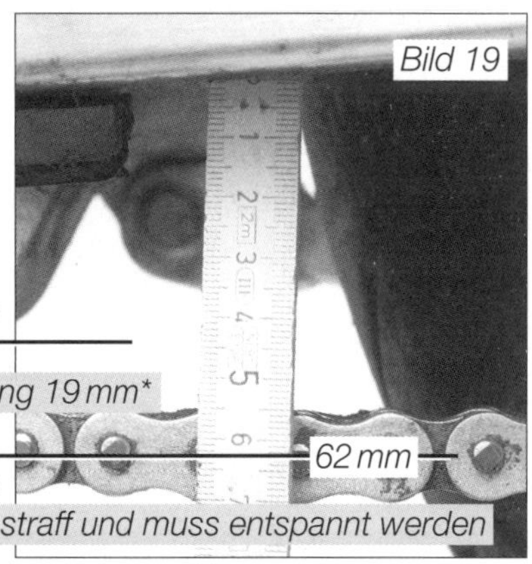

Bild 19

Bild 20

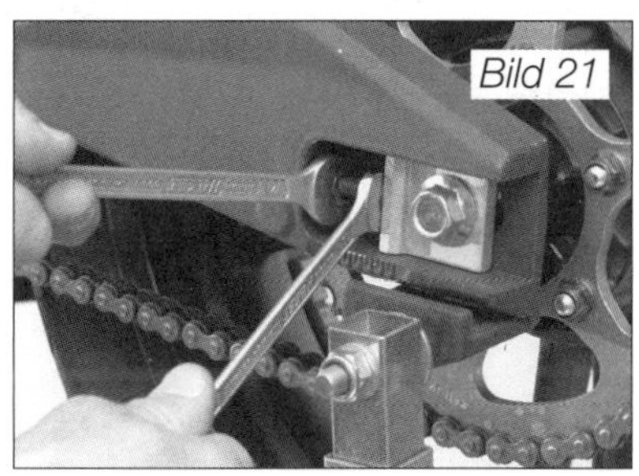
Bild 21

Bilder 16 bis 21: Schritt-für-Schritt-Erklärung wie die Kette gespannt wird. Die zu den Bildern gehörenden Arbeitsschritte sind im Lauftext mit Bildnummern beschrieben.

6. Letzte Kontrolle: Kettendurchhang erneut prüfen, Rad dabei langsam drehen und die straffste Stelle suchen: Kette nicht zu lose und nicht zu straff? Dann ist die Arbeit erfolgreich gewesen.

Kette erneuern

Falls wegen übermäßigem Verschleiß bzw. Längung der Kette oder anderer Beschädigungen an der Kette eine neue Kette erforderlich ist, müssen auch die beiden Kettenräder erneuert werden. Bei normalem Verschleiß sind Kettenräder und Kette zugleich verschlissen.

Wichtig 1: Neu- und Altteile nicht kombinieren, sie nutzen sich gegenseitig extrem schnell ab.

Wichtig 2: Wenn man einen extrem billigen No-Name-Kettensatz montiert, verschleißen die Kettenräder schneller als die Kette. Deswegen raten wir dazu, einen originalen bzw. qualitativ hochwertigen Nachrüst-Kettensatz zu montieren.

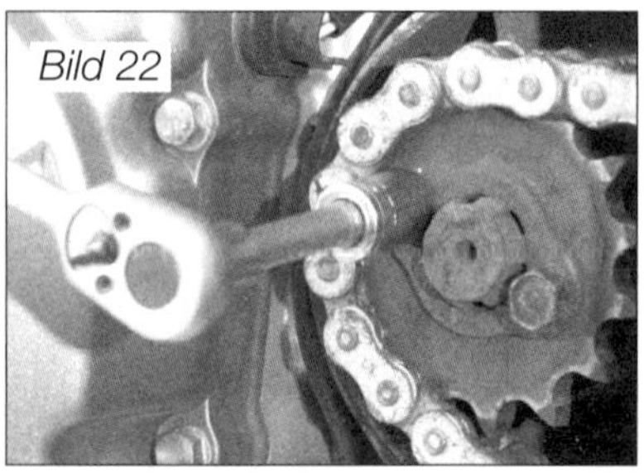

Bilder 22 bis 27: Abbau von alter Kette, Ritzel und Kettenrad. Im Lauftext sind die zu den Bildern gehörenden Arbeitsschritte nummeriert beschrieben.

Bundmuttern der Kettenradbefestigung: Modellbezogenes Anziehdrehmoment siehe Lauftext.

Neue Kette kaufen

Wenn eine neue Kette notwendig wird und Sie sich keine Originalkette kaufen können (oder möchten), haben Sie im Zubehörhandel die Wahl zwischen drei verschiedenen Ketten: endlos vernietete, solche mit Nietglied oder mit Federclipschloss.

■ Üblich als Kettenantriebs-Ersatzteil für alle 125er-Yamahas ist eine **offene Kette mit O-Ringen und Federclip-Schloss.**

■ **Kaufen Sie in keinem Fall eine Billigkette!** Beim neuen Kettensatz sind neue O-Ringe, ein neues Federclipschloss und etwas zusätzliches Kettenfett dabei. NIE alte O-Ringe oder gar gebrauchte Laschen bei der Montage einer neuen Kette verwenden!

Alte Kette abbauen

Vorbereitende Arbeiten:

1. Motorrad steht sicher aufgebockt auf einem Heckmontageständer.
2. Deckel über dem vorderen Ritzel abnehmen: Befestigungsschrauben lösen und ausdrehen, mit einem Gummihammer leicht auf den Deckel klopfen, das löst die Verklebung an der Trennstelle, Deckel abnehmen.
3. Mit einer 10er-Sechskantnuss und Verlängerung beide Ritzelhalteschrauben öffnen (Bild 22).
4. Jetzt schon alle Kettenradschrauben am Hinterrad lösen und zwei Umdrehungen öffnen.
5. Kettenclip mit einer Zange von den Bolzen abschieben (Bilder 25 und 26) und abnehmen.
6. Jetzt muss die nicht mehr gesicherte äußere Kettenlasche abgebaut werden: Mit einem mittelbreiten Schraubenzieher zwischen Außen- und Innenlasche einfahren (Bild 27) und die Außenlasche abhebeln.
7. Jetzt das Kettenschloss aus den Enden der Kette ausziehen, Kette von den Kettenrädern abziehen.

Neue Kette und Kettenräder montieren

1. Altes Kettenritzel von der Getriebeabtriebs-

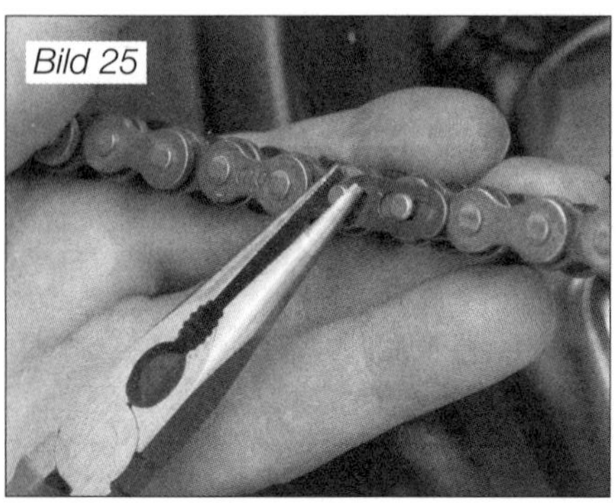

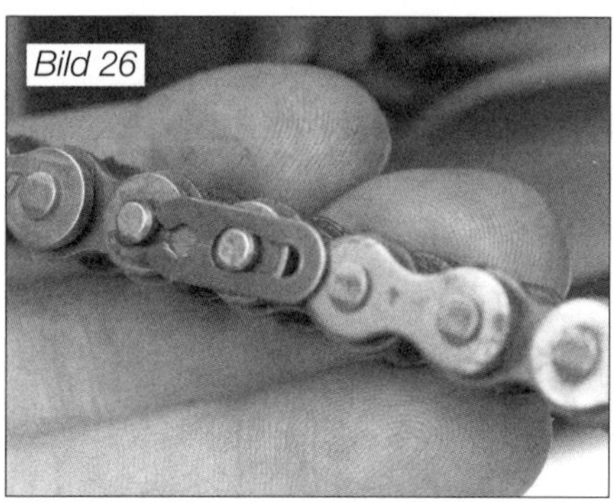

welle abziehen: Schrauben ausdrehen, Scheibe etwas verdrehen und abziehen (Bild 23).
2. Getriebeabtriebswelle mit Bremsenreiniger sorgfältig reinigen. Keilnuten mit Fett schmieren.
3. Neues Ritzel mit Aufschrift nach außen aufschieben. Sicherungsscheibe aufstecken und ihre Bohrungen in Deckung zu den beiden Gewindelöchern bringen.
3.1. Schrauben eindrehen, aber noch nicht festziehen.
4. Kettenrad hinten wechseln:
4.1. Hinterrad ausbauen, Muttern abdrehen (Bild 24), altes Kettenrad abnehmen.
■ XT- und WR-Modelle haben durchgesteckte Schrauben mit Muttern: Muttern abdrehen, Schrauben dabei gegenhalten! Schrauben ausziehen, Kettenblatt abnehmen.
4.2. Anlageflächen am Kettenblattträger gut reinigen, etwas einfetten oder einölen, neues Kettenrad mit der Aufschrift nach außen weisend aufstecken, Schrauben/Muttern eindrehen, festziehen:
■ YZF-R 125: 43 Nm ■ YBR 125/Custom: 40 Nm
■ XT 125 R/X: 30 Nm ■ WR 125 R/X: 30 Nm
4.3. Bei den Schrauben der XT- und WR-Modelle einen Tropfen Loctite »mittelfest« auf die Gewinde geben, Muttern aufdrehen und mit 30 Nm festziehen: Schrauben dabei gegenhalten!
5. Hinterrad einbauen: Kettenspanner ganz lösen, die Hinterachse muss möglichst weit nach vorne kommen.
Hinweis: Bitte achten Sie auf den korrekten Einbau der verschiedenen Distanzbuchsen, Weiteres zum Radeinbau siehe Kapitel 8 »Räder«.
6. Neue Kette auf die Kettenräder aufziehen: Ihre offenen Enden sollen hinten auf dem hinteren Kettenblatt sein.

Kettenschloss montieren

1. Kettenschloss gut mit Kettenfett einfetten, je Bolzen einen neuen O-Ring aufschieben.
2. Enden der Kette mit dem Kettenschloss verbinden: Dabei muss die Kette sicher auf beiden Kettenrädern aufsitzen.
3. Neue O-Ringe auf der anderen Seite des montierten Kettenschlosses aufsetzen (Bild 30).
4. Kettenlasche gleichmäßig auf den Bolzen ansetzen und aufschieben: Weil dies schwer geht, mit einer Zange etwas nachhelfen (Bild 31):
4.1. Dabei darauf achten, dass die O-Ringe auf die Bünde rutschen. Sie dürfen nicht durch die Kettenlasche gequetscht werden.
4.2. Kettenlasche so weit aufpressen, dass die für den Kettenclip vorgesehenen Nuten in den Bolzen ganz zu sehen sind!
5. Kettenclip montieren:
5.1. Mit der gewölbten Seite nach außen (Bild 28) und der geschlossenen Seite in Laufrichtung montieren (Bild 29).
6. Kettenritzelschrauben vorne wieder ausdrehen, einen kleinen Tropfen Loctite »mittelfest« auf das Gewinde geben, eindrehen und mit 10 Nm festziehen (Bild 22). Abdeckung anschrauben.
7. Kette spannen (siehe Text weiter vorne).
Wichtig: Die neue Kette wurde im Werk mit speziellem Kettenfett geschmiert. Alles Fett, das sich rechts und links außen auf den Laschen der Kette befindet, mit einem Lappen abwischen, sonst fliegt es davon und versaut die Maschine.

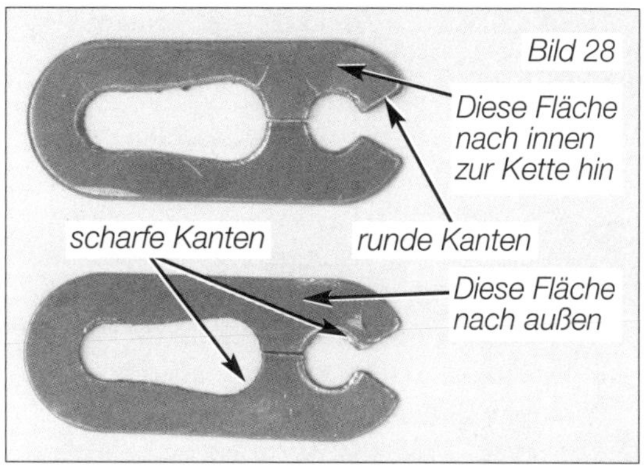

Bilder 28 bis 33: Aufbau der neuen Kette. Im Lauftext sind die zu den Bildern gehörenden Arbeitsschritte nummeriert beschrieben.

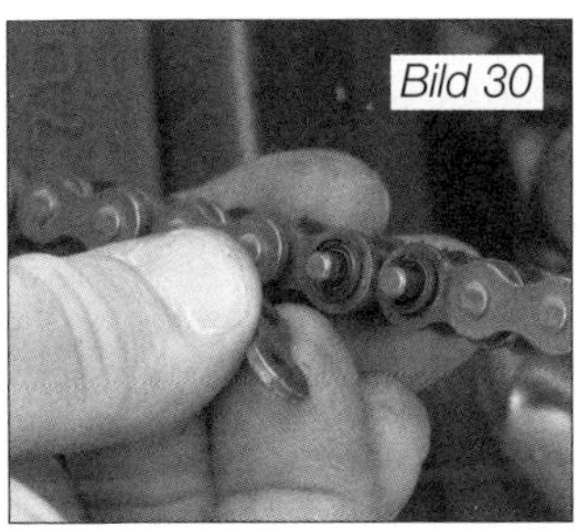

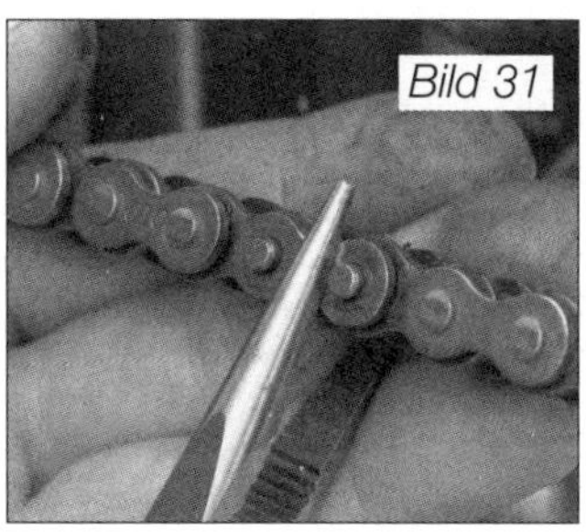

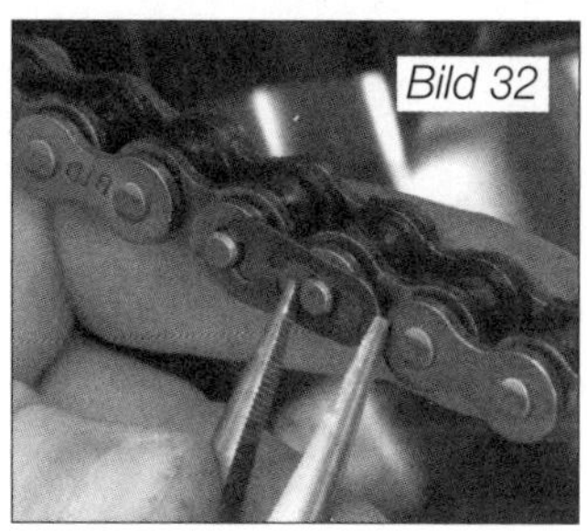

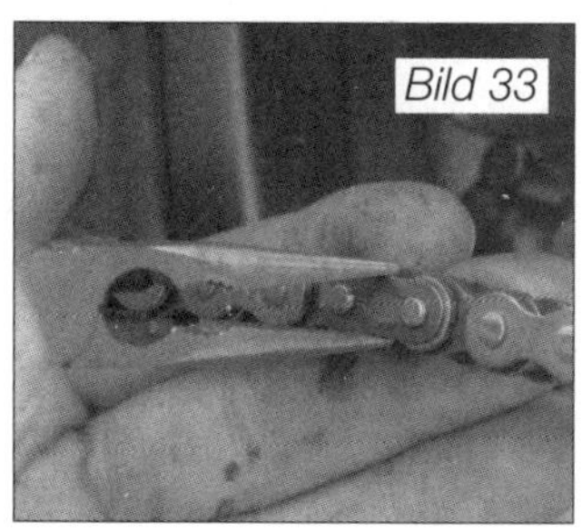

Bild 1: Bei defektem Gabelsimmerring sind Stand- und Tauchrohr stark verölt.

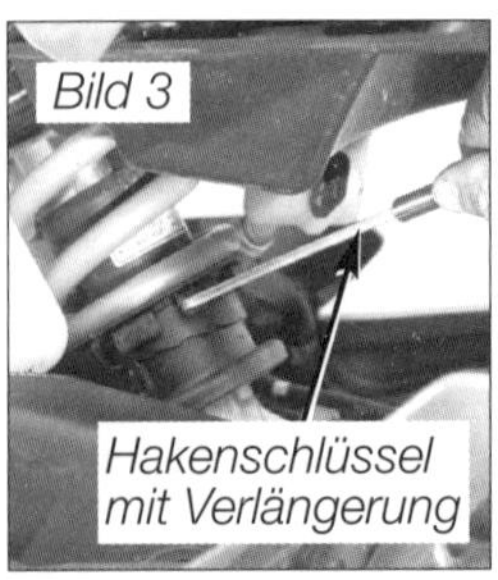

Bilder 2 und 3: Federvorspannung mit Hakenschlüssel und Verlängerung einstellen. ■ Vorher einen Schuss Ölspray an die Federvorspannhülse geben!

Federung · Dämpfung

In diesem Kapitel: Vorder- und Hinterradfederung prüfen · Hinterradfederung einstellen.

Federung und Dämpfung prüfen

Vorderradfederung

■ Dichtringe der Gabeltauchrohre müssen dicht sein, es darf kein Öl auslaufen (Bild 1).

■ Gabelstandrohre dürfen keine Riefen oder Kratzer haben.

■ Wenn der Gabelsimmerring defekt ist, läuft Öl außen am Tauchrohr herunter (Bild 1). Zum Erneuern des Simmerrings muss das Gabelbein zerlegt werden (siehe Kapitel 13 »Telegabel«).

■ Defekte oder bei einem Unfall verbogene Gabelstand- und Tauchrohre sowie Gabelbrücken müssen erneuert werden.

Hinterradfederung

■ Aus dem Federbein darf an keiner Stelle Öl auslaufen, es muss überall trocken sein.

■ Die Feder darf weder verformt noch gebrochen sein.

■ Dämpferstange darf weder Riefen noch Kratzer aufweisen.

■ Feder und Federvorspannhülse dürfen weder verformt noch gebrochen sein, Widerlager der Federvorspannhülse und Federauflage müssen formstabil vorhanden sein.

■ Obere Federbeinbefestigungen in Rahmen und U-Aufnahme müssen fest sein.

■ Schwinge, Umlenkhebel, Federbeinbefestigungen oben und unten dürfen kein Spiel haben:

1. Zur Prüfung die Maschine so aufbocken, dass das Hinterrad frei ist.

2. Hinter die Maschine stehen, Hinterrad innen in der Felge oben mit beiden Händen packen und versuchen, die Schwinge ruckartig auf und ab sowie nach rechts und links zu bewegen. Man spürt dabei eventuelles Spiel (»Luft«) in der Federbeinanlenkung und im Schwingenlager.

Standprüfung der Federung

1. Maschine steht frei auf den Rädern, Seitenständer eingeklappt, Motor aus, Leerlauf drin.

2. Vorderradfederung: Mechaniker steht über der Sitzbank, beide Füße platt auf der Erde, umfasst fest beide Lenkerenden, betätigt die Vorderradbremse und gibt Druck auf die Vordergabel.

■ Mit stoßenden Bewegungen den Vorderbau nach unten drücken und frei ausfedern lassen.

3. Hinterradfederung: Mechaniker lässt sein Körpergewicht immer wieder in den Sitz fallen.

■ Wer fit ist im Umgang mit seinem Motorrad, stellt sich dahinter, nimmt das Motorrad vom Seitenständer, stellt es frei senkrecht und drückt mit den Händen wippend auf das Sitzbankende.

4. Vorne wie hinten muss Einfedern schneller gehen als Ausfedern.

■ Beim Ausfedern dürfen weder Vorder- noch Hinterbau nachschwingen, Telegabel und hinteres Federbein müssen über den gesamten Einfederweg »saugend« wieder ausfedern.
Erst ganz zum Schluss federn Telegabel und Heck etwas zurück auf den Tragenullpunkt.

5. Bei dieser Prüfung zeigt sich auch, ob Telegabel und Hinterradschwinge leicht und frei einfedern und die Dämpfung gut dämpft.

Fahrprüfung

1. Wenn Telegabel oder Hinterradfederung beim Betätigen der Vorderradbremse oder beim Überfahren einer Bodenwelle schnell durchschlagen, sind die Federn der Telegabel bzw. die Feder des Stoßdämpfers ermüdet. Dies darf nur bei einer sehr alten Maschine der Fall sein.

2. Wenn Fahrzeugfront oder Heck nach dem Überfahren von Bodenwellen nachschwingen und sich die Maschine »weich« anfühlt, hat die Dämpferwirkung nachgelassen. Dann sollte das Dämpferöl der Telegabel gewechselt werden.

2.1. Wenn das Federbein schneller einfedert als im Neuzustand und schon bei leichten Bodenwellen durchschlägt, ist es defekt und muss erneuert werden.

Hinterradfederung einstellen

Vor dem Verändern der Federvorspannung einen Schuss Ölspray an die Verstellbuchse geben. Eine Federverstellung bringt weder eine härtere noch weichere Federwirkung, sondern es wird nur die Nulllage des Hecks verändert:

■ Fahrer mit kurzen Beinen können durch Einstellen der Feder auf eine niedrige Stufe (Bild 2) die Sitzhöhe verringern.

■ Bei hoher Zuladung oder sportlicher Fahrweise wird die Feder stärker vorgespannt bis hin zur stärksten Vorspannstufe (Bild 2).

Maße und Einstellungen*	YZF-R 125	YBR 125 (V)	YBR 125 (E)	XT 125 R	XT 125 X	WR 125 R	WR 125 X
Federweg vorn	130 mm	120 mm	110 mm	170 mm	175 mm	240 mm	210 mm
Federweg hinten	125 mm	90 mm	105 mm	190 mm	190 mm	230 mm	230 mm
Einstellmöglichkeiten vorn	keine	keine	keine	keine	keine	keine	keine
Einstellmöglichkeiten hinten (Federvorspannung)	keine	5-fach	5-fach	keine	keine	7-fach	7-fach

* = Stand der Recherche zum Redaktionsschluss dieses Buchs im Februar 2009. (V) = Vergaser; (E) = Einspritzer

Lenkung

In diesem Kapitel: Lenklagerung prüfen und einstellen · Untere Gabelbrücke und Lenkschaftrohr ausbauen · Lagerschalen und Innenringe prüfen · Lenklager erneuern.

Bild 1: Kugelring und Kegelrollenlager im Vergleich.

Lenklagerung

Die Lenklagerung setzt sich zusammen aus dem unteren und oberen Lenklager, dem Lenkschaftrohr sowie dem rahmenfesten Lenkkopf (siehe dazu Zeichnung in Bild 4). Sie wird laut Wartungsplan bei jeder großen Inspektion überprüft und ggf. eingestellt.

Lagerarten

Kugellager: Die drei Straßenmodelle YZF-R 125, YBR 125 und YBR 125 Custom haben Kugellager im Lenkkopf. Die Kugeln sind in einem so genannten »Kugelkäfig« gehalten; man spricht von einem »Kugelring« (Bild 1).

Kegelrollenlager: Die vier Enduro-/Supermoto-Modelle haben Kegelrollenlager (Bild 1). Diese können höhere Kräfte aufnehmen als Kugellager und sind verschleißfester als diese.

Umbau auf Kegelrollenlager: Wenn die Kugellager in den Straßenmodellen defekt sind und erneuert werden müssen, empfehlen wir einen Umbau auf Kegelrollenlager. Siehe dazu auch Bilder 15 und 16.

Bild 2: Prüfen der Lenklagerung durch Hin- und Herrütteln der Telegabel.
■ Motorrad so aufbocken, dass die Lenkung frei ist und das Vorderrad keinen Bodenkontakt hat.

Bild 3: Prüfen der Lenklagerung bei abgebocktem Motorrad: Vorderradbremse betätigen, Zeigefinger und Daumen der linken Hand an Lenkkopf und obere Gabelbrücke, einige Male kräftig einfedern: Eventuelles Spiel ist in den Fingern zu spüren.

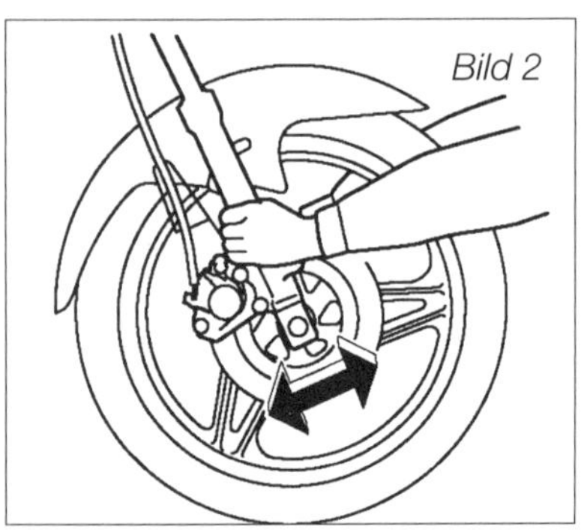

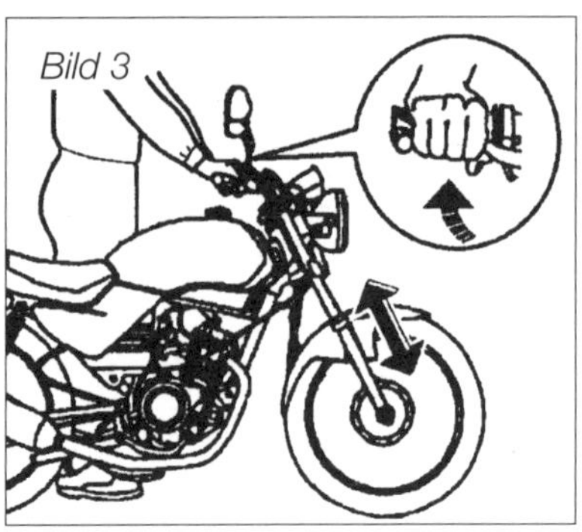

Fett in den Lagern

Die Lenklager oben und unten sind mit Dichtscheiben und Dichtkappe gegen das Eindringen von Staub und Schmutz sowie das Austreten von Fett gut abgedichtet. Bei überwiegenden Fahrten durch Staub und Nässe können die Lager verschmutzen. Bei den Straßenmodellen empfiehlt Yamaha eine Reinigung und Neueinfettung alle 24 000 km; bei den Enduros und Supermotos alle 12 000 km, wozu die Lenklagerung zerlegt werden muss.

Lenklagerung prüfen, einstellen

Die Lenklagerung muss so eingestellt sein, dass leichtes Schwenken und sichere Straßenlage gewährleistet sind. Wenn die Maschine in lang gezogenen Kurven nicht mehr die gewohnt saubere Linie halten will und es beim kurzen Anziehen der Vorderradbremse verdächtig in der Lenkung knackt, hat die Lenklagerung zu viel Spiel.

■ Eine _zu lockere Einstellung_ der Lenklagerung führt zu instabilem Fahrverhalten bei niedrigen Geschwindigkeiten und zu Flatten des Vorderrads bei höheren Geschwindigkeiten.

■ Eine _zu straffe Einstellung_ der Lenklagerung erschwert Lenkbewegungen und verursacht Pendelbewegungen der Maschine bei niedrigen und hohen Geschwindigkeiten. Es leiden der stabile Geradeauslauf und die so genannte »Zielgenauigkeit« bei Kurvenfahrten, denn der Fahrer »trifft« die Kurven nicht mehr richtig.

Lenklagerung prüfen

Zur Überprüfung der Lenklagerung muss die Lenkung komplett frei sein, das Vorderrad darf keinen Bodenkontakt haben:

■ Wenn das Motorrad einen Mittelständer hat, auf diesem abstellen und den Motor unter dem Motorgehäuse mit einem Wagenheber so unterbauen, dass das Vorderrad frei wird.

■ Wenn kein Mittelständer vorhanden, benötigt man einen Werkstattkran: Riemen um den Rahmen schlingen und die Maschine vorne so weit anheben, dass das Vorderrad vom Boden frei kommt; das Hinterrad behält den Bodenkontakt.

1. Lenkbewegung prüfen: Lenkung langsam von Anschlag zu Anschlag schwenken und auf ungleichmäßige Bewegung, Rastung oder Haken achten. Seilzüge und Kabel dürfen den Lenkeinschlag nicht behindern.

2. Wenn die Schwenkbewegung ungleichmäßig verläuft oder ein Schleifgeräusch hörbar ist, laufen die Lager trocken: Dann müssen sie gereinigt und geschmiert werden, wozu die Lenklagerung zerlegt werden muss.
3. Rastet die Lenkung in Mittelstellung ein, ist mindestens eines der Lenklager defekt (meistens das obere); es müssen beide erneuert werden.
4. Lagerspiel erfühlen: Vor das Vorderrad knien, bei gerader Radstellung beide Gabelholme unten bei Achsnähe anpacken und die ganze Telegabel ruckartig nach vorne und hinten bewegen wollen: Wenn die Lenklagerung Luft hat, spürt man dieses ganz deutlich.

Lenklagerung einstellen

Zum Einstellen der Lenklagerung braucht man (neben normalen Werkzeug) noch zwei möglichst exakt auf die Nutmuttern passende Hakenschlüssel (Bilder 4a und 9).
1. Motorrad aufbocken, Vorderbau muss frei sein.
2. Lenker links gegen den Anschlag blockieren, Lenkschaftrohr-Kopfmutter lösen und abnehmen: Passende Sechskantnuss verwenden, keinen Gabelschlüssel!
3. Standrohr-Klemmschrauben in der oberen Gabelbrücke rechts und links lösen, Klemmschrauben der Lenkerstummel ebenfalls lösen.
4. Obere Gabelbrücke nach oben abbauen: Von unten her mit einem kleinen Plastikhammer leicht klöpfeln (Bild 6).
5. Sicherungsscheibe abnehmen (Bild 7).
6. Obere Nutmutter (»Kontermutter«, Bild 8) lösen und eine bis zwei Umdrehungen aufdrehen.
7. Lenklager durch geringfügiges Lösen oder Anziehen der Einstellmutter einstellen (Bild 9). Danach die Lenkung einige Male nach rechts und links schwenken.
8. Kontermutter gegen Einstellmutter kontern.
■ Einstellmutter dabei mit dem zweitem Hakenschlüssel auf Zug in Einstellposition gegenhalten.
■ Kontermutter so weit festziehen, dass die Blechzungen der Sicherungsscheibe in die entsprechenden Nuten passen.
9. Obere Gabelbrücke aufsetzen, nach unten schieben, Scheibe auflegen, Kopfmutter aufdrehen und »gut handfest« anziehen.
10. Klemmschrauben in oberer Gabelbrücke und Klemmschrauben der Lenkerstummel festziehen.
11. Jetzt die Lenkung nach rechts gegen den Lenkanschlag drehen und die Kopfmutter richtig festziehen (110 Nm).

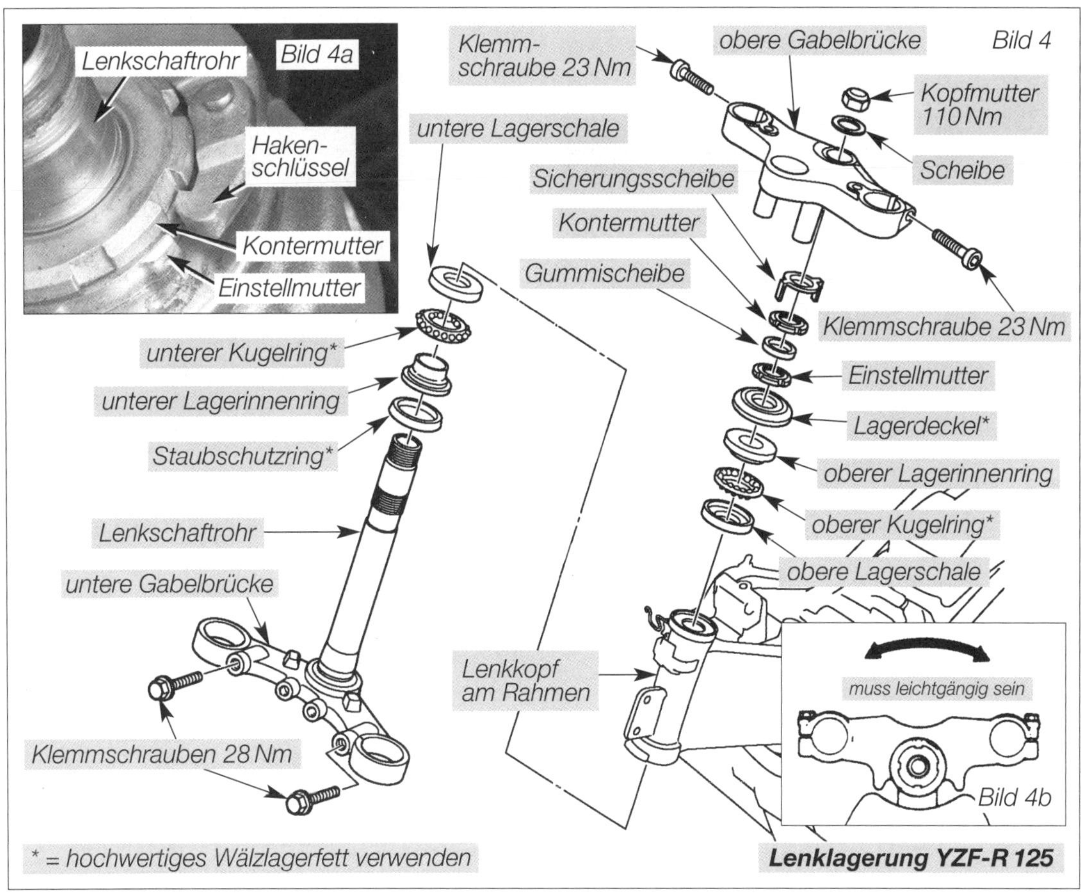

Yamaha-Vorschrift:
Yamaha schreibt für die Einstellung der Lenklagerung der YZF-R 125 folgendes vor:
1. Kontermutter lösen und abdrehen.
2. Lenklager-Einstellmutter etwas lösen und dann mit 48 Nm festziehen.
3. Lenklager-Einstellmutter wieder lösen und dann endgültig mit 13 Nm festziehen.
4. Kontermutter gegen die Einstellmutter festziehen (kontern).

Nach Erfahrungen von Yamaha-Spezialisten sollen die Lenklager nicht mit einem so hohen Erstanzieh-Drehmoment von 48 Nm belastet werden (YBR 125: 33 Nm), weil sich dabei die Kugeln in die Lagerschalen eindrücken können. Deswegen weichen die von uns beschriebenen Einstellschritte von der Yamaha-Vorschrift ab.

Bild 4: Explosionszeichnung der Lenklagerung der YZF-R 125.

Bild 4a: Passender Hakenschlüssel.

Bild 4b: Lenkung muss nach rechts und links leichtgängig sein.

Bilder 5 bis 9: Einstellung der Lenklagerung, Texte zu den Bildern siehe Lauftext.

Lenklager wechseln

Ein Ausbau des Lenkschaftrohres mit der unteren Gabelbrücke ist zum Reinigen und Einfetten der Lenklagerung ebenso erforderlich wie zum Erneuern der Lenklager. Motorrad so aufbocken oder an einem Werkstattkran aufhängen, dass der Vorderbau frei kommt.

Im folgenden Text behandeln wir eine Lenkkopflagerung mit Kugelringen; diese ist in den Arbeitsschritten grundsätzlich gleichzusetzen mit Kegelrollenlagern.

Gabelbrücke mit Lenkschaftrohr ausbauen

1. Lenker abbauen und sicher ablegen.

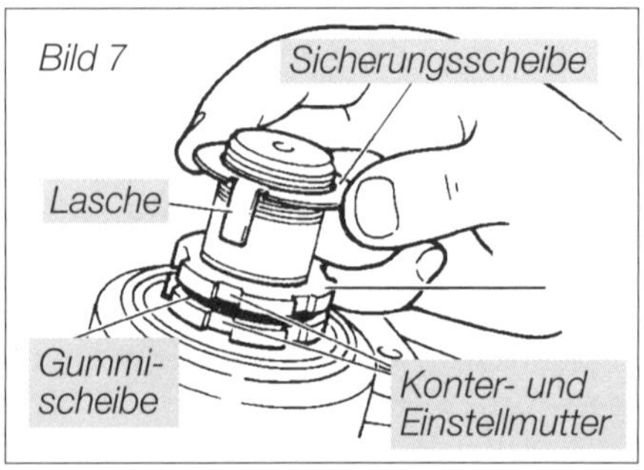

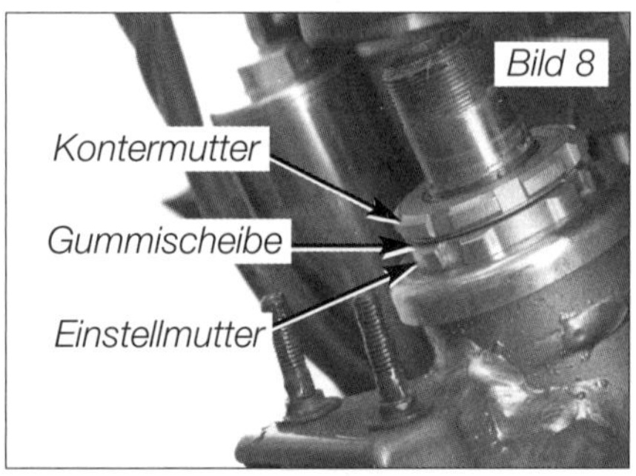

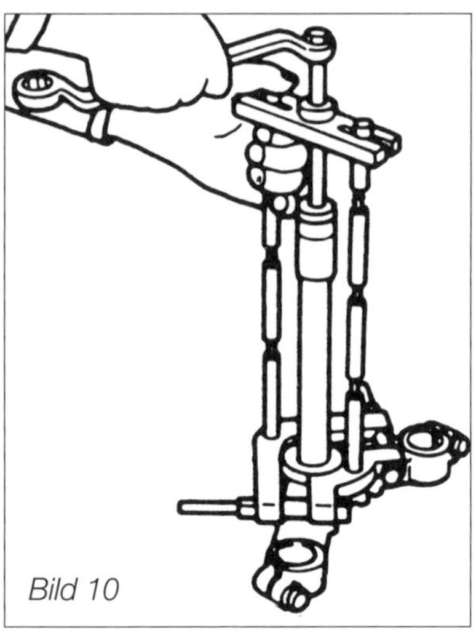

Bilder 10 und 11: Spezialwerkzeuge zum Wechseln der Lager.

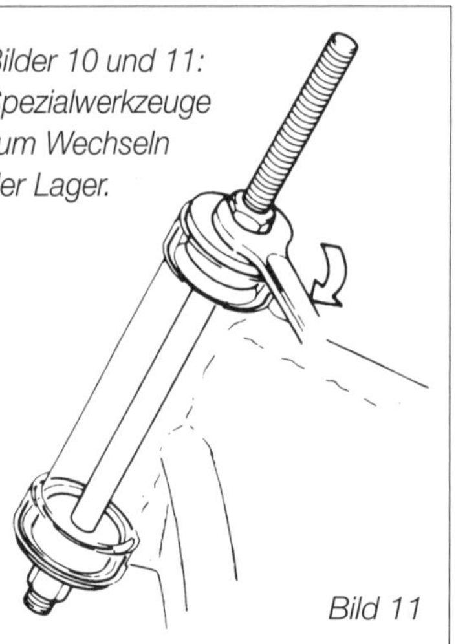

2. Gabelbeine ausbauen (Kapitel 13 »Telegabel«).
3. Lenkschaftrohr-Kopfmutter abdrehen.
4. Obere Gabelbrücke abnehmen. Wenn diese fest sitzt, Kontaktstellen an Gabelbeinen und Lenkschaftrohr mit Kriechöl einsprühen, einwirken lassen, von unten mit leichten Schlägen (Plastikhammer, Bild 6) nach oben abtreiben.
4.1. Sicherungsscheibe abziehen.
5. Kontermutter lösen und abschrauben. Gummischeibe abnehmen.
6. Untere Gabelbrücke nach oben hin festhalten, Lenkkopflager-Einstellmutter abdrehen, Gabelbrücke nach unten herausziehen.
7. Staubdichtung, Lagerinnenring und Kugellagerring aus dem oberen Lenkkopflager herausnehmen, unteren Kugellagerring vom Lenkschaftrohr abziehen. Alle Teile gut reinigen.

Lagerschalen und Innenringe prüfen

1. Wenn der Lenkkopf zerlegt ist, den Zustand der Lagerschalen im Rahmen und Innenringe auf Sicht prüfen: Sie dürfen nicht beschädigt, eingelaufen, punktuell eingedrückt oder anders beschädigt sein (z. B. Korrosion).
2. Lagerschalen oben und unten müssen fest und spielfrei im Rahmen, der untere Lagerinnenring fest auf dem Lenkschaftrohr sitzen.
3. Alle Lagerkugeln müssen kugelrund sein und dürfen keine flachen Stellen, Vertiefungen (»Krater«), Materialausbrüche, eingelaufene oder eingeschlagene Stellen haben.

Lenklager ausbauen

Bei einem Austausch der Lager werden oben und unten komplett neue Lagersätze eingebaut. Spezialwerkzeuge zum Aus- und Einbau von Lagern (Bilder 10 und 11) arbeiten auf Gewindespindelbasis ohne Erwärmung (und damit Ausdehnung) des Materials. Nachstehend beschreiben wir den Austausch der Lager nach der herkömmlichen Handwerkermethode.

1. Lagerschalen oben und unten im Lenkkopf mit langem Dorn unter leichten Schlägen (Stahlhammer) schrittweise über Kreuz austreiben (Bild 12).
2. Auf dem Lenkschaftrohr sitzt unten der Innenring des unteren Lagers. Diesen fettfrei reinigen, mit einem Heißluftföhn kurz und heftig anwärmen, das ganze Teil auf einer stabilen Holzunterlage ablegen und den Innenring mit Hammer und Meißel ringsum von seinem Sitz treiben (Bild 13).

Lenklager einbauen

1. Unteren Lagerinnenring mit Heißluftföhn (oder auf Heizplatte oder im Ölbad) erwärmen,

so dass man ihn gerade eben nicht mehr in die Hand nehmen kann (80 bis 100 °C).
■ Nur mit Hitzeschutz-Handschuhen anfassen!
2. Staubschutzring auf Lenkkopfrohr schieben und ganz nach unten drücken.
3. Erwärmten Innenring auf das (kalte) Lenkschaftrohr auffädeln, nach unten auf den Sitz schieben, mit passendem Rohrstück und kurzen Hammerschlägen in den Sitz drücken (Bild 14).
4. Beide Lagerschalen für oberes und unteres Lager eine Stunde in Kühlschrank (Tiefkühlfach) legen, sie ziehen sich in der Kälte zusammen.
5. Oberen und unteren Lagersitz am Rahmen mit dem Heißluftföhn kurz und heftig erwärmen.
6. Jetzt die eiskalten Lagerschalen aus dem Kühlschrank holen und oben in die Lagerstelle im Lenkkopf einsetzen bzw. von unten einschieben.
6.1. Noch halten die Lagerschalen nicht von alleine: deswegen sie vom Helfer mit zwei Hammerstielen ganz nach unten bzw. oben drücken und so lange am Anschlag halten lassen, bis Lagerschalen und Lagerstellen des Rahmens gleiche Temperatur haben und fest sitzen.
6.2. Oder eine Gewindestange (M10 oder M12) durch den Lenkkopf schieben, oben und unten eine sehr große Scheibe aufsetzen, mit zwei Muttern leicht handfest anziehen und so lange festgeschraubt lassen, bis die Lagerschalen kalt geworden sind und fest im Lenkkopf sitzen.
7. Reichlich spezielles Kugellagerfett in Lagerschalen und an Kugelringe geben.
8. Unteren Kugelring über das Lenkschaftrohr fädeln und auf unteren Innenring setzen.
8.1. Lenkschaft von unten in Rahmenkopf einführen und nach oben drücken.
9. Oberen Kugelring einsetzen, Lagerinnenring und Staubkappe aufschieben, Lagereinstellmutter aufschrauben, »gut handfest« festziehen.
10. Gabelbrücke mindestens fünfmal von Anschlag zu Anschlag schwenken, damit sich die Lager richtig setzen.
10.1. Einstellmutter wieder um 1/2 Umdrehung lösen und dann das Lenkkopflager fein einstellen.
11. Obere Gabelbrücke aufstecken, Lenkschaft-Kopfmutter fingerfest anziehen. Gabelbeine und Lenker ein- und anbauen.
12. Schrauben und Muttern mit vogeschriebenem Drehmoment festziehen.

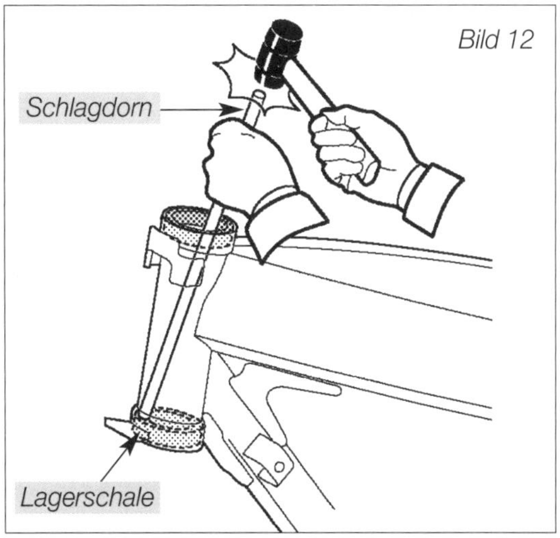

Bild 12: Austreiben der Lagerschalen im Lenkkopf über Kreuz mit Hilfe eines langen Schlagdornes.

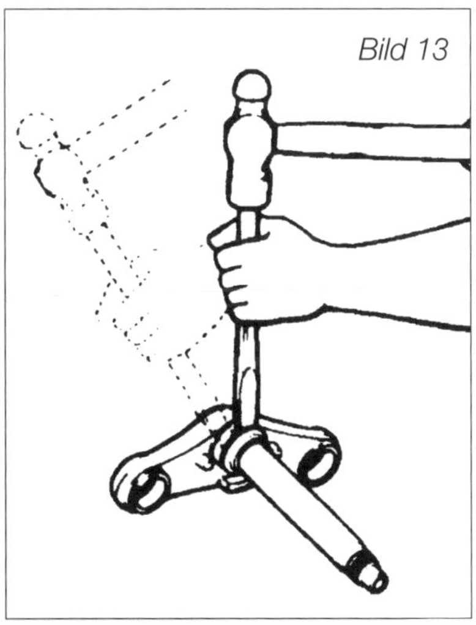

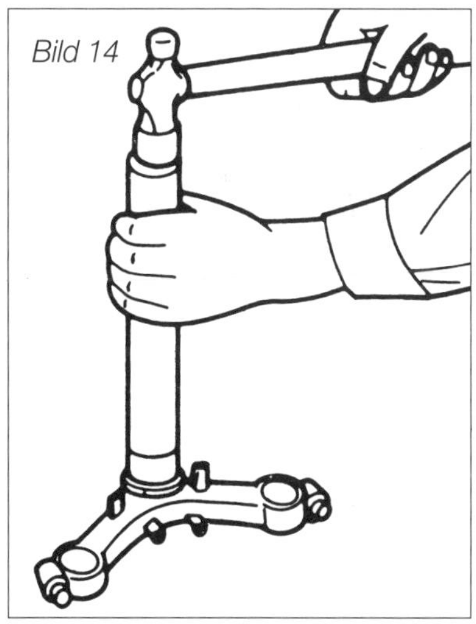

Bilder 13 und 14: Aus- und Einbau des Lagerinnenrings auf dem Lenkschaftrohr.

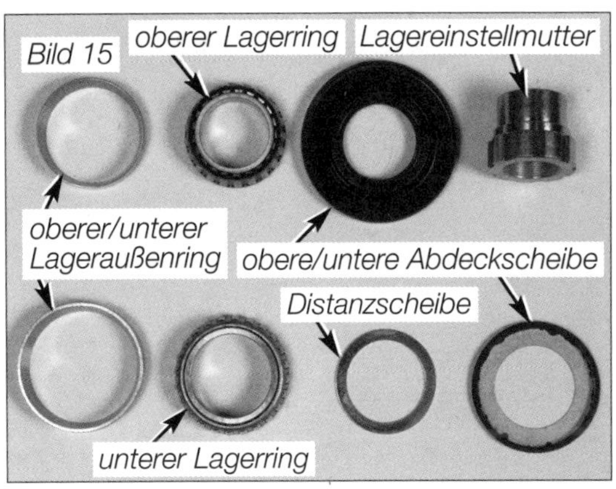

Bilder 15 und 16: Ein Umbau von Kugel- auf Kegelrollenlager beseitigt dauerhaft alle Lagerprobleme.

■ Bei den Schwarz-Kegelrollenlagern ist die obere Lagereinstellmutter fest mit dem Lagerring verbunden.

■ Vor dem Einbau der neuen Lager werden die Lagersitze im Lenkkopf bearbeitet.

Kegelrollenlager
Emil Schwarz
Präzisionsteile
für Motorräder
Daimlerstraße 8
D-73660 Urbach
www.emilschwarz.de

Telegabel

In diesem Kapitel: Gabelöl, Füllmengen, Maße · Anziehdrehmomente, Spezialwerkzeuge · Gabelbeine aus- und einbauen · Gabelöl wechseln · Neue Simmerringe einbauen · Explosionszeichnungen der Gabelbeine von YBR 125 und XT 125 R/X.

Warum Gabelöl wechseln?

Gabelöl verschleißt ebenso wie Motoröl:

- Gabelöl wird im Laufe der Zeit dünnflüssiger, was die Dämpfung verschlechtert und somit auch das Fahrverhalten.
- Gabelöl verliert mit zunehmendem Alter auch seine Schmiereigenschaften, was den Verschleiß der ineinander gleitenden Gabelbauteile fördert.

Es gibt von Yamaha keine feste Servicevorschrift, wann das Gabelöl gewechselt werden muss. Weil jedoch bei jeder Inspektion der Prüfpunkt »Federung püfen« abgearbeitet werden muss, kann es durchaus sein, dass der Mechaniker feststellt, dass die Gabeldämpfung nicht mehr zufriedenstellend funktioniert und einen Gabelölwechsel empfiehlt. Oder der Fahrer stellt fest, dass sich Straßenlage und Federungskomfort seiner Maschine verändert haben und deswegen ein Grund für einen Gabelölwechsel gegeben ist.

Gabelöl, Füllmengen, Maße

In diesem Kapitel behandeln wir die Telegabel der YZF-R 125. Die Telegabeln der anderen sechs Maschinen weichen in den Arbeitsschritten, Feder- und Luftpolstermaßen sowie Ölfüllmengen von dieser Gabel ab. Bitte sehen Sie dazu im Fahrzeughandbuch Ihrer Maschine nach oder fragen Sie beim Yamaha-Händler, wenn Sie dort neues Gabelöl oder andere Ersatzteile kaufen.

Vorgeschriebenes Gabelöl

Yamaha schreibt folgendes Gabelöl (Dämpferöl) vor: *»Yamaha Gabelöl 01 oder gleichwertig«.* Unter »gleichwertig« ist zu verstehen: Marken-Stoßdämpferöl für Motorräder in der Spezifikation SAE 10W (Bild 1).

Füllmengen und Gabelölstand

- Ölmenge pro Gabelbein........ 235 cm^3 ±2,5 cm^3

Zum Wechsel des Gabelöls in beiden Gabelbeinen wird 1/2 Liter neues Gabelöl benötigt.

- Gabelölstand (»Luftpolster«)................ 152 mm

Der »Gabelölstand« betrifft das Maß von Oberkante Standrohr auf Ölspiegel, Standrohr und Tauchrohr ganz zusammengeschoben, Gabelfeder nicht eingesetzt.

Länge der Gabelfedern

ungespannte Länge............................ 415,0 mm
Verschleißgrenze .... 406,7 mm

Bild 1: Nur spezielles Marken-Gabelöl für Motorräder verwenden, kein Motoröl. Auf die passende Viskositätsklasse achten!

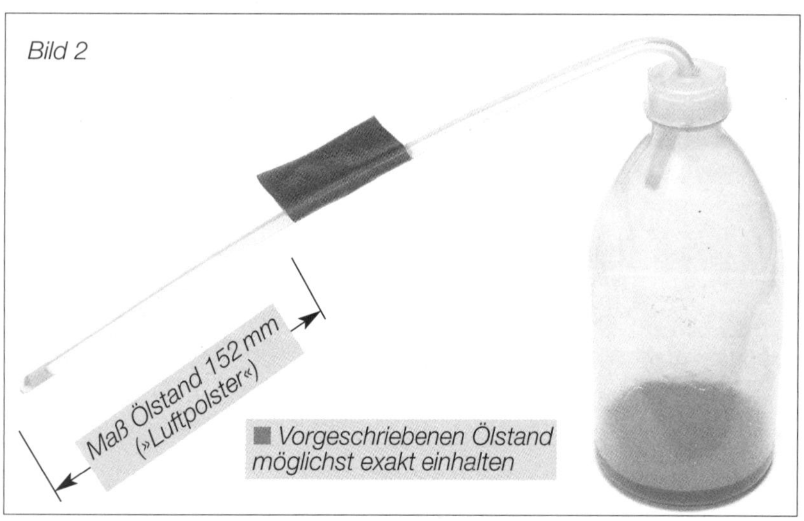

Bild 2: Eigenbau-Spritzflasche mit Messmarkierung am Saugrüssel zum Absaugen von überschüssigem Gabelöl beim Einstellen des Ölstands.

Bild 3: Einschlagwerkzeug für neuen Simmerring.

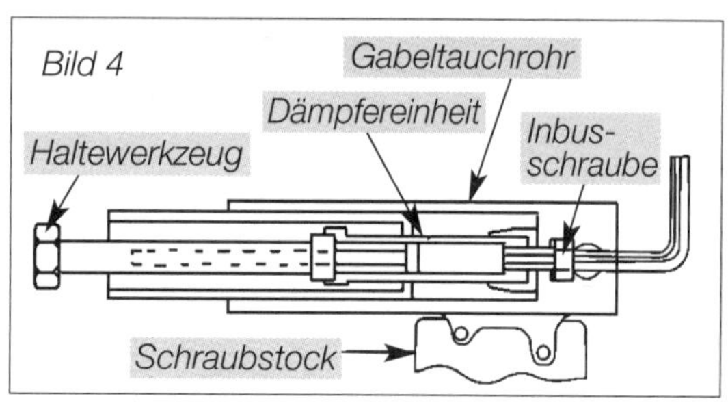

Bild 4: Spezialwerkzeug zum Lösen und Festziehen der unteren Dämpferhalteschraube.

Anziehdrehmomente

Standrohr-Klemmschrauben:
in oberer Gabelbrücke .... 23 Nm
in unterer Gabelbrücke .... 28 Nm
Inbusschraube unten im Gabelbein
an Dämpfereinheit (Bild 4) .... 28 Nm

Spezialwerkzeuge

Zum Wechsel des Gabelöls und zur Zelegung des Gabelbeins wegen Einbau neuer Simmerringe bietet Yamaha Spezialwerkzeuge an. Natürlich ist es gut, wenn man diese hat, man kann sich aber auch ohne behelfen und so zeigen wir die Arbeitsschritte auch in diesem Kapitel.

Einen neuen Gabelsimmerring kann man auch ohne Spezialwerkzeug eindrücken, etwa ringsum mit einem kleinen Dorn unter vorsichtigen Hammerschlägen oder mit einer selbst angefertigten »Eintreibbuchse« (Bild 3). Oder man belegt den neuen Simmerring mit dem alten und treibt beide gemeinsam ein, bis der neue ganz unten aufsitzt und zieht dann den alten (oberen) wieder heraus!

Gabelbeine aus- und einbauen

Gabelbeine ausbauen

1. Motorrad so aufbocken, dass Vorderrad und Gabelbeine komplett frei sind. Entsprechende Verkleidungsteile abbauen, damit man die Schrauben in oberer und unterer Gabelbrücke mit dem Werkzeug ungehindert erreicht.
2. Vorderrad ausbauen.
3. Bremssattel abbauen und zur Seite hängen.
■ Bremsleitung daran angeschlossen lassen!
4. Halterungen der Bremsleitung und Schutzblech von den Gabelbeinen abschrauben.
5. Lenker abbauen: Klemmschrauben lösen und aufdrehen, Fixierschrauben lösen und ausdrehen, Lenker von den Standrohren abziehen.
6. Standrohr-Klemmschrauben in oberer Gabelbrücke (Bild 6) lösen, etwas aufdrehen.
■ Unten stehenden »Einschub bei 6.« beachten.
7. Standrohr-Klemmschrauben in unterer Gabelbrücke (Bild 7) lösen, mindestens drei Umdrehungen aufdrehen.
■ Gabelbein dabei mit einer Hand festhalten, damit es nicht plötzlich nach unten herausrutscht.
8. Gabelbein unter leichtem Drehen nach unten herausziehen.

Einschub bei 6.: Wenn das Gabelbein nach dem Ausbau zum Ölwechsel oder Erneuern des Simmerrings zerlegt werden soll:
6.1. Gabeldeckel-Gummi abnehmen (Bild 8) und den nun innen sichtbaren Stopfen mit einem Hammerstiel in das Standrohr eindrücken:
■ Den jetzt zu sehenden Sicherungsring mit einem dünnen Schraubenzieher ausbauen (Bild 9).
■ Druck auf den Stopfen langsam (!) lösen.
6.2. Wenn ein geschraubter Gabeldeckel (Bild 6) eingebaut ist: Mit exakt passendem Schlüssel lösen, aber noch nicht ausschrauben.

Gabelbeine einbauen

1. Teile und Klemmstellen reinigen mit Ölspray. Etwas schweres Fett in die Klemmstellen der Gabelbeine in den Gabelbrücken geben (Bild 11).
2. Gabelbein von unten in die untere Gabelbrücke einschieben, unter leichtem Drehen nach oben durchschieben, bis das Maß vom Ende des Gabelstandrohrs bis zur Oberseite der Gabelbrücke 24,5 mm beträgt (Bild 5).
3. Standrohr-Klemmschrauben in unterer Gabelbrücke festziehen mit 28 Nm.

Bild 5
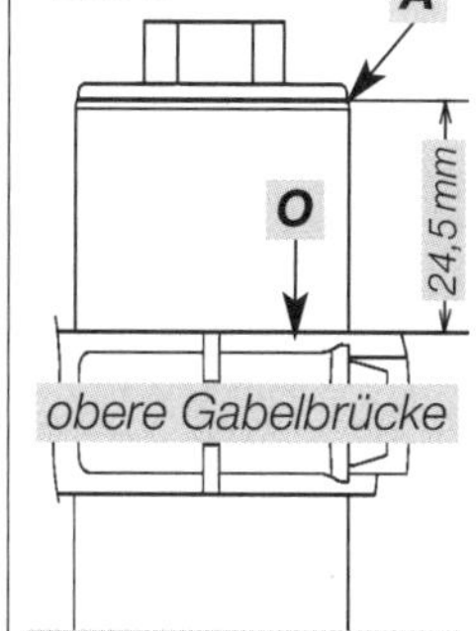

A = Oberkante Standrohr 24,5 mm über **O** = Oberseite obere Gabelbrücke

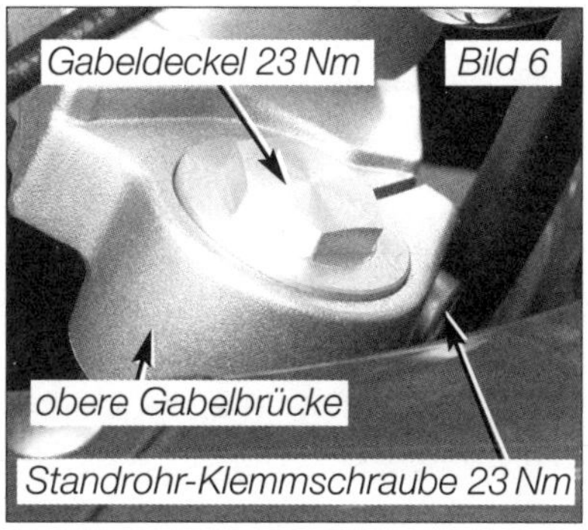

Bild 6

Bild 7

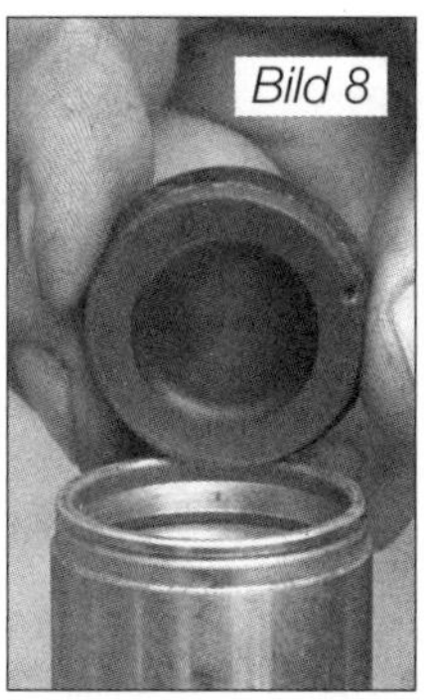
Bild 8

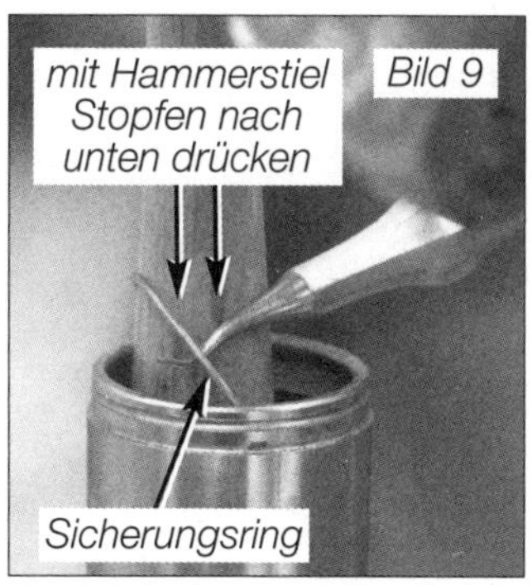

Bild 9

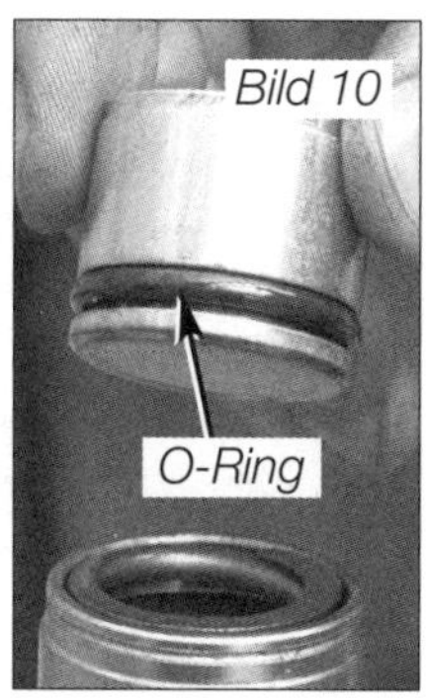

Bild 10

Bild 11

Bilder 5 bis 11: Im Lauftext sind die zu den Bildern gehörenden Arbeitsschritte nummeriert beschrieben.

Bilder 12 und 13: Wenn sich die Inbusschraube nicht ausdrehen lässt, weil sich die Dämpfereinheit mitdreht: Gabelbein provisorisch wieder zusammenbauen und mit einem Schlagschrauber versuchen.

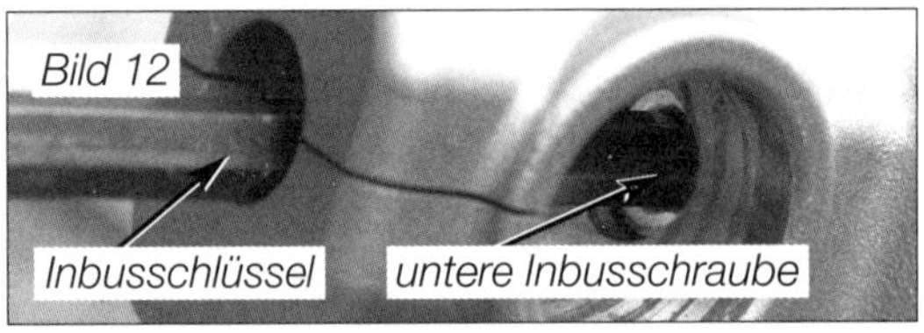

Bild 12

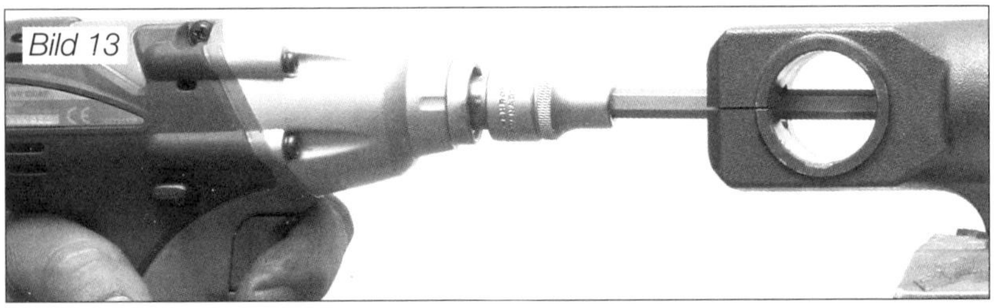

Bild 13

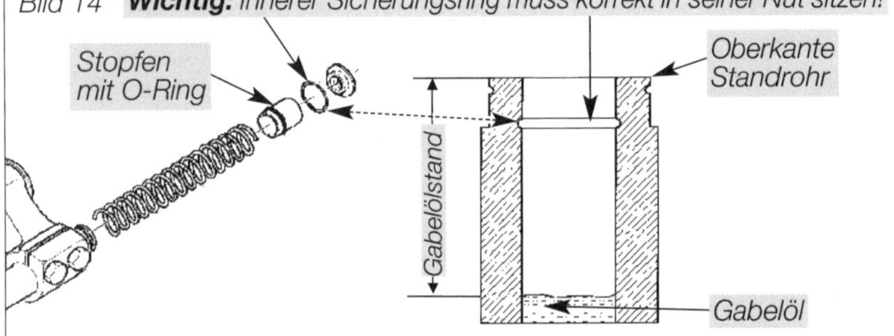

Bild 14 **Wichtig:** *Innerer Sicherungsring muss korrekt in seiner Nut sitzen!*

Bild 14: Detailzeichnung von Gabelstopfen und Nut für den Sicherungsring.

Bild 15: Explosionszeichnung eines Gabelbeins der YZF-R 125.

■ *Die Sicherungsringe (1) und (2) sollen nach Werksvorschrift nur einmal verwendet werden. Wenn sie unbeschädigt sind, kann man sie vor dem Einbau etwas aufbiegen (»in sich spannen«) und erneut verwenden.*

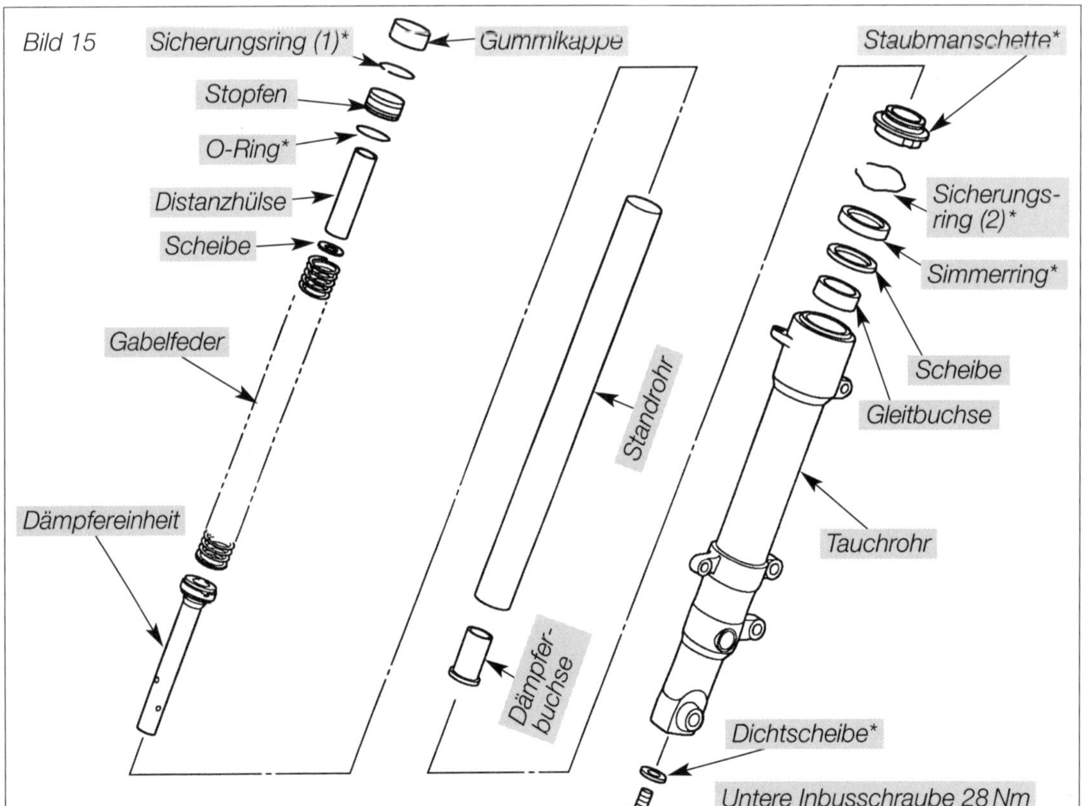

Bild 15 **Gabelbein YZF-R 125** * = Teile erneuern

■ Unten stehenden »Einschub bei 3.« beachten.
4. Standrohr-Klemmschrauben in oberer Gabelbrücke festziehen mit 23 Nm.
5. Lenker aufschieben, Klemmschrauben handfest anziehen.
5.1. Fixierschraube eindrehen und mit 9 Nm festziehen, Klemmschraube festziehen mit 23 Nm.
6. Schutzblech, Rad, Bremssattel und Halterung der Bremsleitungen einbauen und anschrauben.

Einschub bei 3.: Wenn das Gabelbein nach dem Zusammenbau wieder eingebaut wird und der Arbeitsschritt 3. »untere Standrohr-Klemmschrauben festziehen« getan ist:
3.1. Geschraubter Gabeldeckel (Bild 6): Diesen festziehen mit 23 Nm.
3.2. Eingesteckter Stopfen:
■ O-Ring im Stopfen einölen, auf Distanzhülse setzen (Bild 10).
■ Sicherungsring auf Stopfen legen, Hammerstiel senkrecht mittig auf Stopfen ansetzen.
■ Druck auf den Hammerstiel geben und Stopfen damit tiefer als die Nut eindrücken (Bild 9).
■ Druck halten (!), Sicherungsring in Nut einsetzen (Bild 14), Druck auf Hammerstiel lösen, Stopfen beobachten: Er muss sich gleichmäßig ringsum an den Sicherungsring anlegen.

Gabelöl wechseln

Gabelbein zum Ölwechsel zerlegen
1. Gabelbein an Achsfaust waagerecht in einen Schraubstock spannen.
2. Dieser Punkt 2. sowie 2.1. sind nur dann nötig, wenn das Gabelbein komplett zerlegt werden muss, z. B. zum Einbau neuer Simmerringe; ansonsten weiter mit Arbeitspunkt 3.: Mit einem Inbusschlüssel von unten in die Achsfaust einfahren (Bild 12) und die Inbusschraube lösen, aber noch nicht ausdrehen!
2.1. Wenn Sie spüren, dass sich die Schraube zwar löst, aber sich die Dämpfereinheit im Gabelinneren mitdreht, können Sie das Gabelbein wieder provisorisch zusammenbauen und mit einem Schlagschrauber (Bild 13) nochmal versuchen, das geht meistens! **VORSICHT**, es läuft Öl ab, deswegen ein großes Ölfanggefäß unterstellen!
■ Wenn alles nichts hilft: Zum Yamaha-Händler gehen, er kann die Gabelbeine mit Hilfe der Spezialwerkzeuge zerlegen.
3. Wenn der Gabeldeckel geschraubt ist, ausdrehen: Standrohr dabei mit der Hand gegenhalten.
3.1. VORSICHT: Weil die Feder von innen gegen den Gabeldeckel drückt, kann dieser mitsamt dem letzten Gewindegang herausschießen! Deswegen beim Ausdrehen des Gabeldeckels etwas Druck auf ihn geben.
3.2. Distanzhülse, Scheibe und Gabelfeder herausnehmen.
4. Gabelbein aus dem Schraubstock nehmen und kopfüber in eine Schüssel kippen: Dämpferöl auslaufen lassen.
4.1. Standrohr auf Tauchrohr einige Male langsam hin und her bewegen, damit alles Gabelöl herausgepumpt wird und ausläuft. Lange genug austropfen lassen.
5. In das Gabelbein einen Schuss (ca. 100 cm^3) Benzin oder Waschbenzin einfüllen und damit gründlich ausspülen. So werden Gabelbein innen und Dämpfereinheit von altem Gabelöl und Schmutz gereinigt.
6. O-Ring auf dem Gabeldeckel (Bild 10) kontrollieren: Wenn er beschädigt ist, auswechseln.
7. Der jetzige Punkt wird nur nötig, wenn neue Gabelsimmerringe und/oder Gabelbuchsen eingebaut werden müssen:
■ Anschließend an Arbeitspunkte 2. und 2.1. Jetzt die untere Inbusschraube komplett ausdrehen. Gabeltauchrohr vom Gabelstandrohr abziehen. Gabelstandrohr umdrehen, Dämpfereinheit herausfallen lassen.

Gabelöl einfüllen
1. Gabelbein an der Achsfaust senkrecht in einen Schraubstock spannen, Alubacken zum Schutz zwischenlegen.
1.1. Stand- und Tauchrohr zusammenschieben.
2. Frisches Gabelöl einfüllen (Bild 16), und zwar etwas mehr als die angegebenen »235 cm^3 pro Gabelbein«, denn das zu viel eingefüllte Öl wird ja wieder abgesaugt, wenn nachher der Ölstand korrekt eingestellt wird!
■ Gabelöl langsam einfüllen (Bild 16) und beruhi-

Bild 16: Gabelöl langsam einfüllen, Standrohr im Tauchrohr dabei etwas aus- und einschieben.

Bild 16

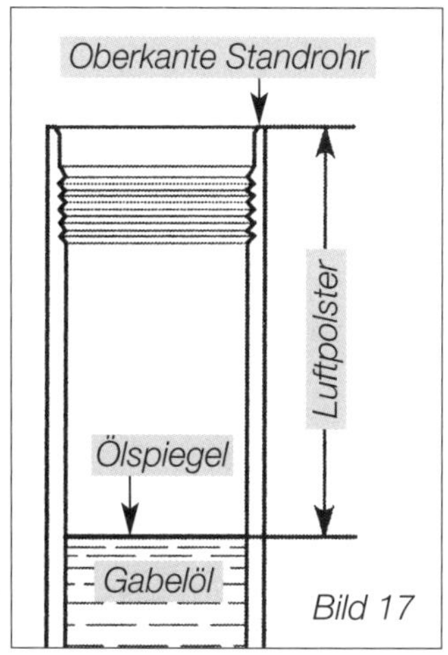

Bild 17

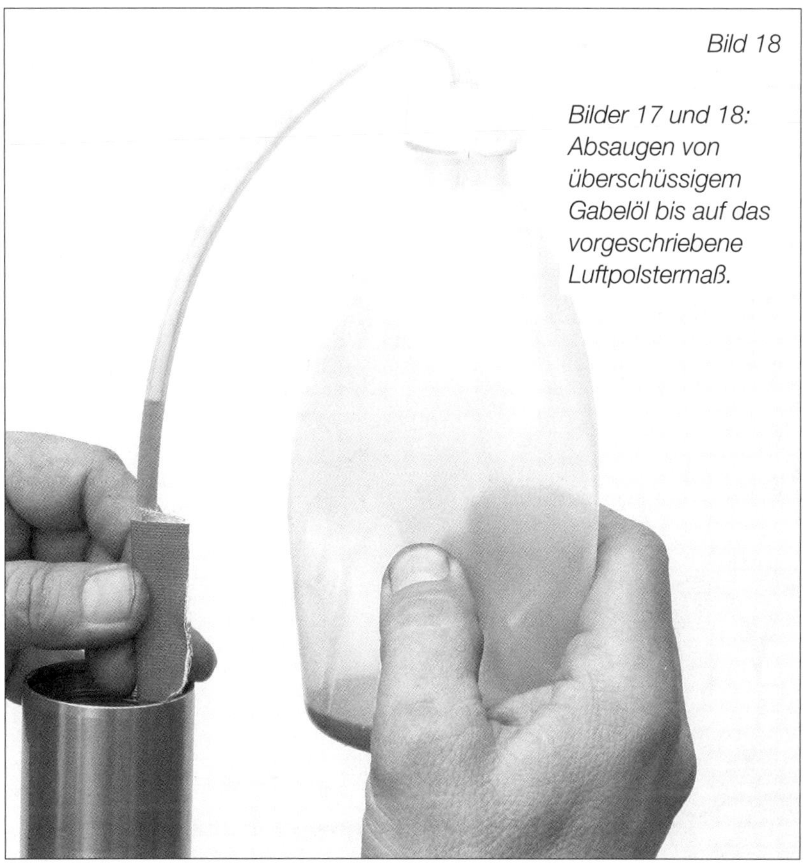

Bild 18

Bilder 17 und 18: Absaugen von überschüssigem Gabelöl bis auf das vorgeschriebene Luftpolstermaß.

gen lassen. Warten, bis Luftblasen aufsteigen.
3. Gabelstandrohr einige Male langsam (!) im Gabeltauchrohr hin und her bewegen: Das Öl verteilt sich gleichmäßig im Gabelbein, eventuell eingeschlossene Luft wird herausgedrückt.
3.1. Gabelstandrohr so lange langsam (!) auf dem Gabeltauchrohr hin und her bewegen, bis sich die Dämpfung geschmeidig anfühlt, dann ist die Dämpfereinheit mit Gabelöl gefüllt.
4. Ölstand einstellen:
4.1. Standrohr ganz in Tauchrohr einschieben.
4.2. Vorgeschriebenes Ölstandsmaß 152 mm am Saugrüssel einer Spritzflasche mit O-Ring oder Klebeband markieren (Bilder 2 und 18).

Bilder 19, 20 und 21: Im Lauftext sind die zu den Bildern gehörenden Arbeitsschritte nummeriert beschrieben.

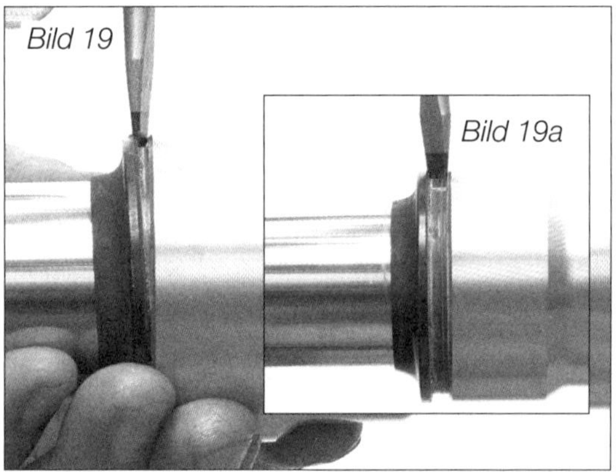

4.3. Mit dem Saugrüssel in das Gabelbein einfahren, Flasche langsam zusammendrücken und wieder loslassen: So wird das überschüssige Öl abgesaugt (Bild 18).
4.4. Saugrüssel exakt senkrecht bis zur Markierung in das Gabelbein einstecken, alles überschüssige Öl absaugen, bis Ölstand korrekt ist.

Gabelbein zusammenbauen
1. Gabelstandrohr im Gabeltauchrohr ganz nach oben ziehen und mit der Hand oben halten.
2. Feder in das Gabelbein einführen.
3. Scheibe und Distanzhülse nachführen.
4. Gabelstandrohr mit der Hand packen und ganz oben halten.
4.1. Wenn der Gabeldeckel geschraubt ist, Gabeldeckel aufsetzen und gegen den Widerstand der Feder eindrehen.
■ **Wichtig:** Darauf achten, dass schon der erste Gewindegang richtig greift, sonst wird der Gabeldeckel durch den Federdruck herausgedrückt und das Gewinde ist versaut!
4.2. Wenn der Gabeldeckel aber ein Stopfen ist und mit einem Sicherungsring innen fixiert ist (siehe Bilder 9, 10 und 14): Den Stopfen mit einem Hammerstiel im Standrohr nach unten drücken und dann den Sicherungsring einsetzen (siehe auch Text weiter vorne in diesem Kapitel).

Bild 22: Explosionszeichnung eines Gabelbeins der YBR 125.

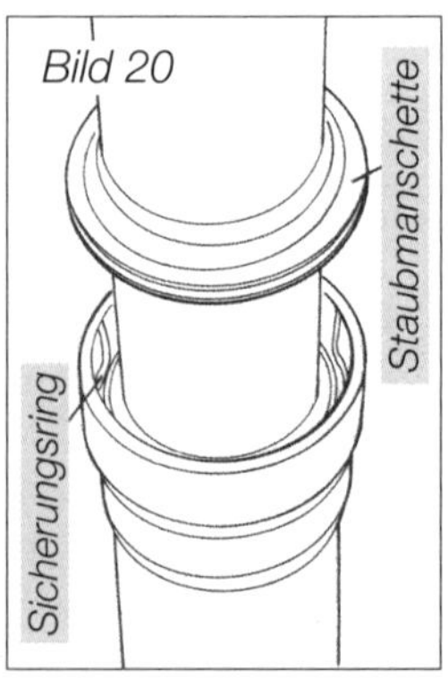

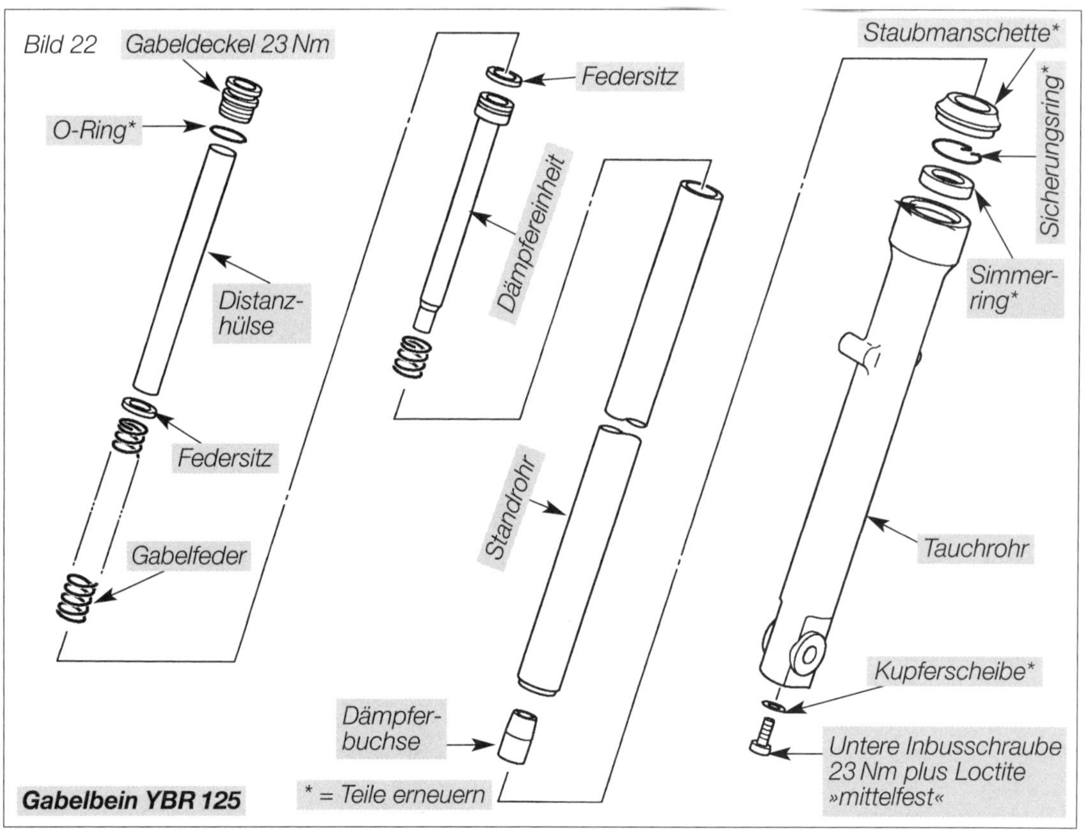

Neue Simmerringe einbauen

Gabelbein ganz zerlegen

1. Gabelbein ist ausgebaut und so weit zerlegt, wie weiter vorne unter »Gabelbein zum Ölwechsel zerlegen« von 1. bis 7. beschrieben.
2. Gabelbein an Achsfaust in Schraubstock spannen, Alubacken dazwischenlegen.
3. Staubmanschette mit einem kleinen Schraubenzieher ringsum aus ihrem Sitz lösen (Bilder 19 und 19a).
3.1. Sicherungsring des Simmerrings ausbauen: Kleinen Schraubenzieher in den Sicherungsring einstecken und ihn vorsichtig aushebeln (Bilder 20 und 21).
3.4. Gabelsimmerring ausbauen: Reifenmontiereisen nehmen (oder dicken Schraubenzieher), einen dicken Lappen zwischen die Oberkante des Standrohres und das Reifenmontiereisen legen. Simmerring in mehreren kleinen Schritten ringsum heraushebeln (Bild 23).

Gabelbauteile prüfen

■ Tauch- und Standrohr auf Riefen, Kratzer, Druckstellen, Korrosion und Verschleiß prüfen.
■ Gabeltauchrohr in Prismenböcke legen und mit Messuhr den Schlag messen. Beachten, dass der tatsächliche Schlag halb so groß ist wie der von Messuhr angezeigte bzw. abgelesene Wert: Verschleißgrenze 0,20 mm.
■ Gabelfedern messen: Ungespannte Länge 415 mm und Verschleißgrenze 406,7 mm.
■ Darauf achten, dass beide Federn gleich lang sind, also nicht z. B. eine neue und eine alte Feder einbauen.

Gabelbein zusammenbauen

Zusammenbau der Gabelbeine grundsätzlich umgekehrt zur Zerlegung. Nehmen Sie die Explosionszeichnung im Bild 15 zu Hilfe. Beim Zusammenbau besonders beachten:
1. Gabelsimmerring und Staubmanschette mit reinem Silikonfett einreiben (Bild 24). Das hält sie geschmeidig und lässt sie leicht gleiten, was das Ansprechverhalten der Gabel verbessert.
2. Neuen Gabelsimmerring mit Aufschrift auf geschlossener Seite (Bild 25) nach unten einbauen.
2.1. Wenn Sie das Spezialwerkzeug (Bild 3) nicht haben, können Sie den Simmerring auch mit einer passenden Nuss eindrücken bzw. vorsichtig (!) einhämmern (Bild 26).
2.2. Mit Taschenlampe in Sitzbund reinleuchten und prüfen, ob der Simmerring satt unten sitzt: Nut für Sicherungsring muss ganz zu sehen sein.
3. Sicherungsring etwas aufspreizen (»nachspannen«) und in die Nut einsetzen (Bild 21).
4. Staubmanschette eindrücken (Bild 20).
5. Untere Inbusschraube fettfrei reinigen, einen Tropfen Loctite »mittelfest« auf Gewinde geben, mit neuer Kupferdichtscheibe eindrehen und festziehen bis auf 28 Nm.
■ Öl einfüllen und Einbau der Gabelbeine siehe Text weiter vorne.

Bild 23

Bilder 23 bis 26: Aus- und Einbau Gabelsimmerring.

Bild 27: Explosionszeichnung der Gabel der XT 125 R/X.

Bild 24

Bild 25

Bild 26

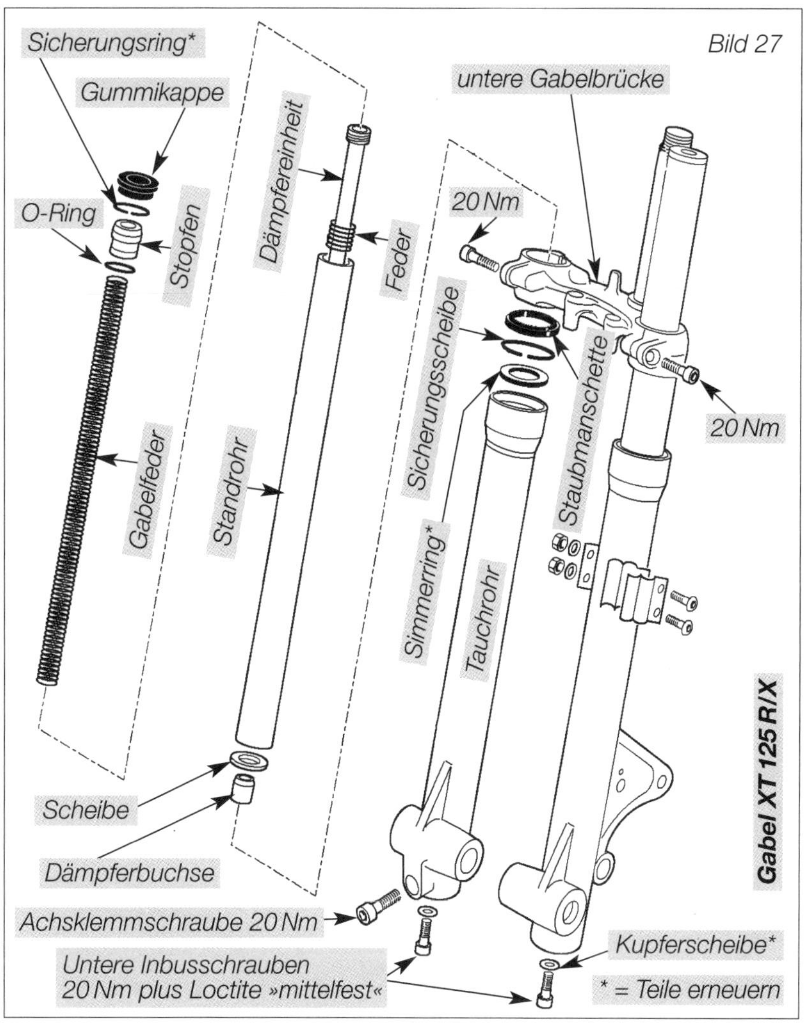

Bild 27

Federbein defekt?

Ein defektes Serienfederbein kann nur vom Spezialisten instand gesetzt werden, was sich aber wegen der hohen Kosten nicht rentiert. Wenn das Serienfederbein defekt ist, sollte man ein spezielles Nachrüstfederbein einbauen. Solche gibt es von verschiedenen Herstellern (siehe dazu auch Kapitel 11 »Federung · Dämpfung« sowie 32 »Adressen«).

Federbeine · Schwinge

In diesem Kapitel: Konstruktive Merkmale · Federbein(e) aus- und einbauen · Hinterradschwinge ausbauen, prüfen und einbauen.

Konstruktive Merkmale

Federbein YZF-R 125

Im nachstehenden Text beschreiben wir den Aus- und Einbau des Federbeins und der Schwinge der YZF-R 125; siehe dazu Bilder 1, 4, 5, 6, 7 und 8).

Das Federbein ist folgendermaßen befestigt:
- Oberer Federbeinkopf am Rahmen mit Schraube/Mutter (Anziehdrehmoment 44 Nm).
- Unterer Federbeinkopf an der hinteren Lagerstelle des Umlenkhebels mit Schraube/Mutter (44 Nm).

Umlenkhebel und Zugstreben unterhalb der Schwinge:
- Der Umlenkhebel ist vorne am Rahmen gelagert (Schraube/Mutter, 44 Nm).
- An der mittleren Bohrung des Umlenkhebels sind die beiden gebogenen Zugstreben befestigt (Schraube/Mutter, 44 Nm)
- Beide Zugstreben sind hinten mit der Schwinge verbunden (Schraube/Mutter, 44 Nm).

Bild 1: Explosionszeichnung der Federbein-Umlenkung der YZF-R 125 mit Teilebezeichnungen und Anziehdrehmomenten.

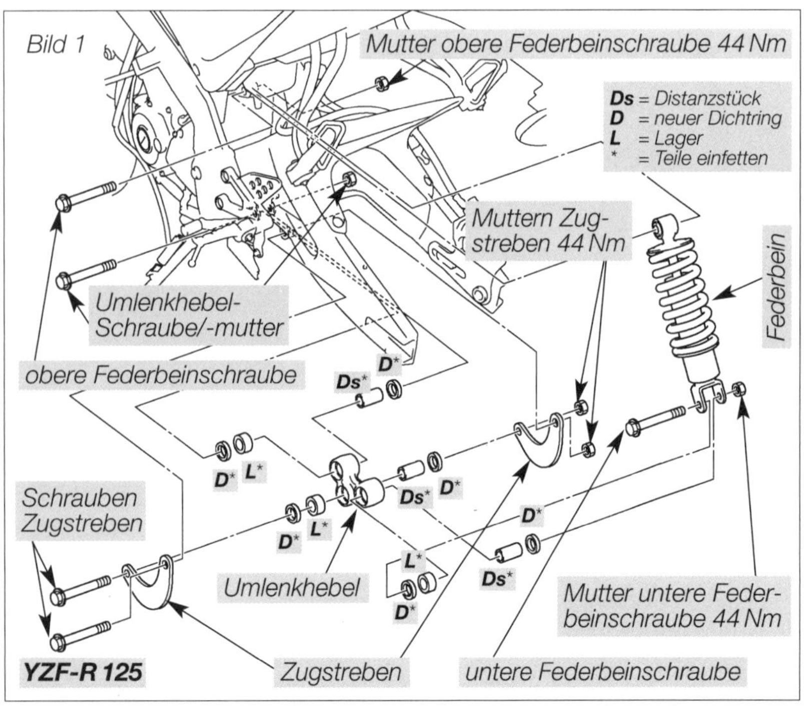

Federbeine YBR 125/Custom: Diese Modelle haben zwei Federbeine direkt zwischen Hinterradschwinge und Heckrahmen (Bild 3). Anziehdrehmomente:
- Hutmutter oben an Rahmen 40 Nm
- Hutmutter unten an Schwinge 32 Nm

Federbeine XT 125 R/X: Bei diesen Modellen ist das eine Federbein oben am Rahmen und unten an der Schwinge direkt befestigt (Bilder 2 und 9).
- Oben und unten Schaube/Mutter 45 Nm

Federbeine WR 125 R/X: Diese Modelle haben ein Federbein mit Umlenkhebel und Zugstrebe ähnlich der YZF-R 125:
- Federbein oben an Rahmen und unten an Umlenkhebel, mit Schraube/Mutter (44 Nm).
- Umlenkhebel hinten oben an Schwinge und unten an Zugstrebe zum Rahmen hin (jeweils mit Schraube/Mutter 44 Nm).
- Zugstrebe nach vorne an Rahmen mit Schraube/Mutter (44 Nm).

Federbein aus- und einbauen

Beim Schrauben bitte beachten
- Bei der oberen Federbeinbefestigung geht es eng zu: Zwar ist der Schaubenkopf von links gut erreichbar, aber die nur von der anderen Seite zugängliche Mutter dagegen nicht: Schrauben Sie deswegen nur mit bestem Werkzeug, verwenden Sie Sechskant-Nüsse, kardanische Verlängerungen und exakt passende Gabel- oder Ringschlüssel!
- Wenn die Maschine einen Mittelständer hat, sie auf diesem abstellen.
- Maschine ohne Mittelständer am besten an einem Werkstattkran aufhängen: Heck muss frei sein, Reifen hat keinen Bodenkontakt. Riemen unter den Heckrahmenrohren durchführen und darauf achten, dass weder Kabel noch elektrische Bauteile von den Riemen gedrückt werden.
- Eine entsprechend dicke Holzlatte zwischen Hinterrad und Boden schieben, dass die »Luft« weg ist.

Federbein ausbauen

1. Mutter der Federbeinschraube oben am Rahmen lösen und abschrauben, Schraube noch stecken lassen.

2. Mutter der Federbeinschraube unten am Umlenkhebel lösen und abschrauben, Schraube noch stecken lassen.

3. Mutter der Schaube, die die Zugstreben mit

der Schwinge verbindet, lösen und abschrauben, Schraube noch stecken lassen.
4. Schrauben ausziehen:
4.1. Mit der Holzlatte unter dem Reifen die Hinterradschwinge etwas nach oben und unten bewegen, so lassen sich die Schrauben leichter ausziehen.
4.2. Ausziehen: Schraube unterer Federbeinkopf an Umlenkhebel.
4.3. Ausziehen: Schraube Zugstreben an Schwinge.
4.4. Umlenkhebel nach unten-vorne wegklappen.
5. Holzlatte unter dem Reifen wegziehen, Hinterrad auf den Boden ablassen.
5.1. Federbein mit einer Hand halten, Schraube am oberen Federbeinkopf zum Rahmen hin ausziehen. Federbein nach unten herausnehmen.

Federbein einbauen

Einbau in umgekehrter Reihenfolge. Dabei besonders beachten:

- Bei ausgebautem Federbein die Beweglichkeit der eingebauten Schwinge prüfen, sie muss sich gleichmäßig weich auf und ab bewegen lassen, die Lagerung darf kein Spiel haben.
- Seitenspiel am Ende der Schwinge max. 1 mm.

Sehr Wichtig: Nur einwandfreie Schrauben und Muttern verwenden. Wenn auch der geringste Zweifel an deren Qualität besteht, wenn sie angegammelt (korrodiert), ihre Gewinde oder Sechskante vermurkst sind, neue Original-Schrauben und -Muttern beim Yamaha-Händler kaufen und einbauen.

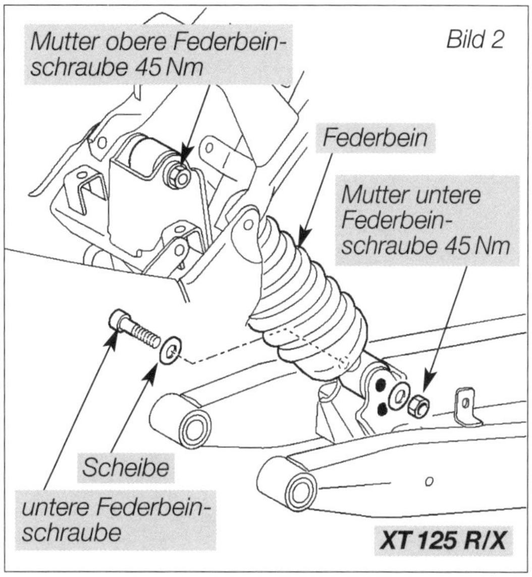

Bild 2: Einbauzeichnung des direkt zwischen Rahmen und Schwinge eingebauten Federbeins der XT 125 R/X.

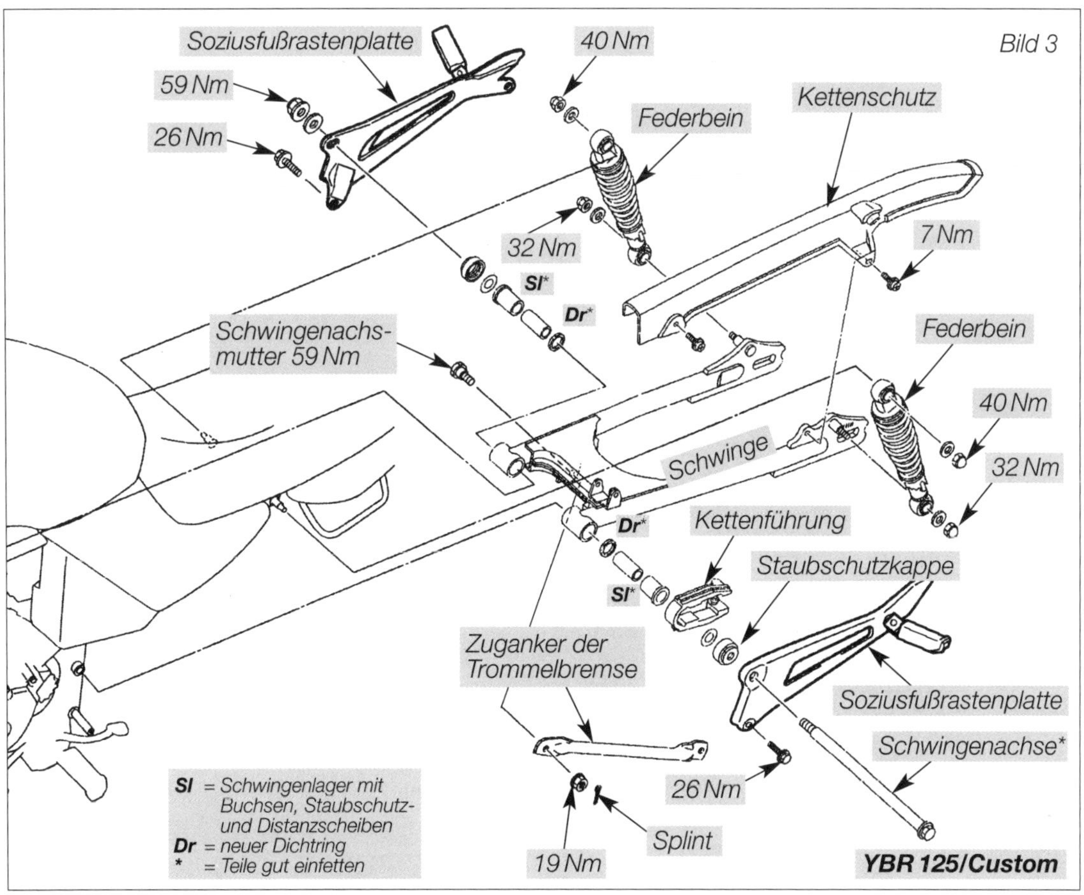

Bild 3: Explosionszeichnung der Schwinge der YBR 125/Custom mit Teilebezeichnungen und Anziehdrehmomenten.

Bild 4: Einbaurichtung des Umlenkhebels der YZF-R 125.

Hinterradschwinge

Hinterradschwinge ausbauen

1. Motorrad aufhängen, Federbein(e) ausbauen wie vorne schon beschrieben.

2. Hinterrad ausbauen, Kettenschutz und Halteöse der Bremsleitung auf den Schwingarmen abschrauben.

■ Bremssattel sicher zur Seite hängen. Bremsleitung weder stark verdrehen noch knicken!

3. Schwingenachsmutter lösen und abnehmen, Schwingenachse am Kopf dabei gegenhalten.

4. Schwingenachse herausziehen.

■ Schwinge dabei mit einer Hand festhalten, damit sie nicht plötzlich herunterfällt.

5. Schwinge nach hinten herausziehen. Dabei auf die Scheiben und Buchsen achten, diese nicht nur auffangen, sondern auch merken, wie sie eingebaut waren (siehe dazu auch die verschiedenen Explosionszeichnungen der Schwingenlager).

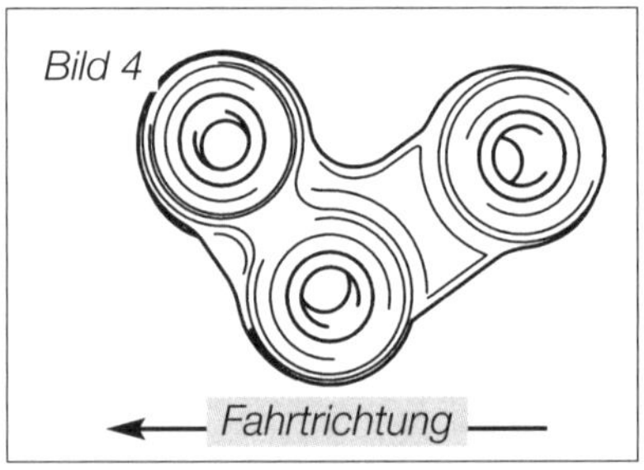

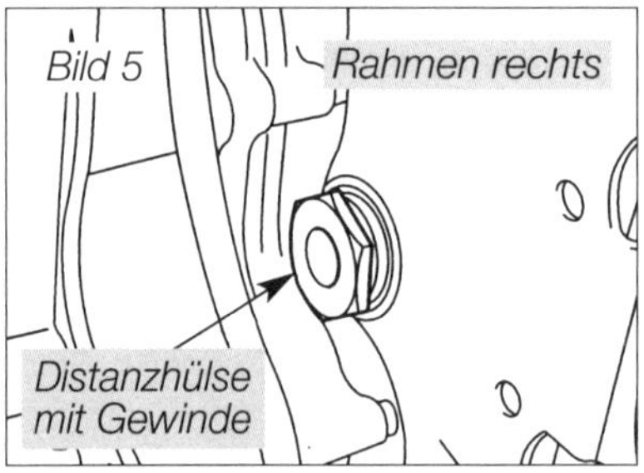

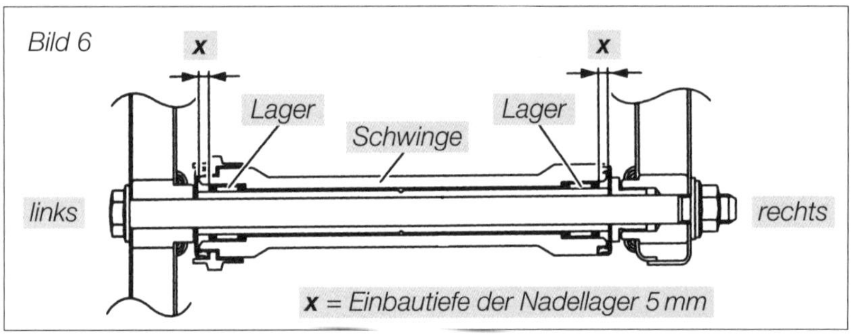

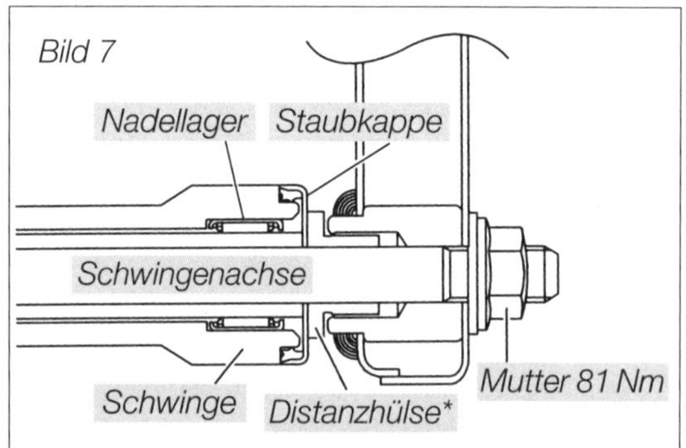

* = 1. Distanzhülse zum Einbau der Schwinge an den Rahmen drehen.
2. Distanzhülse nach Einbau der Schwinge gegen die Staubkappe drehen, erst dann Mutter der Schwingenachse festziehen.

Bilder 5, 6 und 7: Schnitt durch die Schwingenlagerung und Einbaulage der Distanzhülse im rechten Rahmenteil der YZF-R 125.

Bild 8: Explosionszeichnung der Hinterradschwinge der YZF-R 125 mit Teilebezeichnungen und Anziehdrehmomenten.

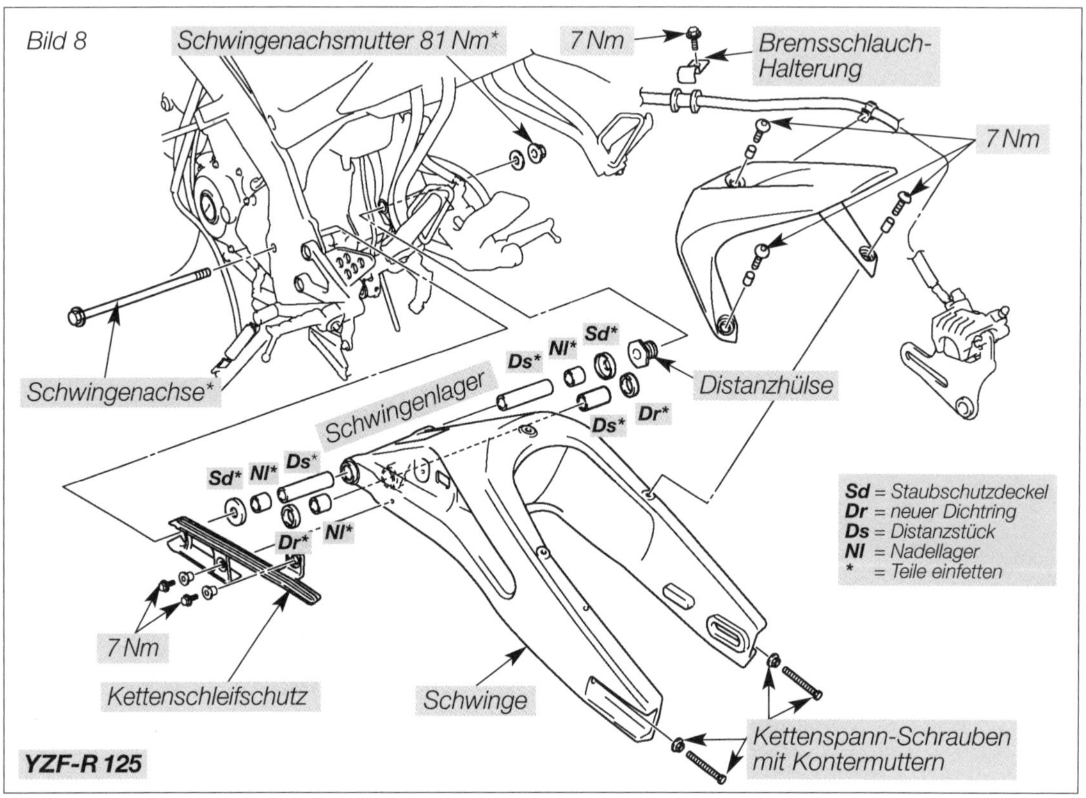

Tipp: Wenn die Schwingenachse fest sitzen sollte, was bei einem alten Motorrad vorkommen kann, die Kontaktstellen mit Rostlöser einsprühen und einige Zeit einwirken lassen. Nicht mit einem Eisenhammer auf das Gewinde klopfen, sondern einen Kupfer- oder Messingdorn zu Hilfe nehmen! Wenn die Schwingenachse herausgeklopft werden muss, ist das Schwingenlager garantiert defekt und muss erneuert werden: Alle Teile erneuern!

Ausgebaute Hinterradschwinge prüfen

1. Rahmen im Bereich der Schwingenlager, die Schwingenachse, die Schwinge selbst und an ihr die Lager und Hinterachsaufnahmen mit den Kettenspanngewinden gut reinigen.

■ Teile am besten mit Petroleum oder Dieselöl reinigen, nicht mit aggressivem Bremsenreiniger.

2. Schwinge auf Verzug und Risse untersuchen.

Speziell die Anlenkung der Zugstreben (Bohrung auf Rundheit) kontrollieren.

2.1. Aufnahmebolzen der Federbeine rechts und links an den Schwingholmen der YBR 125/Custom kontrollieren.

3. Als Schwingenlager sind entweder Nadellager oder Buchsen eingebaut. Wenn die Nadellager defekt sind (gebrochen, verrostet), sollte man sie beim Yamaha-Händler erneuern lassen, weil dazu eine Presse gebraucht wird. Neue Buchsen dagegen lassen sich einfach aus- und einbauen.

4. Kettenschleifschutz auf ungewöhnliche Abnutzung und Beschädigung untersuchen. Falls abgeschürft oder zerfleddert, ersetzen.

5. Schwingenachse auf Schlag überprüfen, Verschleiß ab 0,2 mm.

Hinterradschwinge einbauen

1. Kettenschleifschutz anbringen, Halteschraube mit 7 Nm anziehen.

2. Schwingenlager mit schwerem Lagerfett gut einfetten. Staubschutzdeckel ansetzen.

2.1. Dies gilt auch für den Umlenkhebel: Dort die Simmerringe auf unbeschädigten Zustand püfen. Wenn sie defekt sind, unbedingt erneuern!

3. Bei der YZF-R 125: Distanzhülse von innen in das rechte Rahmenteil einschrauben, bis es am Rahmen aufliegt (Bilder 5 und 7).

4. Schwinge von hinten anschieben. Schwingenachse leicht einfetten und von links einführen, ganz durchstecken.

5. Mutter auf Gewinde der Schwingenachse aufdrehen und handfest anziehen.

6. Distanzhülse im rechten Rahmenteil gegen die Schwinge drehen, bis sie an der Staubschutzkappe anliegt.

7. Mutter aufdrehen und mit 81 Nm festziehen. Schwingenachse am Kopf dabei gegenhalten.

8. Federbein(e) einbauen siehe Text weiter vorne in diesem Kapitel, restliche Teile in umgekehrter Reihenfolge des Ausbaus ein- und anbauen.

Abweichende Anziehdrehmomente der Schwingenachsmutter:

■ YBR 125/Custom .... 59 Nm

■ XT 125 R/X .... 60 Nm

Bilder 9 bis 12: Explosionszeichnung der Hinterradschwinge und weitere Detailzeichnungen mit Teilebezeichnungen und Anziehdrehmomenten der XT 125 R/X.

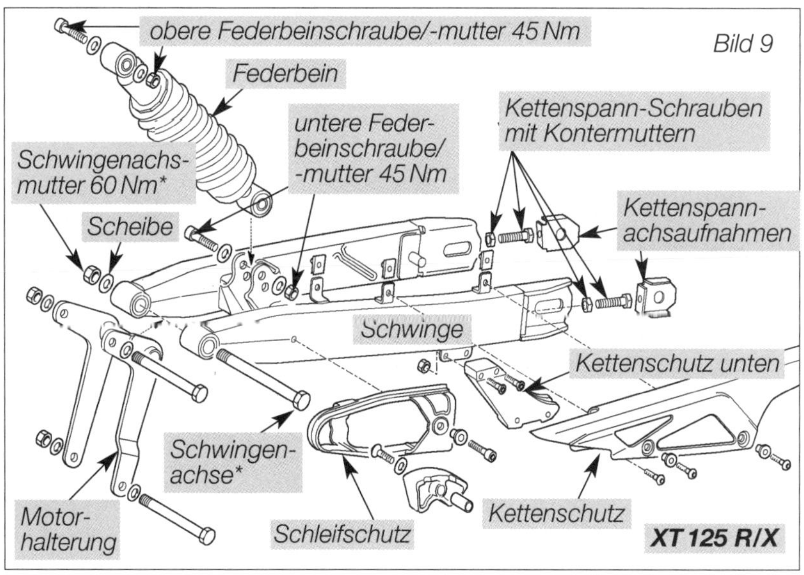

Bild 9

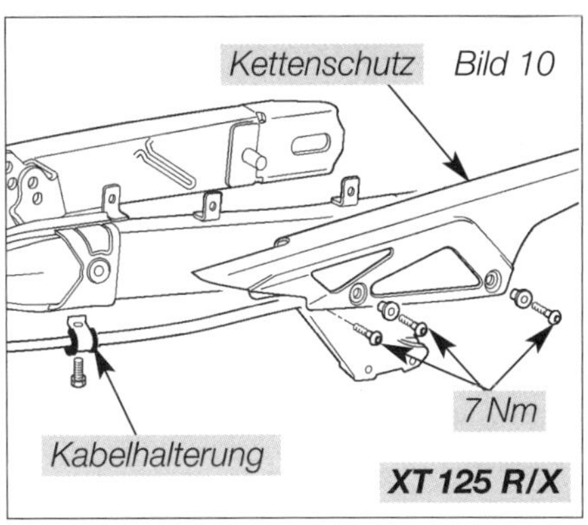

Bild 10

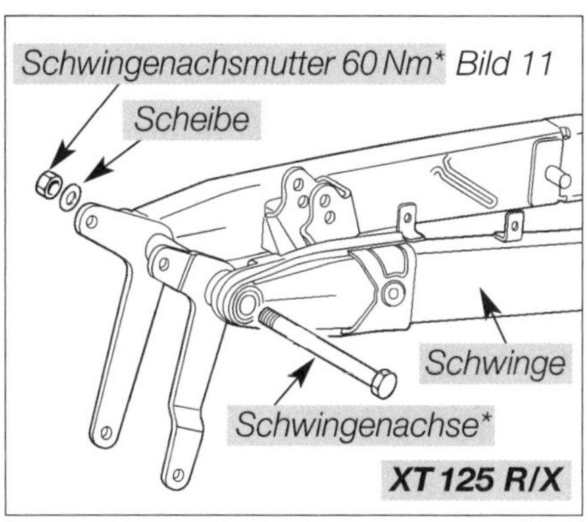

Bild 11

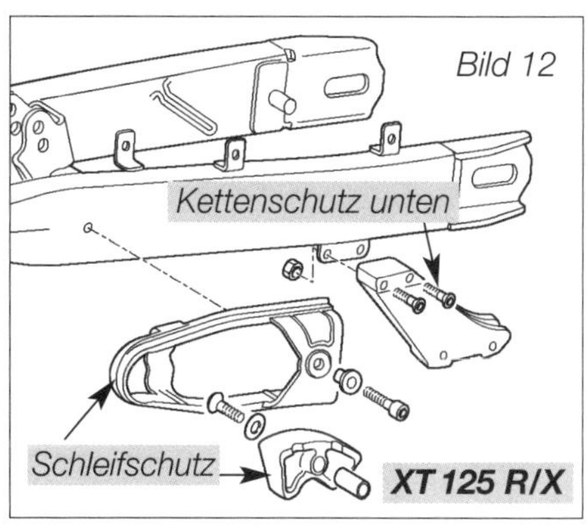

Bild 12

Licht · Hupe

In diesem Kapitel: Beleuchtung kontrollieren · Lampen an den 125er-Yamahas · Lampen wechseln: Scheinwerferlampe(n), Rücklicht- und Blinklampen · Leuchteinheit innen feucht? · Blinkerrelais · Scheinwerfereinstellung · Scheinwerfer ab- und anbauen · Lichthupe und Hupe prüfen.

Beleuchtung kontrollieren

Die Kontrolle der Beleuchtungs- und Signalanlage ist keine periodische Wartungsarbeit starr nach Wartungsplan, sondern gehört zu den sicherheitsrelevanten Tätigkeiten, die man regelmäßig selbst erledigen sollte. Ein Check der Beleuchtung ist schnell gemacht, Aufwand und Nutzen stehen in günstiger Relation und bringen ein hohes Maß an Fahrsicherheit.

Lichtkontrolle im Schaufenster
Wenn Sie an einer roten Ampel zufällig vor einem Schaufenster stehen und darin Ihr Spiegelbild betrachten: Hand- und Fußbremse betätigen und das Bremslicht im Spiegelbild abchecken.

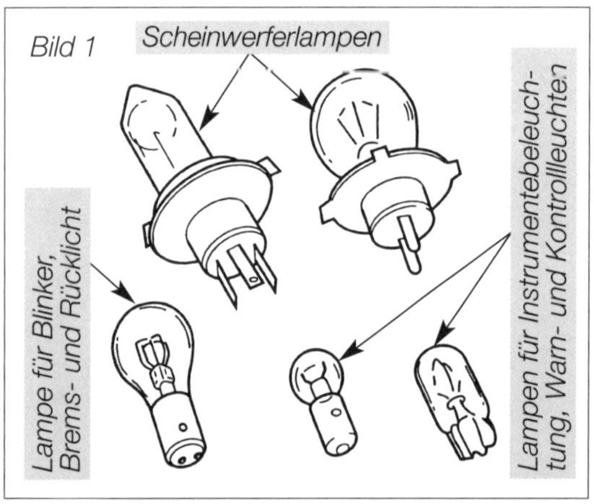

Bild 1: Bei den 125er-Yamahas eingebaute Lampentypen.

■ *Scheinwerferlampen: Werden nach dem Lösen des Sicherungsbügels aus der Fassung gezogen.*

■ *Blinker, Rück- und Bremslicht: Lampen werden durch gleichzeitiges Eindrücken und Drehen gegen den Uhrzeigersinn aus der Fassung herausgenommen.*

■ *Instrumentenbeleuchtung und Kontrollleuchten: Lampen werden vorsichtig aus ihrer Fassung gezogen.*

Reservelampen
Es ist sehr sinnvoll, ein Set Reservelampen mitzuführen: Damit ist es jederzeit möglich, beim Ausfall einer Lampe auf der Stelle eine neue einzubauen, was gerade bei Nacht von großem Vorteil ist. Folgende Lampen sollte man »an Bord« haben.

■ 1 Stück Fernlicht-/Abblendlichtlampe
■ 1 Stück Bremslicht/Rücklichtlampe
■ 2 Stück Blinklampen

Diese Reservelampen in eine vibrations- und stoßsichere, mit Schaumstoff ausgepolsterte kleine Box packen und unter der Sitzbank verstauen.

Die Kontrolllampen bzw. LED im Armaturenbrett für Blinklicht, Fernlicht, Leerlauf, Benzinstand, Kühlflüssigkeit oder Motorstörung gehen praktisch nie kaputt, man braucht also keine Reservelampen mitzuführen. Und wenn sie doch einmal kaputt gehen, kann man sie bei der nächsten Serviceaktion erneuern.

Lampen an YZF-R 125, WR 125 R/X
Abblendlicht/Fernlicht .... 12 V/55 W (2 Stück)
WR 125 R/X .... 12 V/60-55 W H4 (1 Stück)
Standlicht .... 12 V/5 W (2 Stück)
Blinker .... 12 V/10 W (4 Stück)
Brems-/Rücklicht .... LED (8 Stück)
Instrumentenbeleuchtung und Kontrollleuchten für Blinker, Fernlicht, Leerlauf, Kühlflüssigkeitstemperatur, Warnleuchte Motorstörung je 1 LED

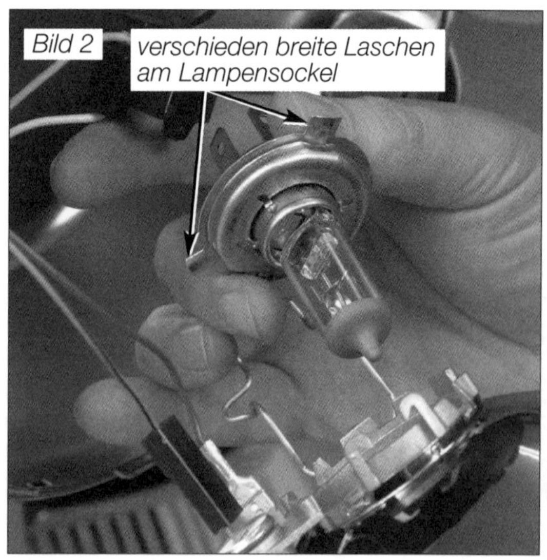

Bild 2: Die Laschen am H4-Lampensockel sind verschieden breit, weswegen die Lampe nur in einer Stellung eingebaut werden kann.
■ *Glaskolben und Kontaktanschlüsse der Glühlampe nicht mit bloßen Fingern berühren!*

Sicherheitshinweise ⚠ Achtung und ☞ Tipps

⚠ Wenn Lampen ersetzt werden, müssen grundsätzlich Motor und Zündung ausgeschaltet sein! Dies gilt auch für alle anderen Arbeiten an der Lichtanlage.

⚠ Brennende Halogenlampen werden bis einschließlich Metallsockel sehr heiß. Bevor eine Lampe herausgenommen wird, sicherstellen, dass sie genügend abgekühlt ist.

☞ Beim Einbau einer Lampe unbedingt Folgendes beachten:
■ Steckkontakte und Glaskörper einer Lampe nicht mit bloßen Fingern anfassen! Sonst setzen sich Hautfette ab und brennen sich ins Glas ein, was Leuchtkraft und Lebensdauer mindert.
■ Lampe immer nur mit einem sauberen Lappen in die Hand nehmen (Bild 10). Schmutz oder Fingerabdrücke mit Spiritus abwischen.

Lampen an YBR 125/Custom, XT 125 R/X

Abblendlicht/Fernlicht ...... 12 V/35/35 W (1 Stück)
Standlicht .... 12 V/5 W (1 Stück)
Blinker .... 12 V/10 W (4 Stück)
Brems-/Rücklicht............... 12 V/5/21 W (1 Stück)

Instrumentenbeleuchtung

YBR 125 .... 12 V/1,7 W (4 Stück)
XT 125 R/X.................................... LED (1 Stück)
YBR 125 Kontrollleuchten für Blinker,
Fernlicht, Leerlauf............................. 14 V/ 3 W
Warnleuchte Motorstörung ..... 14 V/3 W (1 Stück)
XT 125 R/X Kontrollleuchten für Blinker, Fernlicht,
Leerlauf, Benzinstand, Standlicht .... je 1 LED

Lampen wechseln

Scheinwerferlampe(n) aus- und einbauen

Die Lampen lassen sich bei angebauter Verkleidung der YZF-R 125 gut erreichen.

1. Lenker nach links oder rechts drehen, um leichter an die Lampen heran zu kommen.

2. Gummischutzkappe abziehen (Bild 6): Dabei NICHT an den Kabeln ziehen!

3. Stecker von Kontakten abziehen (Bild 7).

4. Sicherungsbügel gleichzeitig nieder- und ausdrücken und hochstellen.

5. Lampe aus der Fassung herausziehen.

Einbau einer neuen Lampe in umgekehrter Reihenfolge. Dabei besonders beachten:

■ Laschen am Lampensockel müssen in die zugehörigen Nuten eingesetzt werden.

■ Lampe nicht mit bloßen Fingern, sondern nur mit einem sauberen Tuch anfassen.

■ Sicherungsbügel sicher einrasten lassen.

Bei der unverkleideten YBR 125 ist der Lichteinsatz mit drei Schrauben im Lampengehäuse gut zugänglich befestigt (Kreise in Bild 3). Diese müssen zunächst gelöst und der Lichteinsatz aus dem Gehäuse entnommen werden, dann gelangt man an Stecker und Lampe (Bilder 4 und 5).

Bei den XT- und WR-Modellen das kleine Windschild (Bild 12) demontiern. Vor Abziehen der Gummikappe den Stecker abziehen.

Rücklicht- und Blinklampen

1. Rücklicht: YZF-R 125 und WR 125 R/X haben einen LED-Einsatz im Rücklicht. LEDs gelten als »unkaputtbar«. Wenn von den 8 Stück LEDs im Einsatz ein LED defekt ist, muss der ganze Einsatz erneuert werden.

2. Rücklicht: Bei YBR 125, YBR 125 Custom und XT 125 R/X kommt man erst nach Abnehmen des Rücklichtglases an die Brems-Rücklichtlampe: Die Köpfe der Rücklichtglas-Schrauben sind, abhängig von Modell und Modelljahr, entweder von außen oder innen im Heckbürzel erreichbar.

3. Rücklicht-/Blinkerglas abnehmen: Kreuzschlitzschraube(n) ausdrehen, Lampenglas abnehmen (Bilder 8 und 9).

■ Wenn es über die Gummidichtung mit dem Lampengehäuse verklebt ist, vorsichtig abheben, damit die Dichtung nicht zerreißt.

4. Lampe ausbauen: Die Lampen in Blinker

Bilder 3 bis 5: Wechseln der Scheinwerferlampe bei YBR 125.

Bilder 6 und 7: Wechseln der Scheinwerferlampen bei YZF-R 125: Gummikappe vorsichtig abziehen, dann Sicherungsbügel aus Arretierungen drücken, Lampe herausziehen.

Bilder 8 und 9: Lösen des Blinker-»Glases« und Entfernen der Blinkerlampe bei YZF-R 125.

Bild 10: Korrodierte Fassung und Kontakt (Kreis).

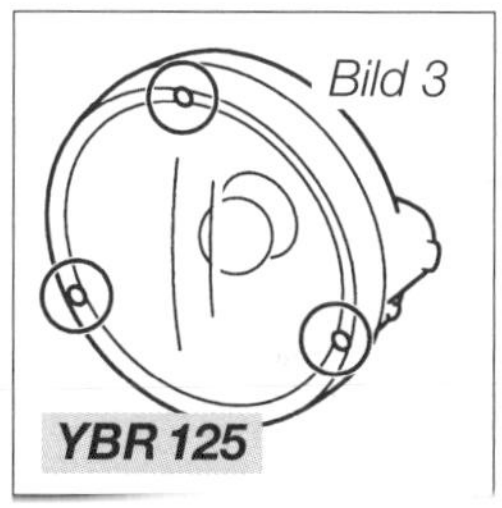

Bild 3

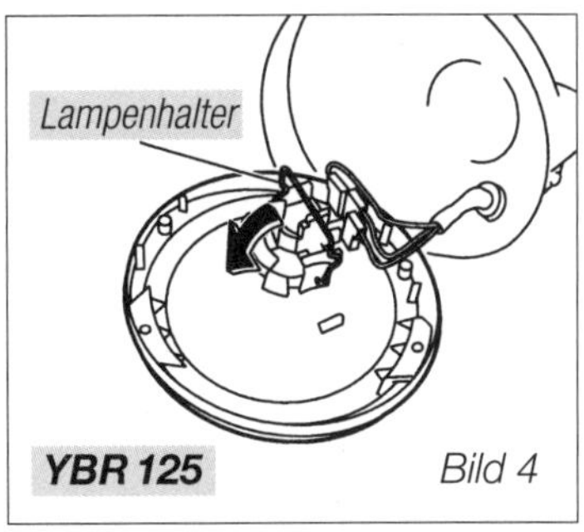

Bild 4

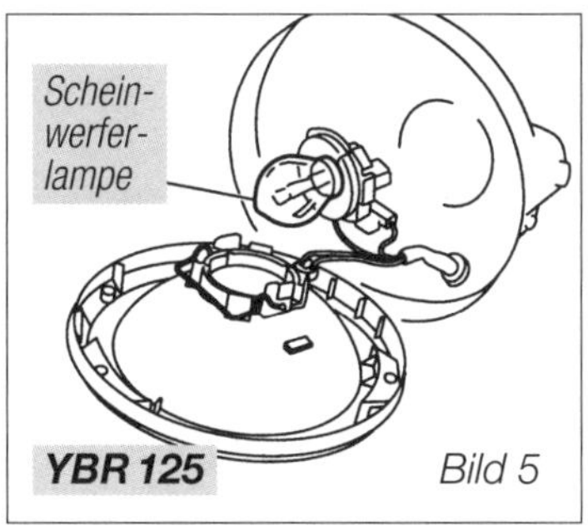

Bild 5

Bild 6

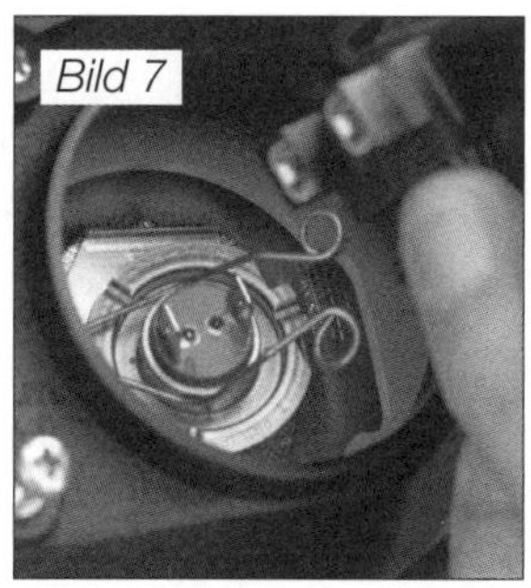
Bild 7

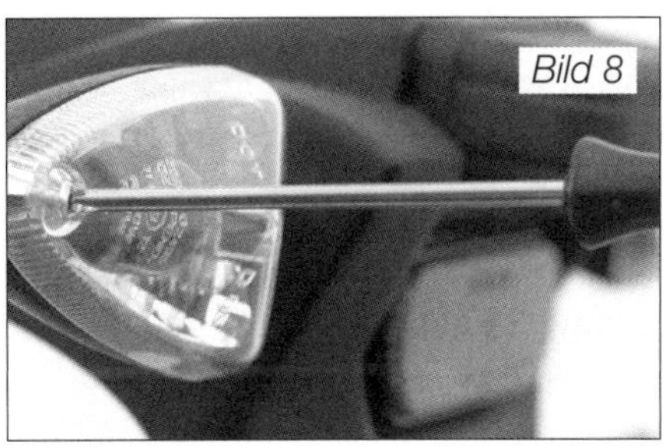
Bild 8

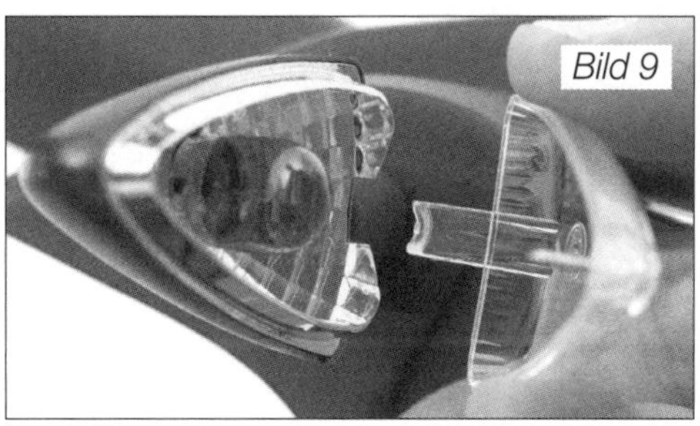
Bild 9

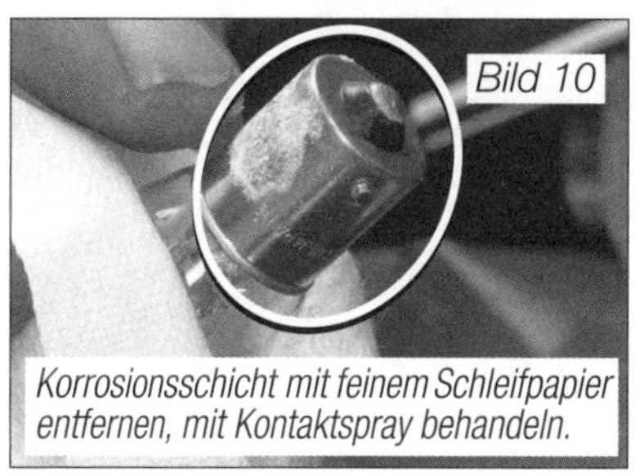
Bild 10

Korrosionsschicht mit feinem Schleifpapier entfernen, mit Kontaktspray behandeln.

und Rücklicht haben Bajonettfassungen mit zwei Haltenippeln; die bei der Rücklichtlampe (»Zweifaden-Glühlampe«) sitzen unterschiedlich hoch am Sockel (Bild 1).

■ **Ausbau:** Lampe leicht in Fassung eindrücken, bis Haltenippel entriegelt sind: Druck halten, nach links bis Anschlag drehen, aus Fassung ziehen.

5. Beim Einbau von **Blinker und Rücklicht** darauf achten, dass...

■ ...die Dichtung exakt in ihre Nut entweder im Glas oder in der Fassung eingesetzt ist.

■ ...die Befestigungsschraube(n) mit Gefühl und bloß nicht zu fest angezogen wird (werden), sonst reißt das Glas ein.

Leuchteinheit innen feucht?

Feuchtigkeit in Leuchteinheiten entsteht durch Schwitzwasser, das sich bildet, wenn die Lampe brennt, deswegen heiß ist und am Ende der Fahrt beim Ausschalten des Lichts wieder abkühlt. Schwitzwasser ist gefährlich, denn es kriecht in jede Ritze und sorgt für Korrosion der Kontakte: Im Laufe der Zeit wird das Licht immer dunkler und erlischt schließlich ganz, obwohl die in die Fassung eingesteckte Lampe nicht defekt ist. Wenn man bei der Lichtkontrolle oder beim Wechsel einer defekten Lampe feststellt, dass Feuchtigkeit innen im Lampen-, Blinker- oder Rücklichtglas sitzt, ist dies ein Zeichen dafür, dass die Leuchteinheit nicht be- bzw. entlüftet wird.

Bild 11: Beide Standlichtlampen bei YZF-R 125 sind oberhalb der Scheinwerfer angebracht.

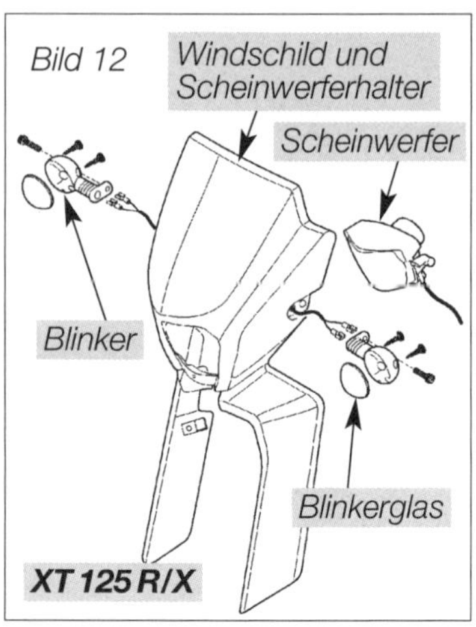

Bild 12: Blinker- und Scheinwerferhalterung bei XT-Modellen.

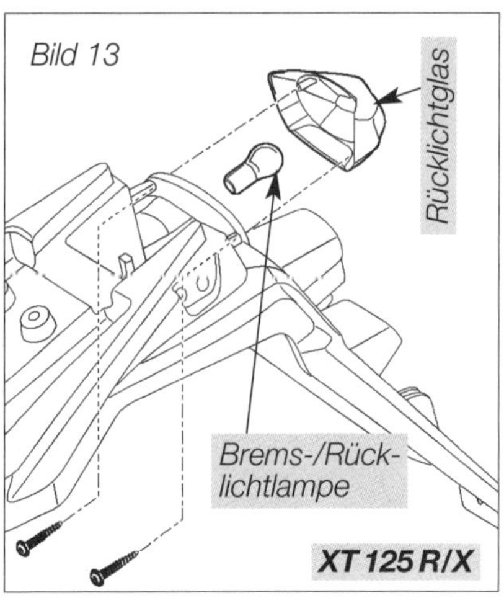

Bild 13: Rücklicht bei XT-Modellen.

Bei Schwitzwasserbefall müssen die Lampengläser abgebaut und ausgetrocknet werden. Kontrollieren Sie dann auch, ob das Innere der Leuchte entlüftet wird:

■ Meist ist dazu im Bereich der Dichtung ein Stück des Rahmens frei.

■ Es kann aber auch eine kleine Entlüftungsbohrung im Lampengehäuse vorhanden sein.

■ Egal wie: Wenn die Entlüftung durch Dreck zugesetzt ist, sorgfältig reinigen und »freilegen«.

Blinkerrelais

Beim Blinken ertönt ein rhythmisches Klicken aus dem Relais. Wenn kein Blinker funktioniert, ist entweder das Blinkerrelais defekt (dann klickt es aber auch nicht!) oder hat schlechten Kontakt.

1. Zuerst die Kontaktanschlüsse prüfen: Beim kleinsten Ansatz von Korrosion diese mit feinem Schmirgelpapier abziehen (Bild 10).

2. Manchmal funktioniert ein Blinkerrelais auch wieder, wenn man leicht mit dem Finger oder dem Griff eines Schraubenziehers dagegenklopft.

3. Vor dem Kauf eines neues Blinkerrelais zum Test ein funktionierendes Relais einstecken – von der Maschine des Freundes ausleihen!

Scheinwerfereinstellung

Fachbegriff »Vertikale Einstellung«: Lichtstrahl mehr oder weniger nach oben oder unten (»Leuchtweite«), Straße wird weiter oder weniger weit ausgeleuchtet.

Auswirkungen:

■ **Zu *niedrig* eingestellter Lichtstrahl:** Fahrer verliert entscheidende Meter an Sichtweite.

■ **Zu *hoch* eingestellter Lichtstrahl:** Motorrad wird zum gefährlichen Blender – und zwar sowohl für den Gegenverkehr als auch für den Vorausfahrenden: Blendung erfolgt über Spiegel; bei Autos besonders durch den Innenspiegel.

Fachbegriff »Horizontale Einstellung«: Lichtstrahl mehr oder weniger nach rechts oder links, Straße oder Straßenrand werden mehr oder weniger hell ausgeleuchtet.

Auswirkungen:

■ **Zu *weit nach links* eingestellter Lichtstrahl:** Gegenverkehr kann geblendet werden, auch wenn die vertikale Einstellung stimmt.

■ **Zu *weit nach rechts* eingestellter Lichtstrahl:** Straße vor der Maschine wird zu wenig ausgeleuchtet, Straßengraben dafür um so mehr (»Licht schielt«).

Voraussetzungen zu Prüfung und Einstellung
Die Prüfung und Einstellung des Scheinwerfers muss mit korrektem Reifenluftdruck erfolgen. Wenn sich bei Ihrer Maschine Telegabel und Federbein nicht einstellen lassen, dann setzen Sie sich einmal kräftig auf die Maschine und lassen sie dann wieder ausfedern: Gewicht über die Füße also nur leicht aus dem Sitz nehmen.

Wichtig: Die Einstellung der Feder(n) in den Federbeinen bzw. im Federbein beeinflusst die Höhe des Hecks und damit die Leuchtweite (»vertikale Einstellung«). Wenn andere Federbeine oder andere Gabelfedern eingebaut werden, muss die Leuchtweite überprüft und ggf. neu eingestellt werden. Weiterhin hat die Zuladung mit zwei Personen und Gepäck großen Einfluss auf die Leuchtweite, weil die Maschine hinten tiefer in die Federn sinkt als vorne. Deswegen sollte die Leuchtweite vor einer Urlaubsfahrt mit der Urlaubs-Gepäck-Zuladung und dem Sozius auf der Sitzbank (!) überprüft und ggf. eingestellt werden, damit die Straße gut ausgeleuchtet und eine Blendung des Gegenverkehrs vermieden wird.

Einstellung prüfen (Bild 14)
Tipp: Wenn Sie zu Hause nicht genug Platz und keine geeignete Wand haben, gehen Sie in ein Parkhaus: Ein idealer Ort, um die Scheinwerfer zu überpüfen und ggf. einzustellen; mit ebenen Böden, dunklen Wänden und es herrscht genau das diffuse Licht, das man braucht, um das Motorradlicht auf der Wand und die Einstellschrauben am Motorrad sehen zu können.

1. Motorrad in 10 Metern Abstand vor einer Wand auf ebenem Boden aufstellen: Maschine steht abgebockt auf den Rädern, Fahrer hat sein Gewicht im Sitz, stützt sich mit den Füßen nur leicht auf dem Boden ab.
2. Abstand vom Boden bis zur Mitte des Scheinwerfers messen. Dieses Maß mit einem Kreidekreuz auf die Wand übertragen.
3. Unter dieses Kreuz im Abstand von 10 cm ein weiteres Kreuz anzeichnen.
4. Motor starten, Abblendlicht einschalten.
5. Die Hell-/Dunkelgrenze soll in der Mitte des unteren Kreuzes beginnen, bis zur Höhe des oberen Kreuzes nach rechts ansteigen und dann wieder abfallen. Falls nicht, einstellen.

Scheinwerfer einstellen
Die Scheinwerfer aller 125er-Yamahas lassen sich nur vertikal (also in der »Leuchtweite«) einstellen, nicht aber horizontal (also nach links oder rechts). Bei der YZF-R 125 befinden sich die Einstellschrauben für Höheneinstellung rechts bzw. links unten neben den beiden Lampenausschnitten innen in der Verkleidung (Bild 17); sie sind also nur «von hinten« erreichbar.

Bei den XT- und WR-Modellen sitzt die Einstellschraube unten in der Verkleidungsmaske. Wird die jeweilige Einstellschraube nach links gedreht, wandert der Lichtkegel nach unten, beim Drehen nach rechts geht der Lichtkegel nach oben.

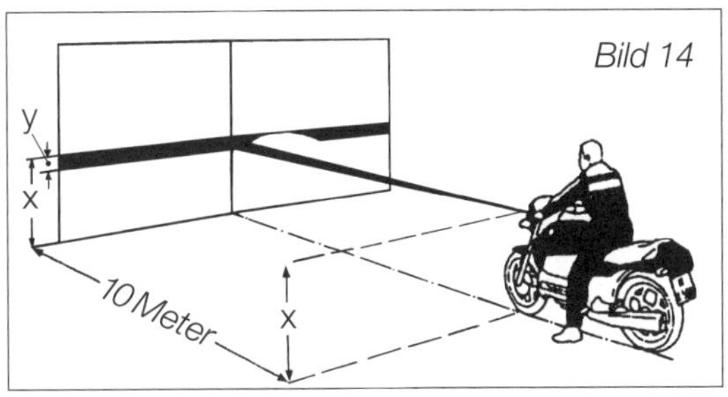

Bild 14: Schemazeichnung Scheinwerfereinstellung. x = Mitte des Scheinwerfers, y = 10 cm.

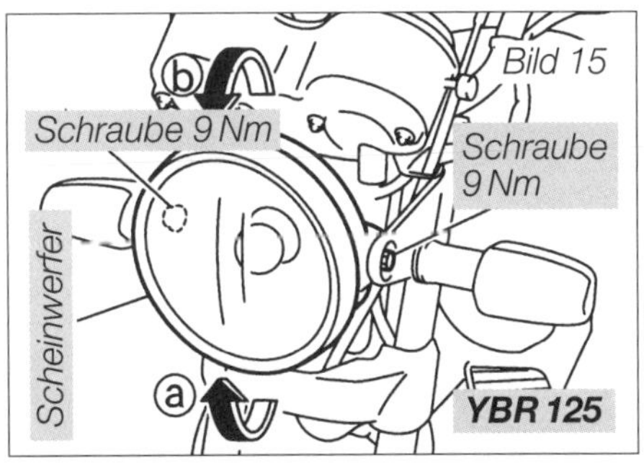

Bild 15: Einstellung der Leuchtweite geschieht bei der YBR 125 durch Lösen der Scheinwerfer-Befestigungsschrauben.

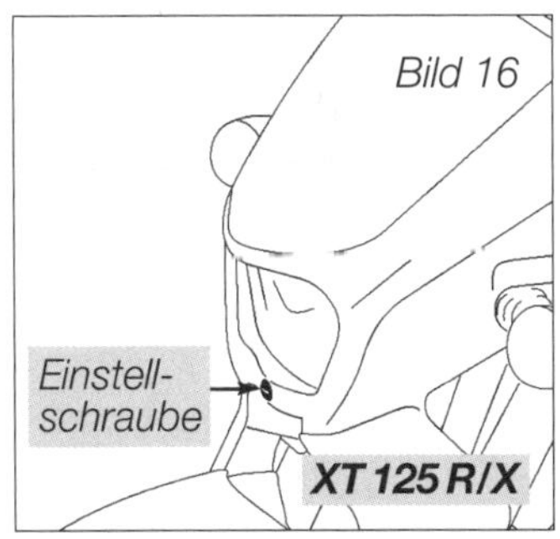

Bild 16: Einstellschraube für Leuchtweite an XT-Modellen.

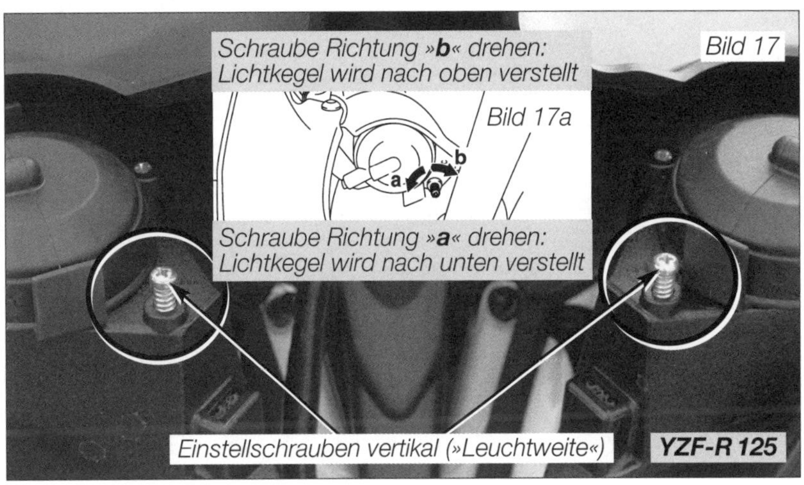

Bilder 17 und 17a: Einstellschrauben der Scheinwerfer an YZF-R 125. Vertikale Einstellung der Scheinwerfer erfolgt über diese Einstellschrauben.

Sichtprüfung Messen

Bilder 18 und 19: Wenn die Hupe nicht funktioniert, zuerst Kabelanschlüsse auf festen Sitz und Korrosion prüfen. Die Einstellung des Hupentons ist einstellbar.

Bild 20: Messen des Hupen-Widerstands.

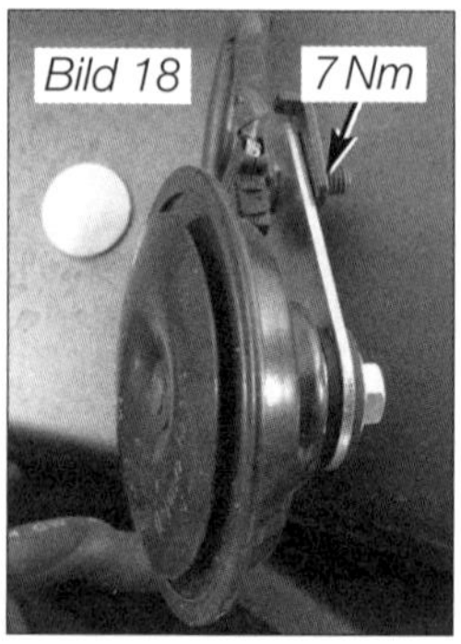

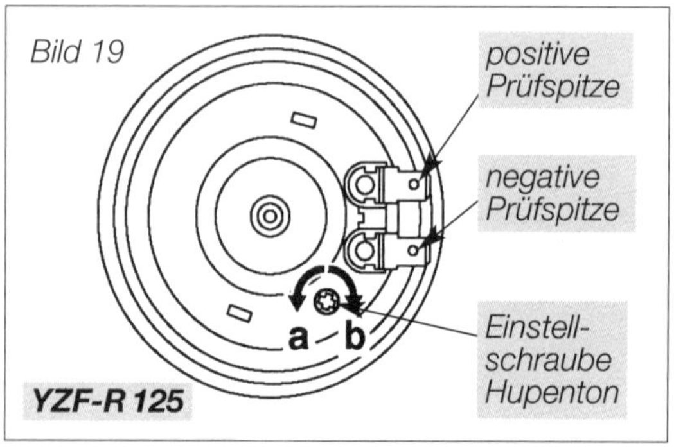

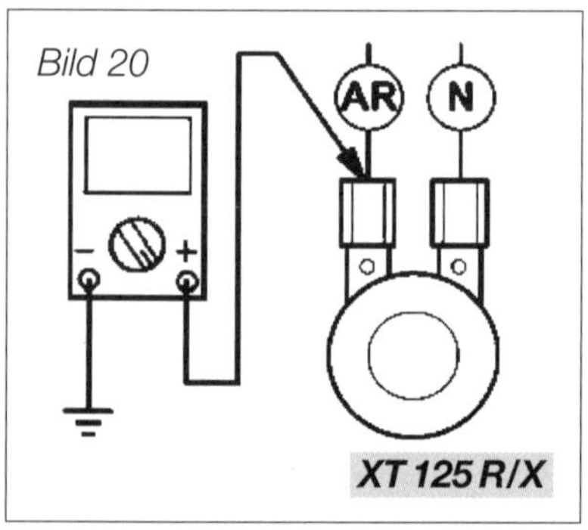

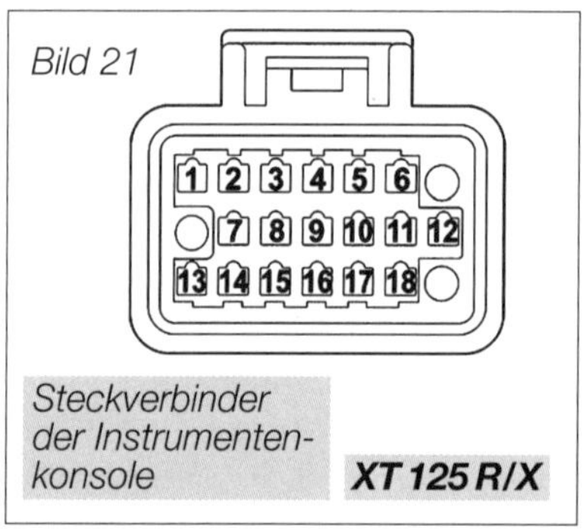

Bilder 21 und 22: Stecker der Instrumentenkonsole.

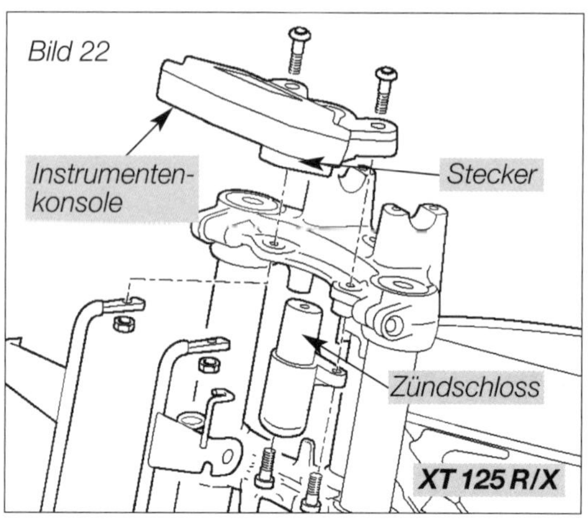

PIN-Beschreibung (Bild 21)

1	Leerlauf	**10**	Nicht belegt
2	Blinker rechts	**11**	Fernlicht
3	Blinker links	**12**	Nicht belegt
4	Sensoreingang	**13**	Nicht belegt
		14	Zündungsspannung
5	»Mode«-Tastensignal	**15**	Leerlauf-Kontrollleuchte
6	Kraftstoffwarnleuchte	**16**	Batterie-Pluskabel
7	Nicht belegt	**17**	Sensor-Masse
8	U/min		
9	Seitenlichter	**18**	Sensor-VCC

Bei YBR 125/Custom ist der Scheinwerfer mit Schrauben rechts und links an Lampenhaltern befestigt (Bild 15). Über sie wird auch die Leuchtweite eingestellt: Schrauben lösen, Scheinwerfer mehr oder weniger nach oben oder unten einstellen, Schrauben mit 9 Nm festziehen.

Scheinwerfer ab- und anbauen

Wenn die Scheinwerfereinheit ausgetauscht werden muss, weil etwa Scheinwerferglas oder Reflektor beschädigt sind:

■ Kabelstecker trennen, bevor der Scheinwerfer abgenommen wird.

■ Befestigungsschrauben des Scheinwerfergehäuses ausschrauben, Scheinwerfer abnehmen.

Beim Einbau beachten:

■ Rahmen des Scheinwerferglases muss ringsum dicht an der Anlagefläche anliegen.

■ Gewinde der Schrauben vor dem Eindrehen mit dickem Wälzlagerfett einschmieren, damit sie nicht festrosten.

Lichthupe und Hupe prüfen

Lichthupe prüfen

Die Lichthupe wird betätigt, indem ein kleiner, meist roter Schalter an der linken Lenkerschaltereinheit gedrückt wird: Das Fernlicht muss so lange aufleuchten, wie der Schalter gedrückt bleibt.

■ Falls das Fernlicht nicht aufleuchtet, zuerst die Lampe überprüfen: Auf Fernlicht schalten und nachsehen, ob die Lampe überhaupt brennt.

■ Ist die Lampe in Ordnung, Kabel und Steckverbindungen kontrollieren.

■ Sind Kabel und Steckverbindungen in Ordnung, die Schaltereinheit am Lenker öffnen und nachsehen, ob beim Drücken des Schalters innen einwandfreier Kontakt hergestellt wird.

Hupe (Signalhorn) prüfen, einstellen

Die Lautstärke der Hupe kann man einstellen: Auf der Rückseite der Hupe ist neben den Steckkontakten ein versenkter Kreuzschlitzkopf zu sehen: Durch rechts oder links Drehen wird der Hupton lauter, leiser, klarer oder unklarer. Einfach versuchen, Schraube allerdings nicht hektisch, sondern sehr (!) langsam (!!) drehen!

Wenn die Hupe dann immer noch nicht richtig funktioniert, liegt es meist an defekten Kabeln oder Steckverbindungen.

■ Kabel zwischen Hupenknopf und Hupe auf Bruch und durchgescheuerte Stellen kontrollieren.

■ Steckverbindungen säubern, Kontakte mit feinem Schleifpapier von Korrosionsschicht befreien, ggf. mit Kontaktspray behandeln.

■ Steckverbindung der Hupe prüfen, dazu Zündung einschalten: Spannungsmesser an kabelbaumseitige Kontakte anlegen: Bei Betätigung des Hupenschalters muss Batteriespannung anliegen.

■ Falls die Hupe trotz funktionierender Stromversorgung keinen Laut von sich gibt, Bauteil ersetzen: Stecker abziehen, Befestigungsschraube lösen und Hupe abnehmen.

■ Einbau in umgekehrter Reihenfolge.

Bei jedem Lichtproblem überprüfen Sie auch den korrekten Sitz des Zentralsteckers unten an der Instrumentenkonsole (Bilder 21 und 22).

Bilder 1 bis 8: Umgang mit Kabeln und Steckern.

■ Stecker und Anschlüsse müssen jederzeit sauber, fettfrei und ohne Korrosion sein.

Bilder 6 bis 12: Vergammelten Stecker mit Kontaktspray und Zahnbürste reinigen.

Sicherungen · Relais · Stecker

In diesem Kapitel: Elektrische Stecker trennen · Aufgescheuerte Kabel · Sensoren und Relais · Einbaulage elektrischer Bauteile · Sicherungen.

Stecker

Stecker trennen (Bilder 1 bis 8)
Elektrische Stecker müssen beim Abbau einiger Bauteile getrennt werden, z. B. beim Abbau von Verkleidungsteilen (Stecker in den Blinkerkabeln) oder beim Abbau des Tanks (Stecker Benzinstand-Kabel) und natürlich auch beim Auswechseln elektrischer Bauteile.

Beim Trennen von Steckern beachten:
Wichtig 1: Niemals versuchen, einen Stecker durch Ziehen an den Kabeln zu trennen, sonst reißen die Drähte aus!
Wichtig 2: Generell gilt: Jeden Stecker vor dem Trennen genau ansehen, wie er zusammengesteckt ist, dann sorgsam trennen.
■ Bei einem einfachen Stecker ist ein Kabelschuh auf einen Kontakt aufgeschoben: Gummikappe anheben, Kabelschuh mit der Hand anpacken und abziehen.
■ Bei den meisten Steckern, egal welche Form sie haben, sind kleine Verriegelungszapfen angebracht: Mit einem spitzen Fingernagel niederdrücken und daduch entriegeln, dann die Steckerhälften auseinanderziehen.

Die Steckerzungen und -schieber sind von hinten in die Stecker eingeschoben; ein hochgestellter Zapfen (Bild 9) verhindert, dass sie vom Gegenstück herausgeschoben werden. Bei jedem Trennen und Zusammenstecken eines Steckers einen Blick auf den Zapfen werfen: Alles OK?

Bild 1

Bild 2

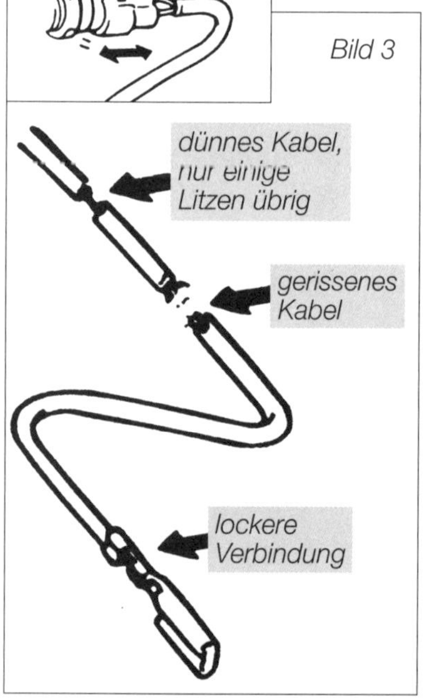

Bild 3

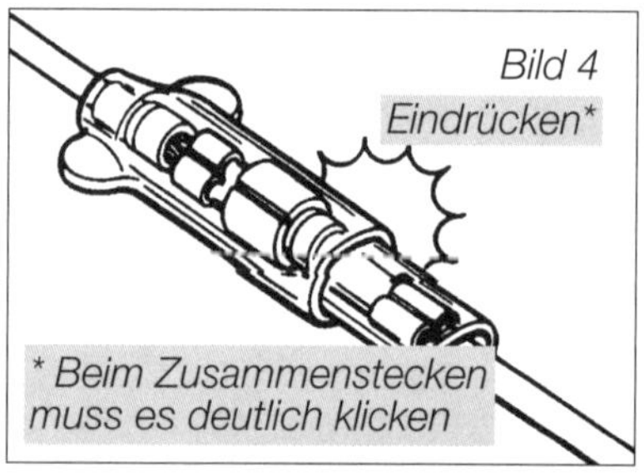

Bild 4

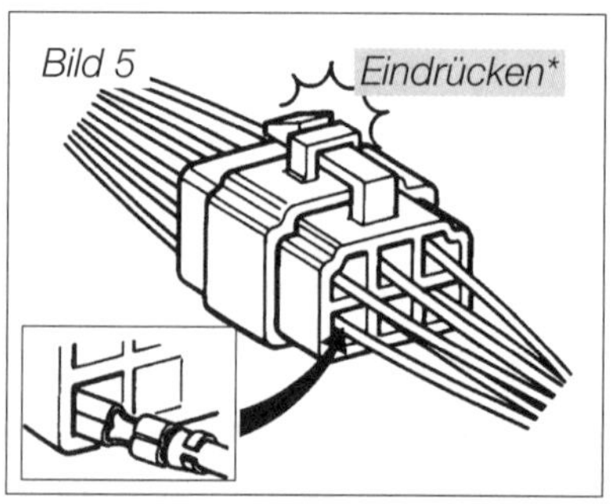

Bild 5

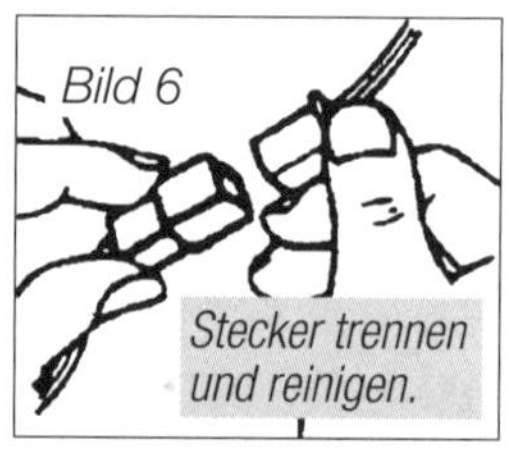

Bild 6

Bild 7

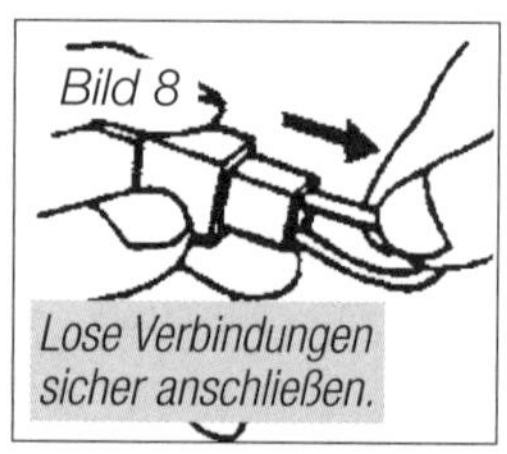

Bild 8

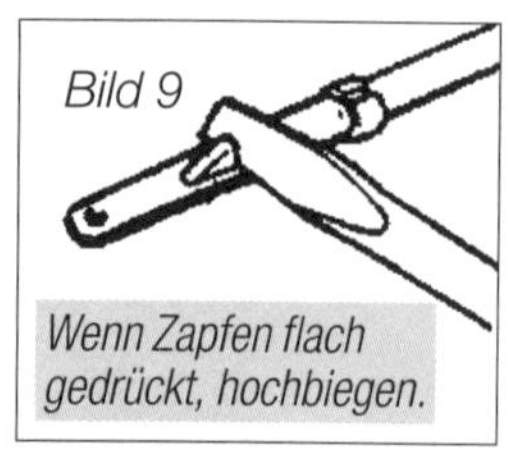

Bild 9

Bild 10

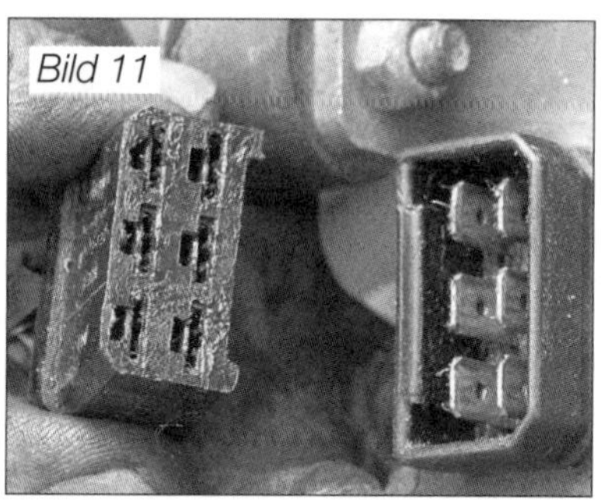
Bild 11

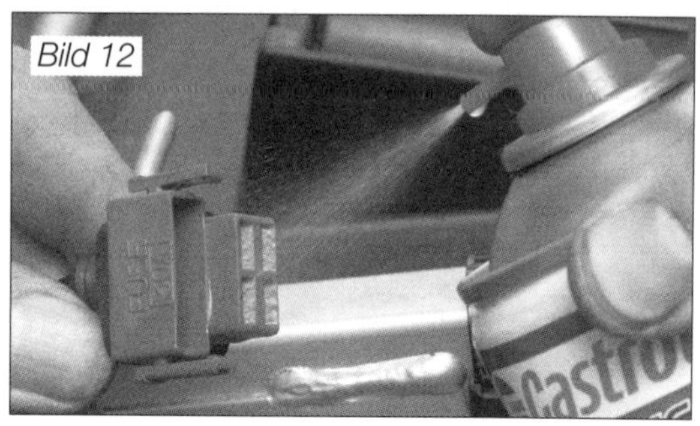
Bild 12

Aufgescheuerte Kabel

Elektrische Kabel bestehen aus einem Verbund mehrerer isolierter Drähte und sind mit einem Gummi- oder PVC-Mantel überzogen (das ist die so genannte »Isolierung«).

Problem: Falls ein Kabel mal eingeklemmt war oder an einem Bauteil gescheuert hat, ist meist die Isolierung beschädigt und die blanken Drähte sind zu sehen (Bild 13).

Wenn die innere Kupferleitung noch in der Gänze vorhanden (also nicht durchgescheuert) ist, muss man solche Stellen mit einem Isolierband abkleben, damit kein Kurzschluss entstehen kann, was wiederum zum Durchbrennen der Sicherung führt.

Lösung: Isolierband so weit um die Scheuerstelle herum kleben, bis es ca. zwei Zentimeter davor und dahinter anliegt (Bild 14). Das Kabel ist jetzt geschützt, es kann kein Wasser eindringen und bei Kontakt zu einem Metallteil (Rahmen, Motor) keinen Kurzschluss auslösen.

Wichtig: Ursache der Beschädigung herausfinden und abstellen, denn der Einsatz von Isolierband ist keine Dauerlösung.

Sensoren und Relais

- Mit »Vergasermodell« sind die YBR 125 der Modelljahre 2005 bis 2006 sowie die XT 125 R/X gemeint.
- »Einspritzer« sind die modellgepflegte YBR 125, die ab Modelljahr 2007 mit einer Benzineinspritzung ausgestattet ist, sowie die YZF-R 125, die schon immer eine Einspritzung hat.
- Die WR 125 R/X sind mit dem wassergekühlten Einspritzmotor, der baugleich ist mit der YZF-R 125, ausgerüstet.

Anzahl, Bezeichnung und Lage der Sensoren, Relais und der anderen elektrischen Bauteile werden in den Schaubildern und Tabellen in diesem Kapitel auf den folgenden Seiten gezeigt.

Selbstdiagnosesystem
Das Kraftstoff-Einspritzsystem ist mit einem Selbstdiagnosesystem ausgestattet: Wird im Kraftstoffsystem eine Störung erkannt, schaltet das ECU eine Fehleranzeige in der Instrumenteneinheit ein, weiterhin wird der Fehler mit einem zugehörigen Code gespeichert. In der Yamaha-Fachwerkstatt kann mit entsprechenden Mess- und Diagnosegeräten der Fehler ausgelesen, behoben und die Anzeige anschließend gelöscht werden.

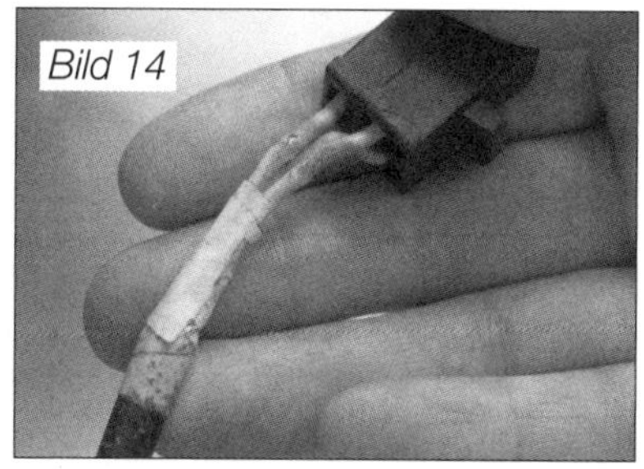

Bilder 13 und 14: Ein aufgescheuertes Kabel mit Isolierband reparieren.

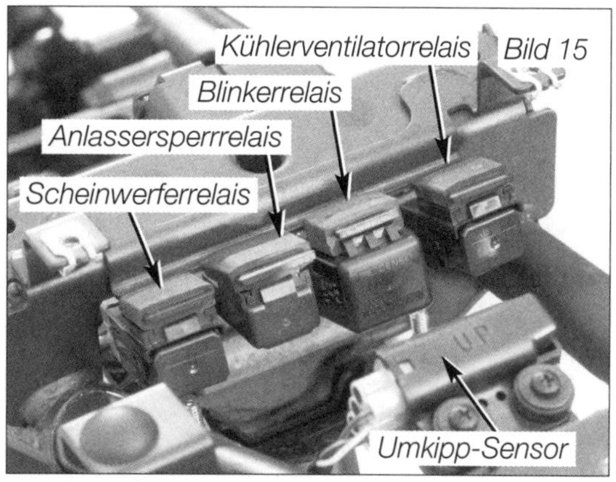

Bild 15: Lage der Relais im Rahmenheck der YZF-R 125.

Bild 16: Lage des Anlasserrelais direkt bei der Batterie der YZF-R 125.

Bild 17: Lage des Motorsteuergerätes ECU im Rahmenheck YZF-R 125.

Sicherungen

Eine Hauptsicherung mit 15 A gibt es bei der YBR 125 beim Vergaser- und beim Einspritzermodell. Die Sicherungen bei der YZF-R 125 und WR 125 R/X umfassen: Hauptsicherung 20 A, Scheinwerfer 15 A, Zündung 7,5 A, Blinker 7,5 A, Kühlerventilatormotor 5 A. Als Ersatzsicherungen sind 20 A, 15 A, 7,5 A und 5 A vorhanden. Wenn eine davon verbraucht ist, bitte umgehend ersetzen.

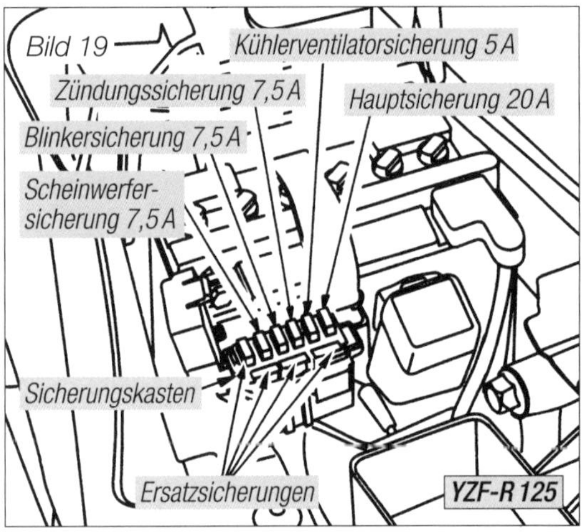

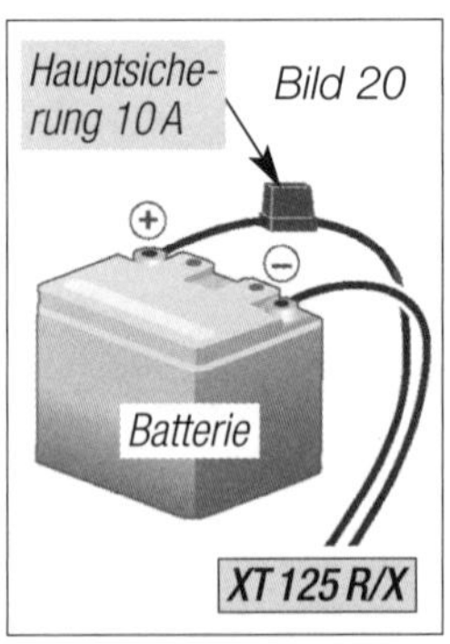

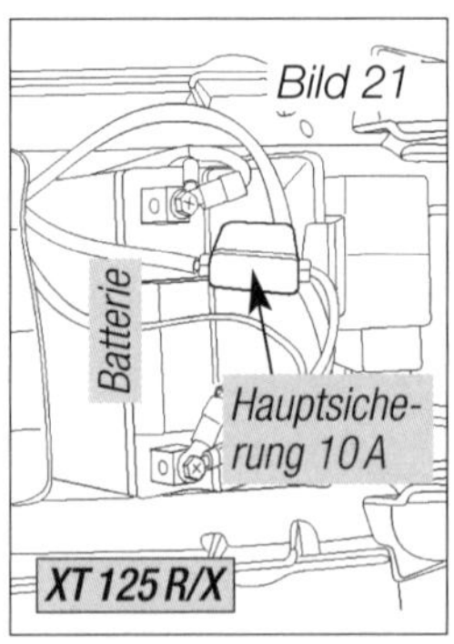

Bilder 18 bis 24: Lage der Sicherungen bei den verschiedenen Modellen.

■ Verbraucher und Amperewerte sind im Deckel des Sichungskastens bezeichnet.

Bei allen Arbeiten an Sicherungen beachten:

■ Vor einem Sicherungswechsel die Zündung sicher ausschalten, Zündschlüssel abziehen.

■ Defekte Sicherungen nicht reparieren, etwa mit alubeschichtetem Papier aus der Zigarettenschachtel: Die Gefahr, dass die Maschine anfängt zu brennen, ist ziemlich hoch!

■ Nur vorgeschriebene Sicherungen verwenden!

Defekte Sicherung auswechseln

Der Deckel ist mit einem kleinen Riegel verschlossen: Deckelriegel mit kleinem Schraubenzieher oder leichtem Fingerdruck lösen, Deckel aufklappen.

■ Defekte Sicherung mit Spitzzange aus der Steckklemme ziehen.

■ Neue Sicherung mit identischem Ampere-Wert einsetzen.

Tipp zur Fehlersuche: Falls eine elektrische Baugruppe nicht funktioniert, die zugehörige Sicherung jedoch in Ordnung ist und die stromzuführenden Kabel ebenfalls, kann das Relais »hängen«: Leicht gegen das Relais klopfen und erneut versuchen. Falls immer noch nichts geht, testweise ein erwiesenermaßen funktionstüchtiges Relais einsetzen.

⚠ **Achtung:** Falls eine Sicherung wiederholt durchbrennt, den Fehler suchen und beheben. Auf keinen Fall eine Sicherung mit einem höheren Ampere-Wert einsetzen.

Einbaulage

Die Hauptsicherungen mit 20 Ampere bei den Modellen YZF-R 125 und WR 125 R/X sowie 15

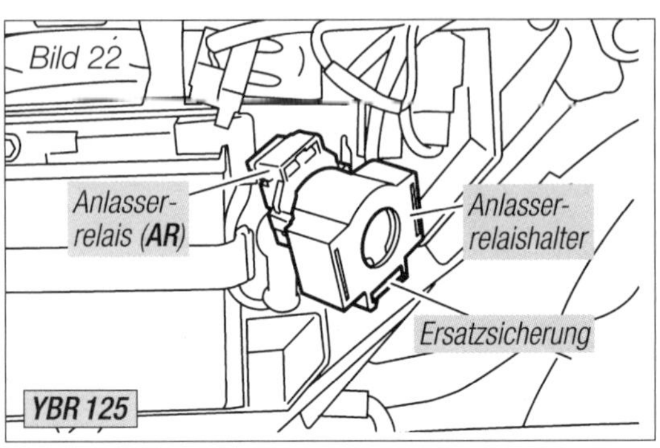

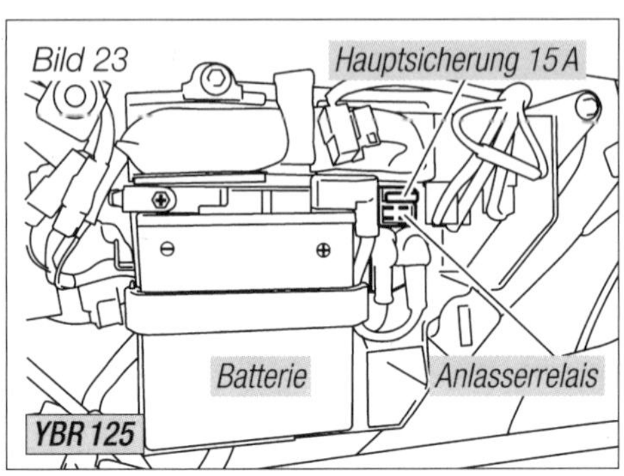

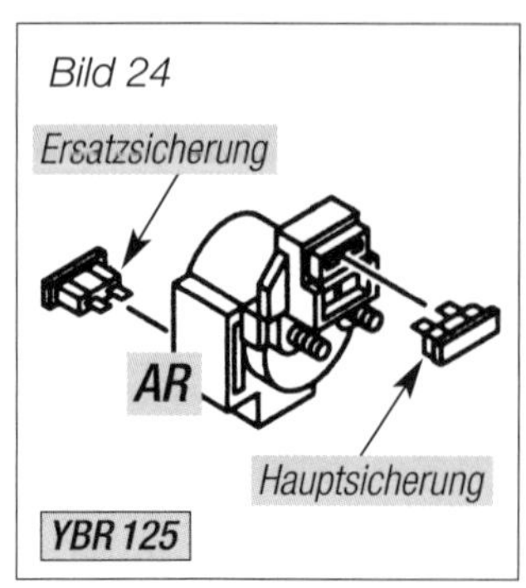

Ampere beim Modell YBR (Vergaser und Einspritzer) und 10 Ampere bei den Modellen XT (Bilder 20 und 21) sind im Anlasserrelais eingebaut. Dieses sitzt neben der Batterie unterhalb der Sitzbank, die für den Zugang zum Relais abgebaut werden muss. Zum Ausbau der Sicherung den Stecker vom Anlasserrelais abziehen.

Die Sicherungen bei der YZF-R 125 (Bild 18) und WR 125 R/X befinden sich ebenfalls unterhalb vom Fahrersitz in der Nähe der Batterie. Welche Sicherung zu welcher Baugruppe gehört und welche Stärke sie hat, ist im Deckel des Sicherungskastens vermerkt. Die zu den entsprechenden Baugruppen gehörenden Sicherungen sind in Bild 19 bezeichnet.

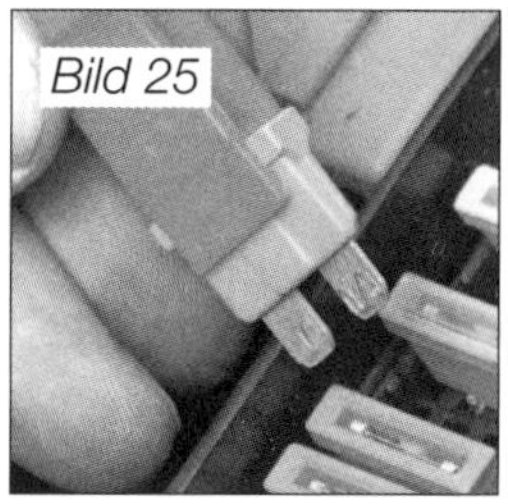

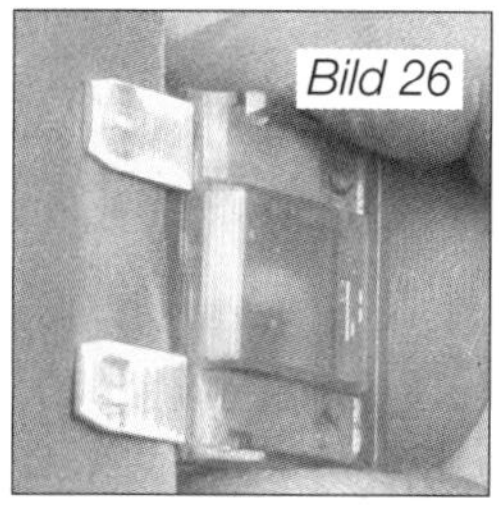

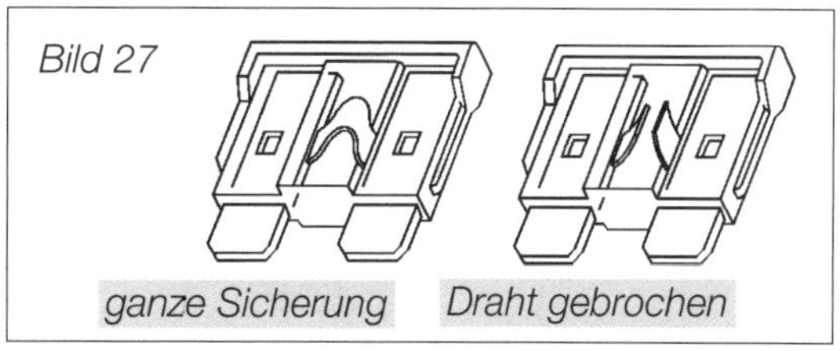

Bilder 25 bis 27: Beim Herausziehen einer Sicherung darauf achten, dass das Kabel der Sicherungsfassung nicht beschädigt wird.
■ Sind Sicherungen eng gesteckt untergebracht, Sicherung mit Klemmzange ausziehen und einsetzen.
■ Korrodierte Zungen von Sicherungen mit Schmirgelpapier abziehen schafft sicheren Kontakt.

YBR 125: Elektrische Bauteile

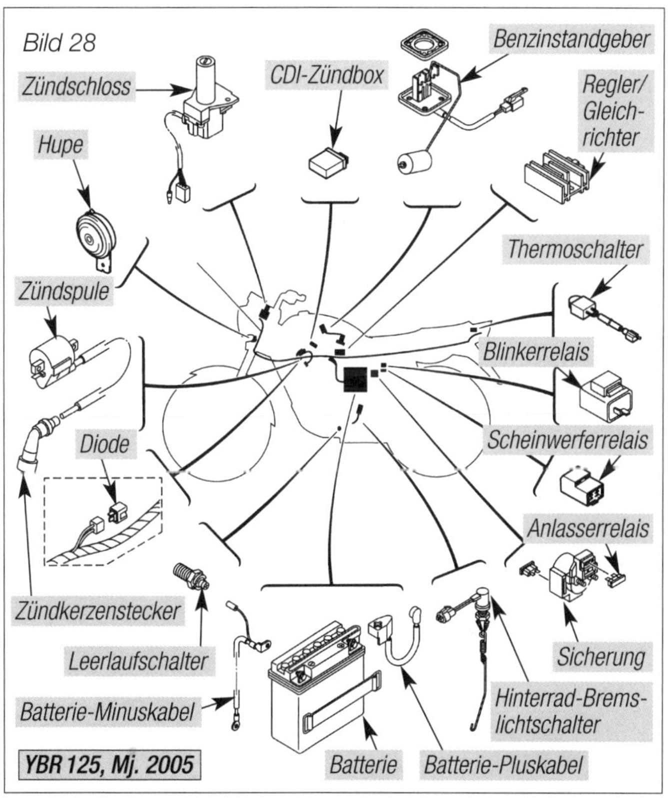

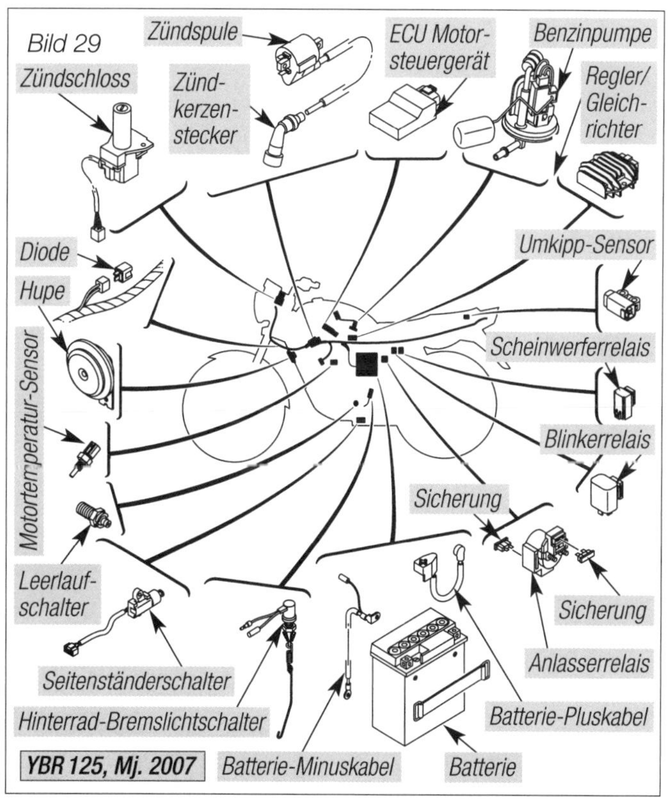

YBR 125 Vergaser- und Einspritzmodell: Elektrische Bauteile (siehe auch Bilder 28 und 29)

Elektrische Bauteile
- Kombiinstrument
- Hupe
- Batterie
- Anlasser
- Diode
- Lichtmaschine
- Regler/Gleichrichter
- Zündkerze/Kerzenstecker
- Zündspule
- Motorsteuergerät ECU (Einspritzmodell)
- Zündbox CDI (nur Vergasermodell)

Relais
- Anlasserrelais
- Scheinwerferrelais
- Blinkerrelais

Schalter
- Vorderrad-Bremslichtschalter
- Hinterrad-Bremslichtschalter
- Seitenständerschalter
- Kupplungsschalter
- Leerlaufschalter
- Thermoschalter

Lenkerschalter
- Zündschalter (Zündschloss)
- Hupenschalter (Hupenknopf)
- Fernlicht-/Abblendlichtschalter
- Blinkerschalter
- Anlasserschalter (Anlasserknopf)

Steuerventile (nur Einspritzmodell)
- FID-Magnetventil (Fast Idle Solenoid – Leerlaufanhebung)
- Einspritzventil

Sensoren (nur Einspritzmodell)
- Drosselklappenpositions-Sensor
- Kurbelwellenpositions-Sensor
- Ausaugluftdruck-Sensor
- Ansauglufttemperatur-Sensor
- Motortemperatur-Sensor
- Umkipp-Sensor

Sicherungen
- Hauptsicherung 15A
- Ersatzsicherung 15A

YZF-R 125: Elektrische Bauteile

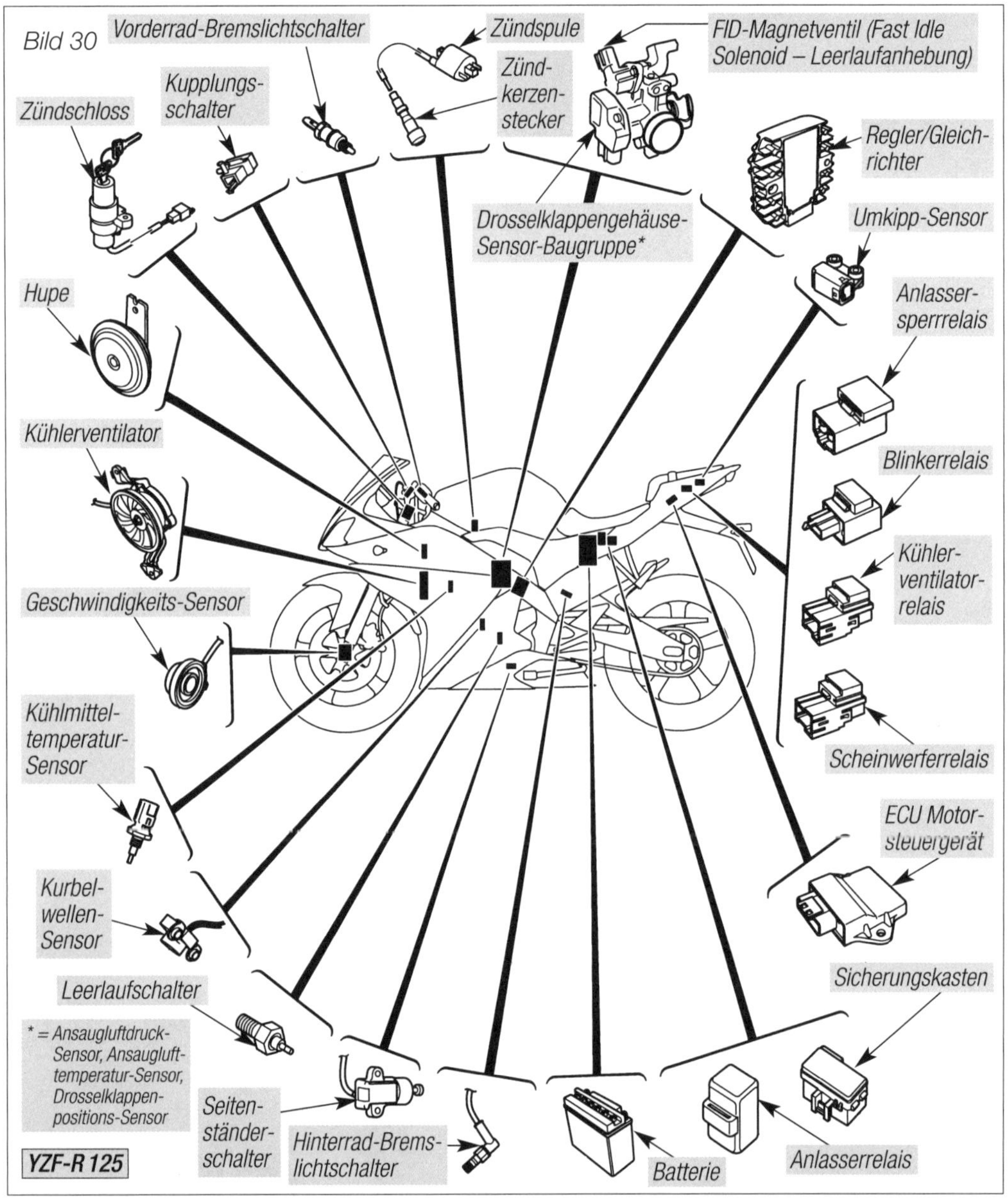

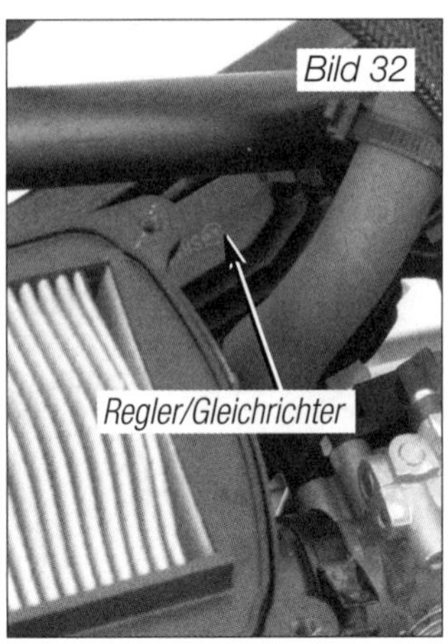

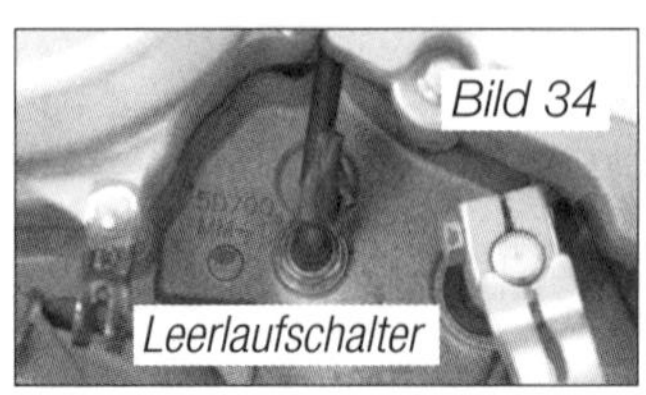

YZF-R 125 (WR 125 R/X) Elektrische Bauteile
(siehe dazu Bilder 30 bis 34)

Elektrische Bauteile
- Kombiinstrument
- Hupe
- Batterie
- Anlasser
- Diode
- Lichtmaschine
- Regler/Gleichrichter
- Zündkerze/Zündkerzenstecker
- Zündspule
- Zündschloss
- Motorsteuergerät ECU

Relais
- Anlasserrelais
- Anlassersperrrelais
- Blinkerrelais
- Kühlerventilatorrelais
- Scheinwerferrelais

Schalter
- Vorderrad-Bremslichtschalter
- Hinterrad-Bremslichtschalter
- Seitenständerschalter
- Kupplungsschalter
- Leerlaufschalter
- Anlasserrelaisschalter

Lenkerschalter
- Hupenschalter
- Blinkerschalter
- Fernlicht-/Abblendschalter
- Lichthupenschalter
- Anlasserschalter (Anlasserknopf)
- Zündschalter (Zündschloss)

Steuerventile
- FID-Magnetventil (Leerlaufanhebung)
- Einspritzventil

Sensoren
- Kurbelwellenpositions-Sensor
- Kühlmitteltemperatur-Sensor
- Ansaugluftdruck-Sensor
- Ansauglufttemperatur-Sensor
- Drosselklappenpositions-Sensor
- Geschwindigkeitssensor
- Umkipp-Sensor

Sicherungen
- Hauptsicherung 20A
- Ersatzsicherung 20A
- Scheinwerfer 15 A
- Blinker 7,5 A
- Zündung 7,5 A
- Kühlerventilatormotor 5 A
- Ersatzsicherungen 15 A, 7,5 A, 5 A

Bilder 30 bis 34: Lage verschiedener elektrischer Bauteile der YZR-R 125.

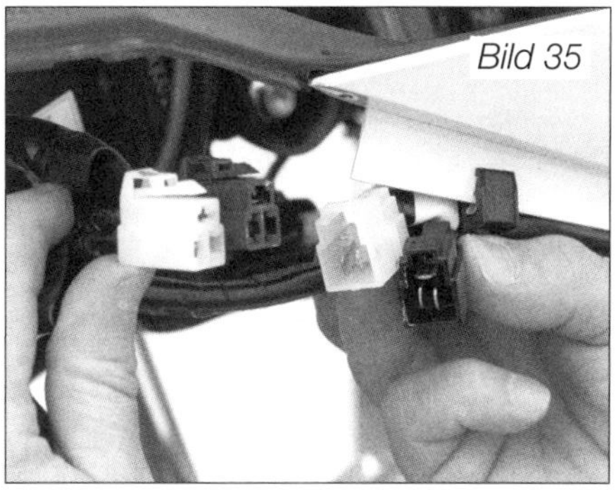

Bild 35: Lösen der Steckverbindungen von Haupt- und Nebenkabelbaum.

Bild 36: Lösen der Steckverbindung rechter Blinker.

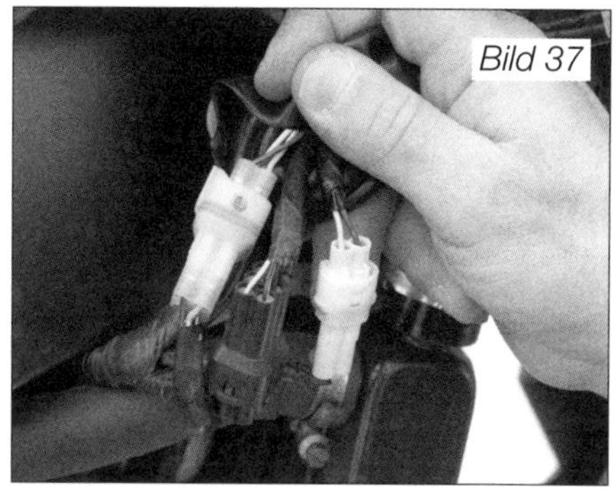

Bild 37: Steckverbindungen von Vorderrad-Bremslichtschalter, Lenkerarmatur rechts, Zündschloss.

XT 125 X/R: Elektrische Bauteile

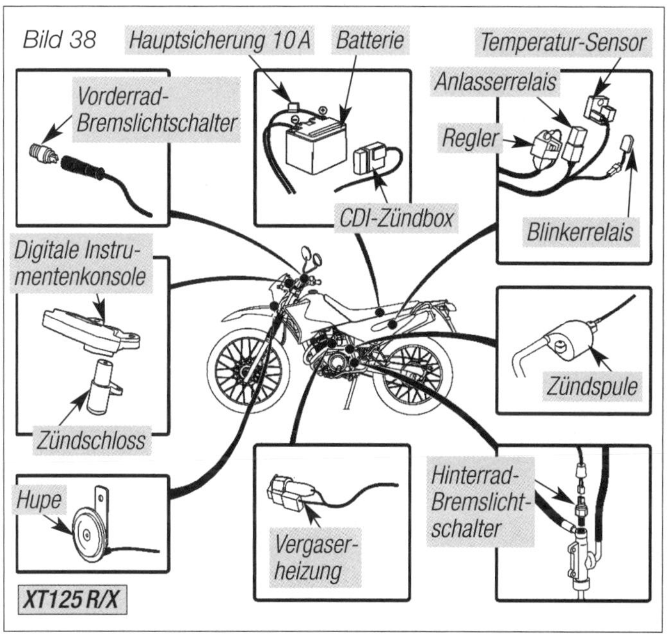

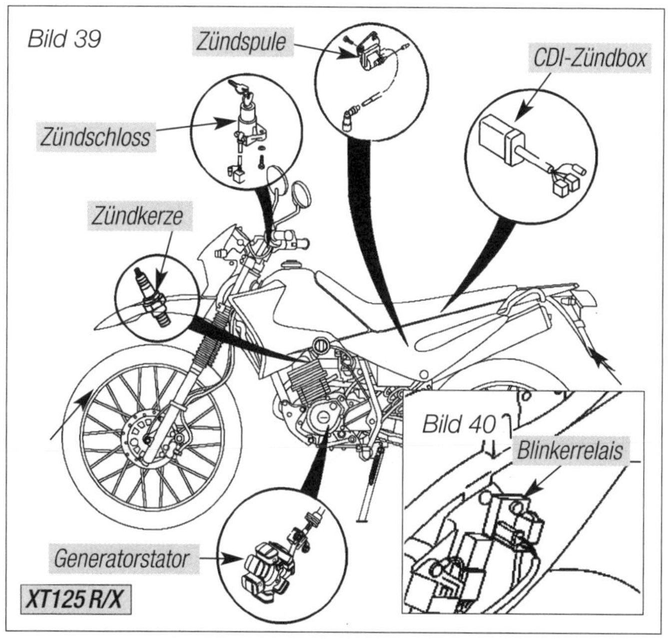

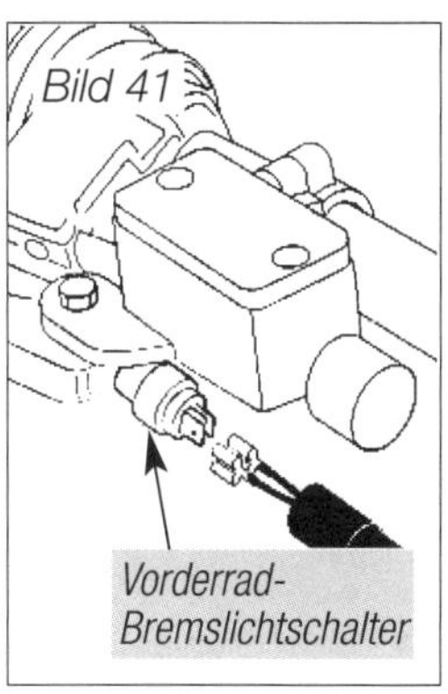

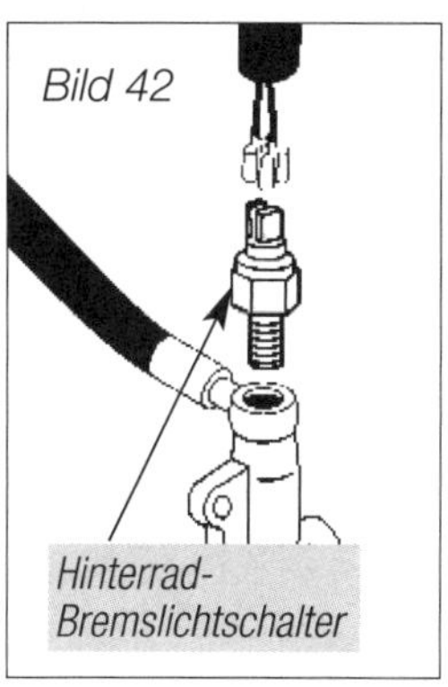

XT 125 X/R: Elektrische Bauteile (siehe auch Bilder 38 bis 42)

Elektrische Bauteile
- Kombiinstrument
- Hupe
- Batterie
- Anlasser
- Diode
- Lichtmaschine
- Regler/Gleichrichter
- Zündkerze/Zündkerzenstecker
- Zündspule
- Zündschloss
- Zündbox CDI

Relais
- Anlasserrelais
- Blinkerrelais

Schalter
- Vorderrad-Bremslichtschalter
- Hinterrad-Bremslichtschalter
- Seitenständerschalter
- Kupplungsschalter
- Leerlaufschalter

Lenkerschalter
- Hupenschalter (Hupenknopf)
- Blinkerschalter
- Fernlicht-/Abblendschalter
- Lichthupenschalter
- Anlasserschalter (Anlasserknopf)
- Zündschalter (Zündschloss)

Sensoren
- Temperatur-Sensor

Sicherungen
- Hauptsicherung 10A
- Ersatzsicherung 10A

Bild 1 Ausbau

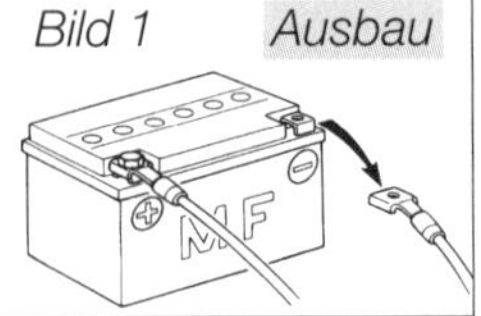

Bild 2 Einbau

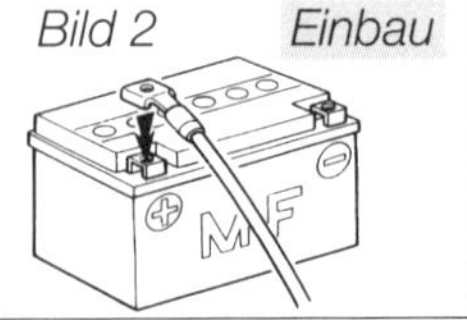

Bilder 1 und 2: Aus- und Einbau der Batterie.

Bilder 3 und 4: Blei-Säure-Batterie mit Entlüftungsschlauch und MF-Batterie.

Batterie

In diesem Kapitel: Batterie prüfen und laden · Neue Batterie befüllen und erstladen.

Batterie

Die Batterie muss immer in bestem Zustand sein, damit sie auch bei kalter Witterung ausreichend Energie für den Startvorgang liefern kann.

Serienmäßige Batterie

Blei-Säurebatterie: Einige Modelle haben eine Blei-Säurebatterie mit einem Entlüftungsschlauch. Hier besonders darauf achten, dass der Entlüftungsschlauch sicher auf dem Stutzen an der Batterie aufgesteckt ist (Bild 3) und knickfrei nach unten ins Freie führt.

MF-Batterie: Wenn eine MF-Batterie eingebaut ist, erkenntlich an der Bezeichnung »MF«, dem »fehlenden« Entlüftungsstutzen oben an der Batterie und einer glatten Stopfenleiste (Bild 4): Die obere Stopfenleiste NICHT entfernen, denn der Säurestand kann und braucht nicht überprüft zu werden, auch das Nachfüllen von destilliertem Wasser entfällt.

Bei normaler Ladung einer MF-Batterie entsteht nur Sauerstoff. Dieser reagiert an der Minusplatte mit dem dort gebundenen Wasserstoff und verwandelt sich wieder in Wasser, der Flüssigkeitsstand in der Batterie bleibt immer konstant. Weil eine MF-Batterie keinen Flüssigkeitsverlust hat, braucht sie keinen Entlüftungsschlauch wie eine Blei-Säurebatterie, die auch Wasserstoff freisetzt.

Neue Batterie

Wird eine neue Batterie notwendig, dann kaufen Sie eine wartungsfreie MF-Motorradbatterie guter Qualität, die in Spannung (12 Volt) und Battariekapazität (z. B. 5,5 oder 6 Ah) der serienmäßigen Batterie entspricht – NIEMALS eine Billigbatterie aus dem Baumarkt oder Kaufhaus!

Batterie prüfen, laden

Batteriespannung messen

Eine schwache Batterie ist vor allem am »müden« Elektrostarter zu spüren, der den Motor nicht mehr richtig durchdreht. Das Motorrad soll vor der Messung der Batteriespannung mindestens 30 Minuten nicht gefahren worden sein.

1. Zündung AUSschalten, Zugang zur Batterie schaffen (z. B. Fahrersitz abnehmen).

■ Kabel bleiben an der Batterie angeschlossen.

2. Spannung der Batterie mit Multimeter messen:

2.1. Eine gut geladene Batterie hat 13,0 bis 13,2 Volt.

2.2. Die Batterie muss nachgeladen werden bei weniger als 12,3 Volt.

Batterie ausbauen

1. Zugang zur Batterie schaffen (z. B. Fahrersitz oder Seitendeckel abnehmen).

2. Batteriepole abklemmen: Zuerst den Minuspol, dann Pluspol abschrauben (Bild 1).

3. Batterie herausziehen.

Bild 3

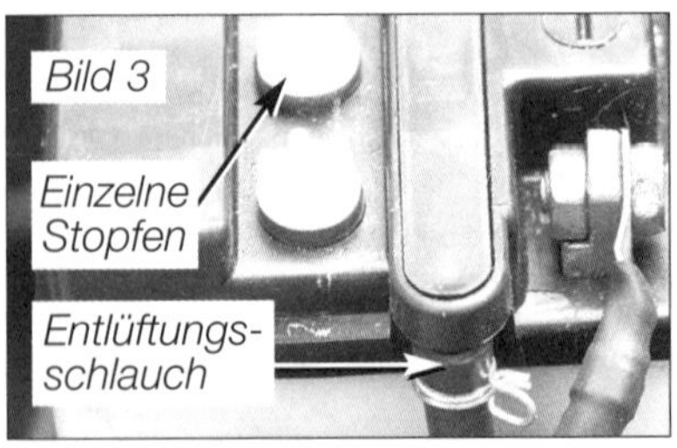

Bild 4

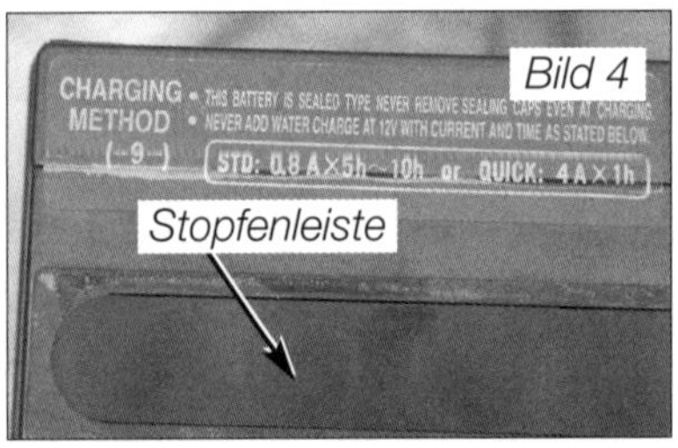

Modell	Serienmäßig eingebaute Batterie*		
YZF-R 125	Yuasa 12N5,5-3B	12 Volt/5,5 Ah	Blei-Säure-Batterie mit Entlüftungsschlauch
YBR 125 (Vergaser bis 2006)	Yuasa YB5-LB	12 Volt/5,0 Ah	Blei-Säure-Batterie mit Entlüftungsschlauch
YBR 125 (Einspr. ab 2007)	Yuasa YTX7L-BS	12 Volt/6,0 Ah	Wartungsarme MF-Batterie ohne Entlüftungsschlauch
YBR 125 Custom (bis 2006)	Yuasa YB5-LB	12 Volt/5,0 Ah	Blei-Säure-Batterie mit Entlüftungsschlauch
YBR 125 Custom (ab 2007)	Yuasa YTX7L-BS	12 Volt/6,0 Ah	Wartungsarme MF-Batterie ohne Entlüftungsschlauch
XT 125 R/X	GS GT6B-3	12 Volt/6,0 Ah	Wartungsarme MF-Batterie ohne Entlüftungsschlauch
WR 125 R/X	Yuasa 12N5,5-3B	12 Volt/5,5 Ah	Blei-Säure-Batterie mit Entlüftungsschlauch

* = Stand der Recherche zum Redaktionsschluss dieses Buchs im Februar 2009.

Sicherheitshinweise ⚠ Achtung und ☞ Tipps für dieses Kapitel

⚠ Zu allen Arbeiten an der Batterie muss die Zündung ausgeschaltet sein! Zündschlüssel am besten abziehen.

⚠ Beim Laden der Batterie können aus der Batterie explosive Gase entweichen. Offenes Feuer, Funkenflug und brennende Zigaretten in weitem Umkreis von der am Ladegerät hängenden Batterie fern halten. Für ausreichende Belüftung des Raumes sorgen, in dem die Batterie geladen wird!

⚠ Hängen Sie die Batterie über Winter NICHT an ein »Batterie-Frischhaltegerät«, bei dem die Batterie fortwährend im Wechsel geladen und entladen wird. Das schadet ihr mehr als ihr gut tut. Gehen Sie folgendermaßen vor:

■ Beim Überwintern Ihrer Maschine die Batterie ausbauen, mit 0,5 Ampere (Vergaser) bzw. 0,6 Ampere (Einspritzer) maximal 10 Stunden laden, in kühlem, trockenem Raum lagern.

■ Im Frühjahr vor dem ersten Start die Batterie unter fließendem Wasser gut reinigen, trocknen, laden und einbauen.

Batterie laden

1. Batterie an Ladegerät anschließen (Bild 6):
■ Zuerst Pluspol anklemmen, dann Minuspol.
2. Die auf der Batterie angegebenen Ladeströme und Ladezeiten sollen nicht überschritten werden, da sonst die Batterie beschädigt wird:
3. Vorgeschriebene Ladezeit 5 bis 10 Stunden.
4. Der vorgeschriebene Ladestrom beträgt 0,5 Ampere.
5. Maximal zulässige Ladespannung: 15,5 Volt
6. Schnellladung: Soll nicht vorgenommen werden. Wenn es doch sein muss, weil es nicht anders geht: Maximal eine Stunde lang laden mit mit 2,5 bis 3,0 Ampere.
Wichtig 1: Bei nächster Gelegenheit Batterie langsam nachladen!
Wichtig 2: Die geladene Batterie vor dem Einbau eine halbe Stunde ruhen lassen.

Batterie einbauen

1. Ladedatum auf der Batterie vermerken.
2. Batterie in Batteriekasten einsetzen.
3. Pluskabel an Batterie anschrauben (Bild 2).
3.1. Minuskabel anschrauben.
4. Batterieanschlüsse mit Säureschutzfett einfetten. Mit Gummiband befestigen.

Neue Batterie

Eine neue Batterie muss vor ihrem Einbau mit Säure befüllt und geladen werden. Sie ist zwar trocken vorgeladen und theoretisch nach der Erstbefüllung mit Säure sofort einsatzbereit, doch je sorgsamer eine neue Batterie auf ihren Einsatz vorbereitet wird, desto länger lebt sie! Bei einer neuen, trocken vorgeladenen MF-Batterie sind Säurebehälter und Stopfenleiste dabei (Bild 7). Bei den meisten neuen Blei-Säurebatterien muss jedoch Säure extra dazu gekauft werden (»verdünnte Schwefelsäure, Dichte 1,28 kg/l«), was bei einer im Internet gekauften (Billig-) Batterie sehr teuer werden kann, weil Batteriesäure nicht über den Postweg verschickt werden darf, sondern als »Gefahrgut« transportiert werden muss.

Neue Batterie befüllen und erstladen

1. Klebestreifen über den Einfüllöffnungen der Batterie entfernen (bzw. Stopfen ausdrehen).
2. Wichtig 1: Die kleinen Verschlusskleber von den Ausgussöffnungen der Säurebehälter NICHT abziehen, sondern: Säurebehälter exakt auf die Einfülllöcher der Batterie ansetzen und gleichmäßig eindrücken (Bild 8).
Wichtig 2: Säuremenge und Fließgeschwindigkeit sind exakt auf die Batterie abgestimmt. Die Behälter NICHT anstechen in dem Glauben, dass die Säure nur dann fließt! Wenn der Säureabfluss stockt, Behälter leicht mit einem Finger anstoßen.
3. Nach ca. einer Stunde ist alle Säure in die Batterie eingelaufen: Leeren Säurebehälter von der Batterie abziehen. Stopfenleiste aufdrücken (Bild 9), ggf. mit Gummihammer leicht nachklopfen.
4. Batterie vorschriftsmäßig (!) laden (bei Blei-Säurebatterie die Stopfen eindrehen), 1/2 Stunde ruhen lassen, einbauen.

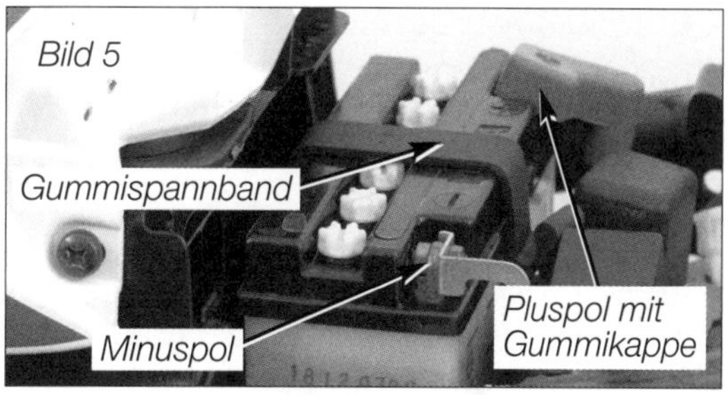

Bild 5: Vorschriftsmäßig in die YZF-R 125 eingebaute Batterie.

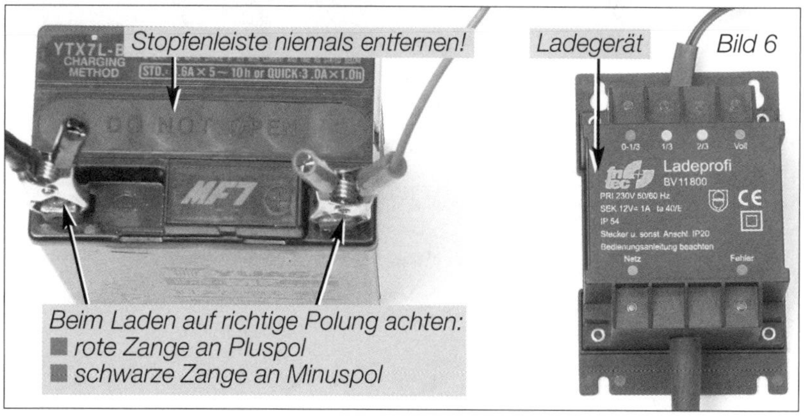

Bild 6: Beim Laden auf richtige Polung der Zangen achten. Das im Bild gezeigte Ladegerät »fritec Ladeprofi kompakt BV 11800« verwenden wir in unserer Werkstatt (fritec Friedrich & Hitschfel GmbH, Mittelrüsselbach 38, D-91338 Igensdorf, www.fritec.de).

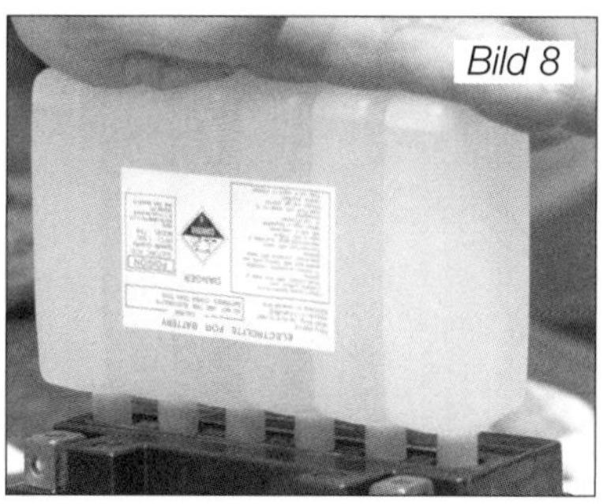

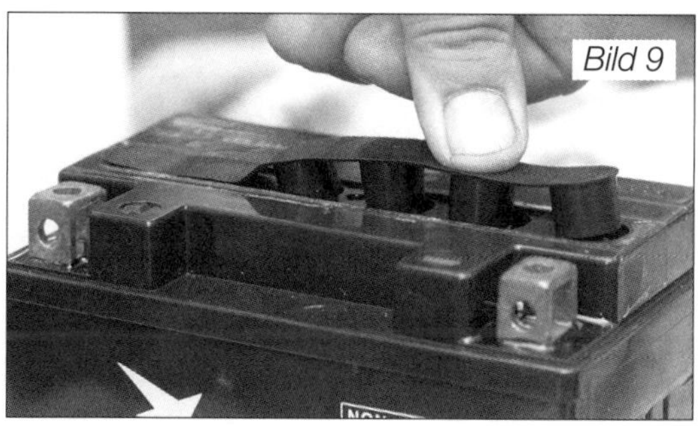

Bilder 7, 8 und 9: Befüllen einer trocken vorgeladenen MF-Batterie.

Ladesystem

In diesem Kapitel: Ladesystem prüfen · Ladespannung prüfen · Generatorstator prüfen und auswechseln.

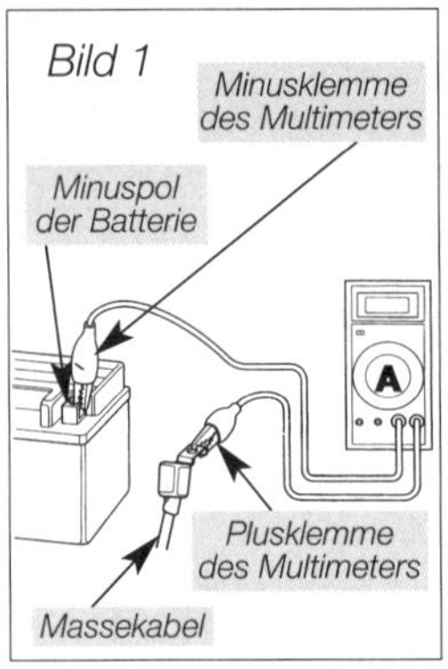

Bild 1: Prüfung auf Kriechstrom mit einem Multimeter, Massekabel ist abgeklemmt.

Ladesystem überprüfen

Wenn der Motor läuft, wird die Batterie von der Lichtmaschine geladen. Wenn sie nicht geladen wird, kann eine Störung im Ladesystem vorliegen. Zur Überprüfung genügt ein Multimeter, die Messtemperatur beträgt in allen Fällen 20 °C. **Wichtig:** Batterie und Hauptsicherung müssen in Ordnung sein – zur Sicherheit überprüfen!.

Kriechstrom messen (Bild 1)

1. Zündung AUSschalten. Massekabel vom Minuspol der Batterie abklemmen.

2. Plusklemme des Multimeters an das abgenommene Massekabel anklemmen.

2.1. Minusklemme des Multimeters an den Minuspol der Batterie anklemmen.

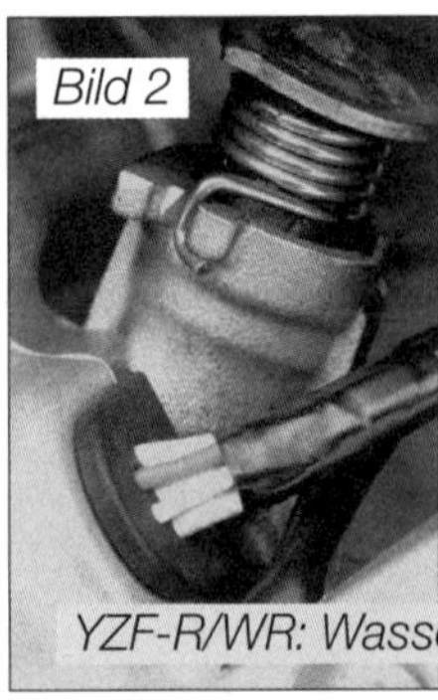

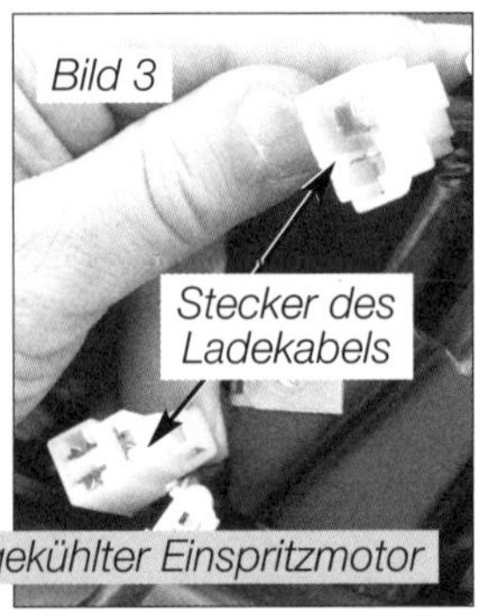

YZF-R/WR: Wassergekühlter Einspritzmotor

Bilder 2 bis 4: Widerstand der Ladespulen mit Multimeter prüfen. ■ 1. Prüfschritt: Positive Prüfspitze an weiß 1, negative Prüfspitze an weiß 2. ■ 2. Prüfschritt: Positive Prüfspitze an weiß 1, negative Prüfspitze an weiß 3. ■ 3. Prüfschritt: Positive Prüfspitze an weiß 2, negative Prüfspitze an weiß 3. ■ Widerstand muss 0,32 bis 0,48 Ω betragen. Siehe Tabelle rechte Seite: Leistungs- und Messwerte.

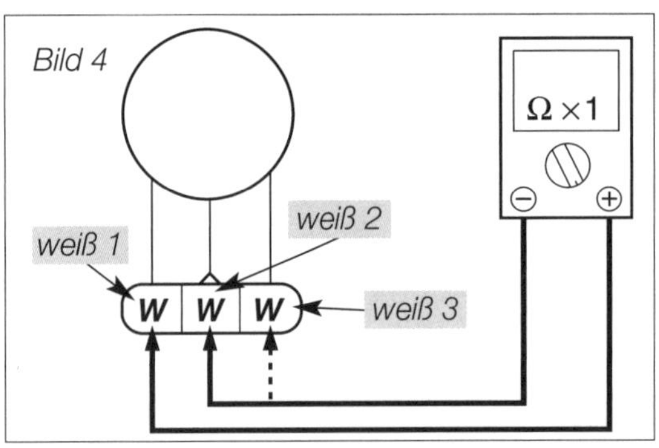

Bilder 5 und 6: Stecker müssen korrosionsfrei sein und fest sitzen, kein Kabel darf gebrochen bzw. geknickt sein.

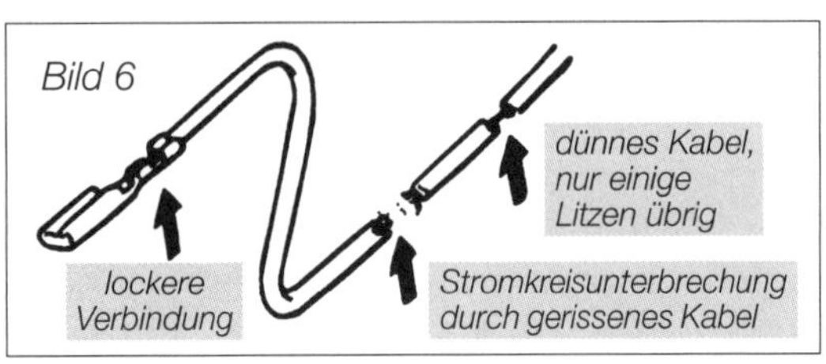

3. Multimeter auf hohen Amperebereich einstellen und auf ein geeignetes Niveau herunterregeln: Maximal zulässig ist ein Kriechstrom von 3 mA.

4. Ist der Kriechstrom höher als 3 mA, liegt womöglich ein Kurzschluss vor.

4.1. Zu hoher Kriechstrom weist auf einen Kurzschluss in Kabelbaum oder Zündschloss hin.

5. Kurzschluss lokalisieren: Einen Anschluss der Bordelektrik nach dem anderen abnehmen und auf Durchgang prüfen. Nehmen Sie sich dazu die Schaltpläne in Kapitel 33 »Schaltpläne« zu Hilfe.

Ladespannung prüfen

Wenn wegen eines Problems mit der Ladespannung die Batterie leer ist, muss zur Prüfung der Ladespannung eine gut geladene Batterie eingebaut werden, die 12,5 bis 13,0 Volt liefert.

1. Plus- und Minuskabel bleiben an der Batterie angeschlossen. Motor starten und auf Betriebstemperatur bringen (ca. 80 °C Öltemperatur).

2. Motor ausschalten, Multimeter anschließen: Plusklemme auf Pluspol der Batterie, Minusklemme auf Minuspol.

3. Batteriespannung ablesen (Beispiel: 12,5 Volt).

4. Motor starten, Fernlicht einschalten, Motor auf 5000/min drehen: Die auf dem Multimeter angezeigte Spannung muss 14,0 bis knapp 16,0 Volt betragen.

5. Messergebnisse werten:

5.1. Liegt die angezeigte Spannung im Bereich von 14,0 bis knapp 16,0 Volt, sind Lichtmaschine sowie Regler/Gleichrichter in Ordnung.

5.2. Ist die angezeigte Spannung kleiner oder gleich der Batteriespannung, können Lichtmaschine oder Regler/Gleichrichter defekt sein.

5.3. Ist die angezeigte Spannung viel höher als 16,0 Volt, können folgende Störungen vorliegen: Masseanschluss am Regler/Gleichrichter schlecht, Batterie defekt, Regler/Gleichrichter defekt.

6. Ein Defekt in den Kabeln oder Kabelsteckern kann ebenfalls vorliegen. Alle in Frage kommenden Teile genau überprüfen (Bilder 2 und 3)!

7. Sind alle Komponenten des Ladesystems in Ordnung, die Steckkontakte nicht locker oder korrodiert, den Regler/Gleichrichter gegen ein erwiesenermaßen funktionierendes Teil austauschen und die Ladespannung erneut prüfen.

Ladespannung beim wassergekühlten Einspritzmotor prüfen

Zur Prüfung der Statorwicklungen bleibt der Generatorstator (»Ladespule«) eingebaut.

1. Den 3-poligen naturfarbenen Stecker an den Kabeln, die bei der Kupplungsbetätigung aus

dem Lichtmaschinendeckel kommen (Bild 2) und nach oben führen, trennen (Bild 3).
2. Jeden der Kabelanschlüsse im Stecker zu Masse hin prüfen: Es darf kein Stromdurchgang bestehen.
3. Widerstand zwischen allen weißen Kontakten zueinander im Stecker messen (Bilder 3 und 4), Sollwert 0,32 bis 0,48 Ohm.
3.1. Werte für YBR 125, Custom mit luftgekühltem Einspritzmotor: 0,44 bis 0,67 Ohm.
4. Messergebnisse werten: Besteht Stromdurchgang von einem der Anschlüsse im Stecker zu Masse oder die Messwerte liegen außerhalb der Toleranz, ist wahrscheinlich der Generatorstator defekt und muss erneuert werden.

Abweichende Kabelfarben und Werte
YBR 125 Vergasermotor: Dreifachstecker, Kabelfarben blau, weiß, weiß.
1. Positive Prüfspitze an äußeres weißes Kabel.
2. Negative Prüfspitze an inneres weißes Kabel.
3. 0,64 bis 0,96 Ohm.

XT 125 R/X Vergasermotor: Vierfachstecker, Kabelfarben schwarz, blau, gelb, weiß.
1. Positive Prüfspitze an weißes Kabel.
2. Negative Prüfspitze an schwarzes Kabel.
3. 0,64 bis 0,96 Ohm.

Generatorstator auswechseln

Der Generatorstator ist im linken Gehäusedeckel eingesetzt und mit drei Schrauben befestigt (Bild 7). Vor dem Abbau des Deckels eine Ölfangwanne unterstellen.
1. Linkes Verkleidungsteil abbauen. Kabelklammern aufbiegen, Stecker der Generatorkabel trennen.
2. Deckel abschrauben:
2.1. Alle Schrauben ringsum lösen, ausdrehen.
2.2. Deckel abnehmen, auf Passbuchsen achten.
■ Wenn der Deckel auf der Dichtung verklebt ist: Leichte (!) Schläge mit einem Plastikhammer auf den Deckel lösen die Verklebung.
3. Befestigungsschrauben des Zündgebers abschrauben, Kabel herausnehmen. Befestigungsschrauben des Stators lösen und ausdrehen, Stator herausnehmen (müsste leicht gehen).
4. Neuen Stator einsetzen: Schraubenlöcher müssen mit den Gewindebohrungen fluchten, Kabel des Zündgebers exakt verlegen.
5. Befestigungsschrauben des Stators gut reinigen, eindrehen, über Kreuz zuerst handfest, dann auf 10 Nm festziehen.
■ Empfehlung: Etwas Loctite »mittelfest« auf die Gewinde der Schrauben geben.
6. Kabelgummitülle mit etwas Silikondichtmittel bestreichen und in den Ausschnitt des Deckels eindrücken.
7. Deckel anbringen:
7.1. Alte Dichtung abziehen, Dichtflächen mit Bremsenreiniger und rauem Lappen gut reinigen. NICHT mit scharfem Stahlschaber an den Dichtflächen herumkratzen!
7.2. Passbuchsen oben und unten einsetzen.
7.3. Neue Deckeldichtung auflegen. Deckel aufsetzen (Achtung: Magnetkraft!). Schrauben eindrehen, ringsum Schritt für Schritt bis auf 10 Nm festziehen.
8. Lichtmaschinenkabel sauber verlegen, Stecker zusammenstecken, Kabelklemmen zusammenbiegen, linke Verkleidungsteile anbringen. Motoröl einfüllen.

Lichtmaschinenrotor
Er geht normalerweise nicht kaputt, außer wenn er fallen gelassen wurde oder einen harten Schlag bekommen hat, wodurch er sich entmagnetisiert. Weil zum Ab- und Anbau des Lichtmaschinenrotors Yamaha-Spezialwerkzeug benötigt wird, verweisen wir auf den Yamaha-Händler.

Hinweis: Bei einem möglichen Defekt an Regler/Gleichrichter und/oder Lichtmaschine beachten Sie bitte auch das Kapitel 16 »Sicherungen · Relais · Stecker«. Wenn Sie einen Defekt nicht beheben können, wenden Sie sich an einen Yamaha-Händler, dieser hat entsprechende Spezialwerkzeuge und Messgeräte.

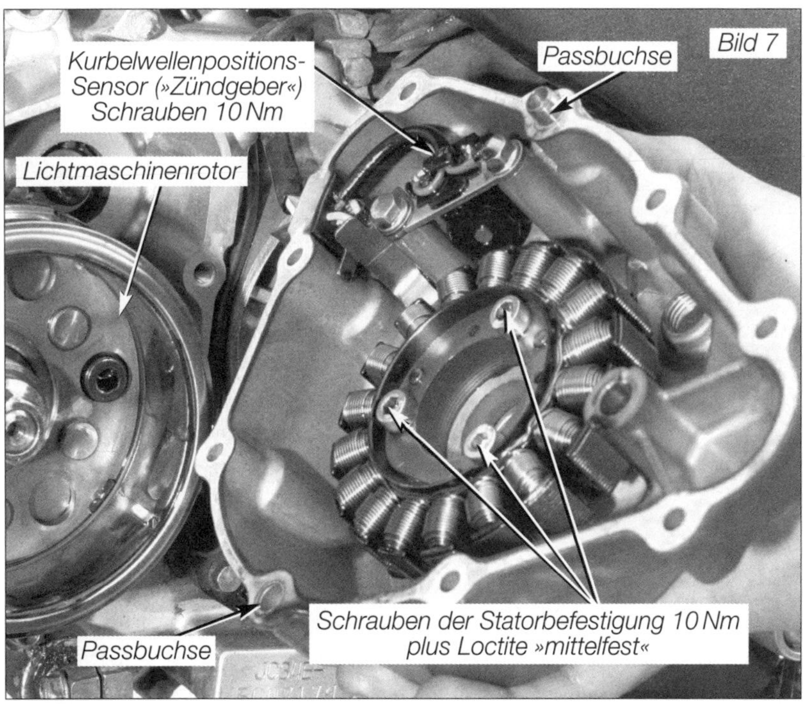

Bild 7: Abgenommener Motordeckel mit Blick auf Generatorstator und Lichtmaschinenrotor (»Schwungrad«).

Modell	Ladespannung	Ladespulen-Widerstand	Nennleistung
YZF-R 125/WR	14 Volt bei 5000/min	0,32 bis 0,48 Ω bei 20 °C	235 Watt bei 5000/min
YBR 125 (Vergaser)	14 Volt bei 5000/min	0,64 bis 0,96 Ω bei 20 °C	115 Watt bei 5000/min
YBR 125 (Einspritzer)	14 Volt bei 5000/min	0,44 bis 0,67 Ω bei 20 °C	115 Watt bei 5000/min
XT 125 R/X	14 Volt bei 5000/min	0,51 bis 0,77 Ω bei 20 °C	235 Watt bei 5000/min

Anlasser

In diesem Kapitel: Anlasser · Anlasserrelais und Diode · Anlasserfreilauf · Anlasser aus- und einbauen · Motorrad anschieben, Motor fremdstarten · Anlasser reparieren.

Zwei wichtige Punkte

⚠ Maximal 10 Sekunden den Starterknopf betätigen! Der Motor des Starthilfe gebenden Fahrzeugs sollte laufen, sonst ist bald auch dessen Batterie leer.

⚠ Beim Fremdstarten mit den Pluszangen keine metallischen Bauteile eines der Fahrzeuge oder die Minuszangen berühren: Kurzschluss ist die Folge.

Funktion des Anlasser

Beim Druck auf den Starterknopf wird Strom von der Batterie durch das Anlasserrelais direkt zum Anlasser geleitet, dieser dreht sich und setzt den Motor in Bewegung. Der »Anlassermotor« ist ein kleiner Elektromotor, dessen Drehbewegung über Zwischenzahnräder und einen »Anlasser-Freilauf« auf die Kurbelwelle übertragen wird.

Bei den wassergekühlten Motoren sitzt der Anlassermotor hinter dem Zylinderfuß; bei den lufgekühlten rechts vorne am Motor.

Anlasser reagiert nicht

Falls der Anlasser nicht reagiert wenn der Starterknopf betätigt wird, zuerst Folgendes prüfen:
- Steht der Motorabstellschalter (»Killschalter«) oben am Lenker auf RUN bzw. ON?
- Ist der Leerlauf sicher eingelegt?
- Ist der Seitenständer ganz hochgeklappt?
- Wenn sich der Anlasser beim Betätigen des Starterknopfes nicht drehen will, mit ganz gezogenem Kupplungshebel noch einmal versuchen: Vielleicht ist der Kupplungsschalter defekt.
- Batterie in Ordnung? Wenn der Motor gestern noch problemlos ansprang und heute nicht mehr will, ist möglicherweise die Batterie hinüber.

Bild 1

Bild 1: Wenn der Kabelanschluss schlecht ist, geht nix: Kabelklemme abnehmen, abschmirgeln und wieder anbauen wirkt oft Wunder.

Anlasser prüfen

(Sichtprüfung) Als Erstes nachsehen, ob das von der Batterie zum Anlasserrelais und von dort zum Anlasser stromführende Kabel locker ist oder seine Anschlüsse korrodiert sind.

1. Falls »locker und/oder korrodiert«: Kabelöse abschrauben und mit feinem Schmirgelpapier säubern (Bild 1). Anschrauben und prüfen, ob es jetzt funktioniert.

2. Falls »Nein«: Eine voll geladene 12-Volt-Batterie besorgen und zwei lange Kabel mit großem Querschnitt an ihre Pole anschrauben, freie Enden der Kabel provisorisch mit dem Anlasser verbinden:
- Pluskabel an Plusanschluss des Anlassers
- Minuskabel an Fahrzeugmasse (Rahmen)

2.1. Wenn sich der Anlasser jetzt dreht, liegt der Fehler in den elektrischen Zuleitungen; wenn er sich nicht dreht, ist er defekt.

Wichtig 1: Pluskabel von der externen Batterie fest am Pluskontakt des Anlassers anlegen, dann erst Masseverbindung schaffen.

Wichtig 2: Durch Anlegen der externen Stromquelle nur ganz kurz prüfen, ob sich der Anlasser dreht – nicht den Motor damit starten!

Wichtig 3: Mit dem Pluskabel keine Fahrzeugbauteile berühren! Feuerlöscher bereit halten!

3. Wenn sich der Anlasser dreht: Stromführende Kabel prüfen, Steckverbindungen und Kontaktzungen, Kabelanschlüsse an Batterie sowie die Hauptsicherung auf festen Sitz und Korrosion prüfen.

4. Wenn sich der Anlasser nicht dreht: Dann ist er wahrscheinlich defekt und muss entweder erneuert oder repariert werden (weiter hinten in diesem Kapitel).

Anlasserrelais und Diode

Wenn der Anlasser trotz einer einwandfreien Batterie nicht reagiert, kann der Anlasser defekt sein, das Anlasserrelais oder die Diode.

Anlasserrelais

Das Anlasserrelais sitzt in der Nähe der Batterie. Eine Hörprobe machen:

1. Zündung einschalten, Anlasserknopf betätigen.

2. Genau hinhören: Ist ein Klicken aus dem Relais zu hören?
- Falls »Ja«, ist das Relais vermutlich in Ordnung.
- Falls »Nein«, ist es entweder defekt oder bekommt keinen Strom: Entweder testweise ein erwiesenermaßen funktionsfähiges Relais einbauen und/oder für sichere Stromzufuhr sorgen.

Anlasserdiode

Die Anlasserdiode verhindert in Verbindung mit dem Leerlaufschalter ein Anlaufen des Starters, wenn während des Fahrens versehentlich der Anlasserknopf gedrückt wird. Wenn die Diode defekt ist, läuft der Anlasser auch bei stehendem Motor nicht an. Die Anlasserdiode sitzt direkt neben dem Anlasserrelais

Prüfung der Anlasserdiode beim wassergekühlten Motor (siehe Bild 2):

1. Diode aus ihrem Stecker ausziehen.

2. Multimeter auf Ω einstellen.

3. Pluspolprüfspitze an »1«

3.1. Minusprüfspitze an »2«

3.2. Es muss Stromdurchgang sein, also 0 Ω.

4. Pluspolprüfspitze an »2«

4.1. Minusprüfspitze an »1«

4.2. Es darf kein Stromdurchgang sein, also ∞ Ω.

5. Pluspolprüfspitze an »3«
5.1. Minusprüfspitze an »2«
5.2. Es muss Stromdurchgang sein.
6. Pluspolprüfspitze an »2«
6.1. Minusprüfspitze an »3«
6.2. Es darf kein Stromdurchgang sein.

Prüfung der Anlasserdiode beim luftgekühlten Motor (siehe Bild 3):
1. Diode aus ihrem Stecker ausziehen.
2. Multimeter auf Ω einstellen.
3. Pluspolprüfspitze an »1«
3.1. Minusprüfspitze an »2«
3.2. Es muss Stromdurchgang sein.
4. Pluspolprüfspitze an »2«
4.1. Minusprüfspitze an »1«
4.2. Es darf kein Stromdurchgang sein.

Anlasserfreilauf

Der Anlasserfreilauf sitzt im Motor und überträgt bei Betätigung des Anlassers dessen Drehung auf die Kurbelwelle. Wenn der Motor läuft, macht der Freilauf »auf« und trennt die Verbindung (sonst würde ja der Anlassermotor durch den anlaufenden Motor in seine Drehzahl hochbeschleunigt werden und dadurch kaputt gehen).

Ein Defekt am Anlasserfreilauf kündigt sich langsam an, der Anlasser dreht einige Male nur alleine durch, wenn der Starterknopf gedrückt wird: Erst einmal leer, dann greift er wieder, dann zwei- bis dreimal leer, dann greift er wieder, bis bald überhaupt nichts mehr geht und der Anlasser nur noch hohl dreht. Dies ist ein deutliches Indiz dafür, dass der Anlasserfreilauf defekt ist. Dann haben sich die Freilaufrollen in die Oberfläche des am großen Anlasserzahnrads angebrachten Mitnehmerbundes eingearbeitet und das Teil muss erneuert werden. Zum Erneuern des Anlasserfreilaufs muss der Lichtmaschinenrotor von der Kurbelwelle abgezogen werden (siehe Bild 4), wozu Yamaha-Spezialwerkzeug erforderlich ist: Lassen Sie deswegen diese Arbeit beim Yamaha-Händler machen.

Motor ankicken, Motorrad anschieben

Wenn die Batterie leer ist und der Motor vom Elektrostarter nicht durchgedreht wird, springt er vielleicht mit dem Kickstarter an (wenn ein Kick-

Bilder 2 und 3: Dioden prüfen.

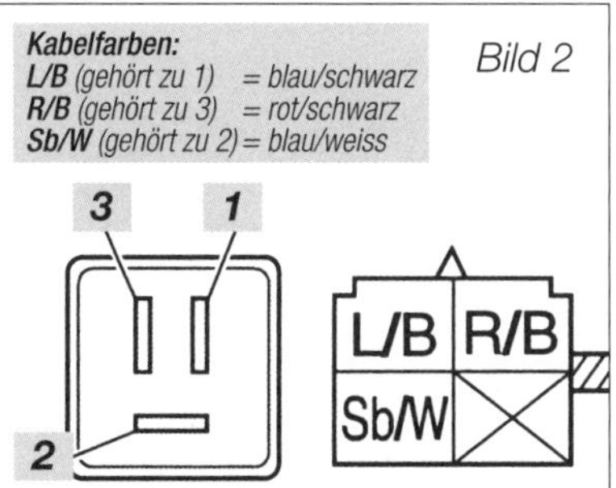

Anschlüsse Anlasserdiode beim wassergekühlten Motor.

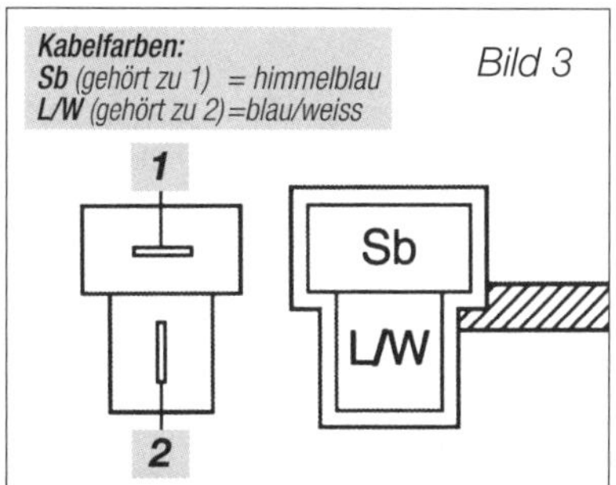

Anschlüsse Anlasserdiode beim luftgekühlten Motor.

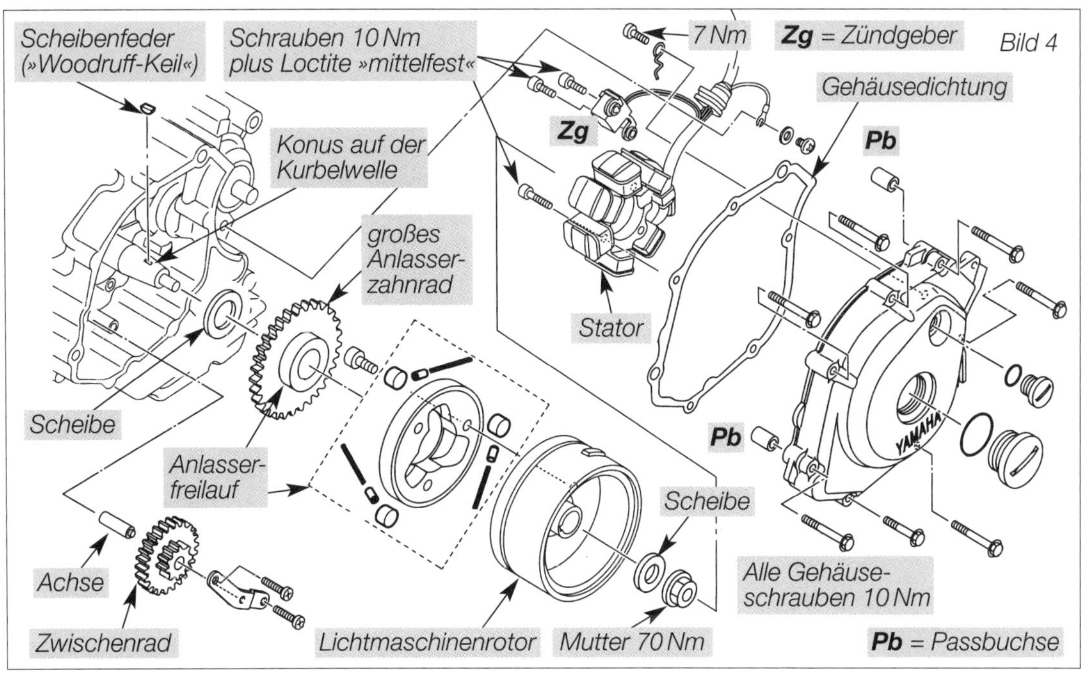

Bild 4: Wenn der Anlasserfreilauf defekt ist, muss der Lichtmaschinenrotor mit Spezialwerkzeug abgebaut werden.

starter vorhanden ist!). Eine Batterie muss eingebaut sein, sie kann zwar fast leer, aber nicht kaputt sein! Wenn der Motor auch mit dem Kickstarter nicht anspringt, muss man die Maschine anschieben:

1. Zündung EINschalten, Motorabstellschalter am Lenker auf ON.

2. Zweiten Gang einlegen und die Maschine mit eingelegtem Gang zurückziehen, bis ein Widerstand vom Motor her spürbar wird: Der Kolben steht jetzt im OT (»Oberer Totpunkt«).

3. Kupplung ganz ziehen und die Maschine mit gezogener Kupplung etwas zurückschieben, um sicherzugehen, dass die Kupplung auch wirklich trennt.

4. Fahrer am Lenker, hinten hilft ein Freund: Gleichzeitig schieben bis auf ca. 15 bis 20 km/h!

4.1. Fahrer springt in den Sitz und lässt gleichzeitig die Kupplung los – Motor müsste kommen.

■ Falls »Ja«: Motor mit Gasstößen am Leben halten und nicht unter 3000/min kommen lassen.

■ Falls »Nein«: nochmals versuchen!

Starthilfekabel

Tipp: Verwenden Sie zum Fremdstarten Ihrer Maschine keine Auto-Fremdstartkabel mit dicken Zangen, sondern besorgen Sie sich ein spezielles Motorrad-Starthilfekabel mit kleinen Zangen. In dieses »Fremdstartkabel« sollte ein Überspannungsschutz eingebaut sein (»Z-« oder »Zener-Diode«), dieser schützt alle elektronischen Bauteile vor Überspannung.

Motor fremdstarten

Beim Fremdstarten wird Strom über Starthilfekabel an die Batterieanschlüsse des zu startenden Motorrads übertragen. Die Starthilfekabel müssen kleine Zangen haben.

Wichtig: Das Starthilfe gebende Fahrzeug muss ein 12-Volt-Bordnetz haben. Ein LKW mit 24-Volt-System taugt also nicht zum Fremdstarten.

1. Mit dem schwarzen Fremdstartkabel die Minuspole der fremden Stromquelle und der Motorradbatterie verbinden.

2. Gummikappen über den Pluspolanschlüssen zurückschieben. Mit dem roten Startkabel beide Pluspole verbinden.

2.1. Motor der Starthilfe gebenden Maschine starten und mit erhöhter Leerlaufdrehzahl laufen lassen (3000 bis 4000/min).

3. Motor starten. Läuft der Motor, die Starthilfekabel von den Batterien abnehmen.

■ Zuerst Pluskabel abklemmen, dann Minuskabel. Gummikappen wieder deckend auf die Batterie-Pluspolanschlüsse schieben.

Hinweis: Wenn der Motor angesprungen ist, ihn nicht sofort wieder ausschalten, denn die Batterie bringt noch nicht wieder genug Strom auf, den Motor aus eigener Kraft zu starten.

Wenn die Batterie funktionstüchtig und der Säurestand korrekt ist, wird sie von der Lichtmaschine geladen. Dennoch sollte man die Batterie bei nächster Gelegenheit an ein Ladegerät hängen (siehe Kapitel 17 »Batterie«) und vorschriftsmäßig laden.

Anlasser aus- und einbauen

Ausbau

1. Plus- und Minuskabel von der Batterie abklemmen und sicher zur Seite hängen.

2. Gummikappe über Kabelbefestigung am Anlasser abziehen, Mutter abdrehen, Kabelklemme abnehmen.

3. Befestigungsschrauben des Anlassers lösen und ausdrehen.

4. Anlasser aus Motorgehäuse herausziehen.

Anlasser einbauen

1. O-Ring in der Nut am Anlasser leicht fetten.

2. Anlasser in seine Position im Motorgehäuse schieben.

3. Schrauben eindrehen und festziehen.

4. Anlasserpluskabel gut handfest anschrauben.

5. Plus- und Minuskabel an Batterie anschließen.

Anlasser zerlegen

Wichtig 1: Beim Zerlegen des Anlassers unbedingt auf die verschiedenen Scheiben auf der Ankerwelle achten. Sie in der Reihenfolge des Ausbaus sicher ablegen, damit sie so wieder eingebaut werden können (siehe dazu auch Zeichnung in Bild 6).

Wichtig 2: Mit dem zerlegten Anlasser sorgsam umgehen: Wenn Gehäuse oder Anker auf harten Boden fallen, werden sie beschädigt und die Permanentmagnete entmagnetisiert.

1. Die langen Gehäuseschrauben ausdrehen.

2. Vorderen Gehäusedeckel abziehen, Sicherungsblech und Beilagscheiben abnehmen.

3. Hinteren Gehäusedeckel abnehmen.

4. Anker aus dem Gehäuse herausziehen.

Anlasser prüfen

Die nachfolgende Prüfung des Anlassers bezieht auch Prüfpunkte ein, die bei nur teilweise zerlegtem Anlasser vorgenommen werden.

1. Am Gehäuse zwischen Anschluss des Anlasserkabels und der Bürstenhaltereinheit auf Stromdurchgang prüfen.

■ Es muss Stromdurchgang bestehen.

2. Stromdurchgang zwischen Anschluss des Anlasserkabels und Gehäuse prüfen:

■ Es darf kein Stromdurchgang bestehen.

3. Stromdurchgang zwischen positiver und negativer Bürstenklemme prüfen:

■ Es darf kein Stromdurchgang bestehen.

4. Die großen Dichtringe, die auf dem Anlassergehäuse aufgezogen sind, sowie den ganz vorn aufgesetzten O-Ring im Bund auf Form, Risse, poröse Stellen, Quetsch- und Druckstellen prüfen. Wenn defekt: Neue Ringe verwenden!

5. Staubdichtring und Lager im vorderen und hinteren Gehäusedeckel auf Alterung, beschädigte Dichtlippe, blaue Verfärbung oder Bruch untersuchen, Lagerstelle der Kollektorwelle ebenfalls. Wenn defekt: Bauteile erneuern!

6. Kollektor auf Verfärbung und ungewöhnliche Abnutzung überprüfen. Die Spalttiefe zwischen den einzelnen Kollektoren (»Glimmerunterschneidung«) sollte 1,3 bis 1,4 mm betragen (Bild 5). Gegebenenfalls mit einem Metallsägeblatt ausschaben. Anschließend (oder auch dann, wenn die Oberfläche des Kollektors etwas verfärbt ist), mit 400er-Schleifpapier sauber abziehen und einem trockenen Tuch säubern.

■ Anker auswechseln, sofern der Kollektor über Gebühr abgenutzt ist.

7. Kollektor muss ringsum rund und darf nur sehr wenig eingelaufen sein.

8. Die Kollektorlamellen dürfen keine Verfärbungen aufweisen. Paarweise Verfärbung deutet auf geerdete Ankerwicklungen hin (Masseschluss): Bauteile erneuern!

9. Zwischen Kollektorstegen und Ankerwelle auf Stromdurchgang prüfen: Es darf kein Stromdurchgang bestehen.

10. Bürsten aus Halterung herausziehen, Bürsten auf ungewöhnliche Abnutzung, Risse und Unebenheit im Bürstenhalter überprüfen.

11. Bürstenlänge messen: Verschleißgrenze 3,5 mm. Wenn auch nur eine der Bürsten die Verschleißgrenze erreicht hat (bzw. geringfügig länger ist), alle Bürsten erneuern.

Anlasser zusammenbauen

1. Bürsten in Halter einsetzen, Bürstenhaltereinheit in hinteren Gehäusedeckel einsetzen.

2. Scheiben auf Ankerwelle schieben, Bürsten mit Kollektor zur Seite drücken und gleichzeitig den Lagerzapfen in Buchse einführen.

3. Anlassergehäuse aufsetzen: Dabei den Anker gut festhalten, damit er durch die Kraft des Gehäusemagneten nicht plötzlich gegen das Anlassergehäuse schlägt und beschädigt wird.

3.1. Strich- oder Punktmarkierungen auf Gehäuse und Gehäusedeckel aufeinander ausrichten.

4. Dieselbe Anzahl an Beilag- und Isolierscheiben auf Ankerwelle schieben wie zuvor herausgenommen.

5. Sicherungsscheibe aufschieben, Laschen müssen zum Deckel gerichtet sein.

6. Eine dünne Schicht Lagerfett in Lager und Simmerring schmieren.

7. Vorderen Gehäusedeckel aufsetzen, Markierungen aufeinander ausrichten.

8. Markierungen an Anlassergehäuse und Gehäusedeckel exakt aufeinander ausrichten, Schrauben eindrehen und handfest anziehen (10 Nm).

Bild 5: Glimmerunterschneidung mindestens 1,3 bis 1,4 mm.

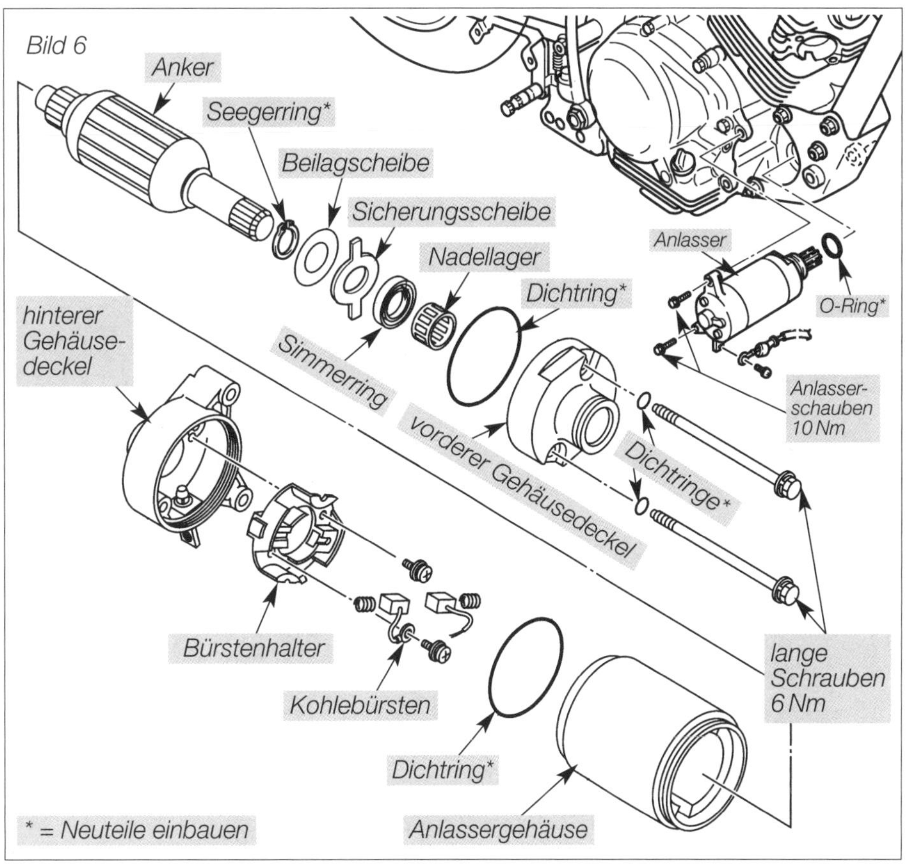

Bild 6: Explosionszeichnung des Anlassers.

Sichtprüfung Messen

Zündkerze

In diesem Kapitel: Serienmäßige Zündkerze · »Bessere« Zündkerzen · Zündkerze warten: Aus- und einschrauben, reinigen und kontrollieren · Elektrodenabstand messen und korrigieren · Zündkerzengesicht beurteilen · »Kalte« oder »heiße« Zündkerze? · Zündprobleme.

Zündkerze

Serienmäßige Zündkerze

- Einspritzmotor, wassergekühlt
  Modelle YZF-R 125, WR 125 R/X
  Zündkerze NGK CR8E
  Elektrodenabstand 0,7 bis 0,8 mm
- Vergaser- und Einspritzmotor, luftgekühlt
  Modelle YBR 125/Custom
  Zündkerze NGK CR6HSA
  Elektrodenabstand 0,6 bis 0,7 mm
- Vergasermotor, luftgekühlt
  Modelle XT 125 R/X
  Zündkerze NGK CR7HSA
  oder DENSO U22FSR-U
  Elektrodenabstand 0,6 mm

Bild 1: Aufbau einer modernen Zündkerze.

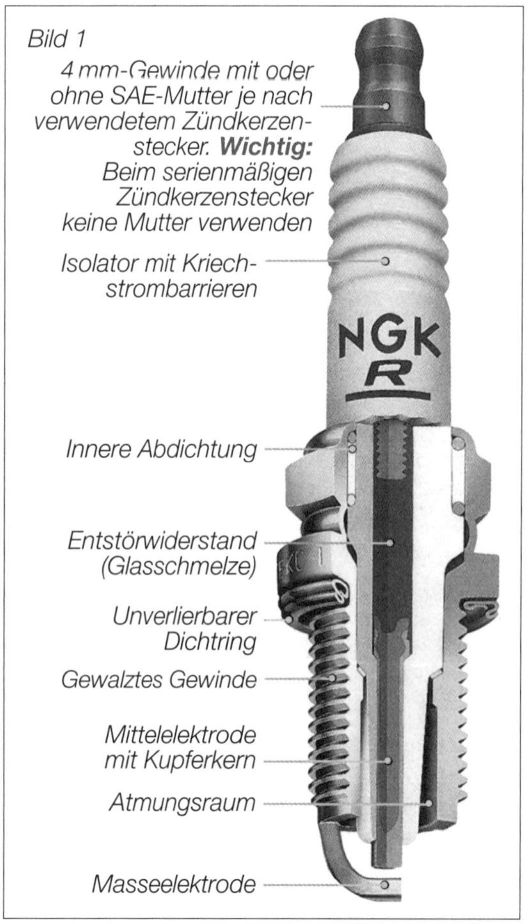

Bilder 2 und 3: Vergleich der Mittelelektroden von Standard- und Iridiumzündkerze.

Die serienmäßig eingebaute Zündkerze passt für alle normalen Betriebsbedingungen: Ihre Elektroden werden bei den Verbrennungstemperaturen zwischen 450 und 850 °C so heiß, dass eventuelle Rußablagerungen sicher verbrennen, bleiben aber auch so kühl, dass Motor und Kerze nicht beschädigt werden.

Wartungsintervalle

Yamaha schreibt für alle Modelle folgende Prüf- und Erneuerungs-Intervalle für die Zündkerze vor:

- **Prüfen:** alle 6000 km
- **Erneuern:** alle 12 000 km

Wichtig: Das Alter einer Zündkerze ist nicht ausschlaggebend, ob sie ersetzt werden muss. Es zählen Laufleistung, Belastung und eventuelle Beschädigungen. Auch dann, wenn eine Zündkerze einmal »nass« war und der Zündfunke wegen Gemischüberfettung »ersoff«, soll sie bei nächster Gelegenheit erneuert werden. Und wenn Sie mit Ihrer 125er-Yamaha überwiegend in der Stadt unterwegs sind mit viel Start-Stopp, sollten Sie der Zündkerze mehr Aufmerksamkeit schenken, als wenn Sie Ihr Motorrad meist auf freier Strecke mit gleichmäßiger Gasstellung im oberen Drehzahlbereich fahren.

»Bessere« Zündkerze

Bei einer »besseren Zündkerze« ist die Mittelelektrode aus den hochwertigen, sehr harten Werkstoffen Platin oder Iridium hergestellt. Sie werden einfach »Platinzündkerze« oder »Iridiumzündkerze« genannt.

Platin- und Iridiumzündkerzen bieten eine höhere Betriebssicherheit, weil zwischen Mittel- und Masseelektrode ein stärkerer Funke überspringt, der das Gemisch sicherer entzündet. Irgendwelche Ablagerungen an der Zündkerze entstehen deswegen entweder gar nicht oder verbrennen schneller. An der härteren (und damit verschleißfesteren) Mittelelektrode ist der Abbrand geringer, weswegen Platin- und Iridiumzündkerzen eine mehr als doppelt so hohe Lebensdauer haben. Eine Platinzündkerze hält mindestens 20 000 km; für eine Iridiumzündkerze kann man mehr als 30 000 km ansetzen, weswegen Langstreckenfahrer darauf schwören.

Durchmesser verschiedener Mittelelektroden:

Standardzündkerze (Bild 2)	Ø 2,60 mm
Platinzündkerze	Ø 0,85 mm
Iridiumzündkerze (Bild 3)	Ø 0,60 mm

Die Dicke der Mittelelektrode hat nichts mit dem Wärmewert zu tun, hat jedoch entscheidenden Einfluss auf die Zündsicherheit und damit Betriebssicherheit des Motors:

- Je dünner die Mittelelektrode ist, desto sicherer springt der Funke zwischen Außen- und Mittelelektrode über.
- Je dünner die Mittelelektrode ist, desto schneller wird sie nach dem Kaltstart heiß, bzw. erreicht die Zündkerze ihre »Betriebstemperatur«, die bei mehr als 450 °C liegt.

Hier die von NGK für die 125er-Yamaha-Modelle lieferbaren »besseren« Zündkerzen:

- Einspritzmotor, wassergekühlt
  Modelle YZF-R 125, WR 125 R/X:
  Platinkerze NGK CR8EVX
  Iridiumkerze NGK CR8EIX

- Vergaser- und Einspritzmotor, luftgekühlt
  Modelle YBR 125/Custom:
  Iridiumkerze NGK CR6EIX

- Vergasermotor, luftgekühlt
  Modelle XT 125 R/X:
  Iridiumkerze NGK CR7EIX oder CR9EIX

Zündkerze warten

Werkzeuge, Anziehdrehmoment

Der Kerzenschlüssel aus dem Bordwerkzeug genügt zum Aus- und Einbau der Zündkerze. Soll diese allerdings mit dem vorgeschriebenen Anziehdrehmoment festgezogen werden, wird ein entsprechender Nussaufsatz für den Drehmomentschlüssel benötigt. Das Anziehdrehmoment beträgt 13 Nm.

Elektrodenabstand

Der von Yamaha vorgeschriebene Elektrodenabstand ist weiter vorne im Text »serienmäßige Zündkerzen« angegeben. Bei einer neuen Zündkerze von NGK (oder auch Denso bei der XT 125) ist er genau eingestellt.

Wenn bei einer Inspektion der Zündkerze festgestellt wird, dass der Elektrodenabstand zu weit (dann ist die Zündkerze »abgebrannt«) oder zu eng (meistens ein Montagefehler) ist, muss er korrigiert werden. Dabei wird die Masseelektrode nachgebogen, was mit sehr viel Gefühl geschehen muss – sonst besteht die Gefahr, dass die Zündkerze kaputt geht, weil die gebogene Masseelektrode abbricht (siehe dazu Text weiter hinten in diesem Kapitel).

Zündkerze aus- und einbauen

Gleich zu Anfang drei sehr wichtige Punkte:

Achtung 1: Zündkerzenstecker immer nur von Hand abziehen und aufstecken! Keine Zange zu Hilfe nehmen! Auch nicht mit Reifenmontiereisen, Schraubenzieher oder Flacheisen am Kerzenstecker herumhebeln, denn dadurch kann der Zündkerzenstecker beschädigt werden.

Achtung 2: Kerzenstecker nirgends hart anschlagen, ausgebaute Zündkerze nicht fallen lassen! Dadurch können Teile brechen oder Risse bekommen, wodurch Stromkreisunterbrechungen oder Kurzschlüsse verursacht werden.

Achtung 3: Beim **Einschrauben der Zündkerze** unbedingt darauf achten, dass schon der erste Gewindegang richtig greift, das Außengewinde der Kerze also richtig am Innengewinde im Zylinderkopf angesetzt ist. **Merke:** Eine schräg angesetzte Kerze ruiniert mit ihrem harten Stahlgewinde das weiche Gewinde im Aluminiumzylinderkopf schon nach einer halben Umdrehung.

Zündkerze ausbauen

1. Entsprechende Verkleidungsteile abbauen, um ungehinderten Zugang zur Kerze zu bekommen.
2. Zündkerzenstecker abziehen (Bild 6).
3. Zylinderkopf im Bereich der Zündkerze mit Druckluft abblasen und damit eventuell angesammelten Schmutz wegblasen, damit er bei ausgebauter Zündkerze nicht in den Zylinder fallen kann.
4. Zündkerze mit dem Zündkerzenschlüssel lösen und herausdrehen.

Zündkerze reinigen und kontrollieren

1. Zum Abbürsten von Rückständen an der Zündkerze entweder eine harte (trockene)

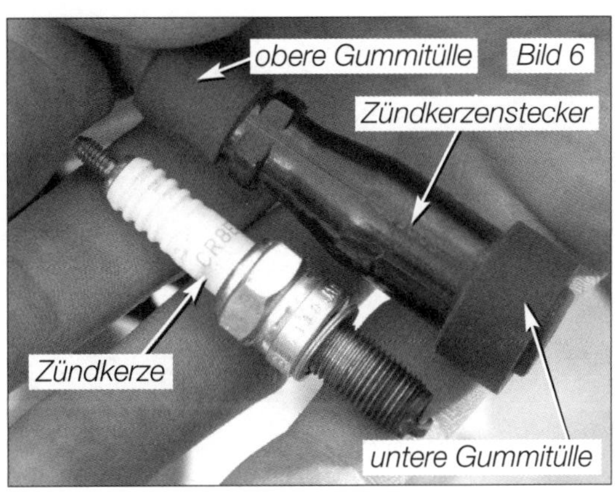

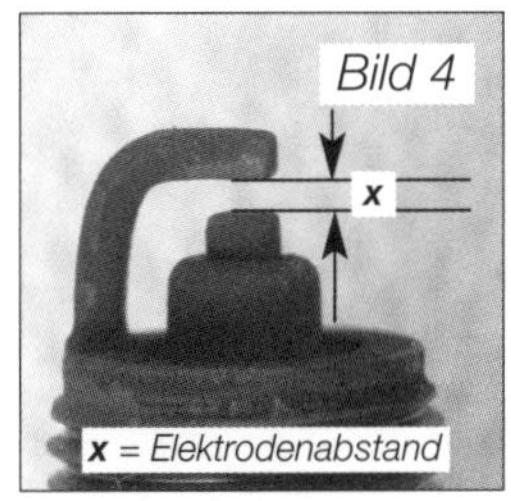

Bilder 4 und 5: Elektrodenabstand.

Bild 6: Kerzenstecker vorsichtig abziehen und mit Gefühl aufstecken: Es muss fühl- und hörbar klicken.

- *Vordere und hintere Gummitülle müssen sicher auf ihren Bünden am Zündkerzenstecker sitzen.*
- *Innen müssen sie staubtrocken sein – wenn es feucht ist, gibt es Zündprobleme!*

Bilder 7 bis 10: Im Lauftext sind die zu den Bildern gehörenden Arbeitsschritte nummeriert beschrieben.

Bild 7

Zahnbürste benutzen oder eine Messingbürste (Bild 9), KEINE Stahlbürste!
2. Zündkerze mit Bremsenreiniger einsprühen und mit Druckluft ausblasen, dadurch werden Ölreste und Ablagerungen entfernt.
3. Isolator auf Risse oder Absplitterungen untersuchen. Planflächen des Dichtrings müssen einwandfrei sein.
4. Die Zündkerze muss erneuert werden, wenn sie einen Mangel aufweist, wie z. B.:

- Mittelelektrode stark abgenutzt, gebrochen (Bild 7) oder herausgefallen (Bild 8)
- Isolator gebrochen
- Gewinde beschädigt

Zündkerze einbauen
1. Einen kleinen Tropfen Kupferpaste auf das Zündkerzengewinde geben (Bild 10), das verhindert ein Festbacken der Kerze im Zylinderkopf.
2. Zündkerze von Hand ohne irgendwo anzuschlagen an das Zündkerzengewinde im Zylinderkopf ansetzen und einschrauben.
3. Zündkerze so weit in das Gewinde einschrauben, bis Widerstand spürbar wird.
3.1. Mit dem vorgeschriebenen Anziehdrehmoment von 13 Nm festziehen.
4. Falls kein Drehmomentschlüssel zur Verfügung

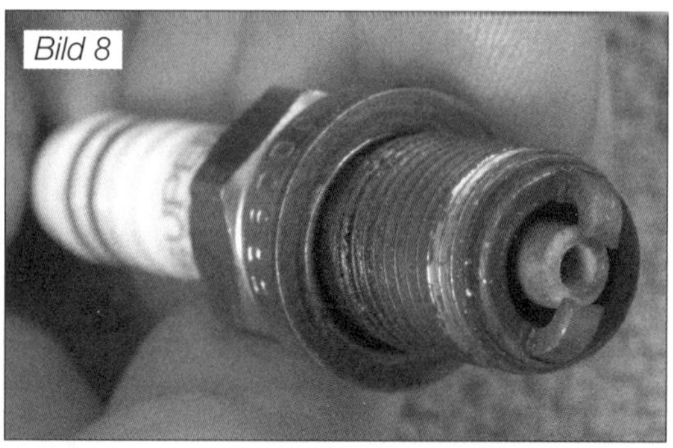
Bild 8

Bild 9

Bild 10

steht, folgendermaßen vorgehen:
4.1. Gebrauchte Zündkerze: Wenn eine bereits benutzte Zündkerze wieder montiert wird, bei der sich der Dichtring schon gesetzt hat: Zündkerze nach Aufsitzen des Gewindebundes um ca. 1/8 Umdrehung festziehen.
4.2. Neue Zündkerze: Wenn eine neue Kerze mit neuem Dichtring montiert wird: Zündkerze nach Aufsitzen des Gewindebundes um 1/4 bis 1/2 Umdrehung anziehen, wieder lösen und endgültig um 1/8 Umdrehung anziehen.

Elektrodenabstand

Wichtig für die ordnungsgemäße Funktion der Zündkerze ist vor allem ein korrekter Elektrodenabstand. Stimmt dieser nicht, muss er korrigiert werden. Die gebogene Masseelektrode darf jedoch nur wenig nachgebogen werden, denn für eine zu heftig oder zu oft verbogene Elektrode besteht im Betrieb höchste Bruchgefahr! Im Zweifelsfall lieber eine neue Kerze verwenden.

Elektrodenabstand messen, korrigieren
Nachstehend messen wir beispielhaft den Elektrodenabstand der Zündkerze der Modelle YZF-R 125 und WR 125 R/X mit dem vorgeschriebenen Elektrodenabstand »0,7 bis 0,8 mm«.
1. Elektrodenabstand mit Fühlerlehre messen (Bild 5): Eine 0,7 mm dicke Fühlerlehre muss leicht durchgehen, die mit 0,8 mm muss sich schwer »durchschleifen« lassen.
2. Ist der Elektrodenabstand zu weit, was bei einer gebrauchten Zündkerze meistens der Fall ist, muss die äußere Elektrode nachgebogen werden: Zündkerze kopfüber halten, einen Schraubenzieher verkehrt herum in die Hand nehmen und mit dem Griff gaaaanz leicht auf die Elektrode klopfen: Lieber einen Hau zu wenig als einen zu viel!
3. Wenn die Außenelektrode aus Versehen zu stark zusammengeklopft wurde, der Elektrodenabstand also zu eng ist, vorsichtig mit einem kleinen Elektroschraubenzieher wieder aufbiegen. Besser noch ist es, die Elektrode mit einer kleinen Flachzange hochzubiegen.
Wichtig: In jedem Falle gilt, beim Einstellen des Elektrodenabstandes viel Gefühl walten lassen, sonst kann die Masseelektrode abbrechen und die Zündkerze ist kaputt!

Zündkerzengesicht

Falls es einmal dazu kommen sollte, dass eine andere als die Zündkerze mit dem vorgeschriebenen Wärmewert eingebaut oder der Motor getunt (»frisiert«) wird, ist die Beurteilung des Zündkerzengesichts wichtig. Dem Fachmann gibt die Betrachtung der ausgeschraubten Zündkerze (»Zündkerzengesicht«, siehe Bilder 11 bis 18 »Zündkerzengesicht beurteilen«) Aufschluss über:

- Zusammensetzung des Kraftstoff-Luft-Gemischs
- Verbrennungsablauf im Motor
- Zustand der Motorinnereien wie Kolben- und Kolbenringe sowie Ventilführungen und Ventilschaftabdichtungen

Normales Kerzenbild

Im Normalfall zeigt die Keramikisolation (»innerer Speckstein«) eine rehbraune Färbung. Der äußere Rand der Zündkerze ist schwarz, er darf ein wenig »rußig« sein. Innere Elektrode und Masseelektrode dürfen nicht zu sehr abgebrannt sein (Bild 12). Wird die Maschine überwiegend in der Stadt mit Bummeltempo gefahren, können deutlich sichtbare Ablagerungen an der Zündkerze hängen (Bild 11), die man abputzen kann.

Zündkerzengesicht beurteilen

1. Motor im mittleren Drehzahlbereich etwa zehn Kilometer warm fahren und möglichst ohne Zwischenstopp zur Werkstatt zurück. Dort den Motor sofort abstellen, also nicht längere Zeit im Leerlauf nachlaufen lassen.

2. Zündkerze herausschrauben.

3. Zündkerzengesicht begutachten:

3.1. Wenn Keramikisolation und Elektrode rußfrei sind und das innere Keramikbauteil einen rehbraunen Farbton zeigt, passt der Wärmewert der Zündkerze (Bild 12). Die Zusammensetzung des Benzin-Luft-Gemisches ist korrekt, von den Kolben- und Ölabstreifringen wird kein Öl durchgelassen.

3.2. Bei weißem bis aschgrauem Bild ist das Gemisch zu mager. Dieses Zündkerzengesicht deutet auf mögliche Falschluft im Ansaugsystem hin. So können z. B. der Ansaugstutzen lose oder gerissen (siehe Kapitel 23 »Kraftstoffsystem«) oder der Luftfilterkasten (Kapitel 22 »Luftfilter«) nicht richtig festgezogen sein. Es kann aber auch ein Fehler im Vergaser oder im Einspritzsystem vorliegen (siehe ebenfalls Kapitel 23 »Kaftstoffsystem«).

3.3. Ein zu helles, fast weißes Zündkerzengesicht entsteht auch beim Fahren ohne Luftfilter.

Bild 11

Bild 11: Mit Öl und Verbrennungsrückständen verunreinigte Zündkerze aus einer schlecht gepflegten CBR 125 R, die überwiegend in der Stadt gefahren wurde.

Bild 12

Bild 13

Bild 14

Bild 15

Bild 16

Bild 17

Bild 18

Bilder 12 bis 18:
12 normales Zündkerzengesicht
13 Isolator abgebrochen
14 Isolator beschädigt, starke Ablagerungen
15 verrußte Kerze
16 Anschmelzungen
17 Koronafleck zwischen Isolator und Metallkörper...
18 ...Ursache ist Gas- und Flamm-Durchgang

3.4. Bei dunkelbrauner bis schwarzer Verfärbung ist das Gemisch zu fett: Luftfilter zugesetzt, Hauptdüse zu groß oder Einspritzung falsch eingestellt (Bild 15).
3.5. Eine verrußte, ölglänzende Kerze deutet auf verschlissene Ventilführungen oder abgenutzte Kolbenringe hin, durch die Motoröl in den Brennraum gelangt.
3.6. Starke Rußablagerungen verhindern einen korrekten Funken zwischen äußerer und innerer Elektrode. Ruß und andere Ablagerungen an der Zündkerze führen zu einer Kurzschlussbrücke zwischen den Elektroden oder auf der Keramikisolation. Wenn die Zündkerze verrußt ist, dreht der Motor nur stotternd hoch und zieht nicht richtig.
4. Für Rußablagerungen gibt es drei Gründe:
4.1. Der Motor wurde lange mit geringer Drehzahl (»Bummeltempo«) gefahren.
4.2. Die Zündanlage produziert einen nur schwachen Funken.
4.3. Verschleiß an Kolben, Kolbenring, Ölabstreifring, Zylinderlaufbahn, Ventilführungen.
5. Bei trockenen Rußablagerungen können die Elektroden anfangen zu glühen, was zu unkontrollierten Fehlzündungen führt. Diese machen durch »Klopfen« (gut hörbar bei niedrigen Drehzahlen und starkem Beschleunigen) oder »Klingeln« (bei hoher Drehzahl und deshalb kaum zu hören) auf sich aufmerksam. Fehlzündungen können auch dazu führen, dass der Kolbenboden durchbrennt oder Ventile und Ventilsitze verbrennen.

»Kalte« oder »heiße« Zündkerze?

Eine _kältere_ Zündkerze als die serienmäßige kann eingebaut werden, wenn die Maschine in sehr heißen Gegenden oder im Hochsommer längere Autobahnetappen im oberen Drehzahlbereich gefahren wird. _Kälterer Zündkerzentyp_ heißt: Diese Zündkerze verträgt höhere Temperaturen (kältere Zündkerzen sind z. B. NGK CR9E anstatt der serienmäßigen CR8E bei der YZF-R 125).

Eine _heißere_ Zündkerze könnte dann notwendig werden, wenn die Yamaha in sehr kalten Gegenden bewegt wird, wo die Außentemperatur um den Gefrierpunkt oder darunter liegt und nur ab und zu auf maximal zehn bis fünfzehn Grad ansteigt. Unter einer _heißeren Kerze_ versteht man einen Kerzentyp, der höhere Verbrennungstemperaturen erzeugt (eine »heißere Zündkerze« ist z. B. die NGK CR7E anstatt der serienmäßigen NGK CR8E bei der YZF-R 125).

Wichtige Anmerkung: Kältere oder heißere Zündkerzen als die serienmäßigen werden nur in sehr seltenen Fällen wirklich nötig. Wenn eine Zündkerze mit falschem Wärmewert eingebaut wird, kann dies zu Schäden führen. Benutzen Sie immer und grundsätzlich nur die serienmäßig vorgeschriebenen Zündkerzen bzw. die »besseren« Zündkerzen mit Platin- oder Iridium-Mittelelektrode.

Zündprobleme

Falls ein Problem mit der Zündung auftaucht, kann dies viele Ursachen haben. Wenn der Motor patscht, nicht richtig läuft oder nicht zieht, gibt es Grund zur Annahme, dass die Zündkerze keinen oder nur einen schwachen Funken abgibt. Dann raten wir zu folgender Hausmittel-Prüfung:
1. Zündung ausschalten, Zündkerze ausdrehen.
2. Zündkerze auf Funken prüfen:
2.1. In den Kerzenstecker stecken, mit dem Sechskant an Masse am Zylinderkopf anlegen.
2.2. Elektrostarter betätigen und nachsehen, ob die Zündkerze funkt. Dabei KEIN Gas geben!
3. Zeigt die Zündkerze keinen Funken:
3.1. Prüfung mit einer anderen (möglichst neuen) Zündkerze wiederholen. Funkt es dann, ist die zuvor getestete Zündkerze defekt.
3.2. Funkt es auch mit der neuen Zündkerze nicht, ist wahrscheinlich der Zündkerzenstecker defekt und muss erneuert werden.

Achtung: Halten Sie bei einer solchen Prüfung einen Feuerlöscher betriebsbereit! Es ist schon passiert, dass der Motor »ersoffen« war und bei der Zündkerzenprüfung mit ausgebauter Zündkerze sich das aus dem Zündkerzenloch austretende Gemisch entzündet hat und das Motorrad sofort in Flammen stand.

Weitere Prüfungen mit Hausmitteln:
1. Alle Kabel und Anschlüsse der Zündanlage auf einwandfreie Isolierung und korrekten Sitz überprüfen. Schon ein kleiner Fehler in der Isolierung eines nicht richtig sitzenden Steckers oder eines durchgescheuerten Kabels kann das gesamte Zündsystem lahm legen.
2. Besonders die Anschlüsse der Zündspule auf Korrosion und festen Sitz überprüfen.
2.1. Etwaige Korrosion an den Steckverbindungen mit feinem Schmirgelpapier beseitigen und mit Kontaktspray nachbehandeln.
3. Wenn sich überhaupt kein Funke zeigt: Motorsteuergerät gegen ein intaktes Gerät tauschen (von der Maschine des Freundes ausleihen!).

Bild 19: Die Nagelspitzen (N) zur Aufnahme des Zündkabels in der Zündspule und im Kerzenstecker müssen korrosionsfrei sein. Das Ende des Kabels (K) darf nicht ausgefranst sein.

Bild 19

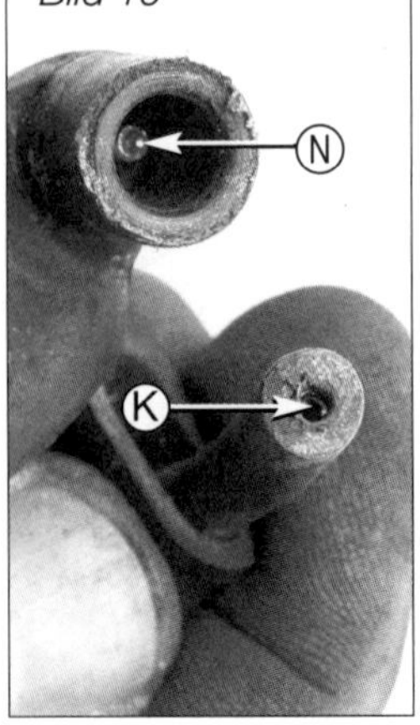

Zündanlage

In diesem Kapitel: Fehlersuche in Bauteilen der Zündanlage.

Fehlersuche

Die kontaktlosen Elektronik-Zündanlagen der 125er-Yamahas arbeiten sehr zuverlässig, Fehlerquellen sind weder bei den Vergaser- noch den Einspritzmodellen bekannt. Die Definition des Begriffs »Zündprobleme« ist speziell beim Einspritzer nicht einfach, weil die Steuerung der Zündung zusammen mit der Einspritzung durch das Motorsteuergerät ECU erfolgt.

Deswegen ist es wichtig zu wissen, dass bei klassischen Fehlzündungssymptomen wie z. B. »Patschen« aus dem Auspuff oder stotterndem Hochdrehen der Fehler im Vergaser oder Einspritzsystem stecken kann. Eine ganz banale Ursache ist zum Beispiel ein geknickter oder verstopfter Tankentlüftungsschlauch – und damit ist dieser Fehler unabhängig von der Zündung!

Im Kapitel 20 »Zündkerzen« haben wir einige Zündprobleme und ihre Ursachen genannt; nachstehend kommen weitere - sowie der gute Ratschlag: Bei jedem Problem mit der Zündanlage ist es allemal besser, zum Yamaha-Händler zu gehen, als sich selbst darüber herzumachen, weil an der Zünd-Einspritz-Elektronik schon durch falsches Anlegen von Prüf- und Messgeräten schnell etwas irreparabel kaputt gemacht werden kann.

Achtung: Zu allen Montagearbeiten an der Zündanlage muss die Zündung zuverlässig ausgeschaltet sein! Zündschlüssel abziehen. Bei Prüfungen von Bauteilen der Zündanlage keine Stecker bei laufendem Motor oder eingeschalteter Zündung abziehen, weil dadurch die elektronischen Bauteile beschädigt werden können.

Zündanlage prüfen

Zum Auffinden und Prüfen der Bauteile verweisen wir auf die Kapitel in denen die Bauteile behandelt werden.

- Sicherungen
- Zündsicherung beim Einspritzmotor
- Batterie
- Zündkerze, Kerzenstecker, Zündkabel
- Zündzeitpunkt
- Zündschloss
- Verkabelung des Zündsystems

Sicherungen

Sicherungen können an den Steckanschlüssen korrodiert sein: Korrosion mit Kontaktspray einsprühen, Einsteckzungen der Sicherung mit feinem Schmirgelpapier (Körnung 400) abziehen (Bild 1).

Batterie

Batteriespannung messen, sie muss 12,8 V beim Vergasermodell YBR und 12,5 V bei den XT-Modellen betragen. **Unbedingt:** Anschlüsse abschrauben, Polklemmen mit Schmirgelpapier und Kontaktspray reinigen, Anschlüsse anklemmen, Polfett an die Anschlussstellen geben.

Zündkerze

Sowohl ein zu enger als auch ein zu weiter Elektrodenabstand können für einen falschen Zündfunken verantwortlich sein. Eine neue Zündkerze wirkt oft Wunder.

Zündkerzenstecker

Darauf achten, dass der originale Zündkerzenstecker montiert ist. Mit einem anderen Kerzenstecker kann es Zündprobleme geben, wenn der Widerstandswert nicht passt.

Zündschloss

Das Zündschloss ist Wurzel vieler Elektrikprobleme, wenn am Zündschlüssel ein dicker Schlüsselbund angehängt ist: Dann besteht die Gefahr, dass das schwere Gewicht durch die beim Fahren entstehenden Vibrationen die Innereien des Zündschlosses zerbricht und Wackelkontakte entstehen.

Zündzeitpunkt

Zur Prüfung des Zündzeitpunkts wird eine »Zündlichtpistole« benötigt (Gebrauchsanleitung des Geräts beachten!). Damit kann man einem falschen Zündzeitpunkt sowie einer defekten Zündspule auf die Spur kommen.

1. Den Schraubdeckel (»Einstell-Lochkappe«) rechts unten am Motor im Motordeckel über dem Lichtmaschinenrotor abschrauben (siehe dazu Kapitel 29 »Ventilspiel«).

2. Zündlichtpistole nach Vorschrift des Geräteherstellers anschließen.

3. Motor starten, Zündlichtpistole in Kontrollbohrung richten: »F«-Markierung auf Rotor und »I« in Gewinde müssen zueinander stehen.

Wenn der Motor läuft, der Zündzeitpunkt aber stark schwankt, kann der Kurbelwellenpositions-Sensor (Zündgeber) defekt sein. Vor dem Auswechseln durchmessen.

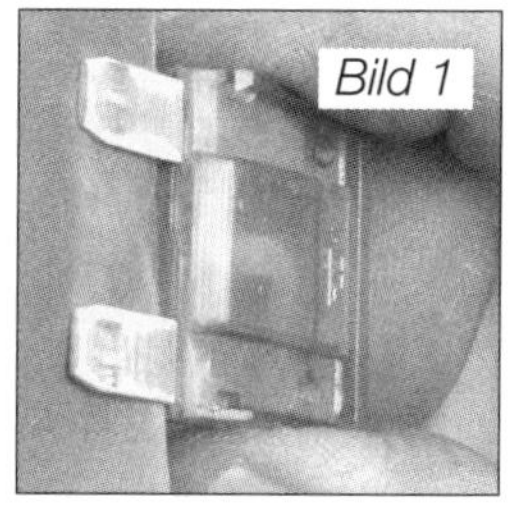

Bild 1: Korrodierte Zungen von Sicherungen mit Schmirgelpapier abziehen schafft sicheren Kontakt.

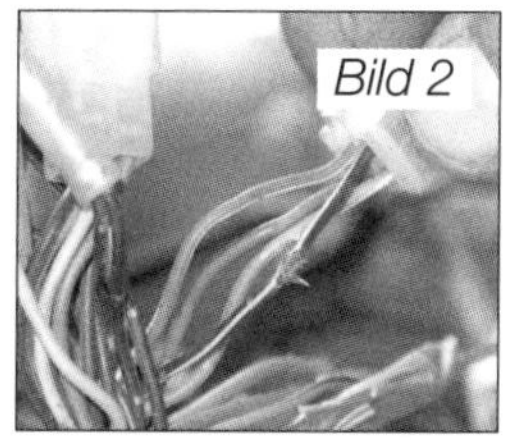

Verkabelung

Die Verkabelung der Zündanlage ist oft die Wurzel allen Übels. Bevor Sie aufwändige Messaktionen starten oder gar auf Verdacht neue Teile kaufen und einbauen, kontrollieren Sie die Verkabelung insbesondere auf:

- Korrodierte Steckverbindungen.
- Gebrochene oder nicht fest sitzende (lose) Anschlüsse (Bild 2), insbesondere in den Steckern und dort, wo die Kabel mit den Steckern verbunden sind (Klemmstellen).
- Gebrochene Kabel: Einen Kabelbruch sieht man oft nicht von außen. Geknickte oder gequetschte Kabel können innen gebrochen sein. Solche Kabel müssen ersetzt werden.

Luftfilter

In diesem Kapitel: Luftfilter ausbauen, reinigen und einbauen · Ablaufschlauch reinigen.

Luftfilter

Der Motor zieht seine Ansaugluft durch einen Ansaugschnorchel im Deckel des Luftfilterkastens und durchströmt dann den Luftfiltereinsatz, in dem sie gereinigt wird. Dieser Einsatz ist modellspezifisch ein Nass- oder Trockenluftfilter:

■ Ein Nassluftfilter besteht aus grobporigem Schaumstoff: Es wird vom Trägergitter abgezogen und in spezielle Filterreinigungsflüssigkeit eingelegt (Bild 1), ausgewrungen (Bild 2, Handschuh dabei tragen oder mit säurefester Plastiktüte arbeiten!), getrocknet und dann mit speziellem Luftfilteröl benetzt (Bild 3).

■ Ein Trockenluftfilter besteht aus ziehharmonikaförmig gefaltetem Ölpapier (Bild 5): Er kann durch Abklopfen des gröbsten Drecks und vorsichtiges Ausblasen einmal gereinigt werden; beim nächsten (zweiten) Mal muss man ein neues Luftfilterelement einbauen.

Bild 1

Bild 2

Bild 3

Alle Bilder: Im Lauftext sind die zu den Bildern gehörenden Arbeitsschritte nummeriert beschrieben.

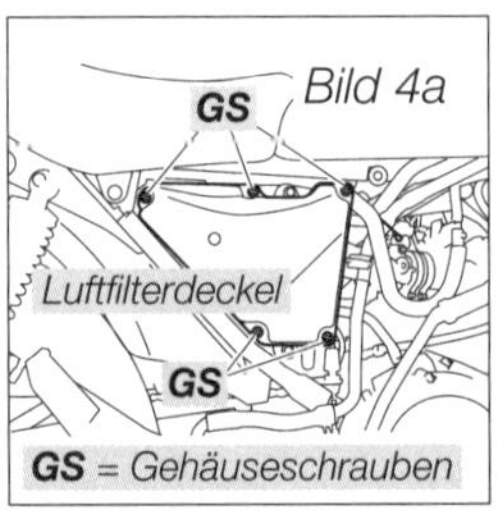

Bild 4a

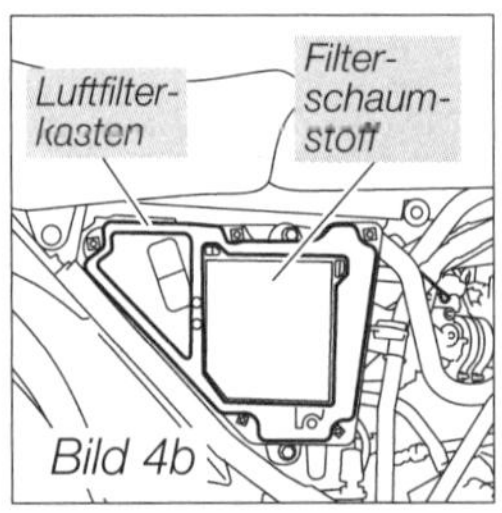

Bild 4b

Bild 5

Das Luftfilterelement muss laut Wartungsplan bei jeder zweiten Inspektion gereinigt werden, denn ein sauberer Luftfilter ist für Lebensdauer und Leistungsabgabe des Motors sowie den Benzinverbrauch sehr wichtig: Ist der Luftfilter schmutzig ist, kann der Motor nicht richtig atmen, die Motorleistung sinkt und der Verbrauch steigt an.

Luftfilter reinigen

1. Zugang zum Luftfiltergehäuse schaffen: Sitzbank bzw. Seitendeckel (Bild 4a) abnehmen (je nach Typ verschieden).
2. Schrauben am Luftfilterdeckel ausdrehen (Bild 4a), Deckel abnehmen (Bilder 4b und 5), Luftfilter herausnehmen.
3. Luftfilter vorsichtig auf eine Holzunterlage klopfen, der am Filterpapier haftende grobe Schmutz fällt dadurch ab.
3.1. Luftfilter von innen (Lochblechseite) nach außen (Papierfalzseite) mit weicher Druckluft abblasen (Bild 6).
3.2. Man kann den Luftfilter auch mit einem auf »geringe Saugleistung« eingestellten Staubsauger aussaugen: Eine nach der anderen Papierfalze vorsichtig auseinanderziehen (Bild 7), den im Grund der Falze liegenden und am Papier haftenden Dreck absaugen (Bild 8).
4. Luftfilterkasten und Luftfilterdeckel mit einem mit Motorradreiniger getränkten Lappen ausreiben und trocken putzen.
5. Den unten am Luftfilterkasten angebrachten, transparenten **Ablaufschlauch** (Bild 9) von Öl- und Benzinrückständen reinigen:
5.1. Enden der Klammer mit Zange zusammendrücken, Klammer nach unten schieben.
5.2. Schlauch abziehen, Rückstände ablaufen lassen, Schlauch reinigen.
■ Schlauch wieder auf seinen Stutzen schieben, Klammer anbringen: Klammerenden mit Zange zusammendrücken, aufschieben, loslassen.
6. Gereinigten bzw. neuen Luftfilter einsetzen.
7. Luftfilterdeckel aufsetzen, Schrauben eindrehen, handfest anziehen.

Bilder 6 bis 8: Ausblasen des Luftfilters.
■ Wenn man keine Druckluft hat, die Rippen des Filterpapiers vosichtig auseinanderziehen und den Schmutz mit einem auf »geringe Saugleistung« eingestellten Staubsauger vorsichtig absaugen.

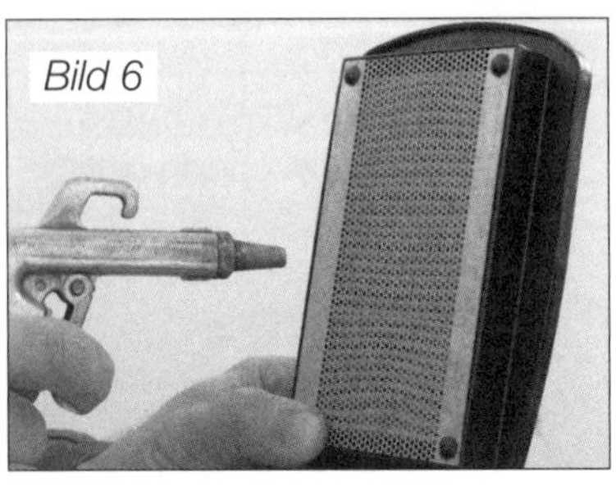
Bild 6

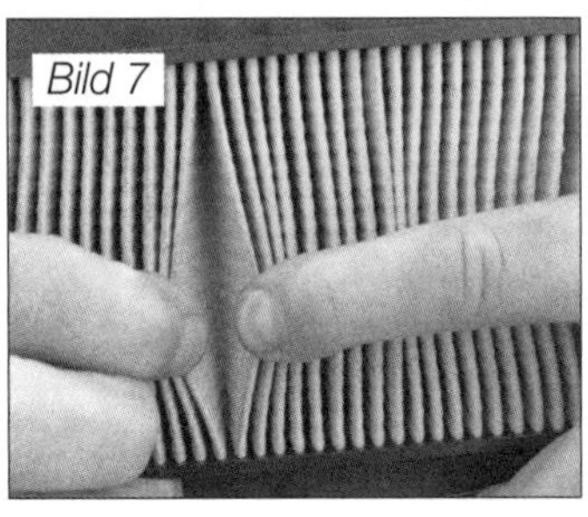
Bild 7

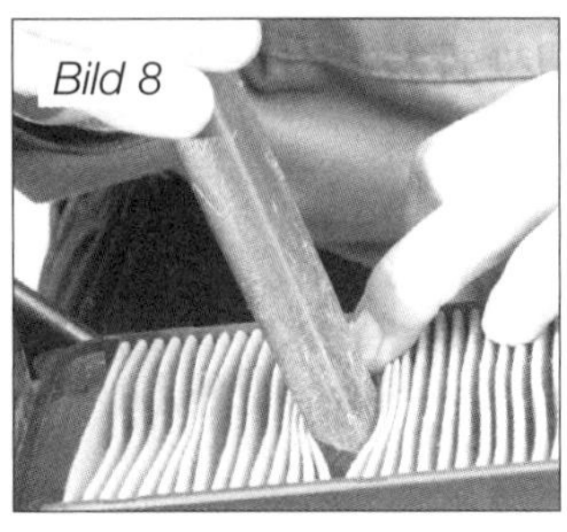
Bild 8

Bild 9

Kraftstoffsystem

In diesem Kapitel: Vergaser und Einspritzung · Gaszug · Gasgriff, Gaszug wechseln · Vergaser einstellen · Vergaser reinigen · Einspritzung: Eigendiagnose, Störungsdaten, Diagnosecodes, Blinkzeichen, Einspritz-Schaltplan.

Achtung: Für dieses Kapitel gilt der generelle Warnhinweis: Vorsicht beim Umgang mit Benzin! Es ist äußerst gesundheitsschädlich und höchst explosiv. Nicht rauchen und keine offenen Flammen in weitem Umkreis des Arbeitsplatzes, an dem mit Kraftstoff hantiert wird! Die Arbeitsräume müssen gut gelüftet sein.

Vergaser- und Einspritzung

In diesem Kapitel behandeln wir die Vergaser der Modelle YBR 125, Custom und XT 125 R/X sowie die Einspritzsysteme der modellgepflegten YBR 125 ab Modelljahr 2007 und der Maschinen mit den wassergekühlten Motoren YZF-R 125 und WR 125 R/X.

Am Anfang beschreiben wir den Gaszug, weil die Arbeitsschritte zur Behebung eines schwergängigen Gasgriffs sowie zum Wechsel eines Gaszugs bei Vergaser- und Einspritzer gleich sind.

Gaszug

Funktion des Gaszugs

Der Gaszug ist an jedem Ende mit Nippeln bestückt und verbindet den Gasgriff mit dem Gasschieber (Vergaser) bzw. der Drosselklappe (Einspritzung).

Gas geben

- Beim »Gas geben« wird der Gasschieber im Vergaser (Bild 1) hochgezogen bzw. die Drosselklappe der Einspritzung (Bild 2) um einen bestimmten Drehwinkel geöffnet.
- Durch den im Ansaugtrakt herrschenden Unterdruck wird das im Vergaser mit Luft vermengte Benzin (»Gemisch«) angesaugt bzw. reine Luft angesaugt und durch die Einspritzdüse reines Benzin dazu eingespritzt – so wird »Gas gegeben«, der Motor läuft schneller als zuvor und die Maschine beschleunigt.

Gas zumachen

Beim »Gas zumachen« sinkt der Gasschieber ab bzw. wird die Drosselklappe durch Federkraft geschlossen, der Motor läuft langsamer.

Wichtig: Der Gaszug muss sich leicht und ohne zu hakeln betätigen lassen: Er muss so leichtgängig sein, dass der Gasgriff von alleine in seine Nullstellung zurückschnappt, wenn er losgelassen wird.

Achtung: Achten Sie darauf, dass der Gaszug immer leichtgängig ist. Er darf nirgends geknickt sein.

Gaszug schmieren?

Der Gaszug ist mit Gummitüllen gegen das Eindringen von Schmutz geschützt, weswegen ein Schmieren des Zuges grundsätzlich nicht nötig ist. Doch keine Regel ohne Ausnahme: Wenn er trocken läuft und geschmiert werden muss, dann verwenden Sie nur ein Markenölspray (WD-40) oder sehr dünnes, harzfreies Nähmaschinenöl.

NIEMALS dickes Motoröl oder gar Kettenspray in den Gaszug einspritzen!

Gasgriff, Gaszug erneuern

Es gibt zwei Gründe für eine mögliche Schwergängigkeit des Gasgriffs:

Schmutz: Wenn der Gasgriff schwer geht, kann Schmutz zwischen Gasgriffrohr und Lenkerrohr sein; dann muss der Gasgriff abgebaut, gereinigt und frisch geschmiert werden.

Defekter Gaszug: Wenn man spürt, dass der Gaszug »reibt« und sich der Gasgriff deswegen nur ungleichmäßig bewegen lässt, ist der Gaszug eben dabei, kaputt zu gehen. Dann sollte umgehend ein neuer Gaszug eingebaut werden.

Bilder 1 und 2: Unteres Gaszugende bei Vergaser und Einspritzung.

Bild 1

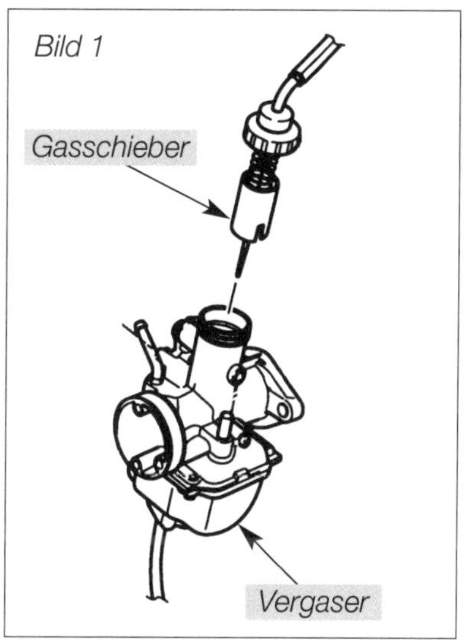

Bild 2

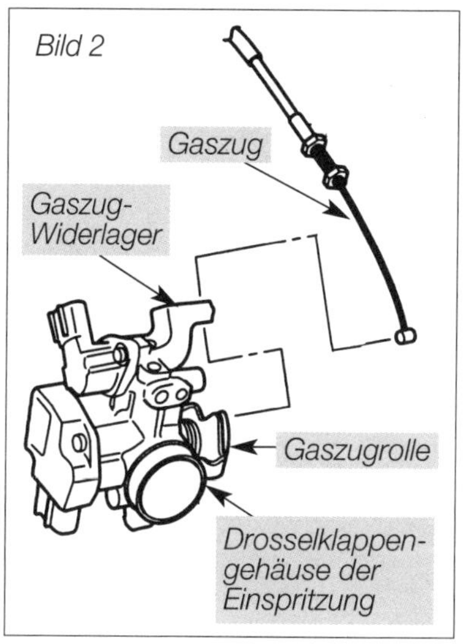

Gasgriff zerlegen

1. Zuerst das außen im Lenker angesetzte Lenkergewicht (»Vibrationskiller«) ausdrehen (nur YBR 125 und YZF-R 125, Bild 3).

2. Beide Schlitzschrauben, die die Gasgriff-Gehäusehälften zusammenhalten und entweder von unten oder oben erreichbar sind, ausschrauben (Bilder 3 und 4).

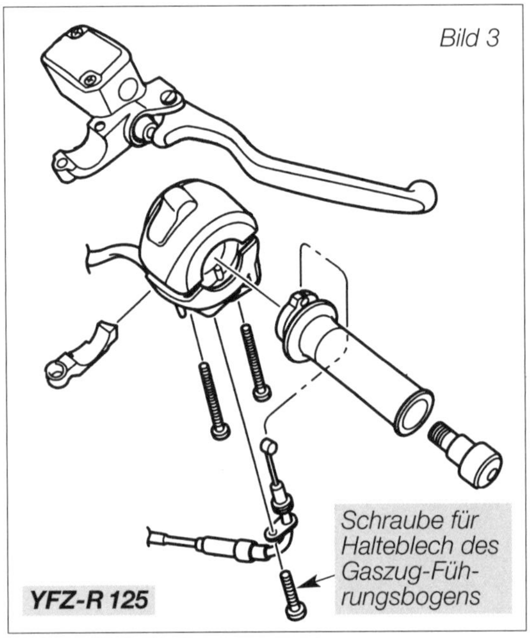

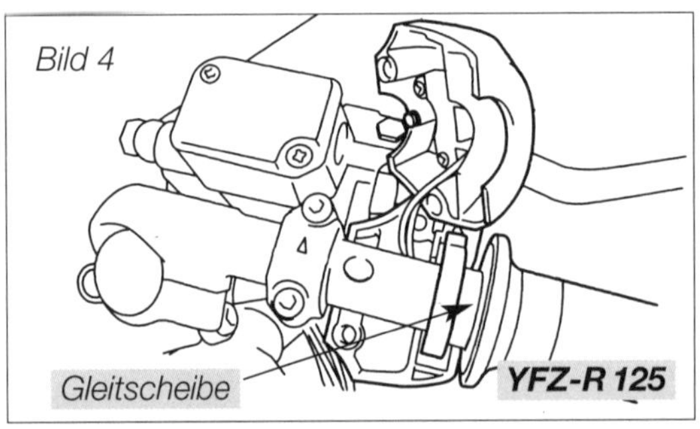

Bilder 3 und 4: Explosions-und Montagezeichnung des Gasgriffs.

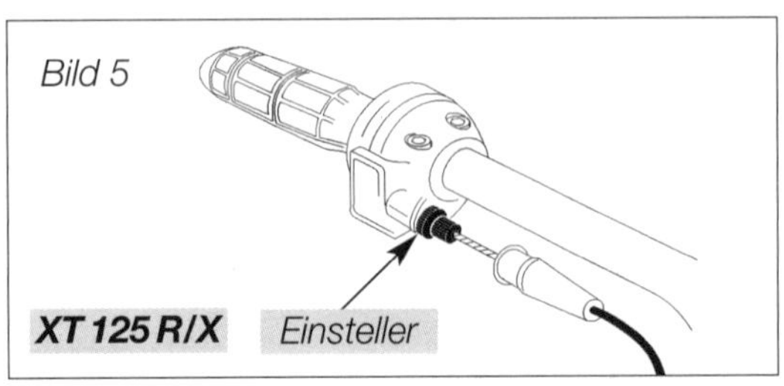

Bild 5: Bei den XT-Modellen ist der Gaszug seitlich in den Gasgriff eingeführt.

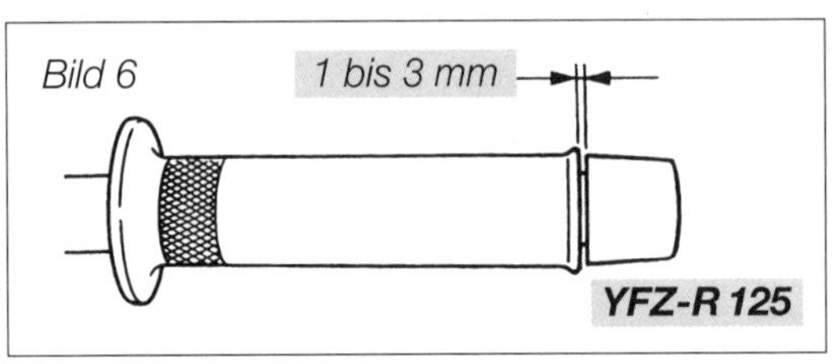

Bild 6: Sicherheitsabstand vom äußeren Rand des Gasgriffgummis zum Lenkergewicht einhalten.

2.1. Gasgriff-Gehäusehälften vorsichtig voneinander trennen (Bild 4).

3. Mit einer kleinen Schraube ist ein Halteblech für den Gaszug-Führungsbogen an der unteren Gehäusehälfte befestigt: Schraube ausdrehen (Bild 3).

4. Nippel des Gaszugs aus Sitzbohrung im Gasgriff nehmen, Gaszug aus unterer Gasgriff-Halbschale ziehen, Gasgriff vom Lenker ziehen.

5. Lenkerrohr, Gasgriff und Gasgriffgehäuse gut reinigen.

Gasgriff reinigen

Wichtig 1: Zur Reinigung des Gasgriffs keine aggressiven Lösungsmittel wie zum Beispiel Bremsenreiniger verwenden, denn diese können die Verklebung des Gasgriffgummis lösen! Mit Ölspray (WD-40) und sauberem Lappen reinigen.

Wichtig 2: Wenn ein neuer Gaszug eingebaut wird, den alten noch nicht aus dem Rahmen ziehen!

Neuen Gaszug einbauen, Gasgriff zusammenbauen

1. Den neuen Gaszug neben dem alten lose verlegen.

2. Alten Gaszug unten aushängen:

2.1. Beim Einspritzer: Zug mit Gewindestück aus Widerlager (Bild 2) ausbauen, Nippel aus Sitzbohrung in der Seilzugrolle nehmen.

2.2. Beim Vergaser: Vergaserdeckel abschrauben, Gasschieber herausziehen (Bild 1), Gasschieber gegen die Federkraft zum Deckel hin drücken, Nippel unten aushängen, Gaszug ausziehen.

2.3. Neuen Gaszug unten einbauen.

3. Schmieren: Hochwertiges, leichtes Kraftfahrzeugfett dünn auf Lenkerrohr, innen in den Gasgriff und in das Gasgriffgehäuse auftragen.

3.1. Etwas Fett auch in die Gaszugnut der Seilzugrolle unten an der Drosselklappe und in die Nippelaufnahme geben.

■ **Beim Vergaser:** KEIN Fett in oder an den Gasschieber!

4. Gasgriff auf Lenkerrohr schieben.

■ Gleitscheibe (Bild 4) muss zwischen Bund am Gasgriff und Gasgriffgehäuse eingebaut werden.

5. Gaszug oben einbauen: Durch Bohrung in untere Gehäusehälfte schieben, Führungsbogen einsetzen, Halteblech ansetzen, Schraube eindrehen und »gut handfest« festziehen.

5.1. Bei XT: Einsteller (Bild 5) ca. 6 Gewindegänge einschrauben, Kontermutter noch nicht festziehen.

6. Nippel des Gaszugs in den Gasgriff einsetzen, untere Gehäusehälfte ansetzen, obere aufsetzen: Stift in der oberen Gehäusehälfte muss in Bohrung eingesetzt werden.
7. Vordere Schraube »handfest« anziehen, dann hintere.
8. Lenkergewicht anschrauben und mit 26 Nm festziehen.
■ Gasgriff muss so positioniert sein, dass ein »Sicherheitsspiel« zwischen dem äußeren Rand des Gasgriffgummis und dem Lenkergewicht ist von 1 bis 3 mm (Bild 6).
9. Alten Gaszug ausziehen.
10. Jetzt muss noch das Gaszugspiel eingestellt werden (siehe Kapitel 4 »Einstellungen«).

Vergaser

Achtung: Zum Einstellen des Vergasers muss der Motor laufen. Bei Arbeiten mit laufendem Motor in geschlossenen Räumen für ausreichende Belüftung sorgen! Abgase enthalten giftiges und geruchloses Kohlenmonoxid, das Bewusstlosigkeit verursachen und zum Tod führen kann. Alle Fenster und Türen öffnen! Am sichersten ist eine Abgas-Absauganlage, die die giftigen Gase ins Freie führt. Dieser Warnhinweis gilt für alle Einstellarbeiten, bei denen der Motor laufen muss. Wenn keine Belüftungs- und Entlüftungsmöglichkeit der Werkstatträume möglich ist, im Freien arbeiten!

Gemisch einstellen

Bitte beachten:
■ Das Gemisch muss nur dann neu eingestellt werden, wenn der Vergaser zerlegt wurde.
■ Das Gemisch wird duch Verdrehen der Gemisch-Regulierschraube eingestellt. Sie ist vorne-unten in den Vegaser eingebaut (Bild 8).
■ Zum Einstellen der Gemisch-Regulierschraube gehören viel Erfahrung und Fingerspitzengefühl, deswegen sollte ein erfahrener Mechaniker diese Arbeiten erledigen.
■ Wenn an der Gemisch-Regulierschraube versehentlich herumgedreht wurde und der Motor deswegen nicht mehr sauber läuft, dann drehen Sie diese mit viel Gefühl (also OHNE jede Kraft!) bis zum Anschlag ein und drehen sie dann auf die Standardeinstellung wieder aus:
YBR 125: 1 1/2 Umdrehungen
XT 125 R/X: 1 1/4 Umdrehungen
■ Zählen Sie in 1/4-Umdrehungen: Die Werksangabe »1 1/2 Umdrehungen« bei der YBR 125 entspricht also der Werkstattpraxis von »6/4 Umdrehungen« der Gemisch-Regulierschraube, (1 1/4 Umdrehungen bei der XT 125 R/X dementsprechend 5/4 Umdrehungen).
■ Zum Einstellen der Gemisch-Regulierschraube braucht man einen Winkelschraubenzieher, ohne diesen kommt man nicht an die unten im Vergaser eingesetzte Schraube heran.

Vergaser einstellen

1. Motor gut warm fahren. Leerlauf einlegen.
2. Leerlaufdrehzahl von 1400 bis 1500/min einstellen: Diese wird an der Gasschieber-Anschlagschraube eingestellt, sie ist rechts unten am Vergasergehäuse zu finden (Bild 8).

Achtung: Spiel am Gaszug im Auge behalten: Gaszug an der Einstellschraube oben am Gasgriff so einstellen, dass etwas Spiel im Gaszug spürbar ist (»Leerweg am Gasgriff 3 bis 7 mm«, siehe Kapitel 4 »Einstellungen«).

3. Jetzt etwas Gas geben und somit prüfen, wie der Motor Gas annimmt.
3.1. Nimmt er beim plötzlichen Gasaufreißen aus Standgasdrehzahl bis auf ca. 4000/min schlecht Gas an, ist das Gemisch zu mager und muss fetter gemacht werden: Gemisch-Regulierschraube etwas AUSdrehen (maximal 1/4 Umdrehung), dann wieder testen.
3.2. Nimmt der Motor beim plötzlichen Gasaufreißen zwar Gas an, stößt aber gleichzeitig eine schwarze Abgaswolke aus dem Auspuff, ist das Gemisch zu fett und muss magerer gemacht werden: Gemischeinstellschraube etwas EINdrehen (maximal 1/4 Umdrehung), dann wieder testen.

Vergaser reinigen

Wenn der Motor Probleme macht, die auf den Vergaser zurückzuführen sind, ist es ratsam, diesen komplett abzunehmen, damit man ihn auf der Werkbank zerlegen, reinigen, prüfen und wieder zusammenbauen kann.

Achtung: Bei der Vergaserreinigung NIEMALS mit harten Werkzeugen hantieren. Keine harten Stahldrähte in Düsen und Bohrungen einführen, um damit Verschmutzungen zu entfernen. Vergaserdüsen und alle Bohrungen im Vergaser sowie Gasschieber und Düsennadel sind Präzisionsteile, die mit geringsten Toleranzen gefertigt sind. Wenn diese Teile Kratzer bekommen, müssen sie erneuert werden.

Falls Ihre Maschine dauerhaft hustet und spuckt und der Verdacht auf den Vergaser fällt, besor-

Sichtprüfung Messen

gen Sie sich eine Flasche Kraftstoffsystemreiniger wie beispielsweise »Fuel Guard«. Das Zeug ist zwar biologisch nicht ganz einwandfrei, aber sehr wirkungsvoll, wenn es zu einer Tankfüllung in den Tank gekippt wird. Es reinigt Benzinleitungen und Vergaserbauteile (siehe auch Kapitel 6).

Vergaser ausbauen

1. Tank abbauen. Schraube in Schelle zum Stutzen des Luftfiltergehäuses lösen, Stutzen abziehen.

2. Vergaserdeckel vom Vergaser abdehen, Gasschieber ausziehen.

3. Wenn der Chokekolben mit einem Zug betätigt

Bild 7: Gemischregulierschraube mit Feder, Scheibe und O-Ring.

Bild 8: Explosionszeichnung des Vergasers der YBR 125.

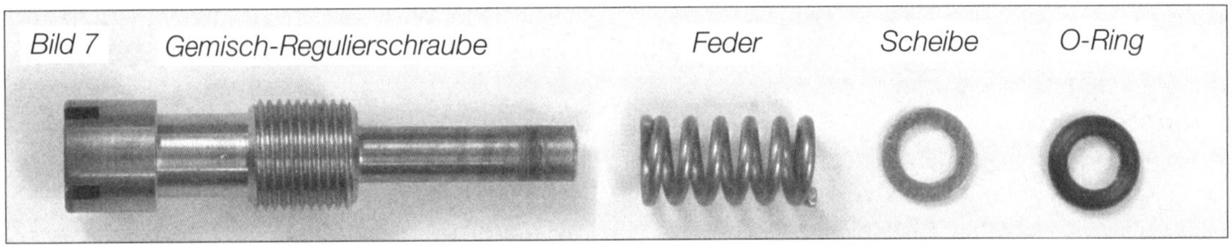

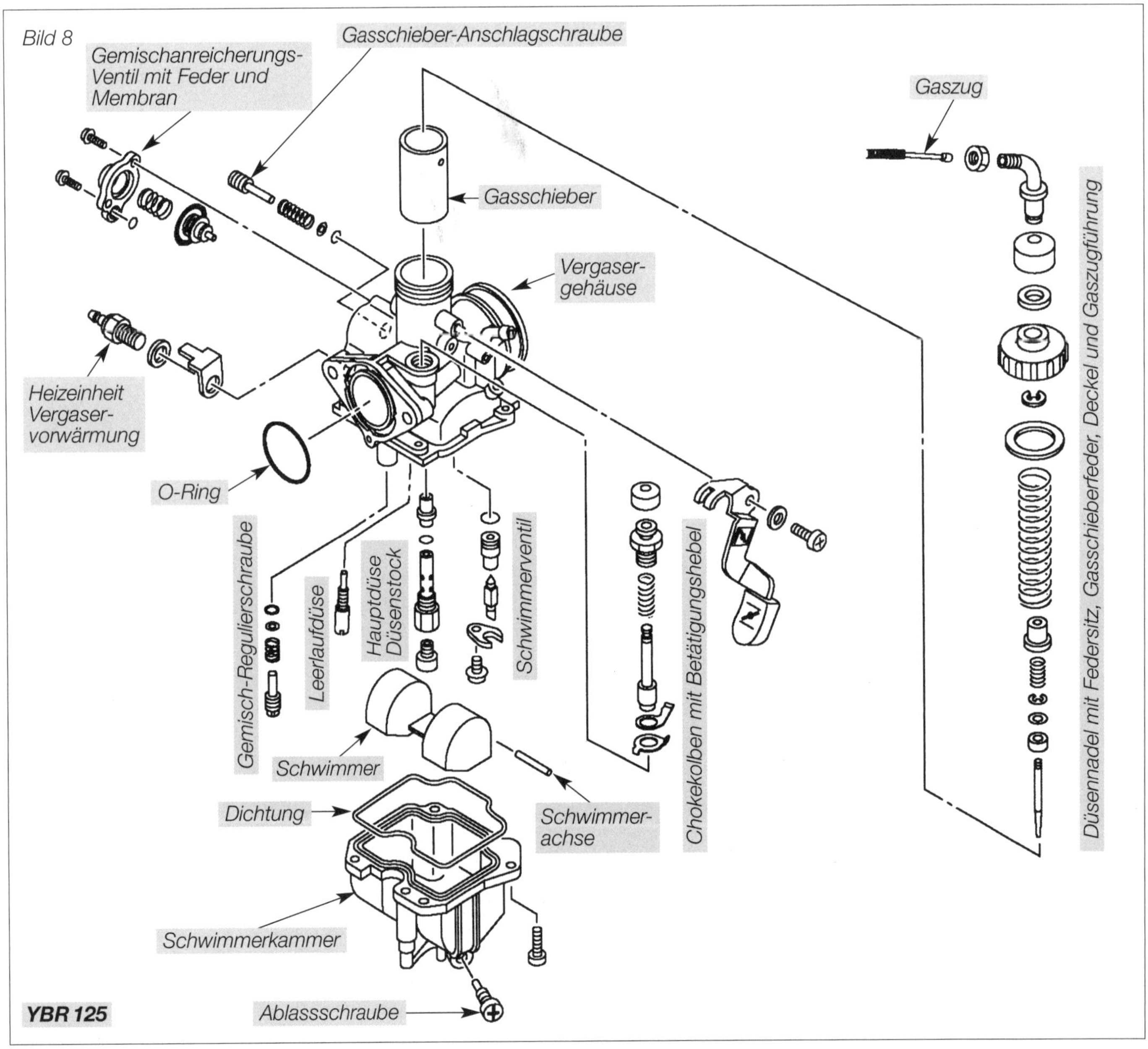

wird (XT 125 R/X), muss das Chokeventil ausgedreht werden: Überwurfmutter gegen den Federdruck von innen ausdrehen, Chokekolben herausziehen.
4. Muttern am Vergaserflansch abdrehen bzw. Schraube der Klemmschelle lösen, mit der der Vergaser im Ansaugstutzen geklemmt ist. Vergaser aus dem Ansaugstutzen ziehen
5. Gaszug aus Gasschieber aushängen:
5.1. Gasschieber fest in die Hand nehmen, Vergaserdeckel gegen die Kraft der Gasschieberfeder zum Gasschieber hin drücken: Jetzt kommt unten am Gasschieber der Nippel heraus, diesen leicht zur Seite drücken und den Gaszug aus dem Gasschieber ziehen.

Vergaser zerlegen
1. Der Gasschieber ist ja schon ausgebaut. Es müssen nun die Düsen ausgebaut werden. Bitte nehmen Sie sich dazu die Explosionszeichnung in Bild 8 zu Hilfe.
2. Vergaser umdrehen, fest in der Hand halten.
2.1. Untere Ablassschraube aus der Schwimmerkammer ausdrehen.
2.2. Befestigungsschrauben der Schwimmerkammer ausdrehen. Mit dem Griff eines mittelgroßen Schraubenziehers leicht auf die Schwimmerkammer klopfen, das löst die Verklebung der Schwimmerkammerdichtung.
3. Vergaser steht immer noch »auf dem Kopf«: Halteachse des Schwimmers herausziehen.
3.1. Wenn sich die Schwimmerachse nicht leicht von Hand ausziehen lässt, mit einem kleinen Durchtreiber und sanften Hammerschlägen vorsichtig (ganz vorsichtig!) aus ihrem Presssitz im Sockel lösen und ausziehen, Schwimmerventil herausnehmen.
■ Merken, von welcher Seite die Halteachse in die Haltebohrung eingesetzt war, denn sie muss beim Einbau von der losen Seite her wieder eingesteckt werden.
4. Schwimmerventilsitz ausschrauben.
5. Hauptdüse und Düsenstock ausschrauben.
6. Leerlaufdüse mit einem langen, schmalen Schraubenzieher herausdrehen.
7. Gemischeinstellschraube ausdrehen. Dabei darauf achten, dass der O-Ring, der unten im Sitz eingesetzt ist, mit herauskommt (Bild 7).
■ Falls nicht: Mit einer feinen Reißnadel lösen und herausziehen. Beim Zusammenbau einen neuen O-Ring einsetzen und die Unterlagscheibe nicht vergessen!
8. Gemischanreicherungs-Ventil ausbauen (nur bei YBR 125): Deckelschrauben ausdrehen, Deckel steht durch die von innen dagegen drückende Feder unter Druck, deswegen Deckel mit dem Daumen halten.

Vergaser reinigen und überprüfen
1. Membrane des Gemischanreicherungs-Ventils gegen eine Lichtquelle halten und so auf Risse, Löcher und andere Beschädigungen untersuchen. Falls defekt, austauschen.
2. Alle Bohrungen mit Vergaserreiniger säubern. Druckluft zu Hilfe nehmen! Alle Öffnungen müssen frei sein!
3. Federn von Gasschieber und Gemischanreicherungs-Ventil prüfen: Ausgeleiert, verzogen, beschädigt? Falls defekt, austauschen.
4. Oberfläche des Gasschiebers auf Sauberkeit und raue Stellen kontrollieren. Aufgeworfene oder glänzende »Fressstellen« mit sehr feinem Schleifpapier (Körnung 400) glätten.
5. Düsennadel püfen: Sie muss absolut gerade, ihre Konusoberfläche glatt sein, ihre Spitze darf keine Kerben aufweisen. Wenn vertrocknete Benzinrückstände daran haften sollten (Bild 10), diese NICHT mit harten Gegenständen abkratzen, sondern nur den Fingernagel dazu nehmen. Düsennadel dabei nicht verbiegen!
6. Schwimmerventil samt Ventilsitz mit Vergaserreiniger säubern und überprüfen: Falls die Sitzflächen am Ventil (»Schwimmernadel«) oder im Durchlass defekt sind, Teile austauschen.
7. Chokekolben kontrollieren: Ist die Kolbenführung sauber, gerade und unbeschädigt, die vordere Dichtfläche oder die Feder abgenutzt? Falls defekt, austauschen.
8. Schwimmer auf Risse und andere Beschädigungen überprüfen.

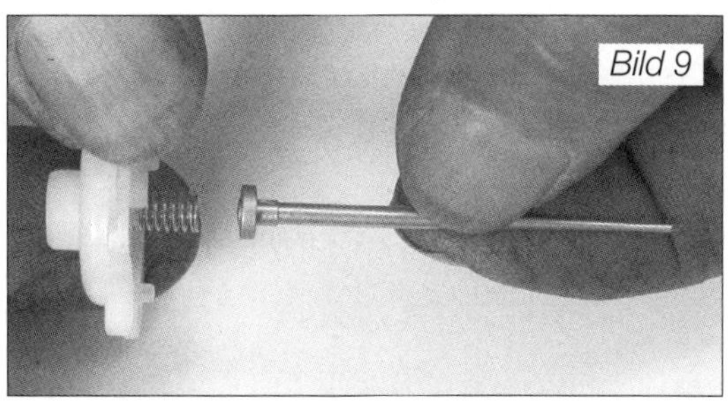

Bild 9: Zwischen Düsennadel und Federsitz ist eine kleine Feder eingesetzt.

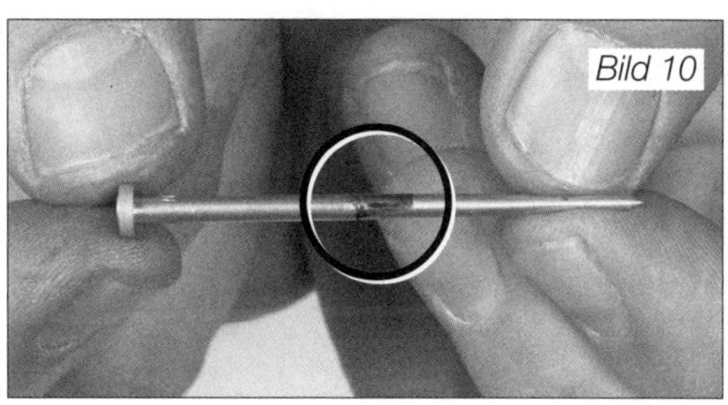

Bild 10: Verkrustungen an der Düsennadel sind typisch für ein Motorrad, das lange abgestellt war. Solche Verunreinigungen sorgen für schlechtes Ansprechverhalten beim Beschleunigen.

Sichtprüfung Messen

Vergaser zusammenbauen
Orientieren Sie sich beim Zusammenbau des Vergasers an der Explosionszeichnung in Bild 8.
1. Vergaser auf den Kopf auf eine saubere Arbeitsfläche setzen und die unteren Düsen einschrauben. Sie haben verschieden große Gewinde, passen also nur in eine der Bohrungen. Düsen gefühlvoll und nicht zu fest anziehen!
2. Schwimmerventil einbauen und festschrauben: Die gebogenen Enden der Halterung müssen zum Vergasergehäuse hin weisen.
3. Schwimmer anbringen: Schwimmerventil mit Drahthalterung auf Zunge des Schwimmers schieben, Schwimmer einsetzen und Halteachse einführen. Es kann sein, dass die Halteachse nach der Hälfte etwas schwerer durch ihre Sitzbohrung gleitet: Mit einem kleinen Hammer mit leichten Schlägen eintreiben.
4. Schwimmerstand prüfen: Vergaser auf den Kopf stellen, Schwimmer drückt durch sein Gewicht die Schwimmernadel gerade eben in ihren Sitz. Das Maß von der Oberseite des Schwimmers zur Dichtfläche der Schwimmerkammer muss betragen:
- bei YBR 125 und Custom: 21,8 mm (Bild 11)
- bei XT 125 R/X: 18,9 mm (Bild 12)

4.1. Ist es mehr oder weniger, die Zunge vorsichtig nachbiegen.
5. Schwimmerkammer montieren:
5.1. Darauf achten, dass der O-Ring in der Nut der Schwimmerkammer richtig sitzt.
5.2. Schwimmerkammer auf Vergaser aufsetzen (passt nur in einer Position), Schrauben eindrehen und über Kreuz festschrauben.
6. Gemischanreicherungs-Ventil mit Membran, Feder, O-Ring und Deckel ansetzen, Schrauben eindrehen und gut handfest anziehen.
7. Gemisch-Regulierschraube eindrehen. Neuen O-Ring verwenden, Scheibe nicht vergessen!
7.1. Grundeinstellung der Gemisch-Regulierschraube AUFgedreht:
- bei YBR 125/Custom: 1 1/2 Umdrehungen
- bei XT 125 R/X: 1 1/4 Umdrehungen

Bilder 11 und 12: Die beiden Vergaser haben unterschiedliche Schwimmerstand-Maße.

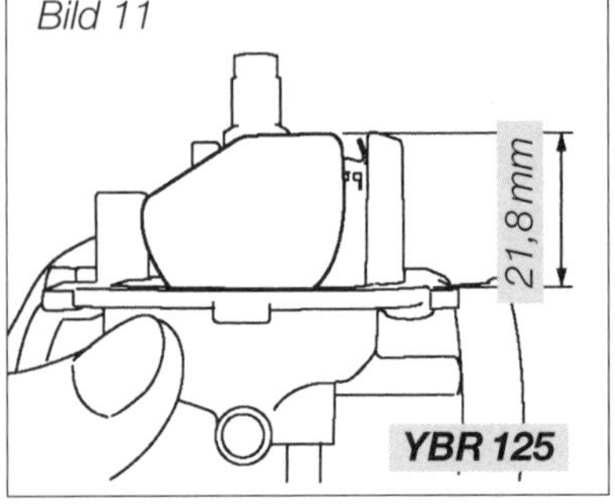

Bild 11

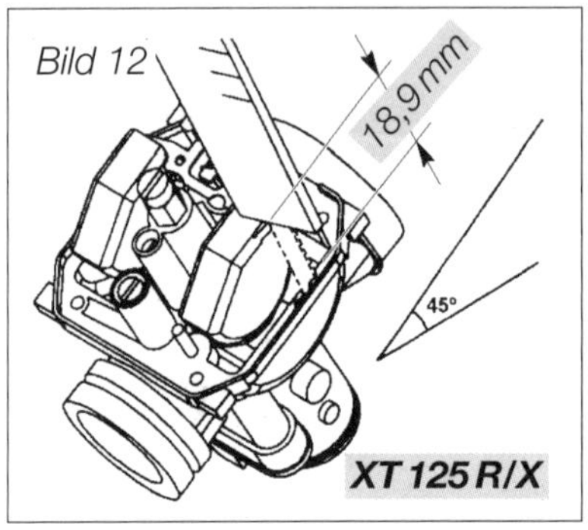

Bild 12

Vergaser aufbauen
1. Vergaser auf Ansaugstutzen schieben bzw. Flansch auf Stehbolzen am Zylinderkopf.
2. Schraube der Klemmschelle anziehen, aber nicht zu fest; das Gleiche gilt für die Muttern am Vergaserflansch: Abwechselnd rechts-links festziehen, damit sich der Flansch nicht verzieht!
3. Düsennadel in Bohrung im Gasschieber einführen, Federsitz der Nadel muss unten auf dem Bund aufsitzen.
3.1. Federsitz in Gasschieber einführen, Feder auf Sitz schieben (siehe dazu Bild 9).
3.2. Gaszug in Gasschieber einhängen.
3.3. Gasschieber mit eingebautem Gaszug in Vergasergehäuse einschieben, Deckel aufdrehen und mit der Hand (ohne Zange!) »gut handfest« festziehen, Benzinschlauch aufschieben.
4. Chokeventilkolben in Vergaser montieren: Überwurfmutter gegen die Federkraft dücken und gleichzeitig einschrauben, sie muss schon beim ersten Gewindegang greifen.
5. Vergaser an Luftfilterkasten anschließen.

Einspritzung

Ein Wort zuvor: Die Einspritzanlagen von Yamaha gelten als extrem zuverlässig, was auch für die der »kleinen« 125er-Motoren zutrifft. Laut Ausage von Yamaha-Spezialisten sind die meisten »Probleme an der Einspritzung« entweder:
- ... gar keine Einspritzprobleme, weil z. B. kein Benzin im Tank oder Schnellkupplung des Benzinschlauchs nicht richtig angeschlossen ist;
- ... aufgrund nicht sauber ausgeführter anderer Arbeiten aufgetaucht, z. B. Kabelstecker der Benzinpumpe nicht korrekt zusammengesteckt;
- ...oder auf Störungen in anderen Baugruppen zurückzuführen, z. B. Zündprobleme wegen falscher Zündkerze oder defektem Zündkerzenstecker.

Eigendiagnosesystem
Einspritz- und Zündanlage sind mit einem Ausfallsicherheitssystem ausgestattet. Es gewährleistet, dass der Motor betriebsfähig bleibt, auch wenn eine Störung im System vorliegt. Wenn die Eigendiagnose-Funktion einen Fehler feststellt, läuft der Motor weiter. Statt der realen Werte der verschiedenen Sensoren verwendet das Motorsteuergerät jedoch fest im Speicher einprogrammierte Daten, wie z. B. eine konstante Kühlmitteltemperatur von 80 °C.

Nur wenn Unregelmäßigkeiten beim Seitenständer, der Zündspule, dem Einspritzventil, dem

Kurbelwellenpositions-Sensor, dem Umkipp-Sensor oder am Steuergerät selbst festgestellt werden, schaltet das Steuergerät den Motor ab, um ihn vor möglichen Schäden zu bewahren.

Beim Einschalten der Zündung leuchtet die orange Warnleuchte mit dem Motorsymbol (YZF-R 125: zweite von rechts, Bild 14; YBR 125: rechts, Bild 13) für 3 Sekunden auf. Während dieser Zeit führt das Steuergerät eine Eigendiagnose durch. Das Erlöschen der Warnleuchte bedeutet, dass im System alles in Ordnung ist.

Blinkt die Warnleuchte beim Starten des Motors, zeigt dies eine Störung im Einspritzsystem an. Das Steuergerät schaltet in einem solchen Fall in den Notfallbetrieb, während die Warnleuchte weiter brennt, um den Fahrer auf die Störung aufmerksam zu machen. Nach Anhalten des Motors wird die niedrigste Fehlercodenummer auf der Warnleuchte durch Blinkintervalle angezeigt. Die Fehlercodes bleiben im Speicher des Steuergerätes so lange gespeichert, bis sie gelöscht werden.

Ein Starten und Fahren ist je nach Fehler möglich oder auch nicht. Die Anzeige der Fehlercodenummer folgt einem vorgegebenen Blinkrhythmus, wobei die Zehnerstellen der Fehlercodes (diese reichen von »12« bis »50«) in einem Zyklus von 1 Sekunde »an« und 1,5 Sekunden »aus« angezeigt werden. Die 1er-Stellen werden in einem Zyklus von 0,5 Sekunden »an« und 0,5 Sekunden »aus« gemeldet. Blinkt während des Startvorgangs die Warnleuchte, ist bei Störungen im Steuergerät, am Umkippsensor, der Zündung und im Einspritzventil ein Starten unmöglich.

Entdeckt das Steuergerät während der Fahrt ein anormales Signal von einem der Sensoren, leuchtet die Warnleuchte auf. Der Motor wird mit Ersatzwerten weiterbetrieben, so weit als möglich. Falls dies nicht geht, wird der Motor gestoppt und lässt sich dann auch nicht mehr starten.

Leuchtet die Warnlampe beim Einschalten der Zündung überhaupt nicht auf, ist die Lampe bzw. deren Fassung oder Zuleitung defekt.

Störungsdaten aus dem Speicher auslesen
Die Störungsdaten können mit dem Yamaha-eigenen »FI-Diagnosegerät« (Bestellnummer 90890-0182) ausgelesen und näher identifiziert werden. Über einen speziellen Diagnosecode werden die Ursachen wie fehlerhafte Sensoren oder Kabelverbindungen eingekreist, damit sie anschließend behoben werden können. Danach werden mit Hilfe des Diagnosegeräts die Fehlermeldungen gelöscht, damit im Cockpit kein Fehlercode mehr angezeigt wird.

In diesem Kapitelabsatz finden Sie einen Einspritz-Schaltplan (Bild 16) der YZF-R 125, der prinzipiell identisch ist mit dem der WR 125 R/X und YBR 125, sowie einen Textkasten, in dem aufgeführt ist, bei wie vielen Blinkzeichen welche Ursachen für den angezeigten Fehler in Frage kommen.

Zusammen mit dem Schaltplan kann ein ausgebildeter Elektronik- oder Einspritzfachmann die fehlerhaften Bauteile lokalisieren. Für Elektronik- und Einspritzlaien gilt der Ratschlag, sich bei jedem auftretenden Einspritzproblem an den Yamaha-Händler zu wenden, weil die dortigen Mitarbeiter beim Landesimporteur auf das Erkennen von Einspritzproblemen ebenso geschult wurden wie auf die Überprüfung aller in Frage kommenden Bauteile.

Probleme unterwegs?
Wenn an Ihrer Maschine unterwegs ein Einspritzproblem auftaucht, dann gehen Sie ganz pragmatisch vor, überprüfen Sie den Sitz eines Steckers nach dem anderen, reinigen die Kon-

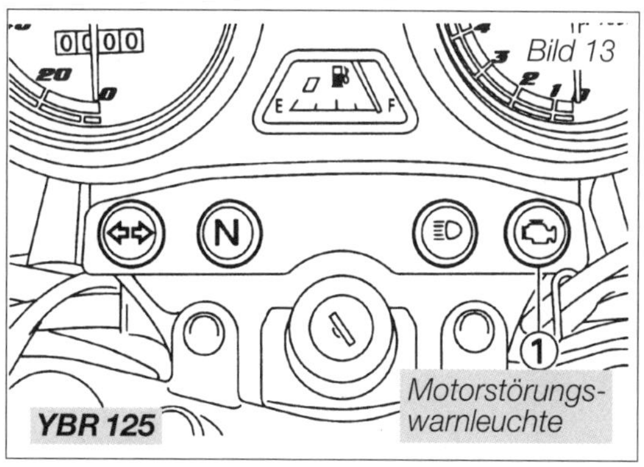

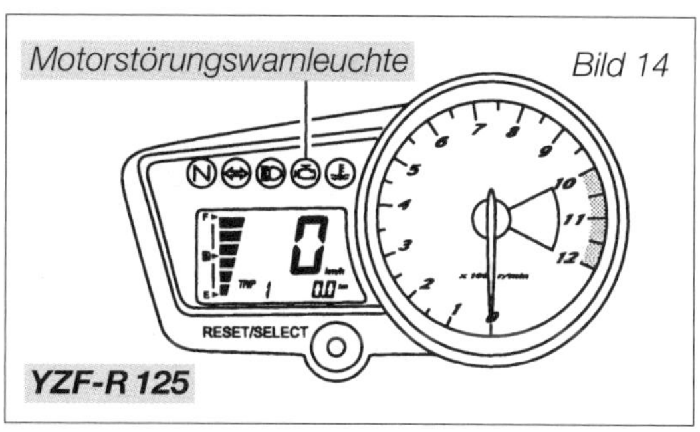

Bilder 13 und 14: Orangefarbene Motor-Warnleuchte in der Instrumenteneinheit.

Bild 15: Blinkmuster der Fehlercodes.
- *c: 1 sec*
- *d: 1,5 sec*
- *e: 0,5 sec*
- *f: 3 sec*

»sec« = Sekunden

takte in den Steckern, geben ein wenig Kontaktspray an sie und sorgen für exakten Sitz. Überprüfen Sie auch den Ladezustand der Batterie und die Qualität aller Masseverbindungen zum Rahmen und Motor hin! Und wenn wider Erwarten dies alles nichts hilft, dann bleibt Ihnen nur noch der Gang zum Yamaha-Händler – Sie werden sehen, dass er Ihnen helfen kann.

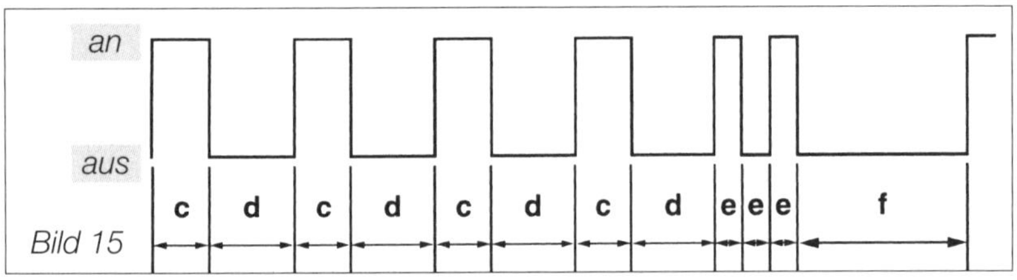

Bild 15

Fehleranzeige über Blinkzeichen

Bei YBR, YZF-R und WR ist in der Instrumentenkonsole bzw. im Kombiinstrument eine orangene Motorstörungs-Warnleuchte angebracht, die beim Einschalten für drei Sekunden aufleuchtet und dann ausgeht. Wenn das Motorsteuergerät einen Fehler feststellt, blinkt die Warnleuchte entsprechend (siehe Tabelle linke Seite).

- Langes Blinkzeichen an: 1 Sekunde.
- Kein Blinkzeichen: 1,5 Sekunden
- Kurzes Blinkzeichen: 0,5 Sekunden.
- 1 langes Blinkzeichen entspricht den Zehnerstellen.
- 1 kurzes Blinkzeichen entspricht den Einerstellen.

Fehler code	Symptom	Vermutliche Ursache der Störung	start- und fahrfähig
12	Vom Kurbelwellenpositions-Sensor werden keine normalen Signale empfangen	Stromkreisunterbrechung oder Kurzschluss im Kabelbaum, defekter Kurbelwellensensor, Fehlfunktion im Lichtmaschinenrotor, falsch eingebauter Sensor, Störung im Motorsteuergerät	Nein
13	Ansaugluftdruck-Sensor: Stromkreisunterbrechung oder Kurzschluss erkannt	Stromkreisunterbrechung oder Kurzschluss im Kabelbaum, defekter Ansaugluftdruck-Sensor, Störung im Motorsteuergerät	Ja
14	Ansaugluftdruck-Sensor: Schlauchsystem-Fehler: Verstopfter oder abgelöster Schlauch	Schlauch des Ansaugluftdruck-Sensors hat sich gelöst, ist verstopft, geknickt, eingeklemmt, Störung im Motorsteuergerät	Ja
15	Drosselklappenpositions-Sensor: Stromkreisunterbrechung oder Kurzschluss erkannt	Stromkreisunterbrechung oder Kurzschluss im Kabelbaum, defekter Drosselklappenpositions-Sensor, falsch eingebauter Sensor, Störung im Motorsteuergerät	Ja
16	Drosselklappenpositions-Sensor: sitzt fest	Drosselklappenpositions-Sensor sitzt fest, Störumg im Motorsteuergerät	Ja
19	Defekte oder gelöste Verbindung des schwarz/weißen Kabels des Steuergerätes erkannt	Stromkreisunterbrechung im Kabelbaum (Motorsteuergerät-Steckverbinder), Störung im Motorsteuergerät	Nein
21 (YZF-R/WR)	Kühlflüssigkeitstemperatur-Sensor: Stromkreisunterbrechung oder Kurzschluss erkannt	Stromkreisunterbrechung oder Kurzschluss im Kabelbaum, defekter Kühlflüssigkeitstemperatur-Sensor, Fehlfunktion im Motorsteuergerät, falsch montierter Sensor	Ja
22	Ansauglufttemperatur-Sensor: Stromkreisunterbrechung oder Kurzschluss erkannt	Stromkreisunterbrechung oder Kurzschluss im Kabelbaum, defekter Ansauglufttemperatur-Sensor, falsch eingebauter Sensor, Störung im Motorsteuergerät	Ja
28 (nur YBR)	Motortemperatur-Sensor: Stromkreisunterbrechung oder Kurzschluss erkannt	Stromkreisunterbrechung oder Kurzschluss im Kabelbaum, defekter Motortemperatur-Sensor, falsch eingebauter Sensor, Störung im Motorsteuergerät	Ja
30	Kein normales Signal vom Umkippsensor Blockierung festgestellt	Motorrad umgefallen oder gestürzt, Störung im Motorsteuergerät	Nein
33	Primärkabel der Zündspule: Stromkreisunterbrechung erkannt	Stromkreisunterbrechung oder Kurzschluss im Kabelbaum, Störung in der Zündspule, Störung im Motorsteuergerät, Störung im Zündunterbrechungs- oder Anlassersperr-System	Nein
39	Einspritzventil Stromkreisunterbrechung oder Kurzschluss erkannt	Stromkreisunterbrechung oder Kurzschluss im Kabelbaum, defektes Einspritzventil, unsachgemäß eingebautes Einspritzventil, Störung im Motorsteuergerät	Nein
41	Umkipp-Sensor: Stromkreisunterbrechung oder Kurzschluss erkannt	Stromkreisunterbrechung oder Kurzschluss im Kabelbaum, defekter Umkippsensor, Störung im Motorsteuergerät	Nein
42 (YZF-R/WR)	Vom Geschwindigkeits-Sensor werden keine normalen Signale empfangen	Stromkreisunterbrechung oder Kurzschluss im Kabelbaum, defekter Geschwindigkeits-Sensor, Störung im Sensor, Fehlfunktion im Motorsteuergerät	Ja
44	Fehler beim Lesen oder Schreiben des EEPROM Speichers erkannt	Fehlfunktion im Motorsteuergerät (interner Speicherfehler beim Lesen oder Schreiben eines CO Einstellwertes)	Ja
46	Spannungsversorgung des Einspritzsystems ist nicht normal	Störung im Ladesystem	Ja
50	Speicher des Motorsteuergerätes ist fehlerhaft	Störung im Motorsteuergerät (Programm und Daten werden nicht richtig im internen Speicher abgelegt oder ausgelesen)	Nein

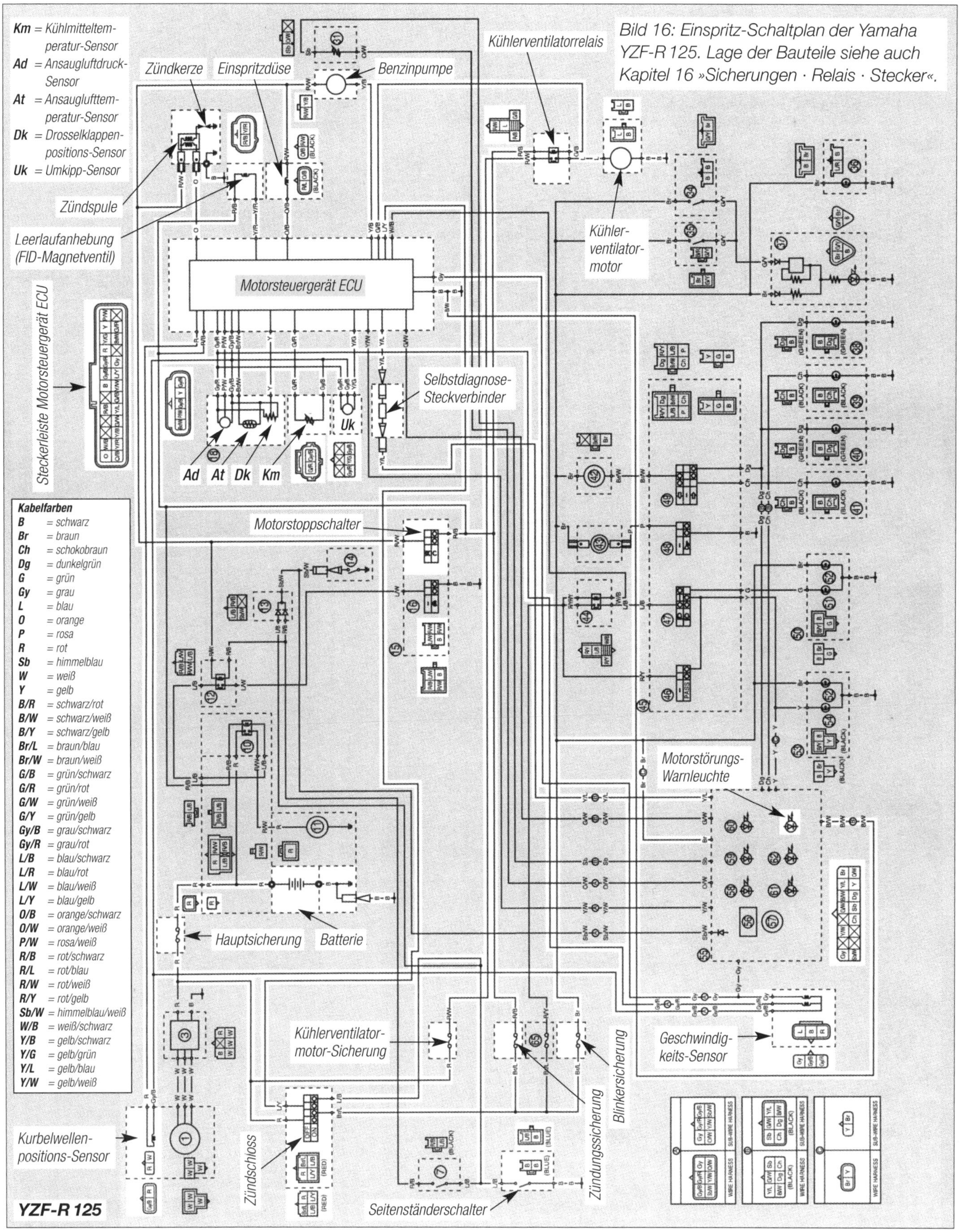

Bild 16: Einspritz-Schaltplan der Yamaha YZF-R 125. Lage der Bauteile siehe auch Kapitel 16 »Sicherungen · Relais · Stecker«.

Weitere Detailangaben und Schaltpläne anderer Modelle siehe auch Kapitel 33 »Schaltpläne« auf den Ausklappseiten.

Auspuff

In diesem Kapitel: Auspuffanlage · Auspuffanlage ab- und anbauen · Auspuffanlage kontrollieren · Sekundärluftsystem · Nachrüst-Auspuffanlagen.

Bilder 1, 2 und 3: Auspuffanlagen der verschiedenen Modelle mit Teilebezeichnungen und Anziehdrehmomentwerten.

Auspuffanlage

Die Modelle YZF-R 125, YBR 125 und Custom haben eine einteilige Auspuffanlage, während bei XT 125 R/X und WR 125 R/X zweiteilige Auspuffanlagen angebaut sind; Krümmer und Auspufftopf sind also getrennte Bauteile.

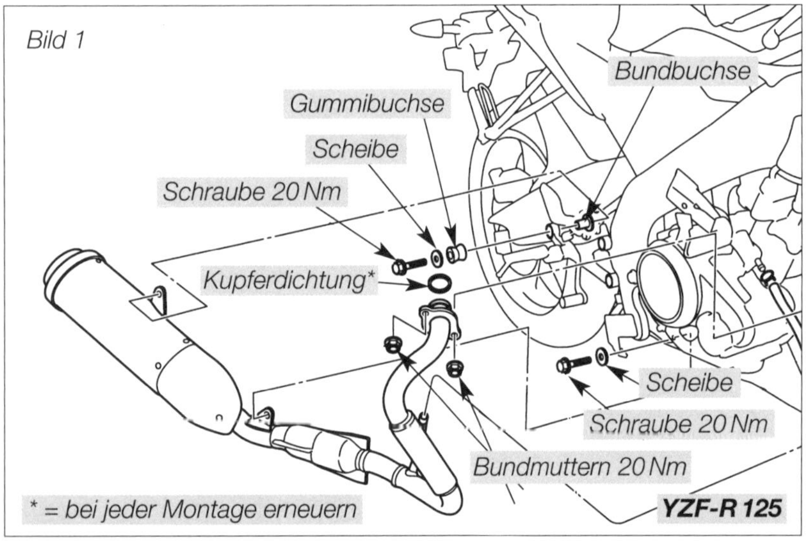

Bild 1

Dichtungen prüfen

⚠ **Achtung: Heiß!** Motor laufen lassen, Hand zwei Zentimeter vor die jeweilige Auspuffdichtung halten. Ist eine Dichtung defekt, spürt man die durchblasenden Abgase an der Hand.

Sichtprüfung: Undichte Auspuffdichtungen erkennt man an auch an der Schwarzfärbung entsprechender Stellen.

Wichtig: Durchblasende Dichtungen kann man nicht durch ein stärkeres Anziehen der Muttern bzw. Schrauben am Zylinderkopf und der Klemmschraube am Flansch des Auspufftopfs beheben, dadurch werden nur die Auspuffteile dauerhaft verzogen oder die Stehbolzen bzw. Schrauben reißen sogar ab. Wenn eine Dichtung defekt ist, muss sie ersetzt werden.

Auspuffanlage ab- und anbauen

Beim Abbau beachten: Schrauben und Muttern am Auspuff sind meistens schmutzig und stark korrodiert. Deswegen als Erstes mit einer Drahtbürste den gröbsten Dreck abputzen, mit Rostlöser einsprühen und einige Minuten wirken lassen, erst dann öffnen und abdrehen. Dies gilt auch für die Klemmstelle des Auspufftopfs auf dem Krümmer bei den zweiteiligen Anlagen sowie für eine Nachrüst-Auspuffanlage, die auch ohne extra Dichtung montiert sein kann.

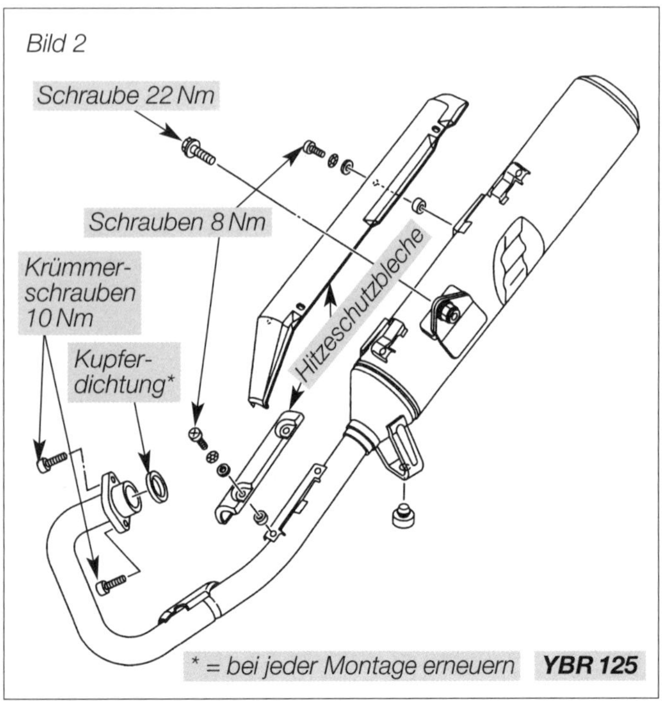

Bild 2

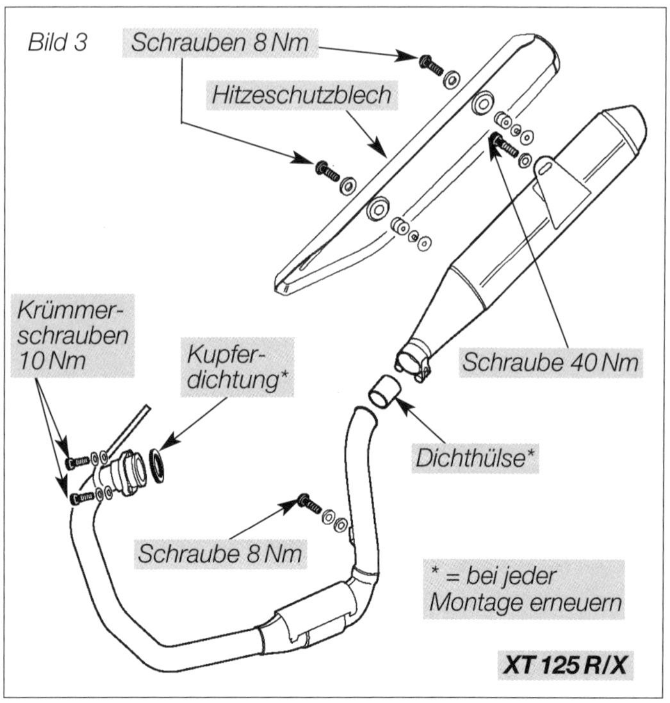

Bild 3

XT 125 R/X und WR 125 R/X

Abbau

1. Schraube an der Klemmstelle des Auspufftopfs lösen.
2. Befestigungsschraube des Auspufftopfs am Rahmenheck ausdrehen.
3. Auspufftopf abbauen: Kontaktstellen mit Rostlöser einsprühen, einige Zeit einwirken lassen. Dann Auspufftopf mit beiden Händen packen und unter leichten Drehbewegungen vom Auspuffkrümmer abziehen.
4. Beide Schrauben (XT 125 R/X) bzw. Bundmuttern (WR 125 R/X), die den Auspuffkrümmer am Zylinderkopf halten, abdrehen.
■ XT-Modelle: Schraube unten zum Rahmen hin ebenfalls öffnen und ausdrehen, auf untergelegte Scheiben achten!
5. Auspuffkrümmer oben fest anpacken, etwas daran wackeln, nach vorne herausziehen und abnehmen.
6. Alte Dichtung aus dem Auslasskanal im Zylinderkopf herausziehen. Ggf. einen Schraubenzieher zu Hilfe nehmen (Bild 4).

Anbau

1. Neue Dichtung mit Kupferpaste einschmieren und in Auslasskanal einsetzen (Bild 5).
2. Auspuffkrümmer in Auslassbohrung im Zylinderkopf einführen, festhalten.
3. Schrauben (XT 125 R/X) bzw. Bundmuttern (WR 125 R/X) ein-/aufdrehen, Schraube unten am Rahmen eindrehen, noch nicht festziehen.
4. Neue Dichthülse (Bild 6) innen und außen mit Kupferpaste einschmieren, in Sitz im Auspufftopf einsetzen, Auspufftopf auf Krümmer aufschieben.
5. Haltelasche am Heckrahmen positionieren.
6. Schraube in Auspuffhalterung von außen einstecken, leicht anziehen.
7. Zylinderkopf: Schrauben (XT 125 R/X) bzw. Bundmuttern (WR 125 R/X) abwechselnd im mehreren Schritten festziehen (10 Nm bei XT 125 R/X; 20 Nm bei WR 125 R/X).
■ XT-Modelle: Schraube unten zum Rahmen hin mit Scheiben einbauen, leicht festziehen.
8. Halteschraube am Rahmenheck mit 40 Nm festziehen, dann untere Schraube mit 8 Nm.
■ Zwischendurch immer wieder an den Auspuffteilen etwas wackeln, damit sie sich »setzen«.

YZF-R 125 und YBR 125/Custom

Abbau

1. Befestigungsschraube der Auspuffanlage am Fußrastenhalter ausdrehen.
2. Beide Schrauben (YBR 125/Custom) bzw. Bundmuttern (YZF-R 125), die den Auspuffkrümmer am Zylinderkopf halten, abdrehen.
3. Bei der YZF-R 125 ist der Auspuffkrümmer unterm Motor am Rahmen befestigt: Schraubverbindung lösen, Schraube ausziehen.
4. Auspuff am Krümmer oben anpacken, daran wackeln, nach vorne herausziehen, abnehmen.
5. Alte Dichtung aus dem Auslasskanal ausziehen; Schraubenzieher zu Hilfe nehmen (Bild 4).

Anbau

1. Neue Dichtung mit Kupferpaste einschmieren und in Auslasskanal einsetzen (Bild 5).
2. Auspuffkrümmer in Auslassbohrung im Zylinderkopf einführen, festhalten.
3. Schrauben (XT 125 R/X) bzw. Bundmuttern (WR 125 R/X) ein-/aufdrehen, aber noch nicht festziehen.
4. Bei YZF-R 125: Schraube an Befestigungsstelle zum Rahmen hin einsetzen, Mutter aufdrehen und leicht anziehen.
5. Haltelasche am Fußrastenhalter positionieren.
6. Schraube in Auspuffhalterung von vorne einstecken, handfest anziehen.
7. Krümmerschrauben (YBR 125/Custom) bzw. Hutmuttern und Schraube vom Krümmer zum Rahmen (YZF-R 125) abwechselnd in mehreren Schritten festziehen (10 Nm bei YBR 125/Custom, 20 Nm bei YZF-R 125).
8. Auspuffhalteschraube am Fußrastenhalter festziehen (20 Nm bei YZF-R 125, 22 Nm bei YBR 125/Custom).
■ Zwischendurch immer wieder an den Auspuffteilen etwas wackeln, damit sie sich »setzen«.

Bild 4: Alten Auspuffkrümmer-Dichtring im Auslasskanal mit einem breiten Schraubenzieher heraushebeln.

Bilder 5 und 6: Dichtungen in der Auspuffanlage.

Bild 4

Bild 5

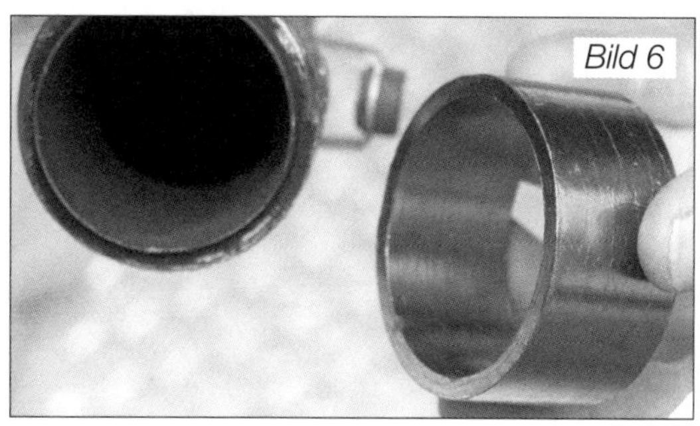
Bild 6

Sichtprüfung | Messen

Auspuffanlage kontrollieren

■ **Sichtprüfung:** Alle Schweißnähte dicht?

■ Oberfläche ohne Dellen, Löcher und/oder Korrosion?

■ **Hörprobe:** Auspuff schütteln, es darf nichts klappern. Wenn doch, hat sich innen ein Prallblech gelöst. Auspuff muss ersetzt werden.

Sekundärluftsystem

Das Sekundärluftsystem bewirkt durch Zufuhr von Frischluft (»gefilterte Ansaugluft«) in den Auslasstrakt eine Nachverbrennung der Abgase, bei der eine beträchtliche Menge unverbrannter Kohlenwasserstoffe und Kohlenmonoxyd in relativ harmloses Kohlendioxyd und Wasser umgewandelt wird. Ein so genanntes »Sekundärluft-Abschaltventil« öffnet oder verschließt den Luftweg.

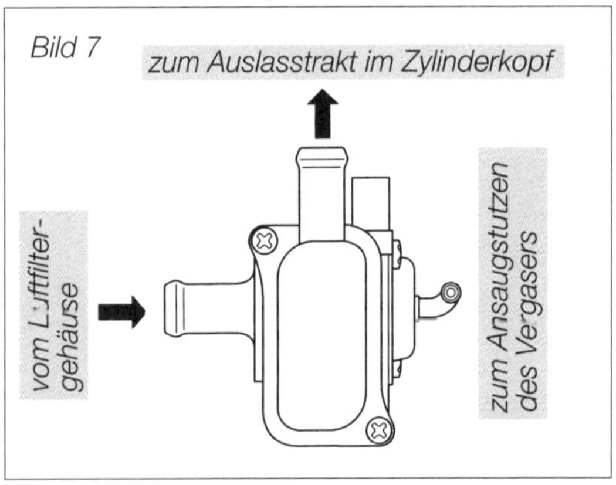

Bilder 7 und 8: Prinzipskizze und Funktion des Sekundärluft-Abschaltventils bei den Vergasermotoren.

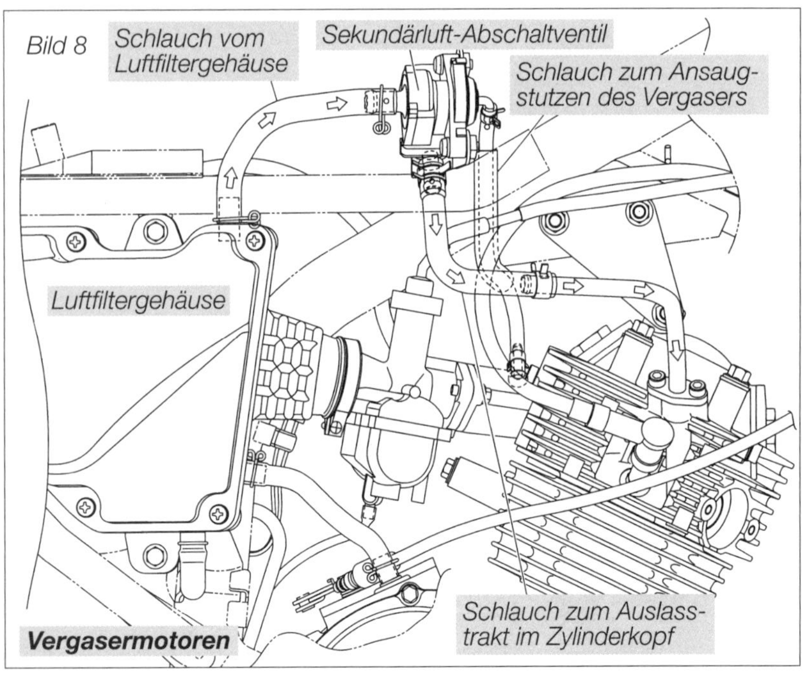

Yamaha verwendet für die Vergaser- und die Einspritzmotoren zwei unterschiedliche Systeme:

■ Bei den Vergasermotoren hat das Sekundärluft-Abschaltventil drei Anschlüsse (Bild 7): Zum Luftfiltergehäuse, zum Ansaugstutzen des Vergasers und zum Auslasstrakt im Zylinderkopf. Normalerweise ist das Sekundärluft-Abschaltventil offen, sobald aber im Ansaugstutzen ein erhöhter Unterdruck entsteht, z. B. beim Gaswegnehmen, schließt das Sekundärluft-Abschaltventil (Bild 8).

■ Bei den Einspritzmotoren hat das Sekundärluft-Abschaltventil nur zwei Anschlüsse (Bild 9): zum Luftfiltergehäuse und zum Auspuffkrümmer. Im Sekundärluft-Abschaltventil sitzt eine Membrane (Bild 10), welche das Ventil normalerweise geschlossen hält. Sobald im Auspuffkrümmer Unterdruck entsteht, öffnet das Abschaltventil, sodass Frischluft aus dem Luftfiltergehäuse in den Auslasstrakt fließen kann. Wenn aber z. B. beim Gaswegnehmen der Unterdruck im Auspuffkrümmer abfällt, schließt das Sekundärluft-Abschaltventil (Bild 11).

Am Sekundärluftsystem kann nichts eingestellt werden, Störungen sind die Ausnahme. Darauf achten, dass kein Schlauch porös ist und alle Schläuche richtig auf ihren Stutzen sitzen. Das Abschaltventil kann wie folgt überprüft werden:

1. Luft in den Stutzen vom Luftfilterkasten her blasen (oben im Bild 12), Luft muss am Stutzen zum Auslasstrakt austreten.

2. Luft in den Stutzen vom Auslasstrakt her blasen (unten im Bild 12), Luft darf am Stutzen zum Luftfilterkasten nicht austreten.

Patscht der Motor beim Gas zumachen?

Wenn der Motor beim Gas zumachen (»Schiebebetrieb«) unkontrolliert aus dem Auspuff patscht und knallt, ist dies ein Zeichen für einen Fehler im Sekundärluftsystem. Zuerst alle Schläuche auf korrekte Anschlüsse (Bilder 8 und 11), Löcher, Risse und Porosität überprüfen. Auch das Membranventil prüfen. Im Zweifelsfall das Sekundärluft-Abschaltventil gegen ein erwiesenermaßen funktionsfähiges Teil versuchsweise austauschen.

Nachrüst-Auspuffanlagen

Beim Kauf einer Auspuffanlage für Straßenbetrieb ist eine »Allgemeine Betriebs-Erlaubnis« (ABE) Vorschrift. Diese wird vom Auspuffhersteller erstellt, liegt der Auspuffanlage bei und ist EU-weit gültig. Im Auspufftopf ist die Nummer der ABE aufgebracht (siehe Bild 13). Wenn bei einer Polizeikontrolle der Nachrüsttopf auffällt, genügt es normalerweise, dass man den kontrollierenden Polizisten auf die Nummer hinweist. Das Mitführen der ABE-Bescheinigung ist zwar nicht zwingend notwendig; es ist jedoch sinnvoll, die Bescheinigung dabei zu haben, um möglichen Stress mit dem Auge des Gesetzes zu vermeiden. In der Schweiz (kein EU-Land) gelten andere Bestimmungen.

Besonders Schweizer (und oft auch österreichische!) Polizisten gehen manchmal sehr rigide mit Ausländern um, die eine ihrer Meinung nach »zu laute« Auspuffanlage an ihrer Maschine haben, egal ob mit oder ohne EU-ABE.

Bei Montage einer »lauten« Auspuffanlage für den Betrieb auf der Straßenrennstecke, der Motocross- oder Geländerennstrecke sollte man sich dennoch um deren Lautstärke kümmern. Auf vielen Strecken gelten strenge Lärmbestimmungen. Maschinen, die zu laut unterwegs sind, werden gnadenlos von der Strecke genommen. Manche Auspuffanlagen sind mit so genannten »db-Killern« (Bild 13) ausgerüstet, die je nach gewünschter (oder erlaubter) Lautstärke aus- oder eingebaut werden können.

Bild 9

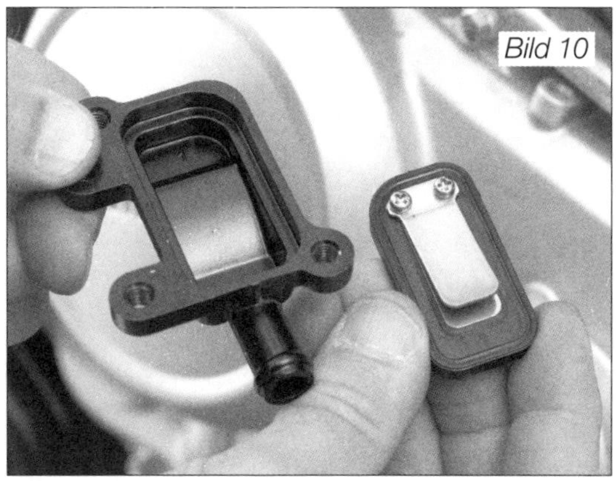
Bild 10

Bilder 9 und 10: Bei den Einspritzmotoren sitzt das Sekundärluft-Abschaltventil rechts außen am Zylinder; in Bild 10 sind das Ventil aufgeschraubt und der Ventilkörper ausgebaut.

Bilder 11 und 12: Funktionsskizzen des Sekundärluft-Systems beim wassergekühlten Motor.

Bild 13: Mit »db-Killer« ausgerüstete Auspuffanlage mit ABE-Nummer.

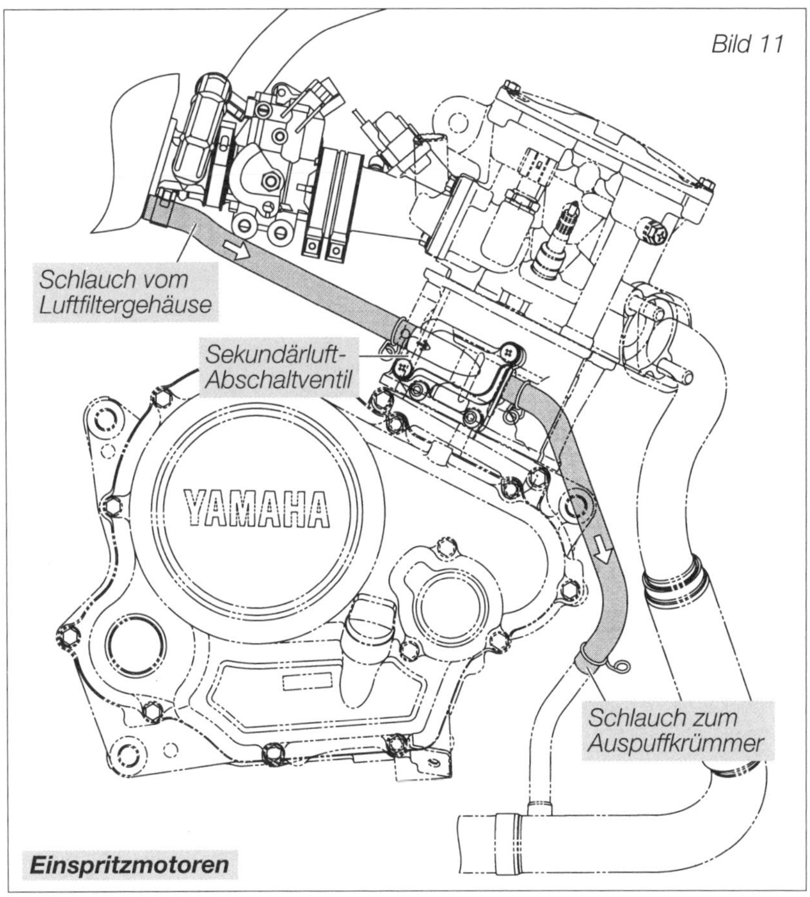

Bild 11

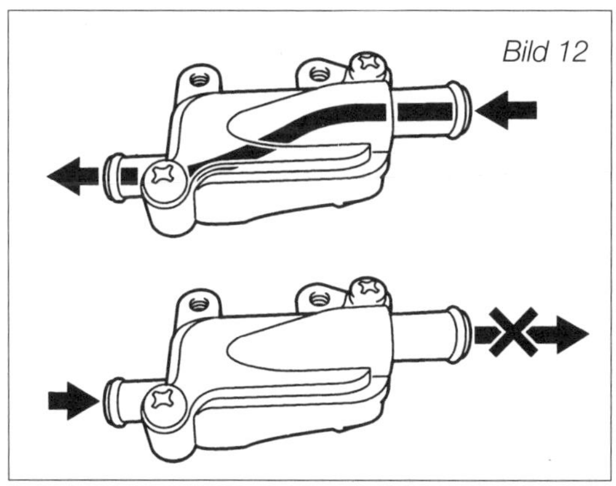
Bild 12

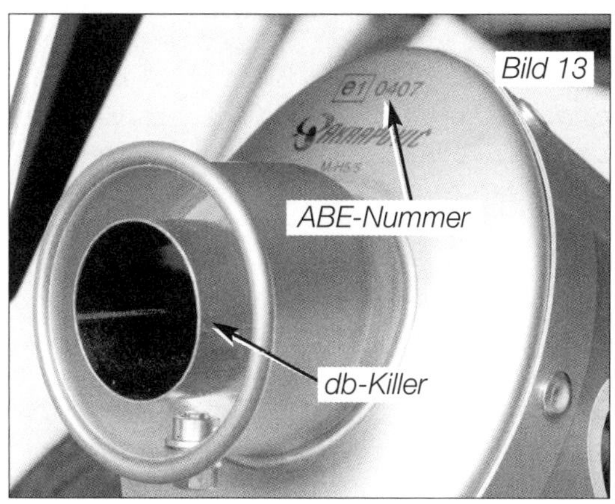

Bild 13

Schmiersystem

In diesem Kapitel: Motoröl · Mineral- oder Synthetiköl · Ölstand · Ölwechsel · Ölfilter.

Motoröl

Yamaha schreibt folgende Motoröle vor: *»4-Takt-Motorenöl API-Service SG Typ oder höher, JASO Standard MA. Keine Öle verwenden, die mit dem Aufdruck versehen sind: API-Service SH/CD Energy Conserving II«.*

Füllmengen

- 0,95 Liter bei Ölwechsel ohne Filterwechsel
- 1,0 Liter bei Ölwechsel mit Filterwechsel
- 1,15 Liter Gesamtölmenge wenn der Motor nach einer Zerlegung wieder mit Öl befüllt wird

Ölviskosität: Die Viskositätsklasse des Motoröls ist abhängig von der Außentemperatur.

Motoröl für die wassergekülten Motoren
Für YZF-R 125 und WR 125 R/X sind folgende Viskositätsklassen vorgeschrieben:

- von –10 bis 20 °C .... SAE 10W-30
- von –10 bis 40 °C .... SAE 10W-40
- von –10 bis über 40 °C .... SAE 10W-50
- von 0 bis 40 °C .... SAE 15W-40
- von 10 bis 40 °C .... SAE 20W-40
- von 10 bis über 40 °C .... SAE 20W-50

Motoröl für die luftgekühlten Motoren
Für YBR 125, Custom und XT 125 R/X sind folgende Viskositätsklassen vorgeschrieben:

- von –10 bis 35 °C .... SAE 10W-30
- von –10 bis 45 °C .... SAE 10W-40
- von 0 bis 45 °C .... SAE 15W-40
- von 5 bis 45 °C .... SAE 20W-40
- von 5 bis 50 °C .... SAE 20W-50

Für ganzjährigen Einsatz entsprechend den bei uns herrschenden Temperaturen empfehlen wir ein Öl der Viskositätsklasse SAE10W-40.

Sicherheitshinweise Achtung und Tipps für dieses Kapitel

Zur Kontrolle des Ölstands das Motorrad nicht schräg nach links geneigt auf dem Seitenständer abstellen, sondern es soll waagerecht und senkrecht stehen.

Im Gewinde des Ölmessstabs ist ein kleiner O-Ring eingesetzt. Diesen kontrollieren, ob er in Ordnung ist, also keine geklemmte oder ausgerissene Stelle hat. Sollte er beschädigt sein, unbedingt erneuern, sonst drückt es (bzw. zieht der Fahrtwind) Öl heraus. Keine Zange benutzen, um den Öleinfüllstopfen besonders fest eindrehen zu wollen – nur handfest anziehen!

Vor einer längeren Fahrt zu Hause den Ölstand kontrollieren und ggf. mit dem richtigen Öl auffüllen. Wer auf mehrtägige Fahrt geht, sollte entweder einen Liter des richtigen Öls mitnehmen oder eine ölfeste Plastikflasche mit öldichtem Verschluss mit dem Motoröl befüllen, das garantiert im Motor drin ist, und die Flasche ins Gepäck packen. Entsprechende Flaschen gibt es z. B. im Chemiefachhandel.

Motoröl nur in betriebswarmem Zustand wechseln, also vorher den Motor mindestens zehn Kilometer warm fahren. Damit wird sichergestellt, dass Metallabriebteile, die sich noch nicht abgesetzt haben, sondern noch in der Schwebe sind, vom heißen Öl aufgenommen und beim Ablassen mit herausgespült werden.

Altöl niemals wegschütten, sondern an einer Sammelstelle oder Tankstelle abliefern. Jeder Ölverkäufer ist zur Rücknahme einer entsprechenden Menge Altöls verpflichtet! Beim Kauf von neuem Öl die Quittung aufbewahren und bei der Rückgabe des Altöls vorzeigen!

Keine Getränkeflaschen als Altölbehälter verwenden! Besser ist etwa ein alter Benzinkanister, der mit einem dauerhaften Etikett »Altes Motoröl« versehen wird.

Dem Altöl keine anderen Flüssigkeiten beimischen, wie z. B. Brems- oder Kühlflüssigkeit. Diese extrem giftigen und wenig umweltfreundlichen Betriebsstoffe müssen in extra Behältern aufgefangen und zu Problemstoff-Sammelstellen gebracht werden.

Zum Ölablassen ein so großes Gefäß verwenden, das den Bereich von Ölablassbohrung und Gehäusedichtfläche unterm Motor nicht nur abdeckt, sondern allseitig um mindestens zehn Zentimeter übersteht. Im Motorrad-Zubehörhandel gibt es für kleines Geld kombinierte Ölfangwannen-Behälter, bei denen das Öl in eine Wanne und von dort direkt in den verschließbaren Sammelbehälter läuft. Dieser ist mit einem Griff versehen und somit leicht transportabel (Bild 1). Altöl zur Ölsammelstelle bringen, wo es umweltgerecht entsorgt wird.

Wenn die Ölablassschraube ihren letzten Gewindegang erreicht hat, beginnt das Öl bereits zu laufen. Finger rasch wegziehen! Es ist besser, die Ölablassschraube mit dem ersten Schuss Öl ins Auffanggefäß fallen zu lassen, als sich am heißen Öl die Finger zu verbrühen! Öl läuft erst im Strahl, nach einiger Zeit nur noch tropfenweise. Also geduldig warten, bis der letzte Tropfen im Auffanggefäß gelandet ist.

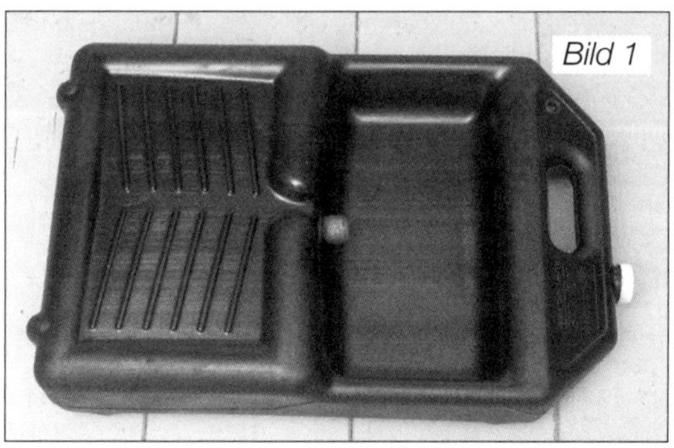
Bild 1

Bild 1: Eine solche Ölauffang-Transportwanne eignet sich prima zum Ölwechsel.

Sechs wichtige Punkte für den Ölkauf

1. Ausschließlich herkömmliche Motorrad-Motoröle verwenden. Auf der Rückseite der Öldose sind die Klassifikationen aufgeführt – nachsehen, ob sie der Yamaha-Vorschrift entsprechen!

2. Keine Öle mit Graphit- oder Molybdänzusatz verwenden, sonst besteht die Gefahr, dass die Kupplung rutscht.

3. Keine Ölzusätze dem Motoröl zugeben! Wir raten sogar dringend davon ab.

4. Nicht verwenden sollte man die so genannten »Leichtlauföle« ab SAE 5 oder Ultra-Mehrbereichsöle wie z. B. SAE 0W50. Diese sind für Automotoren entwickelt worden, wo ja weder Kupplung noch Getriebe im Motorölbad laufen. Für Motorradmotoren sind sie nicht geeignet.

5. Nicht verwendet werden dürfen Dieselöle mit der Spezifikation »CD« und Öle der Spezifikation »Energy Conserving«.

6. Wir raten dringend, benötigtes Öl weder im Supermarkt noch im Kaufhaus oder gar im Baumarkt zu kaufen (*»Sonderangebot prima Motoröl 5 Liter nur 9,99 Euro«*), sondern ausschließlich im Motorrad-Fachhandel.

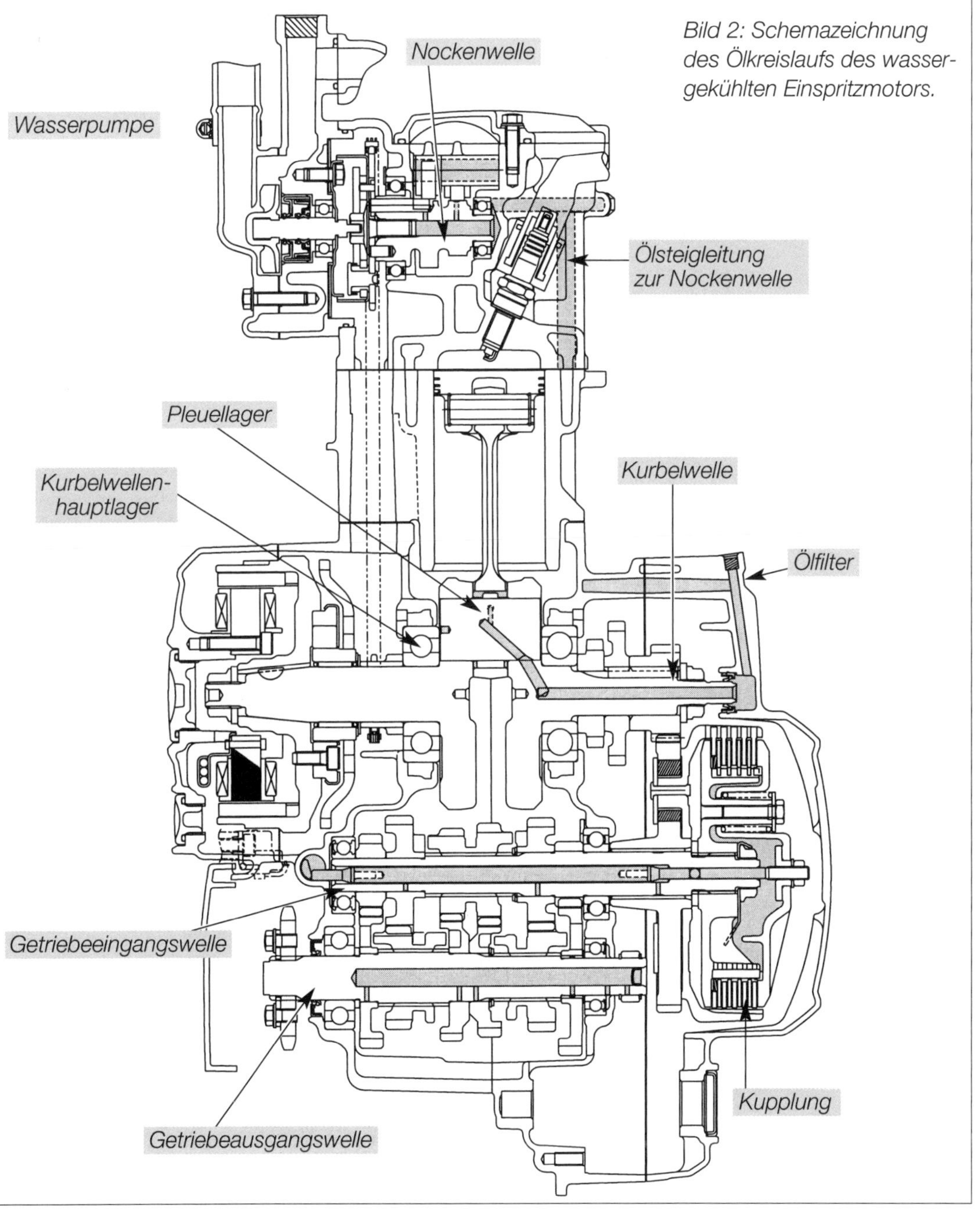

Bild 2: Schemazeichnung des Ölkreislaufs des wassergekühlten Einspritzmotors.

Sichtprüfung Messen

Mineralöl oder Synthetiköl?

Es gibt zwei verschiedene Motorölsorten: Mineralöl und synthetisches Öl. Die »goldene Mitte« ist halb- bzw. teilsynthetisches Öl, das ist eine Mischung aus Mineralöl und vollsynthetischem Öl. Mineralöl ist das billigere Motoröl, halb- oder vollsynthetisches Öl ist deutlich teurer.

Für die wasser- und luftgekühlten 125er-Yamahamotoren, die sowohl im Alltag auf Kurzstrecken als auch sportlich mit hohen Drehzahlen gefahren werden können, empfehlen wir halbsynthetisches Öl. Es kann natürlich auch vollsynthetisches Öl (teuerer) gefahren werden oder Mineralöl (billiger). Im Zweifelsfall fragen Sie Ihren Yamaha-Motorradhändler, er ist immer gut informiert, welche Ölmarken und Ölsorten von Yamaha freigegeben bzw. empfohlen werden.

Bild 3

Bild 3: Nur spezielle Motoröle für Motorradmotoren verwenden!

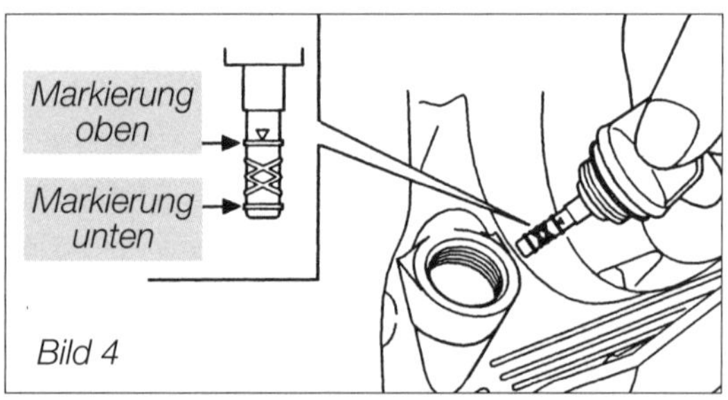

Bild 4

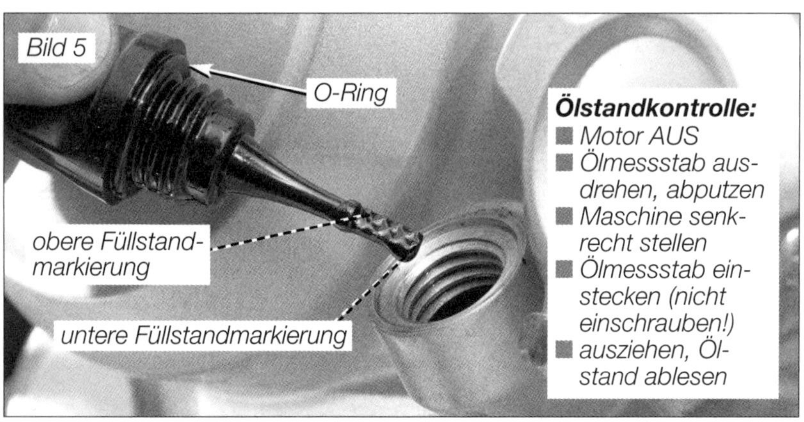

Bild 5

Bilder 4 und 5: Öl wird durch die Bohrung im Kupplungsdeckel eingefüllt.
■ Ölmessstab nicht mit einer Zange, sondern nur handfest anziehen!
■ O-Ring am Ende des Gewindes darf nicht beschädigt sein.
■ Ist der Motorölstand nahe an der unteren Markierung oder gar darunter, muss Öl nachgefüllt werden: Achten Sie darauf, dass Sie die Ölsorte nachfüllen, die im Motor bereits drin ist.

Yamaha bietet unter dem Label »Yamahalube« verschiedene Motoröle an. Darüber hinaus arbeitet Yamaha auf dem Schmiermittelsektor mit verschiedenen Ölherstellern zusammen. Beispielhaft sei hier die Marke Shell erwähnt, die unter dem Namen ADVANCE verschiedene Öle und Schmiermittel speziell für Motorräder (Bild 3) anbietet. Aus diesem Programm sind für die 125er-Yamahas besonders geeignet: Halbsynthetisches Shell ADVANCE VSX, vollsynthetisches Öl Shell ADVANCE Ultra oder das Mineralöl Shell ADVANCE SX4 in den oben genannten SAE-Spezifikationen.

Ölstand

Wichtig 1: Ölstand nicht bei kaltem Motor kontrollieren, er sollte mindestens zehn Kilometer gefahren worden sein. Der Ölmessstab ist in die Öleinfüllöffnung unten am Motor eingeschraubt (Bilder 4 und 5).
Wichtig 2: Beim Prüfen des Ölstands darf die Maschine NICHT schräg auf dem Seitenständer abgestellt sein, sonst ist ein falscher Ölstand am Ölmessstab zu sehen!

Ölstand kontrollieren

1. Motor abschalten und mindestens zwei Minuten warten, damit alles Motoröl in die Ölwanne ablaufen kann. Motorrad kann dabei auf dem Seitenständer abgestellt sein.
2. Motorrad in die Senkrechte bringen und einige Sekunden ruhig halten. Das Öl läuft jetzt in die Waagerechte.
3. Ölstand mit dem Ölmessstab prüfen:
3.1. Ölmessstab ausdrehen und mit einem sauberen Lappen abputzen.
3.2. Ölmessstab zentrisch in die Bohrung einführen und am Gewinde aufsetzen, NICHT eindrehen!
3.3. Ölmessstab ausziehen und Ölstand ablesen:
■ Er sollte zwischen der oberen (maximal) und unteren Markierung (minimal) liegen (Bilder 4 und 5), also weder darunter (dann ist zu wenig Öl im Motor) noch darüber (dann ist zu viel Öl im Motor).

Motoröl nachfüllen

Ist der Motorölstand zu niedrig, muss Öl durch die Gewindebohrung (Bilder 4 und 5) nachgefüllt werden. Füllen Sie in kleinen Schritten auf, sonst leert man schnell einmal zu viel Öl ein, denn die Füllmenge zwischen Minimal- und Maximalmarkierung beträgt nur ca. 0,25 Liter.

Falls Sie kein Öl zum Nachfüllen dabei haben, lassen Sie sich vom Tankwart nicht einen Liter vom teuersten Öl aufschwatzen, sondern verlangen exakt die Ölsorte, die Sie im Motor drin haben, also entweder halb- oder vollsynthetisches Öl oder eben Mineralöl.

Wenn es das nicht gibt, können Sie zum Nachfüllen folgende Motoröle miteinander mischen:

- Wenn Mineralöl im Motor und keines zum Auffüllen vorhanden ist, mit halbsynthetischem Öl auffüllen.
- Wenn halbsynthetisches Öl im Motor und keines zum Auffüllen vorhanden ist, mit vollsynthetischem oder Mineralöl auffüllen.
- Wenn vollsynthetisches Öl im Motor und keines zum Auffüllen vorhanden ist, mit halbsynthetischem Öl auffüllen.

Ölwechsel

Ölwechsel ist erstmals bei 1000 km, der zweite bei den wassergekühlten Motoren bei 3000 km und dann alle weiteren 3000 km, bei den luftgekühlten Motoren bei 6000 km und dann alle weiteren 6000 km vorgeschrieben.

Wir empfehlen: Wenn ein luft- oder wassergekühltes Motorrad ausschließlich in der Stadt oder auf Kurzstrecke gefahren wird, dann machen Sie alle 3000 km Ölwechsel; bei überwiegenden Langstreckenfahrten kann man auf 6000 km gehen. Am allerwichtigsten ist, dass mindestens einmal im Jahr ein Ölwechsel durchgeführt wird, selbst wenn man keine 3000 km erreicht – denn Motoröl altert schon durch den Kontakt mit Luft (es »oxydiert«) und ist besonders bei Kurzstreckenbetrieb starken Belastungen ausgesetzt.

Sobald der Motor läuft, befindet sich das Öl in ständigem Kreislauf vom Ölsumpf durch den Ölfilter zu allen Motorschmierstellen, tropft von dort wieder zurück in den Ölsumpf, um dann erneut durch den Ölfilter zu den Schmierstellen gedrückt zu werden. Der Ölfilter fängt Schmutzpartikel auf und verhindert deren Vordringen in die Lagerstellen, wo sie möglicherweise irreparable (Lager-)Schäden anrichten können.

Ölwechsel nur bei warmem Motor durchführen. Selbst wenn der Motor einige Monate nicht mehr gelaufen ist, sollte man das Motoröl nicht kalt ablassen, sondern den Motor vorher 10 bis 15 Minuten im Stand warm laufen lassen.

Motoröl ablassen

1. Maschine auf Hauptständer oder Montageständer abstellen.
2. Geeignetes Auffanggefäß (siehe Bild 1) unter den Motor schieben. Ölrutsche aus dem Bordwerkzeug anbringen (Bilder 6 und 7).
3. Ölmessstab aus Öleinfüllöffnung ausdrehen.
4. Ölablassschraube öffnen: Dazu am besten eine Sechskantnuss oder einen exakt passenden Ringschlüssel verwenden.

- Wassergekühlte Motoren: Ölablassschraube ausdrehen, mit Feder und Sieb (Bild 7) abnehmen. Ölablassschraube ist mittig unter dem Motor.
- Luftgekühlte Motoren: Ölablassschraube ausdrehen und abnehmen, sie ist links unten am Motor (Bilder 8 und 9).

4.1. Altöl aus dieser Öffnung lange genug auslaufen und abtropfen lassen.

Ölfilter

Wassergekühlte Motoren: In der Ölablassschraube ist ein grobmaschiges Ölsieb eingebaut, das beim Ölwechsel gereinigt wieder eingebaut wird (Bilder 7 und 10). Rechts oberhalb des Ölmessstabs ist eine Ölfilterpatrone (»Feinstfilter«, siehe Bild 13) im Motorgehäusedeckel eingebaut, die bei jedem Ölwechsel erneuert werden muss.

Luftgekühlte Motoren: Ein »Ölfiltersieb« aus feinmaschigem Drahtgeflecht ist rechts vorne unten im Motorgehäuse eingebaut (Bilder 14 bis 17). Es gibt von Yamaha keine Vorschrift,

Bilder 6, 8 und 9: Ölablassschraube beim wassergekühlten Motor von unten eingebaut; bei den luftgekühlten Motoren von links.

Bild 7: Die Ölrutsche verhindert, dass Altöl auf den heißen Auspuff gerät. In der Ölablassschraube sitzt eine Feder mit einem Ölsieb.

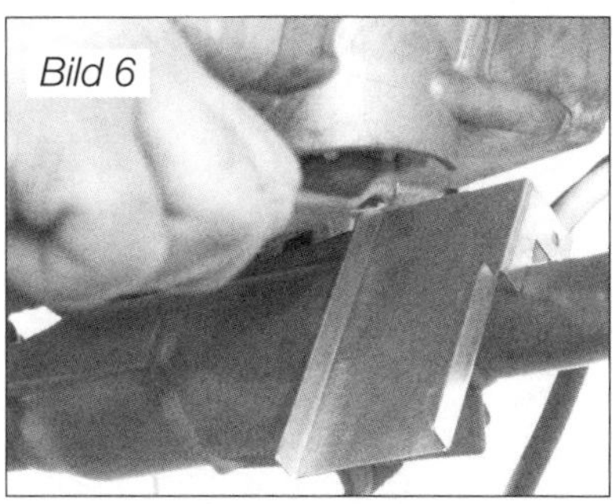

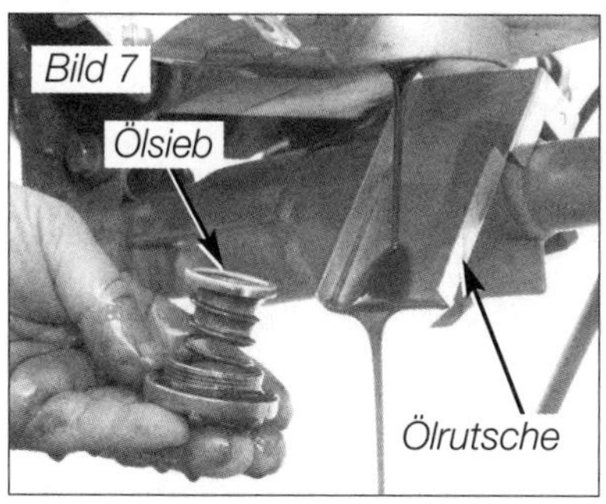

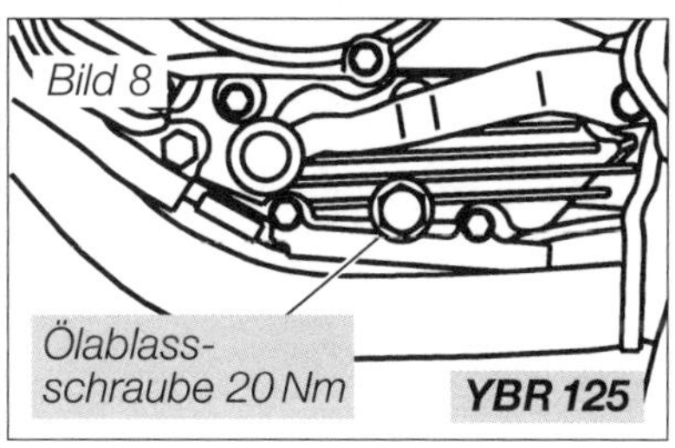

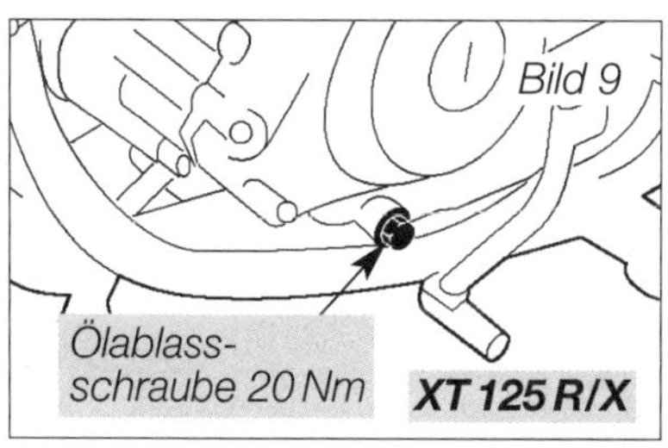

dass dieses Sieb ausgebaut und gereinigt werden muss.

Empfehlung: Wenn das Motoröl sehr alt ist, das Motorrad entweder lange Zeit damit gefahren wurde oder auch unbewegt gestanden hat, oder man stellt beim Auslaufenlassen des Altöls fest, das sich größere Schmutzpartikel oder vielleicht sogar Metallteile im Öl befinden, dann sollte man das Ölsieb ausbauen und reinigen.

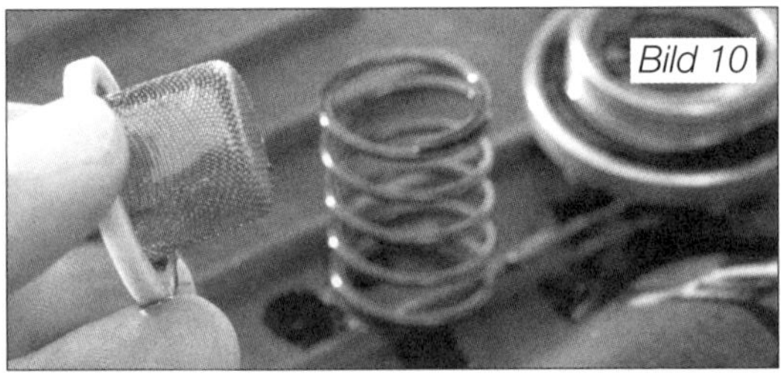
Bild 10

Bild 10: Ölsieb vor dem Einbau reinigen.

Bilder 11, 12 und 13: Aus- und Einbau der Ölfilterpatrone.

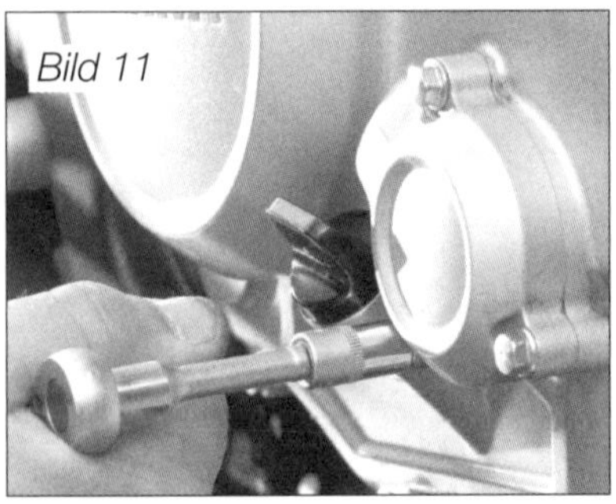
Bild 11

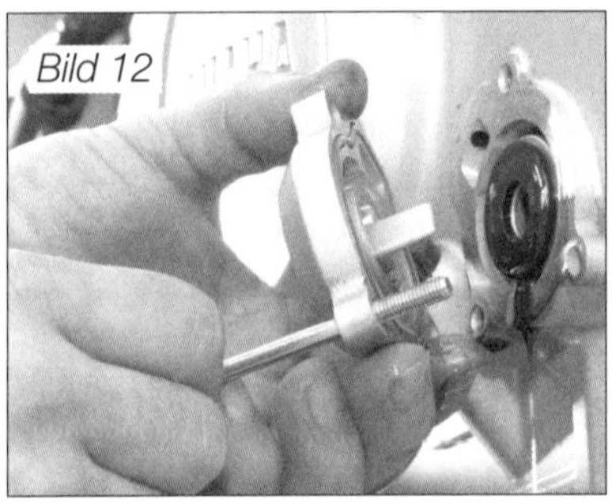
Bild 12

Bild 13

Bilder 14 bis 17: Ein solches Ölfiltersieb ist in das Motorgehäuse eingebaut. Zur Reinigung muss der rechte Motorseitendeckel abgeschraubt werden.

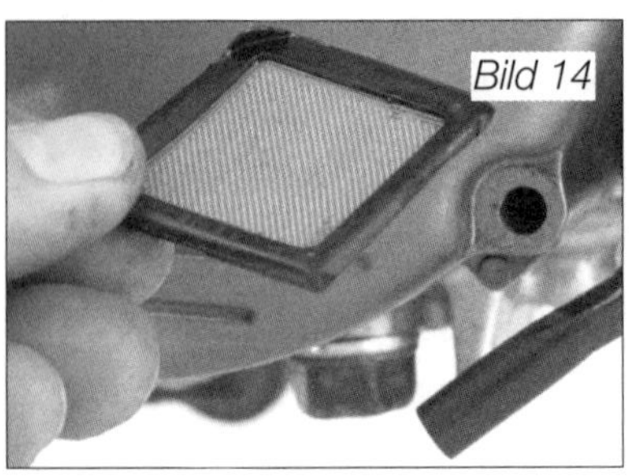
Bild 14

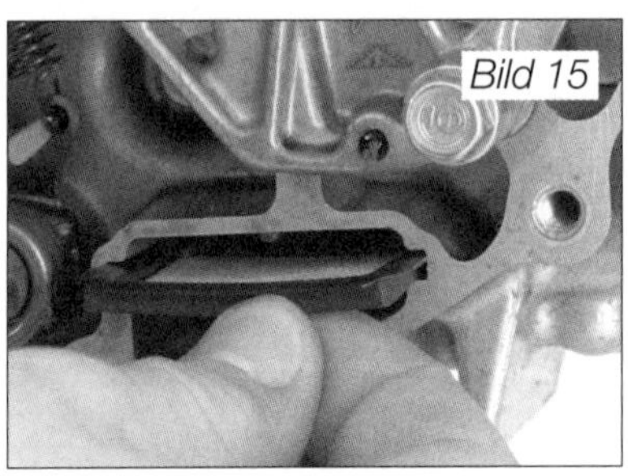
Bild 15

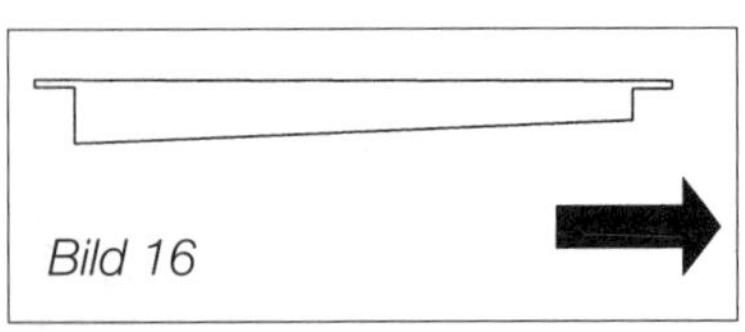
Bild 16

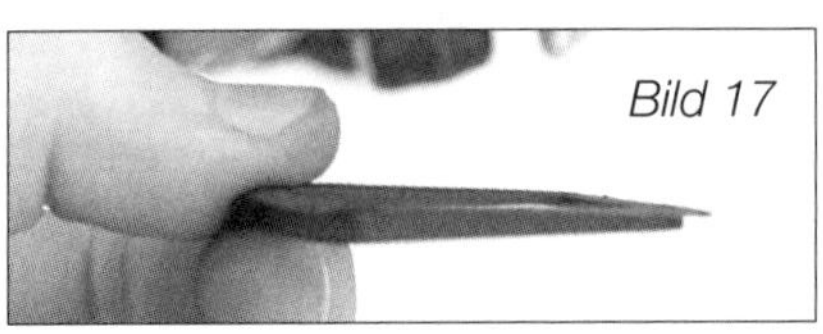
Bild 17

Ölfilter aus- und einbauen bei wassergekühlten Motoren

1. Die drei M6-Schrauben am Ölflterdeckel (Bild 11) ringsum lösen und abschrauben.
2. Deckel abnehmen: Wenn er verklebt ist, mit einem kleinen Gummihammer oder dem Griff eines mittelgroßen Schraubenziehers auf den Deckel klopfen, das löst die Verklebung (Bild 12).
3. Ölfilter herausziehen. Öl auch aus dem Ölfiltergehäuse lange genug auslaufen lassen (Bild 13).
4. Ölfiltergehäuse und Deckel sauber putzen.
4.1. O-Ring-Dichtung im Ölfilterdeckel putzen und kontrollieren: Wenn in Ordnung, etwas Fett an den O-Ring geben, sonst erneuern.
5. Neuen Ölfilter mit dem Bund voran in sein Gehäuse einsetzen (passt nur in einer Stellung).
6. Deckel aufsetzen, Schrauben eindrehen und in mehreren Schritten bis auf 10 Nm festziehen.

Ölfilter aus- und einbauen bei luftgekühlten Motoren

Dazu muss der rechte Motordeckel abgeschraubt werden (siehe Kapitel 27 »Kupplung«, im Textabschnitt »Kupplungsscheiben ausbauen« ist der Abbau des Deckels beschrieben). Das Ölsieb ist rechts unten in einen kleinen Schacht eingesteckt: Herausziehen, reinigen, einbauen. Dabei auf die Einbaulage achten (Bilder 14 bis 17).

Ölablassschraube einbauen, Öl einfüllen

1. Dichtfläche der Ölablassschraube und Ölablassschraube selbst reinigen, mit sauberem Lappen trocknen.
2. Bei wassergekühlten Motoren: Ölsieb und Ölsiebfeder reinigen, Ölablassschraube mit neuem O-Ring versehen. Feder aufsetzen, Ölsieb aufsetzen, in Motorgehäuse einführen, mit der Hand eindrehen, mit 32 Nm festziehen (Bild 6).
2.1. Bei luftgekühlten Motoren: Ölablassschraube mit neuem Dichtring versehen in Motorgehäuse einführen, mit der Hand eindrehen, mit 20 Nm festziehen (Bilder 8 und 9).
3. Durch die Einfüllöffnung im Kupplungsdeckel einen Liter frisches Öl einfüllen.
4. Ölmessstab in die Öleinfüllöffnung eindrehen und handfest anziehen.
5. Motor starten und zwei bis drei Minuten im Leerlauf laufen lassen. Dichtflächen des Ölfiltergehäuses und Ölablassschraube auf Dichtheit prüfen.
6. Motor abstellen und den Ölstand nach einigen Minuten kontrollieren. Ölstand am Ölmessstab sollte nun etwas über der Mitte zwischen den beiden Markierungen liegen (bzw. auf der schraffierten Fläche, Bilder 4 und 5).

Kühlsystem

In diesem Kapitel: Motorkühlung · Kühlflüssigkeit prüfen, ergänzen, wechseln · Thermostat aus- und einbauen, prüfen · Öffnungsdruck des Kühlerdeckels und Kühlsystem auf Druck prüfen · Kühlerventilator und -motor prüfen · Kühlmitteltemperatur-Sensor prüfen· Relais des Kühlerventilatormotors prüfen · Wasserpumpe prüfen.

Motorkühlung

Im Kühlsystem zirkuliert eine chemische Flüssigkeit, die aus einer Mischung verschiedener Komponenten besteht: Kühlflüssigkeit ist eine Mischung von 50 : 50 »weichem« Wasser (= destilliertes Wasser, also kalkfrei) und Ethylenglykol (»Glykol«). Eine solchermaßen gemischte Kühlflüssigkeit hat eine höhere Wärmeleitfähigkeit als reines Wasser und reines Glykol – Kühlflüssigkeit kühlt also besser als reines Wasser oder reines Glykol, denn in der Mischung von 50 : 50 können die beiden Grundflüssigkeiten ihre Eigenschaften optimal entfalten:

- Der Gefrierpunkt (»Eisflockenpunkt«) sinkt auf – 39 °C.
- Der Siedepunkt erhöht sich auf 108 °C.

Kühlflüssigkeit kann man aus den beiden oben genannten Komponenten (destilliertes Wasser und Glykol) zwar selbst mischen, wie es in Werkstätten oft gemacht wird; aber für »Kleinverbraucher« wird sie in Gebinden von 0,5, 1,0 (Bild 1) oder 2,0 Liter fertig gemischt angeboten. Wenn Sie neue Kühlflüssigkeit kaufen, entweder zum Nachfüllen oder Wechsel, achten Sie darauf, dass diese für Aluminiummotoren und Alukühler geeignet ist. Kühlflüssigkeit für (Auto-) Graugussmotoren ist nicht geeignet!

Kühlflüssigkeit schmiert auch die Wasserpumpe und verhindert Korrosion. Sie sollte immer eingefüllt sein, auch wenn man nur im Sommer fährt, wo keine Minustemperaturen zu erwarten sind. Die Kühlflüssigkeit muss laut Wartungsplan alle zwei Jahre erneuert werden, weil sich die korrosionshemmenden Bestandteile (»Additive«) im Laufe der Zeit abbauen, wodurch die Qualität der Kühlflüssigkeit sinkt. Die Motorradhersteller achten deshalb auf eine hohe Stabilität der von ihnen freigegebenen Kühlerflüssigkeiten: Was deutlich heißt, dass man nur Marken-Kühlflüssigkeit verwenden sollte, kein No-Name-Produkt.

Kühlflüssigkeit prüfen

Bei den Inspektionen den Kühlflüssigkeitsstand, alle Schläuche, Anschlüsse und die Schlauchschellen auf festen Sitz kontrollieren. Besonders die Schläuche müssen genau angesehen werden, denn mit steigendem Alter werden Gummischläuche porös.

Bild 1

Bild 1: Nur Marken-Kühlflüssigkeit verwenden, kein No-Name-Produkt.

Bild 2: Verkalkter Thermostat.

Sicherheitshinweise Achtung und Tipps für dieses Kapitel

Bild 2

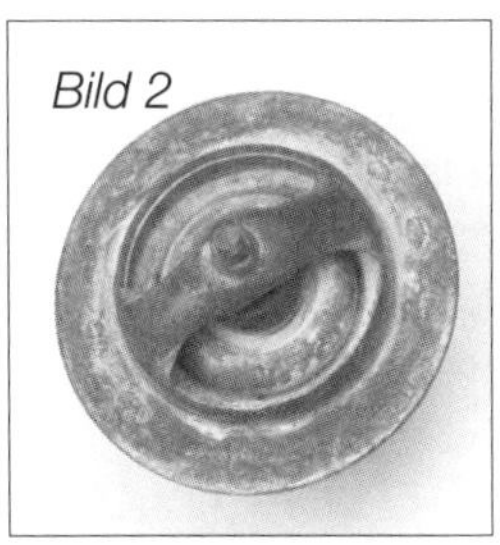

Tipp: Wenn der Thermostat defekt ist und Sie keine Möglichkeit haben, einen neuen zu kaufen, können Sie den Motor eine gewisse Zeit lang auch ohne Thermostat betreiben (zumindest im Sommer). Noch ein Tipp: Falls der Thermostat verkalkt ist (Bild 2), deswegen klemmt und nicht mehr öffnet, legen Sie ihn zwei Stunden lang in Kaffeemaschinen-Entkalker, Haushaltsessig oder Zitronensaft: Der Kalk löst sich, Thermostat wird freigängig.

Achtung: Kühlflüssigkeit kann Lack beschädigen und auf Metall Flecken hinterlassen. Nichts verschütten, altes Kühlmittel umweltgerecht entsorgen!

Achtung: Kaufen Sie neue Kühlflüssigkeit NICHT im Baumarkt oder gar in der Kfz-Abteilung eines Lebensmittel-Supermarktes, auch wenn das Preisangebot scheinbar noch so verlockend ist! Kaufen Sie Kühlflüssigkeit beim Yamaha-Händler oder im Motorrad- bzw. Kfz-Fachhandel!

Achtung: Motorkühlmittel kann Haut und Augen sowie innere Organe schädigen. Jeglichen Körperkontakt vermeiden, keinesfalls trinken. Falls Haut oder Augen damit in Berührung kommen, mit reichlich klarem Wasser ab- bzw. ausspülen. Nach Verschlucken KEIN Erbrechen herbeiführen, sondern sofort Arzt bzw. Giftnotzentrale anrufen.

Achtung: Deckel des Kühlsystems nicht bei heißem Motor öffnen: Heißes Kühlmittel steht unter Druck und schießt beim Öffnen des Deckels heraus – Verbrühungen wären die Folge.

Achtung: Bei Arbeiten mit laufendem Motor in geschlossenen Räumen für ausreichende Belüftung sorgen! Abgase enthalten giftiges und geruchloses Kohlenmonoxid, das Bewusstlosigkeit verursachen und zum Tod führen kann. Alle Fenster und Türen öffnen! Am sichersten ist eine Abgasabsauganlage ins Freie. Dieser Warnhinweis gilt für die Entlüftung des Kühlsystems, wobei der Motor laufen muss. Wenn keine oder ungenügende Belüftungs- und Entlüftungsmöglichkeit der Werkstatträume gegeben ist, im Freien arbeiten!

Achtung: Bei einer Dichtprüfung des Kühlsystems den maximal zulässigen Prüfdruck von 1,4 bar nicht überschreiten, denn zu hoher Druck kann Bauteile des Kühlsystems beschädigen!

Bild 3: Kühlflüssigkeits-Ausgleichsbehälter. Wenn Kühlflüssigkeit fehlt, wird in diesen Behälter aufgefüllt.

Bild 4: Kühlwasser-Ablassschraube (im Kreis) vorne am Zylinder.

Bild 5: Explosionszeichnung des Kühlsystems.

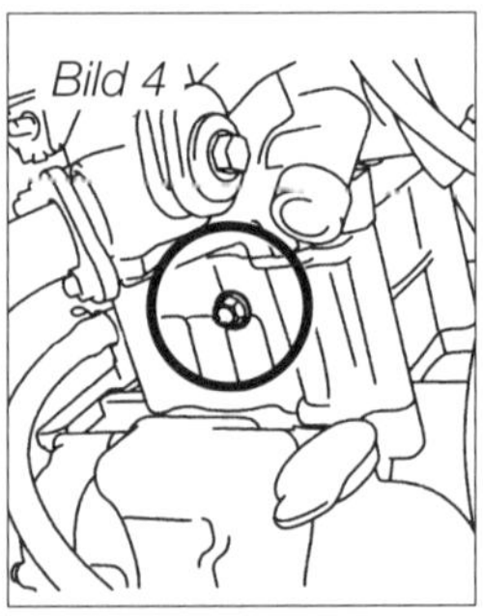

Kühlflüssigkeit

Der Ausgleichsbehälter des Kühlsystems sitzt bei der YZF-R 125 links unten im Verkleidungsbug und bei den beiden WR-Modellen links im Rahmendreieck unter der Sitzbank über dem Schwingenlager. Der Behälter ist transparent, weswegen der Kühlflüssigkeitsstand mit einem Blick auf den Behälter zu sehen ist (Bild 3): Die Markierung am Ausgleichsbehälter oben bedeutet FULL (= voll), die untere LOW (= niedrig): Bei warmem Motor muss der Kühlmittelstand zwischen den Markierungen sein.

Beachten:

Der Stand der Kühlflüssigkeit im Ausgleichsbehälter ist bei heißem Motor etwas höher als bei kaltem.

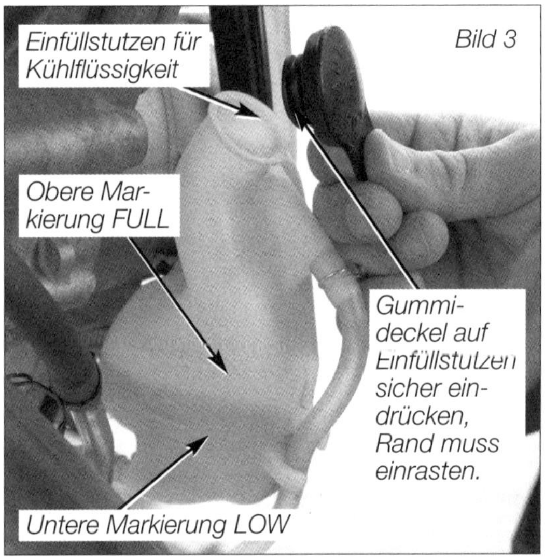

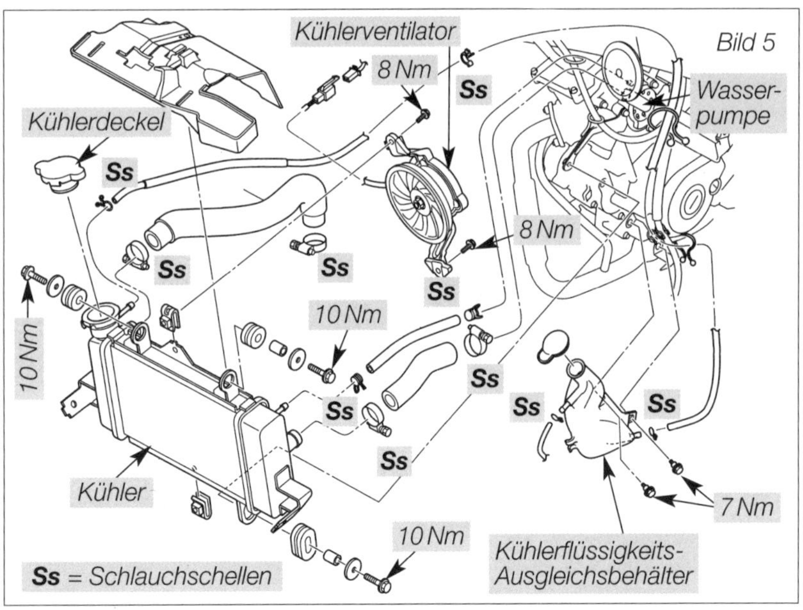

Der Pegelstand der Kühlflüssigkeit muss sich stets zwischen den beiden Markierungen befinden (Bild 3).

Wenn der Pegelstand der Kühlflüssigkeit unter die untere Markierung abgesunken oder nicht zu sehen ist, stimmt etwas nicht: Entweder ist die Kühlflüssigkeit schon zu lange drin und ein Teil davon ist verdunstet oder das Kühlsystem hat ein Leck. Bevor aber der komplette Kühlkreislauf umgekrempelt wird, zuerst den Ausgleichsbehälter mit Kühlflüssigkeit bis zur oberen Markierungslinie auffüllen, weiterfahren und beobachten, wo das Zeug bleibt.

Don't worry – das Kühlsystem ist zuverlässig und ein Leck ist bei einer ordentlich gepflegten Maschine nicht zu erwarten. Vielleicht war nur der Kühlerdeckel lose, weswegen etwas Kühlflüssigkeit ausgetreten ist und nach dem Auffüllen ist dann wieder alles in Ordnung.

Wichtig! Wenn Kühlmittel fehlt und nachgefüllt werden muss, wird dieses in den Ausgleichsbehälter (Bild 3) gefüllt: Gummideckel am Behälterstutzen abnehmen, Kühlflüssigkeit mit einem Trichter einfüllen (damit nichts danebenschwappt), Gummideckel wieder sicher eindrücken.

Achtung: Deckel des Ausgleichsbehälters (Bild 3) nicht bei heißem Motor öffnen, denn heißes Kühlmittel kann plötzlich herausschießen – Verbrühungen sind die Folge!

Tipp: Falls Sie unterwegs Kühlmittelverlust feststellen und deswegen Kühlmittel kaufen und auffüllen müssen, achten Sie darauf, dass dieses für Aluminiummotoren und -kühler geeignet ist. Falls nur eine kleine Menge Kühlmittel fehlt, können Sie auch reines Wasser auffüllen. Niemals Leitungswasser einfüllen (das ist kalkhaltig), sondern ausschließlich destilliertes Wasser.

Kühlflüssigkeit wechseln

Vorbereitung

- 1,25 Liter neue Kühlflüssigkeit werden gebraucht: 1,5 oder 2 Liter kaufen.
- Geeigneten Kühlmittel-Auffangbehälter organisieren, z. B. eine Waschschüssel oder einen alten Plastikkanister aufschneiden.
- Motor muss kalt sein, höchstens handwarm.

Kühlflüssigkeit ablassen

1. Motorrad senkrecht auf Heckmontageständer stellen, rechtes Verkleidungsteil abbauen.

2. Deckel des Kühlers abnehmen: Deckel in Stutzen eindrücken, etwas nach links bis zum Anschlag drehen und wenn kein Zischen zu hören ist, den Deckel herausnehmen.
3. Gummideckel aus Einfüllstutzen des Kühlflüssigkeits-Ausgleichsbehälters ziehen (Bild 3).
4. Auffangbehälter unter den Motor stellen. Kühlwasserablassschraube vorne am Zylinder (Bild 4) ausdrehen, Kühlmittel auslaufen lassen.
4.1. Kupfer-Dichtscheibe abnehmen, Wasserschläuche mit der Hand durchwalken.
5. Kühlflüssigkeit aus dem Ausgleichsbehälter ablassen:
5.1. Entweder: Den Schlauch, der auf der Unterseite des Behälters auf den kleinen Stutzen aufgesteckt ist und von dort zum Kühlereinfüllstutzen führt, vom Stutzen am Behälter abziehen und die alte Kühlflüssigkeit ablaufen lassen.
5.2. Oder: Kühlflüssigkeits-Ausgleichsbehälter abschrauben, umdrehen und die alte Kühlflüssigkeit aus dem Behälter ausleeren.
5.3. Reinigen: In den Kühler und den Kühlflüssigkeits-Ausgleichsbehälter heißes Wasser einfüllen, durchspülen und reinigen.

Kühlflüssigkeit einfüllen, Kühlsystem entlüften

1. Wasserablassschraube mit einem neuen Dichtring bestücken, einschrauben und mit 7 Nm festziehen.
1.1. Kühlflüssigkeits-Ausgleichsbehälter wieder anschrauben, Schlauch auf unteren Stutzen schieben und sichern.
■ Schlauch muss sorgfältig verlegt und an seinem Stutzen am Kühlereinfüllstutzen angeschlossen sein.
2. In den Kühler langsam frische Kühlflüssigkeit einfüllen.
■ Unbedingt einen Trichter mit Verlängerungsschlauch benutzen, weil der Einfüllstutzen des Kühlers recht klein.
2.1. Zwei bis drei Minuten warten, dann bis zur inneren Oberkante auffüllen.
■ Kühlerdeckel noch nicht einsetzen.
3. In den Ausgleichsbehälter frische Kühlflüssigkeit bis zur oberen Markierung einfüllen.
■ Gummideckel noch nicht eindrücken!
4. Getriebe in Leerlauf schalten, Motor starten, mit Standgas so lange laufen lassen, bis der Motor richtig heiß ist (kann sein, dass der Kühlerventilator anläuft) und der Stand der Kühlflüssigkeit im Einfüllstutzen abgesunken ist – dann hat der Thermostat aufgemacht. Motor abstellen.
5. Langsam weitere Kühlflüssigkeit in den Kühler einfüllen, bis zur Unterkante des Einfüllstutzens.
6. Kühlerdeckel in Stutzen einsetzen, eindrücken und gleichzeitig rechts herum bis zum Anschlag drehen: Er muss fühl- und hörbar einrasten.
7. Kühlflüssigkeitsstand im Ausgleichsbehälter prüfen, ggf. auffüllen. Stand muss knapp an der oberen Markierung sein (Bild 3). Gummideckel sicher eindrücken.
Wichtig: Alle Stellen, die mit Kühlflüssigkeit in Berührung gekommen sind, mit reichlich klarem, warmem Wasser abspülen. In das Spülwasser vorher einen Schuss Spülmittel (»Pril«) geben.

Thermostat

Der Thermostat sitzt im Thermostatgehäuse rechts hinter dem Zylinder (Bild 7). Wenn der Motor zu heiß wird und Kühlflüssigkeit entweder am Kühlerdeckel oder Ausgleichsbehälter herausgedrückt wird, liegt der Grund meist darin, dass der Thermostat durch Kalk fest ist und nicht aufmacht. Er muss dann ausgebaut und gereinigt oder (besser noch) erneuert werden.

Ein defekter Thermostat kann für zwei gegensätzliche Motorprobleme sorgen:
■ Wenn der Motor zu heiß wird: Thermostat klemmt in geschlossener Position.

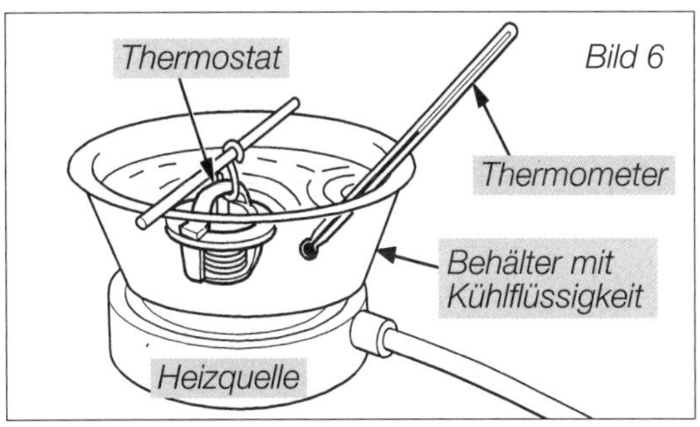

Bild 6: Thermostat prüfen. Bei 80,5 bis 83,5 °C muss der Thermostat zu öffnen beginnen und bei 95 °C vollständig (3 mm) geöffnet sein.

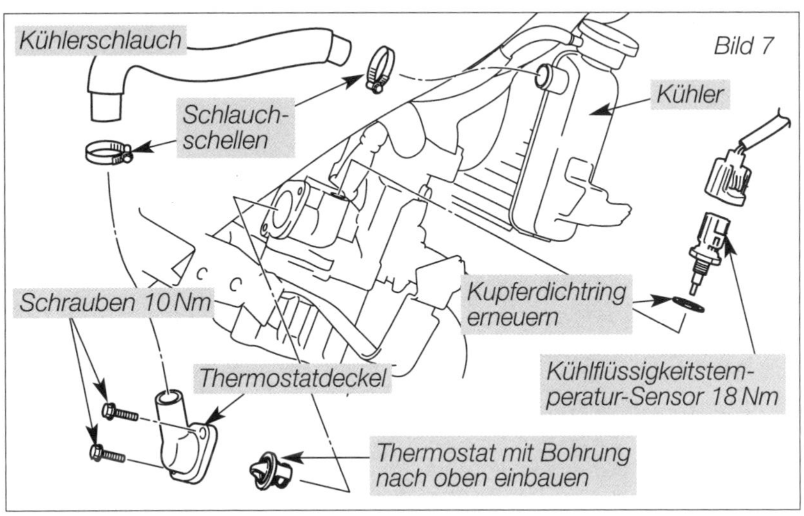

Bild 7: Einbaulage von Thermostat und Temperatur-Sensor.

Wasserpumpe:
Die Wasserpumpe ist ein solides Bauteil. Bei einem alten Motor kann der Wasserpumpendichtring zum Motoröl hin undicht werden. Bei einem solchen Defekt ist entweder Öl in der Kühlflüssigkeit oder Kühlflüssigkeit im Öl:

- **Öl in der Kühlflüssigkeit** schwimmt als Schicht oder Fettaugen auf der Kühlflüssigkeit.
- Indizien für **Kühlflüssigkeit im Öl:** Kühlflüssigkeitsstand sinkt ab, Motorölstand steigt an und es ist heller, wässriger Schaum (»Emulsion«) am Ölmessstab und in der Öleinfüllöffnung zu sehen.

Weitere Indizien für einen Defekt sind:

- Stetig absinkender Kühlwasserstand
- Zu hohe Motortemperatur.

Eine Reparatur der Wasserpumpe erfordert Yamaha-Spezialwerkzeug und sollte deshalb beim Yamaha-Händler gemacht werden.

- Wenn der Motor dagegen zu kalt bleibt: Thermostat klemmt in geöffneter Position.

Thermostat aus- und einbauen

1. Oberteil der rechten Seitenverkleidung und die Seitenverkleidung selbst abbauen.
1.1. Etwas Kühlmittel (ca. 0,5 Liter) an der Wasserablassschraube vorne am Zylinder ablassen.
2. Schrauben am Thermostatdeckel ausdrehen, Deckel abnehmen, Thermostat herausnehmen.
3. Thermostat einige Zeit in Haushalts-Reinigungsmittel (Essigsäure) legen. Innenwände des Thermostatgehäuses mit einem mit Essigsäure getränkten Lappen ausputzen.

Einbau in umgekehrter Reihenfolge, dabei besonders beachten:
1. Thermostat mit dem gefederten Teil nach innen in das Gehäuse einsetzen, die kleine Bohrung muss nach oben weisen.
2. Deckel aufsetzen, Schrauben eindrehen und mit 10 Nm festziehen.
3. Kühlflüssigkeit ergänzen, System entlüften.

Thermostat prüfen

Wenn kein neuer Thermostat vorhanden ist, muss man den alten prüfen, ob er tatsächlich defekt ist. Dazu werden benötigt: Heizplatte, Gasherd oder Campingkocher, mittelgroßer Topf mit 5 Liter Fassungsvermögen, der zur Hälfte mit Kühlflüssigkeit gefüllt wird, ein Stück stabile Schnur, Reifenmontiereisen (großer Schraubenschlüssel geht auch), Thermometer mit einem Messbereich bis mindestens 100 °C.
1. Thermostat auf Risse, Klemmstellen, Kalkablagerungen und defekte Feder untersuchen. Wenn der Thermostat sichtbar defekt ist, kann man sich die Prüfung sparen!
2. Schnur durch den Flansch des Thermostats ziehen und ihn daran frei schwebend in den Wassertopf hängen (Bild 6).
- Thermostat und Thermometer dürfen das Metallgefäß nicht berühren, sonst werden die Messergebnisse verfälscht!

3. Kühlflüssigkeit erwärmen und den Temperaturanstieg am Thermometer verfolgen: Der Thermostat muss zwischen 80,5 und 83,5 °C ohne zu stocken öffnen.
4. Wasser weiter erwärmen: Ab 95 °C muss der Thermostat (bzw. der Ventilstößel in der Mitte) 3,0 mm offen sein.
5. Wenn der Thermostat nicht aufmacht, weil er verkalkt ist, dann legen Sie ihn ein paar Stunden in Essigwasser (siehe dazu »Tipps« am Anfang des Kapitels), er wird entkalkt und gereinigt – vielleicht geht er danach wieder?

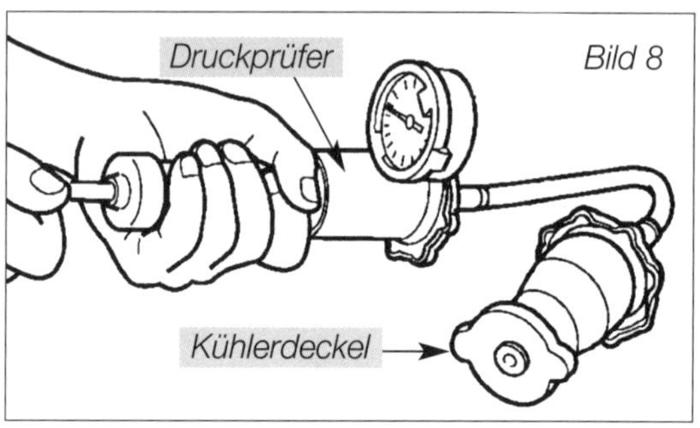

Bild 8: Kühlerdeckel mit einem Kühlerdruck-Prüfgerät prüfen.

■ Der Prüfdruck von 1,1 bar muss mindestens 10 Sekunden lang gehalten werden.

Kühlsystem auf Druck prüfen

Kühlerdeckel prüfen

Falls Kühlflüssigkeit oben aus dem Kühlereinfüllstutzen herausgedrückt wird, kann der Kühlerdeckel defekt sein. Er wird mit einem Kühlerdruck-Prüfgerät geprüft:
1. Dichtflächen des Deckels anfeuchten, Deckel am Testgerät befestigen (Bild 8).
2. Druck langsam aufbauen, Manometer beobachten: Der Deckel darf erst bei 108 kPa (1,1 bar) öffnen.
3. Wenn der Deckel früher öffnet und ein Druck von 1,1 bar nicht mindestens 10 Sekunden lang gehalten wird, muss der Deckel erneuert werden.

Wichtig: Wenn der Kühlerdeckel erneuert werden muss, kaufen Sie unbedingt einen originalen Yamaha-Deckel für Ihre Maschine. Keinen Deckel einer anderen Maschine oder von einem Autokühler verwenden, sonst besteht die Gefahr, dass der Austausch von Kühlflüssigkeit zwischen Motorkühlkreislauf und Ausgleichsbehälter nicht funktioniert.

Kühlsystem auf Druck prüfen

Wenn der Kühlerdeckel in Ordnung ist und immer noch Kühlflüssigkeit austritt, muss die Leckstelle durch eine Druckprüfung gesucht werden:
1. Kühlerdruck-Prüfgerät auf den Kühlereinfüllstutzen aufsetzen.
2. Druck aufbauen bis auf 1,25 bar. Muss mindestens 10 Sekunden gehalten werden.
2.1. Nicht mehr als 1,4 bar Druck eingeben!
3. Wird der Druck von 1,25 bar nicht gehalten, das Leck (oder die Lecks) lokalisieren und beheben.

Kühlerventilator

Kühlerventilator: Panasonic, Typ SSW6101, Betriebsdrehzahl 4800/min
Kühlerventilator-Relais: Matsushita, Typ ACM33211 M05

Ein- und Ausschalten des Kühlerventilators

Oben im Thermostatgehäuse ist ein Kühlmitteltemperatur-Sensor eingebaut. Durch eine temperaturabhängige Spannungsänderung gibt der Kühlmitteltemperatur-Sensor die aktuelle Temperatur des Kühlmittels an das Motorsteuergerät weiter, welches bei ca. 105 °C das Relais des Kühlerventilatormotors aktiviert und ihn EINschaltet. Wenn die Temperatur des Kühlmittels auf 97 °C abgesunken ist, wird der Kühlerventilator wieder AUSgeschaltet.

Kühlerventilator läuft nicht an

Wenn der Kühlerventilator nicht anläuft und der Motor dadurch heißer wird als 105 °C:

1. Die infrage kommenden Steckverbindungen auf festen Sitz prüfen.

1.1. Eventuell vorhandene Korrosion entfernen.

2. Sicherung »Kühlerventilator« (FAN) 5 Ampere im Sicherungskasten prüfen (siehe Kapitel 16 »Sicherungen · Relais · Stecker«). Defekte Sicherung erneuern.

Kühlerventilatormotor prüfen

Wenn alle Steckverbindungen und die Sicherung in Ordnung sind und der Kühlerventilator dreht sich immer noch nicht, den Kühlerventilator-Motor mit einer externen 12-Volt-Batterie prüfen:

1. Stecker des Zuleitungskabels abziehen.

2. Eine voll geladene 12-Volt-Batterie am Stecker der Kabel zum Kühlerventilator provisorisch anschließen:

- Kabel vom Positivpol der Batterie anlegen an Anschluss von Kabel »blau«.
- Kabel vom Negativpol der Batterie anlegen an Anschluss von Kabel »schwarz«.

2.1. Motor muss sich jetzt drehen.

3. Wenn er sich nicht dreht, ist er wahrscheinlich defekt und muss ersetzt werden.

4. Wenn er sich mit externem Strom dreht, aber dann nicht mehr, wenn der Stecker wieder zusammengesteckt ist, kann dies folgende Usachen haben:

- Unterbrechung der Stromzuleitung.
- Relais des Kühlerventilatormotors defekt.
- Kühlmitteltemperatur-Sensor defekt.

Kühlmitteltemperatur-Sensor prüfen

1. Kühlmittel ablassen.

2. Stecker vom Kühlmitteltemperatur-Sensor (Bild 7) abziehen, Sensor ausdrehen.

3. Kühlmitteltemperatur-Sensor an einer Schnur frei schwebend bis Gewinde in Gefäß mit Kühlmittel hängen. Thermometer einlegen (Bild 9).

- Kontakte dürfen nicht nass werden!

4. Mulimeter auf Ω x 100 stellen, Messspitzen an Kontakte im Sensor anlegen (Bild 9).

5. Messen:

5.1. Bei 20 °C Widerstand 2,32 bis 2,59 kΩ.

5.2. Bei 80 °C Widerstand 310 bis 326 Ω.

Wichtig: Vor jeder Messung die Messtemperatur ca. 3 Minuten konstant halten.

6. Weichen die Messwerte mehr als 10 % ab, den Kühlmitteltemperatur-Sensor erneuern.

7. Einbau des Sensors: Neuen Dichtring verwenden, Anziehdrehmoment 18 Nm. Kühlflüssigkeit auffüllen.

Relais des Kühlerventilatormotors prüfen

Sitz des Relais des Kühlerventilatormotors (»Lüfterrelais«) im Kapitel 16 »Sicherungen · Relais · Stecker« nachsehen.

1. 4-poligen Stecker abziehen, Relais herausziehen.

2. Multimeter auf Ω oder »Durchgang« einstellen, Messspitzen an 3 (+) und 4 (–) anlegen (Bild 10).

3. 12-Volt-Batterie anschließen (Bild 10):

- Kabel vom positiven Batteriepol an Kontakt 1.
- Kabel vom negativen Batteriepol an Kontakt 2.

4. Messen: Bei angeschlossener Batterie muss Durchgang vorhanden sein.

4.1. Wenn kein Durchgang besteht, ist das Kühlerventilator-Relais defekt und muss erneuert werden.

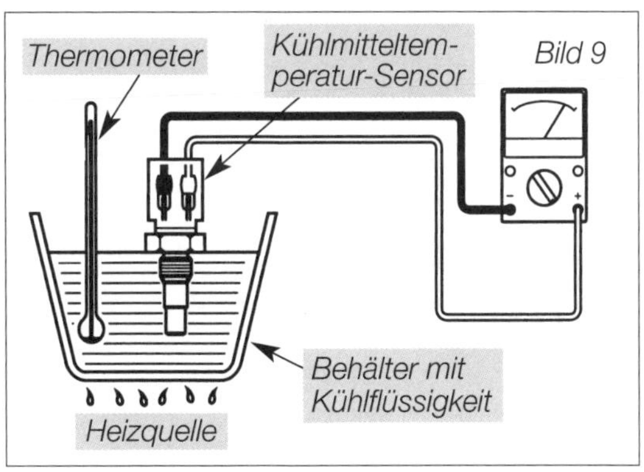

Bild 9: Messaufbau für den Kühmitteltemperatur-Sensor.

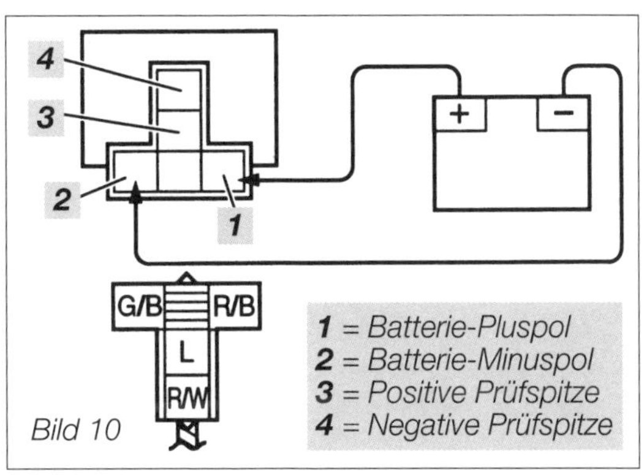

Bild 10: Anlegeschema zur Prüfung des Relais vom Kühlerventilatormotor.

Sichtprüfung Messen

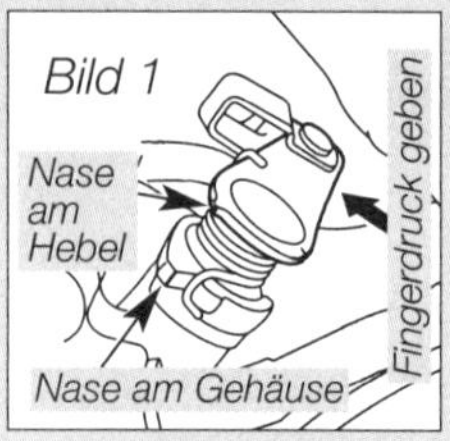

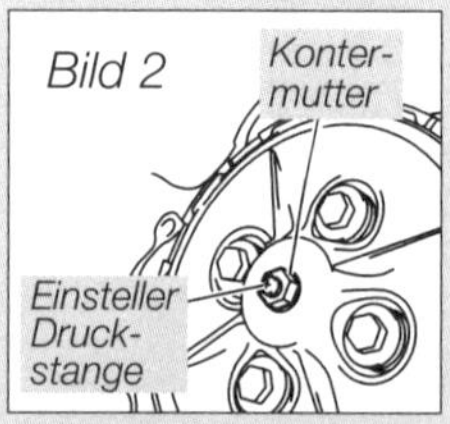

Grundeinstellung der Kupplung

Eine Grundeinstellung der Kupplung muss durchgeführt werden nach dem Einbau neuer Kupplungsscheiben.

1. Bild 1: Fingerdruck auf den Kupplungshebel: Nase am Hebel muss mit der Nase am Gehäuse fluchten.

2. Wenn nicht: Kontermutter der Druckstange (Bild 2) in der Druckplatte lösen, Einsteller in richtige Position drehen, Mutter kontern.

Bilder 1 bis 4: Arbeitsschritte siehe Lauftext.

Kupplung

In diesem Kapitel: Neuen Kupplungszug einbauen, Kupplung einstellen · Kupplungsscheiben aus- und einbauen, prüfen und vermessen · Kupplungskorb und -nabe aus- und einbauen.

Neuen Kupplungszug einbauen

Die Arbeitsschritte zum Einstellen des Kupplungszugs sind im Kapitel 4 »Einstellungen« genau beschrieben. Die Grundeinstellung des unteren Kupplungshebels muss ebenfalls beachtet werden: Bei extremem Verschleiß der Kupplungsscheiben sowie beim Einbau neuer Kupplungsscheiben muss man die Grundeinstellung der Kupplung am unteren Hebel (Bild 1) überprüfen und ggf. neu einstellen (Bild 2).

Alten Kupplungszug ausbauen

1. Linkes Verkleidungs-Seitenteil abschrauben, damit man ungehindert an den Bowdenzug sowie die untere Einstellschraube und den kurzen Kupplungshebel am Motor gelangt.

2. Oben am Lenker: Einsteller eindrehen, seinen Schlitz so hindrehen, dass er sich mit Schlitz im Handhebel deckt (Bild 3).

3. Unten am Motor:

3.1. Beide Muttern auf dem Zugeinsteller lösen, Zugeinsteller nach hinten aus dem Widerlager herausschieben.

3.2. Nippel aus Lasche aushängen (Bild 4): Blechsicherung in der Lasche wegbiegen (diese ist beim luftgekühlten Motor nicht vorhanden), Hebel mit einem Finger gegen die Federkraft in Richtung des Widerlagers drücken.

4. Oben am Lenker: Zughülle nach vorne aus dem Einsteller ziehen (Bild 3), Kupplungszug aus dem Schlitz ziehen.

5. Nippel nach unten aus Handhebel ziehen.

6. Genau hinsehen, wie der Kupplungszug verlegt ist und ihn dann erst aus seinen Führungsösen ausziehen!

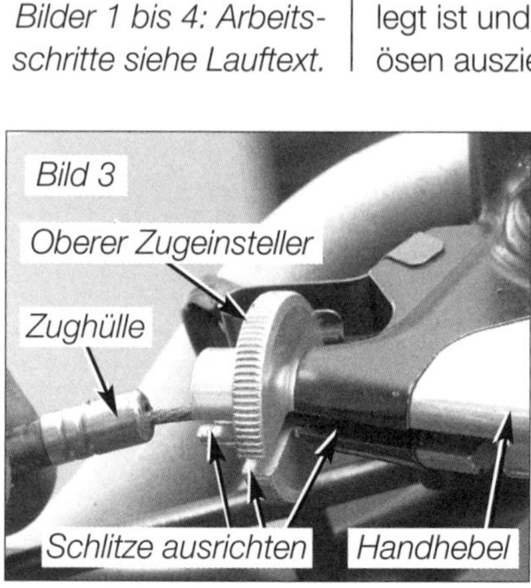

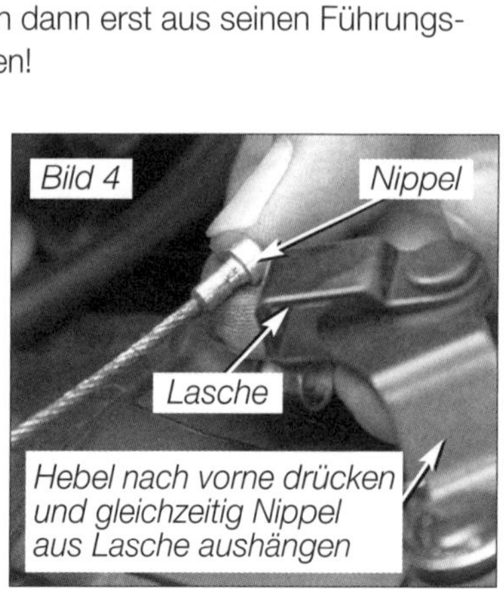

Neuen Kupplungszug einbauen

1. Neuen Kupplungszug in seine Führungsösen einführen und lose verlegen.

■ Den neuen Kupplungszug beim Einfädeln in den Rahmen sorgsam an den Elektrokabeln vorbei schieben.

2. Oben am Lenker: Nippel in Handhebel einhängen, Zug durch Schlitz im Handhebel und Einstellschraube einführen, Ende der Außenhülle ganz in Einstellschraube einsetzen.

3. Unten am Motor: Nippel in Lasche einsetzen (Bild 4): Hebel dazu mit Finger gegen Federkraft zum Widerlager drücken.

4. Zugeinsteller in Widerlager einsetzen und eine Grundeinstellung machen (Kapitel 4 »Einstellungen« sowie Kasten links außen auf dieser Seite Text zu Bildern 1 und 2).

5. Letzte Kontrolle: Lenkung voll nach rechts und links einschlagen: Kupplungszug darf nirgendwo anstehen, spannen oder Kabel einquetschen.

6. Kupplungsspiel fein einstellen siehe Kapitel 4 »Einstellungen«.

Kupplung aus- und einbauen

Nachstehend beschreiben wir den Aus- und Einbau der Kupplung in der Annahme, dass das Motorrad ordentlich aufgebockt in der Werkstatt auf der Hebebühne steht. Wenn Sie allerdings unterwegs einen Kupplungsschaden haben, können Sie das Motorrad auch auf die linke Seite legen, dann brauchen Sie das Motoröl nicht abzulassen bzw. es läuft kaum Öl aus, wenn der Kupplungsdeckel vom Motor abgeschraubt wird.

Kupplungsscheiben ausbauen

1. Motoröl ablassen. Ölfilter ausbauen.

2. Kupplungszug auf »viel Spiel« einstellen.

3. Rechts am Motor: Schrauben im Kupplungsgehäusedeckel über Kreuz Schritt für Schritt erst lösen, dann ausdrehen (»Ds« in Bild 5).

3.1. Wenn ein Kickstarter am Motor ist: Befestigungsmutter lösen und abdrehen, Kickstarter von der Welle abziehen.

■ Wenn er auf der Welle klemmt und sich nicht abziehen lassen will: Mit einem breiten Schraubenzieher von hinten gefühlvoll hebeln.

4. Gehäusedeckel abnehmen: Bei älteren Maschinen ist der Deckel meist zusammen mit der Dichtung auf dem Gehäuse verklebt: Gummihammer zu Hilfe nehmen, ringsum leicht auf (auf!) den Deckel klopfen. Deckel, Kanten des Deckels und des Gehäuses nicht beschädigen!

■ Auf die Passhülsen rechts bei »3 Uhr« und

links bei »9 Uhr« achten, dass sie nicht unbeachtet heraus- und auf den Boden fallen.
■ Beim luftgekühlten Motor sind die Passbuchsen oben bei »1 Uhr« und unten bei »7 Uhr«.
5. Die vier Schrauben der Kupplungsfedern schrittweise ringsum öffnen, über Kreuz ausdrehen und abnehmen.
6. Federn herausnehmen, Druckplatte abziehen.
Wichtig 1: In der Druckplatte ist die kurze Druckstange montiert: Außen ist die Kontermutter mit Scheibe aufgeschraubt und innen die Gegenmutter. Die kurze Druckstange braucht nicht ausgeschraubt zu werden; man baut die Druckplatte samt der eingeschraubten Druckstange aus.
Wichtig 2: Zwischen kurzer und langer Druckstange ist eine kleine Kugel eingesetzt: Achten Sie beim Ausbau der Druckplatte unbedingt darauf, ob die kleine Kugel eventuell durch das klebrige Öl an der kurzen Druckstange hängt!
■ Wenn »ja«, unbedingt abnehmen, damit sie nicht verloren geht.
■ Wenn«nein«, steckt die Kugel in der Bohrung der Getriebewelle. Am besten man zieht sie mit einem kleinen Magnetheber heraus und kontrolliert sie: Ist sie noch gleichmäßig kugelig rund (und damit in Ordnung) oder ist sie vieleckig und damit kaputt – unbedingt erneuern!
7. Reib- und Stahlscheiben herausziehen, in der Reihenfolge des Ausbaus ablegen.
7.1. Federsitzring und Federring abziehen.
8. Alle Teile gut reinigen mit Petroleum oder Waschbenzin. Keinen Bremsenreiniger verwenden, der greift die Kupplungsbeläge an!
Hinweis: Wenn nur die Reib- und Stahlscheiben gewechselt werden sollen, braucht die Kupplung nicht weiter zerlegt zu werden. Deswegen prüfen und vermessen wir die Kupplungsbauteile nachstehend und bauen dann die Kupplung wieder zusammen. Danach folgt »Kupplungsnabe und Kupplungskorb aus- und einbauen«.

Bild 5: Abgebauter Gehäusedeckel.
■ Der Simmerring im Gehäusedeckel hat nichts mit der Funktion der Kupplung zu tun.

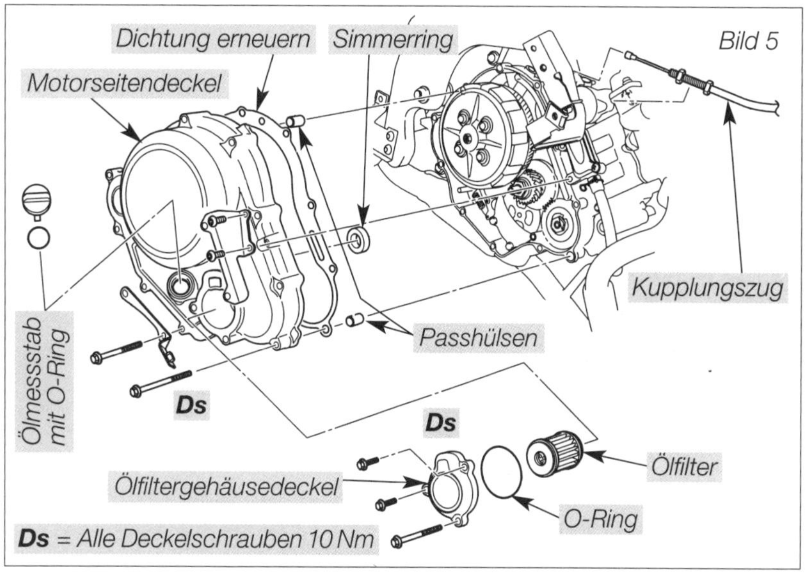

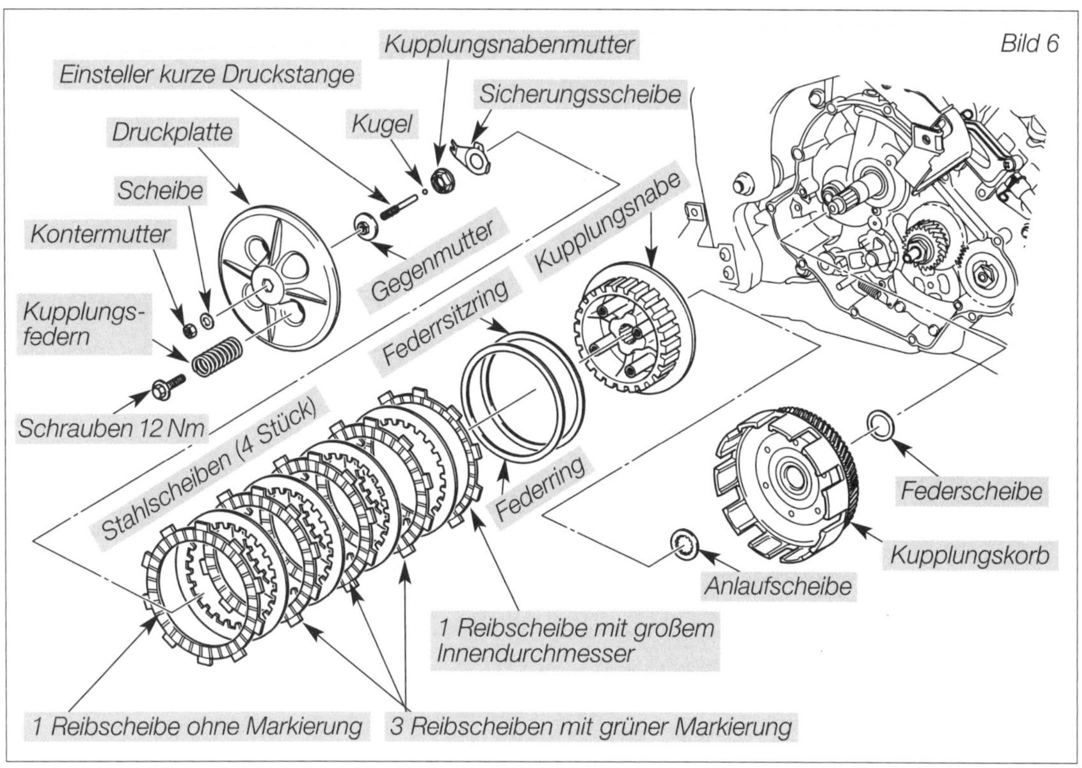

Bild 6: Explosionszeichnung der Kupplung mit Teilebezeichnung und Anziehdrehmomentwerten.

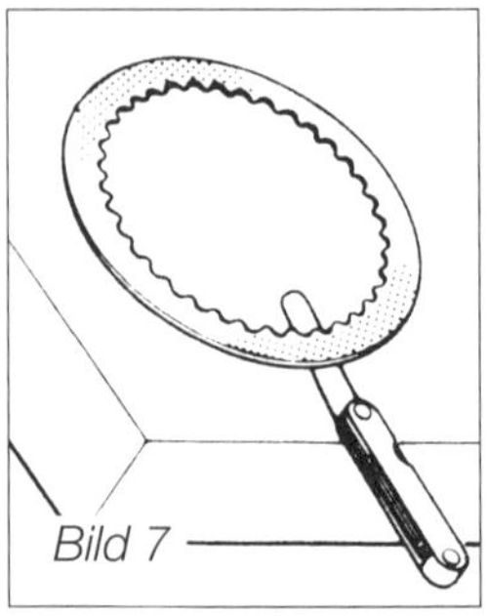

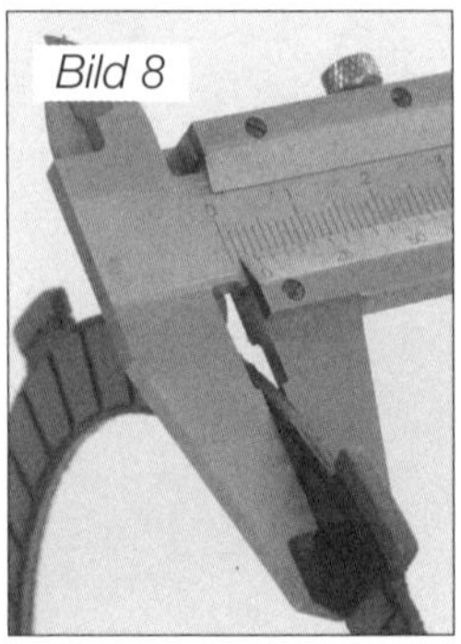

Kupplung prüfen und vermessen

1. Stahlscheiben auf Richtplatte mit Fühlerlehre auf Verzug prüfen (Bild 7). Sind sie mehr als 0,2 mm verzogen oder blau verfärbt, alle Stahl- und Reibscheiben erneuern.

2. Mit sauberem Lappen die Ölreste von allen Scheiben wischen. Dicke der Reibscheiben mit Messschieber an mindestens vier Messstellen messen (Bild 8): Die vorgeschriebene Dicke beträgt 2,9 bis 3,1 mm.

2.1. Die Verschleißgrenze der Reibscheiben beträgt 2,8 mm. Dünnere Scheiben müssen erneuert werden.

3. An den Stellen, wo die äußeren Klauen der Reibscheiben im Kupplungskorb und die inneren Zähne der Stahlscheiben in der Kupplungsnabe anliegen, sind Druckstellen zu sehen (Bilder 9 und 10). Bis zu einer gewissen Tiefe sind das ganz normale Gebrauchsspuren. Sind die Riefen, Kerben, Scharten oder aufgeworfenen Kanten stark ausgeprägt, muss die Kupplung komplett erneuert werden.

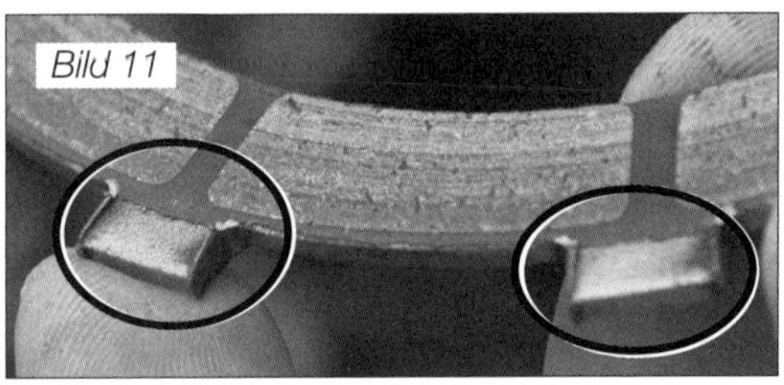

Bilder 7 bis 11: Im Lauftext sind die zu den Bildern gehörenden Arbeitsschritte nummeriert beschrieben.

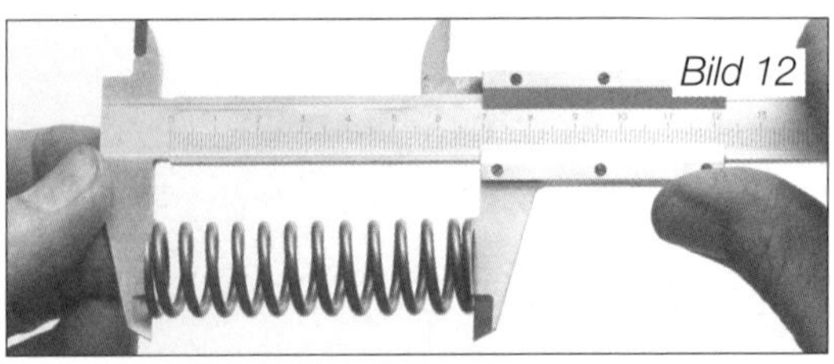

Bild 12: Vermessen der freien Länge einer Kupplungsfeder.

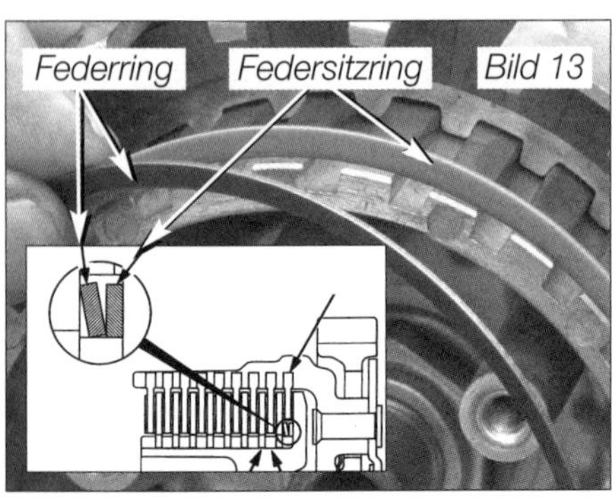

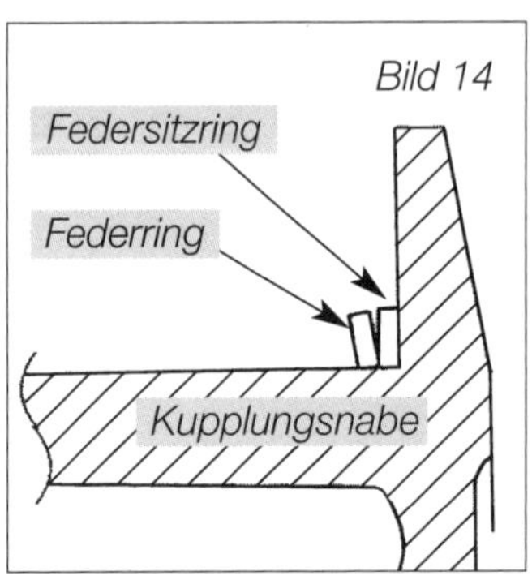

Bilder 13 und 14: Aufbau von Federsitzring und Federring.

3.1. Aufgeworfene Kanten an den Klauen der Reibscheiben (Bild 11) können abgefeilt werden.

■ Kanten nicht stark brechen, sonst werden die Anlageflächen zu schmal und die Klauen schlagen sich wieder im Kupplungskorb ein.

4. Ungespannte Länge der Kupplungsdruckfedern messen (Bild 12): Verschleißgrenze 36,77 mm.

■ Neue Kupplungsdruckfeder ist 38,71 mm lang.

Anmerkung: Die genannten Maße gelten für die wassergekühlten Einspritzmotoren. Die Maße für die luftgekühlten Motoren sind in der Tabelle am Ende dieses Kapitels.

Kupplung zusammenbauen

1. Wichtig beim Einbau neuer Reibscheiben: Diese müssen mindestens eine halbe Stunde in frischem Motoröl »gebadet« werden. Erst wenn sie satt mit Öl vollgesogen sind, sind sie einbaufertig.

■ Wenn sie trocken montiert werden, besteht die Gefahr, dass die Beläge bei der ersten Benutzung der Kupplung verbrennen!

2. Federsitzring und Federring auf Kupplungsnabe schieben (Bilder 13 und 14): Der Federsitzring muss plan an der Fläche der Kupplungsnabe anliegen, der Außendurchmesser des Federsitzringes muss davon wegweisen (Bild 14).

2.1. Die Reibscheibe mit dem großen Innendurchmesser einsetzen, dann eine Stahlscheibe.

2.2. Dann werden drei Reibscheiben eingesetzt, die außen auf einer der Klauen mit grüner Farbe markiert sind.

■ Je eine Stahlscheibe dazwischen einbauen bzw. auf die letzte »grüne« Reibscheibe setzen.

2.3. Die jetzt aufzubauende letzte Reibscheibe hat keine Farbmakierung.

■ Die Einbaureihenfolge der Reib- und Stahlscheiben ist in der Explosionszeichnung der Kupplung in Bild 6 sehr gut dargestellt.

3. Druckplatte einbauen:

3.1. Kugel in Bohrung Getriebewelle einsetzen.

3.2. Druckplatte aufsetzen.

4. Kupplungsfedern einsetzen (Bild 15), Schrauben eindrehen (Bild 16) und fingerfest anziehen.

5. Schrauben über Kreuz in mehreren Schritten bis auf 12 Nm festziehen.

6. Gehäusedeckel aufbauen:

6.1. Dichtflächen an Motorgehäuse und Deckel reinigen, alle alten Dichtungsreste müssen ab.

6.2. Passhülsen in ihre Bohrungen einsetzen.
6.3. Neue Dichtung auflegen.
6.4. Deckel aufsetzen, gleichmäßig mit geballter Faust aufklöpfeln (NICHT mit dem Hammer auftreiben!).
6.5. Schrauben eindrehen, in mehreren Schritten ringsum bis auf 12 Nm festziehen.
7. Kupplungsspiel einstellen.
8. Ölfilter einbauen, Öl einfüllen.

Kupplungsnabe, Kupplungskorb

Kupplungsnabe und -korb ausbauen

Zum Aus- und Einbau von Kupplungsnabe und -korb ist das Yamaha-Spezialwerkzeug »Halter für Kupplungsnabe« (Nr. 90890-04086) nötig. Es kann auch ein anderer, handelsüblicher Kupplungshalter verwendet werden (Bild 21).

1. Mit scharfem Meißel und kleinem Hammer das umgelegte Teil des Sicherungsblechs von der Mutter wegbiegen (Bild 17).
2. Spezialwerkzeug »Kupplungshalter« auf die Kupplungsnabe aufbauen (Bild 21).
3. Mutter öffnen und abdrehen (Bild 18).
■ Exakt auf die Kupplungsnabenmutter passende Nuss verwenden!
3.1. Kupplungsnabe abziehen. Anlaufscheibe abnehmen.
4. Kupplungskorb von Getriebewelle abziehen. Federscheibe abnehmen.

Kupplungskorb und -nabe einbauen

1. Federscheibe so auf die Getriebewelle schieben, dass die Schräge am großen Außendurchmesser nach außen zeigt (Bild 19).
■ Andersrum gesagt: Die scharfe Kante am Innendurchmesser muss am Innenring des Kugellagers anliegen, die Scheibenfläche also vom Kugellager nach außen wegweisen.
2. Kupplungskorb aufschieben: Das große und kleine Zahnrad müssen ineinander greifen.
3. Anlaufscheibe aufschieben: Scharfe Kante muss von Kupplungsnabe wegweisen (Bild 20).
4. Kupplungsnabe aufschieben.
5. Neue Sicherungsscheibe so aufschieben, dass ihre Nut auf einer der Rippen der Kupplungsnabe sitzt.
6. Mutter aufschrauben (Bild 18).
7. Kupplungsnabenhalter ansetzen, Mutter mit exakt passender Nuss auf 70 Nm festziehen (Bild 21).
8. Eine Fläche der Sicherungsscheibe umbiegen und an einer der Flächen der Mutter anlegen.

9. Kontrolle, ob alles richtig montiert ist: Kupplungsnabe muss sich leicht drehen lassen, während der Kupplungskorb stehen bleibt.

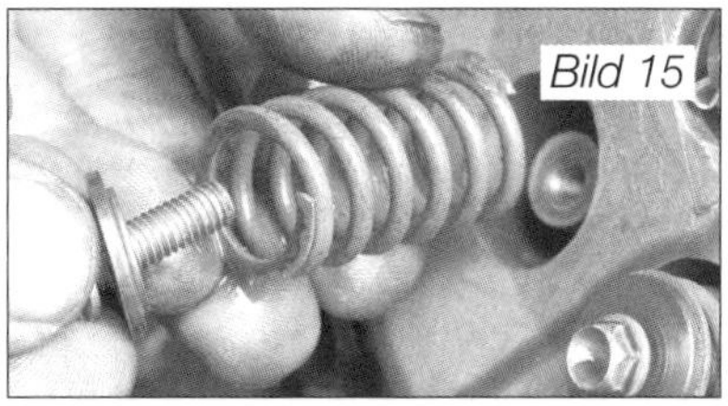
Bild 15

Bild 16

Bild 17

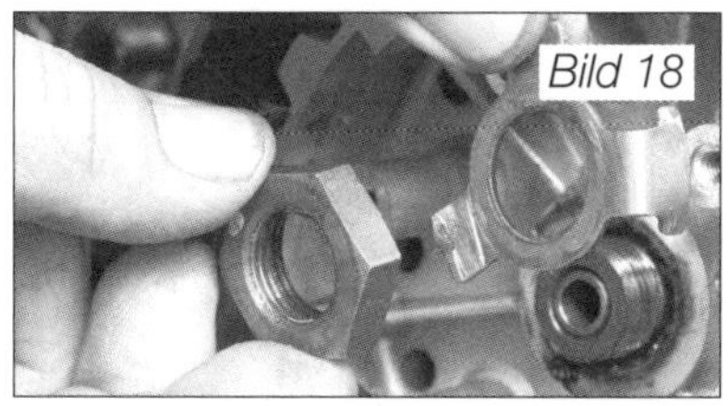
Bild 18

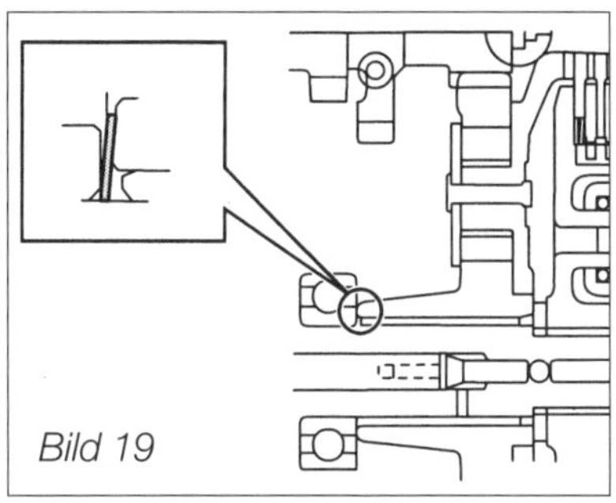
Bild 19

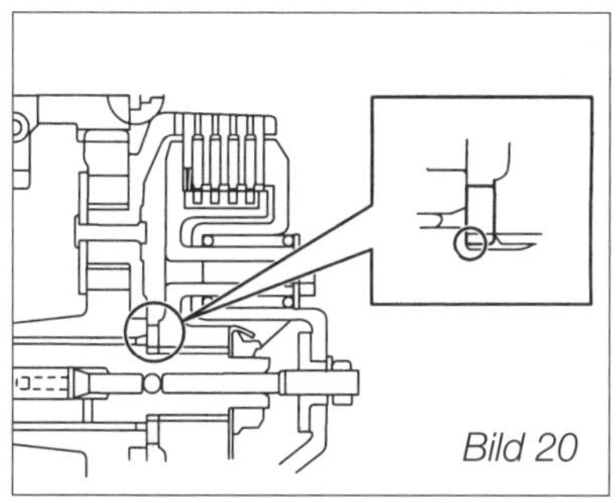
Bild 20

Bild 21

Bilder 15 bis 18: Im Lauftext sind die zu den Bildern gehörenden Arbeitsschritte nummeriert beschrieben.

Bilder 19, 20 und 21: Positionierung der Feder- und Anlaufscheibe, Kupplungsnabenhalter und Drehmomentschlüssel.

Maße und Anziehdrehmomente	YZF-R, WR R/X	YBR 125/Custom	XT 125 R/X
Maximaler Verzug der Stahlscheiben	0,2 mm	0,2 mm	0,05 mm
Dicke neue Reibscheiben	2,9 bis 3,1 mm	3,0 mm	3,0 mm
Verschleißgrenze der Reibscheiben	2,8 mm	2,8 mm	2,8 mm
Länge neue Kupplungsdruckfedern	38,71 mm	29,3 mm	31,0 mm
Verschleißgrenze der Kupplungsdruckfedern	36,77 mm	27,84 mm	29,0 mm
Anziehdrehmoment Druckfederschrauben	12 Nm	6 Nm	6 Nm
Anziehdrehmoment Kupplungsnabenmutter	70 Nm	60 Nm	60 Nm
Kontermutter Kupplungsdruckstange	8 Nm	8 Nm	8 Nm
Anziehdrehmoment Kickstartermutter	–	50 Nm	50 Nm

* = Stand der Recherche zum Redaktionsschluss dieses Buchs im Februar 2009.

Schaltung

In diesem Kapitel: Schaltung außen: Bauteile des Schaltgestänges prüfen, ausbauen, reinigen, schmieren, einbauen · Schaltung innen: Schaltbauteile püfen, aus- und einbauen.

Schaltung außen

Wenn die Schaltung nicht richtig funktioniert, kann dies an folgenden Bauteilen liegen:
1. Schaltstange (Bild 1) in ihren umgebogenen Lagerstellen (Bild 2) ausgeschlagen.
2. Verzahnung des kleinen Schalthebels auf der Schaltwelle (Bild 1) lose bzw. ausgeschlagen.
3. Lagerung des Schalthebels auf der Fußraste schwergängig.
4. Schaltwelle verbogen.
5. Schaltklinke (Bilder 5 bis 12) schwergängig, klemmt oder abgenutzt, Feder defekt.
6. Schaltfeder (Bilder 5 bis 12) lahm, gebrochen.
7. Feder und/oder Rolle am Arretierhebel (Bilder 5 bis 12) defekt.

Diese Probleme lassen sich bei eingebautem Motor beseitigen. Liegen schwerwiegende Schäden an Schaltwalze, Schaltgabeln oder gar den Getriebezahnrädern und -wellen vor, müssen der Motor zerlegt und die Teile erneuert werden, was ein Fall für die Yamaha-Fachwerkstatt ist.

Bild 1: Anbauinformationen zum kleinen vorderen Schalthebel, Schaltgestänge und Fußschalthebel.

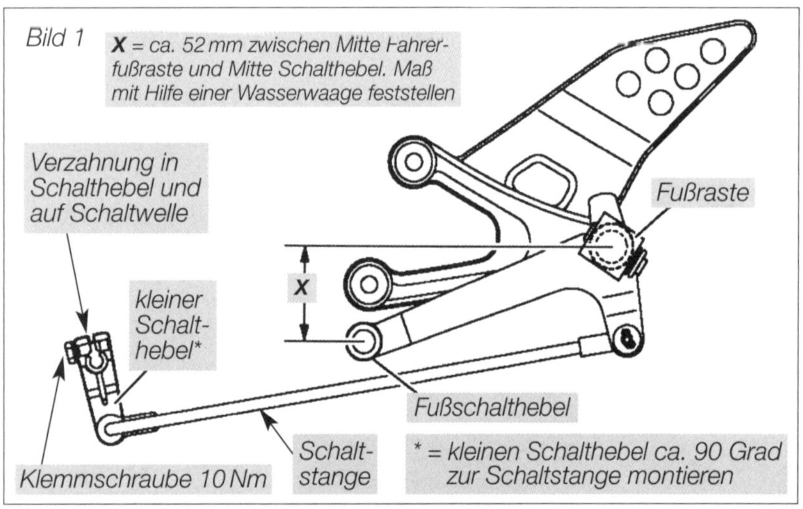

Bild 2: Blick auf das hintere Gelenk der Schaltstange.

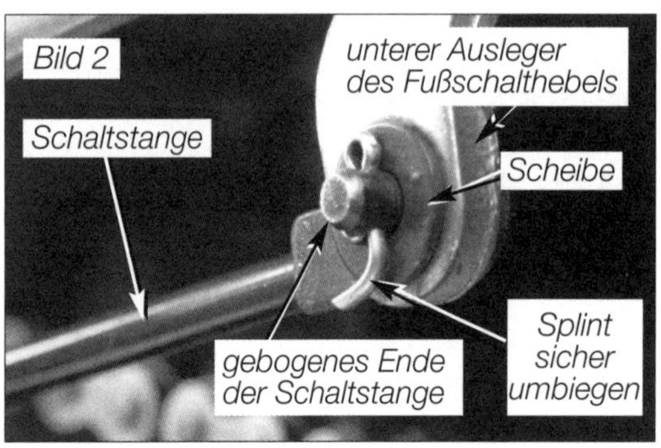

Bauteile des Schaltgestänges prüfen
Wenn sich die Gänge nicht exakt einlegen lassen, zuerst das Schaltgestänge prüfen:
■ **Prüfen:** Klemmschraube des kleinen Schalthebels (Bild 1) gut festgezogen? Falls nicht: Festziehen mit 10 Nm, entspricht »handfest«.

■ **Prüfen:** Verzahnungen in Schalthebel und an Schaltwelle (Bild 1) noch einwandfrei? Wenn die Klemmschraube lose war, sind wahrscheinlich die Außenverzahnung der Schaltwelle sowie die Innenverzahnung des Schalthebels beschädigt (»Spitzen abgenutzt«).
Problem beseitigen: Schalthebel abziehen, Verzahnung mit einer Messingbürste putzen, etwas dickes Fett an die Verzahnung geben, Schalthebel aufstecken. Neue Klemmschraube verwenden!
Beachten: Der Schalthebel wird nicht senkrecht, sondern leicht schräg nach hinten stehend auf die Schaltwelle aufgebaut (Bild 1), so dass der Winkel zwischen Schalthebel und Schaltstange ca. 90 Grad beträgt.

■ **Prüfen:** Sind die beiden umgebogenen Enden der Schaltstange in Ordnung? Ein Ende ist in den kurzen, unteren Ausleger des Fußschalthebels eingesteckt (Bild 2), das andere in dem auf der Schaltwelle montierten kurzen Schalthebel. Gelenkstellen ansehen, etwas Ölspray an die Gelenkstellen sprühen: Rost in den Lagerstellen? Wenn »ja«, die Schaltstange aus den Schalthebeln ausbauen, reinigen, gut einfetten und wieder zusammenbauen.

■ **Prüfen:** Lagerung des Fußschalthebels schwergängig, evtl. sogar korrodiert? Am besten folgendermaßen prüfen:
1. Kleinen Schalthebel mit der Hand festhalten.
2. Fußschalthebel mit der anderen Hand langsam nach oben bewegen, bis er nicht mehr weiter kann.
3. Fußschalthebel loslassen, er muss sich alleine durch sein Eigengewicht wieder nach unten bewegen.

Wenn er sich nicht von alleine gleichmäßig leicht bis nach unten an den Anschlag bewegt, ist seine Lagerung schwergängig, wahrscheinlich durch Rost: Abschrauben, Dreck rausputzen, reinigen, einfetten und wieder zusammenbauen ist die einzig vernünftige Lösung.

Schalthebel und Gestänge gängig machen
1. Kleinen Schalthebel von der Schaltwelle abschrauben: Mit 10er-Schlüssel die Klemmschraube lösen und ganz ausdrehen.
2. Mit dickerem Schraubenzieher in die Klemmnut einfahren und etwas aufbiegen, dann erst den Schalthebel abziehen.
3. Befestigungsschrauben der Fußrastenhalteplatte ausdrehen, komplettes Bauteil abnehmen.
4. Mit einem Inbusschlüssel die Fußraste von der Platte abschrauben.
5. Enden des Splints im umgebogenen Ende der Schaltstange aufbiegen, geradebiegen und ausziehen. Am vorderen Ende die Klammer umlegen und Schaltstange ausziehen.
5.1. Schaltstange aus der Bohrung ziehen.
6. Alle Teile gut reinigen. Korrosion mit feinem Schmirgelpapier der Körnung 400 beseitigen.
7. Lagerstellen gut mit schwerem Fett einfetten.
7.1. Fußschalthebel auf Lagerstelle der Fußraste schieben, Fußraste an Halteplatte ansetzen, einen Tropfen Loctite »mittelfest« an das Gewinde der Schraube, diese eindrehen und mit 25 Nm festziehen.
8. Schaltstange in Fußschalthebel einbauen:
8.1. Bohrung fetten, gebogenes Ende einsetzen.
8.2. Splint einschieben und beide Enden sicher umbiegen (Bild 2).
9. Fußrastenplatte an Bohrungen im Rahmen ansetzen, etwas Loctite »mittelfest« auf die Gewinde der Befestigungsschrauben geben (Bild 3), eindrehen und mit 30 Nm festziehen (Bild 4).
10. Etwas Fett auf die Verzahnung der Schaltwelle geben, kleinen Schalthebel aufschieben.
10.1. Schaltstange auch in den kleinen Schalthebel einbauen.
11. Prüfen: Schalthebel richtig auf Schaltwelle aufgebaut? Maß nehmen von Mitte Fahrerfußraste zu Mitte Fußschalthebel (Bild 1) mit einer an die Fahrerfußraste angelegten Wasserwaage und Maßstab: Maß soll 52 mm betragen. Wenn ok, Klemmschraube im kleinen Schalthebel mit 10 Nm festziehen.

Schaltung innen

Wenn sich die Gänge nicht mehr sauber schalten lassen, obwohl an der äußeren Schaltbetätigung alles in Ordnung ist, kann an der inneren Schaltbetätigung (»Schaltautomat«) etwas defekt sein.

Die Bilder 5 bis 12 zeigen die Teile der inneren Schaltung. Wenn man den rechten Motorseitendeckel abbaut (siehe dazu Kapitel 27 »Kupplung«), kann man einen Blick darauf werfen und beim Durchschalten des Getriebes grob prüfen, woran es liegen könnte.
Wichtig: Motor ist AUSgeschaltet!
1. Schalthebel nach oben oder unten betätigen, Hinterrad dabei etwas drehen, damit die Zahnräder innen im Motor zueinander einrasten können.
2. Die Schaltklinke muss sich dabei entsprechend bewegen, sie zieht oder drückt an den Stiften der Schaltkrone und die Schaltwalze wird dadurch um einen bestimmten Winkelbetrag

Bild 3: *Etwas Loctite »mittelfest« auf die Gewinde der Befestigungsschrauben der Fußrastenplatte geben.*

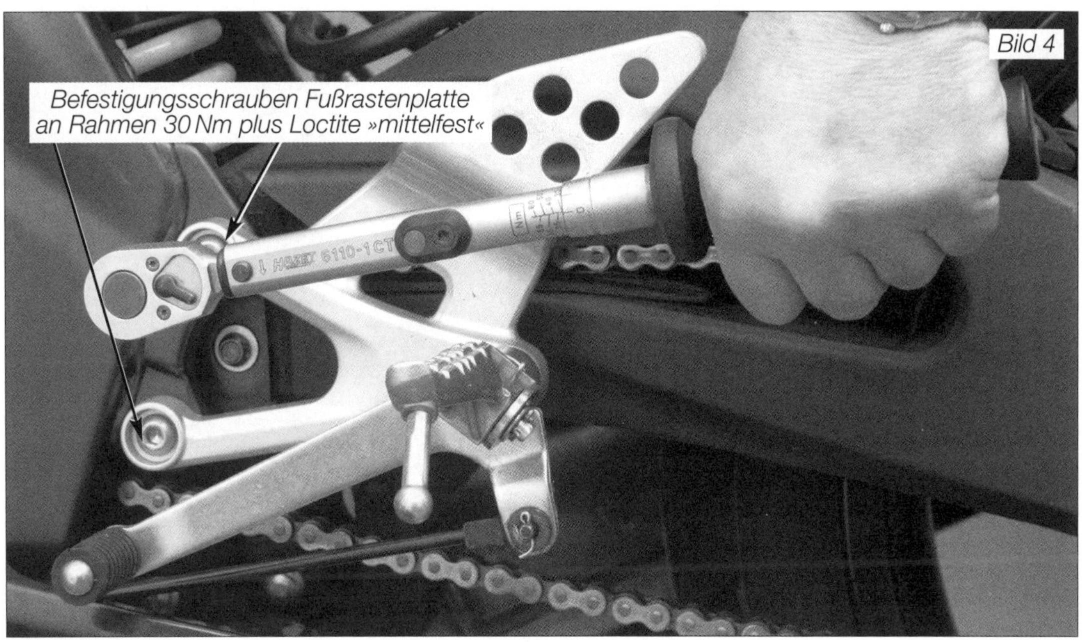

Bild 4: *Schrauben der Fußrastenplatte mit 30 Nm festziehen.*

gedreht: Der gewünschte Gang wird somit eingelegt.

3. Im Bild 5 steht das Getriebe auf Leerlauf: Arretierrolle ist in Fixierkuhle »O«.

3.1. In den Bildern 6 und 7 läuft der Schaltvorgang vom Leerlauf in den 1. Gang ab.

3.2. In den Bildern 8 und 9 läuft der Schaltvorgang vom 1. Gang in den 2. Gang ab.

3.3. Nicht viel anders stellt sich die Konstellation der Schaltbauteile zueinander dar, wenn vom

Bilder 5 bis 9: Im Lauftext sowie in den einzelnen Bildern sind die zugehörenden Bildtexte.

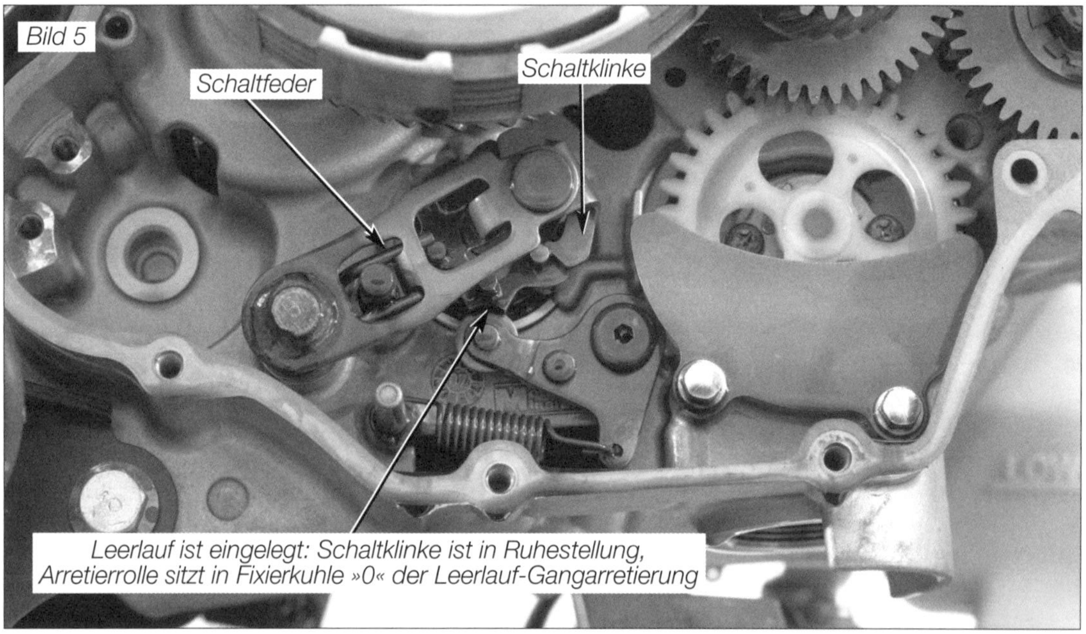

Bild 5

Leerlauf ist eingelegt: Schaltklinke ist in Ruhestellung, Arretierrolle sitzt in Fixierkuhle »0« der Leerlauf-Gangarretierung

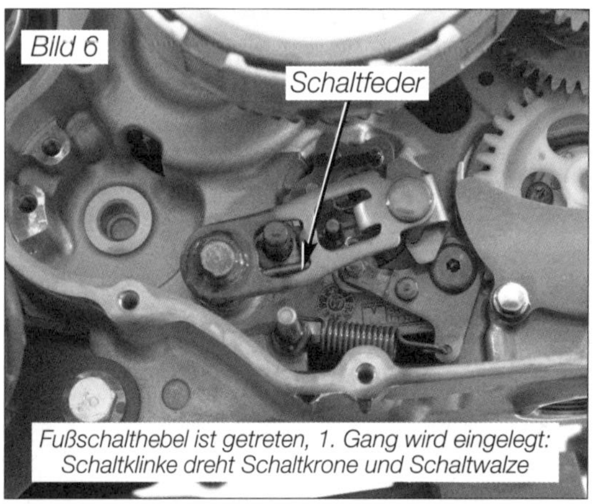

Bild 6

Fußschalthebel ist getreten, 1. Gang wird eingelegt: Schaltklinke dreht Schaltkrone und Schaltwalze

Bild 7

Fußschalthebel in Neutralstellung, 1. Gang ist eingelegt: Schaltfeder ist entlastet, Rolle fixiert den 1. Gang

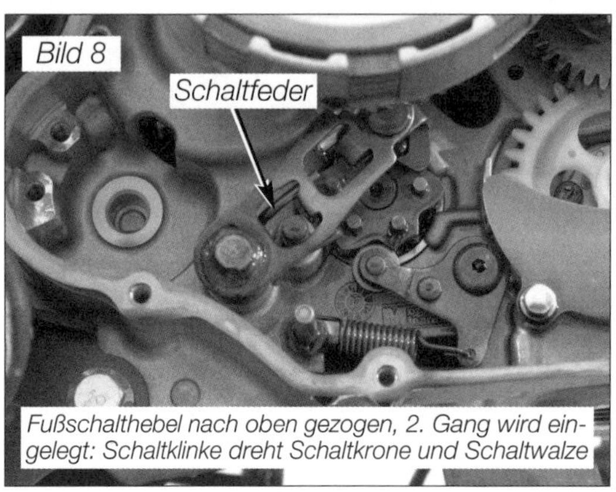

Bild 8

Fußschalthebel nach oben gezogen, 2. Gang wird eingelegt: Schaltklinke dreht Schaltkrone und Schaltwalze

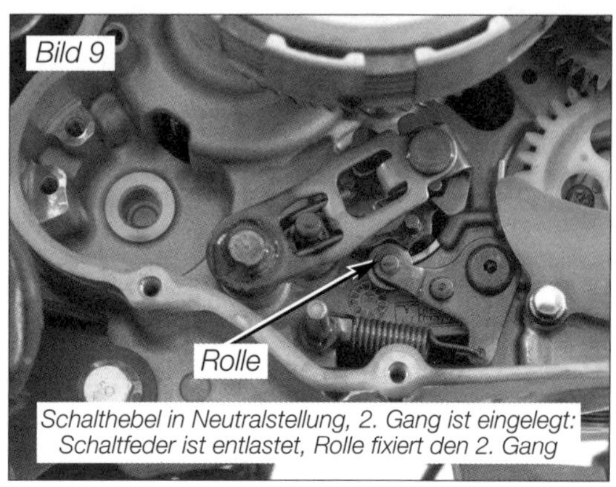

Bild 9

Schalthebel in Neutralstellung, 2. Gang ist eingelegt: Schaltfeder ist entlastet, Rolle fixiert den 2. Gang

2. in den 3. Gang oder vom 6. in den 5. Gang geschaltet und die Schaltwalze entsprechend gedreht wird.
4. Man kann in jedem der Bilder sehr schön sehen, welches Bauteil in welcher Richtung auf ein anderes Bauteil wirkt und welche Federn in welche Richtung belastet sind.
4.1. Fazit: So lässt sich die Schaltung manuell auf Funktion prüfen: Wirken alle Bauteile so zusammen, wie sie sollen? Sind die Federn intakt und haben sie genügend Spannung?

Wenn eines der Schaltbauteile verbogen oder beschädigt ist (z. B. Schaltklinke, Arretierhebel) und ausgewechselt werden muss, sollte man dazu die Kupplung komplett ausbauen. Dies gilt auch dann, wenn man sieht, dass die Schaltwalze nicht mehr einwandfrei gedreht wird, es kann dann sein, dass einer oder mehrere Stifte der Schaltkrone beschädigt sind (siehe Bild 11).

Schaltkrone wechseln

Das Motoröl ist schon abgelassen und der Motorseitendeckel abgeschraubt.
1. Auf der linken Motorseite den kleinen Schalthebel von der Schaltwelle abbauen.
2. Den Sicherungsclip auf der Schaltwelle aus seiner Nut drücken und abziehen.
3. Auf der rechten Motorseite langsam an der Schaltklinke ziehen: Die Schaltwelle kommt heraus, die Schaltfeder zieht sich mit ab.
4. Schaltwelle ganz ausziehen (Bilder 11 und 12).
5. Die Inbusschraube in der Mitte der Schaltkrone lösen und ausschrauben: Schaltwalze dabei mit der Hand festhalten.
5.1. Schaltkrone abnehmen: VORSICHT, die beiden Fixierstifte können herausfallen und verloren gehen!

Wenn diese Teile ausgebaut sind, sollte man prüfen, ob sich die Schaltwalze mit der Hand Gang für Gang ohne großen Widerstand drehen lässt und die Gänge sicher einrasten. Dabei das Hinterrad etwas hin und her bewegen. Wenn die Gänge einrasten, kann man fast sicher sein, dass im Getriebe alles in Ordnung ist, und man kann die innere Schaltung wieder zusammenbauen.

Zusammenbau

1. Vor dem Aufbau der Schaltkrone auf die Schaltwalze dafür sorgen, dass beide Fixierstifte sicher in ihre Bohrungen eingesteckt sind (Bild 11). Die Schaltkrone kann übrigens nur in einer Stellung aufgebaut werden.
2. Einen Tropfen Loctite »mittelfest« an die Zentralschraube der Schaltkrone geben, Schraube eindrehen und mit 12 Nm festziehen (Bild 11).
3. Wenn die Rolle am Arretierhebel schwergängig ist, den kompletten Hebel erneuern.
4. Schaltfeder und Zugfeder des Arretierhebels auf Verzug, Verbiegung, Ermüdung prüfen, ggf. erneuern.

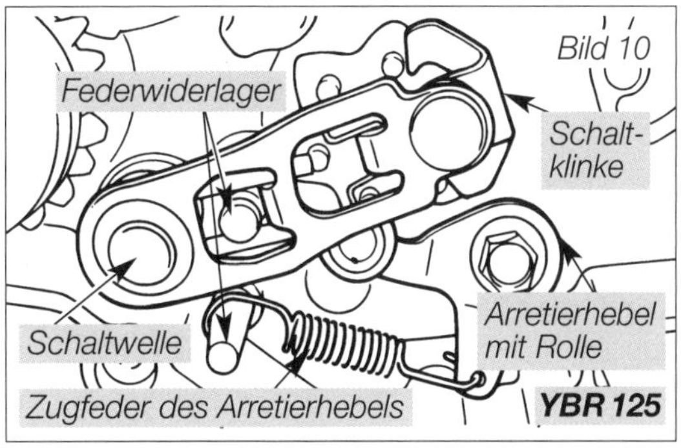

Bild 10: Detailzeichnung der Schaltung.

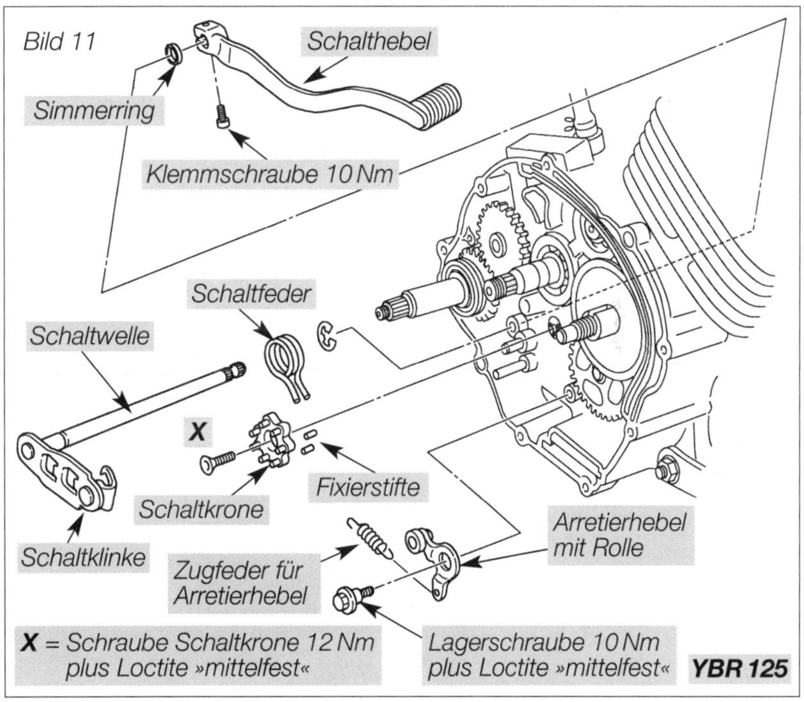

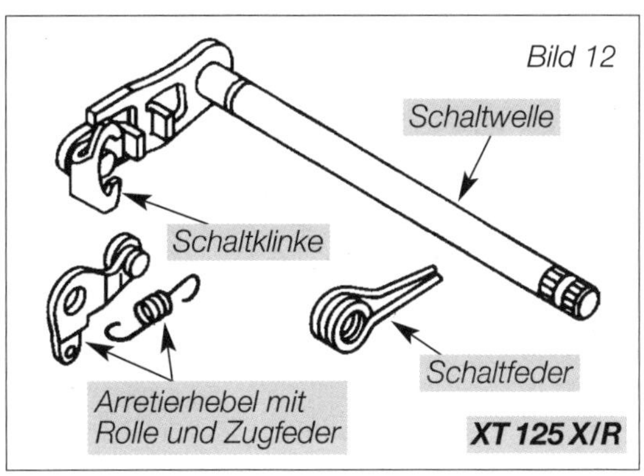

Bilder 11 und 12: Explosionszeichnung der Schaltung am Beispiel der luftgekühlten Modelle YBR 125/Custom und XT 125 X/R. Bei den wassergekühlten Motoren ist es im Prinzip gleich.

Ventilspiel

In diesem Kapitel: Ventiltrieb · Ventilspiel prüfen und einstellen.

Ventiltrieb

Alle Motoren der Maschinen in diesem Buch sind so genannte »OHC-Motoren«: »OHC« ist die Abkürzung für »Over Head Camshaft«, übersetzt also »über Kopf Nockenwelle«, eingedeutscht »obenliegende Nockenwelle«. Manchmal findet man auch die Bezeichnung SOHC, das »S« steht dabei für »Single«, also »eine«.

Diese eine obenliegende Nockenwelle wird von der Kurbelwelle aus über eine Kette im Übersetzungsverhältnis 2:1 angetrieben. Ein automatischer Kettenspanner spannt die Kette auf der ablaufenden Seite.

Die Ventile werden über Kipphebel mit Einstellschrauben geöffnet und durch Ventilfedern geschlossen. Der wassergekühlte Vierventilmotor hat Gabelkipphebel mit je einem Kugellager auf der Nockenseite.

Bild 1: Schemaskizze des Ventitriebs.

Bild 2: Damit man frei an den Ventildeckel und die Ventileinstellschrauben kommt, Stecker trennen und Zündspule abschrauben.

Bild 1

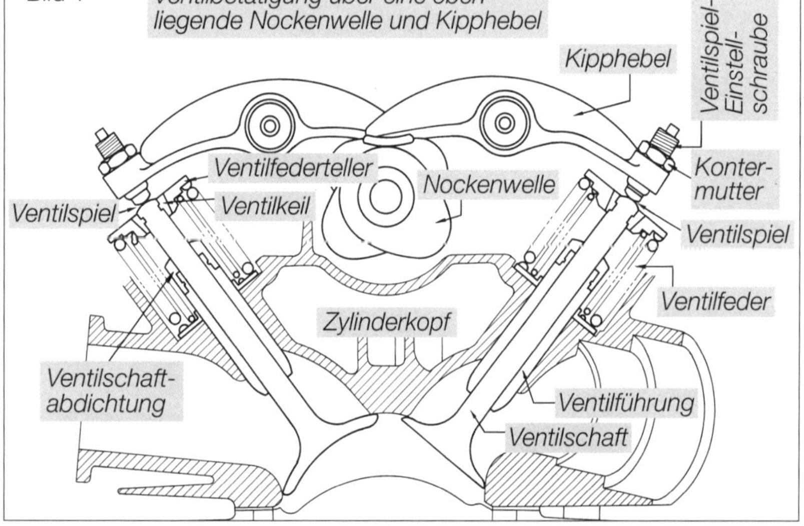

Bild 2

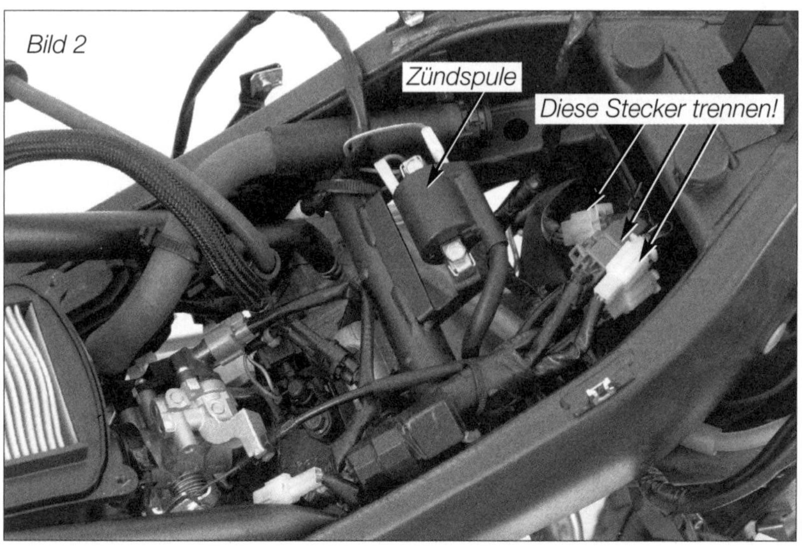

Ventilspiel

Ein gewisses Spiel zwischen der Oberseite des Ventilschafts und der Ventilspiel-Einstellschraube ist nötig, damit der Brennraum bei allen Betriebstemperaturen von den Ein- und Auslassventilen dicht abgeschlossen wird, kein Gas unkontrolliert entweicht und die Wärme am Ventilsitz gut abgeleitet werden kann.

Ventilspiel-Prüfintervalle
Von richtiger Wartung und Pflege hängt das Wohl und Wehe des Ventiltriebs entscheidend ab:
- Wenn das Ventilspiel zu weit ist, neigen Nockenlaufbahn und Tassenstößel zu Pitting und der Ventilsitz schlägt ein. Außerdem besteht die Gefahr, dass das Ventil abreißt.
- Wenn das Ventilspiel zu eng ist, bläst der Ventilsitz durch und verbrennt in kürzester Zeit.

Ventilspiel-Einstellwerte
Ventilspiel nur bei kaltem Motor (max. 35 °C, = »handwarm«) kontrollieren und ggf. einstellen.

Wassergekühlte Motoren:
- Ventilspiel Einlass .... 0,10 bis 0,14 mm
- Ventilspiel Auslass .... 0,20 bis 0,24 mm
- Kontermutter Einstellschrauben .... 7 Nm
- Schrauben des Ventildeckels .... 10 Nm

Luftgekühlte Motoren:
- Ventilspiel Einlass .... 0,08 bis 0,12 mm
- Ventilspiel Auslass .... 0,10 bis 0,14 mm
- Kipphebeldeckel .... 18 Nm
- Schrauben Nockenwellenrad-Deckel ..... 10 Nm

Ventilspiel prüfen
1. Motorrad sicher aufbocken. Entsprechende Verkleidungsteile und den Tank abschrauben.
2. Damit man an Ventildeckel und Ventileinstellschrauben gelangt, folgende Teile abbauen:
2.1. Zündkerzenstecker abziehen, Zündkerze ausschrauben.
2.2. Zündspule abschrauben (Bild 2).
2.3. Stecker der Kabel, die über den Zylinderkopf laufen, trennen (Bild 2), damit man gut

nach unten sehen und sicher schrauben kann.
3. Quer über den Ventildeckel ist der Kühlwasser-Entlüftungsschlauch verlegt: Ihn oben am Stutzen des Kühlers abziehen und links aus dem Rahmen aus dem Weg schaffen.
4. Ventildeckel abschrauben (Bild 3): Die vier Schrauben an den Ecken lösen und ausdrehen, die fünfte in der Mitte (Bild 5) nicht vergessen!
4.1. Unten am Motorseitendeckel die beiden Verschlussstopfen ausschrauben. Weil die Schlitze sehr breit sind, zum Schrauben eine Münze mit Zange verwenden (Bild 5).
4.2. Passenden Steckschlüssel auf Mutter bzw. Schraubenkopf der Kurbelwelle stecken (Bild 6).
5. Oberen Totpunkt (OT) des Kolbens suchen.
Dazu sind auf dem Schwungrad (» Lichtmaschinenrotor«) eine »F«- und »T«-Markierung angebracht, die mit der zugehörigen Gehäusemarkierung zur Deckung gebracht werden muss (Bild 6a): Kurbelwelle mit Steckschlüssel entsprechend drehen (Bild 6).
■ Motor in Laufrichtung (links herum) drehen!
6. Bitte beachten:
6.1. Wenn sich die Markierungen von Polrad und Gehäuse decken, mit den Fingern an den Kipphebeln wackeln und prüfen, ob sie »Luft« haben.
6.2. Falls nicht, steht der Kolben im Überschneidungs-OT, in dem die Einlassventile schon etwas offen und die Auslassventile noch nicht wieder ganz geschlossen sind: Dann die Kurbelwelle eine Umdrehung weiter drehen, jetzt müssten der Kolben im Kompressions-OT stehen, die Ein- und Auslassventile geschlossen sein, beide Kipphebel sich in Ruhestellung befinden (wie in Bild 1) und etwas Spiel festzustellen sein zwischen der Ventileinstellschraube und der Oberseite des Ventilschafts.
7. Ventilspiel prüfen: Fühlerlehre zwischen Einstellschraube und Ventilkopf durchziehen (Bild 8).
■ So lange mit verschieden dicken Fühlerlehren prüfen, bis eine gefunden ist, die sich zwischen Ventilschaft-Oberseite und Einstellschraube satt durchziehen lässt. Dies ist das »Ist-Ventilspiel«.
■ Wenn das Ist-Ventilspiel zu weit oder zu eng ist, muss es eingestellt werden.

Ventilspiel einstellen
1. Kontermutter der Einstellschraube lösen.
1.1. Ventilspiel-Einstellschraube etwas ein- oder ausdrehen, bis das Ventilspiel stimmt.
■ Fühlerlehre muss satt durch den Spalt zwischen Ventilspiel-Einstellschraube und dem Ende des Ventilschafts »durchschleifen«.
2. Mutter kontern: Dabei die Ventilspiel-Einstellschraube auf Zug in Position halten (Bild 9).
3. Nach dem Kontern der Mutter das Ventilspiel noch einmal prüfen.
4. Vor dem Aufschrauben des Ventildeckels prüfen, ob die O-Ring-Dichtung ringsum in Ordnung ist und richtig in der umlaufenden Nut des Ventildeckels sitzt (Bilder 3 und 4).
4.1. Beim Einbau des Ventildeckels darauf achten, dass der O-Ring nicht verrutscht.
4.2. Zuerst die äußeren vier Schrauben eindrehen, dann die mittlere mit der Kupfer-Dichtscheibe. Schrauben in zwei bis drei Schritten bis auf 10 Nm festziehen.
5. Abgebaute Teile wieder anbauen.

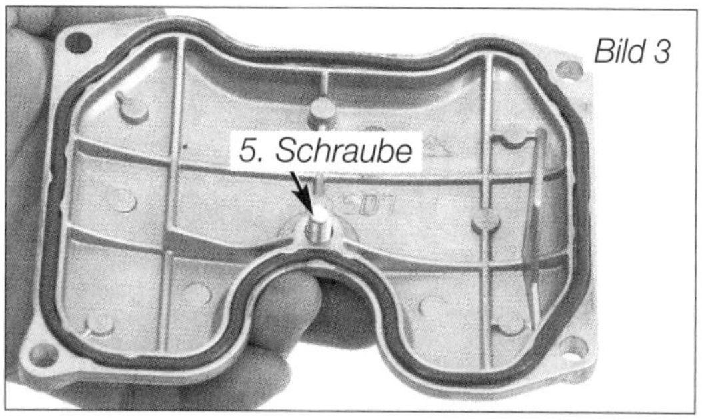

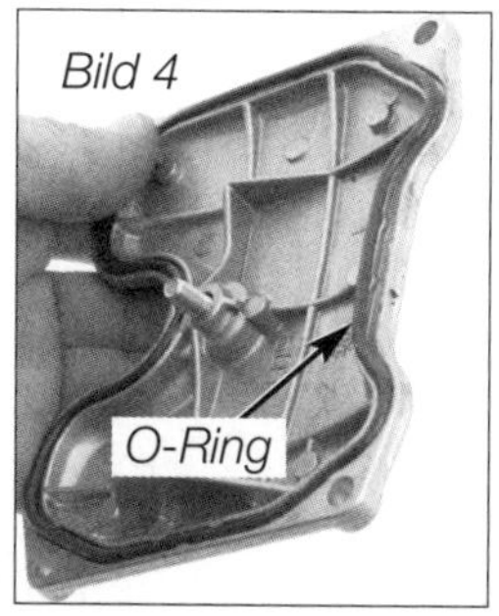

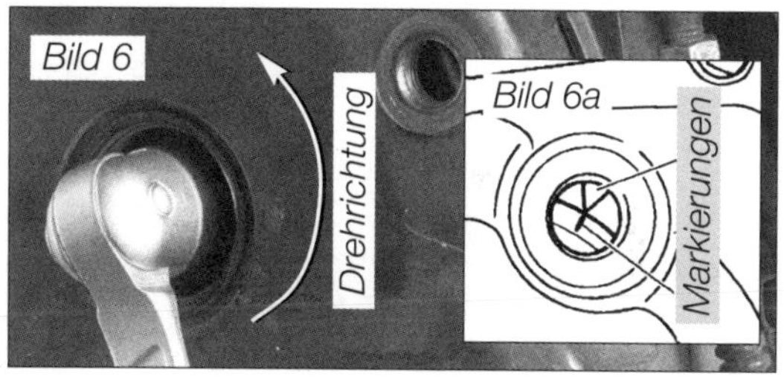

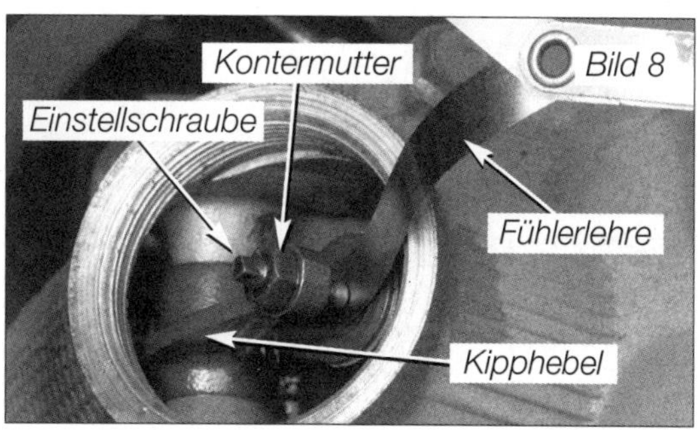

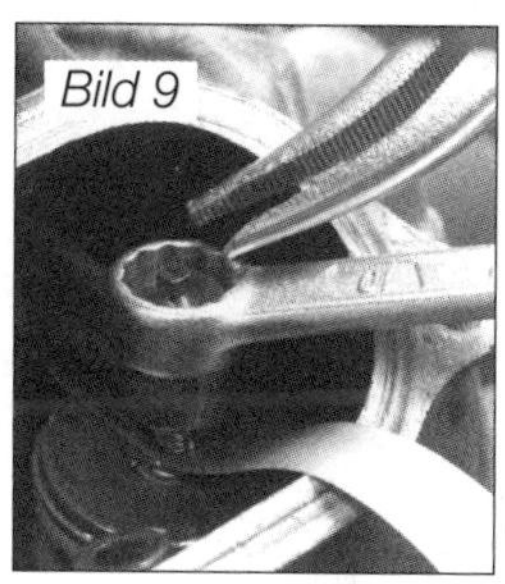

Bilder 3 bis 9: Kurbelwelle über das Sechskant der Kurbelwellenschraube drehen, Markierungen auf dem Lichtmaschinenrotor (bzw. Zündplatte) weisen auf den OT hin. Ventilspiel prüfen. Die passende Fühlerlehre muss satt zwischen Ventilkopf und Einstellschraube durchschleifen. Beim Anziehen der Kontermutter darauf achten, dass sich die Ventilspiel-Einstellschraube nicht verdreht. Deswegen mit Schlüssel oder Spitzzange gegenhalten!

Störungssuche

In diesem Kapitel: Störungssuche in Motor, Kraftübertragung, Fahrwerk, Elektrik, Beleuchtungsanlage.

Zu diesem Kapitel

Die sieben 125er-Viertakter von Yamaha, über die in diesem Buch in den verschiedenen Wartungs- und Reparaturkapiteln berichtet wird, sind als grundsätzlich zuverlässige Motorräder bekannt – und zwar ob mit Vergaser oder Einspritzung, ob mit oder ohne Wasserkühlung. Sollte an Ihrer Maschine dennoch ein Fehler auftreten, kann der folgende Text helfen, ihn nicht nur zu lokalisieren, sondern auch abzustellen bzw. dauerhaft zu beheben.

Sollte Ihre Yamaha einmal ihren Geist aufgeben, sei es mit oder ohne grobe Nebengeräusche, dann bleiben Sie cool. Überlegen Sie in aller Ruhe: Wo wurde zuletzt herumgeschraubt? Was könnte nicht richtig gemacht worden sein?

Fehler: Hier wird der Fehler beschrieben.
Grund: Hier werden mögliche Ursachen beschrieben.
Abhilfe: *Dieser Text nennt Lösungsvorschläge in aller Kürze.*

Unter »Grund« können sich Textpassagen bei ganz verschiedenen Fehlern wiederholen, weil mögliche Fehlerquellen sich verzahnen und eine Negativkette bilden können. Beispiel: Wenn ein Motor nach einer Wartungsarbeit nicht mehr anspringt, kann Folgendes auf einmal möglich sein: zu wenig Benzin im Tank, Spritleitung nicht richtig angeschlossen und Zündkerze gibt keinen Funken ab, weil der Zündkerzenstecker nicht richtig aufgesteckt ist. Oder bei einem Fehler in der Elektrik kann irgendwo ein Kabel durchgescheuert oder gebrochen sein, das man nicht auf Anhieb sieht. Dann ist der Elektrospezialist gefragt, der alle Kabel und Steckplätze mit Spezialgeräten durchmisst.

Fehler und Probleme haben meist einfache Gründe. Man muss sie nur finden. Vieles ist simpel, alles ist logisch. Denn bei allen Emotionen, die im Motorradfahren drinstecken, ist ein Motorrad eben doch bloß ein technisches Gerät, dessen Bauteile nach physikalisch-technischen Gesichtspunkten funktionieren und zusammenwirken.

Wenn bei einem Defekt die Elektrik in Verdacht gezogen wird und Sie haben keine elektrischen Fachkenntnisse, dann bringen Sie Ihr Motorrad besser gleich in eine markenbezogene Fachwerkstatt oder zu einem Kraftfahrzeug-Elektrodienst (z. B. »Bosch Dienst«), bevor Sie zu Elektrozange und Lötkolben greifen, um den Kabelbaum zu bearbeiten.

In diesem Sinne: Frohes Fehlersuchen!

Motor

Fehler: Motor wird vom Elektro- oder Kickstarter durchgedreht, springt aber nicht an
Grund: Kein Benzin im Tank.
Abhilfe: *Tanken.*

Grund: »Schlechtes« (zu altes), verunreinigtes Benzin im Tank.
Abhilfe: *Frischen Sprit tanken. Vor dem nächsten Startversuch unbedingt die Schwimmerkammern entleeren, auf Schmutz untersuchen und frischen Sprit nachlaufen lassen.*

Grund: Benzin gelangt nicht in den Vergaser, weil Filter im Benzinhahn, Nachrüst-Benzinfilter oder Benzinschlauch verstopft sind.
Abhilfe: *Benzinschlauch direkt am Benzinhahn abziehen, Benzinhahn öffnen und nachsehen, ob Benzin läuft: Wenn »ja«, ist der Nachrüst-Benzinfilter verstopft und muss erneuert werden, wenn »nein« liegt der Fehler wahrscheinlich im Benzinhahn: Ausbauen und reinigen.*

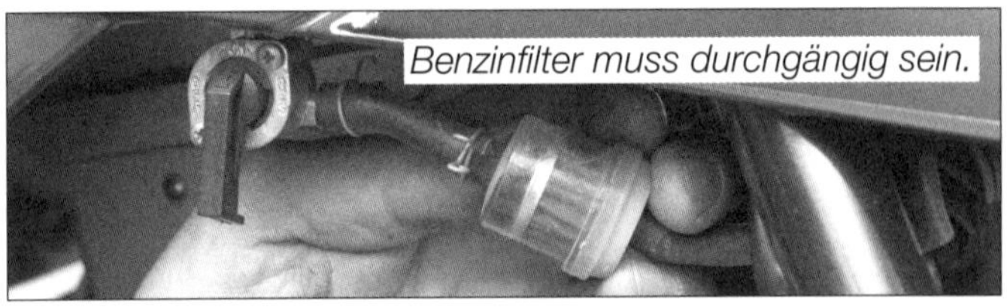
Benzinfilter muss durchgängig sein.

Grund: Motor mit Benzin überflutet (»ersoffen«).
Abhilfe: *Zündkerze ausbauen und trocknen, Benzinhahn schließen, Zündung AUS, Licht ebenfalls aus: Mit Gasgriff Vollgas geben, Motor mit dem E-Starter einige Male durchdrehen bzw. mit dem Kickstarter durchtreten. Gereinigte Zündkerze wieder einschrauben, Startversuch wiederholen.*

Grund: Unterdruck-Benzinhahn öffnet nicht.
Abhilfe: *Benzinschlauch am Benzinhahn abziehen, Startversuch machen und nachsehen, ob Benzin kommt: Wenn »ja«, öffnet der Benzinhahn und der Fehler liegt irgendwo anders, wenn »nein«, ist wahrscheinlich die Unterdruck-Membran im Benzinhahn defekt oder die Unterdruck-Zuleitung. Hebel am Benzinhahn versuchsweise auf »Pri« stellen.*

Grund: Luftfilter zugesetzt.
Abhilfe: *Luftfilter überprüfen, reinigen, erneuern.*

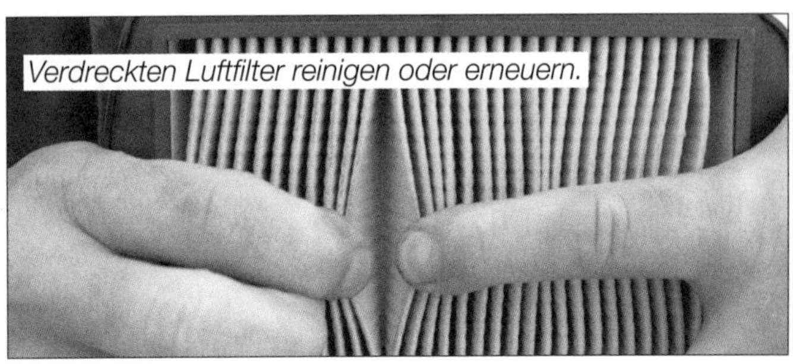
Verdreckten Luftfilter reinigen oder erneuern.

Grund: Kein Funke an den Zündkerzen.
Abhilfe: *Neue Zündkerze einbauen. Zündkerzenstecker, Zündkabel und Zündspule überprüfen.*

Grund: Zünd-/Motorelektrik defekt.
Abhilfe: *Batterie prüfen, ob sie richtig angeschlossen und geladen ist. Versuchsweise eine voll geladene Batterie einbauen. Zündanlage auf trockene Anschlüsse, einwandfreie Verkabelung und sicheren Masseanschluss prüfen.*

Grund: Kompression zu niedrig: Zündkerze lose, Kolbenringe verschlissen, Ventile blasen durch, Zylinderkopfdichtung defekt.
Abhilfe: *Zylinderkopf, Kolben und Zylinder überholen.*

Fehler: Elektrostarter dreht nicht durch
Grund: Motorabstellschalter auf »Off«.
Abhilfe: *Auf »On« stellen, Startversuch wiederholen.*

Grund: Batteriespannung zu niedrig.
Abhilfe: *Batterie laden und/oder erneuern.*

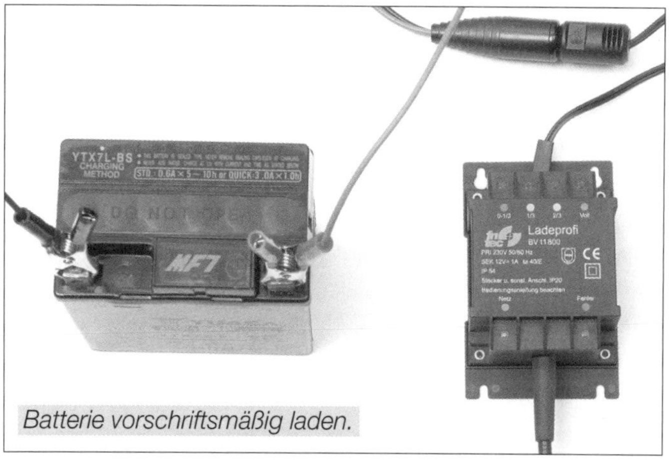

Batterie vorschriftsmäßig laden.

Grund: Schlechter Kontakt im Zündschloss oder Anlasserknopf.
Abhilfe: *Schalter öffnen, Kontakt herstellen z. B. durch Abschmirgeln der Kontaktflächen.*

Grund: Anlassersicherung, Hauptsicherung oder Anlasserrelais defekt.
Abhilfe: *Defekte Teile erneuern, nach Grund des Defekts suchen und Störung beheben.*

Grund: Defekt im Anlasser: z. B. Stator- oder Ankerwicklung durchgebrannt, Anlasserkohlen verschlissen.
Abhilfe: *Anlasser ausbauen und bei Fachwerkstatt oder Bosch-Dienst überprüfen und ggf. reparieren lassen.*

Fehler: Elektrostarter dreht Motor nur langsam durch
Grund: Schwache Batterie, Kabel schlecht angeschlossen.
Abhilfe: *Batterie laden, erneuern, Anschlusskontakte reinigen, Kabel korrekt anschließen.*

Grund: Für die momentane Witterung zu dickes Öl (wenn z. B. im Winter SAE 50 eingefüllt ist!).
Abhilfe: *Öl wechseln, dünneres Öl einfüllen in einer den Außentemperaturen angepassten Viskosität.*

Fehler: Elektrostarter läuft, ohne den Motor durchzudrehen
Grund 1: Anlasserfreilauf defekt: Zahnräder am Anlasser und/oder Einrückritzel defekt.
Grund 2: Anlasser läuft rückwärts: Gehäuse falsch zusammengebaut oder Klemmen falsch angeschlossen.
Abhilfe: *Anlasser in eingebautem Zustand beim Elektro-Spezialisten, der Fachwerkstatt oder Bosch-Dienst überprüfen und ggf. reparieren lassen.*

Fehler: Anlasserrelais »klickt«, Motor wird vom Anlasser aber nicht durchgedreht
Grund: Batteriespannung zu niedrig.
Abhilfe: *Batterie laden und/oder erneuern.*

Grund: Anlasserkabel schlecht angeschlossen, Kurzschluss (Bruch) im Kabel.
Abhilfe: *Kabelanschlüsse ab Batterie auf festen Sitz prüfen, Korrosion beseitigen, Kabel mit Multimeter auf Durchgang prüfen.*

Grund: Kurbelwelle dreht sich nicht wegen Motorproblemen.
Abhilfe: *Man muss feststellen, ob der Motor igendwie blockiert oder festgefressen ist:*
- *Wenn ein Kickstarter vorhanden ist: Zündung AUS, Leerlauf eingelegt, Motor mit Kickstarter langsam durchdrehen.*
- *Wenn nur ein E-Starter vorhanden ist: Zündung AUS-schalten, Benzinhahn ZU, Zündkerze ausbauen, 2. Gang einlegen und versuchen, das Motorrad vorwärts oder rückwärts zu schieben: Dreht sich der Motor leicht oder blockiert?*

Fehler 1: Motor springt schlecht an, läuft nur stotternd und geht oft wieder aus
Fehler 2: Unrunder Leerlauf
Fehler 3: Ruckeliges Hochdrehen beim Gas geben
Fehler 4: Motor patscht, produziert Fehlzündungen
Grund: Benzin verschmutzt: Dreck im Tank, in den Benzinleitungen, im Vergaser (bzw. Einspritzanlage).
Abhilfe: *Benzin ablassen, Tank und Vergaser (bzw. Einspritzleitungen) reinigen, unbedingt frisches Benzin einfüllen.*

Grund: Leerlaufdrehzahl zu niedrig eingestellt.
Abhilfe: *Leerlaufdrehzahl und Leerlaufgemisch einstellen.*

Grund: Tankentlüftung verstopft.
Abhilfe: *Tankentlüftung reinigen. Prüfen, ob die Entlüftungsbohrung verschlossen ist, z. B. durch geknickten Entlüftungsschlauch und/oder aufgebauten Tankrucksack!*

Grund: Chokekolben hängt, Motor läuft deswegen zu fett.
Abhilfe: *Ausbauen, reinigen, Chokefunktion auf leichten Lauf kontrollieren.*

Grund: Falschluft wird angesaugt, weil Vergaser oder Ansaugstutzen lose oder rissig sind.
Abhilfe: *Vergaser und/oder Ansaugstutzen festschrauben, Ansaugstutzen auf Porosität untersuchen.*
■ *Anmerkung: Fehler müssen unbedingt und sofort beseitigt werden, sonst droht ein Motorschaden!*

Grund: Unterspannung in der Zündanlage.
Abhilfe: *Batterie laden, alle elektrischen Anschlüsse auf festen Sitz prüfen, Korrosion beseitigen, ggf. neue Zündkerze, Stecker und Zündkabel montieren.*

Grund: Zündkerze defekt: falscher Elektrodenabstand, Kerze hat Massenschluss.
Abhilfe: *Zündkerzenwärmewert und Zustand überprüfen, Elektrodenabstand einstellen, ggf. neue Zündkerze montieren.*

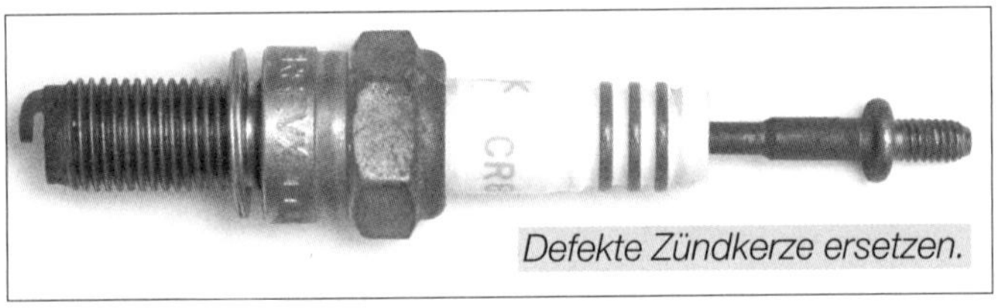

Defekte Zündkerze ersetzen.

Grund: Anschlusskabel oder Verbindungsstecker der Zündspule und Zündkerzenstecker beschädigt: In sich gebrochen, Kerzenstecker nicht richtig auf Zündkerze aufgesteckt.
Abhilfe:
■ *Zündkabel: Aus Bauteil ausziehen/ausdrehen, ein kleines Stück abschneiden und wieder einbauen/eindrehen.*
■ *Kabelschuh und kleine Stecker: Diese prüfen, ob Stecker in der Klemmung korrodiert sind und Kabel in ihren Klemmstellen korrekt sitzen.*

Zündkabel-Anschluss in Zündspule muss trocken sein.

Fehler: Motor springt schlecht an, hat geringe Leistung bei niedrigen Drehzahlen
Grund 1: Ventile falsch eingestellt, haben zu wenig Spiel.
Grund 2: Ventileinstellschrauben können lose oder die Kipphebel können verschlissen sein.
Grund 3: Nockenwelle defekt, abgenutzt.
Grund 4: Ventilfeder(n) gebrochen.
Grund 5: Falsche Ventilsteuerzeiten durch Montagefehler.
Abhilfe: *Ventilspiel prüfen und korrekt einstellen.*
■ *Dabei auf übermäßigen Verschleiß prüfen: Ventilspiel-Einstellschrauben, Kontermuttern, Kipphebel, Kipphebelachsen, Ventilfedern und Nockenlaufbahnen auf übermäßigen Verschleiß, ganz genau ansehen.*

Grund 1: Ventilsitze undicht, verbrannt, Ventilführung verschlissen, Ventil verbogen, sitzt fest.
Grund 2: Kolbenringe verklebt, verschlissen, gebrochen.
Grund 3: Zylinderlaufbahn und/oder Kolben verschlissen.
Abhilfe: *Kompression prüfen: Dazu wird ein Kompressionsdruckprüfer benötigt, der meistens nur in einer Werkstatt vorhanden ist.*
■ *Zur ersten Einschätzung der Lage kann man eine »Fingerprobe« machen: Benzinhahn ZU, Zündkerze ausbauen, Daumen fest auf Zündkerzenöffnung drücken, Motor mit Elektrostarter oder Kickstarter durchdrehen: Eine »korrekt hohe« oder »zu niedrige« Verdichtung lässt sich so zumindest mal erfühlen.*

Grund 1: Zylinderkopfdichtung undicht.
Grund 2: Zylinderkopf verzogen oder gerissen.
Abhilfe:
■ *Sichtprüfung bei stehendem Motor: Nachsehen, ob außen am Übergang von Zylinder und Zylinderkopf bzw. im Bereich der Zylinderkopfdichtung Öl austritt.*
■ *Dynamische Prüfung bei laufendem Motor: Werden Verbrennungsgase ausgestoßen? Hand nahe an die Zylinderkopfdichtung halten und eventuell austretende Gase spüren (Heiß! Respektsabstand wahren!).*

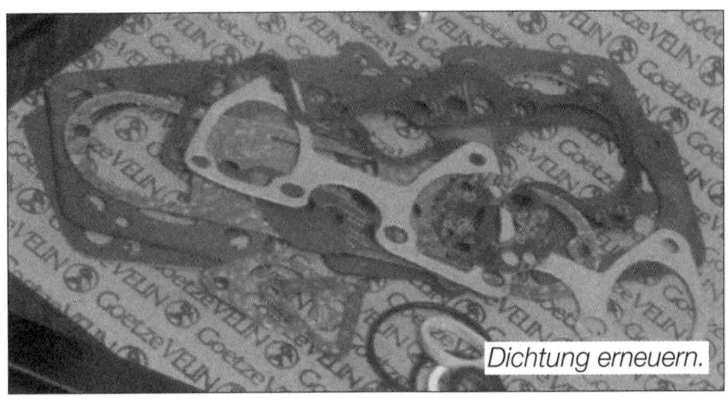

Dichtung erneuern.

Fehler: Motor hat nur geringe Leistung und braucht viel Benzin
Grund: Luftfilter verdreckt, Luftansaugsystem verstopft.
Abhilfe: *Luftfilter reinigen, eventuell erneuern. Prüfen, ob die Luftansaugöffnung(en) frei ist und der Motor ungehindert Frischluft ansaugen kann: z. B. Liegt ein Lappen unter der Sitzbank im Bereich der Luftansaugöffnung des Luftfilterkastens? Verdeckt eine zusätzliche Bordwerkzeugtasche den Ansaugschnorchel?*

Grund: Zünd-/Motorelektrik defekt.
Abhilfe: *Zuerst die Batterie prüfen, ob sie richtig angeschlossen und geladen ist.*
■ *Bei Unsicherheit über den Batterie-Ladezustand versuchsweise eine voll geladene Batterie einbauen.*
■ *Zündanlage auf trockene Anschlüsse und einwandfreie Verkabelung überprüfen.*

Grund: Unterspannung in der Zündanlage.
Abhilfe: *Batterie laden, alle elektrischen Anschlüsse auf festen Sitz prüfen, Korrosion beseitigen.*
■ *Versuchsweise neue Zündkerze, Kerzenstecker und Zündkabel montieren.*

Grund: Zündkerze defekt: falscher Elektrodenabstand, Kerze hat Massenschluss.
Abhilfe: *Zündkerzenwärmewert und Zündkerzenbild überprüfen, Elektrodenabstand überprüfen und ggf. einstellen, versuchsweise neue Zündkerze montieren.*

Fehler: Unrunder Leerlauf
Grund: Ventilspiel nicht korrekt: zu weit oder zu eng
Abhilfe: *Ventilspiel einstellen.*

Grund: Zündzeitpunkt stimmt nicht (Zündgeber lose?).
Abhilfe: *Zündzeitpunkt einstellen, Zündgeber befestigen.*

Grund: Zündkerze defekt: zu geringer oder zu großer Elektrodenabstand, Kerze hat Massenschluss.
Abhilfe: *Elektrodenabstand prüfen und einstellen, ggf. neue Zündkerze einbauen.*

Grund: Zündkerzenstecker bzw. Zündkabel haben keinen richtigen Kontakt zur Zündkerze.
Abhilfe: *Zündkabel aus Bauteil ausziehen/ausdrehen, ein kleines Stück abschneiden und wieder einbauen/eindrehen.*

Grund: Zündbox defekt.
Abhilfe: *Zündbox eines anderen Motorrads gleichen Typs versuchsweise einbauen.*
■ *Besonders auf guten Masseanschluss achten.*

Grund: Leerlauf falsch eingestellt.
Abhilfe: *Leerlauf korrekt einstellen.*

Grund: Benzin verschmutzt: Dreck im Tank, in den Benzinleitungen, im Vergaser (bzw. Einspritzleitungen).
Abhilfe: *Tank leeren und reinigen. Benzinhahn und Vergaser (bzw. Einspritzleitungen) ebenfalls reinigen.*

Fehler: Ruckeln/Zündaussetzer beim Beschleunigen
Grund: Benzin verschmutzt: Dreck im Tank, in den Benzinleitungen, im Vergaser (bzw. Einspritzleitungen).
Abhilfe: *Tank leeren und reinigen. Benzinhahn und Vergaser (bzw. Einspritzleitungen) ebenfalls reinigen.*

Grund 1: Zündkerze: falscher Elektrodenabstand, falscher Wärmewert.
Grund 2: Zündkerzenstecker nicht richtig auf Zündkerze angebracht.
Grund 3: Zündkerzenstecker schlägt durch.
Abhilfe: *Elektrodenabstand einstellen, versuchsweise neue Zündkerze einbauen.*
■ *Versuchsweise neue Zündkerzenstecker einbauen.*

Grund: Feuchtigkeit bzw. Kontaktproblem in Steckverbindungen der Motorelektrik.
Abhilfe: *Steckverbindungen kontrollieren, in Ordnung bringen.*

Grund: Vergaser falsch eingestellt.
Abhilfe: *Vergaser korrekt einstellen, auf richtige Düsen achten.*

Fehler: Motor patscht, produziert Fehlzündungen
Grund: Zündsystem defekt.
Abhilfe: *Zuerst die Batterie prüfen, ob sie richtig angeschlossen und geladen ist.*
■ *Versuchsweise eine voll geladene Batterie einbauen.*
■ *Zündanlage auf trockene Anschlüsse und einwandfreie Verkabelung überprüfen.*

Grund: Falscher Elektrodenabstand der Zündkerze.
Abhilfe: *Elektrodenabstand einstellen, versuchsweise neue Zündkerzen einbauen.*

Zündkerzen nicht in Ordnung: Reinigen oder ersetzen.

Grund: Zündsicherung defekt (Beispiel Fadensicherung: Faden sieht »ganz« aus, kann aber Wackelkontakt haben).
Abhilfe: *Sicherung auf Beschädigungen und Korrosion kontrollieren, Sicherung auf Verdacht erneuern.*

Grund 1: Luftfilterkastenanschlüsse ziehen Nebenluft.
Grund 2: Ansaugstutzen rissig, gebrochen, lose bzw. nicht richtig befestigt (Falschluft).
Abhilfe: *Vergaser und/oder Ansaugstutzen festschrauben, Ansaugstutzen auf Porosität untersuchen.*
■ *Anmerkung: Fehler müssen unbedingt und sofort beseitigt werden, sonst droht ein Motorschaden!*

Fehler: Motor zieht nicht und raucht schwarz aus dem Auspuff: Gemisch zu fett
Grund: Vergaserdüsen zu groß, Schwimmerstand zu hoch.
Abhilfe: *Kleinere (serienmäßige!) Vergaserdüsen einbauen, Schwimmerstand einstellen, Vergaser einstellen.*

Grund: Zündung defekt.
Abhilfe: *Bitte in den Zünd-Texten weiter vorne nachsehen.*

Fehler: Motor zieht nicht und raucht blau aus dem Auspuff: Motoröl gelangt in den Verbrennungsraum
Grund: Zu viel Motoröl im Motor, wird über die Motorentlüftung in den Luftfilterkasten gedrückt und dort wieder angesaugt.
Abhilfe: *Bei warmem Motor und senkrecht stehender Maschine den Ölstand kontrollieren. Dann eine kleine Menge mehr als zu viel Öl drin ist in ein sauberes Gefäß ablassen, dann Öl nach Vorgabe neu einfüllen. Luftfilter reinigen oder gleich erneuern (ist besser!).*

Grund 1: Zylinder und/oder Kolben verschlissen, haben Riefen oder Schrammen, Laufspiel von Kolben zu Zylinder zu groß.
Grund 2: Kolbenring(e) oder Ölabstreifring(e) verschlissen, gebrochen, keine Spannung mehr oder falsch montiert.
Abhilfe: *Kompression messen, wenn Wert zu niedrig: Zylinder, Kolben und Kolbenringe demontieren und Einbaumaße kontrollieren, erneuern, Zylinder ausschleifen.*

Grund 1: Ventilführungen oder Ventilschäfte abgenutzt.
Grund 2: Ventilschaftabdichtung(en) defekt.
Abhilfe: *Zylinderkopf demontieren, Einbaumaße der Ventile und Ventilführungen kontrollieren, ggf. erneuern. Neue Ventilschaftabdichtungen einbauen.*

Fehler: Motor zieht nicht richtig und wird zu heiß
Grund: Gemisch zu mager, weil Vergaserdüsen (bzw. Einspritzdüse) verstopft sind.
Abhilfe: *Benzin verdreckt! Sprit komplett aus dem Tank ablassen, Vergaser zerlegen und reinigen (bzw. Einspritzleitungen reinigen), unbedingt frisches Benzin einfüllen.*

Grund: Gemisch zu mager, weil Vergaser falsch eingestellt.
Abhilfe: *Vergaser korrekt einstellen.*
■ *Bei getuntem Motor: Größere Vergaserdüsen einbauen (mit den vom Werk vorgeschriebenen Düsengrößen beginnen!)*

Grund: Benzinleitung gequetscht, eingeklemmt, Schlauch geknickt.
Abhilfe: *Ganz genau prüfen, ob der Benzinschlauch ohne Knicke oder Klemmung vom Benzinhahn zum Vergaser verlegt ist. Ebenfalls nachsehen, ob eventuell ein Befestigungsriemen vom Tankrucksack den Benzinschlauch unter dem Tank klemmt!*

Grund: Tankentlüftung verstopft.
Abhilfe: *Tankentlüftung (ist meistens im Tankdeckel eingebaut) reinigen. Prüfen, ob die Entlüftungsbohrung z. B. durch den aufgebauten Tankrucksack verschlossen ist.*

Grund: Falschluft wird angesaugt, weil Vergaser oder Ansaugstutzen lose oder rissig sind.
Abhilfe: *Vergaser und/oder Ansaugstutzen festschrauben, Ansaugstutzen auf Porosität untersuchen. Anmerkung: Fehler müssen unbedingt und sofort beseitigt werden, sonst droht ein Motorschaden!*

Grund: Zu wenig Öl im Motor.
Abhilfe: *Öl auffüllen, korrekten Ölstand schaffen.*

Grund: Ölpumpe defekt oder Ölkreislauf verstopft.
Abhilfe: *Motor sofort abstellen, Fachwerkstatt aufsuchen!*

Grund: Starke Ölkohle-Ablagerungen im Brennraum.
Abhilfe: *Maximal zwei Liter Sprit in den Tank füllen, eine halbe Dose Brennraumreiniger zugeben, Motor einige Zeit mit wechselnder Drehzahl laufen lassen: Die Ölkohle wird eingeweicht und entfernt sich selbst.*
Sehr wichtig: *Das Kleingedruckte auf der »Brennraumreiniger«-Dose beachten, Motor nur im Freien laufen lassen, Abgase nicht einatmen!*
■ *Wenn der Motor nach einer solchen Kur wieder ordentlich läuft, war sie erfolgreich.*
■ *Wenn nicht, müssen der Zylinderkopf abgebaut und alle Rückstände der Ölkohleablagerungen im Brennraum und auf dem Kolbenboden manuell entfernt werden.*

Grund: Motor hatte einen Kolbenklemmer, läuft aber dennoch.
Abhilfe: *Zylinder und Kolben demontieren, Klemmer beseitigen.*

Grund: Bremse klemmt, gibt Bremsscheibe/Bremstrommel nicht frei, Rad deswegen schwergängig.
Abhilfe: *Nicht weiter fahren, sondern sofort die Bremse korrekt einstellen, ggf. reparieren.*

Fehler: Starke Geräuschentwicklung
Grund: Ventile falsch eingestellt: zu viel Spiel.
Abhilfe: *Ventilspiel korrekt einstellen.*

Grund: Ventilfeder gebrochen, ermüdet.
Abhilfe: *Zylinderkopf demontieren, Einbaumaße der Ventile und Ventilführungen kontrollieren, ggf. erneuern. Neue Ventilschaftabdichtungen einbauen.*

Grund: Nockenwelle und Kipphebel beschädigt: Verschlissen (abgeschabt), Härteschicht gebrochen.
Abhilfe: *Ventildeckel abschrauben, um Nockenwellen und Kipphebel ansehen zu können, Teile ganz genau ansehen: Bei Beschädigung erneuern.*

Grund: Steuerkette lose.
Abhilfe: *Steuerkette spannen.*

Grund: Steuerkettenspanner defekt.
Abhilfe: *Steuerkettenspanner ausbauen, kontrollieren, instand setzen.*

Grund: Kurbelwellenhaupt- oder Pleuellager verschlissen.
Abhilfe: *Motor muss zerlegt werden: Lager optisch und maßlich kontrollieren hinsichtlich aller Einbau- und Verschleißmaße. Kurbelwelle immer nur komplett neu lagern.*

Grund 1: Zylinder und/oder Kolben verschlissen.
Grund 2: Kolben gebrochen.
Grund 3: Kolbenbolzen oder Kolbenbolzenbohrung verschlissen.
Abhilfe: *Zylinder und Kolben demontieren. Teile begutachten, vermessen: Neue Kolbenringe und/oder neue Kolben bei Bedarf. Alternative: Zylinder ausschleifen, neue Kolben einbauen.*

Grund: Getriebelager verschlissen.
Abhilfe: *Motor bzw. Getriebe muss zerlegt werden: Alle Lager optisch und technisch kontrollieren, Getriebe immer komplett neu lagern.*

Fehler: Motor klopft
Grund: Zündzeitpunkt zu früh.
Abhilfe: *Zündung richtig einstellen.*

Grund: Übermäßige Ölkohleablagerung an der Kolbenoberseite oder im Brennraum.
Abhilfe: *Maximal zwei Liter Sprit in den Tank füllen, eine halbe Dose Brennraumreiniger zugeben, Motor einige Zeit mit wechselnder Drehzahl laufen lassen: Die Ölkohle wird eingeweicht und entfernt sich selbst.*
Sehr wichtig: *Das Kleingedruckte auf der »Brennraumreiniger«-Dose beachten, Motor nur im Freien laufen lassen, Abgase nicht einatmen!*
■ *Wenn der Motor nach einer solchen Kur wieder ordentlich läuft, war sie erfolgreich; wenn nicht, müssen die Zylinderköpfe abgebaut und die restlichen Rückstände der Ölkohleablagerungen im Brennraum und auf dem Kolbenboden manuell entfernt werden.*

SCHMIERSYSTEM

Fehler: Ölstand zu niedrig, hoher Ölverbrauch
Grund: Zu wenig Öl im Motor.
Abhilfe: *Öl auffüllen, korrekten Ölstand schaffen.*

Grund: Öl läuft aus, Dichtungen lassen Öl durch.
Abhilfe: *Sind kurz nach dem Abstellen Ölflecken unter dem Motorrad, ist Ölnebel am Motor?*
■ *Undichte Stelle suchen: Ausgetretenes Öl mit sauberem Lappen abwischen. Leckstelle beobachten: Wenn weiterhin Öl austritt, entsprechende Dichtung(en) erneuern.*

Grund: Zylinder, Kolbenringe und/oder Ölabstreifringe verschlissen, gebrochen oder falsch eingebaut.
Grund 1: Kolben gebrochen.
Grund 2: Öl wird durch Überdruck im Motorgehäuse aus der Entlüftung gedrückt: verschlissene Kolbenringe, Ventilführungen oder Ventilschaftdichtungen.
Abhilfe: *Zylinder und Kolben demontieren. Teile begutachten und vermessen: Neue Kolbenringe und/oder neue Kolben bei Bedarf. Besser: Zylinder ausschleifen, neue Kolben einbauen.*

Fehler: Öl stark verschmutzt
Grund: Öl zu alt, Öl und Ölfilter nicht rechtzeitig gewechselt.
Abhilfe: *Öl und Ölfilter wechseln nach Vorgabe.*

Verstopfter (links) und neuer Ölfilter.

Grund 1: Auslass-Ventilführungen verschlissen.
Grund 2: Auslass-Ventilschaftabdichtung(en) defekt.
Abhilfe: *Zylinderkopf demontieren, Einbaumaße aller Ventile und Ventilführungen kontrollieren, ggf. erneuern. In jedem Fall: Neue Ventilschaftabdichtungen einbauen.*

Fehler: Öl stark verdünnt
Grund: Kolbenringe verschlissen oder gebrochen, weswegen angesaugtes Gemisch aus dem Verbrennungsraum am Kolben vorbei ins Öl gelangt.
Abhilfe: *Zylinder und Kolben demontieren. Teile begutachten und vermessen: Neue Kolbenringe und/oder neue Kolben bei Bedarf. Besser: Zylinder ausschleifen, neue Kolben einbauen.*

Fehler: Ölkontrollleuchte brennt und signalisiert: »Öldruck zu niedrig«
Grund 1: Ölstand zu niedrig.
Grund 2: Zu dünnes Öl im Motor.
Abhilfe: *Öl auffüllen, ggf. wechseln, korrekten Ölstand schaffen. Öl mit einer vom Hersteller empfohlenen Viskosität verwenden.*

Grund: Öldruck zu niedrig, weil die Ölpumpe oder ihr Antrieb defekt ist.
Abhilfe: *Motor sofort abstellen, Fachwerkstatt aufsuchen.*

Grund: Falscher Ölfilter montiert (meist ist dieser zu kurz), Scheibe zwischen Ölfilter und Feder vergessen einzubauen, Öl läuft daran vorbei und es kann sich kein Öldruck aufbauen.
Abhilfe: *Vorgeschriebenen Ölfilter einbauen. Beilagscheiben in korrekter Position einbauen.*

Kraftübertragung

Fehler: Kupplung rutscht beim Beschleunigen durch
Grund: Graphit- oder Molybdänzusatz im Öl.
Abhilfe: *Öl erneuern! Öl mit der vom Fahrzeughersteller empfohlenen Viskosität ohne jegliche Zusätze verwenden.*

Grund 1: Kupplungsbeläge verschlissen, abgenutzt oder ausgebrochen.

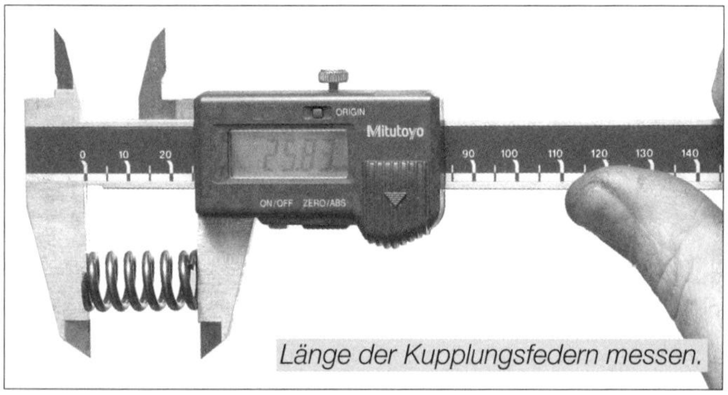

Länge der Kupplungsfedern messen.

Grund 2: Kupplungsfedern ermüdet.
Grund 3: Kupplungs-Scheibe(n) verzogen, verschlissen.
Abhilfe: *Kupplung ausbauen, Einbau- und Verschleißmaße kontrollieren, verschlissene Teile erneuern.*

Fehler: Kupplung rückt nicht aus
Grund 1: Kupplungsscheibe(n) verzogen.
Grund 2: Kupplungs-Ausrückmechanismus defekt.
Abhilfe: *Kupplung ausbauen, Einbau- und Verschleißmaße kontrollieren, verschlissene Teile erneuern.*

Grund: Kupplungszug nicht richtig eingestellt, defekt.
Abhilfe: *Kupplungszug am Handgriff und unten am Motor korrekt einstellen.*

Fehler: Kupplung rupft bei Betätigung
Grund 1: Klauen der Kupplungs-Reibscheiben im Kupplungskorb eingeschlagen.
Grund 2: Klauen der Kupplungs-Stahlscheiben in der Kupplungsnabe eingeschlagen.
Grund 3: Belag der Kupplungsreibscheiben ausgebrochen, verbrannt.
Abhilfe: *Kupplung ausbauen, eingeschlagene Stellen im Kupplungskorb und in der Kupplungsnabe abfeilen, Kupplungsscheiben komplett erneuern.*

Grund: Kupplungszug nicht richtig eingestellt, defekt.
Abhilfe: *Kupplungszug am Handgriff und am unteren Widerlager korrekt einstellen. Beschädigten Zug erneuern, auf korrekte Verlegung achten.*

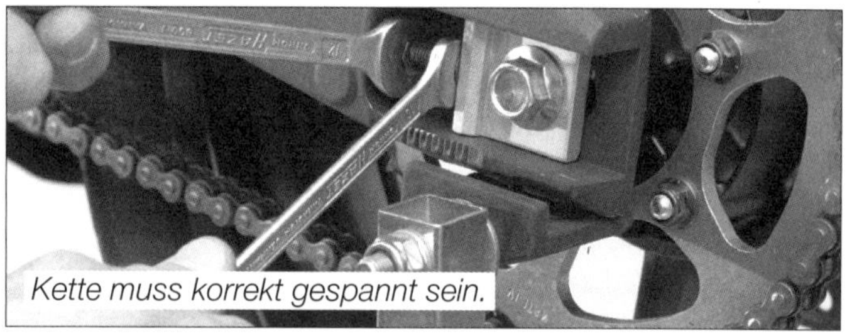
Kette muss korrekt gespannt sein.

Grund: Kette so lose, dass sie über Kettenritzel und Kettenrad springt.
Abhilfe: *Kette korrekt spannen. Verschleiß von Kettenritzel und Kettenrad kontrollieren.*

Fehler: Motorrad ruckelt bei langsamer Fahrt, unregelmäßiges Geräusch vom Hinterradantrieb her
Grund: Kette verzogen, unregelmäßig gelängt.
Abhilfe: *Kette auf Verschleiß kontrollieren, ggf. Kette und Kettenräder ersetzen.*

Grund 1: Lager im Antrieb ausgeschlagen.
Grund 2: Hinterradlager ausgeschlagen.
Abhilfe: *Motorrad so aufbocken, dass Hinterrad frei ist, Hinterrad drehen und daran wackeln: Defekte Lager lassen sich so feststellen. Lager erneuern!*

Fehler: Motorrad schiebt sich schwer, dabei knackendes Geräusch vom Antrieb her
Grund: Lager im Getriebe oder im Hinterachsantrieb (Kardan) defekt.
Abhilfe: *Öl aus Motor ablassen und auf Sicht sowie zwischen den Fingerspitzen reiben und prüfen: Wenn Abrieb oder Späne im Öl, sind das Hinweise auf Schäden. Baugruppe demontieren, zerlegen, Lager erneuern.*

Grund: Hinterradlager ausgeschlagen.
Abhilfe: *Motorrad so aufbocken, dass Hinterrad frei ist, Hinterrad drehen und daran wackeln: Defekte Lager lassen sich so feststellen. Lager erneuern!*

Grund 1: Achse verbogen.
Grund 2: Achsdistanzen falsch eingebaut oder vergessen.
Abhilfe: *Motorrad aufbocken, Räder und Achsen ausbauen, kontrollieren ob Achsdistanzen vorhanden sind und richtig sitzen. Achse auf Verbiegung kontrollieren: Verbogene Achse nicht richten, sondern erneuern.*

Grund: Bremsen defekt: Bremskolben festgefressen, Bremsklötze in den Bremssätteln nicht freigängig.
Abhilfe: *Motorrad so aufbocken, dass Vorder- und Hinterrad frei sind, Bremsscheiben auf Riefen und blaues Anlaufen hin kontrollieren, Bremsbeläge kontrollieren.*
■ *Bei Zweifeln: Räder ausbauen, Bremse reparieren.*

Grund: Trommelbremse defekt: Bremsbackenlager festgefressen, Bremsfedern ziehen die Bremsbacken nicht zurück.
Abhilfe: *Wenn der Bremshebel nicht von selbst in seine Nulllage zurückgeht, ist dies ein Zeichen für einen festgefressenen Bremsbacken: Motorrad so aufbocken, dass Vorder- und Hinterrad frei sind, Vorder- und Hinterradbremse einzeln prüfen, Seilzüge auf Beschädigung kontrollieren.*
■ *Wenn Bremsbacken fest ist: Bremse zerlegen und reinigen.*

Fahrwerk

LENKUNG UND FRONTPARTIE

Fehler 1: Lenkung schwergängig
Fehler 2: Motorrad zieht nach einer Seite
Grund: Reifenluftdruck zu niedrig.
Abhilfe: *Reifenluftdruck bei kalten Reifen prüfen, korrigieren.*

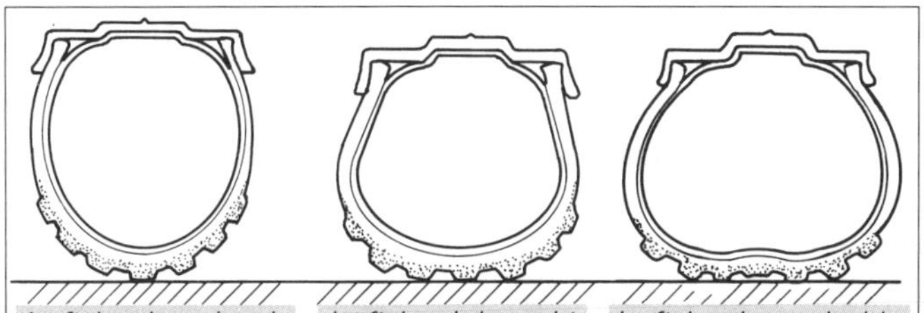
Luftdruck zu hoch | Luftdruck korrekt | Luftdruck zu niedrig

Grund: Bowdenzüge oder Kabel falsch verlegt.
Abhilfe: *Bowdenzüge und Kabel im Bereich des Lenkkopfs auf Knick- oder Scheuerstellen kontrollieren. Kontrolle auch bei voll nach links und rechts eingeschlagenem Lenker durchführen.*

Grund: Lenkkopflager stark verschmutzt, verrostet, trocken (= nicht geschmiert).
Abhilfe: *Motorrad so aufbocken, dass die Lenkung frei ist. Lenkkopflager von außen genau auf Verschmutzung kontrollieren: Wenn das Lenkkopflager schlecht geschmiert, verdreckt und/oder verrostet ist, ist dies an auslaufenden Rostschlieren zu sehen. Ggf. mit Ölspray einsprühen, ziehen lassen und genau beobachten, ob das Ölspray wieder stark verschmutzt ausläuft. Mehrmals einsprühen und kontrollieren, woher die Verschmutzung tatsächlich stammt. Bei Bedarf zerlegen, reinigen und neu einfetten.*

Grund: Fremdteile im Bereich Gabel, Gabelbrücken, Verkleidung, Verkleidungshalter.
Abhilfe: *Gabel, Gabelbrücken, Verkleidung und Halter auf Fremdteile hin absuchen, diese entfernen.*

Grund: Lenkkopflagermutter(n) zu fest angezogen.
Abhilfe: *Motorrad so aufbocken, dass das Vorderrad frei steht. Lenker von Anschlag zu Anschlag schwenken: Falls das Lager zu fest eingestellt ist, hakt die Lenkung beim Einschlagen.*
Grund: Lenkkopflager defekt, z. B. Lagerrollen in Sitz eingeschlagen oder gebrochen.

Defektes Lenkkopflager.

Abhilfe: *Motorrad so aufbocken, dass das Vorderrad frei steht. Lenker von Anschlag zu Anschlag schwenken: Wenn der Lenker in einer Stellung einrastet, sind die Lenkkopflager schadhaft und müssen erneuert werden.*

Grund 1: Gabelbeine verzogen/ungleich eingestellt.
Grund 2: Gabelstandrohr(e) und/oder Tauchrohr(e) verbogen.
Abhilfe: *Zunächst Gabelöl wechseln, vorgeschriebene Menge und Viskosität einfüllen.*
■ *Alle Schrauben im Bereich der Gabelstandrohre lösen und mit vorgeschriebenem Drehmoment neu anziehen. Tritt keine Verbesserung ein, Gabel ausbauen und reparieren.*

Grund: Vorderradachse verbogen.
Abhilfe: *Vorderachse ausbauen, auf Verbiegung kontrollieren. Falls die Achse mehr als 0,2 mm Schlag hat, Achse erneuern.*

Grund: Radachsdistanzen falsch eingebaut.
Abhilfe: *Motorrad aufbocken, Räder und Achsen ausbauen, auf richtigen Sitz und vorhandene Achsdistanzen kontrollieren. Falls Schleifspuren vorhanden sind, ist dies ein Hinweis auf falsch eingebaute Radachsdistanzen.*

Grund: Radlager ausgeschlagen.
Abhilfe: *Motorrad so aufbocken, dass Vorder- und Hinterrad frei sind. Am Rad wackeln: Ist spürbares Spiel festzustellen, dann sind die Lager ausgeschlagen.*

Grund: Schwingenlager verschlissen.
Abhilfe: *Motorrad so aufbocken, dass das Hinterrad frei steht. Am Hinterrad quer zur Fahrtrichtung wackeln, Schwinge beobachten: Wenn Spiel spürbar, sind die Lager verschlissen.*

Grund: Hinterradschwinge verbogen, Rad läuft aus der Spur.
Abhilfe: *Schwinge auf von außen sichtbare Risse oder Beschädigungen überprüfen. Steht das Hinterrad sichtbar schief? Falls von außen keine Schäden sichtbar sind, Spur in Fachwerkstatt vermessen lassen.*

Grund: Rahmen verzogen.
Abhilfe: *Rahmen in Fachwerkstatt vemessen lassen.*

Fehler: Vorderrad flattert
Grund: Lenkkopf, Achse und Klemmschrauben lose.
Abhilfe: *Lenkkopf, Achse und Klemmschrauben auf Festsitz kontrollieren, mit vorgeschriebenem Drehmoment festziehen.*

Grund: Tauchrohre der Gabel zueinander verspannt oder verklemmt, Gabel kann nicht frei federn.
Abhilfe: *Motorrad so aufbocken, dass das Vorderrad frei steht, Tauchrohre und Gabel auf Klemmstellen prüfen, ggf. alle Befestigungsschrauben lösen und neu anziehen, um mögliche Verspannung zu beseitigen.*

Grund: Rad verzogen, hat zu viel Seitenschlag (»eiert«).
Abhilfe: *Rad ausbauen, auf Schlag kontrollieren. Bei Speichenrädern hilft oft Nachspannen der Speichen.*

Grund: Vorderradlager ausgeschlagen, defekt (Kugeln gebrochen).
Abhilfe: *Motorrad so aufbocken, dass das Vorderrad frei steht. Falls es im Lager beim Drehen knackt und das Rad Luft hat, ist dies ein Hinweis auf defekte Lager.*

Grund 1: Reifen falsch montiert, sitzt nicht richtig in der Felge (»eiert«), Laufrichtung nicht beachtet.
Grund 2: Reifen defekt oder unwuchtig.
Abhilfe: *Vorder- und Hinterradreifen auf richtigen Sitz und Laufrichtung kontrollieren. Luftdruck kontrollieren, Ventilkappe aufsetzen! Wuchtgewichte auf Vollständigkeit und festen Sitz prüfen.*

TELEGABEL, VORDERRADFEDERUNG

Fehler: Federung zu weich
Grund: Zu geringer Reifendruck.
Abhilfe: *Reifenluftdruck bei kalten Reifen kontrollieren, korrekten Luftdruck einstellen.*

Grund: Zu wenig Gabelöl/falsche Viskosität (zu dünnes Öl).
Abhilfe: *Gabelöl wechseln und vorgeschriebene Menge mit entsprechender Viskosität einfüllen.*

Grund: Gabeltragfedern ermüdet.
Abhilfe: *Telegabel ausbauen, überholen.*

Fehler: Federung zu hart
Grund: Zu hoher Reifendruck.
Abhilfe: *Reifenluftdruck bei kalten Reifen kontrollieren und korrekten Luftdruck einstellen.*

Grund: Gabelbeine verbogen/verzogen (deutet auf Unfall oder Sturz hin).
Abhilfe: *Telegabel ausbauen, vermessen, reparieren.*

Grund: Gabelöl: zu viel, zu dick.
Abhilfe: *Gabelöl wechseln, vorgeschriebene Menge mit entsprechender Viskosität einfüllen.*

Grund: Gabelbeine verspannt eingebaut.
Abhilfe: *Motorrad so aufbocken, dass das Vorderrad frei ist, Vorderradachse/Mutter lösen, Gabelbeine auf leichtes Gleiten prüfen.*
■ *Alle Befestigungsschrauben lösen und neu anziehen, um mögliche Verspannung zu beseitigen.*

Grund: Vorderradachse verbogen.
Abhilfe: *Vorderradachse ausbauen, auf Schleifspuren oder Riefen kontrollieren. Falls die Achse sichtbar verbogen ist, gegen eine neue Achse tauschen.*

Fehler: Geräusche beim Einfedern
Grund: Bowdenzug knarzt an Kante der Verkleidung.
Abhilfe: *Bowdenzug richtig verlegen.*

Grund 1: Gabelgleitrohre/Führungsbuchsen abgenutzt.
Grund 2: Telegabel-Anbauteile lose: Gabelbrücken, Kotflügel, Vorderradachse.
Grund 3: Gabelinnereien lose, gebrochen.
Abhilfe: *Bei losen Anbauteilen: Anbauteile mit richtigem Anziehdrehmoment festziehen, sonst: Telegabel ausbauen und zerlegen.*

Grund: zu wenig Gabelöl in den Gabelbeinen.
Abhilfe: *Gabelöl in der vorgeschriebenen Menge einfüllen.*

Grund: Lenkkopflager lose oder schon defekt.
Abhilfe: *Lenkkopflager nachstellen, Probefahrt: Wenn das Klackergeräusch beim Bremsen verschwunden ist, weiterhin beobachten: Wenn es nach kurzer Zeit wieder auftritt, sind die Lenkkopflager verschlissen und müssen erneuert werden.*

HINTERRADSCHWINGE, -FEDERUNG

Fehler: Klackgeräusche beim Ein- und Ausfedern
Grund: Federbeinbefestigung lose/ausgeschlagen.
Abhilfe: *Federbeinbefestigung kontrollieren, ggf. festziehen. Auch kontrollieren, ob alle Distanzbuchsen in der Federbeinbefestigung eingebaut sind.*

Grund: Feder reibt am Stoßdämpfergehäuse. Feder kann gebrochen, in den Windungen zueinander verschoben sein.
Abhilfe: *Federbein(e) instand setzen.*

Grund: Hinterradlager ausgeschlagen.
Abhilfe: *Motorrad so aufbocken, dass Hinterrad frei ist, Hinterrad drehen und daran wackeln: Defekte Lager lassen sich so feststellen. Ggf. Lager wechseln!*

Fehler: Federung zu weich oder zu hart
Grund: Reifendruck zu niedrig bzw. zu hoch.
Abhilfe: *Reifenluftduck korrekt einstellen.*

Grund: Stoßdämpferfeder ermüdet.
Abhilfe: *Feder prüfen.*

Grund: Federung falsch eingestellt.
Abhilfe: *Richtig einstellen.*

Grund: Federbein undicht (Gas- und/oder Ölleck) und/oder Dämpferstange verbogen.
Abhilfe: *Federbein überholen oder erneuern.*

Grund: Schwingenlager defekt: Nicht geschmiert, Lager festgefressen.
Abhilfe: *Wenn Schmiernippel vorhanden: Satt abschmieren. Wenn keine vorhanden: zerlegen, reinigen, schmieren, defekte Teile erneuern.*

RÄDER

Wichtige Anmerkung: In den folgenden Unterkapiteln »Räder«, »Bremsen« und »Elektrik« nennen wir auftretende »Fehler« und die »möglichen Gründe« dafür. Wegen der Vielfalt und Komplexität der Lösungsmöglichkeiten können wir nur die wichtigsten Tipps zur Problembehebung geben. Sehen Sie auch bitte in den Kapiteln nach, in denen die Themen in Bild und Text behandelt werden.

Fehler: Trommeln oder seitliches Flattern des Rades
Mögliche Gründe:
- Felge verzogen, starker Seitenschlag (»eiert«): ***Abhilfe:*** *Felgenrad zentrieren, neue Felge einbauen.*
- Reifen defekt oder unwuchtig: ***Abhilfe:*** *Neuen Reifen aufziehen.*
- zu geringer Reifendruck: ***Abhilfe:*** *Luftdruck auf vorgeschriebenen Wert bringen.*
- Reifen sitzt nicht richtig in der Felge: ***Abhilfe:*** *Luft ablassen, Reifenseitenwände ins Tiefbett der Felge schieben, Reifenmontagepaste sparsam (!) zwischen Reifenwulst und Felge einschmieren, 3,5 bar Luftdruck auf den Reifen geben: Jetzt müsste er sich mit einem lauten »Plopp!« richtig auf die Felge setzen! Wenn »ja«, vorschriftmäßigen Luftdruck auf den Reifen geben, wenn »nein«, neuen Reifen montieren.*
- Radschrauben (Achse) und Muttern lose: ***Abhilfe:*** *Umgehend anhalten und alle Radschrauben und Achsmuttern mit dem vorgeschriebenen Drehmoment festziehen.*
- Radlager gebrochen: ***Abhilfe:*** *Sofort anhalten, bitte nicht mehr weiterfahren, neue Radlager einbauen.*
- Schwingenlagerung defekt: ***Abhilfe:*** *Hinten am Ende der Hinterradschwinge seitlich zur Fahrtrichtung wackeln. Wenn die Schwinge viel seitliches Spiel hat, umgehend neue Schwingenlager einbauen.*

Rad auf Rundlauf kontrollieren.

Fehler: Rad schwergängig
Mögliche Gründe:
- Radlager defekt: ***Abhilfe:*** *Bitte nicht mehr fahren, neue Radlager einbauen.*
- Achse verbogen: ***Abhilfe:*** *Auch hier gilt: Nicht fahren, sondern sofort eine neue Achse einbauen. Auch die Radlager püfen!*
- Bremse schleift: ***Abhilfe:*** *NICHT mehr fahren! Problem lokalisieren und beheben.*

BREMSEN

Fehler 1: Schlechte Bremsleistung
Fehler 2: Bremse quietscht, hat zu wenig Bremsleistung
Mögliche Gründe:
- Bowdenzug schwergängig, geknickt, innen aufgespleißt, Nippel im Nippellager schwergängig: ***Abhilfe:*** *Neuen Bremszug einbauen.*
- Radbremshebel schwergängig oder lose: ***Abhilfe:*** *Bremse zerlegen, reinigen, Gleitstellen sparsam einfetten (nur Bremsenfett dazu nehmen!), sauber wieder zusammenbauen.*
- Luft im Hydrauliksystem: ***Abhilfe:*** *Bremse entlüften, am besten neue Bremsflüssigkeit einfüllen.*
- Bremssystem undicht: ***Abhilfe:*** *Leckstelle suchen, finden, reparieren!*
- Bremsbeläge abgenutzt, verschmutzt, verglast: ***Abhilfe:*** *Neue Bremsbeläge einbauen.*
- Bremsscheibe(n) verschmutzt, riefig oder »geschirmt« (durch Überhitzung tellerförmig aufgeworfen): ***Abhilfe:*** *Neue Bremsscheibe(n) einbauen.*

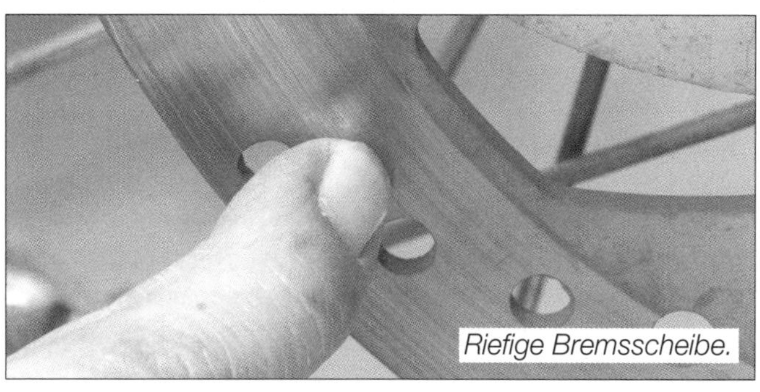
Riefige Bremsscheibe.

- Bremsscheibe(n) oder Bremstrommel wegen undichtem Radlager-Simmerring mit Fett verschmiert: ***Abhilfe:*** *Reinigen, neuen Simmerring einbauen, Radlager kontrollieren!*
- Kolben im Bremssattel schwergängig: ***Abhilfe:*** *Bremssattel überholen.*
- Dichtringe der Bremskolben im Bremssattel gequollen, verformt: ***Abhilfe:*** *Bremssattel überholen.*

Fehler: Bremshebel wippt, pumpt, pulsiert (»Bremse rubbelt«)
Mögliche Gründe:
- Bremsscheibe hat zu viel Seitenschlag (»eiert«).
- *oder:* Bremsscheibe unterschiedlich dick (ab 2/100 mm können Probleme auftreten).
- *oder:* Bremstrommel oder Bremsscheibe verzogen, gerissen: ***Abhilfe:*** *Neue Bremsscheibe einbauen.*
- Bremsscheiben-Befestigungsschrauben lose: ***Abhilfe:*** *Schrauben/Muttern festziehen mit dem vorgeschriebenen Anziehdrehmoment. VORHER aber nachsehen, ob die Schrauben, Muttern und/oder die Gewinde in der Radnabe in Ordnung sind oder durch das »lose« gelitten haben.*
- Bremskolben im Bremssattel einseitig fest: ***Abhilfe:*** *Bremssattel überholen.*
- *oder:* Bremsbelag falsch, Trägerplatte zu klein, zu viel Spiel im Bremssattel: ***Abhilfe:*** *Passende Bremsklötze einbauen.*

Fehler: Nachlassende Bremswirkung unter starker Belastung (z. B. bei Passabfahrten), Hebelweg wird länger, Bremse wird »teigig«
Mögliche Gründe:
- Bremsflüssigkeit überaltert, sie »kocht sich auf«: ***Abhilfe:*** *Umgehend Bremsflüssigkeit erneuern!*
- Bremsbeläge schräg/total abgenutzt: ***Abhilfe:*** *Neue Bremsklötze einbauen.*
- Bremsbeläge ausgebrochen oder von der Trägerplatte gerissen: ***Abhilfe:*** *Neue Bremsklötze einbauen, evtl. Bremssattel überholen.*

Fehler: Bremse schleift
Mögliche Gründe:
- Bremsbelag, Bremsscheibe oder Bremstrommel verschmutzt: ***Abhilfe:*** *Teile sorgfältig reinigen, evtl. neue Bremsklötze/Bremsbacken einbauen.*
- Rad nicht korrekt eingebaut: ***Abhilfe:*** *Radbefestigungsschrauben und Muttern lösen, Rad in korrekte Position bringen, Schrauben und Muttern mit dem vorgeschriebenen Anziehdrehmoment festziehen.*
- Bremsschlauch bzw. Hydrauliksystem verstopft: ***Abhilfe:*** *Alte Bemsflüssigkeit ablassen, neue Bremsflüssigkeit einfüllen, Bremskreislauf entlüften.* ***Sehr wichtig:*** *Nach dem Grund der Verstopfung suchen und diese beheben!*
- Bremsscheibe verzogen oder verformt: ***Abhilfe:*** *Neue Bremsscheibe einbauen.*
- Bremskolben im Bremssattel einseitig fest: ***Abhilfe:*** *Bremssattel überholen.*
- Trommelbremse: Bremsbackenfedern lose, gebrochen oder haben keine Spannung mehr, Bremswelle oder Bremsnocken schwergängig, Bowdenzug schwergängig: ***Abhilfe:*** *Bremse überholen, neuen Bremszug einbauen.*

Elektrik, Beleuchtungsanlage

BATTERIE, ZÜNDUNG UND BORDELEKTRIK

Fehler 1: Kein oder nur schwacher Strom bei eingeschalteter Zündung, Anlasser dreht langsam durch, Motor springt nicht an
Fehler 2: Schwacher Strom bei laufendem Motor
Fehler 3: Zeitweilig aussetzender Strom
Mögliche Gründe:
- Batterie leer, zu niedrige Spannung (nicht aufgeladen).
- *oder:* Säurestand zu niedrig, spezifische Säuredichte zu gering.
- *oder:* Störung im Ladesystem.
- *oder:* Batterieanschlüsse lose: ***Abhilfe:*** *Batterie ausbauen, laden, Anschlüsse korrekt befestigen.*
- Anlasserkabel lose: ***Abhilfe:*** *Vor dem Befestigen erst einmal ganz losschrauben, Kontaktstellen blank putzen und dann korrekt anschrauben.*
- Regler/Gleichrichter defekt oder Störung im Ladekreis: ***Abhilfe:*** *Vor Kauf eines neuen Reglers/Gleichrichters erst mal ein gebrauchtes Bauteil anschrauben und testen.*
- lose Kabelanschlüsse (»Wackelkontakte«) ***Abhilfe:*** *Wackelige Kontakte ganz losschrauben, Kontaktstellen blank putzen und dann korrekt anschrauben.*
- Sicherung(en) defekt: ***Abhilfe:*** *Neue Sicherung einbauen.*
- Kurzschluss in der Anlage, im Kabelbaum: ***Abhilfe:*** *Stecker um Stecker trennen, bis der entsprechende Kabelbaumabschnitt lokalisiert ist.*

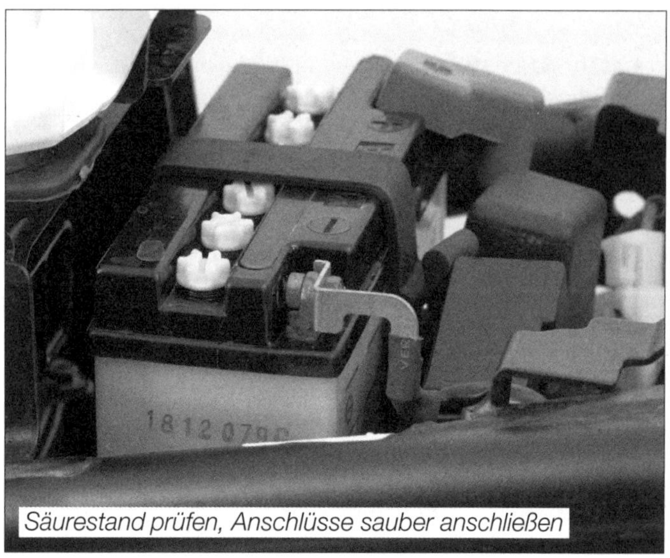

Säurestand prüfen, Anschlüsse sauber anschließen

Fehler: Kein Funke an den Zündkerzen
Mögliche Gründe:

- Motorabstellschalter auf »Off« oder defekt: ***Abhilfe:*** *Schalter auf »On« stellen. Wenn es das nicht ist, den Schalter öffnen und nachsehen, ob er innen korrodiert ist. Schalter testweise überbrücken, evtl. neuen Schalter einbauen.*
- Stromkreisunterbrechung bzw. Kontaktmangel durch schlecht angeschlossene(s) oder gerissene(s) Kabel: ***Abhilfe:*** *Kabelschadstelle suchen, gerissenes Kabel löten oder ein neues Stück einbauen.*

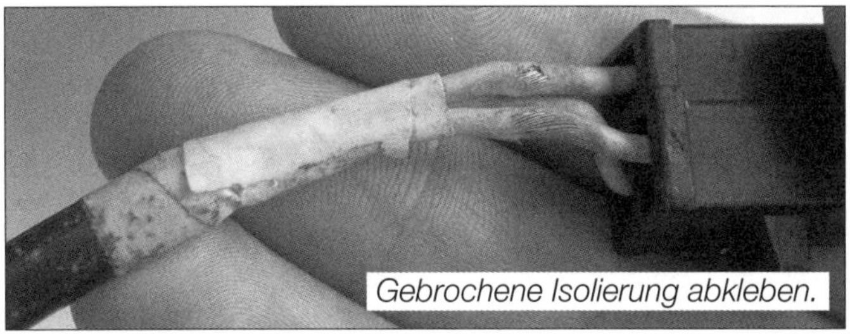
Gebrochene Isolierung abkleben.

- Zündimpulsgeber oder Zündspule defekt: ***Abhilfe:*** *Zündimpulsgeber und/oder Zündspule durchmessen. Die vorgeschriebenen Werte gibt's beim Yamaha-Motorradhändler.*
- Zündschloss defekt: ***Abhilfe:*** *Zündschloss in den einzelnen Stellungen mit einem Multimeter durchmessen.*
- Seitenständerschalter defekt: ***Abhilfe:*** *Stecker der beiden vom Seitenständer abgehenden Kabel suchen, Stecker trennen, Kontaktstellen überbrücken, ggf. neuen Schalter anbauen.*
- Batterie nicht ausreichend geladen: ***Abhilfe:*** *Siehe Texte weiter vorne zum Thema »Batterie laden«.*

BELEUCHTUNG

Fehler: Schwaches Licht
Mögliche Gründe:

- schlechte oder verschmutzte elektrische Kontakte, falsche Lampe eingebaut: ***Abhilfe:*** *Verbindungen prüfen, Anschlüsse blank putzen, Glühlampenstärke überprüfen, Lampe erneuern.*

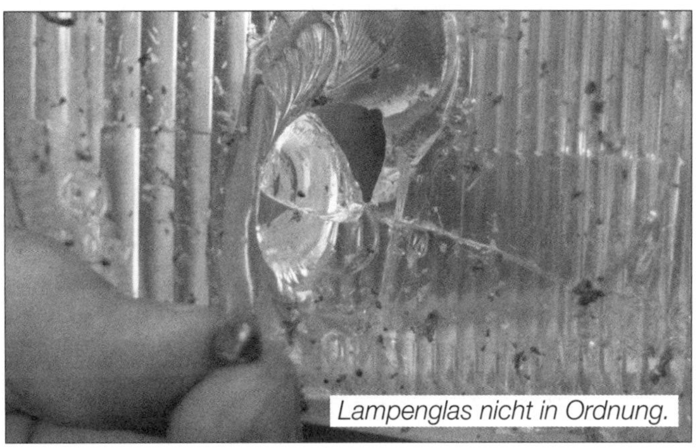
Lampenglas nicht in Ordnung.

Fehler: Scheinwerfer-/Rücklichtlampe brennt immer wieder durch
Abhilfe 1: *Masseverbindungen überprüfen, abschmirgeln, sicher befestigen; Vibrationen oder Wackelkontakte in der Zuleitung; Lampe mit zu geringer Wattzahl eingebaut.*
Abhilfe 2: *Stromführendes Kabel hat Masseschluss: Masseverbindungen überprüfen, Anschlüsse blank putzen, Verbindungen und Schalter prüfen.*

Fehler: Beleuchtung komplett ausgefallen
Mögliche Gründe:

- Zündschloss oder Kabelstrang defekt, Steckerverbindung defekt: ***Abhilfe:*** *Kabelstrang zum Schalter untersuchen, Zündschloss überprüfen.*

Fehler: Scheinwerfer- oder Rücklichtlampe brennt nicht
Mögliche Gründe:
Glühlampe(n) defekt, Sitz korrodiert; schlechte Masseverbindung; Kabelstrang zur Lampe unterbrochen:
Abhilfe: *Glühlampe erneuern, Korrosion beseitigen; Masseverbindung mit Hilfskabel überbrücken, sicheren Massekontakt schaffen; Prüfung durch Hilfskabel, Kabelstrang erneuern.*

Raum für Notizen

Anziehdrehmomente

In diesem Kapitel werden die von Yamaha vorgeschriebenen Anzieh-Drehmomentwerte der meisten Schraubverbindungen der beiden Modelle **Yamaha YZF-R 125** (wassergekühlt) und **YBR 125** (luftgekühlt) aufgelistet. Die jeweiligen Werte gelten als Anhaltspunkte für alle anderen Modelle mit Wasser- und Luftkühlung. Wenn Sie ganz sicher gehen wollen, dann besorgen Sie sich rechtzeitig vor Beginn der Schraubarbeiten beim Yamaha-Händler die aktuell vorgeschriebenen Anziehdrehmomentwerte für die zu bearbeitende Baugruppe.

Voraussetzungen

Eine wichtige Voraussetzung zum korrekten Anziehen aller Schrauben und Muttern ist, dass die Gewinde und Anlageflächen unbeschädigt und frei von Schmutz sind.

■ Sollten Schraubgewinde verschmutzt sein, reinigen Sie diese NICHT mit einer Stahlbürste, denn die kann das Gewinde beschädigen, sondern verwenden Sie eine Bürste mit feinen Messingborsten. Schrauben mit verrostetem oder beschädigtem Gewinde müssen durch Neuteile ersetzt werden.

■ An einigen Schraubverbindungen ist die Verwendung von Schraubensicherung vorgeschrieben. Überall in Werkstätten zu Hause ist »Loctite« in den drei verschiedenen Klebequalitäten »leicht«, »mittelfest« und »hochfest«. Die am meisten benötigte Qualität ist »mittelfest«, die wird verwendet, wenn hohe Festigkeit verlangt wird und die damit gesicherten Schrauben ohne Zerstörung des Gewindes wieder gelöst werden müssen.

■ Ausgedrehte Schrauben, an denen Reste von Schraubensicherung hängen, werden vor der Wiederverwendung mit einer Zündkerzen- bzw. Messingbürste gereinigt. Schrauben, Muttern und Unterlagscheiben vor dem Einbau etwas einölen. Normales Motorenöl dazu verwenden.

Schrauben und Muttern allgemein

Schraube/Mutter M6 mit Schlüsselweite (SW) 8/10	6 Nm
Schraube/Mutter M8 mit SW 12/13	15 Nm
Schraube/Mutter M10 mit SW 14/17	30 Nm
Schraube/Mutter M12 mit SW 17/19	55 Nm
Schraube Mutter M14 mit SW 19/21	85 Nm
Schraube/Mutter M16 mit SW 22/24	130 Nm

Werte für Yamaha YZF-R 125

Fahrwerk

Räder

Vorderachse, Vorderachsmutter (M14)	59 Nm
Klemmschraube der Vorderachse (M8)	14 Nm
Hinterachsmutter (M14)	85 Nm
Kontermutter am Kettenspanner (M8)	16 Nm
Muttern/Schrauben Kettenrad an Nabe (M8)	43 Nm

Bremse am Vorderrad

Schrauben Bremssattelhalter an Gabelbein (M8)	30 Nm
■ *Loctite »mittelfest« auf Gewinde auftragen*	
Halterung Bremsleitung (M6)	7 Nm
Entlüfter im Bremssattel (M10)	14 Nm
Hohlschrauben Bremsschlauch-Anschlüsse (M10)	30 Nm
Schrauben Bremsscheibe an Radnabe (M6)	18 Nm
■ *Loctite »hochfest« auf Gewinde auftragen*	
Klemmschrauben Bremspumpe an Lenker (M6)	9 Nm

Bremse am Hinterrad

Bremsbelag-Haltestift (M10)	18 Nm
■ *Loctite »mittelfest« auf Gewinde auftragen*	
Entlüfter im Bremssattel (M8)	14 Nm
Schraube Bremspumpe an Fußrastenplatte (M6)	13 Nm
Kontermutter auf Druckstange (M8)	17 Nm
Schrauben Bremsscheibe an Radnabe (M6)	18 Nm
■ *Loctite »hochfest« auf Gewinde auftragen*	
Bremsschlauch-Halterung (M6)	7 Nm
Bremslichtschalter (M10)	24 Nm

Telegabel und Lenklagerung

Standrohr-Klemmschrauben obere Gabelbrücke (M8)	23 Nm
Standrohr-Klemmschrauben untere Gabelbrücke (M10)	28 Nm
Klemmschraube Lenker an Telegabel (M8)	23 Nm
Schutzblech an Telegabel (M6)	7 Nm
Lenkschaftrohr-Kopfmutter (M22)	110 Nm
Lenklager-Einstellmutter (untere Nutmutter) (M25)	13 Nm
■ *Anziehreihenfolge: 1. Einstellmutter mit 48 Nm festziehen, 2. lösen, 3. mit 13 Nm festziehen, 4. Kontermutter festziehen.*	
Untere Dämpferrohr-Schraube (M10)	28 Nm
■ *Loctite »mittelfest« auf Gewinde auftragen*	
■ *neue Dichtscheibe verwenden*	
Schraube Vorderrad Abdeckungsstütze (M6)	9 Nm

Bild 1: Kleiner (5 bis 20 Nm) und großer Drehmomentschlüssel (40 bis 200 Nm), Nussadapter mit 1/4- bis 3/4-Zoll-Vierkant.

Schrauben Zündschloss an Gabelbrücke (M6)............... 11 Nm
Lenkergewicht (M16) .... 26 Nm
Halterung Kupplungshebel (M6)................................. 9 Nm
Kontermutter Gaszugeinsteller (M6) .... 7 Nm

Hinterradschwinge
Mutter auf Schwingenachse (M12)............................... 81 Nm
Schrauben Abdeckung Hinterrad (M6)........................... 7 Nm
Muttern Federbeinbefestigung unten und oben (M10).... 44 Nm
Muttern auf Bolzen in Umlenkhebel (M10)..................... 44 Nm

Rahmen, Tank, Fußrasten, Beleuchtung, Verkleidung
Tankbefestigung vorne und hinten (M6) .... 10 Nm
Schutzblech (M6).. 7 Nm
Schraube vorn Soziussitz (M6) .... 10 Nm
Schraube hinten Soziussitz (M8) .... 12 Nm
Schraube Hupe an Halter (M6) .... 7 Nm
Schraube Massekabel an Rahmen (M6)........................... 7 Nm
Schrauben Kennzeichenbeleuchtung (M6)...................... 10 Nm
Schrauben Fahrerfußrasten an Rahmen (M8)................. 30 Nm
Schrauben Soziusrasten Halterung an Rahmen (M8) ..... 30 Nm
Schrauben Seitenständerschalter (M6) .... 4 Nm
Mutter auf Drehzapfen Seitenständer (M10).................. 56 Nm
Schrauben Kettenschutz an Schwinge (M6).................... 7 Nm
Schrauben Kettenschleifschutz (M6) .... 7 Nm
Schraube/Mutter Verkleidungshalter an Lenkkopf (M8) .. 23 Nm
Befestigung Spiegel (M6) .... 9 Nm
Schraube oben Seitenverkleidung (M6).......................... 7 Nm

Motor

Motor in Rahmen
Muttern vorne, hinten oben, hinten unten (M10)............ 46 Nm

Schmiersystem
Ölablassschraube (M35) .... 32 Nm
Schrauben (3 Stück) Ölfiltergehäusedeckel (M6) .... 10 Nm
Ölprallblech (M6)... 10 Nm
■ *Loctite »mittelfest« auf Gewinde auftragen*

Kühlsystem
Schrauben Kühlerbefestigung (M6) .... 10 Nm
Kühlerlüfterschrauben (M6) .... 8 Nm
Schrauben Ausgleichsbehälter (M6)............................... 7 Nm
Schrauben Wasserpumpe (M6) .... 10 Nm
■ *Loctite »mittelfest« auf Gewinde auftragen*
Thermostatgehäuse Deckelschrauben (M6)................... 10 Nm
Ablassschraube Kühlflüssigkeit (M6)............................... 7Nm

Kettenritzel, Schaltung und Kupplung
Schrauben Kettenritzel-Halterung (M6) .... 10 Nm
Schrauben Abdeckung Kettenritzel (M6)....................... 10 Nm
Schrauben (10 Stück) Kupplungsdeckel (M6) .... 10 Nm
Mutter Primärantriebsritzel (M12) .... 60 Nm
Sicherungsmutter (M6) kurze Kupplungsdruckstange...... 8 Nm
Zentralmutter Kupplungsnabe (M14)............................. 70 Nm
■ *neue Sicherungsscheibe verwenden, umbiegen*
Schrauben Schaltwalzenhalterung (M6) .... 12 Nm
■ *Loctite »mittelfest« auf Gewinde auftragen*
Schraube Rastenhebel (M6) .... 10 Nm
■ *Loctite »mittelfest« auf Gewinde auftragen*
Schrauben (3 Stück) Anlasserkupplung (M6).................. 14 Nm
Schaltarm (M6) .... 10 Nm

Luftfilter, Einspritzung
Schrauben Luftfiltergehäuse (M6) .... 10 Nm
Schraube Einspritzdüse (M6) .... 12 Nm
■ *Loctite »mittelfest« auf Gewinde auftragen*
Schellenschraube Drosselklappengehäuse
zu Luftfiltergehäuse (M4) .... 2 Nm

Auspuffanlage, Sekundärluftsystem
Muttern Auspuffkrümmer an Zylinderkopf (M8) .... 20 Nm
Stehbolzen Auspuffkrümmer in Zylinderkopf (M8) .... 15 Nm
Schraube Auspufftopf an Soziusrastenhalterung (M8).... 20 Nm
Schrauben Sekundärluftsystem-Membranventil (M6) ..... 10 Nm

Zylinderkopf und Ventiltrieb
Schrauben (4 Stück) Zylinderkopf (M8) .... 22 Nm
■ *Öl auf Gewinde und Sitzfläche auftragen*
Schrauben (2 Stück) Zylinderkopf (M6) .... 10 Nm
■ *Öl auf Gewinde und Sitzfläche auftragen*
Schrauben (5 Stück) Zylinderkopfdeckel (M6) .... 10 Nm
Schrauben (2 Stück) Steuerkettenspanner (M6)............. 10 Nm
■ *Yamaha-Bond 1215 auf Passflächen auftragen*
Schraube Steuerkettenschiene (Einlass) (M6)................. 10 Nm
Schraube Nockenwellenkettenrad (M8) .... 30 Nm
Schrauben (2 Stück) Nockenwellenhalterung (M6) .... 7 Nm
Kontermuttern (4 Stück) Ventilspiel-Einstell-
schrauben Ein- und Auslass (M5) .... 7 Nm
Zylindereinlass-Anschlussschrauben (2 Stück) (M6) .... 10 Nm
Mutter Ausgleichswellen-Abtriebsrad (M10) .... 50 Nm

Kurbelgehäuse
Schrauben Kurbelgehäuse (2/6/4 Stück) (M6)................ 10 Nm
Sicherungsschrauben (2 Stück) Kurbelgehäuselager (M6)... 7 Nm
■ *Loctite »mittelfest« auf Gewinde auftragen*
Kurbelwellen-Sensor .... 10 Nm
■ *Loctite »mittelfest« auf Gewinde auftragen*

Elektrik

Zündung
Zündkerze (M10) .... 13 Nm
Schrauben Gleichrichter/Regler an Rahmen (M6) .... 7 Nm
Schrauben Zündspule an Rahmen (M6) .... 7 Nm

Lichtmaschine
Schrauben Statorwicklung in Gehäusedeckel (M6) .... 10 Nm
■ *Loctite »mittelfest« auf Gewinde auftragen*

Schrauben (7 Stück) Lichtmaschinendeckel (M6).......... 10 Nm
Bundmutter Lichtmaschinenrotor auf Kurbelwelle (M12)... 70 Nm
Schrauben Anlassermotor (M6) .... 10 Nm

Schalter, Sensoren
Leerlaufschalter (M10) .... 20 Nm
Schraube Kabelhalter Geschwindigkeits-Sensor (M6)...... 7 Nm
Befestigungsschrauben Motorsteuergerät (M6)............... 7 Nm
Schrauben Kurbelwellen-Sensor (M6)........................... 10 Nm
■ *Loctite »mittelfest« auf Gewinde auftragen*
Kühlmitteltemperatur-Sensor (M12) .... 18 Nm

Werte für Yamaha YBR 125/Custom

Fahrwerk

Räder
Vorderachse und Vorderachsmutter (M14)..................... 59 Nm
Hinterachse und Hinterachsmutter (M14)....................... 91 Nm
Kontermutter am Kettenspanner (M8)........................... 16 Nm
Muttern/Schrauben Kettenrad an Nabe (M8) .... 40 Nm

Bremse am Vorderrad
Schrauben Bremssattelhalter an Gabelbein (M10) .... 35 Nm
Schraube Bremssattel an Halterung (M8)...................... 23 Nm
■ *Loctite »mittelfest« auf Gewinde auftragen*
Halter Bremsleitung (M6) .... 7 Nm
Entlüfter im Bremssattel (M6)... 6 Nm
Hohlschraube Bremsschlauch-Anschlüsse (M10).......... 25 Nm
Schrauben Bremsscheiben an Radnabe (M8)............... 23 Nm
■ *Loctite »hochfest« auf Gewinde auftragen*
Klemmschrauben Bremspumpe an Lenker (M6) .... 10 Nm

Bremse am Hinterrad
Bremshebel an Radbremswelle (M6)............................ 10 Nm
Mutter Bremsankerstrebe an Bremsankerplatte (M8) ..... 19 Nm

Telegabel und Lenklagerung
Standrohr-Klemmschrauben obere Gabelbrücke (M8)..... 23 Nm
Standrohr-Klemmschrauben untere Gabelbrücke (M10)... 30 Nm
Klemmschraube Lenker in Aufnahme (M8).................... 23 Nm
Schutzblech an Telegabel (M6) .... 10 Nm
Lenkschaftrohr-Kopfmutter (M22) .... 110 Nm
Lenklager-Einstellmutter (untere Nutmutter) (M25).......... 22 Nm
■ *Anziehreihenfolge: 1. Einstellmutter mit 33 Nm festziehen, 2. um 1/4-Umdrehung lösen, 3. mit 22 Nm festziehen, 4. Kontermutter festziehen.*
Gabeldeckelschraube (oberer Gabelstopfen) (M25)........ 23 Nm
Untere Dämpferrohr-Schraube (M10)............................ 23 Nm
■ *Loctite »mittelfest« auf Gewinde auftragen*
■ *neue Dichtscheibe verwenden*

Hinterradschwinge
Schwingenachse und Mutter (M12) .... 59 Nm
ab Mj. 2007: Schwingenachse und Mutter (M14) .... 80 Nm
Mutter Federbein oben an Rahmen (M10)...................... 40 Nm
Mutter Federbein unten an Schwinge (M10).................. 32 Nm
Mutter Bremsankerstrebe an Schwinge (M8) .... 19 Nm

Rahmen, Tank, Fußrasten, Beleuchtung
Tank an Rahmen (M8).. 16 Nm
Benzinhahn an Tank (M6)... 7 Nm
Benzinstandgeber an Tank (M5)...................................... 4 Nm
ab Mj. 2007: Benzinpumpe an Tank (M5)......................... 4 Nm
ab Mj. 2007: Benzinschlauch Halterung (M4).............. 0,6 Nm
Gepäckträger an Rahmen (M8).................................... 30 Nm
Sitzbank an Rahmen (M6)... 7 Nm
Batteriekasten an Rahmen (M6)...................................... 7 Nm
Hinterradabdeckung an Rahmen (M6) .... 7 Nm
ab Mj. 2007: Halterung Umkipp-Sensor
und Hinterradabdeckung (M5)... 2 Nm
Leeerlaufschalter (M10) .... 9 Nm
Rück- und Bremslicht an Rahmen (M6) .... 7 Nm
Hintere Blinker an Rahmen (M12) .... 7 Nm
Vordere Blinker und Scheinwerferhalterung (M12)............ 7 Nm
Fahrerfußrasten an Rahmen (M8).................................. 23 Nm
Soziusrasten Halterung an Rahmen (M8) .... 26 Nm
ab Mj. 2007: Seitenständer und Fahrerfußraste (M10)... 44 Nm
ab Mj. 2007: Seitenständerschalter an
Fahrerfußraste (M5) .... 4 Nm
Hauptständer an Rahmen (M8)..................................... 26 Nm
Vordere Blinker an untere Gabelbrücke (M6) .... 13 Nm
Scheinwerfer an Scheinwerferhalterung (M10) .... 9 Nm
ab Mj. 2007: Scheinwerfergehäuse und -Halterung (M8).. 7 Nm
ab Mj. 2007: Scheinwerfereinheit und -Halterung (M5) .... 4 Nm
Kabelbaum und Kupplungszugführung
an obere Gabelbrücke (M6).. 7 Nm
Instrumentenkonsole an obere Gabelbrücke (M6)............ 7 Nm
ab Mj. 2007: Halterung Kupplungshebel (M6) .... 7 Nm
ab Mj. 2007: Tachowelle in Tachoantrieb (M12)............... 3 Nm
ab Mj. 2007: Tachogebergehäuse (M5)........................... 2 Nm

Motor

Motor in Rahmen
Montageschrauben vorne, hinten und oben (M8)........... 38 Nm
Motorhalteschrauben rechts und links
oben an Rahmen (M8) 38Nm
Motorhalteschrauben unten an Rahmen (M10) .... 55 Nm

Schmiersystem
Ölablassschraube (M12)... 20 Nm
Schrauben (2 Stück) Ölpumpengehäusedeckel (M5)........ 5 Nm
Schrauben (2 Stück) Ölpumpe (M6) .... 7 Nm

Kettenritzel, Schaltung und Kupplung
Schrauben Abdeckung Kettenritzel (M6).......................... 7 Nm
Schrauben Kettenritzel-Halterung (M6) .... 10 Nm
ab Mj. 2007: Schrauben Kettenritzel-Halterung (M5)....... 6 Nm
Schrauben (9 Stück) Kupplungsdeckel (M6) .... 10 Nm

Schrauben Schaltwalzenhalterung (M6) .... 12 Nm
■ *Loctite »mittelfest« auf Gewinde auftragen*
Schraube Rastenhebel (M6) .... 10 Nm
■ *Loctite »mittelfest« auf Gewinde auftragen*
Schraube Fußschalthebel (M8) .... 10 Nm
Schrauben (2 Stück) Lagerhalter (M6) .... 7 Nm
■ *Loctite »mittelfest« auf Gewinde auftragen*
Mutter Kickstarterhebel (M12) .... 50 Nm
Mutter Primärantriebsritzel (M12) .... 70 Nm
Sicherungsmutter (M6) kurze Kupplungsdruckstange ...... 8 Nm
Schrauben (4 Stück) Kupplungsdruckplatte (M5) .... 6 Nm
Zentralmutter Kupplungsnabe (M12) .... 60 Nm
■ *neue Sicherungsscheibe verwenden, umbiegen*
Schrauben (2 Stück) Impulsgeber (M6) .... 10 Nm
■ *Loctite »mittelfest« auf Gewinde auftragen*

Luftfilter, Vergaser, Einspritzung *(ab Mj. 2007)*
Schrauben (2 Stück) Luftfiltergehäuse (M6) .... 7 Nm
Schelle Vergaserauslass (M4) .... 2 Nm
Gaszug-Einstellmutter am Drosselklappengehäuse (M6) .. 5 Nm
Schellenschraube Drosselklappengehäuse
zu Luftfiltergehäuse (M4) .... 2 Nm
Schrauben Luftfiltergehäuse (M6) .... 4 Nm

Auspuffanlage, Sekundärluftsystem
Schrauben (2 Stück) Auspuffkrümmer
an Zylinderkopf (M6) .... 10 Nm
Schrauben (2 Stück) Blende an Auspuffkrümmer (M6) ..... 8 Nm
Schraube Auspufftopf an Soziusrastenhalterung (M8) .... 22 Nm
■ *Loctite »mittelfest« auf Gewinde auftragen*
ab Mj. 2007: Schraube Auspufftopf an Sozius-
rastenhalterung (M8) .... 24 Nm
Schrauben (4 Stück) Blende an Auspufftopf (M6) .... 8 Nm
■ *Loctite »mittelfest« auf Gewinde auftragen*
Schrauben (2 Stück) Sekundärluft-Abschaltventil (M6) ..... 7 Nm
Schrauben (2 Stück) Sekundärluftsystem-Rohr
an Zylinderkopf (M6) .... 10 Nm

Zylinderkopf und Ventiltrieb
Schrauben (4 Stück) Zylinderkopf (M8) .... 22 Nm
■ *Öl auf Gewinde und Sitzfläche auftragen*
Schrauben (2 Stück) Zylinderkopf (M6) .... 10 Nm
■ *Öl auf Gewinde und Sitzfläche auftragen*
Öldruck-Kontrollschraube (M6) .... 7 Nm
Schrauben (2 Stück) Steuerkettenspanner (M6) .... 10 Nm
Verschlussschraube Steuerkettenspanner (M6) .... 8 Nm
Schraube Steuerkettenschiene Einlass (M6) .... 10 Nm
■ *Loctite »mittelfest« auf Gewinde auftragen*
Kipphebeldeckel Einlass- und Auslassseite (M45) .... 18 Nm
Schrauben Nockenwellen-Lagerdeckel (2 Stück) (M6) ... 10 Nm
Schraube Nockenwellenkettenrad (M8) .... 20 Nm
ab Mj. 2007: Schraube Nockenwellenkettenrad (M8) .... 26 Nm
Schraube Nockenwellenhalterung (M6) .... 10 Nm
■ *Loctite »mittelfest« auf Gewinde auftragen*

Sicherungsmuttern der Ventil-Einstellschrauben
von Ein- und Auslass (M5) .... 8 Nm
Anschlussschrauben (4 Stück) Zylindereinlass (M6) .... 10 Nm
Schrauben (2 Stück) Sekundärluftsystem an
Zylinderkopf (M6) .... 10 Nm
ab Mj. 2007: Schraube Einspritzventil (M6) .... 10 Nm

Kurbelgehäuse
Schrauben (10 Stück) Kurbelgehäuse (M6) .... 10 Nm
■ *Dichtmasse auf Gewinde/Sitzfläche auftragen*
Schraube Kurbelwellenabdeckung (M32) .... 7 Nm

Elektrik

Zündung
Zündkerze (M10) .... 13 Nm
Schrauben Gleichrichter/Regler an Rahmen (M6) .... 4 Nm
Schrauben Zündspule an Rahmen (M6) .... 4 Nm

Lichtmaschine
Rotor Abdeckschraube (M14) .... 7 Nm
Halterung des Statorwicklungskabels (M6) .... 7 Nm
Schrauben (3 Stück) Starterkupplung (M6) .... 30 Nm
■ *Verstemmen*
Schrauben Statorwicklung (M6) .... 10 Nm
■ *Loctite »mittelfest« auf Gewinde auftragen*
Schrauben (7 Stück) Lichtmaschinenrotordeckel (M6).... 10 Nm
Bundmutter Lichtmaschinenrotor auf Kurbelwelle (M12)... 70 Nm

Elektrostarter
Befestigungsschrauben (2 Stück) Elektrostarter (M6) ..... 10 Nm
Befestigungsschrauben (2 Stück) Starter-
kupplungszwischenrad (M6) .... 7 Nm

Schalter, Sensoren *(ab Mj. 2007)*
Leerlaufschalter (M10) .... 9 Nm
Motortemperatur-Sensor (M10) .... 18 Nm
Umkipp-Sensor an Rahmen (M4) .... 2 Nm

Raum für Notizen

Wichtige Adressen

In diesem Kapitel nennen wir wichtigen Adressen für Yamaha-Fahrer. Die hier genannten Adressen können nur eine begrenzte Auswahl darstellen.

Wenn Sie spezielles Zubehör, Bekleidung oder ein anderes Produkt suchen, lesen Sie sich in Motorrad-Fachzeitschriften und -Kataloge ein und beachten deren Anzeigenteile.

Auf Telefon- und Faxnummern haben wir verzichtet, weil sich diese im Laufe der Zeit häufig ändern. Die Nummern finden Sie entweder im Telefonbuch oder Sie rufen die entsprechenden Internetseiten auf.

Im Internet finden Sie auch alle Yamaha-Händler: Gehen Sie auf die Seite der Landesimporteure und klicken dort den Button »Händlersuche« an. Damit erhalten Sie nicht nur Adressen und Telefonnummern, sondern auch die Internet-Adressen der einzelnen Händler.

HERSTELLER

Yamaha Motor Co., LTD.
2500 Shingai, Iwata,
Shizuoka 438-8501
Japan
www.yamaha-motor.co.jp

Auf dieser Website finden Sie auch Zugang zum »Yamaha Communication Plaza« und damit zum Yamaha-Museum und zur Historie dieser Marke.

Yamaha-Europazentrale:
Yamaha Motor Europe N.V.
Koolhovenlaan 101
NL-1119 Schiphol-Rijk
www.yamaha-motor-europe.com

IMPORTEURE

Importeur für Deutschland:
Yamaha Motor Deutschland GmbH
Hansemannstraße 12
D-41468 Neuss
www.yamaha-motor.de

Importeur für Österreich:
Yamaha Motor Austria GmbH
Ketzergasse 118
A-1230 Wien
www.yamaha-motor.at

Importeur für Schweiz:
Hostettler AG
Haldenmattstrasse 3
CH-6210 Sursee
www.yamaha-motor.ch

VERBÄNDE

Hier erhalten Sie z. B. Auskünfte über Termine von Fahrsicherheits-Lehrgängen und Trainings.

Industrie-Verband Motorrad Deutschland e. V.
Institut für Zweiradsicherheit e. V.
Gladbecker Straße 425
D-45329 Essen
www.ivm-ev.de, www.ifz.de

MOTORRAD-ZEITSCHRIFTEN

MOTORRAD, MOTORRAD Katalog, PS – Das Sport-Motorrad Magazin, 2Räder, MOTORRAD CLASSIC
Motor-Presse Verlag
Leuschnerstraße 1
D-70174 Stuttgart
www.motorradonline.de

Motorradfahrer, Tourenfahrer
Rainer R. Nitschke Verlags-GmbH
Eifelring 28, D-53879 Euskirchen
www.motorradfahrer-online.de

Motorradmagazin MO, Bikers MOTORRAD Katalog, MOTORRAD TEST, MO-Sonderhefte
MO Medien Verlag GmbH
Schrempfstraße 8
D-70597 Stuttgart
www.mo-web.de

MOTORRAD NEWS, Syburger, regionale Motorradhefte
Syburger Verlag GmbH
Hertinger Straße 60
D-59423 Unna
www.syburger.de

REISE MOTORRAD/ride on!
Lila Publishing Verlags-GmbH
Mondstraße 10, D-81543 München
www.reisemotorrad.de

Motorrad Magazin
Redaktion Motorrad-Reporter
Hauptstraße 13
A-2202 Enzersfeld
www.motorrad-magazin.at

Der Reitwagen
Obertriesting 49, A-2572 Kaumberg
www.reitwagen.at

MOTORSPORT aktuell
Motor-Presse AG
Industriestrasse 28
CH-8604 Volketswil
www.motorsport-aktuell.com

Moto Sport Schweiz
Dammweg 9, Postfach
CH-3001 Bern
www.motosport.ch

SpeedWeek
Red Bulletin Schweiz AG
Industriepark 11
CH-8610 Usdter
www.speedweek.ch

BEKLEIDUNG UND ZUBEHÖR

Bikehome Faltgaragen Lang GmbH
Limburgstraße 14
D-67098 Bad Dürkheim
www.bikehome.com

Heino Büse Motorradzubehör und Bekleidung
Vennstraße 14, D-52159 Roetgen
www.buese.com

Harro
Ernst Harr GmbH & Co.KG
Aispach 16
D-72229 Rohrdorf/Schwarzwald
www.harro.de

Held GmbH
Motorradbekleidung, ARAI-Import
An der Ostrach 7
D-87545 Burgberg-Erzflöße
www.held-biker-fashion.de

Hein Gericke Deutschland GmbH
Reisholzer Werftstraße 19
D-40589 Düsseldorf
www.hein-gericke.de

IXS Motorcycle Fashion
Hostettler GmbH
Neuenburger Straße 33
D-79379 Mülheim/Baden
www.ixs.de

JF Motorsport GmbH
Dieselstraße 10
D-61239 Ober-Mörlen
www.jfmotorsport.de

Louis Fun Company
Rungedamm 35, D-21035 Hamburg
www.louis.de

Moto Parts
Onlineshop für Motorradzubehör
Heinrich-Horten-Straße 6
D-47906 Kempen
www.motoparts.de

Polo Expressversand
Polostraße 1, D-41363 Jüchen
www.polo-motorrad.de

Schuberth GmbH
Stegelitzer Straße 12
D-39126 Magdeburg
www.schuberth.com

Schwabenleder
Fabrik für Motorradbekleidung GmbH
Fabrikstraße 22, D-73650 Winterbach
www.schwabenleder.de

Spidi Fashion
Emdener Straße 22
D-41540 Dormagen
www.spidi-fasion.de

BREMSEN UND FAHRWERK

ABM hightech for fun GmbH
Stahlflexleitungen, Bremstechnik, Superbikeumbauten
Krummholzstraße 5
D-79206 Breisach
www.ab-m.de

BRAKING Generalvertretung Deutschland
Uwe Keszler Import u. Vertriebs GmbH
Mühlenweg 1, D-24796 Bredenbek
www.braking.de

Brune Motorradsport GmbH
Brembo-Generalvertretung für Deutschland und Österreich
Wöste 6, D-48291 Telgte
www.brunegmbh.de

Fahrwerktuning Herbert Strassmaier
Fahrwerks-Vermessung, -Einstellung
Justus-von-Liebig-Straße 24 b
D-83052 Henfeld-Bruckmühl
www.strassmaier.de

France Equipement
Bremsbeläge, Scheiben, Leitungen
Beinheimer Straße 25
D-76437 Rastatt-Wintersdorf
www.france-equipement.de

Goodridge Deutschland
Bremsleitungen
Talstraße 227, D-67434 Neustadt
www.goodridge.de

Köster GmbH
Rahmen-Vermessungen, -reparaturen
Jettinger Str. 10, D-89358 Goldbach
www.motorrad-koester.de

Krontec Bremsleitungen Maschinenbau GmbH
Pommernstraße 33
D-93073 Neutraubling
www.krontec.de

Lucas Girling
Bremsbeläge, Leitungen, Fußrasten
Rudolf-Diesel-Str. 7, D-56566 Neuwied
www.ltrwmoto.com

Motorrad Schüller
Enuma-Ketten, Kettenräder, Ritzel, Kettenspray, ect.
Jahnstraße 10
D-68649 Groß-Rohrheim
www.enuma.de

Öhlins
Öhlins-Federelemente
Zupin Moto-Sport GmbH
Trostberger Straße 26
D-83301 Traunreut
www.zupin.de

Racetech Hubert Hofmann
Fahrwerksteile, Überarbeitung und Service von Gabeln und Federbeinen
Bellinostr. 22, D-72108 Rottenburg
www.hh-racetech.de

Roadrunner Bikeshop GmbH
Bremsscheiben schleifen
Johannes-Kepler-Straße 1
D-55129 Mainz-Hechtsheim
www.roadrunner-bikeshop.de

Emil Schwarz Präzisionsteile
Präzisions- und Leichtlauflager, Fußrastenanlagen
Daimlerstraße 8, D-73660 Urbach
www.emilschwarz.de

Spiegler Bremstechnik GmbH
Bremsbeläge, Scheiben, Leitungen, Bremszangen, Bremspumpen
Krummholzstraße 5
D-79206 Breisach
www.spiegler.de

Wilbers Products
Federelemente, Lenkungsdämpfer
Frieslandstraße 10
D-48527 Nordhorn
www.wilbers.de

TUNING- UND SPEZIALBETRIEBE

Alpha Technik GmbH & Co. KG
Leistungsumrüstung, Reifenfreigabe, TÜV-Gutachten, Stahlflexleitungen, Tieferlegungen, Zubehör, Motortuning
Äußere Salzburger Straße 201
D-83071 Stephanskirchen
www.alphatechnik.de

BMC Luftfiltersysteme SKN Ahrensburg
Kurt-Fischer-Straße 43
D-22926 Ahrensburg
www.bmcairfilter.de
und:
Berger Motorsport Handels GmbH
Johann-Pfaffel-Gasse 12
A-3424 Muckendorf
www.berger-motorsport.com

Radspannerei Peter Böhm
Hauptstraße 176
D-09618 Großhartmannsdorf
www.boehmrad.de

Der Tank-Spezialist Roland Behrend
Sanierung von Motorradtanks
Sandstraße 8a
D-49733 Wesuwe
www.tank-spezialist.de

Dynotec GmbH
Motortuning und Messtechnik
Alzeyer Straße 33–37
D-67592 Flörsheim-Dalsheim
www.dynotec.de

Fechter Drive Motorsport GmbH
Sportbike-Zubehör
Michael-Becker-Straße 22
D-73235 Weilheim/Teck
www.fechter.de

Gimbel Motorradtechnik GmbH
Tuning, Zubehör, Umbauten
Kesslerstraße 7
D-79206 Breisach
www.gimbel-motorradtechnik.de

Großewächter Racing Parts
Soar 25
D-32139 Spenge
www.gw-racing-parts.de

Jäger Motorsport
Aluminium- und Titanschrauben
Blücherstraße 63
D-58332 Schwelm
www.jaeger-motorsport.de

LSL-Motorradtechnik GmbH
Technikteile, Umbauten
Heinrich-Malina-Straße 107
D-47809 Krefeld
www.lsl-motorradtechnik.de

Mizu Motorradtechnik
Höherlegungssätze, Zubehör
Weidgang 3–5
D-78247 Hilzingen
www.mizu.de

Roadrunner Bikeshop GmbH
Richten von Rahmen, Rädern und Gabeln
Johannes-Kepler-Straße 1
D-55129 Mainz-Hechtsheim
www.roadrunner-bikeshop.de

SCHMIER- UND PFLEGEMITTEL

Bel Ray
Meneks AG
Öle und Pflegemittel
Nersingerstraße 10
D-89275 Elchingen
www.bel-ray.de

Caramba Chemie
Rostlöser, Pflegemittel
Wanheimer Straße 334–336
D-47055 Duisburg
www.caramba.de

Castrol Schmiermittel
Max-Born-Straße 2
D-20761 Hamburg
www.castrol.com

Elf Schmiermittel
Total Deutschland GmbH
Schützenstraße 25
D-10117 Berlin
www.elf.de
und:
Elf Competition
Rennbenzin und Spezialöle
Manfred Fischer Competition
Seligenstädter Straße 53
D-63456 Hanau
www.elf-racing.de

H.G. Czech Ing.
Spezialschmiermittel für Motorräder
Gyrhofstraße 28
D-50931 Köln
www.hks-czech.de

Motul Deutschland GmbH
Kölner Straße 263
D-51149 Köln
www.motul.de

Shell-Motorradöle und Pflegemittel SAV GmbH
Postfach 1206
D-59702 Arnsberg
www.sav-arnsberg.de
und:
Shell Racingakademie
Im MOTOPARK Oschersleben
Motopark Allee 20–22
D-39387 Oschersleben

WERKSTATTBEDARF

Denso Europe B.V. Zündkerzen
Hogeweyselaan 165
NL-1382 JL Weesp
www.denso-europe.com
und:
Denso Automotive Deutschland GmbH
Freisinger Straße 21, D-85386 Eching

Dynojet Leistungsprüfstände
Micron-Systems GmbH
Boxdorfer Straße 13
D-90765 Fürth-Sack
www.micronsystems.de
und:
Moto Parts
Heinrich-Horten-Straße 6
D-47906 Kempen
www.motoparts.de

GL Motorradtechnik
Beta-Werkzeug, Montageständer, Messwerkzeuge
Truchtelfinger Straße 110
D-72458 Albstadt
www.gl-motorradtechnik.de

Hazet-Werk
Spezialwerkzeuge für Kraftfahrzeuge
Postfach 10 04 61
D-42804 Remscheid
www.hazet.de

Helicoil Gewindeeinsätze
Böllhoff GmbH & Co. KG
Archimedesstraße 1–4
D-33649 Bielefeld
www.boellhoff.de

Kern Montagetechnik
Montageständer, Hebebühnen
Gewerbestraße 13–16
D-79364 Malterdingen
www.kern-stabi.de

Loctite Deutschland GmbH
Schraubenkleber
Henkel AG
Henkelstr. 67, D-40589 Düsseldorf
www.henkel.de
www.loctite.de

Matthies Motorradteile GmbH
Hammerbrookstraße 97
D-20097 Hamburg
www.matthies.de

NGK Spark Plug Europe GmbH
Harkortstraße 41
D-40880 Ratingen
www.ngkntk.de

Profi Products
Kettenfluchttester, Spurprüfsysteme
Flörsheimer Ring 6
D-67705 Trippstadt
www.profi-products.de

Scheibner Messtechnik
Rahmen- und Gabelvermessung, Messwerkzeuge
Scheibner Ltd.
Am Hauptgüterbahnhof 22
D-38126 Braunschweig
www.scheibner.de

Raum für Notizen

Stichwortverzeichnis

Schaltpläne 33

YBR 125 ab Modelljahr 2005 (luftgekühlter Vergasermotor)

Schaltplan Bezeichnung:

1 Lichtmaschine
2 Leerlaufschalter
3 Regler/Gleichrichter
4 Batterie
5 Sicherung
6 Anlasserrelais
7 Anlassermotor
8 Zündschloss
9 Lenkerarmatur rechts
10 Anlasserschalter (Anlasserknopf)
11 CDI-Zündbox
12 Zündspule
13 Zündkerze
14 Scheinwerferrelais
15 Diode
16 Kupplungsschalter
17 Thermoschalter für Vergaserheizung
18 Vergaserheizung
19 Hinterrad-Bremslichtschalter
20 Vorderrad-Bremslichtschalter
21 Blinkerrelais
22 Hupe
23 Lenkerarmatur rechts
24 Abblendschalter
25 Hupenschalter
26 Blinkerschalter
27 Scheinwerfergehäuse
28 Scheinwerferglühlampe
29 Standlicht vorne
30 Blinker vorne links
31 Blinker hinten links
32 Blinker hinten rechts
33 Blinker vorne rechts
34 Rück-/Bremslicht
35 Instrumentenkonsole
36 Benzinstandanzeige
37 Drehzahlmesser
38 Leerlauf-Kontrollleuchte
39 Instrumentenbeleuchtung
40 Fernlicht-Kontrollleuchte
41 Blinker-Kontrollleuchte rechts
42 Blinker-Kontrollleuchte links
43 Benzinstandgeber

Kabelfarben

B	= schwarz	**R**	= rot
Br	= braun	**W**	= weiß
Ch	= schokoladenbraun	**Y**	= gelb
		B/W	= schwarz/weiß
Dg	= dunkelgrün	**Br/W**	= braun/weiß
G	= grün	**L/B**	= blau/schwarz
L	= blau	**L/W**	= blau/weiß
Sb	= himmelblau	**L/Y**	= blau/gelb
O	= orange	**R/B**	= rot/schwarz
P	= rosa	**W/B**	= weiß/schwarz

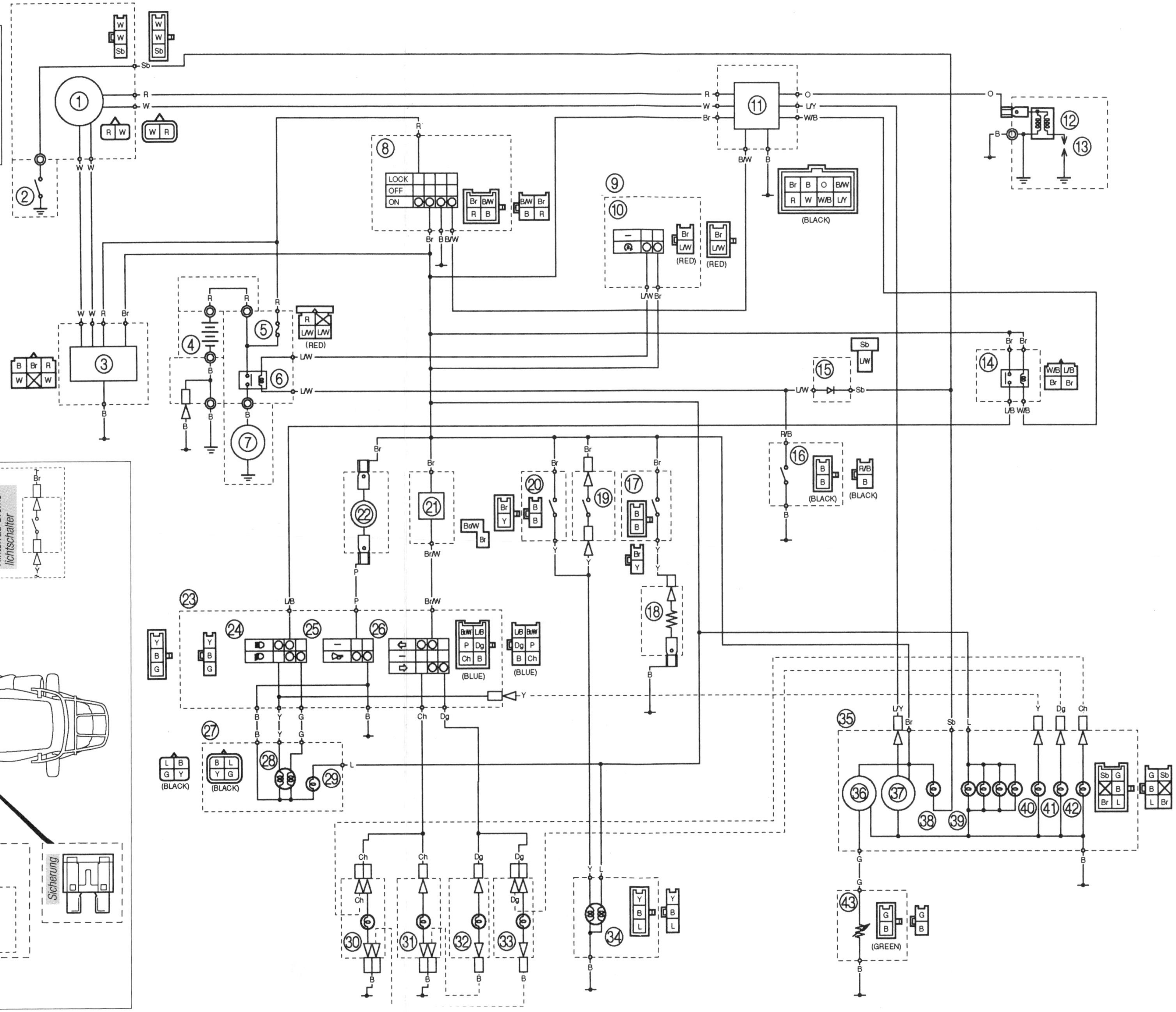

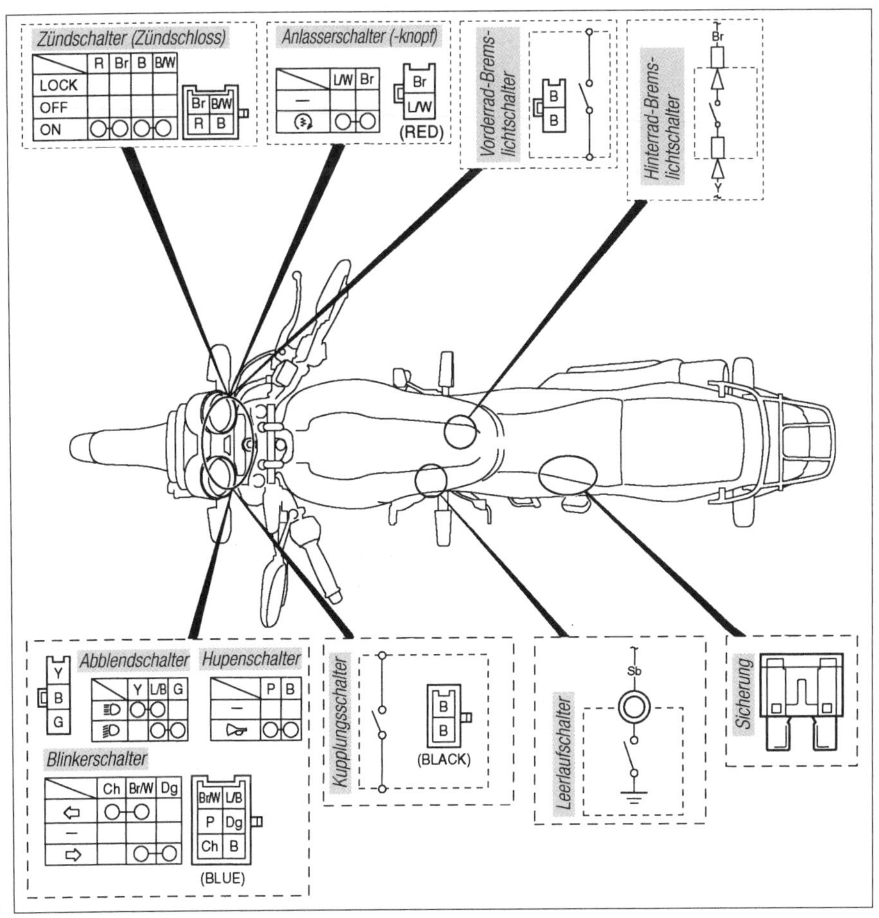

…bietet Überblick über Sicherungen und zentrale elektrische Bauteile der Yamaha YBR 125. Für tiefer gehende Detailinformationen verweisen wir auf die Yamaha-interne Werkstattliteratur.

Schaltpläne 33

YZF-R 125 ab Modelljahr 2008 (wassergekühlter Einspritzmotor)

Schaltplan Bezeichnung:

1 = Lichtmaschine
2 = Kurbelwellen-positions-Sensor
3 = Regler/Gleichrichter
4 = Hauptsicherung
5 = Zündschloss
6 = Sicherung Kühlerventilatormotor
7 = Kupplungsschalter
8 = Seitenständerschalter
9 = Batterie
10 = Anlasserrelais
11 = Anlassermotor
12 = Anlassersperrelais
13 = Diode
14 = Leerlaufschalter
15 = Lenkerarmatur rechts
16 = Anlasserschalter (Anlasserknopf)
17 = Motorstoppschalter
18 = Baugruppe Drosselklappengehäuse
19 = Ansaugluftdruck-Sensor
20 = Ansauglufttemperatur-Sensor
21 = Drosselklappenpositions-Sensor
22 = Kühlmitteltemperatur-Sensor
23 = Umkipp-Sensor
24 = Selbstdiagnose-Steckverbinder
25 = Motorsteuergerät ECU
26 = Zündspule
27 = Zündkerze
28 = Leerlaufanhebung (FID Magnetventil)
29 = Einspritzdüse
30 = Benzinpumpe
31 = Benzinstandgeber
32 = Kühlerventilatorrelais
33 = Kühlerventilatormotor
34 = Hinterrad-Bremslichtschalter
35 = Vorderrad-Bremslichtschalter
36 = Kennzeichenleuchte
37 = Rück-/Bremslicht
38 = Blinker hinten rechts
39 = Blinker hinten links
40 = Blinker vorne rechts
41 = Blinker vorne links
42 = Blinkerrelais
43 = Hupe
44 = Scheinwerferrelais
45 = Lenkerarmatur links
46 = Lichthupenschalter
47 = Abblendschalter
48 = Hupenschalter
49 = Blinkerschalter
50 = Rechte Scheinwerfer-Baugruppe
51 = Scheinwerfer (Standlicht)
52 = Standlicht vorne
53 = Linke Scheinwerfer-Baugruppe
54 = Scheinwerfer (Fernlicht)
55 = Instrumente
56 = Multifunktionsanzeige
57 = Drehzahlmesser
58 = Instrumentenbeleuchtung
59 = Kühlflüssigkeits-Warnleuchte
60 = Fernlicht-Kontrollleuchte
61 = Blinker-Kontrollleuchte
62 = Leerlauf-Kontrollleuchte
63 = Motorstörungs-Warnleuchte
64 = Sicherung Zündung
65 = Sicherung Scheinwerfer
66 = Sicherung Bremslicht, Hupe, Blinker, Standlicht
67 = Geschwindigkeitssensor

Kabelfarben

B = schwarz
Br = braun
Ch = schokobraun
Dg = dunkelgrün
G = grün
Gy = grau
L = blau
O = orange
P = rosa
R = rot
Sb = himmelblau
W = weiß
Y = gelb
B/R = schwarz/rot
B/W = schwarz/weiß
B/Y = schwarz/gelb
Br/L = braun/blau
Br/W = braun/weiß
G/B = grün/schwarz
G/R = grün/rot
G/W = grün/weiß
G/Y = grün/gelb
Gy/B = grau/schwarz
Gy/R = grau/rot
L/B = blau/schwarz
L/R = blau/rot
L/W = blau/weiß
L/Y = blau/gelb
O/B = orange/schwarz
O/W = orange/weiß
P/W = rosa/weiß
R/B = rot/schwarz
R/L = rot/blau
R/W = rot/weiß
R/Y = rot/gelb
Sb/W = himmelblau/weiß
W/B = weiß/schwarz
Y/B = gelb/schwarz
Y/G = gelb/grün
Y/L = gelb/blau
Y/R = gelb/rot
Y/W = gelb/weiß

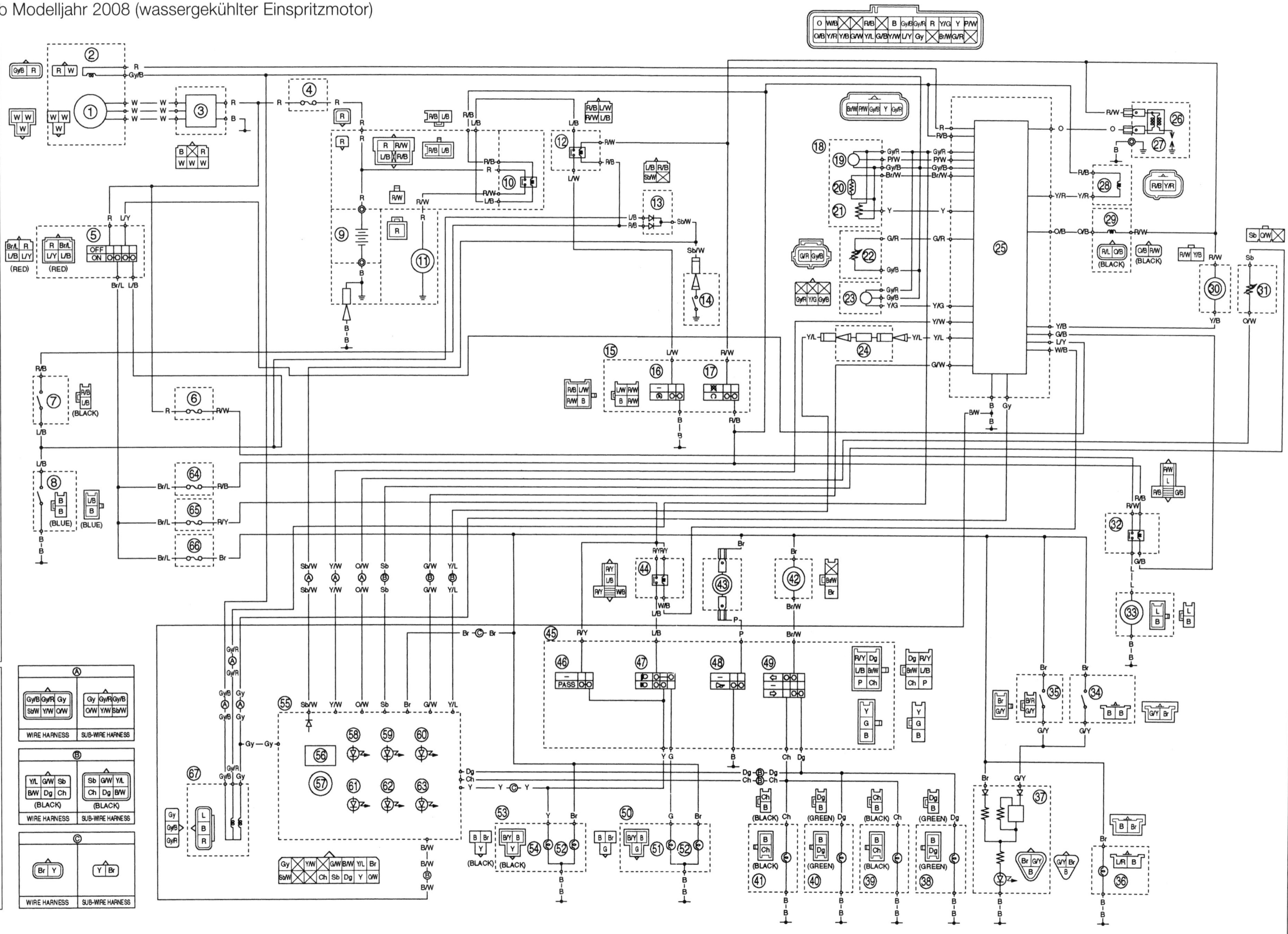

XT 125 ab Modelljahr 2006 (luftgekühlter Vergasermotor)

Bild 1

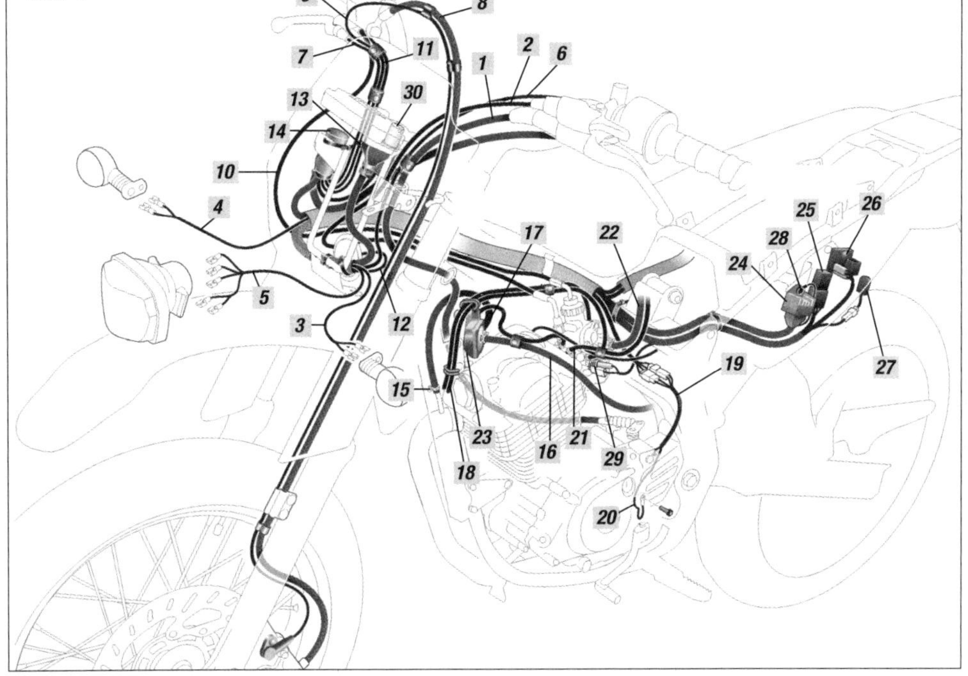

Bild 2

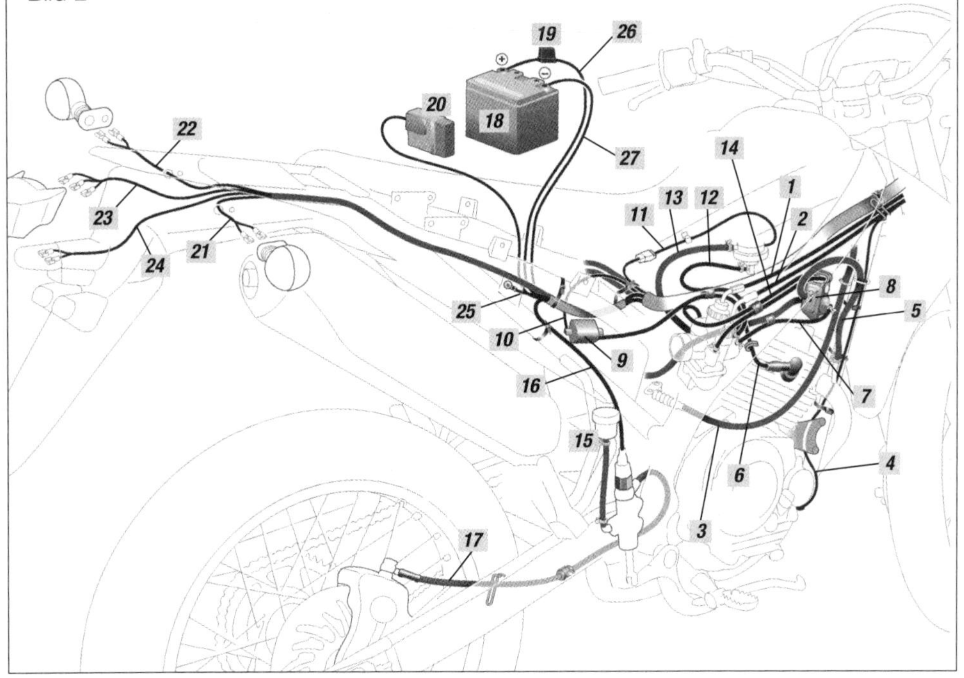

Schaltplan bietet Überblick über Sicherungen und zentrale elektrische Bauteile der Yamaha XT 125 R/X. Für tiefer gehende Detailinformationen verweisen wir auf die Yamaha-interne Werkstattliteratur.

Kabelverlegung Bild 1:

1 Kupplungszug
2 Chokezug
3 Linkes vorderes Blinkerkabel
4 Rechtes vorderes Blinkerkabel
5 Frontscheinwerferkabel
6 Start-Hilfszug
7 Vorderrad-Bremslichtschalterkabel
8 Vorderrad-Bremsschlauch
9 Vorderradbremse
10 Gaszug
11 Anlasserrelaiskabel
12 Hupenkabel
13 Zündschloss-Steckverbinder
14 Steckverbinder des Anlasserschalter-Klemmenbretts
15 Belüftungsschlauchventil des Sekundärluftsystems
16 Ventileinlassschlauch des Sekundärluftsystems
17 Unterdruckschlauch des Sekundärluftsystems
18 Belüftungsschlauch
19 Lichtmaschinenkabel
20 Leerlaufschalter-Kabel
21 Kraftstoffhahn-Unterdruckschlauch
22 Kraftstoffschlauch
23 Sekundärluftsystem-Ventil
24 Regler
25 Starter-Relais
26 Blinkerrelais
27 Temperaturfühler
28 Regler-Massekabel
29 Vergaserheizung
30 Zündschloss

Kabelverlegung Bild 2:

1 Gaszug
2 Chokezug
3 Kupplungszug
4 (+)-Kabel des Starters
5 Belüftungsschlauch zum Ventil des Sekundärluftsystems
6 Zündkabel
7 Unterdruckschlauch des Sekundärluftsystems
8 Sekundärluftsystem-Ventil
9 Zündspule
10 Spulenkabel
11 Benzinstandgeber-Kabel
12 Kraftstoffhahn-Unterdruckschlauch
13 Kraftstoffschlauch
14 Belüftungsschlauch
15 Hinterrad-Bremsflüssigkeitsbehälter
16 Hinterrad-Bremslichtschalterkabel
17 Hinterrad-Bremsschlauch
18 Batterie
19 Hauptsicherung 10A
20 CDI-Zündbox
21 Rechtes hinteres Blinkerkabel
22 Linkes hinteres Blinkerkabel
23 Hinteres Stand-/Bremslicht
24 Kennzeichenbeleuchtungskabel
25 Massekabel
26 Batterie-Pluskabel (+)
27 Batterie-Minuskabel (–)
28 Hinterrad-Bremslichtschalter

Schaltplan Bezeichnung:

1 Batterie
2 CDI-Zündbox
3 Sicherung 10A
4 Anlasserrelais
5 Hinterrad-Bremslichtschalter
6 Anlasser
7 Blinker hinten links
8 Rück-/Bremslicht
9 Kennzeichenleuchte
10 Blinker hinten rechts
11 Vergaserheizung
12 Thermoschalter für Vergaserheizung
13 Benzinstandgeber
14 Zündspule
15 CDI-Schwunglichtmagnetzünder
16 Hupe
17 Rahmen-Masseanschluss
18 Blinkerrelais
19 Regler-Masseanschluss
20 Regler/Gleichrichter
21 Drehzahlmesser
22 Kupplungsschalter
23 »MODE«-Taster
24 Lichtschalter
25 Blinkerschalter
26 Hupenschalter
27 Lenkerarmatur links
28 Blinker vorne links
29 Abblend-/Fernlicht-Kontrollleuchte
30 Standlicht vorne
31 Blinker vorne rechts
32 Instrumentenkonsole
33 Zündschloss
34 Lenkerarmatur rechts
35 Anlasserschalter (Anlasserknopf)
36 Vorderrad-Bremslichtschalter
37 Motorstoppschalter
38 Seitenständerschalter

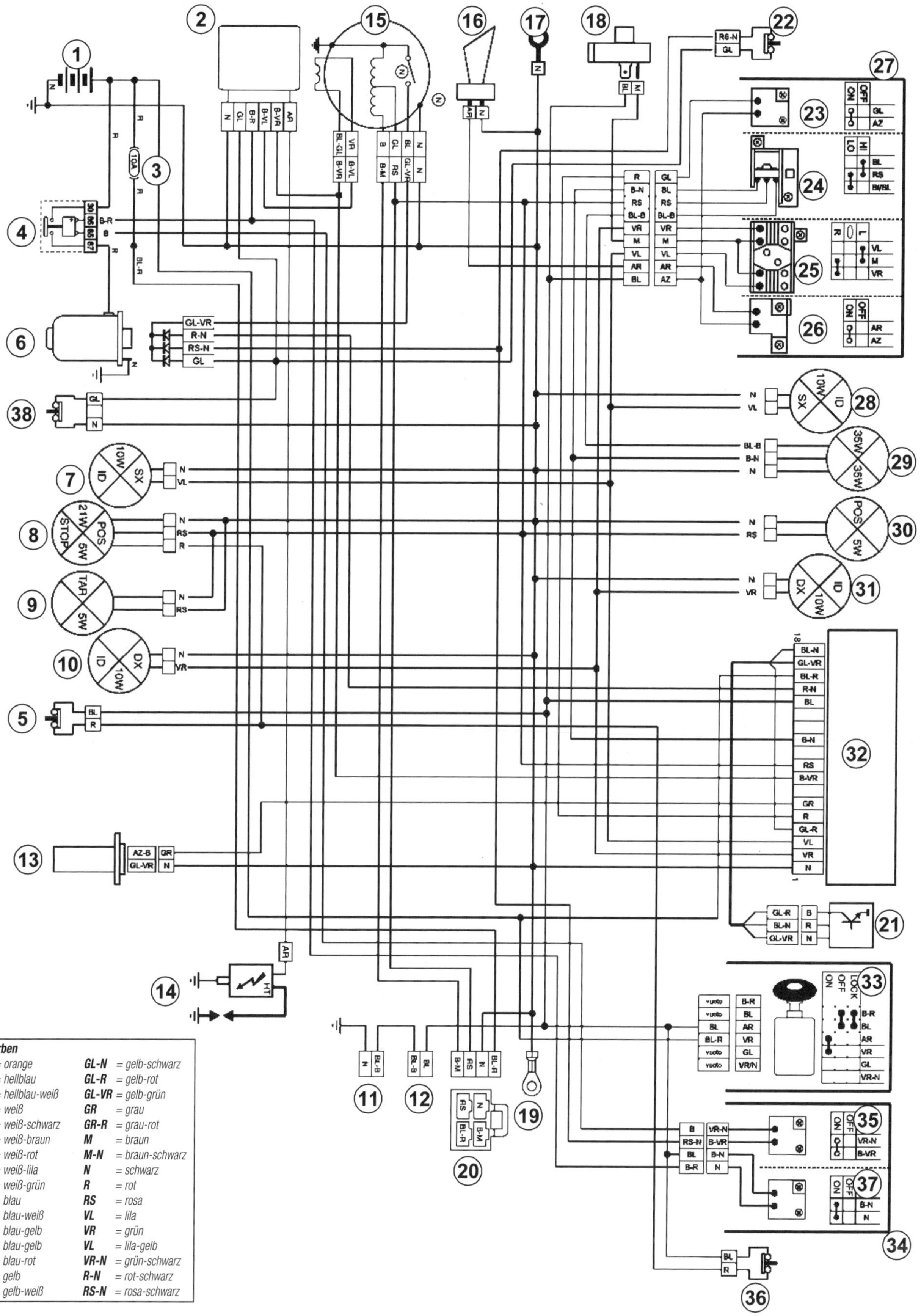

Kabelfarben

AR	= orange	**GL-N**	= gelb-schwarz
AZ	= hellblau	**GL-R**	= gelb-rot
AZ-B	= hellblau-weiß	**GL-VR**	= gelb-grün
B	= weiß	**GR**	= grau
B-N	= weiß-schwarz	**GR-R**	= grau-rot
B-M	= weiß-braun	**M**	= braun
B-R	= weiß-rot	**M-N**	= braun-schwarz
B-VL	= weiß-lila	**N**	= schwarz
B-VR	= weiß-grün	**R**	= rot
BL	= blau	**RS**	= rosa
BL-B	= blau-weiß	**VL**	= lila
BL-GL	= blau-gelb	**VR**	= grün
BL-GL	= blau-gelb	**VL**	= lila-gelb
BL-R	= blau-rot	**VR-N**	= grün-schwarz
GL	= gelb	**R-N**	= rot-schwarz
GL-B	= gelb-weiß	**RS-N**	= rosa-schwarz

YBR 125 ab Modelljahr 2007 (luftgekühlter Einspritzmotor)

Schaltplan Bezeichnung:

1 Lichtmaschine
2 Kurbelwellen-positions-Sensor
3 Leerlaufschalter
4 Baugruppe Drosselklappengehäuse-Sensoren
5 Kühlmitteltemperatur-Sensor
6 Umkipp-Sensor
7 Motorsteuergerät ECU
8 Zündspule
9 Zündkerze
10 Leerlaufanhebung (FID Elektromagnet)
11 Einspritzdüse
12 Benzinstandgeber
13 Benzinpumpe
14 Selbstdiagnose-Steckverbinder (Spezialwerkzeug)
15 Instrumentenkonsole
16 Benzinstandanzeige
17 Drehzahlmesser
18 Motorstörungs-Warnleuchte
19 Leerlauf-Kontrollleuchte
20 Instrumenten-Beleuchtung
21 Blinker-Kontrollleuchte
22 Fernlicht-Kontrollleuchte
23 Rück-/Bremslicht
24 Blinker vorne rechts
25 Blinker hinten rechts
26 Blinker hinten links
27 Blinker vorne links
28 Scheinwerfergehäuse
29 Scheinwerfer-glühlampe
30 Standlicht vorne
31 Lenkerarmatur links
32 Abblendschalter
33 Hupenschalter
34 Blinkerschalter
35 Hupe
36 Blinkerrelais
37 Vorderrad-Bremslichtschalter
38 Hinterrad-Bremslichtschalter
39 Seitenständerschalter
40 Diode
41 Kupplungsschalter
42 Scheinwerferrelais
43 Lenkerarmatur rechts
44 Anlasserschalter (Anlasserknopf)
45 Anlassermotor
46 Anlasserrelais
47 Sicherung
48 Batterie
49 Regler/Gleichrichter

Kabelfarben

B	= schwarz	Y	= gelb
Br	= braun	B/L	= schwarz/blau
Ch	= schokoladenbraun	B/W	= schwarz/weiß
Dg	= dunkelgrün	Br/W	= braun/weiß
G	= grün	G/R	= grün/rot
L	= blau	L/B	= blau/schwarz
Lg	= hellgrün	L/W	= blau/weiß
Or	= orange	L/Y	= blau/gelb
P	= rosa	Or/B	= orange/schwarz
R	= rot	P/W	= rosa/weiß
Sb	= himmelblau	Y/G	= gelb/grün
W	= weiß	Y/L	= gelb/blau
		Y/R	= gelb/rot

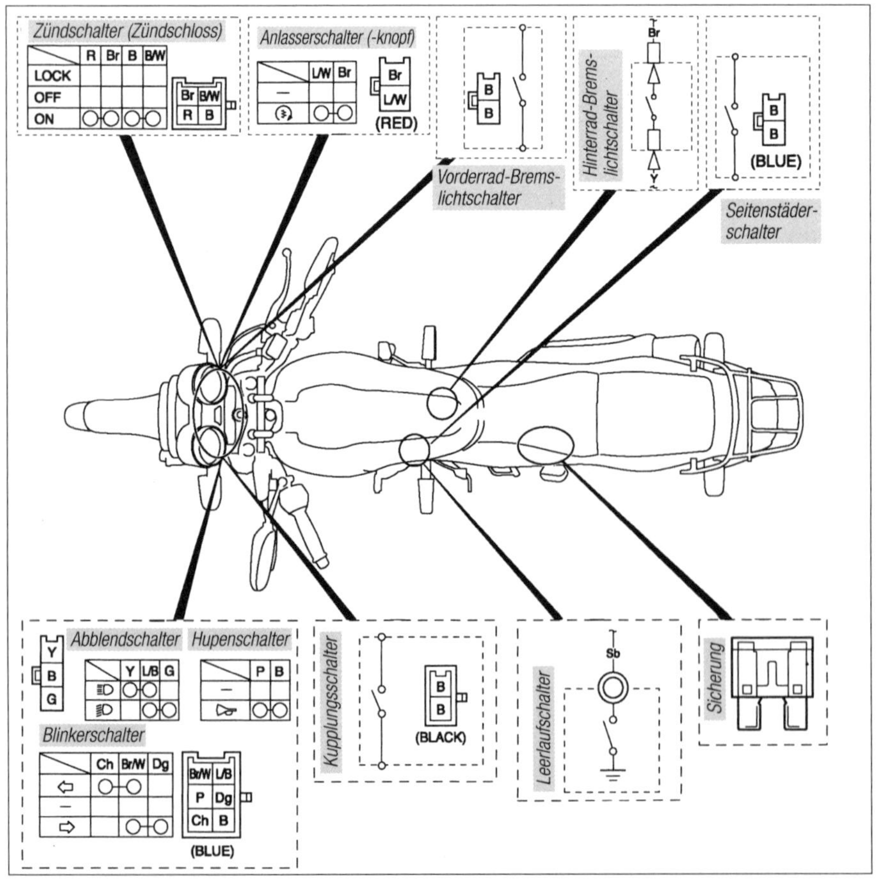

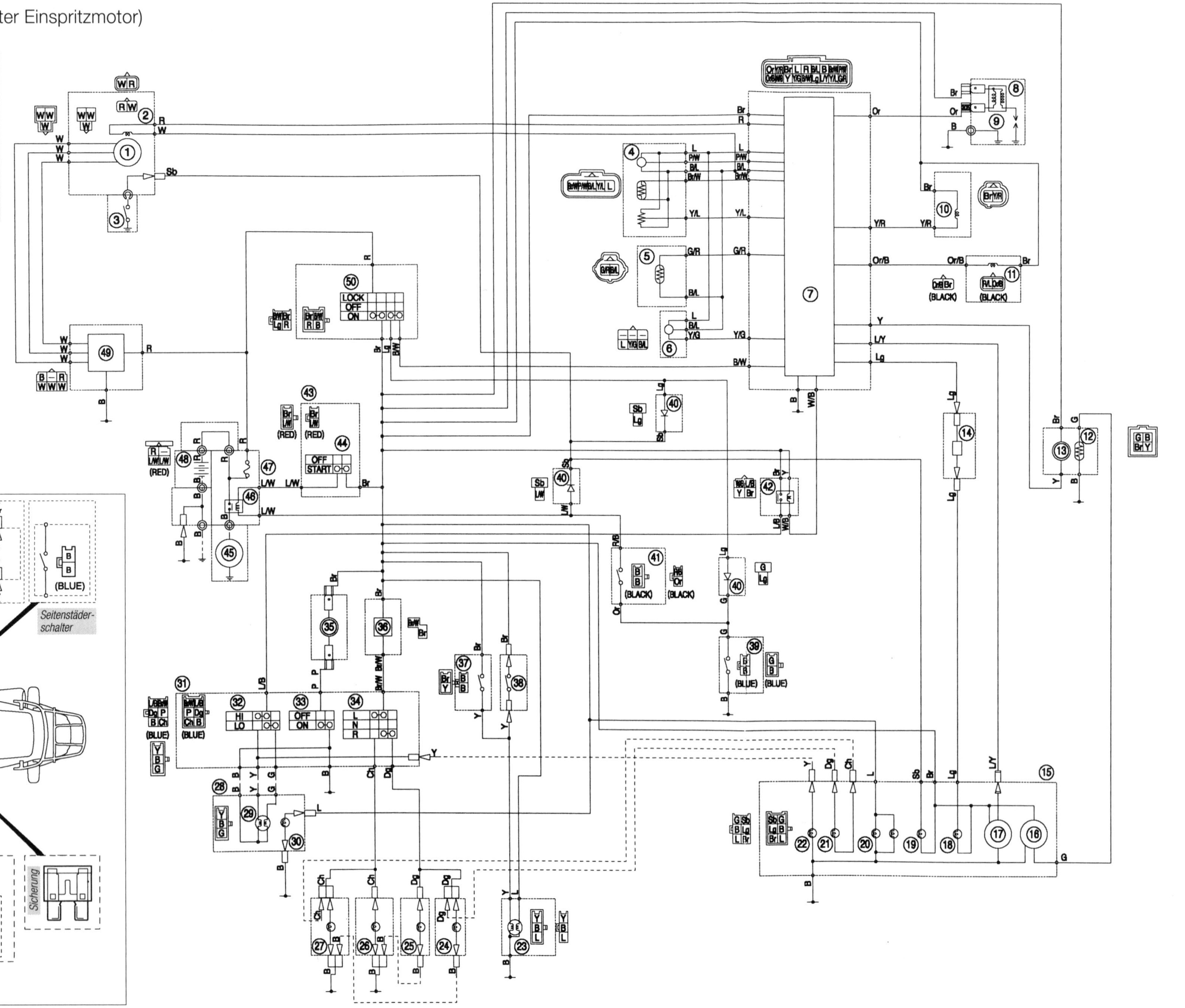